# 乾嘉「理必」科学观念与方法

冯胜利　施向东◎主编

中西书局

**图书在版编目(CIP)数据**

乾嘉"理必"科学观念与方法/冯胜利,施向东主编.
—上海:中西书局,2023
ISBN 978-7-5475-2164-9

Ⅰ.①乾… Ⅱ.①冯… ②施… Ⅲ.①汉语—语言
学—文集 Ⅳ.①H1-53

中国国家版本馆 CIP 数据核字(2023)第 169412 号

# 乾嘉"理必"科学观念与方法

冯胜利 施向东 主编

| | | |
|---|---|---|
| **责任编辑** | 刘 博 | |
| **装帧设计** | 王轶颀 | |

**出版发行** 上海世纪出版集团
中西书局(www.zxpress.com.cn)

| | | |
|---|---|---|
| **地 址** | 上海市闵行区号景路 159 弄 B 座(邮政编码:201101) |
| **印 刷** | 上海展强印刷有限公司 |
| **开 本** | 890 毫米×1240 毫米 1/32 |
| **印 张** | 18.625 |
| **字 数** | 483 000 |
| **版 次** | 2023 年 11 月第 1 版 2023 年 11 月第 1 次印刷 |
| **书 号** | ISBN 978-7-5475-2164-9/H·140 |
| **定 价** | 98.00 元 |

本书如有质量问题,请与承印厂联系。电话:021-66366565

# 目录

| 第一章 |

# 通 论 类

# 乾嘉"理必"与语言研究的科学属性*

## 冯胜利

**摘　要**　章太炎先生说:"一二三四之数绝,而中夏之科学衰。"其实,西方当代意义上的科学到了十六世纪的伽利略(1564—1642)时期,才有了质的飞跃。而几乎同时,中国的朴学(顾炎武 1613—1682、戴震 1724—1777、段玉裁 1735—1815、王念孙 1744—1832 等),也同样孕育着科学的要素。(转引自胡适 1967)然而,什么是中国传统学术中所蕴含的深层的、可供继承发展的科学要素? 它对今天以至将来中国学术的独立发展有何借鉴的作用? 这些问题进入当代以后便鲜有问津者。人们把注意力转向了西方,似乎当代科学(不是技术)与中国本土的传统学术(或古代学理)两不相谋("中西学术本无通途"——章太炎)。文章提出:科学的原理在"理必",而乾嘉学者划时代的发明与贡献,正是其"理必之学"。文章试从乔姆斯基的生成语法学探索科学属性的本质特点,同时从乾嘉学者的训诂考据发掘科学理必之要蕴。大量的事实表明:乾嘉的语文考据之学在很大程度上也是一种"推演逻辑和定理派生系统"( An overt axiom system that theorems are derivable from it, Robert Lee 1957)的科学探索。譬如"古无轻唇音"(钱大昕),"同声必同部"(段玉裁),"《尧典》古本必有作'横被四表'者"(戴震),"凡居奥者必东向"

---

* 原文发表于《中文学术前沿》2015 年第 2 期,据以收入时略有修改。

（胡培翚），"于音寻义，断无飞而下曰'颁'者"（段玉裁），等等，没有理必的根据是得不出如此确凿的结论的。文章认为："理必"是"演绎"的结果，是中国传统学术走向当代科学的起始之步，也是中华学术科学发展的历史摇篮。

**关键词** 乾嘉学者 "理必" 演绎 公理化思想

## 一、什么是科学——从语言学的发展来看

### 1.1 语法分析是技艺还是科学？

本文探讨的语言与科学是从一个特别的角度展开的，即从语言学本身的角度看科学。它既是一个角度，也是一门学科。语言研究里面的科学属性是什么？本文不是专门讨论语言学本身的科学属性，而只是从语言研究这个角度来讨论语言学研究离不开的科学的问题。显然，这个问题非常复杂，而我们只从什么是科学的基本问题切入。当然，科学的问题更复杂，科学家可以给科学下很多不同的定义，科学哲学的定义一定是比我们这里讨论的技术性的科学深刻得多。但是本文只是从语言学的角度来看它是不是能理解成科学以及理解成什么样的科学。事实上，从语言学角度来看科学是最近的事情，是 20 世纪 50 年代 Chomsky 革命以后才把这个问题提到日程上来的。当然，这也不是没有争议。争议就发生在他 50 年代的革命开始。著名语言学家 Hockett（1958）就非常明确地表示：语言学不是科学，根本不可能成为科学。为什么呢？他说：

> 专家们在分析、描写和比较语法体系问题方面做了长期的工作，而所达到的准确度比外行所预期的要高得多。与此同时，其中也有许多地方至今无法（不可能）达到的精确或精密。有的语言学家喜欢相信语法分析已成为完全客观的操作，但这不是真的。音位分析已经取得非常接近这一境界的程度：绝对的精确并不都是可能的，但是我们至少能具体指出哪些是不可确定的区域，同时往往可以看到它们非决定性的原因。然而，语法分析还仍然令人惊异地处在

技艺的境地:最好的和最清楚的语言描写不是通过研究者靠严格的规则得到的,而是通过某些人在其生活历史上的偶然孕育出的天分而得到的。①

这里"grammatical analysis is still, to a surprising extent, an art"一语至为重要,关键就在 art 这个词怎么理解。Hockett 认为语法分析不是科学,那是什么呢? 他说是 art。罗端博士说这个 art 指"技巧"。② 我想是"技能"和"艺术"的双重含义,所以译成"技艺"。总之,语法分析不是科学。这是传统(包括今天很多)语言学家的看法。

如果语言学不是科学,那还谈什么"语言学与科学"呢? 但是,时代在进步,学术在发展! Lee(1975)就提出:"乔姆斯基以语言学家的身份创作出《句法结构》,首次认真严肃地尝试在科学理论构建传统之下建立一个有关语言的整个理论,是一个在化学或生物学领域为其领域中的科学家所能理解的意义上的理论。这种理论不是类似于把(语言)材料重新组织为图书馆的分类条目,也不是有关人类和语言自然属性的哲学的论证或者设论;而是有关我们自然语感的,一种严格清晰的、诸多定理可以由此派生的公理系统。他不是类似于把(语言)材料重新组织为图书馆的分类条目,也不是有关人类和语言自然属性的哲学的论证或者设论;而是有关我们自然语感的,一种严格清晰的、诸多定理可以由此派生的公理系统。"

---

① 原文是: Specialists have been working for a long time on the problem of analyzing, describing, and comparing grammatical systems and the degree of accuracy achieved is much greater than the layman would suspect. At the same time, there remain many pints on which precision is till impossible. Some linguists like to believe that grammatical analysis has become a completely objective operation, but this is not true. Phonemic analysis has been brought much nearer such a state: complete precision is not always possible, but we can at least pinpoint the areas of indeterminacy and usually see why they remain indeterminate. But grammatical analysis is still, to a surprising extent, an art: the best and clearest descriptions of language are achieved not by investigators who follow some rigid set of rules, but by those who through some accident of life-history have developed a flair for it.

② 引自某次学术会议上罗端博士当面对笔者发言的回应。

今天,Lee 的观点已被广为接受。最显明的证据就是 MIT 出版社出版的著名句法学家 Larson（2012）的新著——《作为科学的语法》（*Grammar as a science*）。本书直接把"科学（science）"作为语法著作的书名,在语言学发展史上,这还是第一次。

如何理解 Chomsky 的语言革命呢？其革命的实质是什么？笔者认为乔姆斯基革命的真正意义即在 Lee 所说的"科学"要点之上,总结起来盖有三点：

（1）The tradition of scientific theory-construction 科学理论构建的传统；

（2）An overt axiom system 明确的公理系统；

（3）Theorems derivable from it 可从公理派生的定理。

第一个是科学理论构建的传统。这个传统里面最主要的是公理,而公理可以派生定理。乔姆斯基的《句法结构》因为具备了这三点,因此具备了科学的根本属性。要真正了解语言学科学性,必需首先了解什么是科学的公理系统。

## 1.2  什么是"公理系统（axiom-system）"？

什么是"可派生性定理（derivable theorems）"？定理的可派生性取决于公理的确定性和逻辑的严密性。"公理"是可以派生定理的基元概念？ Marcus Tomalin 在他 2008 年出版的 *Linguistics and the Formal Sciences* 一书中讲得很清楚。其中有一段话至关重要。他说：

> 最重要的是我们要意识到：在"形式科学"这一术语下类集起来的理论,全部都使用"公理—演绎法"。因此,尽管这些理论之间有着种种不同,但它们都包含着同一种演绎程序：即从直觉上显而易见的少数几个配套的公理或假设推演出某些结论（亦即定理）来的过程。因此,这种做法可以看作是"用同一基本科学方法"统一起来的方法。了解到这点之后,我们还应该记住：并不是所有的知识领域（甚至并不是所有的科学领域）都可以运用这种方法。

因为要建构一种公理—演绎系统必须要能够提出一些初始假设、确定某种主要元素,并从这些假设和元素中做出逻辑有效性的演绎推理。显然,有很多研究领域其理解尚未精准到可以采用公理演绎分析的程度;但是"形式科学"却都尝试使用这种方法,这种方法是它们的代表性特征之一。①

这个阐释可以让我们理解到什么是科学的本质属性。短短几句,涉及了什么是基本的科学方法(basic scientific method);什么是所有形式科学都试图使用的方法论(formal sciences all attempt to utilize this methodology);以及这套方法就是科学属性的特征之一(it is one of their characteristic features)。因此,这段话可以作为什么是科学的最简明的说明。具言之,就是"公理"、演绎和构建公理的系统。能够构建这样的一个系统(system),才能称之为具有科学的属性或科学的特征。具体如下:

形式科学的基本特征(characteristics of Formal Science)

（1）公理—演绎法(axiomatic-deductive method)

（2）结果(或定理)的推演[deduction of consequences(i. e. , theorems)]

（3）构建公理演绎系统(an axiomatic-deductive system)的必要程序:

① 建立元始公设(state initial assumptions);

② 鉴定基本元素(identify primary elements);

---

① 原文是:It is important to recognize that the theories grouped together beneath the term Formal Science all utilize some form of the axiomatic-deductive method and that, therefore, despite their many differences, they all involve the deduction of consequences (i. e. , theorems) from a small set of intuitively obvious axioms or assumptions, and, as a result, they can be viewed as being unified by the same basic scientific method. In the light of this observation, it should be remembered that not all intellectual enterprises (especially, not even all sciences) can be pursued by means of this method. In order for an axiomatic-deductive system to be constructed at all, it is necessary to be able to state initial assumptions, to identify primary elements of some kind, and to make valid deductive inferences from these assumptions and elements. There are many areas of research that are not understood with sufficient precision to permit an axiomatic-deductive analysis. However, the 'formal sciences" all attempt to utilize this methodology, and it is one of their characteristic feature. (Tomalin 2006: 2-3)此处译文转引并参考了司富珍、刘文英、李文龙翻译的马库斯·托马林(2018)的《语言学和形式科学:生成语法之源》。

③ 基于①、②的逻辑有效的推衍（make valid deductive inferences from these assumptions and elements）⋯⋯

在这一前提下，我们来看现在的语言学。当代语言学里最前沿的分支是句法学。乔姆斯基创建的生成句法是形式结构的演算，因此具有形式科学的性质。事实上，形式科学还有另一特征。这个特征在 Bach（1964）的转换生成语法基础 *Introduction to Transformational Grammars* 一书里是这样表述的：

> 表面看来这是在循环论证：用不同的规则论证理论各方面的正确，回过头来又用理论来说明规则的正确。但是，这种印象是建立在一种对科学推理过程错误理解的基础之上；推理在实验科学中并不是按照线性的形式进行的（像我将在这里强调的），它是以所有成分全方位同现的形式进行的（proceeds on all fronts simultaneously）。我们不是在建造金字塔，而是在构建"楔形拱式桥 keystone"，其中每一块楔形石必须同时承力才能成功。（Bach 1964：143）①

这里的基本观点是：无论哪一个理论体系，其中每一个假设，每一步推演，每一个定理都不应该是可有可无，彼此孤立的；而是缺一不可、相互联系的。仅仅相互联系还不够，重要的是彼此依赖、相互支撑，才能让所在系统得以存在（hold all together）。这个系统里的成分缺少任何一个，整个系统就会倒塌。就是说，真正的科学理论是一个严密的、诸成分"相互咬合"的系统。如果系统的组成成分拆掉了一块，其他部分还可以照样存在的话，那是金字塔形的"积累式"系统。但是 Bach 所讲的科学系统的属性不是这样，它不是金字塔式的积累，而是楔形拱桥式的"咬合"系统、是"构合（钩联楔合）"的系统。这是我们所要强调的科学系统

---

① 原文是：It may appear as if our reasoning is circular in a vicious sense. We use various rules to argue for aspects of the theory and then turn around and use the theory to argue for the correctness of the rules. But this impression is based on an incorrect view of the process of scientific reasoning. Reasoning in an empirical science does not proceed in a linear fashion, (as I shall stress here. It proceeds on all fronts simultaneously. We are not constructing a pyramid but rather a keystone arch, in which all the pieces must be held up at once." (Bach 1964：143)

（或形式科学）的另一属性或特征——"楔拱桥"的榫合理论。请看图1：

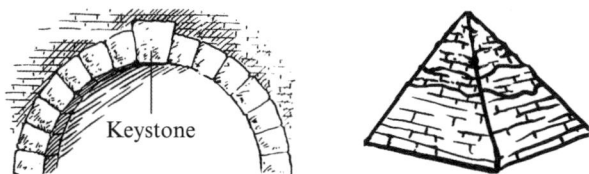

**图1**

左边拱形桥里面的每一块"楔形石（keystone）"都在该结构里承担必要的角色，是该结构的承力单位，尽管它们彼此的受力程度不一样。拱形桥里面的"楔形石"和金字塔里面"方形砖"的功能是不同的。前者是"架"的，后者是"垒"的。正因如此，前者的石头少一块，整个结构就要坍塌；而后者的砖块少一块（或几块）并不马上影响全局。前者牵一发则动全身；后者"九牛一毛无害于身"。这两种结构对学术思路和方法的启示是什么呢？不难看出，前者是"推演咬合"式，后者是"归纳积累"式。前者"大道既立（楔形弧度），则各就各位"——非人类而不能架造；后者则成分可多可少，彼此不分——动物可为（如蚁冢）。事实上，王念孙的"大道既立，触类旁通"（刘盼遂 2000：50）的"方类群分逻辑"和段玉裁的"必有/断无说"，就是建立在"拱形桥"式的原理之上的（参下文）。照此说来，所谓科学，我们的学术史上并非没有。显然，我们这里谈的是科学的属性（property、feature、capacity），即科学思想。事实上，科学和技术的根本区别就在于"科学是思想"而"技术是科学思想的物质实现"。据此，我们的问题是：中国历史上有上述（或类似上述）的形式科学吗？这是我们必须认真对待，但还没有认真研究的学术史上的大问题。

## 二、中国有形式科学吗？

如此重大的问题显然不是本文所能回答得了的。本文旨在提出问题以供将来的研究。无可否认,中国历史上曾有过辉煌的科技成就——四大发明。然而,那些成就主要是技术的发明和进步;而本文所要探讨的科学思想,如上文所述,是标志形式科学的几大属性。中国历史上有标志形式科学几大属性的学说吗? 先看先秦。先秦逻辑,论者多多,不一而足。这里仅取章太炎之说以见一斑。太炎在《原名》中论及逻辑曰:

> 印度之辩,初宗、次因、次喻。大秦(拉丁)之辨,初喻体(大前提)、次因(小前提)次宗(结论)。其为三支(即 syllogism 三段论),比量一矣。墨经以因为故,其立量次第:初因、次喻体、次宗,悉异印度、大秦。

就是说,三段论西方有、印度有。我们呢?《墨经》里有,但和印度、大秦(拉丁)全不同(悉异)。不同并不是问题,问题是"科学中衰"和"中衰"的后果。章太炎说:

> 其后(名学)废绝,言无分域,则中夏之科学衰……悲夫! 一二三四之数绝,而中夏之科学衰。(《訄书·王学》)

据太炎所论,历史上的《墨经》里的逻辑("名学")秦汉以后"废绝"了。逻辑废绝导致"言无分域",最后的结果是"中夏之科学衰"。这当然是很悲哀的。(悲夫!)研究中国科学史的学者当然不一定(或一定不)同意太炎之说,或责其不全,或斥其悲观。但是太炎下面积极的观点似乎也未曾引起人们的注意。

> 幸有顾炎武、戴震以形名求实之道约之。(《学蛊》)
> 凡戴学数家,分析条理,皆缜密严厉,上溯古义,而断以己之律令,与苏州诸学殊矣。(《清儒》)

这里说的是科学的复兴。名学到了清朝的顾炎武和戴震则开始复兴。说他们是"名学"复兴,这已然是值得深入研究而至今不足者。更重要的是,据太炎所见,清朝还形成了一个不同的学派("数家"),其特点是"分析条理,皆缜密严厉,上溯古义,而断以己之律令"。这些特点不正和上面看到的"形式科学"的基本特征,正相仿佛吗?

我们还注意到不同的观点。朱晓农先生（2013）说：中国的语言让中国无法产生科学。如果说那是古代的情景，那么什么因素让我们又有了清朝的名学复兴、科学萌芽呢？① 我们认为：研究的对象也影响到所用方法的科学性（这里指形式科学）。中国的学问尚人学，这一点学界宿有共识，个中要谛《论语》"问知，曰：知人"一语便概括无遗。学术研究对象的不同可以导致学理类型和功能的不同：人学尚辩证，物学寻自然。乾嘉学者研究的对象是古籍文献。就是说，他们研究的对象影响（规定／决定）了他们使用的研究方法（俗话所谓"干什么吆喝什么"）。不管什么原因（参刘师培、章太炎有关清朝文字狱导致埋头的故事），到了乾嘉，学者们关注的首先是古代经典的真伪和文字语言的"是与非"。由此发展出来的学理则不同于以往只关注人事的"是非"与"善恶"。当然，长期以来学界对清代学术的评价是：整理古籍，钻故纸堆，没有科学思想。这显然是偏见（参下文）。科学不是技术（尽管需要技术，也能促发技术），科学从本质上说是思想。太炎说戴学"综刑名、任裁断"，这六个字清楚地告诉我们：这个时代的学术有非常强大的逻辑底蕴和功力。如果他们不能综刑名重逻辑，是无法任裁断的。综刑名是任裁断的前提和条件。什么是任裁断？任裁断不仅是要下决断，更重要的是要有担当裁断的能力和责任。"任裁断"说的是有一学术观点，则要把它化成唯一的必然结果才能得到逻辑的认可。"唯一""唯必"即"任裁断"，而戴学已经具备这个特点。那么是谁决定的"唯必"呢？谁有权威敢说"唯一"呢？首先，戴学"敢说唯一"的学术心态和勇气和中国学术"执端取中""过犹不及"的传统很不一样；可以说戴学以后，传统的学术态度有了一个很大的转变。但这种转变不是因为他们"胆大"，而是他们在深入研究的基础上获得系中的各不相同的

---

① 必须声明：我同意朱晓农的意见。而且我也有文章论及此点：汉语的语法属性到底和形式逻辑相近还是辩证逻辑相近呢？近人也通常只做宏观大论，没有具体元素的科学分析。这里因题目不同，姑且不论。

楔形石(keystone)之后,才可以做到的。如果每一块楔形石拼合在一起,严丝合缝,那么其中个体的形状就不可能不根据规则发挥作用。他们发现了其中的"拼搭互证"之道,有了不得不然的概念,所以才敢断言,所以才敢"任裁断";于是产生了与传统截然不同的学术心态,做出与传统不同的判断——因其必然,故我断然。正因如此,太炎说:"凡戴学数家,分析条理,皆缜密严厉,上溯古义,而断以己之律令。"这里"己之律令"指的就是自己得出的理论上的必然规律,亦即拱形桥的弧度和楔形石楔度。据此,他们可以确定楔形石的多少和大小(律和例),于是才敢奉之为"律令",才敢用律令来下"断"言。从这里我们看到了历史上从来没有过的新学派,称之为"律令派""裁断派"或"断言派"都不过分。学术到了这个时代确然和以前大不一样了;因为它关心的是"真伪"的问题,不再是"是非"或"善恶"的人世问题。

有人反对说:古人的论说既没有 statement 表述,也没有 argument 论证,那什么是科学? 不错,如果严格地用今天学术论文的要求来衡量古人的文字,他们的确没有今天论证的格式和程序。但段玉裁的"凡谐声者皆同部"不就是一个清楚的表述吗? 钱大昕的"凡轻唇之音古读皆为重唇"不就是一个命题吗? 当然,我们也注意到时人的批评。譬如朱晓农先生(2013:92)说道:

> (论古无轻唇音)这篇文章堪比宋代文豪欧阳修的名文《醉翁亭记》。《醉翁亭记》开头第一句"环滁皆山也",提携全文,后面的描写无不围绕作为题眼的第一句展开。钱大昕这篇文章也一样,开头第一句"凡轻唇之音古读皆为重唇",开门见山地推出了自己的立论。然后围绕这一观点,从各种不同的古籍中征引了很多例证,从谐声偏旁、文字通假、方音以及域外对音等各个方面加以比较。

朱先生把《古无轻唇音》和《醉翁亭记》相比较,似乎是说钱大昕的学术论文和散文一样不严格。他的看法和我们不同。我们先从章太炎对苏轼的评论说起:

（苏）轼使人跌遏而无主,设两可之辨,仗无穷之辞⋯⋯难乎有恒矣!⋯⋯
幸有顾炎武、戴震以形名求实之道约之,然犹几不能胜。何者?⋯⋯来者虽贤,
众寡有数矣。不知新圣哲人,持名实以遍诏国民者,将何道也?又不知齐州之
学,终已不得齿比于西邻耶?(《学蛊》)

大文豪苏轼是欧阳修的学生,就像段玉裁是戴震的学生一样,苏轼继承
的是其师的精华。所不同的是,苏轼学到的和发展的是"两可之辨,无
穷之辞",段玉裁学到的和发展的是"综刑名、任裁断"以及"以理出
必"。不错,钱大昕"古无轻唇音"的命题可能有三种情况:

(1)古无轻唇音,因轻重两者都读为重唇;

(2)古无轻唇音,因轻重两者都读为轻唇;

(3)古轻唇重唇二者,都读第三种音。

当然,钱大昕没有把自己命题的蕴含一一列出(很难说他没有这些考
虑),然而,今语有轻唇音和重唇音,如果"古无轻唇音",则第一种可能
是上选。当然,我们不必为古人讳,他们有科学,但他们的科学有局限
性(伽利略的科学也不能和今天的科学相比)。事实上,今人论证这一
命题的时候又能高出钱氏多少呢?我们的学术教育在这个问题前面除
了"知其弊"以外,似乎还没有"治其病"良药。① 这正是我们今天需要
发展科学的任务所在(详参下文)。

更令人思考的问题是:为什么"一二三四之数绝"而后,"两可之

---

① 这里的药方首先是区分什么是"同义反复(tautology)",什么是"独立的证据(independent
evidence)"。举例而言,假如有人提出这样一种命题:没有马能在 1 秒钟之内跑完 1 200
余米。而后来最快的马在 1. 01 分内跑了 1 200 余米。这一事实并不能强化上述假设的
正确性。相反,可能会削弱其可信性。原因就在于这一假设完全是特设的,将 1 秒作为
下限而没有任何的科学基础。当然"纯种马早已达到其基因潜能极限"的说法也许可以
帮助这个命题成立,但它却无法成为一种真正的"解释"。"解释"必须提出独立于命题
本身动因,比如马的肌肉结构,肺呼量、力量、耐力等,据此推算出赛马的奔跑能力(如大
约需要 1. 05 分的时间跑 1 200 余米)。倘若没有这种独立动因,那么上述"解释"就变
成了"同义反复":因为马跑得不快,所以马跑不快。古无轻唇音的命题也应该从"独立
证据"的角度阐发其必然性,才是学术层次较高的证论法。

辩、无穷之辞"就大兴不已了呢？这里的原因当然很多。但根据梁启超的意见，中国科学在历史上一经"数绝"以后，就一蹶而不振；并不存在乾嘉中兴的情况。他说：

> 综举有清一代学术，大抵述而不作，学而不思，故可谓之为思想最衰时代。(《论中国学术思想之大势》)

恐怕不只梁启超，近代学界一般都认为有清一代的学术是衰落，而不是进步。这是时代的误解。需要指出的是，许多学者(包括梁启超自己)在谈论有清朝学术巅峰的同时，无不把"五四以后全盘西化、提倡西方科学民主"的旗帜奉为圭臬。因此，科学是西方的产物，中国古代没有科学的思想也就不足为奇了。基调已定，类似的声音便不绝如缕。于是乾嘉学者抱残守缺，一起和"桐城谬种、选学妖孽"扫入历史的垃圾。毫无疑问，以往这种对乾嘉学术思想毁灭性的"定罪"远远超过对其学术精华的继承。似乎乾嘉学术是旧制度的产物，应该随着旧制度一起灭亡，而今天中国的学术、思想都要"从新打鼓另开张"才能实现现代化(所谓的 modernize)。事实上，今天的乾嘉虽已经被画上了句号，但本文认为，这是时代的误解和错误，现在应该是纠正这种错误的时候了。当然，我们并不想为乾嘉讳言，乾嘉的学术思想无论在当时多么先进，今天也必须批判地继承。这里所要指出的是，我们以往对待乾嘉学术史的态度，几乎像是泼掉脏水的时候连盆里的孩子看都不看。毋庸讳言，乾嘉学者没有告诉我们他们的思想是如何科学(科学一词是近百年的产物)，但是这并不等于他们没有科学的思想，更不等于他们学而不思。而最不应该的是把乾嘉打入"思想最衰时代"。本文虽不讳言乾嘉之局限，但却要辩护乾嘉之"是"；我们基本的出发点是从其学术内部的理路上看他们的历史贡献。这方面，我们不妨先听一下作为清人阮元舍亲的盛成是怎么说的：

> 我们汉学家庭，有十六个字真传——平、实、精、详，实事求是，卑毋高论，

通经致用——汉学之精神,即在实事求是,精益求精,不厌详举;此与科学相同。[《盛成文集·汉学家庭》(盛成 1997)]

这段话含义至深,非三言两语所能尽。这里所强调只一点:汉学有与科学殊途同归者,这是汉学门内人的现身说法和自我鉴定。据盛成所说,法国巴黎大学中国学院汉学家韦锡爱(Vissiere)也闻此而有言曰:

我治汉学这么多年,还是门外汉;我们都以为汉学就是考据学,宋学才是讲理学的。今天遇到您这汉学家庭的后裔,说出西汉的精神哲学,也就是科学哲学,真是无法表示我的欣慰。(《盛成文集·汉学家庭》)

这里且按下他韦锡爱此后"风雨无阻,每星期二下午三点半、每星期五下午两点,必来理学院夏斯尔教堂听我(盛成先生,引者按)讲演"的事情不提,只看他的错误理解"汉学就是考据学,宋学才是讲理学",就足以明白世人所以把乾嘉汉学诋之为"学而不思"和"思想最衰时代"的偏见所在。老实说,没有西方的科学,我们不知道自己有科学;我们自己的"乾嘉科学"不一直被看作繁琐考证,学而不思吗?即使西学训练有素的余英时,其《论戴震》也只能从学术的传统方法而非科学的原理上阐发其乾嘉的精蕴。大家都异口同声地承认乾嘉有学术,但没有(或很少)人承认乾嘉有科学(胡适恐怕是唯一为乾嘉科学立碑者)。这不仅对乾嘉不公平,对历史也不公平,更重要的是对我们要继承什么、发展什么,有迷失方向、混惑不解的危害。有感于此,本文从乾嘉的文献语言学入手,发凡其理必之学;认为乾嘉学术非科学特征不能得其精、非科学理念不能成其学。

## 三、乾嘉的"理必之学"

我们认为乾嘉学术的科学精蕴就在一个"必"字,而"必"的核心所向是"理推之必"和"验实之必";故名之曰"理必"。理必之旨是"理论上不能不如此"，而"不能不如此"的道理，即由演绎（deduction）而来。演绎，如上所示，是科学中最核心、最精要的部分。虽然乾嘉学者没有径直宣言："我做的是演绎！"但他们做出了结果，而且直接用"必""断"等术语表示其逻辑的推演力（暗示出结果的推演过程）。在我看来，这就是他们内在演绎思想的表现和演绎逻辑的结果。

## 3.1　戴震之"必"

我们首先看戴震。戴震稍晚于伽利略，但是他的科学思想却有可与伽利略比美者。请看他在《与姚孝廉姬传书》（戴震 2009）中的名言：

> 所谓十分之见，必征之古而靡不条贯，合诸道而不留余议，巨细毕究，本末兼察。若夫依于传闻以拟其是，择于众说以裁其优，出于空言以定其论，据于孤证以信其通，虽溯流可以知源，不目睹渊泉所导，循根可以达杪，不手披枝肄所歧，皆未至十分之见也。①

这里的"十分之见（＝各种可能）""必征（＝验证）""靡不条贯（＝顺从规律）""合诸道（＝终极假设）""不留余议（＝穷尽推演、百分之百的印证）"，都是戴震科学思想的结晶。更能体现他科学思想的是戴震的"贵精不贵博"。我们知道，中国学术自古尚博。宋代的朱熹在与陆九渊、陆九龄相争"博与约"问题时强调："令人泛观博览而后归之约。"与前人相反，戴震治学则重专精。段玉裁在《戴东原先生年谱》中引戴震自述学术曰："学贵精不贵博。吾之学，不务博也。知得十件而都不到地，不如知得一件却到地也。"戴震还说："凡学未至贯本末，彻精粗，徒以衡量，就令载笈极博，犹谓思而不学则殆。"[《戴东原集·与任孝廉幼植书》（戴震 2009）]"博"可以理解为 knowledge 或者 knowledgeable。中国学人历来都是贵博，而到了戴震则一反传统，主张贵精。精博当然

---

① 参《考工记图后序》（戴震 2009）之考凫氏之钟。

有深广的不同,论者也一般从这两个方面展开。然而,贵精背后的科学属性是什么,很少有论及者。今谓戴氏"贵精"之说可以用 Pietarinen 的 knowledge 和 ignorance 来分析和诠释。Pietarinen 说: science is not primarily concerned with knowledge,意为: 科学从最基本意义上说并不在乎知识。这话已经有"振聋发聩"之效,而他下面的话就更醍醐灌顶了: ignorance is what is brought to the force by retroductive inferences,意为: 对某一问题的无知正是可以让溯因推理带来的力量。这个 retroductive 就是 Pearse(皮尔斯)的 abduction 溯因推理。溯因推理是最直觉预设活动(hypothetic)、是有理猜测的智力活动,是推理(inference)的一种。由此可见,所谓"贵专不贵博",首先是"不贵博",亦即产生新的科学发现之际不能受已有的丰厚繁杂的知识所干扰。其次是"贵专",就是把精力集中在专一的问题之上。虽然戴震没有提出像 Pietarinen 这么极端、具体的"无知论",但他的"贵专不贵博"和 Pietarinen 的"无知发明"的基本精神,有相同之处。如果我们再详细观察一下 Pietarine 所说的"知与无(knowledge and ignorance)"的论述,我们对戴震"贵精专"的科学思路就能有进一步的了解:

> 我为下面的观点辩护:"科学从根本上说并不和知识相关"以及"为科学提出预设的方法并不表明恒定不变观点的存在"。事实上,科学发现与科学家巧妙运用的无知相关。无知并不意味着知识的缺乏或对知识的否定,而是可以让溯因推理产生的一种力量。①

戴震虽然没有达到今天的极端境地,但是如果 Pietarinen 所说的"科学从根本上说并不和知识相关"有一定道理的话,那么戴震的"贵专不贵

---

① 原文是:"I defend the view that science is not primarily concerned with knowledge and that its method of arriving at proposing hypotheses does not commit us to have stable beliefs about them. Instead, what drives scientific discovery is related to the kind of ignorance that scientists can cleverly exploit. Not an absence or negation of knowledge, ignorance is what is brought to the force by retroductive inferences."[据 Pietarinen(2015)]

博"的理论就从更深层的意义上涵寓了今天的科学精神。这种精神可以从戴震论"必"的具体案例中得到启示。请看：

> 《尚书·尧典》"光被四表。"戴震曰："《尧典》古本必有作'横被四表'者。"(《与王内翰凤喈书乙亥》)

《尚书》里面的四个字"光被四表"讲的是尧舜的恩泽和道义可以光照天下。这里"光"字的意思似乎很清楚，但对训诂学家来说，必经考证而后可信。事实是《尧典》古本遗失，至今未见；但戴震却断然预测说："古本必有作'横被四表'者。"非常易解的"光被四表"他却说"光"是个错字，而原字是一个今天看起来不像本字的"横"。我们的问题是：(1)戴震如何知道原来作"横"？(2)戴震即使有根据，又如何能说"必有作……者"？戴震小时曾问私塾老师：朱熹没有见过孔子，怎么知道孔子之意呢？[①] 现在同样的问题轮到自己：古本失传，他怎么断言"光"一定做"横"？我认为，这就是今天学者研究乾嘉学理的"穴位"要点。戴震所以如此断言靠的不是"胆"，而是他的学理和判断。我们现在知道：就古音而言，横＝木＋黄，黄＝光＋田，因此"光"和"横"古代同音。横从黄声、黄从光声，等量代替，光、黄同音。这只是古音(拱形桥的一块楔形石)。还有训诂上的更深的理由(另一块楔形石)："横被四表"的意义要比"光被四表"深、广得多，更切合古人的意念，因为"横"比"光"更合乎古人的语义理念(参下《段注》)。"横被四表"的"横(＝桄)"是把四周的空间充斥塞满的意思；满到空间最外四极的边缘叫作"桄"(借之以"横"，故而"充斥四极的所有空间"谓之"横")。而"光"只为照曜，比"充斥四方、塞满天下"的古代语感显得俗浅而不经。这一点，《段注》言之綦详。

---

① 震问私塾师曰："此何以知其为'孔子之言而曾子述之'？又何以知其为'曾子之意而门人记之'？"师应之曰："此朱文公所说。"震又问：宋距周千年之遥，何以朱子知之？师无言以对。

桄，充也。见《释言》。陆氏《音义》曰："桄，孙作光"。按《尧典》"光被四表"。某氏传曰："光，充也"用《尔雅》为训也。桄读古旷切。所以充拓之圻垠也。必外有桄，而后内可充拓之令满。故曰"桄，充也"。不言"所以"者，仍《尔雅》文也。"桄"之字，古多假"横"为之。且部曰："从几，足有二横"。横即桄字。今文《尚书》曰："横被四表。"《孔子闲居》曰："以横于天下。"郑曰："横，充也。"《乐记》曰："号以立横，横以立武。"郑曰："横，充也。"皆即《释言》之桄充也。今文《尚书》作"横被"。故《汉书》《王莽传》《王衰传》《后汉书》《冯异传》《崔骃传》《班固传》《魏都赋》注所引《东京赋》皆作"横被"。古文《尚书》作"光被"，与孙叔然《尔雅》合。某氏传"光充也"，不误。郑注释以"光耀"，盖非。《淮南书》"横四维"，即《尚书》之"横被四表"也。玄应曰："桄音光。"古文横、横二形，《声类》作軦。今车床及梯櫈下横木皆是也。

显然，戴震说"光"为"横"是根据训诂、音韵以及文献版本等多方面（十分之见，多重楔形石）的咬合、推导和预测的结果，亦即定理（theorems）的运用，所以他才说"《尧典》古本必有作'横被四表'者"，而今本作"光"一定是错字（或假借字）。他如此断言，可以和爱因斯坦说的"我的理论精美得不可能错"（my theory is too beautiful to be wrong）一样，是由"学理之必"养育和给予的自信与理念所致。戴震"《尧典》古本必有作'横被四表'者"的潜台词是："这里的结论不可能错"（＝理必）。值得注意的是，他的学生如王念孙，段玉裁，包括学生的学生如王引之、胡培翚等，都同样做出不只一种、不只一方面的"必"的结论，造成一个不同于前代的"理必"新世代。用乾嘉学者自己的话来说，他们的时代是一个"千七百年来无此作"的时代。请看：

盖千七百年来无此作矣——王念孙《说文解字注·序》

千百年来无有之作也—— 胡培翚《经传释词》书后

后人不免惊异于他们哪儿来的那么宏大的魄力和胆量？"千七百年来""千百年来"无此作，何等的荣誉、何等的骄傲！恐怕原因就在于他有了科学的理念和推断，"合乎逻辑的推论不会错"，所以才有如此之发现、才有如此之魄力、才有如此之自信!

## 3.2  段玉裁之"必"

我们不妨看看段玉裁的"必"。《说文解字注》里谈到"必"者不下20处,下面是其中之一:

> 经典无"旡字"。《毛传》"嚏,不得息也。"《郑笺》:"傿使人咽然如乡疾,不能息也。"凡云"不得息"者,如"欪"字、"欧"字、"嚏"字、"噎"字、"咽"皆双声像意,然则"旡"必读"於未切"也。……毛、郑何从知其训"咽然不能息",则有"旡"字在也。傿从爱声、爱从悉声,悉从旡声,可得其同音假借之理矣。凡古文字之可考者如此。

为什么"旡**必**读"於未切"呢? 他首先从《郑笺》和《毛传》等文献校对中得到"嚏"是"不得息",亦即"使人喘不过气来"的意思;然后"以义求音",考证这个字的读音。经典没有这个字的注音,段玉裁怎么知道他读什么呢? 他靠的是逻辑推理:"凡云'不得息'者,如'欪'字、'欧'字、'嚏'字、'噎'字、'咽'字皆双声像意"。其中"凡……皆……"是我们了解他做出判断的内在逻辑的重要线索。注意,其中"双声像意"是段氏文献语言学整体理论中的一条重要"定理(theorem)"。没有"以声像意"的原理,不会有这个"必"字的判断。我们注意到他引用的"咽"字串,从它们双声携载的共同意义"以音载义"的原理上可以看出: 它们既有同源词的音义相关性,也有所谓 sound symbolism 以音表意性,段玉裁于是统称之为"以音像意"。"像意理论"是段玉裁理论中的重要部分,有大量事实可以为证,同时也是对其师戴震"以音证义"的继承和发展。基于此他才得出"旡必读于未切"的结论。从科学方法论的角度看,段玉裁说"旡必读于未切"的时候,并非简单地表达一个具体读音的具体结论,而是阐释该结论背后的论证系统。这里段玉裁综合了文献语义、语音像意、以义证音、因声求义等多方面的音韵训诂理论(和其中的子理论),像拱形桥中的楔形石一样,它们是相互咬合,彼此支撑的。换言之,他最后得出"兂"的读音是靠局部的定理以及定理之间的相互"咬合"推论出来的。如果深入到段氏论证的背后,我们发现,他的"必"不是随便能说的。读《段注》者无不敬佩他文献功力之强,深感王念孙说他死后"天下没有读书人"的含义之深。现在看来,他会读书、有功力,不单单是功夫的积累和博闻强记(那是垒金字塔式的积累功夫),还用他天才的大脑构建了一个个音韵、文字、训诂上的"拱形桥系统"。没有熟练的逻辑思维和科学方法,拱形桥式的理论是造不出来的;没有拱形桥式的理论,是不敢(也不能)言"必"的(如果硬言,那是武断)。显然,如果他的"必"错了,那将导致到他整个体系的崩溃,而不只是一丝一毫的具体错误。可惜的是,以往人们看到的大都是他的表象(对或错)而没有深入到他体系上的构建。

事实上,段氏不仅言"必",他常常使用"断无""断不"等术语来表达逻辑运作和判断。我们注意到下面注释中他说的"于音寻义"四字的内在逻辑和定理。这无疑是通过声音来考证意义理论的又一实践。这里,他断言绝对不可能有从上往下飞(飞而下)叫作"颉"的。因此,他说《毛传》"飞而下曰颉"是转写的讹误,当作"飞而上曰颉"。他经过音理、义理以及"音义同源之理"等多方面的考证,最后让各个环节"咬合"在一起;没有不合的余义,于是才一锤定音:**断无飞而下曰颉者。**请看:

> 《说文》:"兂,人颈也。"《段注》曰:《史》《汉》《张耳列传》乃仰绝兂而死。韦昭曰:兂,咽也。苏林云:肮,颈大脉也。俗所谓胡脉。《娄敬传》:"扼其兂。"张曰:"兂,喉咙也。"按《释鸟》曰:兂,鸟咙。此以人颈之偶为鸟颈之偶也。兂之引为高也,举也,当也。……俗作肮、作吭;颃,兂或从页。此字见于经者,《邶风》曰:燕于飞,颉之颃之。《毛传》曰:"飞而上曰颉,飞而下曰颃。"解者不得其说。玉裁谓:作"飞而下曰颉,飞而上曰颃。"转写互讹久矣。颃与页同音,页古文𦣻。飞而下如𦣻首,曰颃之。古本当作页之。颃即兂字。兂之引申为高也,故曰颃之。古本当作兂之。于音寻义,**断无飞而下曰颃者。**

人们往往误解段氏之"断"为"武断",其实段氏从未离理而言断者。这里他先用古代文献说明"绝亢而死""扼其亢"是"亢"径用为"喉"的明证;其次用《尔雅》旁证鸟咙为"亢",凿实"亢"即喉、颈之义。再证之以词义引申:亢引申为高,为举,为当。没有"亢"之为喉为颈,故无法解释其引申义之由来。而引申之由来则又反过来证明《诗经》"颉之颃之"即"颉之高之"。什么是"颉之",段氏从"颉与页同音,页古文䭫"的"声义同源"的角度,说明"颉之"就像"稽首"一样是"下头"的意思。据此,飞而下如稽首然,所以才叫作"颉之";飞而上则如"引领昂首",所以才叫"亢之"。如果是这样,那么《诗经》最早的版本就应该是"页之亢之",亦即"(燕燕于飞)一会低头往下,一会抬头向上"。段玉裁是在解经吗? 非也! 他是在"说理",在说文字训诂之理:第一,"页、颉、䭫"是同原通用字,是一义之引申;第二,"亢、颃,肮、吭"是古今正俗字,但同样是"求义则转移皆是"("天"字下注语)。有了如是的考据事实和理据,他才断言:于音寻义,断无飞而下曰颃者。其潜在的逻辑式为:$\forall A = x \,|\, y$, if $\forall A = x$, then $\forall A \neq y$。[1] 显然,这个"寻"字,在段氏的系统里包含着的是一套理论和方法,绝不是单纯的"找"! 面对段玉裁的"断无",不禁让我们想起赵元任的名言——"说有易说无难。"显然,段氏的"断无"不仅是"说无"而且是"断无",明显有违于近代先贤的教诲——"不轻易说无。"值得思考的倒是其反:没有"无"则没有"必",没有"必"则没有"演绎推理"。"说无",从科学方法论的意义上说,是逻辑严密的表现,是更高层的论证方法(证伪即说无)。段氏之"断无"正是建立在他"理必"的基础之上的。[2] 上面的例子最能

---

[1]　这个公式还可以表述为:$(\forall A = x \,|\, y) \wedge (\forall A = x) \to (\forall A \neq y)$。感谢张寅生先生的建议。

[2]　"硔断无苦学之音,硔断无苦八之音。此一定之音理,学者不知古音不可与读古者,此也。"(段玉裁 2007)这里的"一定之音理"已经告诉我们乾嘉学者"无理不断"的基本原则。注意,仅据事实的归类而没有规则条理,那就流于同义反复(tautology)(参冯胜利 2003)。段氏发明的古代音理(如古音十七部)是其时代巅峰,故可根据音理而推断必无也。

说明这一点。

除了断无之外，段玉裁的"断知"也表现出其强大的逻辑思维和逻辑体系。譬如：

> 硍字只可兑清朗小声，非其状也，音不足以兑义，则断知其字误也。

这里段玉裁又一次运用他从文献语言中归纳出来的"音像其义"和"音兑（貌）其义"的音义规律。上文看到，这属于今天语音象征说（sound symbolism）的理论范畴。"音兑其义"的理论牵涉"根音"和"类音"两个概念。根音者，讲的是音大兑大，音细兑细的音义对应性。（参 Kawahara 2012）因此，m 音象征蒙蔽，可以说这是其根音之义使然。"类音"是某类音与某类义约定俗成的组合结果。在特定语言的音系系统中，某类音与某类义结合后二者的关联一经俗成，则该音与该义便开始固化、连及；以至于彼此呼应、闻声知义。譬如汉语很多方言的/si/音，就已经和"死"的意义密不可分。虽然根音与类音这两类的音义结合都不是"绝对"的，但它们在人类语言和认知体系中的存在和作用，则是无可非议的。有趣的是，段氏理论已有根音与类音的思路与理念，并以此推演和裁断。换言之，段玉裁的"断无"和"断知"不是建立在只字个例的有无上，而是建立在系统事实和理论推演上。没有"于音寻义"背后的理论，就不会有"断无飞而下曰颓者"的结论，没有"音不足以兑义"做基础，就不会有"断知其字误"的裁断。这一点，与常常挑战他，但也会误解他的顾千里的判断和分析相比较，就可明了。

> 《汉书·艺文志》："古者八岁入小学，故《周官·保氏》掌教国子，教之六书，谓象形、象事、象意、象声、转注、假借，造字之本也。""造字之本"一语，**必**自来小学家师师相传以至刘歆之旧说，而班固传之，**断无**可易者也。（《书段氏注说文后》）

顾千里这里的分析也用了"必"（"必自来小学家师师相传"）和"断无"（"断无可易者也"），但相比之下，与段大异：在他的分析里看不见所以"必"的理据,也不见"断无"的理论。细考之,"造字之本"当是顾氏"必自来小学家师师相传"的根据,但这是推想而不是逻辑的必然。他是从《周官》保氏教国子均"教之六书"的记载中有六书名目,且有"造字之本"这句话里,推出的"必师师相传"的结论。当然,这句话是事实,"师师相传"也可能,但不是必然!原因很简单,"必然"是理论推演的结果,不是现象的实录。毫无疑问,顾千里这里的"必"和段玉裁上面的"必",相差庶几千里之遥。其"断无"的结论也同样不是逻辑学理的运用:为什么"六书造字之本,断无可易者"呢?顾氏的分析是"自来小学家师师相传以至刘歆和班固",故而"断不可易"。如果把其中的逻辑推演式一一列出后,我们得出如下结果:

> 大前提:师师相传的说法断不可改变。
>
> 小前提:造字之本是世世相传的说法。
>
> 结论:所以造字之本不可变。

显然,大前提"师师相传的说法断不可改变"这一命题本身需要论证:什么"必然的道理"允准"断不可变"?如果没有必然的理据,那就成了原则的申述。原则申述不是逻辑的推理。当然,我们这里不评骘乾嘉考古派信奉的"非古莫是"的原则[是原则,不是定理(theorem)];[1]这里所要强调指出的是:顾千里用的"必"不是逻辑演绎推理上的"必",他使用的"断不"也不是乾嘉学术下逻辑发明的"断"。逻辑不是价值判断,逻辑更不是原则的宣示。原则的正确并不代表逻辑的正确和运用。毫无疑问,段玉裁在学理逻辑辨析上,确然胜出时人一筹,即使是与之争锋的杰出晚辈如顾千里,似乎并没有完全了解段氏之"必"、之"断"的学理逻辑的深刻含义,更不要说功浅理疏之辈而敢望其项背、步其后尘的了。正如刘跃进先生(2010)所云:

---

[1] 顾千里信奉的是其师祖惠栋"信家法、尚古训",恪守汉人训诂的"不校之校"的原则,因此,宁可保持古籍原貌,也不要轻易改动文字。

"照本改字"并不难,难的是断定"立说之是非",也就是作者(指段玉裁)"所言之义理"。由义理而推断古籍底本之是非,不失为校勘的一个重要途径,也就是后来陈垣先生归纳的所谓"理校"。段、王之学最为后人推崇的,往往在这里。

更有事实说明段玉裁严密的逻辑程序和精湛的逻辑技巧。请看《说文解字》第七卷"米部""粒"下的注解:"粒,糂也"《段注》曰:

> 按,此当作"米粒也"。"米粒"是常语,故训释之例如此。与"糪"篆下云"糪米也"正同。《玉篇》《广韵》粒下皆云"米粒"可证。浅人不得其解,乃妄改之,以与糂下一曰"粒也"相合,不知粒乃糂之别义,正谓米粒。如妄改之文,则粒为"以米和羹"矣,而一曰粒也何解乎。今俗语谓米一颗曰一粒。《孟子》:"乐岁粒米狼戾。"赵《注》云:"粒米,粟米之粒也。"《皋陶谟》:"烝民乃粒。"《周颂》:"立我烝民。"郑《笺》:"立,当作粒。《诗》《书》之'粒'皆《王制》所谓'粒食';始食、艰食、鲜食,至此乃粒食也。"从米立声。力入切。七部。按,此篆不与糂篆相属,亦可证其断不作糂也。䊽,古文从食。

"米粒"之"粒"今本《说文》作"糂也",段注谓"此当作米粒也"——径改许书。有人会说段玉裁太武断,动辄改篆原著。然而,这里段氏不但要改,而且最后还强调说"断不作糂"。他何以如此自信、如此肯定呢?如果我们把这个"断"字后面的原理一片一片剥开来看,我们会惊异于段玉裁如此缜密的逻辑论证。本条《段注》的"论证程序"可分析为 11 步:

(1)指出错误:当作"米粒也";

(2)发现《说文》的**训释原则**="训释之例":按,此当作"米粒也"。"米粒"是常语,故训释之例如;

(3)**内证**,亦即"训释之例"的内证:与"糪"篆下云"糪米也"正同。首先给上面"训释之例"找同类的现象:"糪"训"糪米"和"粒"训"米粒"一样,都是用"常语"解释被训释词的例子。其次给结论"粒,糂也"当作"粒,米粒也"的"当作……"建立证据。

（4）**旁证**：《玉篇》《广韵》粒下皆云"米粒"可证。这是进一步从旁立证：《玉篇》《广韵》的解释和《说文》一样,应当是取自《说文》同样的"常语"训诂。

（5）**误源的推测**：浅人不得其解,乃妄改之,以与糳下一曰"粒也"相合。这里是揭示致误的客观原因：因为《说文》"糳"下有"一曰粒也"的训诂,不学无术的人就把说文"粒"下的"米粒也"之训改成了"糳"也,以便和"糳"下的"一曰"相合。

（6）用**归谬法**驳斥妄改所导致的荒谬结论：不知粒乃糳之别义正谓米粒。如妄改之文,则粒为"以米和羹"矣,而一曰粒也何解乎。

这里必须把《说文》原文的"糳"和妄改的"粒"对勘,才能知其谬误所在：

因为："糳,以米和羹。"

如果："粒,糳也。"

那么："粒,以米和羹也。"

荒谬："糳,以米和羹也。一曰：以米和羹也"。

结论："粒"不可能是"以米和羹",所以"粒,糳也"必误无疑。

（7）再引**俗语以为证**：今俗语谓米一颗曰一粒。

（8）复引**古籍用例以为证**：《孟子》："乐岁粒米狼戾。"赵《注》云："粒米,粟米之粒也。"

（9）**延伸理证**与《诗》《书》"粒"字之用例——既是预测,也是反证：《皋陶谟》："烝民乃粒。"《周颂》："立我烝民。"郑《笺》："立,当作粒。《诗》《书》之'粒'皆《王制》所谓'粒食'；始食、艰食、鲜食,至此乃粒食也。"

（10）最后殿以《说文》例字之证：此篆不与"糳"篆相属。可见"粒""糳"非同类、同义之字,由此可证二字词义之不同。

（11）结论的**必然性**："可证其断然不作糳也。"

如上所示,本注第一步开门见山,指出原文之误。而后援引《说文》训释的原则以证之,说明何以"糗也"之训为错。第三用内证法证明。内证指本书之内的证据,亦即以许慎《说文》本书中的条例为证据。内证之后再用旁证。旁证是用和《说文》并列的字典中的证据。他引用了《玉篇》《广韵》等字书加以证实。作者下面接着挖掘所以致错的根源:因为浅人不解"糗一曰粒也"的"别义"之训,才把"米,粒也"改成了"米,糗也"以求得表面的吻合。为什么这是"肤浅"的行为呢?下面的论证可以回答——本条的核心和关键:段氏运用归谬法推导出他预测结论泰山不移,不可能错。什么是归谬法?归谬就是从命题自身推导出的一个无法接受的荒谬结论,以此证明该命题的不可能正确,亦即无法不错的必然性。具言之,如果"粒"训"糗"的话,那么《说文》训为"用米来和羹"的"糗"就成了"粒"的同义词,结果"粒"也成了"以米和羹"的汤水类的食品了——这是事实上的荒谬。还更有甚者:《说文》的"糗"有两解,一是"以米和羹",一是"一曰粒也"。如果"粒"是"以米和羹"的话,那么《说文》"糗"下的"一曰粒也"就没有了着落——结论无法接受,因此"粒:不可能是"糗"。

到这里,段氏的论证已然"泰山不移",但是他并没有停止。论证的触角又延伸到俗语、引申到古籍;最后得出这个**"可证其断不作糗"**的必然结论。

这段考证,上下 300 字,前后 11 步,堪称训诂科学的典范。对我们今天的硕士和博士训诂论文的写作(除去引用西方理论者),无论论证方法还是论文结构上,仍有借鉴的意义(今天的论文有的远不及此)。不难想象,乾嘉学者有很多的逻辑思想(逻辑判断和逻辑推演)都函隐在上面这样具体的、一字一句的考证文字里面。他们没有标识哪些是旁证,也没有标榜哪些是推演,更没有宣称这是归谬法、那是证伪法,等等,但他们著作里面有逻辑、有假设、有证明、有证伪。所以我们不能责怪他们因为没有使用逻辑这个词汇就说他们没有逻辑,不能说他们没有用科学这个词汇就说他们没有科学。科学是思想,因此,更不能因为乾嘉学者没有用"科学"这两个字来标榜其学,就说他们没有科学的思想,就说他们的研究不是科学。与此相反,我们的方式是:用今天的工具发掘古人的思想。

## 3.3　王念孙之"必"

我们再看王念孙。王念孙是怎么构架科学理论的? 他的 keystone 模式是什么? 一打开《广雅疏证》,扑入眼帘的就是最有代表性的"凡言 X 者皆 Y 之义"。如:

> 凡言蔑者皆小之义。
>
> 凡言菞(jú)者皆载之义。
>
> 凡言醮者皆尽之义。
>
> 凡言帱者皆覆义。

"凡……皆……"是逻辑上的全称判断。这里要强调的是,第一,唯有全称判断可以推演,第二,更重要的也是常常为人所忽视的是,唯有全称判断可以推断真相( truth)。如何达到这一点呢? 王念孙的 keystone 是"类聚咬合"逻辑的发明和运用;亦即:"方以类聚,物以群分;循而考之,各有条例"。用具体的例子来说,请看:

> **通理前提**　凡"与"之义近于"散","取"之义近于"聚";"聚、取"声又相近,故:

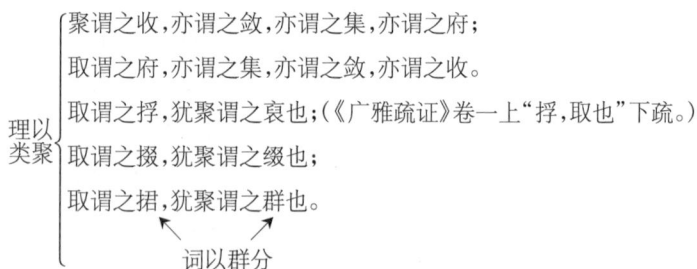

理以
类聚
- 聚谓之收,亦谓之敛,亦谓之集,亦谓之府;
- 取谓之府,亦谓之集,亦谓之敛,亦谓之收。
- 取谓之捊,犹聚谓之裒也;(《广雅疏证》卷一上"捊,取也"下疏。)
- 取谓之掇,犹聚谓之缀也;
- 取谓之挶,犹聚谓之群也。

词以群分

这里的 keystone 是什么? 我认为它是"类"与"群"之间的相互"咬合"。

譬如,"聚"可以叫"收",也可以叫敛,还可以叫集、叫府;这是"一群"意义关联"串",是以"聚"为线索串起来的"义串":

聚=收、敛、集、府

问题是"聚"与"收、敛、集、府"之间的关联是偶然的还是必然的?仅此一串不足以言"必"。持论而无必则终究脱离不了现象的堆积(金字塔式积累)而无法洞悉现象背后的"咬合"关系(keystone式的群依关系)。王念孙的雅学当然不是"垒"出来的,他的"必然体系"是靠"群"之有"类"架构起来的。具言之,如果有许多(一群群)这种"义串"的存在,那么就很难说"聚"与"收、敛、集、府之间的关联"是偶然的巧合而不是内在规律的使然。换言之,如果"聚"与"收、敛、集、府"之间有必然的联系的话,那么它们就不可能只在一个"聚"字上有反映,其他字词上也应该有反映才不是偶然的巧合。于是,训诂的任务就从收集"聚"有哪些意思("收、敛、集、府"),变成预测这些意思("收、敛、集、府")还会在哪些类似的词上出现,这就是要为"群"找"类"——理论逼着王念孙去发现"群分"的"类聚"。于是才有"取叫府、也叫集、也叫敛、也叫收"的材料的发现和"类聚"。显然,这里的"类聚"是"预测"(预测哪些是"类"的组成成分)。结果,在第二群以"取"为线索的义串里面同样发现有第一群里面的所有成员(收、府、集、敛)的现象。这说明这两个不同的词(聚和取)共享同一义串中相同成员之间的关系。显然这不是偶然的聚合;相反,在不同的词身上同一义串重复出现的背后,反映了"词义得名"的相同理据。这是王念孙在训诂学科学方法论上一个巨大的突破,是前无古人的突破:蔽之一言,即"用关系证关系"。

当然,王念孙的keystone绝不是两块(两串)。两块楔形石的咬合虽然也要彼此依赖、互为根据,但多重、多层成员之间的咬合才最能体现深层必然中成分的彼此依赖,才能据此证明咬合关系的必然。因此,王念孙的"楔形咬合纵横类聚系统"一般至少要有三至五串始为"方类"（方，理也）。换言之，"聚"和"取"是两个不同的词，首先因为它们各有一组相同的"义串（＝收、府、集、敛）"，所以它们不是毫不相干彼此孤立的，而是"义相近"的近义词（或类义词），否则不会各带一串语义相同的子系统（或不会各自派生出一串性质相同的"子孙"体系）。据此，王氏必须继续发掘"聚"义和"取"义的支系义串。这就是理论指导下的又一发现："取"可以说成"捊"，"聚"也可以说成"裒"。"捊"和"裒"的语义是相关的，以此可以说明"聚"和"取"的语义相关；反过来，"聚"和"取"如果语义相关，也可以说明"捊"和"裒"的语义相关——这是拱桥楔形石彼此咬合的系统逻辑，而不是循环论证。但是，仅此一条（一块楔形石）很难说明这里的"立体双关性"（＝"聚、取"相关与"捊、裒"相关）。一个是拿起来的"取"，一个是堆起来的"聚"，如何找到或证明它们之间的语义关系呢？显然，王氏不再考据词义了，而要去发掘词义之间的关系了。对王氏的工作采取这样的理解还不够，他其实不是在挖掘和说明词义之间的关系，而是在发现如何去建立和证明关系的"逻辑体系"——建立逻辑体系才是王学的最高境界。什么是"王氏雅学"？在笔者看来，其最根本的就是在这看似没有关系的地方建立关系、证明关系。结果呢，王念孙发现了"关系逻辑"，这才建立起他自己的"大端"——"横"的关系靠"纵"的关联来证明。请看：

　　取谓之捊——拿起来，聚谓之裒——捧起来；
　　取谓之掇——捡起来，聚谓之缀——连起来；
　　取谓之捃——收起来，聚谓之群——组起来。

这里纵的捊、掇、捃的意义是一类（都是一只手的行为），裒、缀、群的意义则是另一类（用两只手或抽象的行为）。前者与"取"为类，后者与"聚"为群，这就从纵向组合的角度证明了"取"和"聚"之间"义相近"的关系。更有深层的内证是"掇"和"缀"、"捃"和"群"的声母相同，说明它们实为一语之转（一个语根的衍生），"捊"和"裒"也同样如此。

这又是"纵"中之"横"：纵是不同语根的同义词，横是同一语根的同源词。换言之，用三组"同义同源词"来证明"取之义近于聚"可谓实详例尽、信而有征。显然，王念孙不是在证明"取"和"聚"的词义，也不是在考证"捊、掇、捃"和"裒、缀、群"之间的关系，进言之，他不是在考词，而是在"考义"；不是在"考词义"，而是在"考义类"；不是在"考义类"，而是在发掘义类之间的纵横咬合的逻辑关系，他在以关系证关系。考词、考义都变成他考证关系的工具：只是因为"考义"离不开考词；考义类离不开考词义；考关系离不开考义类，于是才从考词考义开始而已——这一点至今没有引起今人的注意，更遑论重视。戴震说自己做的是抬轿子的学问；什么是抬轿子的学问？戴震、段玉裁、王念孙做的都是抬轿子学问！为什么？因为他们从事的虽然是"竹木工匠"的活儿（文字考证），但是他们"做"的和"坐"的都是轿子（学理逻辑）。

从上例我们还可以清楚地看到：纵向关系是以理来"方类"，横向关系是用词来"群分"。这是典型的王氏雅学的逻辑模式：一种以"方类+群分"手段来发现和证明汉语"义轨"存在的科学考据法。他告诉我们"凡'取'之义近于'聚'"。在"聚"和"取"这条意义轨道上，曾经"走"过或出产过不同家族的同源词："捊和裒""掇和缀""捃和群"。有了上面的分析，现在我们可以明白什么是王念孙的科学贡献。王念孙做《广雅疏证》之前曾闭门读书四年而不出，[①]待到刘盼遂所谓其"大端既立"时才始做《广雅疏证》；结果触类旁通，千古垂范。然而什么是王氏"大端"？刘盼遂没有说，至今仍然是一个谜。研究王氏雅学者，一般都从他结果上去"意会"，而没有具体的可操作性的结论以供来者研究和继承。今天我们要问：这个大端具体所指是什么，既立"立"的是什么？根据本文的研究，我们认为：王氏的大端即"方类群分中的义

---

① 刘盼遂（2000）《高邮王氏父子年谱》云："（乾隆四十一年）自是以后四年皆独居于祠畔之湖滨精舍。以著述自事，穷搜冥讨，谢绝人事。"

轨必然"。如果从我们今天科学的角度来看,他所立的是模拟逻辑中的演绎法,是一种多重咬合的模拟模式。其逻辑式为:If $A \approx B$, then $[A \rightarrow x,y,z] \wedge [B \rightarrow x,y,z]$。[1] 他发现了这一逻辑规律和力量后,用之于疏证《广雅》,毫无疑问,顿如江河直下,触物皆通,一泻而千里。这是前无古人的科学贡献,这是中华民族的精神财富。可惜的是我们至今大多只品尝其菜肴,却没有全方位地发掘研究、继承和欣赏他的"厨艺"。太炎先生说:"悲夫! 一二三四之数绝而中夏之科学衰。"当今中华经济崛起之时,是否也是传统科学精神复兴之日呢?

## 四、乾嘉理必与学者气质

事实上,乾嘉一代的科学创建绝不止戴震、段玉裁、王念孙三人,其他学者如钱大昕、胡培翚等均有"皆"有"必"、有科学的创建和突破。[2] 这里因限于篇幅不能一一详论。乾嘉一代科学思想的研究,本文唯发凡起例,以待将来成为独立学科![3] 上文谈到的虽然只有乾嘉的三位学者(戴震、段玉裁、王念孙),但以他们为标志的乾嘉三百年学术的高端学者里,几乎无不言"必"。"必"代表了那个时代的学术成果和特征——戴震是旗手,是伽利略一样的科学创新性人物。[4] 他的学生中最得科学神旨者,是段、王。段、王的科学创获当然有所不同(这是将来研究的重要课题),但是他们恢拓戴氏"综刑名、任裁断"的逻辑原则和学术理念,则是一样的。可以说戴、段、王是"用刑名来裁断"的一个

---

① 这个公式还可以表述为: $A \approx B \rightarrow [(A \rightarrow x,y,z) \rightarrow r(B \rightarrow x,y,z)]$。感谢张寅生先生的建议,而其中之 $r$ 有待将来的深入研究。
② 阮元的《畴人传》则是乾嘉科学兴达的另一方面的证据。
③ 乾嘉学者科学思想和方法的专人专题研究是目前天津大学文法学院语言科学研究中心的宗旨之一。
④ 诸可宝《畴人传三遍·卷三》中说:"自勿庵兴,而算学之术显;东原起,算学之道遵。"可见戴震的数学造诣。

独立的学派,名之为"刑名裁断派"。今天我们的任务就是要为他们树碑立传;当然不仅为他们,而是为学术、为学派,为中华的学术史上的"科学思想派"或"公理思想派"树碑立传。因此,乾嘉时代凡通其理、得其法的学者,均当立传;即使是乾嘉之前的学者和学理,如果可以类属于乾嘉"刑名裁断派"或"公理思想"旗下者,也可因之而分期分批进行研究。值得注意的是:该派的特点是"必","必"的英文翻译应该是deductive certainty 或者 deductive truth。最重要者,他们探求的不是道德原则上的对与错(right or wrong),而是学理上的"是与非(true or false)"。当然,乾嘉的 true or false 关涉的不是天体物理的星球运转规律,而是古代经典(或文献语言)里面的语言规律。他们研究的是语言,是文献语言,其中涉及的有语音、字形、字意、词义、同源词、语法等。他们倾毕生精力于文献语言学,用今天的眼光来看,其内在理路和乔姆斯基的生成语法(generative syntax)颇有相似之处;亦即开创了一个学理的新时代(即上文所说的"科学属性")。譬如,钱大昕的"古无轻唇音":

> "凡轻唇之音,古读皆为重唇。"
>
> 《论语·宪问》:"子贡方人。"
>
> 《释文》云:"方人,郑本作谤,谓言人之过恶。"
>
> 刘宝楠《论语正义》:"卢氏考证,古《论语》'谤'字作'方',盖以声近通借。"

钱大昕这一发现比格林姆的定律还要早,但如果没有其中"凡……皆……"一类全称性判断的推理(这是"必"的另一种表述),是很难得到这一结论的。再看胡培翚的"凡……皆……"命题,也能说明这个问题。他说:"凡居奥者**必**东向。"(胡培翚《礼记》)怎么得到这个结论的呢? 请看卜面的证明:

> 《玉藻》"君子之居,恒当户。"
>
> 《曲礼》"为人子者,居不主奥。"(西南之隅谓之"奥",父所居在

奥,燕寝也。)

胡培翚《燕寝考》:"凡居奥者必东面,东面而当户,则室之户在东而达于房。……故房与室有户相通;而'由房而入户'为确不可易矣。"

> 奥＝室的西南角
>
> 居＝在奥(《曲礼》)
>
> 居＝当户(《玉藻》)
>
> 户＝东向
>
> 理之必然＝居奥者必然东向!

读乾嘉考据文章如上述者,需先备下笔纸以便推演和计算,如此才能看出其中严密逻辑的数理性。事实上,乾嘉"刑名裁断派"的学者莫不如此。不难看出,胡培翚的"不可易"是从事实和逻辑推出来的;而顾千里的"断不可易"是靠原则定出来的。前者属科学、后者为人学,泾渭分明。

谈乾嘉科学,还有一个特点不能忽略:科学气质。乾嘉学术中的一个非常重要的现象就是学者的气质。戴震在《答郑丈用牧书》中说:"立身守二字曰不苟,待人守二字曰无憾。……其得于学,不以人蔽己,不以己自蔽,不为一时之名,亦不期后世之名。有名之见其弊二:非掊击前人以自表襮,即依傍昔儒以附骥尾。二者不同,而鄙陋之心同,是以君子务在闻道也。"这是关系学德的气质问题。从理论上说,学德和学识没有必然的联系,但心不静者脑不专,脑不专者思不深。乾嘉一代的学术成果和当时学者的心态和气质直接相关。这虽然不是本文的题目,但它涉及学者成就的重要方面,所以这里略加笔墨,以足其说。我们先看一段王念孙鲜为人知的掌故。据《王石臞先生遗文·序》所载:

> (夏昆林)每见先生僦居京邸,屏绝人事,键户日手一编;探赜索隐,观其会通。有以语言文字求者,虽至交亦不轻应。盖不欲以文人传;并不欲以经师学人传也。

他晚年闭户读书,不给人家写文章,即使是最好的朋友也不答应。为什么? 这是一个非常值得研究的"谜"。夏昆林的解释是:他"不欲以文人传;并不欲以经师学人传"——不想让后人觉得他是个文人,更不想让后人误解他为讲经学的经学先生。他不想做文人,那想做什么人? 不想以文人传,想"以何人传"呢? 这一点很重要。现在看来,他真想告诉(或传给)后人的,或许就是做一个原创性、开拓性的科学家,仅此而已。人们会问,考据学有这么重要、有这么大的尊严吗? 在今天,王念孙的理想很难被今人理解。但王念孙怎么看今人呢? 学术必百年而后论升降。我想,他不会理会"××长"的地位、也不会在乎"××大师"的封号。他一哂之余倒可能会因后人不解他不以"文人、经师"传世之用心而惋惜。因为他所要传世的是有史以来(或千百年)无此作的科学理路和科学方法的发现,他要以文献语言科学的科学家身份传诸后世。他做的是文献语言的考据之学,当他达到"大端既立,一通万通"的境界之后,已然把自己铸造成了中国学术史上从未有过的学术巨人。其他类型的学人,古已有之,后亦不乏,所以他都不想做。这当然是"非不能也,是不为也"。为什么呢? 因其所关注、所敬重,于古今来日有贡献而舍我其谁者,唯有他的"方类群分中的义轨必然"、唯有他的"模拟逻辑演绎法"可以傲此平生。还有什么比这个更伟大的呢? 因此,无论谁求他写任何文章,一律回绝。唯有科学研究(文献语言的考据)唯有体现科学考据法的一摞一摞的训诂专著,才是他生命价值之所在。故此,在科学气质、学术信心方面,乾嘉学者确有很多值得我们学习和思考的地方,这是他们科学贡献之外附带留给我们的宝贵财富。

## 五、结语

严复(1854—1921)在其《原强》一文说达尔文等西方学者"持一理论一事也,必根柢物理,征引人事,推其端于至真之原,究其极于不遁之效而后已"。这句话留给我们已经一百多年了。一百年来社会制度和学术范式发生巨大的变化,但"持理论事"的逻辑结构和步骤似乎并未融入我们的血液。为重温严复的旧训,我们不妨将其具体步骤分解如下,以资来学。

若 A,则必 B。

A = 持理论事

B = (1) 根柢物理

　　(2) 征引人事

　　(3) 推其端于至真之原

　　(4) 究其极于不遁之效

B 是达到 A 的条件。如果真能做到"根底物理",则是对传统持理论事皆本"人事"的一大突破。这不啻乾嘉学术的一个注脚,因为他们的文献语言学也是"根底物理",尽管那里的"物"不是自然物理,而是语言物理( = 把语言当作自然现象)。其次,"推其端于至真之原"不啻对戴震"求是"的发挥(无论这个发挥背后有多少西方理论),总之是对逻辑真值的寻求。"究其极于不遁之效",这是乾嘉学术在不同领域(音韵学、训诂学、语义学、义类学、校勘学、历史学等)的系统化,同样反映的是这种科学的思想(不仅有证实,同时又证伪的归谬法等)。具有讽刺意味的是,《原强》发表到今天已经一百多年,百年来严复介绍的方法是不是被我们接受、让我们学会了呢? 此问题之一。其次,严复介绍的方法是不是让我们意识到乾嘉学者已然有这样的思想了呢? 此其二。第三,300 年前自造的乾嘉科学和 100 年来舶来的西方科学,是不是已经化成我们今天持理论事的思维方式而又有所发展,或还是停留在原来水平甚至有所倒退呢? 注意:人类的思维方式,只进步不倒退;但是思维的能力不加训练就像身体的肌肉一样,不但会减弱而且会萎缩。学术靠思维,思维方式的创造是学术发展划时代的标志,而思维能力的退化和萎缩,如果不是学术的悲哀,也是时代的悲哀。从这一点上说,太炎先生所谓"不知齐州之学,终已不得齿比于西邻耶"的忧虑,恐怕只有再度出现戴震、段、王以至国际型科学家如爱因斯坦、乔姆斯基一类人的时候才会稍减。事实上,"乾嘉理必"更能发人深省、启人心智的是:人类科学思维潜能的启动和锻炼,是可以通过语言探索来开发和培养的。这就是 MIT 学者 O'Neil(1993)等人提出的一个不但发人深省而且切实可行的具体计划。

## 参考文献

戴　震 2009《戴震集》,清代学者文集丛刊,上海:上海古籍出版社。

段玉裁[清]　许惟贤 整理 2007《说文解字注》,南京:凤凰出版社。

冯胜利 2003《从人本到逻辑的学术转型》,《中国社会科学论坛》第 1 期。

江　藩[清] 1983《汉学师承记》,北京:中华书局。

刘盼遂 2000《高邮王氏夫子年谱》//王念孙[清]《高邮王氏遗书》,南京:江苏古籍出版社。

刘跃进 2010《段玉裁卷入的两次学术论争及其他》,《文史知识》第 7 期。

盛　成 1997《盛成文集》,北京:北京语言大学出版社。

章太炎 1998《章太炎学术论集·清儒》,杭州:浙江人民出版社。

朱晓农,焦　磊 2013《教我如何不想她——语音的故事》,北京:商务印书馆。

马库斯·托马林 2018《语言学和形式科学:生成语法之源》司富玲,刘文英,李文龙译,北京:商务印书馆。

Bach. 1964 *An Introduction to Transformational Grammars*. New York:Holt, Rinehart amd Winston.

Charles H. 1958 *A Course in Modern Linguistics*, New York:Macmillan. Hockett.

Hu Shih. 1967 The Scientific Spirit and Method in Chinese Philosophy. //Charles M. (Eds.) *The Chinese Mind: Essentials of Chinese Philosophy and Culture*. Honolulu:The University Press of Hawaii.

Lees R B. 1957 Review of Syntactic Structures by Noam Chomsky, *Language 33(3)*:375-408.

Honda M, O'Neil W. 1993 Triggering Science – Forming Capacity Through Linguistic Inquiry. //Hale K. (ed.) *The View from Building 20 – Essays in Linguistics in Honor of Sylvain Bromberger*. Boston: MIT Press.

Pietarinen A. 2015 The Science to Save Us from Philosophy of Science, *Axiomathes 25 (2)*: 149.

Kawahara S. 2012 *Acoustic Bases of Sound Symbolism*, New Jersey: The State University of New Jersey.

（冯胜利　北京语言大学/天津大学语言科学研究中心）

# 王念孙"生成类比逻辑"中的必然属性及当代意义[*]

**摘　要**　科学不是技术而是思想。据此,文章发现乾嘉学术蕴藏着丰富的科学思想。什么是乾嘉的科学思想? 文章认为:乾嘉科学最典型的标志就是他们的"理必"思想。文章即在此前提之下,首先从王念孙生成类比逻辑揭示其理必的科学要素,其次说明:(一)国学研究若跳不出五四以来对传统小学的偏见和西式框架,则看不到乾嘉之学真正精华之所在;(二)乾嘉小学的科学性质不仅可与现代科学研究直接接轨,甚至可以纠正长期以来只重材料的经验主义之偏颇,弥补当代学术之不足。据此,文章呼吁回归理性主义的乾嘉理必之学(道理上而非材料上的必然),进而发展章黄的发明之学(揭明现象背后规律之学)。

**关键词**　《广雅疏证》　生成类比逻辑　理必之学　理性主义　乾嘉学派　章黄学派

## 一、引言

刘盼遂(2002)《高邮王氏父子年谱》说:王念孙在乾隆四十一年"以后四年,皆独居于祠畔之湖滨精舍。以著述至事,穷搜冥讨,谢绝人事"。于是奠定了"四辟六达,动搰合度,取精用弘,左右逢原"的

---

*　原文发表于《励耘语言学刊》2008 年第一辑,据此收入时略有修改。

学术基础,最终到达"大端既立,则触类旁通"的境界。然而,什么是王氏之"大端",刘盼遂未言,王念孙本人亦未告晓天下。我们认为,这个"大端"就是自戴东原以来"综刑名、任裁断"(章太炎评语)所开辟的有清一代的理必之学。① 段氏的理必之论因已有文专述,兹不赘,②而王氏之理必裁断,至今鲜有发明,故不揣梼昧,揭举数例,以见一斑:

《广雅·释言》:仪、愈,贤也。疏证:引之云:"《大诰》:'民献有十夫。'传训献为贤。《大传》作'民仪有十夫'。《汉书·翟义传》作'民仪九万夫'。班固《窦车骑将军北征颂》亦云'民仪响慕,群英景附'。古音仪与献通。《周官·司尊彝》:'郁齐献酌。'郑司农读献为仪。郭璞《尔雅音》曰:'轙音仪。'《说文》轙从车、义声,或作鑜,从金、献声,皆其证也。汉《斥彰长田君碑》曰:'安惠黎仪,伐讨奸轻。'《泰山都尉孔宙碑》曰:'乃绥二县,黎仪以康。'《堂邑令费凤碑》曰:'黎仪瘁伤,泣涕连漉。'黎仪即《皋陶谟》之'万邦黎献'也。汉碑多用经文,此三碑皆言黎仪,则<u>《皋陶谟》之黎献,汉世必有作黎仪者矣</u>。"

《广雅·释诂四》:襮,表也。疏证:襮者,《吕氏春秋·忠廉》篇"臣请为襮",班固《幽通赋》"张修襮而内逼",曹大家及高诱注并云:"襮,表也。"襄三十一年《左传》"不敢暴露",暴与襮声近而义同。《唐风·扬之水》篇"素衣朱襮",毛传云:"襮,领也。"《易林·否之师》云:"扬水潜凿,使石洁白,衣素表朱,游戏皋沃。"皆约举《诗》辞。则<u>三家诗必有训襮为表者矣</u>。

《广雅·释草》:苽,芦菔也。疏证:《尔雅》所释,或草与虫同名,芦菔之与蟺蜀是也。凡此者,或同声同字,或字小异而声不异,盖即一物之名,而他物互相假借者,往往而有,故观于蟺蜀,<u>而知芦菔之必不误也</u>。

---

① 戴震断言"《尧典》古本必有作'横被四表'者"曾引起有清一代诸多学者的注意和讨论,即其例也。按,乾嘉训诂中理必(logical certainty)和公理(axiomatic reasoning)思想(西方汉学家公认中国绝无者)从根本上说,是他们从对象(训诂、考据等)研究的求精、求密、求真(truth)的方法和目标中生发(或"逼")出来的结果。

② 此蒙王利、彭展赐协助检得如上诸条,补之于此以见段王理必之学,盖出一辙也。

由上可见,王念孙(与段玉裁一样)善用"必有"学理来"订误、发明"(陆宗达评语),不仅如此,冯胜利(2016:77-87)认为王氏还创造了另外一套"理必之法"蕴含在下面这类例子的分析之中:

> (1)《广雅·释诂一》:般,大也。疏证:《说文》:伴,大貌。伴与般亦声近义同。凡人忧则气敛,乐则气舒,故乐谓之般,亦谓之凯。大谓之凯,亦谓之般,义相因也。
>
> (2)《广雅·释诂一》:方,始也。疏证:凡事之始,即为事之法,故始谓之方,亦谓之律。法谓之律,亦谓之方矣。
>
> (3)《广雅·释诂三》:臧,厚也。疏证:凡厚与大义相近,厚谓之敦,犹大谓之敦也,厚谓之醇,犹大谓之纯也;厚谓之臧,犹大谓之将也。
>
> (4)《广雅·释诂四》:岑,高也。疏证:凡高与大义相近,高谓之岑,犹大谓之岑也;高谓之嵬,犹大谓之巍也;高谓之弼,犹大谓之奆也。

从例(1)可见:王念孙为了证明"般"有"大"义,从"般"与"凯"同义(都有"乐"的意思)的角度入手,说明"凯"有"大"义,则"般"也(应当)有"大"义,因为二者均有"乐"义;进而提出"乐则气舒"的原理,并借此推出"乐"有"大"义是"乐则气舒"的结果。注意:以"凯"释"般"是类比推理,但不是简单的形式逻辑上的类比推理。请看例(2)中各项之间的类比关系:

《广雅疏证·释诂一》:凡事之始,即为事之法,故:

始谓之方, 亦谓之律。

法谓之律, 亦谓之方矣。

我们知道,一般的类比推理(analogy)的公式是:

X 和 Y 都具有属性 p、q、r,

X 具有特征 F,

所以,Y 也具有特征 F。

例(2)中"凡事之始,即为事之法"这句"关键词"至关重要,它告诉我们：A 和 B 有"相生"的关系。① 词义运动在文化历史观念下衍生出的词义关系(如"始即为法")②可以示解为一种"相生"的关系。据此,我们不能说王念孙的类比义证是简单的类比逻辑。因为形式逻辑的类比推理公式(X 和 Y 都有 p、q、r,如果 X 具有特征 F,所以 Y 也有特征 F)里面的 X 和 Y,不含相生的关系。换言之,一旦类比项中 X 和 Y 彼此含有了"同源相生"的关系,根据冯胜利(2016)的分析,X 所具有的属性和 Y 所具有的属性就不是偶然的巧合(coinstance)或对应(correlation),而是具有了一定的必然性。原因很简单,凡同源(相同血缘)者必有同质共享成分(genetic certainty)。这就赋予了 X 和 Y 中"p、q、r……"系列中的各成分以"基因必然"的性质(基因效应)。③ 从这个意义上说,王氏的类比法蕴含着必然的要素。冯胜利(2016)进而将王念孙发明的这种"类比义证法"称之为"生成类比法(Generative Analogy)",认为这是王氏独创的、赋有必然属性的一种特殊的逻辑推理式。

## 二、《广雅疏证》中的"类比论证"

为发明王氏的"生成类比法",冯胜利、殷晓杰(2019)从《广雅疏证》中爬梳出 99 条类比义丛(具有类比性的语义关系丛)进行对比研究。例如:

---

① "相生"指"生或被生"的关系(语源学考证可确定之),然无论何种,均无碍这里的推论。《礼记·乡饮酒义》:"亨狗于东方,祖阳气之发于东方也。"郑注曰:"祖犹法也。狗所以养宾,阳气主养万物。"至今诸多西方法院判案之法,均据初始案例定罪,即反映出"凡事之始,即为事之法"的社会观念。

② 按,词义关系不是逻辑关系,尽管词义的语义学分析需要逻辑。

③ 从另一个角度而言,这里提出的生成类比法中"p、q、r……"的对应项可理解为该血缘成员中的基因系列,可以示解为 X 和 Y 的预测结果 prediction 或验证事实 verification,同样可以导致"生成类比逻辑"的必然性结果。兹事所预函者甚夥,容专文另述。

1. "忧敛乐舒"类比义丛

【原理】伴与般亦声近义同。凡人忧则气敛,乐则气舒。

【推演】故乐谓之般,亦谓之凯。大谓之凯,亦谓之般,义相因也。

2. "类律声义并同"类比义丛

【原理】类与律声义同。

【推演】故相似谓之类,亦谓之肖,法谓之肖,亦谓之类,义亦相近也。

3. "远大同义"类比义丛

【原理】凡远与大同义。

【推演】故远谓之荒,犹大谓之荒也,远谓之遐,犹大谓之假也,远谓之迂,犹大谓之吁也。

4. "大则覆有"类比义丛

【原理】俺与奄亦声近义同。大则无所不覆,无所不有。

【推演】故大谓之幠,亦谓之奄,覆谓之奄,亦谓之幠,有谓之幠,亦谓之抚,亦谓之奄。

5. "张大同义"类比义丛

【原理】凡张与大同义。

【推演】故张谓之幠,亦谓之拧,犹大谓之幠,亦谓之吁也;张谓之磔,犹大谓之祐也;张谓之彉,犹大谓之廓也。

6. "美大同意"类比义丛

【原理】美从大,与大同意。

【推演】故大谓之将,亦谓之皇。美谓之皇,亦谓之将。美谓之贲,犹大谓之坟也。美谓之肤,犹大谓之甫也。

7. "健疾相近"类比义丛

【原理】凡健与疾义相近。

【推演】故疾谓之捷,亦谓之,亦谓之壮,亦谓之偈;健谓之偈,亦谓之壮,亦谓之,亦谓之捷。健谓之,犹疾谓之咸也;健谓之武,疾谓之舞也。

8. "有大义近"类比义丛

【原理】有与大义相近。

【推演】故有谓之庞,亦谓之方,亦谓之荒,亦谓之幠,亦谓之虞。大谓之庞,亦谓之方,亦谓之荒,亦谓之幠,亦谓之吴。

就目前我们观察到的材料来看,上述类比推证法(严格说应为"生成类比法")在中国训诂学史(以至于中国逻辑史)上,未曾有过。需知:简单类比法的运用在王氏之前并非没有先例,"但其自觉度、类比项的多重性和纵横性,前此学者均不及王氏之深刻且自成体系"(冯胜利 2016)。这里值得一提的是,陆宗达先生在讨论古代"去"和"除"的词义的时候,首次继承、发展和拓宽了传统类比法在词义分析和对比上的使用,他在《训诂浅谈》(陆宗达 1963)里指出:"从'去'和'除'的对应的意义上,同样可以引申出'拿掉'、'杀死'、'宽恕'、'躲避'这些意义。"亦即:

**去** = 1. 躲避;2. 拿掉;3. 杀掉;4. 宽恕

**除** = 1. 躲避;2. 拿掉;3. 杀掉;4. 宽恕

**去**　1.　**躲避**　"公赋《南山有台》,武子去所,曰:臣不堪也。"(《左传·襄公二十年》)

　　　2.　**拿掉**　"卫侯不去其旗,是以甚败。"(《左传·闵公二年》)

　　　3.　**杀掉**　"不去庆父,鲁难未已。"(《左传·闵公元年》)

　　　4.　**宽恕**　"叔党命去之。"(《左传·宣公十二年》)

**除**　1.　**躲避**　"逃奔有虞,为之庖正,以除其害。"(《左传·哀公元年》)

　　　2.　**拿掉**　"天假之年而除其害。"(《左传·僖公二十八年》)

　　　3.　**杀掉**　"欲除不忠者以说于越。吴人杀之。"(《左传·哀公二十年》)

　　　4.　**宽恕**　"请以除死。"(《左传·昭公二十年》)

上述义列中各对应项,均可供类比互证。这是词义引申系列对比研究的首例,后来学界推出的"同律互证"(冯胜利 1982)、"同步引申"(许嘉璐 1987)、"相因生义"(蒋绍愚 1989)、"类同引申"(江蓝生 2000)、"同义衍生"(张博 2003:260)等对词义类比发展的分析和观察,都是基于上述现象的发现、扩充和发展。然而,读者若细审其中推理系统和机制,则不难看出,其类比对象在"多重线性连续集合"的关系方面,尚缺乏王氏义列类比"纵横交织"的生成属性,故其推理难以为"必"。

什么是王氏的"类推理必"呢?下面这段疏证文字代表了王氏推理的典型模式:

> 《广雅·释诂一》:捊,取也。疏证:凡"与"之义近于"散","取"之义近于"聚";"聚、取"声又相近,故聚谓之收,亦谓之敛,亦谓之集,亦谓之府;取谓之府,亦谓之集,亦谓之敛,亦谓之收。取谓之捊,犹聚谓之裒也;取谓之掇,犹聚谓之缀也;取谓之捃,犹聚谓之群也。

这种推理的论证方法和境界,至今很难模仿;唯近代学者张舜徽先生在解释"楥"与"匵"时,显示出他的"悟道"之功,可谓对王氏的交叉生成类比法体会入微,且发挥尽致:

> 匵即楥之或体,犹栝之籀文作𣟵,𪉖之或体作𪉖耳。盖匵之言窦也,谓中空也。匵谓之匵,犹沟谓之渎,皆取义于中空也。匵之义通于窦,犹匦之义通于窬矣。

这是一种什么样的推证模式呢?下文就概括说明笔者 2016 年对此的分析,并给予补充、说明和发挥。


## 三、王念孙"生成类比法"的原理和分析

冯胜利(2016)将《广雅疏证》中的 99 条类比例证分为两类:(1)"线性类比式逻辑"(一般类比);(2)"多维关系式逻辑"(纵横类比)。

### 3.1　线性类比式逻辑

若以上面最典型的"捊,取也"之例说明之,则该条例证的逻辑关

系可解之为"线性(单向)类比关系矩阵",亦即由二至三个语义串构成"方类"(语义项矩阵):

$$A=a,b,c,d,(聚 \in 收、敛、集、府)$$
$$B=a,b,c,d,(取 \in 收、敛、集、府)$$
}同义对应词

这是王氏类比逻辑的基础式,亦即取"A 谓之 x,亦谓之 y,B 谓之 x,亦谓之 y,故……"。它在类比逻辑中的推理模式是:

X 和 Y 都具有属性 p、q、r,

X 具有特征 F,

所以,Y 也具有特征 F。

## 3.2  多维关系式逻辑

王氏理必的精华在他类比论证的第二层:给出了基础式中类比项之间的"相生关系"(用"↕"表示):

$$A=x,y,z;(聚 \rightarrow 裒 \rightarrow 缀 \rightarrow 群)$$
$$B=x,y,z;(取 \rightarrow 捊 \rightarrow 掇 \rightarrow 捃)$$
}同源词

这里王氏首先建立起一个"聚"和"取"对应的"同轨义串",然后,再进一步发掘它们在同源系列上的对应关系,亦即"取"可以说成"捊","聚"也可以说成"裒"……。这一步至为关键:"取和聚"是同源词、"捊和裒"也是同源关系("缀和掇""群和捃"都是同源关系)。这便铸就了多条"同源义串"之间,串与串共享的"基因"关系和属性。换言之,义串彼此之间的对应关系是"生成对应性"的关系;这是构成"生成类比"逻辑系统的核心环节。

我们还需注意的是:生成关系不仅发生在与"取和聚"对应的一组亲缘族系上,同时还发生在与"取和聚"对应的"多组"亲缘族系上,如:

取谓之捊——拿起来,聚谓之裒——捊=裒:把对象捧起来

取谓之掇——捡起来,聚谓之缀——掇=缀:把对象连在一起

取谓之掇——收起来,聚谓之群——掇=群:把对象集在一起

　　这个纵向同源矩阵与上面横向同源矩阵及他们各自之间的彼此对应类比项,构成了一个立体的"三维网阵型"类比系统。面对这样一个以类比为基础、以不同生成源系纵横交织为方式而形成的论证体系和模式,我们有足够的理由说王念孙的"类比义证法"不是形式逻辑中简单的类比逻辑。比较:

　　Ⅰ-横向生成式

　　X＝聚,Y＝取,那么,

　　X 和 Y 都具有属性 p＝收,q＝敛,r＝集,

　　X 具有特征 F＝府,

　　所以,Y 也具有特征 F＝府。

　　Ⅱ-纵向生成式

　　∵ 聚谓之收、谓之敛、谓之集,

　　取谓之收、谓之敛、谓之集。

　　聚亦谓之府,

　　∴ 取亦谓之府。

　　Ⅲ-生成类比逻辑

　　X 和 Y 都具有属性 p,q,r,

　　如果 p,q,r,具有衍生关系,

　　且 X 和 Y 具衍生关系。

　　则 X 和 Y 的属性系列可以被预测和验证为真。

Ⅰ和Ⅱ都是简单的类比论证。然而,王氏的"类比义证"并未止于此。(详论参冯胜利 2016)王氏的方法是用 X 和 Y 的相同特征来说明 X 和 Y 有"对应关系",而这种"对应关系"本身不是任意的(因为 X 和 Y 有基因传递的必然性)。这就是Ⅲ中的"衍生关系"。这种"衍生关系"在王氏的义证里实现为词义之间的"引申"或"派生"关系。因此,如果 X 和 Y 都分别具有一个集合{p→q→r},且 X 和 Y 二者本身具有"亲缘"

关系,那么它们自然(从遗传基因的承袭性上)具有生产"对应性集合(子体系统)"的派生能力,因此造成子系集合的对应关系。冯胜利(2016)指出:这才是王念孙"义从类证"的精髓所在。下面的图示把上面抽象的分析具体化和模型化,更便于理解。

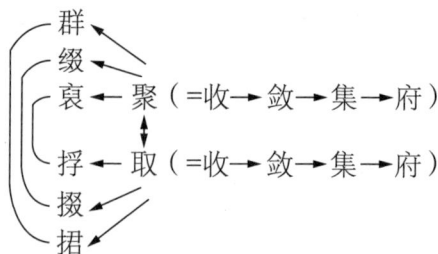

群
缀
哀 ← 聚(=收→敛→集→府)
捊 ← 取(=收→敛→集→府)
掇
捃

王氏创造的这种生成类比法[①],在中国学术或逻辑史上(无论将来的逻辑学家如何评骘它的地位和贡献),均堪称首创。[②] 在乾嘉学术的历史长河中,段王二人公认为清朝 300 年学术史上的佼佼者,之所以如此,与王氏独创的"生成类比逻辑"(冯胜利 2016)和段氏发明的"理必演绎逻辑"(冯胜利 2014)是分不开的。二者可谓珠联璧合、相映成辉,构成乾嘉科学理论最富有公理思想的中华智慧史上的交响乐章。[③]

令人遗憾的是,这曲学理逻辑的中华乐章至今湮没无闻,鲜有发明和继承,唯张舜徽先生(2009)在《说文解字约注》中解释"椄"与"匶"关系时,用到此法,让我们看到段王逻辑的运用,仍不绝如缕:

匶即椄之或体,犹栝之籀文作𣝚,䪜之或体作𩎟耳。盖匶之言窦也,谓中

---

① 当然,生成类比法作为一种逻辑方法,本文提供的只是一种理论的假设,而如何在逻辑演算上验证该方法的真值及预测属性,则有待进一步的研究。

② 有的学者问:"乾嘉学者有没有颠覆什么?"如果本文论证可以成立的话,那么这里"同源类比对应律之论证方法"所反映出来的"理必"思想,对传统的"中庸"观念就是一种直接的颠覆,因为从理论上讲,理必不容中庸。

③ 若如本文所论乾嘉学术确含科学,则对西方至今认为"中国思想缺乏演绎论证"之说构成一个致命的挑战。参 Goldin(2017: 41-62):"One longstanding criticism of Chinese thoughts is that it is not truly 'philosophical' because it lacks viable protocols of argumentation... satisfactory argumentation must be deductive."

空也。匵谓之匱,犹沟谓之渎,皆取义于中空也。匱之义通于窦,犹匬之义通
于窬矣。

其取证的类列包括如下几个方面:

(1)同类(匣、盒)

(2)同义(沟、洞)

(3)同质(匚＝木:桮匳、楬:匱、櫼:匲)

(4)同源(匱之言窦＝沟谓之渎＝匬之义通于窬)取义中空

注意:(1)、(2)、(3)中的例证仍属类比逻辑,而(4)中"同源"纵
向关系的贯穿,将类比逻辑提升到"生成类比逻辑"的高度,其结论不
再是"某有某义",而是"某与某"之间的关系的存在和确证。具言之:
匬与窬的关系＝沟与渎的关系＝匱与窦的关系＝木与匚的关系。再进
而言之,"匬与窬"有关系是一个平面,"沟与渎"有关系是另一个平面,
"匱与窦"有关系是第三个平面,这三个平面中的前与后二者之间的关
系都共享同一 DNA——中空,同时又共享造字平面上的"木与匚"的关
系并以此来表现。如此"交叉/立体式相关类比"的对应咬合的论证
法,正是王念孙理证之法的精华所在。

当然,一定有人怀疑王氏之类比论证究是否真的含有必然属性。
这种怀疑并不奇怪,因为黄季刚先生发现的上古音 28 部和 19 纽间的
互补分布(李思敬 1996;何大安 2001)就长期被误解为是乞贷论证
(林语堂 1928;王力 1978;李思敬 1996)。王念孙的生成类比逻辑不
能为人"一蹴而解"(解释和理解),也不足为怪。这个问题的关键之处
是我们对什么是科学逻辑缺乏基本的正确认识和了解。譬如,表面看
去,王氏的论证方法很难直接让人得出其运算真值的必然属性,非但如
此,甚至还可能误解他是在循环论证:用"取＝收、敛、集、府"说明它和
"聚＝收、敛、集、府"相同,又用"聚＝收、敛、集、府"说明它和"取＝收、
敛、集、府"相同。事实上,就像被人误解为"循环论证"的"黄氏互补分
布"一样,其背后皆有彼此"相挟"的"共构"关系,因此其相关必然的属

性早已暗铸其中。请看巴赫（Bach 1964：93）的解释：

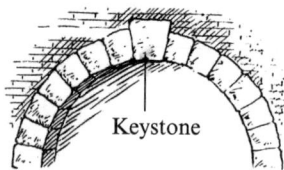

**图1**

用不同的规则论证理论各个方面的正确,回过头来又用理论来说明规则的正确——表面看来这是一种恶性循环的论证。但是,这种印象是建立在一种对科学推理过程错误理解的基础之上。推理在实验科学中并不是按照线性的形式进行的(像这里强调的那样),它是以所有成分全方位同现的形式进行的(proceeds on all fronts simultaneously)。我们不是在建造金字塔,而是在构建"楔形拱式桥",其中每一块楔形石必须同时承力才能成功。①

巴赫揭橥的"共构同力"推论法,实际就是物理学引力轴心下的三维共构成分间的互存原理的体现,同时也是王念孙纵横生成类比法的"理必"原理之所在。这当然不是说王念孙的思想源于巴赫(二者相差二百年),然而,这种"共构同力"的"相挟"逻辑关系,不仅王氏,就是乾嘉时代的其他学者的研究里面,亦不乏见。如：

> 音学须览其全,一处有阙,则全体有病。(江永《古韵标准》)
>
> 苟尽去之(指合韵说——引者),则仆所分十七部之次第、脉络亦将不可得而寻矣。(段玉裁《经韵楼集·答江晋三论韵》)

显然,这些都是系统中成员"多重咬合"逻辑思想的不同体现。黄季刚

---

① 原文是："It may appear as if our reasoning is circular in a vicious sense. We use various rules to argue for aspects of the theory and then turn around and use the theory to argue for the correctness of the rules. But this impression is based on an incorrect view of the process of scientific reasoning. Reasoning in an empirical science does not proceed in a linear fashion (as I shall stress here). It proceeds on all fronts simultaneously. We are not constructing a pyramid but rather a keystone arch, in which all the pieces must be held up at once."

先生在论音形义三者关系时说：

> 三者虽分，其实同依一体：视而可察者，形也；闻而可知者，声也；思而可得者，义也。有其一必有其二，譬如束芦，相依而住矣。

这是对段氏之系统成员彼此咬合之说的进一步概括。季刚先生在论声母与韵母的关系时说："声之与韵，相挟而变。"其中"相依而住""相挟而变"反映的就是拱形桥下"楔形石互为存在条件"的思想。①

值得注意的是：如果我们没有形式逻辑的帮助，没有巴赫拱形桥的启示，我们或许认识不到或看不出王念孙的理论竟有如此深刻的内涵、如此丰富的内容、如此严密的逻辑。这里不由让我想起王国维（1993：5-6）在《哲学辨惑》中比较西方学术和中国传统的时候的话。他说：

> 余非谓西洋哲学之必胜于中国，然吾国古书大率繁散而无纪，残缺而不完，虽有真理，不易寻绎，以视西洋哲学之系统灿然，步伐严整者，其形式上孰优孰劣，固自不可掩也。……且欲通中国哲学，又非通西洋之哲学不易明也。……异日昌大吾国固有之哲学者，必在深通西洋哲学之人，无疑也。②

中国传统学术里面潜有真理和宝藏，这无可异议；然而要么古籍残缺不全，要么古人没有明言。所以没有特殊的工具则发掘不出。王国维这里谈的虽是哲学，然经学、史学及训诂学，均事关哲学甚至传统科技，其背后暗示或暗藏的，都是中国学术史上有待发覆的重大问题，正需中西结合的理论工具，将其发掘出来，使之重现日月之光。这里所要指出的是：西方的语言科学（Larson 2009）、科学哲学（philosophy of science）等科学性理论工具，在中国日益普及；我们正处于一个千古难逢借此理解、发掘和继承传统学术精华的大好时代！

---

① 奥卡姆剃刀定律（Occam's Razor）也谓多余条例是系统的大敌。

② 同样的思想亦见蒋廷黻（1932）："我以为不通西洋政治学的人，绝不能对中国的政治思想或制度的研究有所贡献。其他社会科学亦然。我们必须中西兼顾，然后能得最大的成功。"

## 四、当代意义

王氏《广雅》之学的当代意义,还有待长期和深入地研究与开发。事实上,开发的对象不仅是他的《广雅》学,更在于王氏其他训诂实践中隐藏和体现的学理思想及科学方法。能否充分认识和做到这一点,一方面取决于我们对什么是科学思想的认识和理解,另一方面取决于我们对训诂实践中潜藏的科学思想的爬梳和挖掘。这两个方面正是以往学术史和思想史研究的缺欠或空白。一般的学术思想史的研究主要关注了历史、文化、思想、道德和哲学方面的内容,很少从科学的本质和观念上,探讨中国传统学术里面的科学思想,更不用说从训诂材料里面看科学了。然而,王念孙(以及乾嘉一代的学者,尤其是皖派学者)的学术精华及其当代意义,就在他们的训诂考据之中——不是一般所谓考据方法[如胡适(1967)所谓科学的精神和方法],而是他们科学的理念、思想和理必论证法。曹聚仁(2003:296,287)在《国学十二讲·八》中的《浙东学派》一节里,一语破的:“用现代语来说,皖学长于分析,戴东原和王念孙、引之父子考证名物,其细密精审,和欧洲十九世纪大科学家相比,毫无逊色,只是研究的对象不相同就是了。”因此,如果对“和欧洲十九世纪大科学家关注的不同”的训诂材料不了解或不精通,那么其中之“毫不逊色的细密精审”的科学思想,也便无从谈起。曹聚仁还说:“攻读中国古书,而不接受王氏父子的字词诠释的话,简直等于面壁而立,无所从入的了!假如他们研究的对象是自然科学的话,他们便是达尔文、法布尔那样的科学家了。”为什么曹聚仁如此鞭辟入里的见解至今鲜为人知、鲜有提及呢?这和我们对科学的理解直接相关:把科学片面地理解为技术而不见其思想属性和本质,可谓其源。科学是思想,因此本文所要揭橥发覆者,就在王氏之学的科学思想和他训诂分析中的科学属性。王氏之学的现代意义,无疑很深很广,本文旨在发凡起例,从两个方面看其学术的前瞻性:(1)王氏之学乃主观之学而非材料之学;(2)王氏的训诂材料乃由推演而得并非盲目搜取。下分别论述之。

## 4.1 王氏之学乃主观之学

何谓主观之学?兹姑以章太炎为例而明之。甘蛰仙(1924)在论章太炎学问时有一处最为精辟,他说:"太炎先生之学,主观之学也。"今天,"主观"这个词指的是"唯心、不客观",然而二十世纪二三十年代,"主观"一词的含义不是英文的 subjective,而是相当于 rationalism 这一学理术语的概念。请看太炎自己对"主观之学"的定义:

> 主观之学,要在寻求义理,不在考迹异同。既立一宗,则必自坚其说;一切载籍,可以供我之用,非束书不观也。虽异己者亦必睹其籍,知其义趣,惟往复辩论,不稍假借而已。(《诸子学略说》)

甘蛰仙所说"章太炎之学即主观之学",即谓治学目的"在寻求义理,不在考迹异同"、在"立宗,坚说"而不在唯古是求(如吴派惠栋之学)的学理路数。因此,对主观之学而言,材料、载籍,均是"供我之用"的工具。不难看出,"主观之学"就是(或相当于)今天的"理性主义(rationalism)"。因此甘蛰仙对章太炎的评价,用今天的话来说就是:"太炎先生之学,理性主义之学也。"中国学术有理性主义吗?议者或以为我们在有意拔高。本文提出:乾嘉的皖派学者是当之无愧的中国理性主义的创始人,[1]他们的学术无疑是中国科学思想史上的最佳代表,[2]只是我们以前没有认识到这一点而已。什么是皖派之学?章太炎自己评论皖派学术时给出的千古名断是如下六字:"综刑名,任裁断。"把这八字之意译成今天的术语,我认为就是"统合逻辑,断定必

---

① 注意:这里说的理性主义与宋代以来的理学概念,其原理和性质都是不同的。
② 有必要指出,这里讨论的戴震只侧重他的科学思想,其哲学思想,当另文别论。

然"。这样的学理不是理性主义是什么？周予同（1996：518）说："大概地说：他（章太炎——笔者按）潜心治学的方法，承袭古文学派的皖派的考证学。"据此，章太炎的主观之学所继承的就是戴震所创皖派学术"综刑名，任裁断"的理必科学之精华。高邮王氏是戴震的高徒，自然是理性主义的代表之一。事实上，王念孙不仅是当时理性主义的杰出代表，更是乾嘉理性学派的实践者和开拓者。本文开篇所引刘盼遂《高邮王氏父子年谱》，说到王念孙在湖滨精舍四年"穷搜冥讨，谢绝人事"，最后"大端既立，则触类旁通"。其中"大端立而后旁通"的次序，本身就告诉我们：王氏之学是用"大端"（的理论）来统帅（和解释）各种类别的材料——用理性来统御现象和材料。本文所揭举之"王氏主观之学"者，就是指此治学立论和分析现象的程序与过程。当然，刘盼遂只发现了王氏"发明道理在先（大端既立）而贯通材料（触类旁通）在后"的立学程序，而其中之"理（＝大端）"究竟是什么，却未能发覆，留下一个学术史上的长期未解之谜。根据本文的研究，我们认为这个"大端"（至少是其中之一）就是上文揭示的"生成类比逻辑"所函预的必然属性：王氏发现了"意义相近的一类词"可以根据类衍逻辑同步而行，于是发展出另一组对应义列词。而发展和被发展的词的意义之间的同源性质（genetic/cognate relation），决定了它们之间的关系绝非偶然。以前举之例观之：

【原理】美从大，与大同意。

【推演】故大谓之将，亦谓之皇。

美谓之皇，亦谓之将。

美谓之贲，犹大谓之坟也。

美谓之肤，犹大谓之甫也。

理性分析（主观之学）告诉我们："大谓之将，亦谓之皇"这种词义现象，如果不是偶然，则"必有其邻（道不孤）"——必然可以理性地（主观地）得出一个道理：美与大同意。注意：得出这条道理并不是最终的目的——这是理性主义和经验主义的最大不同——道理得出只是起点,下面的任务是如何用这条道理去"触类旁通"!换言之,如果"美与大同意",那么含有"大"的意义的词,就可以、也应该、或必然可能(如果是同源的话)发展出"美"的意思来。①《广雅疏证》的精华就在于它成功地利用了这种"生成类比法"(或"类衍逻辑")来系联、测探和验定出大量的古代同源词;与此同时,创新和发展了汉语的文献词义学(和逻辑方法)。从这个意义上说,王氏之学确乃主观(=理性)之学。

最能证明王氏之学乃主观之学者,是王念孙利用类比原理所推出的意义来解释词义,而不仅仅是用古人的成训来训释和核实词义。请看《广雅疏证》卷一上"奄,大也"下的注疏:

> 奄者,《说文》:"奄,大有余也。从大申。申,展也。"《大雅·皇矣》篇"奄有四方",毛传云:"奄,大也。"《说文》:"俺,大也。"俺与奄亦声近义同。大则无所不覆,无所不有。故大谓之憮,亦谓之奄;覆谓之奄,亦谓之憮;有谓之憮,亦谓之抚,亦谓之奄。矜怜谓之抚掩,义并相因也。

人们对王氏训诂的一般印象是:王氏训诂,每下一训,义必有据——有古代注释家的成训为实据。其实并不尽然。王氏父子当然熟悉并善用汉代注释家的典籍成训并以此来解证词义,然而他们的训诂分析远未局限于此;对他们来说,更重要的是善用理据来"推释"词义——故称之为"理训"(与段氏"理校"适可交映成辉)。请看我们为上面王氏训诂找出的出处(古注根据):

> 奄,大也。《大雅·皇矣》"奄有四方"毛传。
>
> 憮,大也。《小雅·巧言》"乱如此憮"毛传。《尔雅·释诂》。
>
> 奄,抚也。《大雅·韩奕》"奄受北国"毛传。
>
> 奄,覆也。《鲁颂·閟宫》"奄有龟蒙"郑玄笺。

---

① 注意:"必然可能"与"或然可能"截然不同。斯事至大,当另文专述。读者可参施春宏(2010)。

　　幠，覆也。《说文·巾部》。《仪礼·士丧礼》郑玄注。

　　幠，有也。《尔雅·释诂》。

　　抚，有也。《礼记·文王世子》"君王其终抚诸"郑玄注："抚犹有也。"《广雅·释诂》。

　　奄，有也。前人无此成训。

不难看出，王氏所谓"有谓之幠，亦谓之抚，亦谓之奄"中所依据的"奄，有也"，并不见于古注。不见古注何以王氏仍然说"奄"有"有"义，且加以推演，并将其收入类比系列之中呢？无疑，这是从"大则无所不覆，无所不有"的"义通原理"上，以理推之的结果：因为"抚、奄"均有"大"义（据前人成训），又因为"大则无所不覆、不有"（王氏的概括），故"抚""奄"亦有"有"义（理推所得）。在我们从《广雅疏证》爬梳出的99条类比义丛中，至少有53处的词义训释没有古注的来源，皆从"以理推义"的"理训"中所得。这种以理推义的"理训法"和其师戴东原的"以音证义，以义证音"的理性推演法，以及和同门段玉裁的"理校法"，同出一辙。王氏之学乃主观之学者，此之谓也。

## 4.2　王氏《广雅疏证》的材料多由推演而致

　　王念孙是清朝著名的考据学家。考据学家最注重的当然是材料。重材料没有错，但比材料更重要的，或王氏之学所以为王氏之学者，乃在于王氏学术体系中的大量材料是理论导引的结果。再具体一点说，王氏关注、收集、诠释、发现的材料，是他从自己的理论里推出来的、是他证明理论的需要和工具。从上文的引例中可以清楚地看出这一点，譬如：

　　《广雅·释诂一》：将，美也。疏证：将者，《豳风·破斧》首章"亦孔之将"，毛传云："将，大也。"大亦美也，二章云"亦孔之嘉"，三章云"亦孔之休"，将、嘉、休皆美也。将、臧声相近，"亦孔之将"犹言亦孔之臧耳。美从大，与大同意。故大谓之将，亦谓之皇。美谓之皇，亦谓之将。美谓之贲，犹大谓之坟也。美谓之肤，犹大谓之甫也。

在解释《广雅》"将,美也"的时候,王念孙没有根据古人成训来疏证这条训诂,原因很简单,除了《广雅》以外,汉以前的注释家没有留下"将,美也"的训解。在这种情况下,如何进行"雅书"疏证?这就是王氏发明的"生成类比逻辑"的训释法。析言之:"将"训"美"是因为"将"有"大"的意思。又因为古代"美与大同意",所以不仅"大"的意思可以用"将"说,"美"的意思也可以用"将(皇/藏)"说。何以见得这种"义通"之说是正确的呢?换言之,怎样证明"大"与"美"二义之可通?于是疏证上古词义的工作,就变成证明二义相通之"理"的发明与验证。这就逼着王氏去寻找能够证明该组词义关系之理的新材料。一旦王氏建立了"大"和"美"之间的二义相关的义通轨道(义轨),这种关系就不能只出现在一个或一对词上,而必须有其他类同的例证,才能证明这种关系的存在和必然,于是理论"倒逼"王氏有目标地去发现、去探寻,结果找到了"赍/坟(一声之转)"有"大"和"美"的意思,以及肤/甫(一声之转)同样有"大"和"美"的意思的新材料(以前不曾有过的材料)。有了这些材料,便可断知"将/皇(一声之转)"的原理——"将"有"大"和"美"的意思不是偶然的现象或臆断的猜测。不难看出,"赍/坟"与"肤/甫"不是随意收集的材料,而是理论驱动的结果。

事实上,没有类比逻辑思想的前导(亦即理性思维的指导=主观之学),王氏不会做《释大》,尽管至今我们对《释大》背后隐藏的深刻思想和意图还没有完全发现和理解。但无论如何,从本文的分析上看,我们可以清楚地洞见:没有类比逻辑的导引,王氏不会主动、自觉地把"赍/坟"与"肤/甫"排列在一起进行生成性类比的论证。因此,王氏的材料不是傅斯年"上穷碧落下黄泉,动手动脚找东西"式的上天入地、四处搜寻而得来的;相反,它是为了证明一个理论、一个思想、一个观点,或一个关系而去有目的、有方向、有线索、有程序地探测出来的结果。因此,我们说王氏父子的训诂材料是其理论推演的结果。

最可证明这一点的是王引之的《经传释词》。

人人皆知《经传释词》是一部奇书、一部划时代的巨著。然而,它是怎么产生的,却很少有人深究。人们一般都把它当作乾嘉考据学者辛勤读书、归纳和总结的结果。其实不然,它不是从浩瀚的材料里找出来的,而是"大端既立"的理论逼出来的。几千年来训诂学家哪个不披星戴月地读书、哪个不"碧落黄泉"地搜寻,企图找到一鸣惊人的结果呢? 然而,谁也没有找出《经传释词》那样的旷世之材(语料)。为什么呢? 因为以往的学术没有乾嘉式的"理必"方法、没有理性指导的材料发掘——这不能不说是一个重要(甚至决定性)的原因。我们看一下王引之在《经传释词·自序》里是怎么说的,便可悟出一二:

> 自庚戌岁入都侍大人,质问经义,始取《尚书》廿八篇绎之,而见其词之发句、助句者,昔人以实义释之,往往诘为病。窃尝私为之说,而未敢定也。及闻大人论《毛诗》"终风且暴"、《礼记》"此若义也"诸条,发明意恉,涣若冰释,益复得所遵循,奉为稽式,乃遂引而伸之,以尽其义类。自九经、三传及周、秦、西汉之书,凡助语之文,遍为搜讨,分字编次,以为《经传释词》十卷,凡百六十字。

这里前几句特别值得注意:读书时察觉前人之解有未当者(诘为病),于是形成了己见(私为之说)。这很重要,因为"己见"不是在成批的新材料里形成的(那时还没有成批有序的材料),而是读书(积累)时,从随意偶得的直感里产生的想法。王引之的这段文字当逐句分析才能得其要旨、才能见出他发明古代虚词语法的经过和历程。兹试释如下:

(1) 绎绎之,而见昔人以实义释之往往诘籀为病【观察阶段 observation,直感 instinct】

(2) 窃尝私为之说,而未敢定【思考阶段, abduction 溯因、① 理设 hypothesization,定性 characterization】

(3) 闻大人论"终风且暴""此若义也"发明意恉【创说阶段,发明其中的

---

① 溯因推理导源于 Charles Sanders Peirce(1839—1914),转引自 Reilly(1970)。

道理,获得 insight】

（4）复得所遵循,奉为稽式【立论阶段,建立通理 generalization,高端研究
　　的前提模式】

（5）遂引而伸之,以尽其义类【演绎阶段 deduction,科学研究的最高
　　阶段】

（6）凡助语之文,遍为搜讨【verification 考证阶段,研究过程的最后阶段,
　　亦即理论指导下的搜寻材料,以期证实 verification 与证伪
　　falsification】

（7）分字编次,以为《经传释词》【收获阶段,化为研究成果】

　　这简直就是王氏父子（甚至有清一代学者）治学路数的具体写照。
首先是沉浸于典籍（绅绎《尚书》廿八篇）,而后才有己见（察觉昔人之
病）。这种"见",用今天的话说就是直感。在这个基础上才能产生初
步的想法（私说）。科学哲学［参 *Charles Peirce's Theory of Scientific
Method*（Reilly 1970）］告诉我们：观察的直感加上初步想法是发现规
律不可缺少的重要步骤或环节（abduction）,而待到上面阶段积累到一
定的程度（所谓"众里寻他"的"千百度"）时,才会有"蓦然回首"式的
"灯火阑珊"的飞跃——意旨的发明（＝规律呈现）。这里"发明"一词
极为重要,它是中国传统学术中的一个理性主义的关键术语,意思是：
"使（对象背后的道理/规律）显现出来。""发明意旨"是使动结构,意
谓"使（自己原来私说的现象背后的深层）意旨（规律）显露出来"。这
个飞跃（认识到虚词在音不在字的规律——今天的"字本位"恰恰反其
道而行之,悲哉!）是在他父亲讨论"终风且暴"（＝既风又暴）一类现象
时,受到启发而豁然开朗（顿悟）的。当然,这时他仍处于所谓初获
insight 的阶段（insight＝卓见或卓识）。待到把思想变成规则,就是下面
说的"稽式"（立论）阶段,才是学术自觉的理性（或理论）高度。可以
说,这是王氏父子（乃至乾嘉学术）治学的时代特征,即今之
generalization（建立通理）,是高端研究的必要前提,也叫 middle level

generalization，是对有关研究现象一般性概括或设定模式。从这个意义上说，"稽式"也可以理解为"规则"。显然，对王氏来说，"规则"的建立是下面第（5）、第（6）两个更高研究阶段的开始或基础，而不是终结。

注意：在此［第（4）阶段］之前的材料和在此之后的材料，是两种不同性质的材料。前者我们称作"触发材料"——触发卓见、建立通理的材料（溯因材料）；第（5）、第（6）两阶段所发现的材料称作"推证材料"——推演出的、供予验证的材料（如上文的"赍/坟"与"肤/甫"）。触发材料是普通材料、一般材料或初步分类的毛坯材料；推证材料是新发现的、从来没有意识到（或非此不可能有）的材料（包括从未得解的老材料）。显然，前后两种材料的性质是截然不同的，在科学哲学的分类里，前者叫现象，后者是事实。

那么王引之是怎样得到"推证材料"的呢？这就是第（5）个阶段的"引而伸之，以尽其义类"的演绎操作（deductive operation）。这是研究的最高阶段，因为这是事关通理"真伪"判断的关键步骤：没有"引而伸之"不能证其"是"，没有"以尽其义类"不能得其"必"。而如要引申、如要尽类，则需有方向、有目的、有计划、有程序地去发掘材料，于是才有了下面"凡……遍……"的操作项目——既是预测（prediction），又是验证（verification）。这一阶段所以重要是它告诉我们：王氏学术的材料是推出来的，而不是随机盲目地、上天入地、四面八方地找出来的。正因如此，《经传释词》的材料带有理性主义的两大特征：一是涣若冰释的现象在《释词》里俯拾皆是（如"终风且暴"）；二是牵强的例子其中也偶有所见。人们一般看到的是前者。然殊不知后者也是"推证材料"的一个不可避免的"负"产品。原因很简单，当在"主观/理性"思想指导下对所需材料"遍为搜讨"的时候，材料越多可提供的具有事实意义的证据就越强，其理论的威力就越大。因此，为增强事实的说服力和展现所创理论的巨大威力，原创者总不免把有些近似的材料也纳入彀中。这就是为什么俞敏先生（1987）在《经传释词札记》里至少十数处批评王氏"或失之贪"——"贪"字用得非常妙,形象地说明了王引之"有理欲明"而急于求证(或破解)的迫切(但健康)的学术心态;这和仅仅用材料之"奇"来炫人耳目的取巧心态截然不同。俞氏的批评是中肯的,但我们要看到的是王氏所以失误的自然性的另一面:越是理性主义的突破,其推证材料偶有偏误就越是一种自然的结果。可以说这是原创性思维无法避免的一种常规代价吧。①

　　总之,对王氏而言,如果没有发明,就没有冰释;没有冰释,就没有稽式;没有稽式,就没有引伸和尽其义类,也没有"凡助语之文,遍为搜讨"的操作项目及其最后的"编次"成果。

## 4.3　理性主义的发明之学

　　王念孙在《广雅疏证·自序》中讲:"今则就古音以求古义,引申触类,不限形体;苟可以发明前训,斯凌杂之讥,亦所不辞。"不难看出:"发明前训"是他疏证《广雅》(及其整个学术)的目的和宗旨。上文讲过,"发明"一词是中国传统学术中的一个理性主义的关键术语,意谓"发之使明"或"使(现象背后的规律)显露出来"。如果说王念孙的学术是皖派"综刑名、任裁断"的主观派或理性主义,那么其学术之极,旨在"发明",则是理性主义自然而然的学理归宿。事实上,贵"发明"不仅是王念孙的学术要旨,它更是整个乾嘉学术以至传至后代的章黄之学的最高目标与圭臬。请看王念孙如何评述段玉裁的学术成果:

> 吾友段氏若膺,于古音之条理,察之精,剖之密。尝为《六书音均表》,立
> 十七部以综核之。因是为《说文注》,形声读若,一以十七部之远近分合求之,
> 而声音之道大明。……训诂、声音明而小学明,小学明而经学明,盖千七百
> 来无此作矣。(王念孙《说文解字注·序》)

---

① 但这一代价可以激发后人更精密的分析[如俞敏(1987)的《经传释词札记》],而炫人取巧的代价则是增长后人侥幸的心理。前者之失与后者的性质,截然不同。

所以"千七百年来无此作"者,乃段玉裁能"明声音、明小学、明经学"之"道"。这里"明"字是关键词。江沅在其评价《说文解字注》时也用"发明"二字以为说:

> 先生发明许书之要,在善推许书每字之本义而已矣。……形以经之,声以纬之,凡引古以证者,于本义、于余义、于引申、于假借,于形、于声,各指所之,罔不就理。……具是书以为的,则许氏箸书之心以明,经史百家之文字亦无不由此以明。(江沅《说文解字注·后序》)

事实上,不只乾嘉学者,就是民国初年的太炎先生,他在评价黄侃古音二十八部十九纽的成果时也说"此亦一发明"①。章黄嫡传,本师陆宗达先生(1963:11)在评论皖派时所强调和注重的,同样是"发明"。他说:

> ……以戴震为代表的"订误"派。这一派以纠正旧注、创立新说为主。目的是:发展语言文字科学,批判旧注、发明新义,从而提出自己的新理论,使训诂学进一步提高。清代训诂学家段玉裁、王念孙、俞樾等人都属于后一派。

颖明先生不仅清楚地点明什么是"发明",而且释以新义:发明就是创立新说、提出新理论、发展语言文字科学。这是对传统学术精髓的最好诠释。

然而,今天的现实却令人惋惜和深思。当我们受到王念孙"理性主义"启发,认识和发掘传统学术科学精华的同时,看到却是这个千古辉煌的理性传统被中断(甚至阉割)的惨痛历史。对此体会最切、理解最深、阐释最明的,是季刚先生。他的看法是通过吉川幸次郎(2006:101)公之于世的:

> 幸次郎于此公(指季刚先生,引者)私淑有年,昔江南之游,税驾金陵,亦

---

① 章太炎(2015)《菿汉微言》曰:"黄侃云歌部音本为元音,观《广韵》歌戈二韵音切,可以证知古纽消息。如非、敷、奉、微、知、彻、澄、娘、照、穿、床、审、禅、喻、日诸纽,歌戈部中皆无之,即知古无是音矣。此亦一发明。"

职欲奉手此公故也。通名抠谒，即见延接，不遗猥贱，诰以治学之法，曰："所贵乎学者，在乎发明，不在乎发见。今发见之学兴，而发明之学替矣。"

"学贵发明"，这是对中国传统之学的学术要旨最精辟的概括和阐释。我们看到，中国的"理性主义（rationalism）"思想发展到季刚先生，第一次破天荒地将其概括为"发明"二字，并把它提高到中国学术之根本（范式）的高度，提出"中国之学不在发见而在发明"的核心议题。我认为：黄侃先生这一论断，堪为中国近代学术史研究上的一大发明，其精辟之学理与深刻之含义，迄今言中国学术史者均所未及。最具讽刺意义的是，研究本国学术史的中国学者没有看出（或看到）这一点，反倒是日本学者对此颇有领悟。从下面的文字来看，对季刚先生有关中国学术之根本及其近代转型的思想，理解最深最透的，当属日本著名学者吉川幸次郎和京都"支那学"的继承者和开拓者小岛佑马。吉川幸次郎在（1999：79-80）《我的留学记》里面回忆说：

> 黄侃说过的话中有一句是："中国学问的方法：不在于发现，而在于发明。"以这句话来看，当时在日本作为权威看待的罗振玉、王国维两人的学问，从哪个方面看都是发现，换句话说是倾向资料主义的。而发明则是对重要的书踏踏实实地用功细读，去发掘出其中的某种东西。我对这话有很深的印象。

又说：

> "中国之学，不在于发现，而在于发明。"……人们认为考证学是只用归纳法的，在日本事实上也是这样。但我知道实际上并不完全是这样。不只是归纳，也用演绎。演绎是非常有难度的，必须对全体有通观的把握。绝不是谁都有能力这样做的，于是，就认识到中国学问确实是需要功底的。

"中国之学，不在于发现，而在于发明"因为"发现"是靠别人不知道的材料说话，而"发明"则是靠别人熟悉的材料但不知道的"奥秘和规律"说话，这就需要有更深厚的功力和更有力的逻辑。这就是为什么吉川幸次郎说"……演绎是非常有难度的,必须对全体有通观的把握。绝不是谁都有能力这样做的。"于是他认识到:"中国学问,确实是需要功底的。"这里还牵涉到"发明"背后演绎逻辑的掌握和使用等问题,笔者对此有文专论,故不赘(参冯胜利 2014);这里所要一提的是吉川谈到的"资料主义"。季刚先生的话是指五四以来兴起的一股席卷整个学术界的"发现材料"的新风尚,可以傅斯年(1928)提出的"史学就是史料学"的口号为代表:

> 近代的历史学只是史料学,利用自然科学供给我们的一切工具,整理一切可逢着的史料,所以近代史学所达到的范域,自地质学以至目下新闻纸,而史学外的达尔文论正是历史方法之大成。

> 一分材料出一分货,十分材料出十分货,没有材料便不出货。两件事之间,隔着一大段,把他们联络起来的一切涉想,自然有些也是多多少少可以容许的,但推论是危险的事,以假设可能为当然是不诚信的事。

"历史学只是史料学"的影响所致,几乎所有学者无不怀有不断扩大史料的心怀和意图,于是使常见史料受到空前的忽视。近年,罗志田(2006)在《史料的尽量扩充与不看二十四史——民国新史学的一个诡论现象》中所回顾的,就是这段"诡异"的历史。当然,季刚先生针砭的不是个人(如罗振玉或王国维),而是整个时代学潮。[1] 他担忧的不是学派的不同,而是中国传统的丢失,不是学统的转型,而是将来的前途。其忧虑所及,今天看来就更见深意。他曾经说:"无论历史学、文字学,凡新发见之物,必可助长旧学,但未能推翻旧学。新发见之物,只可增加新材料,不能推倒旧学说。"事实证明,今天的中国学术,或者更确切

---

[1]　亦即陈寅恪 1935 年《陈垣〈元西域人华化考〉序》所谓"吾国学术风气之转移者至大"者:"挚仲洽撰杜元凯《春秋释例》本为《左传》设,而所发明,何但《左传》。今日吾国治学之士,竞言古史,察其持论,间有类乎清季夸诞经学家之所为者。先生是书之所发明,必可示以准绳,匡其趋向。然则是书之重刊流布,关系吾国学术风气之转移者至大,岂仅局于元代西域人华化一事而已哉。"据陈寅恪(2001:270)。

地说"资料主义转型以来的中国学术的今天",不但没有推倒传统的发明(古无轻唇音、二十八部十九纽等学理的发明),反倒压抑了今天的发明! 以我们今天的学术很少有自己独立的理论这一点看,[①]不仅王氏的生成类比法给我们以理性思维的震动,章黄的"发明转型"理论更给我们以"振聩"的警示,而最令人警悟者是小岛佑马反对"发现"提倡"发明"深刻见解。他曾具体地阐释何为"真正的学问",认为"滥用人们未知的文献而提出所谓新说,这不是学问。对谁都能见到的文献做广泛而深入的研究,发前人所未发,才是学问"[②]。有人可能会批评这种看法太片面。然而,时至今日我们的学界仍未出现自觉的理性主义的学说和成果,这就不只是片面,恐怕是残缺了。对此,传统的办法是折中(经验主义+理性主义),但折中的结果往往是以牺牲理性一方为代价。原因很简单,材料主义可以不要理性[如傅斯年(1925)所主张的"一分材料说一分话"]但理性主义则不能无材料——离开材料,理性主义将不复存在。呜呼! 学术升降系之此也,去从之际,亦大矣哉!

---

① 不仅是少的问题,甚至还对理论抱有偏见。最典型的就是钱锺书先生对"理论系统"的批评和对"个别见解"的推尚。在《读〈拉奥孔〉》里,他说:"许多严密周全的思想和哲学系统经不起时间的推排销蚀,在整体上都垮塌了,但是他们的一些个别见解还为后世所采取而未失去时效。好比庞大的建筑物已遭破坏,住不得人,也唬不得人了,而构成它的一些木石砖瓦仍然不失为可资利用的好材料。往往整个理论系统剩下来的有价值东西只是一些片段思想。脱离了系统而遗留的片段思想和萌发而未构成系统的片段思想,两者同样是零碎的。眼里只有长篇大论,瞧不起片言只语,甚至陶醉于数量,重视废话一吨,轻视微言一克,那是浅薄庸俗的看法——假使不是懒惰粗浮的借口。"据钱锺书(2011:34)。

② 详见竹之内静雄(1992:187)。又参刘岳兵(2003):"他们都重视考证的方法,但不是为了考证而考证。如狩野对敦煌文献的态度,他认为新资料固然可贵,但仅仅知其为新资料一点则没有什么用,必须能够'活用'。小岛佑马则对此作进一步发挥,认为'滥用人们未知的文献而提出所谓新说,这不是学问。对谁都能见到的文献作广泛而深入的研究,发前人所未发,才是学问。'"其他学者也有此见,如余嘉锡(1884—1955)书房取名为"读已见书斋"就反映了当时对主流的异见。

## 五、结语

我想用罗志田（2006：26-27）的话作为本文的结语：

> 在乾嘉汉学一线的观念没有被充分结合进学术史研究之前，我们对清代或近三百年"学术"的认知多少都有些偏颇。正因显带倾向性的梁、钱二著长期成为清代学术史的权威参考书，对这一时段学术的一些基本的看法不仅可能有偏向，且有些偏颇的看法已渐成流行的观念，甚至接近众皆认可的程度了。今日要对近三百年学术进行相对均衡的系统整理，当然不必回到清人"汉宋、今古"一类的藩篱之中，但把章太炎、刘师培等人关于清学的论述汇聚而表出，使之与梁、钱二著并列而为清代学术史领域的主要参考书，则是非常必要的，也有利于后人在此基础上写出更具包容性的清代学术史论著。

这段话，点中时弊要害者在第一句："在乾嘉汉学一线的观念没有被充分结合进学术史研究之前，我们对清代或近三百年'学术'的认知多少都有些偏颇。"事实上，根据本文对乾嘉理必思想的发覆以及本文对王念孙"生成类比推理逻辑"的分析，我们可以清楚地看到：在乾嘉发明之学的学理思想没有充分揭橥于世之前，对清代或近三百年的学术不可能从根本上做出科学的判断。在这种情况下讨论学术史，若非隔靴搔痒，也属不够客观。有鉴于此，本文呼吁回归乾嘉理必（道理上而非材料上的必然）和章黄发明（揭明现象背后的道理）的理性传统，使将来相关的文史哲的人文研究，得以用独立的科学思想和方法来观照传统学术（如乾嘉）里面的科学理念，并以其所得回观、返照西方科学的传统和理念。如此中西学术参照比合（包括思想文化），[1]或有新的突破和出路，俾能创造含有东西方思想精华的学术理念和科学体系。

---

[1] 赵元任（1975/1992）曾经指出："研究现代语言学的学者都同意，对于所研究的对象语言，不应该刻意去寻找在我们从前就碰巧会说的那种语言中十分熟悉的那些东西，而应该确定我们实际上碰到了什么，并给它们以适当的名称。"

## 参考文献

曹聚仁 1972 《国学十二讲》,香港:三育图书文具公司。

曹聚仁 2003 《中国学术思想史随笔》(第 2 版),北京:三联书店。

陈寅恪 1935/1992 《陈垣〈元西域人华化考〉序》//陈寅恪,《陈寅恪史学论文选集》,上海:上海古籍出版社。

陈寅恪 2001 《金明馆丛稿二编》,北京:生活·读书·新知三联书店。

冯胜利 1982 《论段玉裁引申义的研究》,北京师范大学硕士学位论文。

冯胜利 2003 《从人本到逻辑的学术转型》,《中国社会科学论坛》第 1 期。

冯胜利 2014 《乾嘉"理必"与语言研究的科学属性》//《中文学术前沿》编辑委员会编,《中文学术前沿》第九辑,杭州:浙江大学出版社。

冯胜利 2016 《论王念孙的生成类比法》,《贵州民族大学学报》第 6 期。

冯胜利,殷晓杰 2019 《王念孙〈广雅疏证〉类比义丛辑要》//华学诚主编,《文献语言学》第 7 辑,北京:中华书局。

傅斯年 1928 《历史语言研究所工作之旨趣》//中央研究院历史语言研究所编,《历史语言研究所集刊》第一本第一分,上海:商务印书馆。

甘蛰仙 1924 《最近二十年来中国学术蠡测》,《东方杂志》第 21 卷纪念号。

何大安 2001 《声韵学中的传统、当代与现代》//中华民国国立声音员学会,国立彰化师范大学国文系主编,《声韵学论丛》第十一辑,台北:台湾学生书局。

黄　侃 1964 《声韵略说》//黄侃《黄侃论学杂著》,北京:中华书局。

黄侃著,黄焯编 1993 《蕲春黄氏文存》,武汉:武汉大学出版社。

吉川幸次郎著,钱婉约译 1999 《我的留学记》,北京:光明日报出版社。

吉川幸次郎 2006 《与潘景郑书》(1935 年)//程千帆,唐文编,《量守庐学记》,北京:三联书店。

江蓝生 2000 《相关语词的类同引申》//江蓝生,《近代汉语探源》,北京:商务印书馆。

蒋绍愚 1989 《论词的"相因生义"》//中国文字改革委员会主办,《语言文字学术论文集——庆祝王力先生学术活动五十周年》,上海:知识出版社。

蒋廷黻 1932 《中国社会科学的前途》,《独立评论》12 月 4 日第 20 号。

李思敏 1996《关于黄侃古音学"乞贷论证"问题的思考》//谢纪锋，刘广和主编，《薪火编》，太原：山西高校联合出版社。

林语堂 1928《古音中已遗失之声母》，《语丝》第 4 卷 42 期。

刘盼遂著，聂石樵辑校 2002《刘盼遂文集》，北京：北京师范大学出版社。

刘岳兵 2003《从小岛佑马的思想基础看京都 Sinology 的特点》//阎纯德主编，《汉学研究》第 7 辑，北京：中华书局。

陆宗达 1963《训诂浅谈》，北京：北京出版社。

罗志田 2006《中国近三百年学术史论》，上海：上海古籍出版社。

钱锺书 2011《读〈拉奥孔〉》，《七级集》，北京：三联书店。

施春宏 2010《语言事实与语言学事实》，《汉语学报》第 4 期。

王国维著，佛雏校辑 1993《王国维哲学美学论文辑佚》，上海：华东师范大学出版社。

王　力 1978《黄侃古音学述评》//大公报编辑部，《大公报在港复刊三十周年纪念文集》，香港大公报。

王引之［清］2000《经传释词》，南京：江苏古籍出版社。

许嘉璐 1987《论同步引申》，《中国语文》第 1 期。

俞　敏 1987《经传释词札记》，长沙：湖南教育出版社。

张　博 2003《汉语同族词的系统性与验证方法》，北京：商务印书馆。

张舜徽 2009《说文解字约注》，武汉：华中师范大学出版社。

章太炎 2015《菿汉微言》//上海人民出版社编，《章太炎全集》，上海：上海人民出版社。

赵元任 1975/1992《汉语词的概念及其结构和节奏》王洪君译//赵元任，《中国现代语言学的开拓和发展——赵元任语言学论文选》叶蜚声译，伍铁平校，北京：清华大学出版社。

周予同 1996《五十年来中国之新史学》//朱维铮编，《周予同经学史论著选集》（增订版），上海：上海人民出版社。

竹之内静雄 1992《先知先哲》，东京：新潮社。

Emmon B. 1964 *An Introduction to Transformational Grammar*. Holt；Rinehart and Winston.

Paul G. 2017 Non-deductive Argumentation in Early Chinese Philosophy. //Sarahqueen
  PE. (ed.) *Between History and Philosophy: Anecdotes in Early China*. New York:
  Suny Press.

Hu Shi 1967 The Scientific Spirt and Method in Chinese Philosophy. //Moore C. (ed.)
  *The Chinese Mind: Essentials of Chinese Philosophy and Culture*. Honolulu: The
  University Press of Hawaii.

Reilly F E. 1970 *Charles Peirce Theory of Scientific Method*. New York: Fordham
  University Press.

Larson 2009 *Grammar as Science*. Cambridge: MIT Press.

（冯胜利　北京语言大学/天津大学语言科学研究中心）

# 乾嘉之学的理论发明(二)

## ——段玉裁《说文解字注》理必论证与用语札记*

冯胜利

**摘　要**　文章是有关阅读段氏《说文解字注》中的理必思想及其训诂学实践的一组札记。理必思想是我们提出的乾嘉皖派学者发明和创造的划时代学术思想和方法。（冯胜利2015）"理必"就是用推演论证得出逻辑之必然。凡用逻辑推演之理必方法治学者，均为"理必之学"；凡研究"理必之学"中"理必之法"者，均为"理必研究"。文章即试图通过"理必研究"挖掘段注的"理必论证"（简称"理必注论"）及其中"用语"所含之理必思想，从而为实现我们近年倡导的乾嘉"学尚理必"的学术理路和章黄"学贵发明"的学术思想的目标，而不懈努力。

**关键词**　理必之学　理必注论　理必用语　段注　段氏注论模式

## 一、段氏理必用语之一：必……而后……、定当、必作、绝无、若无……则……、断……疑……

《说文解字注·卷十四·金部》：鐂（镏），杀也。从金刀，丣声。

段注：《般庚》："重我民，无尽劉（刘）。"《君奭》："咸劉厥敌。"《左

---

\*　原文曾发表于《民俗典籍文字研究》2019年第24辑，据此收入时略有修改。

传·成十三年》:"虔刘我边垂。"《释诂》:"刘,杀也。"《书》孔传、《左》杜注同。从金刀,此会意。从金,杀义未着,必从金刀而后着。卯者,古文西也。力求切,三部。此篆二徐皆作镏,别无刘篆。镏,古书罕用,古未有姓镏者,且与杀义不协。其义训杀,则其文定当作刘。楚金疑脱刘篆,又疑镏之卯下本作刀,转写讹田,后说是也。竹部有籀,刘声;水部有浏溜,刘声;又"刘,刘杕";又刘向、刘歆,以许订许,此**必**作刘。若无刘字,刘声无本矣。今辄更正篆文,以截断众疑。至若此字卯声、非丣声,绝无可疑者。二徐固皆不误。盖凡卯声之字,皆取叠韵而又双声,卯、丣皆在古音第三部,而各有其双声,故二声不可淆混。东汉一代持卯金刀之说,谓东卯、西金,从东方王于西也。此乃谶纬鄙言,正马头人、人持十、屈中、止句一例,所谓不合孔氏古文、谬于《史籀》之野言。许之所以造《说文》者,正为此等。矫而煣之,隙而柣之,使六书大明。以视何休之恃此说经,其相去何如也! 正劉为刘,许君之志也。或疑其有忌讳而隐之,夫改字以惑天下,后世君子不出于此。

**【理必论证】** 本条注论从诸多方面体现了段氏的理必思想和方法。如原理的实现与否("着 zháo"=落实)、规则之间的一致性(协=consistent)、因果的预期(定当)、事实的引证、决"疑"的能力与治学的原则等。下面试分解之。

1. 揭明词义

本条开宗明义:"刘"的词义是"杀"。

2. 书证词义

引《盘庚》:"重我民,无尽刘。"《君奭》:"咸刘厥敌。"《左传·成公十三年》"虔刘我边垂"中的"劉",都是《释诂》"劉,杀也",且《尚书》孔安国传、《左传》杜预注,相同。以此证明"劉"义为"杀"。

3. 考订字形(根据音形义三者互求之理)

(1)从六书入手:劉字从金、刀者,段定为会意。因为只从金的话,"杀"的意思"没有着落(未着)"。根据汉字构形的理据原则,此字

"必从金、刀而后着(有附着的形体)"。这里是"劉"字字形所以从"刀"的必然性。

(2)那么"乑"呢?段氏根据许慎《说文》"乑者,古文酉也",则认为"乑"是其声符。

(3)劉,大徐和小徐本《说文》均作"鐂",又都没有"劉"这个字。段玉裁必须说明这两个字的来历及其存在合理性和合法权。他首先指出:"鐂,古书罕用";其次揭示"古未有姓鐂者"。这两点都是实证"鐂"字合理存在的可疑性。后面两点是其理证:1)"与杀义不协";2)若"其义训杀,则其文定当作劉"。鐂字构形与造字理据有矛盾;因此如果"鐂"字训"杀",那么不能没有表示"杀"的意符(如"刀"),结果"鐂"字无理,而非"劉"莫属。

4. 推求误源

(1)介绍楚金之两说:1)《说文》脱"劉"篆;2)"鐂"篆之"乑"下,本作"刀"。后来转写讹变为"田"。

(2)段氏确认后一说为是。

5. 以许例推必

用许慎的体例推证必然结果。段氏"以许订许",用竹部之"籊"、水部之"瀏"之从"劉"声,得出理必之论:"**鐂**必作劉。"

6. 以归谬推必

归谬是段氏理必的"杀手锏"。这里他一语破的:"若无劉字,劉声无本矣。"

7. 断疑结论:"今辄更正篆文,以截断众疑。"(没有另起一段)这里有两点值得注意。第一,段氏非常果断地"更正篆文"——此章太炎所谓皖派"任裁断"之具体表现,此亦常被非难为"武断"之举者。然而,是耶非耶?读者自明也。第二,段氏非常自信地说自己的注论可以"截断众疑"。其言外之意是自己提供了"揭秘"或"解谜"之不刊之论!我们看到:非有坚实理必学理为其基石者,不能,也无从有此信心与成就。信哉！千七百年来无此作也。

8. 至此，本条注论已然结束。下面是段氏又予补证的内容。

（1）校定声符：

> "盖凡乑声之字皆取叠韵而又双声乑、乑皆在古音第三部，而各有其双声，故二声不可淆混。"

（2）驳民间谶纬鄙言：

> a）"东汉一代持卯金刀之说，谓东卯、西金，从东方王于西也。此乃谶纬鄙言。正马头人、人持十、屈中、止句一例。"
>
> b）"所谓不合孔氏古文，谬于《史籀》之野言。许之所以造《说文》者，正为此等。矫而煣之，欙而槷之，使六书大明。以视何休之恃此说经，其相去何如也！"

参后"理必用语笺识"有关"鄙言/野言"的释解。

（3）从治学角度申明许慎之"学志"：

a）指出："正劉为劉为许君之志。"

b）据有人或疑许氏因忌讳而隐之者，指出："夫改字以惑天下，后世，君子（许慎）不出于此。""（志）不出于此"说明段氏不仅为学要本理必，做人也要有原则。故"改字以惑天下后世"绝不是许慎"学志"原则所能允许的。

c）阐明"学志"之重要：许慎造《说文》要在"使六书大明"，故段氏坚信"正劉为劉"乃"许君之志"，而明"六书"之道乃学者君子行为之所出。

**【理必用语笺识】**

按：本笺识所涉用语如"必""断""容""决"之类，乃段氏所用典型之理必术语，虽字面之义不难解，然其于具体注文中之推证功效，必从严格的逻辑角度思考而后可见其"必"之所在，故笺而明之于此。它如"通""证""求"等通用语，似非理必之用语而仍笺之者，盖此等用语看似一般,实则暗含理必逻辑于行文之中,唯洞其"微别"于通用之俗义,始可"读出"其中"如何理必、如何逻辑"之奥,故亦笺而识之,以见段氏理必之精微。笺识之中往往列出英文以资参照,旨不在译,唯在加深理解段氏理必之理也。故特此明示以免误解焉尔。

| | |
|---|---|
| 1. 必……而后可 | 似不难解,但要进而理解成:"……是在原理或公理的强迫之下的必然结果"之义,即如"劉"字的"杀"义,必从金、刀而后着(着=有着落、有实现的表征或载体)。这里暗含一个"公理",即"汉字是表意构形的系统"。没有这一公理,不能有"必……而后可(着)"的推理。 |
| 2. 若 X,则 A 定当 B | 这是一个典型的推理表达式:在 X 的情况/条件下,A 一定会有 B 的结果。其理必属性表现为:只要具有 X 的属性,那么为 X 决定的 A 就会导致 B 的结果。"其义训杀,则其文定当作劉"即用此逻辑式。 |
| 3. 不协 | 字面是"不协调"的意思。在段氏理必系统里,"古未有姓鐂者,且与杀义不协"的"不协"实含"抵触"或"矛盾"的意思。 |
| 4. 若无…… | 假设用语。这里是虚拟逻辑的用法:虚拟一种可能出现的结果的不可能性,即"若无劉字,劉声无本矣"。 |
| 5. 断疑 | 理必论证工作的目的,就是要"截断众疑"——断除/消除学者的疑惑。这是段氏理必之学的目标、和境界和成果。 |
| 6. 凡……皆…… | 不必是严格的全程判断,很多情况下是"一般而言",相当于 in general。 |
| 7. 鄙言/野言 | "谶纬鄙言""谬于史籍之野言"中的"鄙/野言"都是段氏用来表达"无稽之谈"意思的用语。不宜从讥讽角度理解,实指没有论证根据和价值的 nonsense 或 fallacy。 |
| 8. 或疑 | 设疑之辞,设有……,英文是 one may wonder 的意思。 |
| 9. 君子不出于此 | 这不是逻辑术语,却是段玉裁做出"裁断"的一个重要原则,是他力主"学德"的一个原则。"出于此"三字说明段氏为人做事的行为也是理必性的:行为出于道德原则。 |

## 二、段氏理必用语之二：求、定、断不

《说文解字·心部》：恜 chì，小怒也。从心，壴声。

段注：按，《广韵》恜在《十三祭》，引《说文》"小怒也"，尺制切；恜在《四十四有》《四十九宥》，"小怒也"，芳否、敷救二切。《集韵》则祭韵有恜，有韵恜、偣二同匹九切。《类篇》从之，而无恒字。盖恒、恜、偣三字同。以《说文》音或作歆及《说文》偣字《广韵》作偣**求**之，**定**为一字异体。古音壴、尌、树、竖皆读近受，恜**断不**读充世切也。音者，相与语唾而不受也，天口切，与小怒义亦相近。

**【理必论证】**这条注论中的理必精华在"以理推求，必然如此"的推演法，即"以《说文》音或作歆及《说文》偣字《广韵》作偣**求**之，**定**为一字异体"。其中有三个要点，值得一提：

1. "以……求之"中的"求"要从逻辑 infer（推求）的意思来理解，才得段氏要旨：他是用推求法来建立理必逻辑的。其推算方式如下：

因为：音＝歆、偣＝偣偣

所以：音、豆、壴三个声符为异体

推断：偣、恒、恜三字同

2. 列出上面的算式后，可马上得出理必结论：A 定为 B。这里的"定"要从 logical certainty（逻辑必然）的角度来理解。具体而言，因为音或作歆、偣或作偣，所以，以推理求之，音、豆、壴三字同。如果三字同，那么音同＋义同就"**定**为一字异体"。

3. 其语音论证的推算如下：

因为：恜，《广韵》芳否、敷救二切。《集韵》恜、偣二同匹九切。

所以，偣、恒、恜（三字同）而又读有宥韵（尤韵上去），则恜不读充世切（祭韵）。最后，"古音壴、尌、树、竖皆读近受，恜断不读充世切"，其运算逻辑式是：a、b、c、d 皆 X，故 b 断不为 Y（＝[-X]）。

段氏的注论很多都能用逻辑推算公式来表达,可见其理必逻辑之内涵。

【理必用语笺识】

| | | |
|---|---|---|
| 1. 求 | 字面的意思是"寻求"或"求得",但段注中的"求"一定要理解成"推求"。"推求"是"推而得之"之义。这是段注逻辑推演中的一个常用术语;相当于 infer = deduce or conclude(information)from evidence and reasoning rather than from explicit statements. | |
| 2. 定 | 字面的意思是"一定",但在段注中当理解为"毫无疑义"的意思,相当于 it is logically certain that... | |

## 三、段氏理必用语之三: 以 X 求 Y,当为……绝非……; 不……断知……

《说文解字·石部》: 硍 xiàn,石声。从石,皀声。

段注: 此篆各本作硍,从石,良声,鲁当切,今正。按,今《子虚赋》:"礧石相击,硍硍礚礚。"《史记》《文选》皆同,《汉书》且作"琅"。以音求义,则当为"硍硍",而决非"硍硍"。何以明之? 此赋言"水虫骇,波鸿沸,涌泉起,奔扬会,礧石相击,硍硍礚礚,若雷霆之声,闻乎数百里之外"。谓水波大至动摇山石,石声礔天。硍硍者,石旋运之声也。礚礚者,石相触大声也。硍,《篇》《韵》音谐眼切,古音读如痕,可以兒石旋运大声,而硍硍字,只可兒清朗小声,非其状也。音不足以兒义,则断知其字之误矣。《江赋》曰:"巨石硊矶以前却",又曰:"触曲崖以萦绕,骇奔浪而相礧",皆即此赋之意。《汉桂阳太守周憬碑》:"弥水之邪性,顺导其经脉。断硍瀁之电波,弱阳矦之汹涌。"此用《子虚赋》也,而硍作硍,可证予说之不缪。《释名》曰:"雷,硍也。如转物有所硍雷之声也。"最为明证。左思《吴都赋》:"菈擸雷硍,崩峦弛岑。"雷即《子虚》"礧石"之礧,"礧硍"亦用《子虚赋》字也。而俗本讹作"硍",李善不能正,且曰"音郎"。于是韩愈本之,有"乾坤摆雷硍"之句,**盖积讹之莫悟也。久矣**。至于许书之本有此篆,可以《字林》证之。《周礼·典同》释文曰:"《字林》硍音限,云石声。"此必本诸《说文》,《说文》必本《子虚赋》也。至于许书本无"碻"字,以碻从良声,当训为清澈之声,非石声。《思玄赋》:"伐河鼓之磝碻。"古作"礉琅",未可知也。古音在十三部。〖注〗《周礼·典同》"高声磏"注曰:"故书磏为硍,杜子春读硍为铿鎗之铿。"硍字见于经典者惟此。

**【理必论证】**这是一篇非常精彩的"因理求是"推理论文。其步骤和结构可分析如下:

1. 正误:指出"此篆各本作硍,从石,良声,鲁当切",误!故段氏改为"从石,皀声"。

2. 因理求是:根据原理推求对象的本质。这里的原理是"音可兒义",推求的对象是"词义",即所谓"以音求义"。这是段氏考义理论的一大原则,是他发明的一大原理:语音本身就象征或反映着所指对象的特征或样貌(激流冲击巨石的"旋运大声"sound symbolism)。

3. 推出必然:"以……求……"的结果是"当为碈碈,而决非碻碻"。

4. 据实否证:如果是"碻",那么"只可兒清朗小声",其语音"不足以兒义(非大声之状也)"。故断知"碻"字之误矣。

5. 引证文献:以证其说之不缪。《江赋》曰:"巨石硉矹以前却""触曲崖以萦绕,骇奔浪而相礧"表达的都是波浪的状貌;而《汉桂阳太守周憬碑》里面的"水之邪性,顺导其经脉。断硍滥之电波,弱阳矣之汹涌"则直接用"硍"而不用"碻"。

6. 再证语音的象征义:《释名》:"雷,硍也。如转物有所硍雷之声也。"这里的声训可进为明证。

7. 致误之由:俗本讹硍为碻,韩愈本之,有"乾坤摆雷碻"之句,于是以讹传讹,流传久误而没人知晓。

8. 再引字书以证之:引《字林》证"许书之本有此篆"。《周礼·典同》释文曰:《字林》硍音限,云"石声"。此必本诸《说文》,《说文》必本《子虚赋》也。

9. 回应正误遗留问题：前证许书本无"硍"字,如何解释许书今有"硍"字?段氏提供了一种可能,即"以硍从良声,当训为溥澈之声,非石声"。所以,许书如果有"硍"也与"石声"之"硍"无关。其次,《思玄赋》"伐河鼓之磢硍",古作"菊琅"。段氏怀疑今《说文》之"硍"或为"琅"字之讹变,亦"未可知也"。

10. 补证以音象义之证:《周礼·典同》:"高声硍。"注曰:"故书硍为硍,杜子春读硍为铿枪之铿。"用"铿枪"撞金之声描状"硍硍"激浪撞石之声,证明"硍硍 = 铿铿"的象声词义。

## 【理必用语笺识】

| | |
|---|---|
| 1. 以……求…… | 字面上,"以"是根据,"求"推求。但所必知者:这种表达式的背后均蕴含着一个通理。这里"以音求义"是段玉裁发明和用以推理的一条规律:声音本身含有意义(所谓"音以兒义"说),正因如此,他才可以根据声音推求意义。这条通理就是今天所谓"sound symbolism"(朱晓农 2004:193-222):"一定的声音表达一定的意义",有这条根据,才可以"以音求义",才能推出"则当为硍硍,而**决非硍硍**"的结论。 |
| 2. 决(非) | 决非的意思和断非相近,都有 absolutely/surely not 的意思。但二者不尽相同。"决非"背后的必然,主观性比较强(by theory),"断非"则实证性较强。 |
| 3. 何以明之 | 字面上就是"用什么办法'让它明了/说明他'"的意思。但在段氏注论里,"明之"一定要理解成"证明它、使他具有必然性、使他成为原理的结果"的意思。因此,"何以明之"相当于英文的"how can you prove it?"。 |
| 4. 断知 | 这里的"知"不是字面"知道"的意思,而是逻辑上"可以得出判断"的意思,相当于"(One) can make judgements (that)"。"断知"是"(One) can certainly make a judgement (that)"的意思。 |
| 5. 未可知也 | 这里不能就字面意思来理解,它是"不能做出判断"的意思。这里的"知"也是"判断"的意思。注意:段注里的"知"很容易理解为与认知相关的"知识"的意思,但在段氏注论系统中,它不是知识系统的概念,而是理必逻辑系统的表达,是"(据理)判断"的用语,不是生活认知用语。 |

| 6. 谬 | 是口语里"胡说"的意思，但在"可证予说之不缪"里面，"谬"是不合逻辑(illogical)或荒谬(fallacy)的意思。 |
|---|---|
| 7. 证…… | 就是证明(prove)，但它要求的是：(1)用事实；(2)用道理推演出的正确的结论。 |
| 8. 明证 | 也有两层含义：(1)明显的实据；(2)不容质疑的理据。即 evidently and logically。 |
| 9. 当 | 是理论上应该如此的意思，相当于 should be 或 predicted to be 的意思。 |

## 四、段氏理必用语之四：断非/不——理不容非

《说文解字注·毛部》：毳，目毳为繝。色如虋，故谓之毳。与虋双声。虋，禾之赤苗也。详艸部，取其同赤，故名略同。从毛，兩声。莫奔切，右音在十四部。《诗》曰："毳衣如璊。"《王风》文，今诗毳作"璊"。毛曰："璊，赪也。"按，许云毳繝谓之毳，然则《诗》作"如璊"为长，作"如毳"则不可通矣。玉部曰："璊，玉經色也。"禾之赤苗谓之虋，言璊玉色如之，是则毳与璊皆于虋得音义。许称《诗》证毳衣色赤，非证毳篆体也。浅人改从玉为从毛，失其恉矣。抑西胡毳布，中国卽自古有之，**断非**法服。毛传曰："大车，太夫之车也，天子大夫四命，其出封五命，如子男之服，乘其大车槛槛然，服毳冕以决讼。"，是则《诗》所云"毳衣"者，《周礼》之毳冕，非西胡毳布也。许专治《毛诗》，岂容昧此？疑此六字，乃浅人妄增，非许书固有。……

**【理必论证】**本条注论的理必核心要点是：在建立"命名通则"的基础上，推证引《诗》用字之正误、发明许慎引《诗》之旨、考证古代礼制以及《说文》旧本之原。分步如下：

1. 建立"命名通则"。

段氏首先根据《说文》"(繝)色如虋，故谓之毳"指出：(1)"毳与虋双声"，(2)虋是"禾之赤苗"、毳色如虋，所以(3)二者"取其同赤，故名略

同"（十三部与十四部之微异）。这是段玉裁命名取意的理论之一。具言之，即"毪（赤色毲）与璊（赤色玉）皆于虋（赤色禾）得音义"。根据对象的特征（这里是颜色）来取名，无疑是古人"命名"的一大原则，因此也是后人"考义"的一个重要手段。段氏深明此理，并以之为考义准则。

2. 推演规则、发现"不可通"的错乱现象。根据上面"名略同""由取义同"（由于命名的理据相同）的第一标准，推出"义从音得"（词义从词音得名）的第二标准。标准既立，则以之检定事实，结果发现"诗作'如璊'为长，作'如毪'则不可通矣"的结论。因为如果仅从毪字从毛表示"毲纚"而不从命名取意出发，把《诗经》"毲衣如璊"谓毲纚如玉之赤的"璊"改为"毪"，就会出现"毛（毲）衣如毛"的"不通"结果，丢失了诗语"璊"字的"命意（命名意图）"效应。

3. 分析误源。浅人（不明造字理据与命名原理者）以为许慎引《诗经》"毲衣如璊"是为了证明字形，所以把《诗经》的"璊"改成了"毪"。殊不知"许偁《诗》证毲衣色赤，非证毪字篆体也"。所以说"浅人改从玉为从毛，失其恉矣。""恉"是这里的关键词，谓浅人不晓许慎"（纚）色如虋，故谓之毪"的命名原理而发生的误解。

4. 考证史实，断以决词。段氏首先指出："西胡毲布，中国卽自古有之"所以"**断非法服**。"其"断非"的理据是毛《传》"服毲冕以决讼"。由此推出"《诗》所云毲衣者，《周礼》之毲冕"也。所以"毲冕""**断非法服**。"

5. 申明治学原则。段氏不仅重视学理，更重视学者的学术原则。这里他从许慎治《毛诗》的古文家学的背景出发，得出许慎深明《诗》所云"毲衣"即《周礼》之"毲冕"，而非"西胡毲布"。因此专治《毛诗》恪守家法的许慎"岂容昧此"！"岂容"二字下得相当重，表明段氏对古代学者的学术门派之操守的敬重，以及他对后人治学的要求。正因为他如此理解、看重和坚持门派（一家之学的学理）之治学原则，所以用学派原则为根据进行理必推理。

6. 得出结论："疑此六字乃浅人妄增，非许书固有。"这是段玉裁根据上面第(1)—第(4)的学理,再加之第(5)中的"治学原则",推出的一条"猜想性"的结论:"疑[……乃……][非……固有]。"

【理必用语笺识】

| | |
|---|---|
| 1. 证 | 论证的常用术语,即英文的 prove,verify 的意思。读《段注》应从两个角度理解这个术语:一为"实证",一为"理证"。这里"许偶《诗》证毳衣色赤,非证毳篆体"中的两个"证",是实证。"毳与璊皆于虋得音义"则是"理证"——用"音兒义(语音的像似性)"的原理,证明璊与虋音义通的原因。 |
| 2. 恉 | "浅人改从玉为从毛,失其恉矣"——"恉"的字面是"意旨"意思,在注文论证中指"原理"和"学理"的意思,相当于 reason 或 reasoning。 |
| 3. 断/断非 | "断"是绝对的意思,相当于 absolutely,certainly,surely。**断非**是绝对不可能是,certainly not 的意思。意思都不难理解,但在段注中其逻辑功用则要特别注意;第一,这是段氏逻辑裁断的最高形式,第二,段氏凡用此术语均有学理在其背后。因此,它是 certainly not according to the principle of 的意思,亦即"根据……原则,绝对不可能……"的意思,而不能简单理解为"绝对……"的意思。 |
| 4. 容 | 容许、允准、permit 的意思。而是"岂容"=怎么允许=决不允许、绝不允准的意思。但不是主观或客观的不允许,而是逻辑的,道理上的不允许。因此,相当于 logically intolerability 或者 not logically valid。 |

## 五、段氏理必用语与思想之一:"当"与"不当",预设矛盾,自陷自解

《说文解字注·第十卷·马部》:驹 jū,马二岁曰驹,三岁曰駣。从马,句声。

段注:《周礼·廋人》:"教駣攻驹。"郑司农云:"马三岁曰駣,二岁曰驹。"《月令》曰:"牺牲驹犊,举书其数。"犊为牛子,则驹马子也。《小雅》:"老马反为驹。"言已老矣,而孩童慢之也。按,《诗》驹四见,而《汉广》《株林》《皇皇者华》于义皆当作骄,乃与毛传、《说文》合,不当作驹。依韵读之,则又当作驹乃入韵,

不当作骄,深思其故,盖《角弓》用字之本义,"南有乔木"、《株林》、《皇皇者华》则皆读者求其韵不得,改骄为驹也。驹未可驾车,故三诗断非用驹本义。……

【理必论证】本条理必注论之特点在于它提供的一个"据理推证、自陷矛盾、设理自拔、回证必然"的论证范式。我们可以分层理解和赏析。

1. 类比推演:"《月令》曰'牺牲驹犊',犊为牛子,则驹,马子也。"此段氏用逻辑推理之法得出"驹为马子"而兼引郑注为证。

2.《诗》语反证:《小雅·角弓》"老马反为驹",老之反为驹,是驹为小马。此《诗》语反证之法。

3. 剔除反例:《诗》驹四见,三处均非"马子",是为反例。然而,段氏发明之曰:彼三处之"驹",于义皆当作骄。如此不仅合毛传(诗意)亦合《说文》(与"驹"之词义不矛盾)。此段氏排除例外之法也。

4. 自陷矛盾:《诗》"驹"凡四见,其中三处于义皆当作"骄",不当作"驹";但依韵读之,则又当作"驹",不当作"骄"(乃入韵)。于是段氏自陷矛盾,当如何解之?

5. 自求其解:深思其故(= why),提出解释方案:"南有乔木"、《株林》、《皇皇者华》三处之"驹"皆读者求其韵不得,乃改"骄"为"驹"也。按,这里的"自解"意义非常。如果段玉裁判断是正确的,那么他实际上发现了上古汉语中一种"叶韵改词"类的"为韵律而牺牲语义"的重要现象。显然这是今人需要跟进研究的重要课题。

6. 再引书证:《皇皇者华》曰:"我马维驹,六辔如濡。载驰载驱,周爰谘诹。"段曰:"驹未可驾车,故《诗》断非用驹本义。"

【理必用语笺识】

| | |
|---|---|
| 1. 於……皆当 | "对/在……而言/方面,(道理上)都应该…"的意思,这是段氏论证中一个理设用语,"理当……"的意思。《汉广》《株林》《皇皇者华》于义皆当作骄",言外之意,都没有写作"骄"。这是把人带入虚拟的理设推理世界,晓之以"理当如此而事实不然"的理辩世界。 |

| 2. 合 | 符合、满足推理条件和结果。 |
|---|---|
| 3. 不当……又当…… | 立悖法：设立矛盾、创造冲突的表达法："于义皆当作骄不当作驹，韵读又当作驹不当作骄"在"义"和"韵读"上发生冲突和悖论。 |
| 4. 故 | 原因，这是段氏理必之学的重要概念，亦即为什么的问题question of why。"深思其故，盖……"表现出他惯常的逻辑思维的习性。 |

## 六、段氏理必用语与思想之三：不知"一定之理"则不与流与论

《说文解字注·第九卷·石部》：硞，石声。从石，告声。

段注：今《尔雅·释言》："硞，巩也。"郭云："硞然坚固。"邢昺曰："硞，苦学切。当从告，《说文》别有硞，苦八切，石坚也。"按，邢语剖别甚精。《释文》苦角切，故邢曰苦学切。《四觉》韵字多从屋韵转入，如《四江》韵字多从东韵转入，告声在古音三部屋韵，是以硞转入觉韵。据陆氏反语，则知陆本作硞，不作硞。《广韵》《玉篇》皆曰："硞，苦角切。硞，恪八切。"《集韵》《类篇》克角一切内，亦有硞无硞，皆可证。而《释文》、注疏、唐石经皆讹作硞，则与陆氏苦角之音不合矣。且硞之与巩音切近，以尤韵与东韵切近，而硞与巩不相关也。硞**断无**苦学之音，硞断无苦八之音，此一定之音理，学者不知古音不可与读古者此也。《江赋》曰："幽磵积岨，礜硞礐确。"礜硞，当上音学，下音角。〇或问：何不正音之苦角为苦八，而谓正文字误也？曰：音义积古相传之学，陆氏多从旧，当陆时，字固未误也。〇《五经文字》曰："硞，口八反，又苦角反，见《尔雅》。"知张时《尔雅》已误，而张云吉声之字，可有口八、口角二反，是其不知音理也。苦角切，三部。

【理必论证】本条的理必核心观点是：学理是学术讨论的基本条件。段氏云："（古有）特定之音理，不知者则不可与读古者"。其潜在之意谓：不知"音理"则不与论古；其延伸之意谓：不能明此学理者则

无与论此现象。其论证程序如下：

1. 指误：发现《尔雅·释言》："硈，巩也。"而《说文》别有"硈"字，读为"苦八切"，与"苦学切"不合，那么《说文》的"硈"与"硈"必然不同。

2. 左证(引证)：肯定邢昺剖析精当，即"苦学切"的"硈"当从"告"。

3. 音理类证法：为什么《释文》作"苦角切"，而邢昺为"苦学切"呢？段氏从音转的角度推导"学"与"角"的韵部关系，"角"为觉韵，"学"为屋韵，觉韵字多从屋韵转入，跟江韵字多从东韵转入同理。又，告声在古音三部屋韵，所以，从"告"得声的"硈"可转入觉韵。

4. 音理推证法：根据陆德明《释文》中的反语"苦角切"推知，"苦角切"当为"硈"，而非苦八切的"硈"。

5. 书证：段玉裁借助《广韵》《玉篇》，从韵书、字书两方面证"硈"当为"苦角切"，"硈"为"恪八切"。二者判然有别。

6. 反证：《集韵》和《类篇》克角(＝苦角)《一切》内，均无"硈"字，反面证明"硈"不属于"克角切"的字。

7. 预测与检验：考证至此，"硈"和"硈"的区别已经十分明显了，段玉裁顺势预测古籍中可能还有"硈"误作"硈"的现象，检验后果然发现"《释文》、注疏、唐石经皆讹作硈"。

8. 据音理反推(于音寻义)：段玉裁认为，尽管《尔雅·释言》中说"硈，巩也"。据音理"硈"与"巩"音近，而"硈"与"巩"音隔，那么从音义关系反推的原理，断言"硈断无苦学之音，硈断无苦八之音"，两个"断无"犹如爱因斯坦"too beautiful to be wrong"的自信，将音义关系提升到理论的高度，即所谓"一定之音理"。说有易说无难，"有"可通过观察来发现，而"无"则需要建立在"通理"的基础上去推演，然后方能预测其"无"。段氏此注中的"断无"就是根据音理进行推断的。其难度之高，可以想见。

9. 核查现实：段玉裁认为有些音误是由于学者不知古音造成的，

并进一步举了与"苦角"切有关的音读的用例,郭璞《江赋》中"礐硊砯确"是四音节联绵词,受音韵结构的限制,"礐硊砯确"的"礐硊"语音正相关,上字音学,下字音角。

10. 溯因反证:段氏运用音理进一步发现矛盾、解决矛盾。为了辨析究竟是音误还是形误,段氏通过一个设问进行溯因反证,认为"音义积古相传之学,陆氏多从旧"。他从张参《五经文字》"硊"就已经有"口八反"和"苦角反"二音相互矛盾发现:"苦角反"是从陆德明那里继承来的,"口八反"是误读。"张时《尔雅》已误"是张参时期"硊"字写作了"硊",因此才有了"口八反"的误读。张参以误字为据进行注音,同时也保留了陆德明的正确读音。这个误读乃"不知音理"之故。

段氏这条注论经过十余步的逻辑论证,又兼以反证法进行补充,充分表现出他精熟于裁断的理必论证法。该注论不仅对《说文解字》进行理必考证,且运用此法对其他字书中之错误亦推阐其必,所谓触类旁通者以此。

【理必用语笺识】

| 1. 不合 | 字面义是不符合,理必角度当理解为"矛盾 contradict"之义。 |
|---|---|
| 2. 一定 | "此一定之音理"中之"一定"不是"一旦决定"的意思,而是"特为确定"的意思。是"有根据的""经过研究得出的"或"据法而定的"的意思;相当于英文的 given 或 well-establish 的意思。 |
| 3. 音理 | 字面是"语音的道理"。在段氏古音学里,应当是"古音的规律",是段氏的语音理论的一部分,相当于今天 phonology;段玉裁从事的是 historical phonology(历史音系学)的前期工作。 |

## 七、段氏理必思想之一:"通"预必然、"必"预不通

《说文解字注·第十四卷·金部》:鐕,业也。贾人占鐕。从金,昏声。

段注:按,此字**必**后人所增,**必**当删者。《史》《汉》"贾人缗钱"字从纟,李

匪曰:"缗,丝也。以贯钱也。"引《诗》"维丝伊缗",如淳引胡公云:"缗钱为缗者,《诗》云:'氓之蚩蚩,抱布贸丝'。故谓之缗也。"不知何人因二千一算改为鐕字,正如矢族改为镞耳。以业训之,尤不可通。

【理必论证】本条注论的理必特点是开门见山,连用两个"必",断定许慎《说文解字》的"鐕"字"必后人所增、必当删者"。其论证特点是以理之"通否"为其裁断根据。其论证过程如下:

1. 指误点题:"鐕"字必后人所增,所以必当删去。

2. 提供书证:《史记》《汉书》作"缗",从糸不从金。

3. 提供义证:采用李匪(颜师古《汉书注》引作"李斐",即段注"李匪")的释义。"缗"意为"以丝贯钱",在《诗经》中正作"缗",如淳也说"缗钱为缗"。

4. 理设致误原因:段氏推想,或有人"因二千一算"的历史,将"缗"改为了"鐕"。这种推想是根据汉武帝时的"算缗"制度:元狩四年(前119年),汉武帝下令"初算缗钱"("缗"同"缗"),规定商人财产每二千钱须缴纳120钱作为财产税。

5. 类比致误原理:"缗"改为"鐕"与"族"改为"镞"同理。段氏在"镞"字下说:"疑后所增字。"《说文·㫃部》曰:"族,矢锋也,束之族族也。"段注曰"今字用镞,古字用族。""䂂"下又注云:"镞当作族。族,矢锋也。"《说文·金部》"镞者,利也。"本条注论里,段氏通过类比发现了古今改字致误的同一规律:根据词义加置偏旁而增入《说文》。

6. 结论:以"业"训"鐕",于义"尤不可通"——在语义上毫不沾边。所以"鐕"必删无疑。

按,本条开篇两个"必"的背后,蕴含所以如此的必然道理;而必然道理里面蕴含着不如此则"不通"的推演。故而所以"通"的背后一定有必然,必然的存在也预示着不如此则不通的道理。是故"通预必然、必预不通"。明于此则可以理解何为"**段氏理必论**"。

**【理必用语笺识】**

| 1. 必当 | 字面很好理解，但在段氏注论中应理解为"最强的理论预测"的意思。"必"是不可能不如此、"当"是应该如此（=理论要求如此），"必当"相当于 must be 或 should be，no question about it 的意思。 |
|---|---|
| 2. 不可通 | 字面上是"说不通"的意思，在段氏的释义论证系统中应当理解为"逻辑上有矛盾"的意思。因此凡段氏断语"不可通"处，都有逻辑原理在其前或其中。 |

## 八、段氏理必思想之二：理必不容矛盾（学理不容自欺）——此形彼义＝牛头马脯

《说文解字·第十卷·心部》：愪 yún，憂皃。从心，员声。

段注：以下惪字廿二见，併上文四见，各本皆作"憂"（忧），前人用俗行字改之也。许造此书，依形立解，断非此形彼义、牛头马脯以自为矛盾者。惪者，愁也。忧者，和行也。如今本，则此廿余篆将训为和行乎。他书可用假借，许自为书不可用假借。王分切。十三部。

**【理必论证】** 此注反映出段氏心目中强烈的理论意识和逻辑"矛盾律"的观念，堪为理必思想的典型释例。

1. 建立原理：许造此书，依形立解；

2. 理必推理：断非此形彼义；

3. 悖论结果：牛头马脯，以自为矛盾；

4. 归谬论证："如今本（憂者，和行也），则此廿余篆将训为和行乎。"——假如像今本那样的话，那么那20多个训"憂"的字都要解释成"和行"吗？显然不能。

5. 结论："他书可用假借，许自为书（自建体系），不可用假借。"所以看出段氏理必不容矛盾：此形彼义＝牛头马脯，这样就成了学理自欺，为段氏理必系统所不容。

**【理必用语笺识】**

| | | |
|---|---|---|
| 1. 立解 | 建立解释系统。这里的"立"反映出段玉裁的"理论"意识非常强烈——在他眼里,"解释"就像观点和理论一样要"立论"的,因此"立解"和"立论"应该是同类的学术操作。这一点读不出来,就对段氏理必之学仍然隔层。 | |
| 2. 自为矛盾 | 自相矛盾, self-contradiction。在段氏系统里,无论是"解"还是"论"都不能自相矛盾。 | |
| 3. 如 | 如果(像)……的话,假设连词:"如今本,则此卄余篆将训为和行乎?" | |

# 九、段氏理必思想之三:理必核心概念:矛盾律

《说文解字注·第三卷·又部》:叔,飾也。从又持巾在尸下。

段注:飾,各本作"拭",今依《五经文字》正。巾部曰:"飾,叔也。"彼此互训。手部无拭字。彡下云:"毛飾画文也。"聿(jìn)下云:"聿,飾也。"皆即今之拭字。独于叔下改"拭",**与全书矛盾**矣。按,"拭圭"虽见《聘礼》,然必系俗改。古者拂拭字只用飾,以巾去其尘,故二字皆从巾。去尘而得光明,故引伸为文飾之义……

**【理必论证】**本条注论表现出段玉裁善用"矛盾律"解决版本和词义的问题。其论证程序如下:

1. 点题指误:飾,各本作"拭",误!

2. 书证正误:依《五经文字》正。

3. 内证-Ⅰ:《说文·巾部》:"飾,叔也。"段氏认为这是《说文》互训之例,亦是反证。

4. 内证-Ⅱ:《说文·手部》无"拭"字;且"彡""聿"下释文用"飾"不用"拭"。进而指明"飾"与"拭"为古今字。从《说文》全书来看,独于"叔"下改为"拭",不合体例。

5. 处理反例:《聘礼》中有反例"拭圭",段氏认为"必系俗改"(原

理见后）。

6. 以形定义：因"以巾去其尘"，故"拂拭义"的"飾、飭"二字古皆从巾，"拭"字不合构形原理，必后出之字。

7. 以义定义：进一步申说"飾"义：去尘而得光明，故引伸为文饰之义。"去尘""文饰"二义相通，可互取证。

由上诸证可见，"飾"各本作"拭"必误无疑。

**【理必用语笺识】**

与全…矛盾这一用语似乎没有什么难解之处，然而，其中仍有深入了解段氏有关"矛盾律"思想的必要。第一，段氏这里虽然说的是"与整体系统相互矛盾、亦即 contradict with the whole system"的情况，但是我们可以（也应该）从中窥出他的"矛盾系统"还包含了"局部矛盾"和"个例矛盾"等两个子系统。第二，他的这种矛盾律思想应该是从其师戴震的"十分之见"体系中获得的，并进而发展出"整体系统无矛盾"的逻辑系统观。就是说，这些易解用语的只言片语的背后，蕴藏着一套科学矛盾律有待我们仔细地去品味和发掘。

## 十、段氏"理必注论"模式-I

《说文解字注·第七卷·米部》：粒，糂也。从米，立声。䊪，古文从食。

段注：按，此当作"米粒也"，米粒是常语，故训释之例如此。与䊪篆下云"䊪米也"正同。《玉篇》《广韵》粒下皆云"米粒"可证。浅人不得其解，乃妄改之，以与糂下"一曰，粒也"相合。不知粒乃糂之别义，正谓米粒，如妄改之文，则粒为以米和羹矣，而"一曰，粒也"何解乎？今俗语谓米一颗曰一粒，《孟子》："乐岁粒米狼戾。"赵注云："粒米，粟米之粒也。"《皋陶谟》："烝民乃粒。"《周颂》："立我烝民。"郑笺："立，当作粒。"《诗》《书》之粒，皆《王制》所谓"粒食"，始食艰食、鲜食，至此乃粒食也。力入切，七部。按，此篆不与糂篆相属，亦可证其解断不作糂。

【理必论证】 研究和解释解段注的理必原则,实际就是要"为圣人立言"——要找出段氏理必思想指导下的训释体例、找到他理必体例的论证模式。本条注论可以看作一篇结构层次分明、系统清晰完整的"理必论文"。读者细心品味,自可见其严密之用心,洞悉其理必要点之所在。下面分步解析:

1. 指出错误:当作"米粒也"。

2. 发现《说文》的训释原则="训释之例":按,此当作"米粒也"。"米粒"是常语,故训释之例如此。

3. 内证:亦即"训释之例"的内证:与"糵"篆下云"糵米也"正同。首先给上面"训释之例"找同类的现象:"糵"训"糵米"和"粒"训"米粒"一样,都是用"常语"解释被训释词的例子。其次给结论"粒,糂也"当作"粒,米粒也"的"当作…"建立证据。

4. 旁证:"《玉篇》《广韵》粒下皆云'米粒'可证。"这是进一步从旁立证:《玉篇》《广韵》的解释和《说文》一样,应当是取自《说文》,或同样的"常语"训诂。

5. 误源的推测:"浅人不得其解,乃妄改之,以与糂下一曰'粒也'相合。"这里是揭示致误的客观原因:因为《说文》"糂"下有"一曰粒也"的训诂,不学无术的人就把《说文》"粒"下的"米粒也"之训改成了"糂也",以便和"糂"下的"一曰"相合。

6. 用归谬法驳斥妄改所导致的荒谬结论:"不知粒乃糂之别义正谓米粒。如妄改之文,则粒为'以米和羹'矣,而'一曰粒也'何解乎?"

这里必须把《说文》原文的"糂"和妄改的"粒"对勘,才能知其谬误所在:

(1) 因为:"糂,以米和羹。"

(2) 如果:"粒,糂也。"

(3) 那么:"粒,以米和羹也。"

(4) 荒谬:"粒"不可能是"以米和羹",所以"粒,糂也"必误无疑。

7. 再引俗语以为证：今俗语谓米一颗曰一粒。

8. 复引古籍用例以为证：《孟子》："乐岁粒米狼戾。"赵注云："粒米，粟米之粒也。"

9. 延伸理证与《诗》《书》"粒"字之用例——既是预测，也是反证：《皋陶谟》："烝民乃粒。"《周颂》："立我烝民。"郑笺："立，当作粒。《诗》《书》之'粒'皆《王制》所谓'粒食'；始食、艰食、鲜食，至此乃粒食也。"

10. 殿以《说文》例字之证："此篆不与'糂'篆相属。"可见"粒""糂"非同类、同义之字，由此可证二字词义之不同。

11. 最后得出结论的必然性："可证其斲不作糂也。"这里的"斲"字可以从照爱因斯坦所谓"too beautiful to be wrong"的角度来理解。


## 十一、段氏"理必注论"模式－II


《说文解字》：亢，人颈也。从大省，象颈脉形。凡亢之属皆从亢。

段注：《史》《汉》，《张耳列传》："乃仰绝亢而死。"韦昭曰："亢，咽也。"苏林云："肮，颈大脉也，俗所谓胡脉。"《娄敬传》："扼其亢。"张晏曰："亢，喉咙也。"按，《释鸟》曰："亢，鸟咙。"此以人颈之称，为鸟颈之称也。亢之引申为高也，举也，当也。上人。象颈脉形下几。苏林说与此合。古郎切，十部。按，亦胡郎切，亦下浪切。俗作"肮"，作"吭"。

《说文解字》：颃，亢或从页。

段注：此字见于经者，《邶风》曰："燕燕于飞，颉之颃之。"毛传曰："飞而上曰颉，飞而下曰颃。"**解者不得其说。**玉裁谓，当作"飞而下曰颉，飞而上曰颃"，转写互讹久矣。颉与页同音，页古文䭫，飞而下如䭫首然，故曰"颉之"，古本当作"页之"。颃即亢字，亢之引申为高也，故曰"颃之"，古本当作"亢之"。于音寻义，**断无**飞而下曰颃者。若杨雄《甘泉赋》："柴虒参差，鱼颃而鸟胪。"李善曰："颃胪，犹颉颃也。"师古曰："颃胪，上下也。"皆以《毛诗》"颉颃"为训。鱼潜渊，鸟戾天，亦可证颉下颃上矣。俗本《汉书》胪讹从目，作"肮"，

《集韵》入诸唐韵,谓即《燕燕》之颉字。俗字之不可谓有如此者。杨雄《解嘲》:"邹衍以颉亢而取世资。"《汉书》作亢,《文选》作颃,正亢颃同字之证。页部曰:"颉者,直项也。"亢者,人颈。然则颉亢正谓直项。《淮南·修务训》:"王公大人有严志颉颃之行者,无不憚悇痒心而悦其色矣。"此正**用直项之训**。《解嘲》之"颉亢",亦正谓邹衍强项傲物,而世犹归资之也。亢用字之本义。《东方朔画赞》云:"苟出不可以直道也,故颉颃以傲世。"亦**取直项之义**。

**【理必论证】**本条注论可作为典型理必论证的结构模式,其层次、步骤井然有序。

1. 提出问题:《毛传》曰:"飞而上曰颉,飞而下曰颃。"解者不得其说。

2. 解决方案:段玉裁谓:当作"飞而下曰颉,飞而上曰颃",转写互讹久矣。

3. 论证(1):首先,解决第一个字"颉"的本字问题。颉与页同音,页,古文䭾。飞而下如䭾首然,故曰颉之。古本当作页之。

4. 论证(2):其次,解决第二个字"颃"的本字问题。"颃卽亢字。亢之引申为高也,故曰'颃之'。古本当作'亢之'。"

5. 提出原理——用"学理的必然性"做出判断:"于音寻义,断无飞而下曰颃者"——先出原理,再下断语——这是段玉裁"理必"论证法一大原则。

6. 理必之证一:若杨雄《甘泉赋》:"柴虒参差,鱼颉而鸟胻。"李善曰:"颉胻,犹颉颃也。"师古曰:"颉胻,上下也。"皆以毛诗颉颃为训。

7. 理必之证二:"鱼潜渊,鸟戾天,亦可证颉下颃上矣"。按,《诗经·大雅·旱麓》:"鸢飞戾天,鱼跃于渊。"郑玄笺:"鸢,鸱之类也,鸟之贪恶者也,飞而至天,喻恶人远去,不为民害也。鱼跳跃于渊中,喻民喜得所。"

8. 去伪反证:俗本《汉书》"胻"讹从目,作"眄",《集韵》入诸唐韵,谓卽燕燕之"颃"字。俗字之不可问有如此者。

9. 更深一层：证"亢""颃"之同，为下面的"取义"理论铺路：杨雄《解嘲》："邹衍以颉亢而取世资。"《汉书》作亢，《文选》作颃，正亢、颃同字之证。

10. 揭示同源"取义"之义核：《页部》曰："颃者，直项也。"亢者，人颈。然则颃亢正谓直项。

11. 引证文献以凿实义核推断之确：《淮南子·修务训》："王公大人有严志颉颃之行者，无不惮悇痒心而悦其色矣。此正用直项之训。"回推《解嘲》之"颉亢"，亦正谓邹衍强项傲物而世犹归资之也；"亢"，用字之本义。

12. 结论：义核训诂的效应。

《东方朔画赞》云："苟出不可以直道也，故颉颃以傲世。"亦取直项之义。按，这也是一条 too beautiful to be wrong 的典范论证模式！

## 十二、结语

这里收集了《段注精读100条》(冯胜利 未刊稿)中十余条有关理必用语和注证，列在这里以求教方家。每条首先揭示其理必注论之精华所在，然后列举其中理必用语之可诠释者。这里所要指出的是，从段氏一生的学术成就及其与同行的争斗和论辩来看，他确有一套强烈而自觉的理必意识和理念，同时也有一套表达理必思想的用语和说法。这里我们只从段氏的10数条《说文》注释中，列举性地拈出若干用语，发凡性地做了一些诠释和说明(并附以英文对照)，既不全面，也欠深入，故仅为示例而已。所需注意的是，这里所列出的用语(或术语)，多为一字数义，随文而异。因此所做释义只适用于所出之上下文，在其他语境中的含义如何，还要看具体情况而定，不宜不加区分处处套用。更概括、更全面的段氏理必术语的搜集和诠释，还有待将来更深入细密的研究。

段氏《说文解字注》之博大精深,从本文中可以看出其重要一点:段氏每立一说,必有所据。此为"读段须知"而未必皆知。正因如此,对段氏"理必"不知、不解或不熟者,要么轻以段说为臆说,要么妄以段氏为武断。殊不知此乃诬段之甚也;虽无损于段,"然适以成吾之妄。"(钱晓徵语,钱大昕 1844)事实上,段注各条虽详略不一,其理必论证均精义频出,谛见纷呈,且结构井然,有体式可循。今据本文所揭数条为例,櫽栝其论证结构,胪之于下,以见其概:

1. 提出问题(指出错误)

2. 建立原则

3. 内证

4. 旁证

5. 误源推证

6. 归谬演绎

7. 他证(俗语、方言、古典书证)

9. 延伸理证——既可预测,也可反证

10. 本证(以《说文》证《说文》)

11. 结论必然

据不同字词的不同情况,其注释论证之步骤及内容亦各有不同。尽管如此,其论证结构的总体模式均不外此。若总而言之,其论证手段大抵包括如下数端:(1)发疑,(2)出论,(3)供据(文献证据,字理证据[形音义互求律]、词理证据[训诂原理]),(4)明例(发明许书体例),(5)推理(演绎/类比/归谬),(6)结论。由此可见,段氏《说文注》之理必思想是有系统的精心制作。这是种超越时代的理必范式,其背后精蕴若蔽之以一言,则曰《段注》理必旨在求"why(为什么的问题)",此与吴派存古意在寻"what(是什么的问题)"者,大异其趣也。

## 参考文献

段玉裁 撰,许惟贤 整理 2015《说文解字注》,南京:凤凰出版社。

冯胜利(待刊)《段注精读 100 条》。

冯胜利 2015《乾嘉"理必"与语言研究的科学属性》//《中文学术前沿》编辑委员会编,《中文学术前沿》第九辑,杭州:浙江大学出版社。

钱大昕［清］1844《答王西莊书》//《潜研堂文集》卷三五,四部丛刊本。

许 慎［汉］1963《说文解字》,北京:中华书局。

朱晓农 2004《亲密与高调·对小称调、女国音、美眉等语言现象的生物学解释》,《当代语言学》第 3 期。

（冯胜利 北京语言大学/天津大学语言科学研究中心）

| 第二章 |

# 科学方法类

# 乾嘉学术的科学突破*

## 冯胜利

**摘　要**　中国学术有无自己发展的科学思想（scientific thoughts）和理性思维（rationalism），这是中国思想史上一大疑案；西方学者一般都持否定观点。文章提出：乾嘉文献语言研究中的"理必（Logical Certainty）"之学或可回答这一学界向未认证的历史问题。文章将从乾嘉考据学的成果上（以戴震、段玉裁、王念孙的学术贡献为主）揭示其"理必"思想（rational reasoning），并指出：从乾嘉学者的文献语言研究中可以发掘出其"理性发明"的学术理路和实践。这种学术理路经全盘西化的五四文化运动之涤荡而几近销声匿迹。故而黄侃发出的"今发现之学兴，发明之学替"的**学术范式转型**之慨叹，对今天来说，更具特别之意义。

**关键词**　乾嘉学术　科学突破　理性思维　科学与技术

## 一、西方学者对中国传统学术的看法

西方学者对整个中国传统学术的一般看法，李约瑟在 *Scientific Revolution Problem* 里讲得很直接："为什么现代科学，关于自然的假设的数学化，以及对先进技术的所有影响，在伽利略时期仅在西方迅速崛

---

*　本文内容曾发表于《语言教学与研究》2019 年第 3 期，也曾在《第十一届汉代文学与思想国际学术研讨会》（台湾"国立政治大学"中国文学系举办，2018 年 10 月 27—28 日）上宣读，得到与会者的宝贵意见与建议，在此表示由衷的感谢。

起?"（原文参见 Needham 1969）这个问题的潜在意思是："为什么当代科学不是从中国文明中发展而来?"对此,在美国与李约瑟齐名的席文（Nathan Sivin,1982）在其名作 *Explorations in the History of Science and Technology in China* 中有意无意地、从评论有清一代的学术入手,回答道:

> 虽然清朝的思想家像弗朗西斯·培根爵士（1561—1626）所做的那样,把世界当作可观察的、具有名义主义意义上的对象和事实,但与培根不同的是:他们没有发展出科学的方法论。至于培根的科学方法是否在当代科学实践中幸存下来,甚至都没有考虑过（那是另一回事）。事实上,它（清朝的学术）的起源主要是学问上的,关注分类而不是自然现象的理论,而且他们决不关心数学测量。与培根对科学活动的组织和意识形态所形成的非常有影响力的信念相比,它在所有早期的现代学者们尝试定义"科学如何才能有效发展"的尝试中,可能是最无生衍能力的。（译自 Sivin 1982：96）

为什么当代科学不是从中国文明中发展而来? 席文认为,因为中国学术的起源"主要是学问上的,关注分类而不是自然现象的理论,而且他们决不关心数学测量",所以早期现代学者们在尝试定义"科学如何才能有效发展"的时刻,乾嘉学者的研究结果都是最没有生成和发展能力的。

以上诸说,代表了西方学者对"中国文化所以没有发展出科学"的一般看法。

## 二、中国学者自己的看法——以胡适为代表

中国人自己也有同样的看法。胡适（1924：7）就曾说过:"这三百年之中,几乎只有经师,而无思想家;只有校史者,而无史家;只有校注,而无著作。这三句话虽然很重,但我们试除去戴震、章学诚、崔述几个人,就不能不承认这三句话的真实了。"胡适这话确实很重。除了几个

代表人物外,清朝三百年中没有思想家,这种看法和他说的:"China has greatly suffered for lack of an adequate logical method."(Hu 1922)是彼此呼应的。没有逻辑方法,谈何思想家? 没有思想家,谈何科学? 中国传统学术没有科学的看法几乎成了一般的共识,即使国内外不乏极力反对者,但至今似乎没有拿出古代学者理性思维的铁证来为他们的科学思想进行辩护。

## 三、什么是科学?

据上所言,中国传统学术没有逻辑、没有科学。然而,什么是科学? 我们如果不首先弄清楚什么是科学的问题,则很难对有无科学的事实做出合理而正确的判断。这里不妨先看看西方某些大科学家们是怎样认识和看待科学的:

"整个科学只不过是对日常思维的改进。"——爱因斯坦

"科学是一种思考方式,而不是一种知识体系。"——卡尔·萨根

"科学就是认知;工程就是实践。"——亨利·彼得罗斯基

"理论科学地位的标准,是它的可证伪性,或可反驳性、可测试性。"——卡尔·波普尔

"科学是由事实构成的,正如房子是用石头建造的;但科学不是事实的简单堆积,正如房子不是石头的简单堆砌。"——亨利·庞加莱

表面看来众说纷纭,不一而足;然而事实上,千条万绪可以约之为一义:科学是思想,不是技术。

## 四、语言学是科学、形式语言学 = 科学语言学

在讨论中国传统学术有无科学或乾嘉汉学是否科学的问题之前,我们有必要弄清第二个重要的观点:语言学是不是科学? 这一点

第二章 科学方法类

Robert Lees 早在 1975 年就已指出：

> 乔姆斯基的《句法结构》是第一个首次以语言学家的身份认真严肃地尝试在科学理论构建传统之下建立的一个有关语言的整个理论，是一个在化学或生物学领域，为其中科学家所理解的意义上的理论；在这个基础之上的一个整体的理论，他不是类似于把（语言）材料重新组织为图书馆的分类条目，也不是有关人类和语言自然属性的哲学的论证或者设论；而是有关我们自然语感的，一种严格清晰的、诸多定理可以由此派生的公理系统。

Larson（2010：4）在他的 *Grammar as Science* 一书中进一步谈到语言学是科学的问题：

● 语法已经成为语言学这一新科学的组成部分，这门科学提出并研究一系列独特而有趣的问题，并采用严格的方法来探索它们，正如其他科学对于自然现象的研究。

● 对语法采用"科学"方法的想法一开始可能会让你感到奇怪。当我们想到"科学"时，我们通常会用这些术语来思考。（参见 Goldstein & Goldstein，1984）

◆ 科学是寻求理解，

◆ 实现理解意味着发现一般规律和原则，

◆ 科学的规律和原则可以通过实验进行测试。

这种观念如何适用于语法？语法的哪些方面有待理解？语法的一般规律和原则是什么？我们看到，Larson 著作的贡献就在于说明句法学家如何发现这些规律和原则，如何在实验中测试它们。

Marchus Tomalin 2018 年在《语言学与形式科学：生成语法之源》中更明确地指出：形式语言学是形式科学的一种。他说：

> 最重要的是我们要意识到：在"形式科学"这一术语下类集起来的理论，全部都使用"公理—演绎法"。因此，尽管这些理论之间有着种种不同，但它们都包含着同一种演绎程序：即从直觉上显而易见的少数几个配套的公理或假设推演出某些结论（亦即定理）来的过程。因此，这种做法可以看作是"用

同一基本科学方法"统一起来的方法。了解到这点之后,我们还应该记住:并不是所有的知识领域(甚至并不是所有的科学领域)都可以运用这种方法。因为要建构一种公理—演绎系统必须要能够提出一些初始假设、确定某种主要元素、并从这些假设和元素中做出逻辑有效性的演绎推理。显然,有很多研究领域其理解尚未精准到可以采用公理演绎分析的程度;但是"形式科学"却都尝试使用这种方法,这种方法是它们的代表性特征之一。(参马库斯·托玛林 2018:2-3)

这个阐释是对"科学"的最简明的说明,它可以让我们了解到什么是科学的本质属性。具言之,科学是公理、演绎和构建公理的系统。能够构建这样的一个系统,才能称之为具有科学的属性或科学的特征,具体内容如下所示:

形式科学的基本特征(characteristics of Formal Science)

1. 公理—演绎法(axiomatic-deductive method)。

2. 结果(或定理)的推演(deduction of consequences(i. e. , theorems))。

3. 构建公理演绎系统(an axiomatic-deductive system)的必要程序:

(1)建立元始公设(state initial assumptions);

(2)鉴定基本元素(identify primary elements);

(3)基于(1)、(2)的逻辑有效的推衍(make valid deductive inferences from these assumptions and elements)。

我们是在这个前提下讨论乔姆斯基创建的生成句法的科学性,也是在这个前提下审视乾嘉汉学(陆宗达称之为"文献语言学")的科学性。

## 五、乾嘉学术中的科学要素

陆宗达(1964:11)在《训诂浅谈》中说:

……以戴震为代表的"订误"派,这一派以纠正旧注、创立新说为主。目的是:发展语言文字科学,批判旧注、发明新义,从而提出自己的新理论,使训诂学进一步提高。清代训诂学家段玉裁、王念孙、俞樾等人都属于后一派……

这里所说的戴震派的学术目的是"发展语言文字科学",这是后来陆宗达先生提出的"文献语言学"的前身,①其显著特征就是"科学"思想的发明与建立。本文认为,陆先生所说的"科学"可以具体概括为"理必思想和方法"的提出与建立。

## 5.1 乾嘉学术中的"理必"思想

乾嘉汉学研究中的"理必"思想(logical certainty)是中国传统学术土生土长的科学思想。我们认为:以戴震为代表的皖派学术(不同于以惠栋为代表的吴派),之所以在考据学(文献语言学)研究中取得巨大成就,是因为其考证工作在"综刑名、任裁断"的理性主义(rationalism)原则下,发明了许多现代科学概念和方法,创造了前所未有的科学理念和逻辑推理的方法,并付诸实践。约而言之,如戴震之"《尧典》古本必有作'横被四表'者",段玉裁之"于音寻义,断无飞而下曰'颁'者"等。其中之"必""断无"等术语的背后,有着多方面的、丰富的原理、公理和逻辑的推演。再如段玉裁之"凡谐声者皆同部";钱大昕之"凡轻唇之音古读皆为重唇"等普世性规则的"凡……皆……"所表述的,都是划时代的全称判断及由此验测得出的演绎必然。我们认为,乾嘉学派在他们的训诂考据学之中自觉运用了科学的原理和方法来考证经典的真伪,发掘形音义之间内在的逻辑条理,以此来推导、演绎,最后在语言事实中得到验证,创造了中国科学史上以文献语言学为对象的理必科学。这些精辟的思想和操作的程序,都体现和渗透在他们对字词、名物和事件的考证之中。在段氏的《说文解字

---

① 什么是文献语言学及其所包括的领域和范围,参冯胜利(2016a)《文献语言学——陆宗达先生秉承章黄的学术精华》。

注》、王氏的《广雅疏证》中,我们分理爬梳、收集、整理出大量阐释理必的考据材料及其潜含的论证方法(参即将由北京大学出版社出版的《戴震、段玉裁、王念孙科学思想资料初编》),同时系统地揭示出这两部巨著中蕴含的科学理念和逻辑条理。下面仅以戴、段、王学术研究中的几个例子,展示其"理必"思想(rational reasoning)之大概。

### 5.1.1 戴震创理必之学

《尚书·尧典》"光被四表",戴震曰:

> 《尧典》古本**必有**作"横被四表"者……。丁丑仲秋,钱太史晓征为余**举**一**证**曰:"《后汉书》有横被四表,昭假上下语。"……姚孝廉姬传又为余**举**班孟坚《西都赋》"横被六合"。壬午孟冬,余族弟受堂**举**《汉书·王莽传》"昔唐尧横被四表",尤**显确**。……(《戴震集》卷三"与王内翰凤喈书")

### 5.1.2 段玉裁演绎理必

段玉裁《说文解字注》中以"必"推论者凡 53 次(参王用源等 2017),其中以下面几条最为典型。

(1)《说文解字·米部》:"粒,糂也。"段玉裁《说文解字注》:

> 按,此当作"米粒也"。"米粒"是常语,故训释之例如此。与"糂"篆下云"糂米也"正同。《玉篇》《广韵》"粒"下皆云"米粒"可证。浅人不得其解,乃妄改之,以与糂下"一曰粒也"相合,不知粒乃糂之别义,正谓米粒。如安改之文,则粒为"以米和羹"矣,而"一曰粒也"何解乎?今俗语谓米一颗曰一粒。《孟子》:"乐岁粒米狼戾。"赵注云:"粒米,粟米之粒也。"《皋陶谟》:"烝民乃粒。"《周颂》:"立我烝民。"郑笺:"立,当作粒。"《诗》《书》之粒皆《王制》所谓"粒食";始食艰食、鲜食,至此乃粒食也。……按,此篆个与糂篆相属,亦可证其解**断**不作糂也。

(2)《说文·又部》:"叔,饰也。从又持巾在尸下。"段玉裁《说文解字注》:

> 饰,各本作"拭",今依《五经文字》正。巾部曰:"饰,叔也。"彼此互训。

手部无拭字。彡下云:"毛饰画文也。"聿下云:"聿,饰也。"皆即今之拭字。独于敝下改"拭",与全书矛盾矣。按,"拭圭"虽见《聘礼》,然必系俗改。古者"拂拭"字只用"饰"。以巾去其尘,故二字皆从巾。去尘而得光明,故引伸为文饰之义。《司尊彝》"帨酌",大郑云:"挩,拭勺而酌也。"拭,释文作饰。敝亦通用刷,刀部云:"《礼》有刷巾。"即敝巾也。

段玉裁"理必"的形式特点:(1)公理观;(2)矛盾律;(3)归谬法;(4)演绎法。(详论参冯胜利 2015)

### 5.1.3 王念孙类比理必

凡"与"之义近于"散","取"之义近于"聚";"聚、取"声又相近,故聚谓之收,亦谓之敛,亦谓之集,亦谓之府;取谓之府,亦谓之集,亦谓之敛,亦谓之收。取谓之捊,犹聚谓之裒也;取谓之掇,犹聚谓之缀也;取谓之捃,犹聚谓之群也。(《广雅疏证》卷一上"捊,取也")

王念孙"理必"的形式特点是"生成性模拟推理"(详论参冯胜利 2016b):

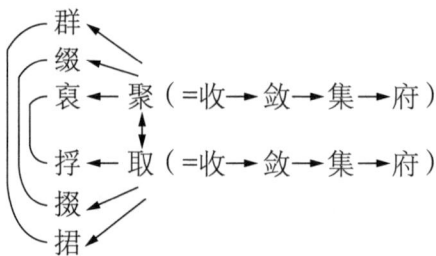

X 和 Y 都具有属性 p、q、r。

如果 p、q、r 具有衍生关系,

且 X 和 Y 具有衍生关系,

则 X 和 Y 的属性系列可以被预测和验证为真。

因其推证步数颇繁复,暂从略;有意者可参拙作《论王念孙的生成类比法》(冯胜利 2018a)。

## 5.2 乾嘉皖派之"理必"不是传统及宋元理学之"理必"

有人或疑：理必之说难道至清伊始前无古人？当然，"理必"二字之连用，自古以来并不乏见，如：

> "若欲强释，理必不通。"(《周易·系辞上·疏》)
>
> "言己弱以示其耻；言虞强以说其心。词虽无文，理必然也。"(《春秋左传正义·僖公二年·疏》)
>
> "桀纣之暴虐，又遇恶日，其理必亡。"(《汉书·翼奉传》颜师古注)
>
> "情之所至，何所不至，理必然也。"(《旧唐书·仪礼志》)
>
> "有高必有下，有大必有小，皆是理必当如此。"(《朱子语类》卷九十五)

上述"理必"多为短语中两个邻接成分之连文（如"理必不然/不通"等，有的甚至不一定是直接成分），而非本文所谓"理必"之"状动结构"所达之意——道理上必然。进言之，上述"理必"之"理"，乃"情理""事理""自然之理"之义，均非"逻辑推理"之"理"。故曰：乾嘉之前"理必"之"理"乃"日常道理"之"理"，与乾嘉"推理之必然"有天壤之别。

当然，我们也注意到郎需瑞、张晓芒(2018)曾经指出的，从易学逻辑推理的角度来看，朱熹的推理方法是对其易学"例推"法中所体现出来的"公理意识"以及"演绎精神"的具体运用。这是朱熹易学逻辑思想中值得肯定的地方，因此我们同意二位的意见。然而，正如李约瑟所提出的："朱熹的二元论与其说不正确，不如说像是依照爱因斯坦理论而架构出的世界观，却不了解牛顿地心引力和星球运动的研究。"(樊树志 2006：160)事实正如冯友兰(2014：801)所说，"朱子之学，尚非普通所谓之唯心论，而实近于现在所谓之新实在主义。"樊树志(2006：159)也指出："西方汉学家认为，朱熹的方法论基本上是经验主义的唯理论者的方法论。"

因此，尽管朱熹的易论在中国学术史上堪称最为接近公理意识的思想,但与乾嘉"理必"之"理"相比,仍然不是自觉系统中"演绎推理"之"理必理论"。乾嘉"理必"所指的"逻辑必然"是自觉、系统的思想体系。此乃乾嘉"理必"科学属性之所在。这一点,不仅不是朱熹"易论"中萌发和偶见的"公理意识"及"演绎精神"所能及,也不是乾嘉时代学者所都能理解,甚至不是后来以至今天学者均能知晓的。事实上,戴震同时代的很多学者对此不以为然,甚至质疑;今天的学者很多对此仍然不甚了了,甚或浅尝辄止并加以反对。究其原因大抵有二:一是对"科学是思想而不是技术"的观念缺乏深入理解;二是对"语言学中有科学"的当代学理,认识不足。由于上述两点不足的限制(即不为所知、所解及所信),要么不了解何为形式科学,要么不了解形式语言学中之形式科学,结果自然就很难了解有清一代文献语言学中之科学要素。因此,对有清以来中国近代学术范式的真面目,也难有突破性认识和阐释。正因如此,今天对汉学中的科学要素之发覆,才更有意义。

## 5.3 乾嘉皖派"理性之理必"不是乾嘉吴派"存古之理必"

吴派和皖派都用"必""断无"等字,两派也都有"理必"。但是二派之"理"是不同的。"道不同则不相为谋",两派学理上的巨大差别,可以从顾千里《书段氏注说文后》中批评段玉裁的话里看出来:

> 《汉书·艺文志》:"古者八岁入小学,故《周官·保氏》掌教国子,教之六书,谓象形、象事、象意、象声、转注、假借,造字之本也。""造字之本"一语,**必**自来小学家师师相传以至刘歆之旧说,而班固传之,**断无**可易者也。(《顾千里集》卷十五)

顾千里这里的分析也用了"必"("必自来小学家师师相传")、也用了"断无"("断无可易者也"),但这两个术语的内容与段氏的"必"和"断无"的内容,大异其趣。在顾氏的分析里,我们看不到所以"必"的理据,也不见"断无"的理论。细考之,"造字之本"当是顾氏"必自来小学家师师相传"的根据,但这是推想而不是逻辑的必然。他是从《周官》保氏教国子均"教之六书"的记载中有六书名目,且有"造字之本"这句话里,推出的"必师师相传"的结论。当然,这句话是事实,"师师相传"也可能,但不是必然!原因很简单,"必然"是理论推演的结果,不是现象的实录。毫无疑问,顾千里这里的"必"和段玉裁上面的"必",相差庶几千里之遥。其"断无"的结论也同样不是逻辑学理的运用:为什么"六书造字之本,断无可易者"呢?顾氏的分析是"自来小学家师师相传以至刘歆和班固",故而"断不可易"。如果把其中的逻辑推演式——列出后,我们有如下结果:

> 大前提:师师相传的说法断不可改变;
>
> 小前提:造字之本是世世相传的说法;
>
> 结论:所以造字之本不可变。

显然,大前提"师师相传的说法断不可改变"这一命题本身需要论证:什么"必然的道理"允准"断不可变"?如果没有必然的理据,那就成了原则的宣称。原则申述不是逻辑的推理。当然,我们这里不拟评骘乾嘉考古派信奉的"非古莫是"的原则(是原则,不是定理 theorem)[1];这里所要强调指出的是:顾千里用的"必"不是逻辑演绎推理上的"必",他使用的"断无"也不是乾嘉学术下逻辑发明的"断无"。逻辑推理不是价值判断,逻辑推断更不是原则的宣示。原则的正确并不代表逻辑的正确和运用。这一点唯有戴震培育的乾嘉皖派学者心知肚明。

## 5.4　乾嘉皖派之"理必"不是清季传教士之"理"

康熙曾经说过:"唯西教士能通晓科学,故国家起用彼等。"[2]然而,

---

[1]　顾千里信奉的是其师祖惠栋"信家法、尚古训",恪守汉人训诂的"不校之校"的原则,因此,宁可保持古籍原貌,也不要轻易改动文字。

[2]　转引自后藤末雄(1931)。

雍正、乾隆、嘉庆时期，传教士的地位非常低，影响很小（宝成关 1994：163-185）。由是而言，乾嘉学术思想哪些受到西学影响还要重新审定。李天纲（1994）曾撰文论戴震《孟子字义疏证》与利玛窦《天主实义》之关系，并提出戴震《孟子字义疏证》与利玛窦《天主实义》有渊源的关系。如果真有这种可能的话（仍需具体的考证而不是泛论，参张晓林 2002），私意以为乾嘉训诂中的"理必"（logical certainty）和"公理"（axiomatic reasoning）的"思想"（西方学者认为中国绝无者），则是他们从对象（文献语言）研究的求精、求密、求真的方法和目标中，自然而然地发展出来的（或者说是研究对象和方法"逼"出来的结果）。戴震和王鸣盛的异见、段玉裁和顾千里的公案，充分反映了理性的**公理求真**思想和传统的**经验求实**的学理之间，路数的不同和冲突——这正是我们提出"乾嘉理必"研究的宗旨所在。

## 5.5　乾嘉皖派之理必不尽为当时学者所理解和接受

王鸣盛在《蛾术编》卷四"光被"中说：

> 三十余年前，予虽与吉士往还，曾未出鄙著相质，吉士从未以札见投，突见于其集。昔乐安李象先自刻集，内有诡称顾亭林与之书，论地理，象先答以书，辨顾说为非，亭林呼为"谲觚"。今吉士札谲与否不足辨，独鄙见谓郑注载毛诗疏者，竟未检照，而遽欲改经字，创新说为卤莽，此则吉士在地下亦当首肯。至段玉裁重刻戴集，仍存此文。

显然，王鸣盛这里没有区分**文献训诂**（光，充也）和**经学训诂**（光，照耀）之不同，[①]更不晓得："理校"的科学学旨之所在。

戴氏谓："《尧典》古本必有作'横被四表'者"，改"光"为"横"，与段玉裁改《说文解字》古文之"⼆、丁"二字为"二、二"，同出一辙，均以**求是**为旨归（而不是**求古**）。前者，即使无出土文献以凿其实，仍不可

---

① 经学训诂之最简定义是"解释经文微言大义之训诂"；见拙著《理论训诂学讲义》（手稿）。

否其真、否其值;后者,纵有原版或甲文可验之实,若不得其所以如此之理必,亦不足为耀。[①] 原因很简单:

> "求古"(to find the ancient reality),在戴震皖派看来,小道也;
>
> "求是"(to find the truth for ancient grammar),学术之最高归宿也。

当时的学者很多都看不到这一点,尤其是吴派学者,不但不解,甚至不屑或不受。因为这种求是改经的理必做法,直接威胁到存古的学理。因此,王鸣盛对戴震的这一学理路数非但不解,更画地为牢,与之分道扬镳——直言"道不同不相为谋":

> 吉士为人,信心自是,眼空千古,殆如韩昌黎所谓"世无仲尼,不当在弟子列"必谓郑康成注不如己说精也。汉儒说经,各有家法,一人专一经,一经专一师,郑则兼通众经,会合众师,择善而从,不守家法,在郑自宜然。盖其人生于汉季,其学博而且精,自七十子以下,集其大成而裁断之。自汉至唐千余年,天下所共宗仰。予小子则守郑氏家法者也,方且退处义疏之末,步孔、贾后尘。此其道与吉士固大不同,道不同不相为谋。(王鸣盛《蛾术编》卷四)

这里不但反映出当时学者的误解、不解,甚至明确表态要分道扬镳、背道而驰。然而,在反对派的意见里,从学理上看,我们却得不到任何可以启迪晚辈学术智慧的见解和论证。譬如,"吉士为人,信心自是……"是在讨论为人,与戴震的学理、学路毫无关系。更具有讽刺意义的是,从王鸣盛对人品的批评中,我们反倒看出戴震的学术特长。譬如,信心 = rely on rational thinking, rationalism;自是 = cannot be wrong(参爱因斯坦对自己相对论的评价:Too beautiful to be wrong!);眼空千古 = 王念孙评段玉裁:千七百年来无此作也;郑康成注不如己说精也 = 今天共识:有清一代的学术成果超过汉朝学者(古无轻唇、古无去声、古音十七部、以声音通训诂,等等,都是今天仍然前沿的学理思想)。

---

① "段先生注《说文解字》,改古文之'丄、丅'二字为'二、二',段君未尝肆力于古金文,而冥与古合,其精思至可惊矣。"(罗振玉《增订殷虚书契考释》中)

这里最令人遗憾的是，王鸣盛批评戴震的不是他在学理上的失误，而是性格的偏颇。注意：被批对手有没有做人的问题是一回事，用做人方面的问题来攻击对手的学术，是另一回事。事实上，用"做人"不足来抨击对方，一般都是学术论战失理后弱者的表现。从古至今，学术争论中的不言而喻的规律是：论争的一方一旦从学术批评转入人身攻击，其争论本身就意味着自己在学理上已然处于劣势而沦为失败一方了，否则不会选择或沦落到如此下策的境地。①

## 5.6　乾嘉皖派之"理必"不为后来学者所理解和接受

后代（如今天的）学者对戴震"理必之学"的理解仍然不够深入，甚至还没有提出或接触到。因此，尽管人人都承认戴震的学问非凡，但对其学问后面的学理的误解，仍不乏见。譬如，倪其心（2004：310）曾经评论道：

> 显然，从小学的考证看，戴震的发现不无根据，足以证明"横"、"桄"通假，汉及后世引典或作"横"字。但是"桄"脱为"光"，则属推测，并无证据。从校勘的考证看，孔安国解"光"为"充"，郑玄疏为"光耀"，并无异文，也没有底本的是非问题。汉及后世作文用典，未必用经典原文，也可能用假借字，因而可为旁证，未足确证。也就是说，戴震自信订正了《尚书》的一个错字，是不能成立的。

注意："光被四表"是不是"横被四表"是一回事（戴震认为不是），《尧典》古本有无（出土或新发现的文本的）实证，则是另一回事，此其一。其次，文字通假和脱变的例证有无是一回事（如"桄→光"，至今没有），字句原意为何，是另一回事（"光被四表"的"光"原意应该是"充斥"而不是"光耀"，戴震之本意在于揭示原文之意）。因此，如果说《尧典》原

---

① 章学诚对戴震也多有反感，讥其"好辟宋儒""心术不正"（《文史通义》外篇三"与史余村"），"慧过于识而气荡乎志"（《文史通义》内篇二"朱陆"），"害义伤教"（《文史通义》内篇二"书'朱陆'篇后"），均非学理批评，固不与于评骘戴氏学术之列。

文字句的原意不是郑玄所常用的经学训诂法而得的"光＝光耀"（黄焯1985），而是《尔雅》所记录的"光＝充"的话，那么，戴震订正的《尚书》的这个错字（＝错词），实乃发千载之覆，而倪氏不从戴氏本意出发（揭示"错词"而兼及"本字"）而驳戴"无异文"之证，学理上"是不能成立的"。① 因此，在很多情况下，因为后人的不理解，才导致在评论戴震、段玉裁、王念孙时，犯有钱大昕如下之戒：

> 古人本不误，而吾从而误驳之，此则无损于古人，而适以成吾之妄。王戒甫、郑渔仲辈皆坐此病，而后来宜引以为戒者也。（《潜研堂文集》卷三五"答王西庄书"）

这不仅是钱大昕时代的"后来宜引以为戒者"，更是当代人尤其要"引以为戒者也"！

## 六、乾嘉汉学理性传统的继承与终结

### 6.1　乾嘉理性科学的发源与发展

乾嘉理性科学发源于戴氏之理必，发展为段氏之理校及王氏的理训。

#### 6.1.1　戴震的理必

> 《尧典》古本必有做"横被四表"者，横被，广被也……溥遍所及曰横……。"横"转写为"桄"，脱误为"光"。追原古初，但读"古旷反"，庶合充霸广远之义。……仆情僻识狭，以谓信古而愚，愈于不知而作，但宜推求，勿为株守。（《戴震集》卷三"与王内翰凤喈书"）

#### 6.1.2　段玉裁的理校

> 凡校书者，欲定其一是，……故有所谓宋版书者，亦不过校书之一助，是

---

① 不仅如此，倪氏也无法否认戴震解决了为什么《尧典》的"光"训"斥"的来源。

则取之，不是则却之。宋版岂必是耶？故刊古书者，其学识无憾，则折中为定本，以行于世，如东原师之《大戴礼》《水经注》是也。（《经韵楼集》卷十一"答顾千里书"）

戴氏开理必先河，段、王是其实践者。这里段氏"学识"二字之内涵，可以见其师说意蕴。首先，"学""识"要分开理解。"学"指的是"当下的知识系统"，"识"指的是"分析断识"。"无憾"是指"没有矛盾、合乎逻辑"的最高境界（或戴震所谓"十分之见"），[1]"折中"就是在上面的基础上得出最佳选择和最佳结果。因此，《段注》虽颇遭诟病，被指为偏执武断、妄改许书，或有袒护段氏者曰：许慎原书流传下来完整本子，最早者乃二徐之《说文》，故段氏所改者二徐《说文》，而非许慎原本；而事实上，对段氏而言，即使原本也不免有误。因此，只要有事实和逻辑的支持，他就毫不犹豫地改而正之，以折中为定本。原因很简单，段氏校勘旨在"求是"，而非"存古"。譬如，一无版本依据，段氏径改许慎《说文》中之"义"为"意"者，不止一处。例如：

> 《说文》："卓，高也。早匕为卓；匕卪为卬，皆同义。"[2]
>
> 《段注》："早匕为卓。此上当有'从匕早'三字。匕同比，早比之，则高出于后比之者矣。……'意'旧作'义'，今正。此与凡云某与某同，意同也。"
>
> 《说文》："丞，翊也。从廾从卪从山。山高，奉承之义。"
>
> 《段注》："'义'当作'意'，字之误也。"

段氏何以如此"武断"？其实不然，只是因为在他发现、发展与发明的许慎造字理论中，"意"与"义"的概念截然不同，不容相淆。因此，无论是传抄讹误，还是前人误解或错改（包括许慎自己的笔误），凡把"意"错为"义"处，一律予以改正，以晓谕世人。因为在许慎的解文析字系

---

① "所谓十分之见，必征之古而靡不条贯，合诸道而不留余议，巨细毕究，本末兼察。"（《戴震集》卷九"与姚孝廉姬传书"）

② 按，《说文》各版本"卓"下皆言"同义"，而非段氏所改之"同意"。

统中，"义"不等于"意"；"词义"也不等于"字意"。段氏对"意"字的所指和定义（造字意图），不仅心领神会，而且发展成说；[1] 其严格态度和做法，无疑体现了他乾嘉理性主义思维的高度自觉。（参冯胜利 2015：99-117）

再如，《段注》改形声为会意者达 20 余例。如《说文·虎部》"虦，虎所攫画明文也。从虎乎声"段注曰："各本衍声字。今正。"为什么要"正"？因为"乎在十五部。虦在五部。非声也"。

更有甚者，《段注》改正反切下字以厘正古音归部者，竟达 60 多处。如《说文·木部》"枓"字，大徐本曰："勺也，从木从斗。"段注："铉本作'从斗'，非也"，改为"斗声"。

由上可见，对段氏来说，凡学理所不容者则必改无疑。有趣的是，后来发现的唐写本《说文》木部残卷所存"枓"字，正作"斗声"。（莫友芝 2015）足见段氏理校（任裁断）的预测威力。

### 6.1.3　王念孙的理训

如果说戴震发明了"理必"，段玉裁发展为"理校"，那么王念孙的推阐则在"理训"——用推理的方法训释古代词义。换言之，王氏创发和利用类比原理所推出的意义（而不仅仅是用古人的成训）来训释和核实词义。请看《广雅疏证》卷一上"奄，大也"下的注疏：

> 奄者，《说文》："奄，大有余也。从大申。申，展也。"《大雅·皇矣》篇"奄有四方"，《毛传》云："奄，大也。"《说文》："俺，大也。"俺与奄亦声近义同。大则无所不覆，无所不有。故大谓之憮，亦谓之奄；覆谓之奄，亦谓之憮；有谓之憮，亦谓之抚，亦谓之奄。矜怜谓之抚掩，义并相因也。

人们对王氏训诂的一般印象是：王氏训解，每下一训，义必有据——有古代注释家的成训为实据。其实并不尽然。王氏父子当然熟悉并善用

---

① 参冯胜利、彭展赐（2023）。

汉代注释家的典籍成训并以此来解证词义,然而王氏的训诂分析远未局限于此;对他们来说,更重要的是善用理据来"推释"词义——故称之为"理训"(与段氏"理校"适成双壁)。请看我们为上面王氏训诂找出的出处(古注根据):

> 奄,大也。《诗·大雅·皇矣》"奄有四方"毛传。
>
> 幠,大也。《诗·小雅·巧言》"乱如此幠"毛传。(《尔雅·释诂》)
>
> 奄,抚也。《诗·大雅·韩奕》"奄受北国"毛传。
>
> 奄,覆也。《诗·鲁颂·閟宫》"奄有龟蒙"郑玄笺。
>
> 幠,覆也。《说文·巾部》《仪礼·士丧礼》郑玄注。
>
> 幠,有也。(《尔雅·释诂》)
>
> 抚,有也。《礼记·文王世子》"君王其终抚诸"郑玄注:"抚犹有也。"
>
> (《广雅·释诂》)
>
> 奄,有也。前人无此成训。

不难看出,王氏所谓"有谓之幠,亦谓之抚,亦谓之奄"中所依据的"奄,有也"之训,并不见于古注。不见古注何以王氏仍然说"奄"有"有"义,且加以推演,并将其收入类比系列之中?无疑,这是从"大则无所不覆,无所不有"的"义通原理"上得到的理推结果:因为"抚、奄"均有"大"义(据前人成训),又因为"大则无所不覆、不有"(王氏的概括),故"抚""奄"亦有"有"义(理推所得)。在我们从《广雅疏证》爬梳出的 99 条类比义丛中(参冯胜利,殷晓杰 2019),至少有 53 处的词义训释没有古注的来源,皆从"以理推义"的"理训"中所得。这种以理推义的"理训法"与其师东原之"以音证义,以义证音"的理性推演法,以及同门段氏之"理校法",同出一辙。由此可见皖派学者的"理性"范式的学术取向。

## 6.2 乾嘉汉学理性传统的继承

章太炎的"主观之学"(rational approach)和黄侃的"发明之学"(to discover new understandings and new principles)(参冯胜利 2018b)都是从

继承乾嘉理必思想而来的"理性主义"(rationalism)的价值取向。吉川幸次郎(1974/1999)在转述黄侃先生之什么是中国学术的精华时,说:

> 黄侃说过的话中,有一句是:"中国之学,不在于发现,而在于发明。"但实际上要达到一个结论,其中运用逻辑,或归纳或演绎……演绎是非常有难度的,必须对全体有通观的把握。绝不是谁都有能力这样做的,于是,就认识到中国学问,确实是需要功底的。
>
> 以这句话来看(即"中国之学,不在于发现而在于发明"),当时在日本作为权威看待的罗振玉、王国维两人的学问,从哪个方面看都是发现,换句话说是倾向资料主义的。而发明则是对重要的书踏踏实实地用功细读,去发掘其中的某种东西。我对这话有很深的印象。

乾嘉的精华是理性主义的发明,而五四以后的学术范式是资料主义的发现。傅斯年(1928)曾宣言式地号召:

> 一分材料出一分货,十分材料出十分货,没有材料便不出货。两件事实之间,隔着一大段,把他们联络起来的一切设想,自然有些也是多多少少可以容许的,但推论是危险的事,以假设可能为当然是不诚信的事。

在这一学术方向的指导下,乾嘉的理性发明,就被资料主义的材料与现象的发现所取代。

## 6.3 乾嘉汉学理性传统的终结

"发明"被季刚先生理解、揭举或发展为一个富有"学术范式"性的概念和代名词。他划时代地指出:当时正在进行着从发明到发现的学术范式的转型——亦即从"主尚道理的揭示"到"推重材料的发现"的转型:

> 幸次郎于此公(指季刚先生——引者)私淑有年,昔江南之游,税驾金陵,亦职欲奉手此公故也。通名抠揭,即见延接,不遗猥贱,诰以治学之法,曰:"所贵乎学者,在乎发明,不在发见。今发见之学兴,而发明之学替矣。"(吉

川幸次郎 1935/2006)

乾嘉汉学理性传统的学术理路,经全盘西化的五四文化运动之涤荡以后,一蹶而不振。今天的我们的学术仍品尝着"发明之学替矣"的苦果——古典文学界发出的声音,可谓直言不讳:

> 如果以陈钟凡先生于1927年出版第一部《中国文学批评史》为标志,中国文论学科的建立已有九十年的历史。在中学与西学之间、古与今之间、道问学与尊理论之间,一直是摇摆晃荡而行……现在的瓶颈是,有两个相反的趋势:一方面是越来越强的文化自信,另一方面是不见其强的理论解释力;一方面是越来越多的声音要"祛西方化",另一方面是越来越多的研究进去而不能出来,不能告诉我们"破"了西方之后要"立"我们的什么东西。中国文论这门学科的特殊性,即是它不仅是作为一项"遗产",不只可供深入探索历史的真相,同时也是一项"资源",可充分发挥理论的效用,通古今、衡新旧,解释现象、建构文本,因而有理由在后一方面,再作新的探索。(材料来源:"古今中西之争与中国文论之路"国际学术研讨会邀请函,2017年9月)

上述"相反趋势的瓶颈"并不限于古典文学,中国学术的今天似乎每个领域均有同感。何九盈先生(2008:6)曾经慨叹道:

> 中国的语言学至今未能登上最高峰,与理论思维缺乏有直接关系。中国没有产生一个具有世界影响的语言学理论大家,也没有一部具有世界影响的语言理论著作。恐怕不仅语言学界如此,其他人文学科似乎也很难说谁的理论体系在世界范围内产生了巨大影响,登上了最高峰。

前贤开创了"所贵乎学者,在乎发明",而我们面对的则是有自信而无发明(=规律的发明与理论的构建)的学术境况,这就不能不让我们困惑和质疑:我们的今天的学术到底丢失了什么?

要之,本文之旨,意在说明乾嘉时代的学术创造了史无前例的科学突破,其成果不仅说明中国学术不是没有自己的科学思想(scientific thought)、不是没有自己的理性思维,同时也向学界提出乾嘉文献语言的研究所"推尚发明"的学术理路,经全盘西化的五四文化运动之涤荡而一蹶不振的思考。正因如此,反思季刚先生"今发现之学兴,发明之学替"的学术范式转型之慨叹,对今天来说,就更具特别之意义。

## 参考文献

宝成关 1994《西方文化与中国社会——西学东渐史论》,吉林:长春教育出版社。

戴　震[清] 2009《戴震集》,上海:上海古籍出版社。

段玉裁[清]撰,钟敬华校点 2008《经韵楼集》,上海:上海古籍出版社。

樊树志 2006《国史十六讲》,北京:中华书局。

冯友兰 2014《中国哲学史》(增订版),台北:商务印书馆。

冯胜利 2015《乾嘉"理必"与语言研究的科学属性》//《中文学术前沿》编委会编,《中文学术前沿》第九辑,杭州:浙江大学出版社。

冯胜利 2016a《文献语言学——陆宗达先生秉承章黄的学术精华》,//北京师范大学民俗典籍文字研究中心编,《民俗典籍文字研究》第 1 辑,北京:商务印书馆。

冯胜利 2016b《论王念孙的生成类比法》,《贵州民族大学学报》第 6 期。

冯胜利 2018a《王念孙"生成类比逻辑"中的必然属性及当代意义》//北京大学文学院主办,《励耘语言学刊》第 1 辑,北京:学苑出版社。

冯胜利 2018b《论黄侃的"发明之学"与傅斯年的"发现之法"》,//北京大学文学院主办,《励耘语言学刊》第 2 辑,北京:学苑出版社。

冯胜利,殷晓杰 2019《王念孙"广雅疏证"类比义丛纂例》//华学诚主编,《文献语言学》第 7 辑,北京:中华书局。

冯胜利,彭展赐 2023《论〈段注〉的"意""义"系统及其语义学意义》//杜晓勤主编,《中国古典学》第 3 卷,北京:中华书局。

冯胜利(待刊)《戴震、段玉裁、王念孙科学思想资料初编》,北京:北京大学出版社。

傅斯年 1928《历史语言研究所工作之旨趣》//中央研究院历史语言研究所编,《历史语言研究所集刊》第一本第一分,上海:商务印书馆。

何九盈 2008《中国现代语言学史》(修订本),北京:商务印书馆。

后藤末雄 1931/1936《康熙大帝与路易十四》周景濂译//夏彪主编,《人文月刊》第

7 卷第 6 期,成都:四川大学出版社。

胡　适　1924《国学季刊》发刊宣言//胡适,《胡适文存二集》,上海:上海亚东图
　　书馆。

黄　焯　1985《毛诗郑笺平议》,上海:上海古籍出版社。

吉川幸次郎　1935《与潘景郑书》//程千帆,唐文　2006《量守庐学记:黄侃的生平
　　和学术》,北京:三联书店。

吉川幸次郎　1974/1999《黄侃给予我的感动》//吉川幸次郎,《我的留学记》钱婉约
　　译,北京:光明日报出版社。

郎需瑞,张晓芒　2018《朱熹易学"例推"方法及对中国逻辑史研究的启示》,《孔子
　　研究》第 1 期。

李天纲　1994《论戴震〈孟子字义疏证〉与利玛窦〈天主实义〉之关系》//王元化,
　　《学术集林(二)》,上海:上海远东出版社。

陆宗达　1964《训诂浅谈》,北京:北京出版社。

罗振玉　1927《增订殷虚书契考释》,北京:中华书局。

莫友芝[清]　2015《仿唐写本〈说文解字〉木部笺异》//李宗焜编著,《唐写本说文
　　解字辑存》,上海:中西书局。

倪其心　2004《校勘学大纲》,北京:北京大学出版社。

钱大昕[清]　2009《潜研堂集》,上海:上海古籍出版社。

王鸣盛[清]　1958《蛾术编》,北京:商务印书馆。

王念孙[清]撰　钟宇讯整理　1983《广雅疏证》,北京:中华书局。

王用源,施向东,冯胜利　2017《段玉裁〈说文解字注〉科学研究方法例证》,《南开
　　语言学刊》第 1 期。

张晓林　2002《戴震的"讳言"——论〈天主实义〉与〈孟子字义疏证〉之关系》,《华
　　东师范大学学报》第 4 期。

Hu S.　1922 *The Development of the Logical Method in Ancient China*. Shanghai:
　　Oriental Book Company.

Larson R K.　2010 *Grammar as Science*. Cambridge,MA: The MIT Press.

Lees R B.　1957/1974 Review of Chomsky. *Language 33*(3): 375-407. //Harman G.
　　(ed.) *On Noam Chomsky: Critical Essays*. New York: Anchor Books: 34-79.

Needham J. 1969 *The Grand Titration: Science and Society in East and West.* Toronto：University of Toronto Press.

Sivin N. 1982 Why the Scientific Revolution did not Take Place in China—or didn't it? //sivin N.（ed.）*Explorations in the History of Science and Technology in China*,上海：上海古籍出版社：89-106。

Tomalin M.（马库斯·托马林）2018《语言学和形式科学：生成语法之源》,北京：商务印书馆。

（冯胜利　北京语言大学/天津大学语言科学研究中心）

# 高邮王氏训诂方法的科学性及其局限*

## 汪维辉

**摘　要**　高邮王念孙、王引之父子是举世公认的清代乾嘉学派最杰出代表,《高邮王氏四种》中,精彩的校勘、训诂实例举不胜举,其中贯穿着他们的科学理念和科学方法。梁启超将王氏父子的治学方法总结为六点:注意,虚己,立说,搜证,断案,推论。这已涵括了王氏父子"科学的研究法"之大要。不过,其中有的并非"研究法",比如"立说"和"断案";有的则语焉而未详,尚可补充,如"搜证"。"搜证"首先要寻绎文理,其次还要有系统的观念,即掌握一部书或一个时代遣词造句的"通例"。这两点都是王氏父子所最擅长者。文章对梁任公所列的六条列举实例加以阐释和补充。为见出王氏父子的高明,多拿俞樾来做比较。最后指出王氏父子的局限性,认为指出他们的不足正是为了更好地继承他们留下的宝贵遗产。

**关键词**　高邮王氏　训诂方法　科学性　局限

## 一、引言

有清一代,善读古书者,首推高邮王念孙(1744—1832)、王引之(1766—1834)父子。孙诒让札迻·自序曾说:"乾嘉大师,唯王氏父子郅为精博,凡举一义,皆塙凿不刊。"实为公论。《高邮王氏四种》中,精

---

\*　原文曾发表于《现代语文》2022 年第 8 期,据以收入时略有修改。

彩的校勘、训诂实例举不胜举，正如《广雅疏证·王念孙传》所说："一字之证，博及群书。"其中贯穿着他们的科学理念和科学方法。对此，前贤之述备矣，比如张永言师（1962）说："标志清代训诂学最高水平的著作是《高邮王氏四种》。下面我们试就这几种著作来对清儒训诂研究的优点和缺点作一个概略的评述，作为我们今天从事训诂工作的借镜。"永言师参考裴学海（1962：58-65）的研究，把王氏父子的优点归纳为五条：（一）不主一家，择善而从；（二）旁稽博考，自出新说；（三）由音考义，不限形体；（四）阐发义训，旁推交通；（五）明于语法，训释惬当。缺点归纳为四条：（一）原文可通，而用"破读"；（二）常义可通，而求别解；（三）过求一律，强此从彼；（四）过求偶俪，滥用"对文"（广义）。每一条都举有恰切的实例，堪称宏通中肯。愚陋如我，实难再有献替。这里只能略谈一点个人学习王氏著作的心得，祈请博雅君子教正。

## 二、高邮王氏训诂方法的科学性

梁启超（1998：45-46）在《清代学术概论·十二·戴门后学》中曾总结王氏父子的治学方法：

> 然则诸公曷为能有此成绩耶？一言以蔽之曰：用科学的研究法而已。试细读王氏父子之著述，最能表现此等精神。吾尝研察其治学方法：第一曰注意。凡常人容易滑眼看过之处，彼善能注意观察，发现其应特别研究之点，所谓读书得间也。如自有天地以来，苹果落地不知凡几，惟奈端能注意及之；家家日日皆有沸水，惟瓦特能注意及之。《经义述闻》所厘正之各经文，吾辈自童时即诵习如流，惟王氏能注意及之。凡学问上能有发明者，其第一步功夫必恃此也。第二曰虚己。注意观察之后，既获有疑窦，最易以一时主观的感想，轻下判断，如此则所得之"间"，行将失去。考证家决不然，先空明其心，绝不许有一毫先入之见存，惟取客观的资料，为极忠实的研究。第三曰立说，研

究非散漫无纪也，先立一假定之说以为标准焉。第四曰搜证，既立一说，绝不遽信为定论，乃广集证据，务求按诸同类之事实而皆合，如动植物学家之日日搜集标本，如物理化学家之日日化验也。第五曰断案。第六曰推论。经数番归纳研究之后，则可以得正确之断案矣。既得断案，则可以推论于同类之事项而无阂也。

梁任公所论，已涵括王氏父子"科学的研究法"之大要。不过，其中有的并非"研究法"，而只是研究过程中的一个环节，或曰"程序"，比如"立说"和"断案"；有的则语焉而未详，尚可补充，如"搜证"。下面就按任公所列六条，举些实例来试做阐释和补充。"没有比较就没有鉴别"，为见出王氏父子的高明，下文多拿俞樾来做比较。

## 2.1  注意

这就是今天常说的"发现问题"。王氏父子善于在不疑处有疑，发现别人没有发现的问题，这是他们从事科学研究的第一步。试看例（1）：

> （1）《诗经·邶风·终风》："终风且暴，顾我则笑。"毛传："终日风为终风。"《韩诗》曰："终风，西风也。"

王引之《经传释词》卷九"终众"条云：

> （家大人曰）此皆缘词生训，非经文本义。终，犹既也，言既风且暴也。《燕燕》曰："终温且惠，淑慎其身。"言既温且惠也。《北门》曰："终窭且贫，莫知我艰。"言既窭且贫也。《伐木》曰："神之听之，终和且平。"言既和且平也。（《那》曰："既和且平。"是也。）《甫田》曰："禾易长亩，终善且有。"言既善且有也。《正月》曰："终其永怀，又窘阴雨。"言既长忧伤，又仍阴雨也。终与既同义，故或上言终而下言且，或上言终而下言又。说者皆以终为终竟之终，而经文上下相因之指，遂不可寻矣。

"终"为什么有"既"义呢？《经传释词》云："僖二十四年《左传》注

曰：'终，犹已也。'已止之已曰终，因而已然之已亦曰终。"（以上均引"家大人"说）王念孙不但解通了"终风"，而且解通了全《诗》的"终"字，还揭示了"终……且……""终……又……"这种常用句式。根据这一句式，王引之又续有发明：

> 引之谨案：《载驰》曰："许人尤之，众稚且狂。"众，读为终。（古字多借众为终，……）终，既也。稚，骄也。此承上文而言。女子善怀，亦各有道，是我之欲归，未必非也。而许人偏见，辄以相尤，则既骄且妄矣。盖自以为是，骄也；以是为非，妄也。毛公不知"众"之为"终"，而云"是乃幼稚且狂"。许之大夫，岂必人皆幼邪？

下面举一个俞樾的例子试做比较。

（2）《论语·学而》："有朋自远方来，不亦乐乎？"

俞樾《群经平议》云：

> 《释文》曰："有，或作友。"阮氏《校勘记》据《白虎通·辟雍篇》引此文作"朋友自远方来"，洪氏颐煊《读书丛录》又引《文选·陆机〈輓歌〉》"友朋自远来"证旧本是"友"字。今按《说文·方部》："方，并船也。象两舟省总头形。"故方即有并义。《淮南·氾论篇》曰"乃为窬木方版"，高诱《注》曰："方，并也。"《尚书·微子篇》："小民方兴。"《史记·宋世家》作"并兴"，是"方""并"同义。"友朋自远方来"，犹云"友朋自远并来"。曰友曰朋，明非一人，故曰并来。然则"有"之当作"友"，寻绎本文即可见矣。今学者误以"远方"二字连文，非是。凡经言"方来"者，如《周易》"不宁方来"，《尚书》作"兄弟方来"，义皆同。

此纯属多事。难道只有一个朋友从远方来就不乐了吗？"远方"连读是春秋时的常语，《左传·宣公三年》有"远方图物"，《昭公十六年》有"兴师而伐远方"。《论语》这句话跟《汉书·儒林传·申公》"弟子自远方至"正同。（据洪诚 2019：250）何必无事找事，曲为之说？

可见，"注意"的关键是：所发现的问题必须是真问题，而不是伪问题。疑其所当疑,不疑其所不必疑。而要发现真问题,出发点必须是"有实事求是之心,无哗众取宠之意",这正是王氏父子科学精神的真谛。

## 2.2 立说

"立说"与"虚己"其实是同步的,发现问题之后,不可能没有一点想法,一定会先形成一个"假定之说",但绝不自认为这个"假定之说"就是正确的,这时候就要"搜证"来进行验证,这就是"虚己"。验证的结果有两种可能:一是证明"假设"正确;二是证明"假设"错误。假如是后者,则须调整思路,重新提出另一种"假设"。这样反复验证,才能最终找到"真理"。这里的关键是"立说"的方向必须对头。常常可以见到"失之毫厘,谬以千里"的实例,就是因为"立说"的方向错了。而王氏父子的"立说"之精是令人钦佩的,很少有弄错方向的时候,这当然得归因于他们的功底深厚和头脑科学。可是"立说"的过程在王氏父子的著作中是看不到的,他们只告诉我们结论,当初是如何"立说"的,只能靠读者自己去体会。笔者相信他们也会有最初的"假定之说"被推翻而另起炉灶的时候。

下面举一个俞樾"立说"错误的例子。

(3)《大戴礼记·夏小正》:"黑鸟浴。"传曰:"浴也者,飞乍高乍下也。"

俞樾《古书疑义举例·以双声叠韵字代本字例》云:

飞乍高乍下,何以谓之浴? 义不可通。"浴"者,"俗"之误字。《说文》:"俗,习也。"黑鸟俗,即黑鸟习也。《说文》:"习,数飞也。"传所谓"飞乍高乍下"者,正合"数飞"之义。"俗""习"双声,故即以"俗"字代"习"字耳。

"浴"训作"飞乍高乍下",的确是个有点奇怪的释义,俞樾提出的问题是对的,不过,他的"立说"走错了方向,没有区分词的义项,简单递训,结果释义走向歧路。(据赵方辉 1998)说详下条。

## 2.3 搜证

"言必有据,无征不信",是乾嘉学派的治学信条,清代朴学家几乎无人不会"搜证",但是所搜之证的质量却有天壤之别。王氏父子的"证"几乎都是经过严格甄别的有效证据,而二、三流学者的"证"很多是无效证据甚至伪证,经不起检验。仍以上文俞樾解释"黑鸟浴"为例。《说文解字·人部》:"俗,习也。"段玉裁注:"以双声为训。习者,数飞也。引伸之,凡相效谓之习。《周礼·大宰》:'礼俗以驭其民。'注云:'礼俗,昏姻丧纪,旧所行也。'《大司徒》:'以俗教安。'注:'俗谓土地所生习也。'《曲礼》:'入国而问俗。'注:'俗谓常所行与所恶也。'《汉书·地理志》曰:'凡民函五常之性,其刚柔缓急,音声不同,系水土之风气,故谓之风;好恶取舍,动静无常,随君上之情欲,谓之俗。'"这是"习俗"的"习",为名词;《说文解字·习部》:"习,数飞也。"这是"练习(习)"的"习",为动词。可见,"习"有名、动两个义项,习=俗,习=数飞,但是,俗≠数飞。俞樾所用的证据是伪证,暗中偷换了概念。

还可以再举一例:

(4)《庄子·逍遥游》:"故九万里则风斯在下矣,而后乃今培风。"

王念孙《读书杂志·余编上》云:

《释文》曰:"培,重也。本或作陪。"念孙案,培之言冯也;冯,乘也。风在鹏下,故言负;鹏在风上,故言冯。必九万里而后在风之上,在风之上而后能冯风,故曰"而后乃今培风";若训"培"为"重",则与上文了不相涉矣。冯与培声相近,故义亦相通。《汉书·周緤传》:"更封緤为郦城侯。"颜师古曰:"郦,吕忱音陪,而《楚汉春秋》作冯城侯。陪、冯声相近。"是其证也。(冯字古音在蒸部,陪字古音在之部。之部之音,与蒸部相近,故陪、冯声亦相近。《说文》曰:"陪,满也。"王注《离骚》曰:"冯,满也。"陪、冯声相近,故皆训为满。文颖注《汉书·文帝纪》曰:"陪,辅也。"张晏注《百官公卿表》曰:"冯,辅也。"《说文》曰:"傰,辅也。"陪、冯、傰声并相近,故皆训为辅。《说文》曰:"傰,从人,朋声。读若陪位。""鄁,从邑,崩声,读若陪。"《汉书·王尊传》:"南山群盗傰宗等。"苏林曰:"傰音朋。"晋灼曰:"音倍。"《墨子·尚贤篇》:"守城则倍畔。"《非命篇》"倍"作"崩"。皆其例也。)

刘武《庄子集解内篇补正》云:

王念孙之说太迂曲。武意"培"当为"掊"之误,字形相差甚微,易误也。《人间世》"自掊击于世俗",则掊者击也。文意谓背负青天,已居于风之上,而后乃今以翼击风而飞,犹前之水击三千里,亦以居水之上,以翼击水而飞也。且"掊"字与上"抟"字相应,抟亦有击义,特为圜势耳。如此,则文意前后相顾。

维辉按:刘氏以不误为误,绝不可取。他所举的《人间世》"自掊击于世俗"就是伪证。他不知道训"击"之"掊"乃"击坏"义,而非广义的击,"掊"的搭配关系是有局限的,例如:

魏王贻我大瓠之种,我树之成而实五石,以盛水浆,其坚不能自举也。剖之以为瓢,则瓠落无所容。非不呺然大也,吾为其无用而掊之。(《庄子·逍遥游》)

故绝圣弃知,大盗乃止;擿玉毁珠,小盗不起;焚符破玺,而民朴鄙;掊斗折衡,而民不争;殚残天下之圣法,而民始可与论议。(《庄子·胠箧》)

古书中岂有"掊风"之语乎! 暗中偷换概念,实为训诂之一大弊。

"搜证"其实还包括复杂的研究过程。首先,要寻绎文理,"作者思有路,遵路识斯真"(叶圣陶 2015:3)。如上文所举"终风且暴"条,王氏父子据"经文上下相因之指",释"终"为"既",即是佳例。其次,还要有系统的观念,即掌握一部书或一个时代遣词造句的"通例"。这两点都是王氏父子所最擅长者。下面再举几例。

(5)《诗经·卫风·芄兰》:"芄兰之支,童子佩觿。虽则佩觿,能不我知。"毛传:"不自谓无知,以骄慢人也。"郑笺:"此幼稚之君虽佩觿,与其才能,实不如我众臣之所知为也。"

《诗经·卫风·芄兰》:"芄兰之叶,童子佩韘。虽则佩韘,能不我
甲。"毛传:"甲,狎也。"郑笺:"此君虽佩韘,与其才能,实不如我众
臣之所狎习。"

王引之《经义述闻》云:"能当读为而。言童子虽则佩觿,而实不与
我相知;虽则佩韘,而实不与我相狎。《郑风·狡童》篇:'彼狡童兮,不
与我言兮。彼狡童兮,不与我食兮。'与此同意。"郑玄把两个"能"解释
成"才能",诗句根本讲不通;王引之认为是"而"的通假字,这就豁然贯
通了,"而"与上句"虽则"相应,表示转折。据顾炎武《音学五书·唐韵
正》"能"字条考证:"古音奴来、奴代二反。《诗·宾之初筵》二章:'其
湛曰乐,各奏尔能。宾载手仇,室人入又。酌彼康爵,以奏尔时。''又'
音肆。(此下引《易》、《礼记》、《楚辞》、《大戴礼》、《说苑》、《(孔子)家
语》、《老子》、《管子》、《庄子》、《列子》、《荀子》、《韩非子》、《逸周书》、
《淮南子》、《文子》、汉代司马相如《封禅颂》、扬雄《太玄经》、张衡《东
京赋》、王逸《九思》、边让《章华台赋》、《后汉书·黄琬传》、魏文帝《秋
胡行》、阮瑀《七哀诗》、阮籍《咏怀诗》、晋潘岳《射雉赋》、潘尼《琉璃椀
赋》《赠王元贶诗》、挚虞《尚书令箴》、陆机《挽歌诗》、夏侯湛《东方朔
画像赞》、郭璞《〈山海经〉赞》、葛洪《抱朴子·博喻篇》、隋张公礼《龙
藏寺碑文》等韵文约 42 例。)按:陆氏《释文》,《诗》'各奏尔能'下云:
'徐奴代反,又奴来反。''柔远能迩'下云:'郑奴代反。'……是古但有
奴来、奴代二音……晋时此音未改,江左以降,始以方音读为奴登反,而
又不可尽没古人奴来、奴代之音,故兼收之咍、代、登三韵……按:能音
奴登反始自宋齐之世……今按:经传之文,下至魏晋,皆作奴来反,并
无奴登反者。……唐时古音尚存,……"顾炎武引证的材料极为丰富,
令人惊叹,可见,"能"与"而"上古均属阴声韵"之部",声母也相近,因
此,古书中二字多有通假。

(6)《左传·宣公二年》："初,宣子田于首山,舍于翳桑。……对曰:'翳桑之饿人也。'"

按:此事古书中多有记载,如《吕氏春秋·报更》:"赵宣孟将上之绛,见骫桑之下有饿人。"《淮南子·人间训》:"赵宣孟活饥人于委桑之下,而天下称仁焉。"《公羊传》:"曰:'子某时所食,活我于暴桑下者也。'"《史记·晋世家》:"初,盾常田首山,见桑下有饿人。"俱以为桑树。因此,杜预注云:"翳桑,桑之多荫翳者。"江永《春秋地理考实》则以翳桑当是首山间地名。王引之《经义述闻》云:

> 下文曰"翳桑之饿人也",翳桑当是地名。僖二十三年《传》曰"谋于桑下",以此例之,若是翳桑树下,则当曰"舍于翳桑下""翳桑下之饿人"。今是地名,故不言"下"也。《春秋》地名,或取诸草木,……且《传》凡言"舍于"者,若"出舍于睢上"(成十五年)、"宁子出舍于郊"(襄二十六年)、"成子出舍于库"(哀十四年)、"舍于冒衍之上"(僖二十九年)、"退舍于夫渠"(成十六年)、"舍于五父之衢"(定八年)、"舍于蚕室""舍于庚宗"(哀八年),句末皆地名。

这就不仅讲通了《左传》的"翳桑",而且揭示出《左传》"凡言'舍于'者,句末皆地名"这样一种文例,堪称不刊之论。马宗琏《春秋左传补注》说同,参看杨伯峻(1990:660-661)《春秋左传注》。

(7)《诗经·小雅·节南山》:"节彼南山,有实其猗。"

王引之《经义述闻》云:

> 《传》曰:"实,满;猗,长也。"《笺》曰:"猗,倚也。言南山既能高峻,又以草木平满其旁猗之畎谷,使之齐均也。"引之谨案,训猗为长,无所指实。畎谷旁倚,何得即谓之倚(猗?)乎? 今案《诗》之常例,凡言"有蕡其实""有莺其羽""有略其耜""有捄其角",末一字皆实指其物。"有实其猗"文义亦然也。猗疑当读为阿,古音猗与阿同,故二字通用。《苌楚》篇"猗傩其枝",即《隰桑》之"隰桑有阿,其叶有难"也。《汉外黄令高彪碑》"稽功猗衡",即《商颂》

之"阿衡"也。山之曲隅谓之阿,《楚辞·九歌》:"若有人兮山之阿。"王注曰:
"阿,曲隅也。"是也。实,广大貌。《鲁颂·閟宫》篇:"实实枚枚。"《传》曰:
"实实,广大也。"是也。"有实其阿"者,言南山之阿实然广大也。"阿"为山
隅,乃偏高不平之地,而其广大实实然,亦如为政不平之师尹,势位赫赫然也,
故诗人取譬焉。《大雅·卷阿》:"有卷者阿。"文义正与此相似。

这都是发千古之覆的确诂,如能起古人于地下,必将颔首称是! 正
如阮元《〈经义述闻〉序》所说:"使古圣贤见之,必解颐曰:吾言固如
是,数千年误解之,今得明矣!"

我们再来看看俞樾。

(8)《论语·子罕》:"子曰:譬如为山,未成一篑,止,吾止也;譬如平地,
虽覆一篑,进,吾往也。"何晏《论语集解》引马融曰:"平地者将进加
功,虽始覆一篑,我不以其功少而薄之,据其欲进而与之。"

俞樾《群经平议·论语一》云:

马读"虽"如本字,斯其义曲矣。"虽"当读为"唯"。……唯覆一篑,言平
地之上止覆一篑,极言其少,正与未成一篑相对成义。

按:原文"平地"与"为山"相对,均为动宾词组,"平地"的意思应
该是平整土地;而俞樾把"平地"误认作偏正词组,故有此误释。杨伯
峻(2009:93)《论语译注》也把"譬如平地"句误译为"又好比在平地上
堆土成山",都是因为对"平地"的结构没有弄清楚。"平地"两个字是
不可能有"在平地上堆土成山"这样的意思的。与王氏父子之善于寻
绎文理、辨析精当,相去何可道里计! 需要指出的是,《论语》此章意思
颇费解,特别是"止,吾止也""进,吾往也"两句,杨译似亦不能令人
满意。

## 2.4  断案

王引之在《经义述闻》自序中引用他父亲的话说:"说经者期于得

经意而已。前人传注不皆合于经,则择其合经者从之;其皆不合,则以己意逆经意,而参之他经,证以成训,虽别为之说,亦无不可。"王氏父子敢于提出新见,"虽别为之说,亦无不可",充分反映了他们的科学精神和学术自信。他们的"断案"是在列举有效证据的基础上水到渠成得出的,完全符合逻辑学的"三段论",虽然他们并未学过逻辑学。这就是他们的研究理念和研究方法暗合现代科学之处。请看例(9):

(9)《左传·宣公二年》:"遂自亡也。"

王引之(1985)《经义述闻》云:

> 杜注曰:"辄亦去。"引之谨案:此谓盾亡,非辄亡也。自"宣子田于首山"至"不告而退",明盾得免之由。盾既免,遂出奔。出奔出于己意,不待君之放逐,故曰"自亡"。有亡乃有复,故下文言"宣子未出山而复",而大史谓之"亡不越竟"也。若以此为辄亡,则《传》尚未言盾亡,下文何以遽云"未出山而复"乎!《史记·晋世家》误以灵辄为示眯明,云:"明亦因亡去。"又云:"盾遂奔。"不知"遂自亡也"即谓盾奔,非谓辄亡去也。杜氏盖因《史记》而误。《穀梁传》叙此事,亦云"赵盾出亡,至于郊"。

按:文言常常省略主语,因为上古汉语没有真正的第三人称代词,重复名词会使行文累赘。这种省略的主语通常可以根据上下文补出来,但是有的时候也会发生问题,比如这个例子,"自亡"的主语究竟是赵盾还是灵辄? 杜预认为是灵辄,王引之根据上下文的内在逻辑论证了应该是赵盾,并且以同属《春秋》三传的《穀梁传》作为旁证[1],论据非常有力,叫人不得不信服。王引之还进一步推测杜预误判主语是受到《史记》的误导,也合情合理。《史记》在采用《左传》等先秦典籍时经常误读误改原始资料,这里就是典型的一例:不仅"误以灵辄为示眯明",误判"自亡"的主语为示眯明,而且无中生有地加上一句"盾遂

---

[1] 《吕氏春秋·报更》谓灵辄"还斗而死",与《左传》异。据杨伯峻(1990:662)。

奔",以弥缝与下文的矛盾。经过王引之的严密论证,《史记》的错误昭然若揭。

## 2.5 推论

"推论"既是对所得结论的应用,也是对结论的检验,王引之在《经传释词·自序》中说:"揆之本文而协,验之他卷而通,虽旧说所无,可以心知其意也。"为什么王氏父子能有"心知其意"的自信? 就是因为他们的研究方法是科学的,他们的论证具有无可辩驳的逻辑力量。请看例(10):

> (10)《史记·范雎蔡泽列传》:"意者臣愚而不概于王心邪? 亡其言臣者贱而不可用乎?"①

王念孙《读书杂志·史记第四》"亡其 亡意亦"条云:

《索隐》曰:"亡犹轻蔑也。"念孙案:小司马以亡为轻蔑,义不可通。亡,读如无,或言亡,或言亡其,皆转语词也。(亡或作无,《汉书·货殖传》:"宁爵? 无刁?"孟康曰:"奴自相谓:'宁欲免去作民有爵乎? 无将止为刁氏作奴乎?'无,发声助也。")《庄子·外物篇》曰:"抑固窭邪? 亡其略弗及邪?"《吕氏春秋·审为篇》曰:"君将攫之乎? 亡其不与?"《爱类篇》曰:"必得宋乃攻之乎? 亡其不得宋且不义犹攻之乎?"《韩策》曰:"听子之谒而废子之道乎? 又亡其行子之术而废子之谒乎?"是凡言"亡其"者,皆转语词也。《越语》曰:"道固然乎? 妄其欺不谷邪?"《赵策》曰:"不识三国之憎秦而爱怀邪? 妄②其憎怀而爱秦邪?"妄,亦读如无。《鲁仲连传》:"亡意亦捐燕弃世、东游于齐乎?"《索隐》断"亡意"为一句,注云:"言若必无还燕意,则捐燕而东游于齐。"案:小司马以"亡意"为"无还燕意",亦非也。亡意亦者,意亦也;意亦者,抑亦也。(抑、意古字通。《论语·学而篇》:"求之与? 抑与之与?"汉石经抑作

---

① 《经传释词》卷十引《战国策·秦策》作:意者臣愚而不阖于王心邪? 亡其言臣者将贱而不足听邪?

② 维辉按:《经传释词》卷十引作"忘",与今本《战国策·赵策二》合。

意。《墨子·明鬼篇》："岂女为之与？意鲍为之与？"《庄子·盗跖篇》："知不足邪？意知而力不能行邪？"意并与抑同。《大戴礼·武王践阼篇》："黄帝颛顼之道存乎？意亦忽不可得见与？"《荀子·修身篇》："不识步道者将以穷无穷、逐无极与？意亦有所止之与？"《秦策》："诚病乎？意亦思乎？"意亦并与抑亦同。）或言意，或言意亦，或言意亡，（《墨子·非攻篇》："为其上中天之利，而中中鬼之利，而下中人之利，故誉之与？意亡非为其上中天之利，而中中鬼之利，而下中人之利，故誉之与？"《非命篇》："不识昔也三代之圣善人与？意亡昔三代之暴不肖人与？"）或言无意，（《贾子·瑰玮篇》："陛下无意少听其数乎？"）或言亡意亦，皆转语词也。《齐策》作"意者亦捐燕弃世、东游于齐乎"，"意者"亦转语词也。（意者犹言抑者，《汉书·叙传》："其抑者从横之事复起于今乎？"）

这条考证很长，可以观察王念孙的推论之法。他所说的"转语词"，相当于选择连词，文言通常用"抑"，现代汉语用"还是"。通过体察语境和句式，王念孙把古书中的一组选择连词贯串了起来——亡其、妄（忘）其、意、意亦、意亡、无意、亡意亦、意者。其中的"亡/妄（忘）"都相当于"无"，"意"都相当于"抑"。他首先援引《庄子·外物篇》《吕氏春秋·审为篇》《爱类篇》和《战国策·韩策》的同类例句，纠正了司马贞对《史记·范雎蔡泽列传》中"亡其"的误释，这是运用排比归纳法证明了"亡其"是一个虚词，"亡"不能解释成实词"轻蔑"。接着他运用推论法，指出《国语·越语》和《战国策·赵策》中的"妄（忘）其"也是"亡其"，"妄亦读如无"；然后又指出《史记·鲁仲连列传》中的"亡意亦"就是"意亦"，也就是常见的选择连词"抑亦"，司马贞的断句和解释又都错了。这样就把古书中的这些选择问句都疏通无碍了。不过需要指出的是，其中的"无意"恐怕不是"转语词"，王念孙所引的孤例《贾子·瑰玮篇》："陛下无意少听其数乎？"既非选择问句，"无意"又不位于句首，显然不是选择连词，按照字面解释成"没有意愿"完全可通。《读书杂志》本条的内容也见于《经传释词》卷三"抑意噫亿懿"条和卷十"无毋亡忘妄"条,《经传释词》就没有收"无意",而是补充了"将妄"。

### 三、高邮王氏训诂方法的局限

虽然王氏父子的训诂成就举世公认,训诂方法整体上也合乎现代科学精神,但是他们也有弄错的时候,这是时代的局限,毕竟在那个时代的中国还没有现代意义上的语言科学,我们不必苛求,但也无需"为贤者讳"——指出他们的不足,正是为了更好地继承他们留下的宝贵遗产。下面试举一例。

(11)《左传·成公三年》:"寡君之以为戮,死且不朽。"

王引之《经传释词》卷九"之"字条云:

> 之犹若也。……僖三十三年《左传》曰:"寡君之以为戮,死且不朽。若从君惠而免之,三年将拜君赐。"宣十二年《传》曰:"楚之无恶,除备而盟,何损于好?若以恶来,有备不败。"成二年《传》曰:"大夫之许,寡人之愿也。若其不许,亦将见也。"皆上言"之"而下言"若",之亦若也,互文耳。

按:王引之所说的"互文"实际上就是我们现在讲的"对文"。"之"并无"若"义,出现的句法位置和用法也跟"若"迥然有别,不能简单地看作"对文"。此类"之"字的作用是取消句子独立性,使之成为一个(假设)分句,"之"的性质仍是位于主谓之间的助词。假设意味是整个分句所蕴含的,而不是由"之"字传达的。可比较现代汉语的同类句式:"没有共产党,就没有新中国。"前一个分句蕴含假设意味,但"没有"本身并没有"假如没有"这样的意义。(蒋绍愚 2000:179)用今天的时髦术语来说,就是王引之把"构式义"误认作了词义。

应该说,在《高邮王氏四种》中像这样明确的错误是少之又少的,所以要指出他们的局限并非易事。

## 四、余论

高邮王氏留给我们的训诂遗产是一座丰富而深邃的宝库，其中所蕴含的科学精神和科学方法值得我们继续挖掘和总结。我们想要超越王氏父子，首先必须学习和吸收他们的成果，同时也要客观分析他们的局限，他们的局限往往正是学术发展的生长点。

从王氏父子辞世的道光年间到今天不到两百年，与王氏学说进行探讨商榷的文章已经不少。这些商榷意见有是亦有非，许多问题还值得继续探讨。比如上文讨论过的刘武对王念孙训释"培风"的批评，未必刘是而王非。又如王引之《经义述闻·礼记上》"无苛政"条云："政读曰征，谓赋税及徭役也。诛求无已，则曰苛征。《荀子·富国篇》：'厚刀布之敛以夺之财，重田野之税以夺之食，苛关市之征以难其事。'杨注曰：'苛，暴也。征，亦税也。'"郑涛（1997）引王说以释柳宗元《捕蛇者说》并补充了一些例证，但是张永言师（2015）《训诂学简论（增订本）》却不同意王说："其实即依原字释'苛政'为'暴政'，完全可通，无须破读。"我认为王说恐怕还不能轻易否定。为什么呢？因为这句话出自一位公公、丈夫和儿子三位亲人都命丧虎口的农妇之口，她未必会用"暴政"这种抽象的"大词"，而苛捐杂税则是她能够切身感受到的。所以王引之的解释可能更符合说话人的身份。再如裴学海（1962）评《高邮王氏四种》，虽然也肯定了它的六个优点，但主要是商榷和批评，指出七个方面的缺点，提出的意见非常多，文章长达 81 页。这些意见大致可以分为三类：第一类是王氏父子确实错了，占比不多；第二类是双方的意见各有各的道理，是非很难遽定，占比最多；第三类是王氏没错而裴氏反而错了，这样的条目为数也不少。比如《文选·司马迁〈报任少卿书〉》"倡优所畜"，《读书杂志》认为："本作倡优畜之，谓主上以倡优畜之也。若云倡优所畜，则义不可通矣。……《汉书·司马迁传》

正作倡优畜之。"裴文说:"'倡优所畜'与'倡优畜之',句式异而意义同。……'倡优所畜'之'所'字等于'之'字的倒装,亦谓主上以倡优畜之也。"这是说不通的。裴文是全面评论《高邮王氏四种》的一篇长文,应该说是下了功夫的,在同类文章中有一定的代表性,但是真正能够推翻王说的条目并不多。这就引出一个值得思考的问题:在 21 世纪的今天,从事训诂和古籍校理的学者,跟乾嘉时代的王氏父子相比,优势和劣势各是什么? 在解读古书方面我们有无可能超越他们? 如何超越?

王氏父子能取得非凡成就,所依凭者主要有四:一天赋,二根柢,三功夫,四时代。天赋不必多说,我们读《高邮王氏四种》,可以感受到他们的颖悟和睿智,天分之高让人不由得感慨难以企及。至于根柢,《广雅疏证·王念孙传》说:"先生十岁,读十三经毕,旁涉史鉴。"这样的童子功当代学者不可能有,以后估计也不会有了。王念孙《广雅疏证·序》说他疏证《广雅》"殚精竭虑,十年于兹",今天的学者像这样勤奋的不是没有,但是能够专心致志、坚持十年做精一件事的环境未必能有。天赋因人而异,可以不论;至于根柢和功夫,今人肯定赶不上王氏父子。时代不同了,像王氏父子那样博极群书、精熟古籍而又完全凭着兴趣而精研学问的人大概再难出现了。那么今人的优势又在哪里呢?我觉得至少也有四个方面:一理论,二工具,三资料,四交流。语言学以及相关学科理论的发达,为我们分析古代的语言文字现象提供了锐利的武器;大型数据库等现代化工具为我们提供了快速检索古籍、获取材料的便利;新资料的不断涌现使我们可以掌握更多的信息;学者之间和学科之间的便捷交流对促进学术进步起着重要的作用。这些都是王氏父子所不可能具备的条件。那是否我们拥有了这样的优越条件就有可能超越王氏父子了呢? 答案当然没有这么简单。限于篇幅,这里就不展开来论述了,笔者提出这个问题,希望有兴趣的同道来共同探讨。

## 参考文献

段玉裁［清］1988《说文解字注》,上海：上海古籍出版社。

顾炎武［清］1082《音学五书》,北京：中华书局。

洪　诚 2019《训诂学》,南京：凤凰出版社。

蒋绍愚 2000《训诂学与语法学》//蒋绍愚,《汉语词汇语法史论文集》,北京：商务印书馆。

梁启超 1998《清代学术概论》,上海：上海古籍出版社。

裴学海 1962《评〈高邮王氏四种〉》,《河北大学学报》第 3 期。

孙诒让 1989《札迻·自序》,济南：齐鲁书社。

王念孙［清］2000a《读书杂志·余编上》,南京：凤凰出版社。

王念孙［清］2000b《广雅疏证》,南京：江苏古籍出版社。

王先谦［清］,刘　武,沈啸寰点校 1987《庄子集解　庄子集解内篇补正》,北京：中华书局。

王引之［清］1985《经义述闻》,南京：江苏古籍出版社。

王引之［清］2014《经传释词》,上海：上海古籍出版社。

杨伯峻 1990《春秋左传注》,北京：中华书局。

杨伯峻 2009《论语译注》,北京：中华书局。

叶圣陶 2015《叶圣陶语文教育论集》,上海：上海古籍出版社。

俞　樾［清］1956《古书疑义举例五种》,北京：中华书局。

俞　樾［清］2021《群经平议》,南京：凤凰出版社。

张永言 2015《训诂学简论(增订本)》,上海：复旦大学出版社。

赵方辉 1998《传统训诂学释义纰缪举隅》,《山东大学学报》第 2 期。

郑　涛 1997《释"苛政"》,《中国语文》第 4 期。

（汪维辉　浙江大学汉语史研究中心／文学院）

# 段玉裁《说文解字注》科学研究方法例证<sup>*</sup>

## 王用源　　施向东　　冯胜利

**摘　要**　冯胜利（2015）提出乾嘉学派的治学方法中孕育着现代科学的"理必"要素。乾嘉学派在他们的训诂考据学中自觉运用科学的方法与原理来考证经典的真伪，利用形音义之间的内在联系来推导、演绎，并在语言事实中得到证实，彰显理之必然。《说文解字注》常采用"断、必、当、本"等术语来表达逻辑运作和推理判断，文章以例证的方式来揭示段注中蕴含的"理必"思想。

**关键词**　段玉裁　《说文解字注》　科学方法

　　语言研究是否具备科学的属性？著名语言学家霍凯特（Charles F. Hockett）在 20 世纪 50 年代初认为目前句法学的研究还不可能做到精确研究，也就是说句法研究尚未具备科学的属性。当时很多传统语言学家也持此看法。然而乔姆斯基的《句法结构》尝试在科学理论框架之下建立一个科学的理论体系，把语言系统构建为一个严格的、可推演的、具有科学属性的公理系统；著名句法学家拉尔森（Richard K. Larson，2010）的著作 *Grammar as science* 把"科学"直接作为书名。这些都说明语言学具有科学性。

---

＊　原文曾发表于《南开语言学刊》2017 第 1 期。

## 一、乾嘉学派孕育着现代科学的要素

乾嘉学派的考据学是语言学的分支,以乾嘉学派为代表的朴学是否具有科学属性? 梁启超、胡适等曾提及中国传统学术朴学中孕育着科学的要素。然而,什么是中国传统学术中所蕴含的、深层的、可供继承发展的科学要素呢? 冯胜利(2015)认为科学的原理在"理必",而乾嘉学者划时代的发明与贡献正是其"理必之学"。本文即以"乾嘉理必"为理论基础,探讨段玉裁《说文解字注》中的理必思想及其科学方法。

我们先来看乾嘉学者代表人物对研究方法的自述。

> 所谓十分之见,必征之古而靡不条贯,合诸道而不留余议,巨细毕究,本末兼查。若夫依于传闻以拟其是,择于众说以裁其优,出于空言以定其论,据以孤证以信其通,虽溯流可以知源,不目睹渊泉所导,循根可以达杪,不手披枝肆所歧,皆未至十分之见也。(戴震《与姚孝廉姬传书》)

梁启超《清代学术概念》一书在阐述戴震治学的方法和精神时说:"其所谓十分之见与未至十分之见者,即科学家定理与假说之分也。科学之目的,在求定理,然定理必经过假设之阶级而后成。初得一义,未敢信为真也,其真之程度,或仅一二分而已,然姑假定以为近真焉,而凭借之以为研究之点,几经试验之结果,寖假而真之程度增至五六分,七八分,卒达于十分,于是认为定理而主张之。其不能至十分者,或仍存为假说以俟后人,或遂自废弃之也。凡科学家之态度,固当如是也。"这道出了乾嘉学派研究方法中孕育的科学要素,正如梁启超所言:"(乾嘉)诸公曷为能有此成绩耶? 一言以蔽之曰:用科学的研究法而已。"他将戴震的研究方法归纳为注意、虚己、立说、搜证、断案、推论。

戴门后学名家段玉裁、王念孙等人继承并发扬了戴震的科学研究方法和研究精神。

> 方以类聚,物以群分;循而考之,各有条理……揆诸经义,例以本书,若合符节,而训诂之道大明。(王念孙《说文解字注·序》)

王念孙对《说文解字注》的考证方法进行了高度概括,采用"类聚"即"归纳"的方法,然后循而考之发明其"条理"(定理),再利用"条理"进行"循考",即进行"试验"和"预测",最后若"合节",即达到"证实"。这正是科学的研究方法。再如,段玉裁《广雅疏证·序》:

> 小学有形、有音、有义,三者互相求,举一可得其二。有古形、有今形、有古音、有今音、有古义、有今义,六者互相求,举一可得其五……学者之考字,因形以得其音,因音以得其义。……不执于古形古音古义,则其说之存者无由甄综;其说之以亡者,无由比例推测。

段玉裁在序中申述了乾嘉学派的研究方法和治学思想,其中"比例推测"相当于现代科学的"分类"和"假设";注重"甄综",通过综合分析古形古音古义来考证,这就是现代科学的"证明、证实"。乾嘉学者善于综合运用训诂、校勘、音韵等理论,对文献学研究贡献很大,这是有目共睹的,然而学者多从治学功力和归纳方法而非科学原理方面阐发乾嘉学术的精蕴。冯胜利(2015)首次提出乾嘉学术的科学精蕴就在一个"必"字(是"必"的思想,多表现为"必"字),而"必"的核心所向是"理推之必"和"验实之必",故名之曰"理必"。以惠栋为代表的乾嘉吴派和以戴震为代表的皖派在考据学研究中之所以取得巨大成就,是因为其考证工作蕴藏着现代科学的理念和方法。段玉裁、王念孙等人的著作更具体地体现和发展了戴震的科学精神和研究方法,创造了前所未有的科学理念和逻辑推理法。以戴震、段玉裁、王念孙为代表的乾嘉学者所运用的考据方法,暗含着纯熟的归纳演绎技巧和精湛的逻辑推理,富含科学思想,只不过他们很少将其科学思想形成系统性论著,他们的科学思想亟待发掘、整理。

关于现代科学的研究方法和逻辑程序,冯胜利(2001)认为:"科学的理论说到底都是一套逻辑体系,一套可供证明、证伪、推演和预测的逻辑系统。……理论,在我看来不过是一种认识世界的工具和方法。"逻辑程序的方法包含归演、归纳和演绎,"归纳不能告诉我们'必然性','必然'是演绎的结果。没有必然不能预测,不能预测则不是科学"。冯文进一步指出归纳的内容是系联、分类和概括,演绎可推演必然和预测将来。归纳与演绎是科学研究的两个阶段,归纳可从个别到达一般,从发凡进入起例,由归纳得出的结论可用于演绎。比如,"凡……必……"是归纳的结果,当"凡……必……"被验证以后,以此作为起点进行演绎,例如"凡同声者必同部","空"与"江"同从工声,故上古必同在东部。从这两个方面来说,乾嘉学派的研究方法符合现代科学的归纳与演绎程序,他们的学术孕育着现代科学的要素。

## 二、《说文解字注》科学研究方法例证

冯胜利(2015)认为科学的原理在于"理必",并提出"乾嘉理必"理论。乾嘉学派在训诂考据学中自觉运用科学的方法与原理来考证经典的真伪,利用形音义之间的内在联系来推演,并在语言事实中得到证实,彰显理之必然。这为我们了解乾嘉学术、了解中国学术史上的科学思想打开了一扇大门。在逻辑推理和判断中,离不开断语词的使用,这些断语词主要用来表达逻辑推理的结果,而作为术语的断语词一定是经常性使用的一些约定性符号,如"断""必""当""本"等。本文基于"乾嘉理必"说,以《说文解字注》为考察对象,仅从"断、必、当、本"等论断入手,以例证的方式揭示其中蕴含的科学理念,管窥段注中的"理必"论证程序,为提炼段氏的学术思想和科学方法打下基础。限于篇幅,对各断语词例证详细分析一例,简析一例,以见一斑。

## 2.1 段玉裁之论"断"

据统计,段注中含有推断意味的"断"字材料共53例,常见"断不""断无""断知"等,这些是段氏用来专表推理判断或预测的用语。这些"断"多为断其"不然"(断其"然"多用"必",见下文),亦即"证伪"(证伪即说无),段氏的论断并非"依于传闻以拟其是,择于众说以裁其优,出于空言以定其论"(戴震《与姚孝廉姬传书》),而是基于逻辑推理、严密论证之后的裁断。

例1:《说文·石部》"硞"下注①

**硞,石声。**(今《尔雅·释言》:"硞,巩也。"郭云:"硞然坚固。"邢昺曰:"硞,苦学切。当从告,《说文》别有硞,苦八切,石坚也。"按,邢语剖别甚精。《释文》苦角切,故邢曰苦学切。《四觉》韵字多从屋韵转入,如《四江》韵字多从东韵转入,告声在古音三部屋韵,是以硞转入觉韵。据陆氏反语,则知陆本作硞,不作硞。《广韵》《玉篇》皆曰:"硞,苦角切。硞,恪八切。"《集韵》《类篇》克角一切内,亦有硞无硞,皆可证。而《释文》、注疏、唐石经皆讹作硞,则与陆氏苦角之音不合矣。且硞之与巩音近,以尤韵与东韵切近,而硞与巩不相关也。硞断无苦学之音,硞断无苦八之音,此一定之音理,学者不知古音不可与读古者此也。《江赋》曰:"幽礀积岨,礜硞磐砢。"礜硞,当上音学,下音角。○或问:何不正音之苦角为苦八,而谓正文字误也?曰:音义积古相传之学,陆氏多从旧,当陆时,字固未误也。○《五经文字》曰:"硞,口八反,又苦角反,见《尔雅》。"知张时《尔雅》已误,而张云吉声之字,可有口八、口角二反,是其不知音理也。)**从石,告声。**(苦角切,三部。)

此注旨在辨析形近字的读音。在审"硞"音当为"苦角切"的过程中,段玉裁之所以得出"硞断无苦学之音,硞断无苦八之音"的论断,是因为他运用了多种论证方法,进行逻辑推理,环环相扣,"断无"是推演

---

① 引自许慎撰,段玉裁注,许惟贤整理,《说文解字注》,南京:凤凰出版社,2007。加粗字体为《说文解字》原文,其余为段注文字,置于括号内,有的略有省减。下同。

的结果,其论证程序分析如下。

(1)指误:发现《尔雅·释言》"硞,巩也"而《说文》"确,石坚也"的"确"读为"苦八切",与"苦学切"的"硞"不合,那么《说文》的"确"与"硞"必然不同。

(2)佐证(引证):《尔雅·释言》:"硞,巩也。"郭璞《尔雅注》:"硞然坚固。"《释文》:"硞,苦角切。"邢昺《尔雅疏》:"《易·文言》云:'确乎其不可拔。'又《革卦·初九》云:'巩用黄牛之革。'若如此说,硞(苦学切)当从告。《说文》别有确,苦八切,石坚也。字虽小异,其义则同。""确"为苦八切,故邢昺认为"苦学切"的"硞"当从告,作"确"。据"苦学切"与"苦角切"之关系,段氏则据音理而深加推演。

(3)音转推理法:为什么《释文》作"苦角切"而邢昺为"苦学切"呢?段氏利用音转理论推演"学"与"角"的韵部关系,"角"为觉韵,"学"为屋韵,觉韵字多从屋韵转入,跟江韵字多从东韵转入同理。又,告声在古音三部屋韵,所以从"告"得声的"硞"可转入觉韵。此为韵部通转之法。

(4)音理推导法:据《经典释文》,"苦角切"当为"硞",而非苦八切的"确"。

(5)书证:借助《广韵》《玉篇》从韵书、字书两方面证"硞"当为"苦角切","确"为"恪八切",二者判然有别。

(6)反证:《集韵》和《类篇》克角(苦角)切都有硞无确,反证"确"不属于"克角切"的字。

(7)预测与检验:考证至此,硞与确的区别已明,段氏顺势利用这个结论来预测古籍中可能还有"硞"误作"确"的,果然发现《释文》、注疏、唐石经皆讹作确"。

(8)音理反推法:从音理上说,"巩"居竦切,古音在三部,"确"格八切,古音在十二部,"确"与"巩"音隔,而"硞"与"巩"才音近,据音理反推的必然结果是:"硞断无苦学之音,确断无苦八之音。"段氏并将这一认识提升到理论的高度，即所谓"一定之音理"。说有易说无难，"有"可通过观察来发现，而"无"则需要建立在"通理"的基础上去推演，方能预测并断言其"无"。此注中的"断无"就是根据音理推演得出的。

（9）检查现实：段玉裁认为后世有些音误是因学者不知古音造成的，并举了与"苦角切"有关的音读用例，郭璞《江赋》中"礐硞礧碻"是四音节联绵词，受音韵结构的限制，"礐硞"语音正相关，上字音学，下字音角，印证了以上逻辑推理的正确性。

至此，应该说段玉裁完成了一个完整的逻辑论证，通过观察发现古籍中"硞"与"硈"的反切有误，然后运用音转、音理进行推演，辨析了"学""角""八"韵的关系，辅以书证，推断"硈断无苦学之音，硈断无苦八之音"，进而利用此结论检视现实，印证其逻辑推理的正确性。但他并未结束自己的论证，后又补注，体现其推理的严密、思维的缜密以及严谨的治学态度和精神。

（10）溯因反证："○"后是补注，前文为形误考证，也可能是音误。究竟是音误还是形误，段氏通过一个设问进行溯因反证，认为"音义积古相传之学，陆氏多从旧"，陆德明时代字误的可能性极小。那是何时致误的呢？段氏进行了误源的推导。《五经文字》"硈"就已有口八反和苦角反二音，"苦角反"是从陆德明继承来的，"口八反"则是误读。"张时《尔雅》已误"是指张参所在的唐代宗大历年间流传的《尔雅》中"硞"讹作"硈"，才有了"口八反"的误读。张参以当时《尔雅》中的误字为据进行注音，却又保留了陆德明的正确读音。此为"不知音理"之故。

这段考证充分体现了段氏善裁断的治学能力和严密的推导逻辑。他不仅对《说文》做了一番考证，而且运用科学的方法进行推演，指出了其他字书的错误，可谓触类旁通。

例2：《说文·系部》"繆"下注

**繆，旌旗之游所属也。**（各本失"所属"二字，今补。扒部曰："游，旌旗之流也。"《周礼·巾车》注云："正幅为繆，游则属焉。"正义曰："正幅为繆，《尔雅》文。"又《觐礼》正义："《尔雅》说旌旗正幅为繆。唐后《尔雅》夺"正幅为繆"四字，邢疏不能考补。繆是旌旗之体，游则属焉，故孙炎注曰："为旒于繆。"郭璞曰："繆，众旒所箸。"戴先生曰："游，箸繆垂者也，交龙鸟隼之属，皆画于繆。"《尔雅》曰："纁帛繆。"郑本之，曰：九旗之帛皆用绛，上有弧以张繆之幅，见《觐礼》《明堂位》《考工记》。下以人维之，《周礼·节服氏》"六人维王之太常"，《尔雅》"维以缕"是也。所以太常必维之者，正恐其游长曳地。《毛诗》"素丝纰之"，大夫旌旗之游亦维持之也。游属于繆，而统于繆，然扒部游下不云旌旗之繆也，则知繆下断不云旌旗之游。理合析言，不得浑言矣。）

段注指出"旌旗之游也"应为"旌旗之游所属也"，断言"繆下断不云旌旗之游"。

（1）指误：各本失"所属"二字。

（2）内证：据《说文·扒部》"游，旌旗之流也"证明"游"是一种"流"。

（3）义证：广搜释义证据，引郑玄《周礼》注、《尔雅》等对"繆"的释义为证。

（4）古人之证及致误分析：据孙炎、郭璞和戴震的说法为证，分析致误时代和原因。

（5）物证：利用《尔雅》《周礼》《毛诗》等对实物的描述，证游和繆非一物。

（6）反证与证伪：若《说文》本无"所属"二字，那么"游"和"繆"应是互训关系，但《说文》"游，旌旗之流也"，所以，假设不成立。

（7）申说："繆"和"游"理应析言，不得浑言不别。

此注运用了指误、内证、义证、人证、致误分析、物证、反证、申说等方法进行分析和推演，环环相扣，得出"繆下断不云旌旗之游"的论断，这是逻辑的必然。

## 2.2　段玉裁之论"必"

段注中含有推断意味的"必"字考证材料 300 余例，有些是根据历史事实、常理推知的，不含完整的推理过程；有些则是根据文字学、校勘学等理论推得的"理必"。

例1：《说文·又部》"叔"下注

**叔，饰也。**（饰，各本作"拭"，今依《五经文字》正。巾部曰："饰，叔也。"彼此互训。手部无拭字。彡下云："毛饰画文也。"聿下云："聿，饰也。"皆即今之拭字。独于叔下改"拭"，与全书矛盾矣。按，"拭圭"虽见《聘礼》，然必系俗改。古者拂拭字只用饰，以巾去其尘，故二字皆从巾。去尘而得光明，故引伸为文饰之义。《司尊彝》"说酌"，大郑云："挩拭勺而酌也。"拭，《释文》作饰。叔亦通用刷。刀部云："《礼》有刷巾。"即叔巾也。）

此注仅用 200 余字就将其严密的逻辑论证呈现出来，其论证程序如下。

（1）指误：段氏所见《说文》各本均作"拭"，但他断定"拭"必系俗改。

（2）书证：以《五经文字》为据，并据此展开一系列推理论证。

（3）内证：《说文·巾部》："饰，叔也。"

（4）训释原则：与"饰，叔也"互训。段氏采用《说文》内证，亦是反证。

（5）再内证：《说文》无"拭"字，所以用"拭"释"叔"于《说文》体例不合；且"彡""聿"下释文均用"饰"，并指明"饰"与"拭"系古今字关系。从《说文》全书来看，若唯独在"叔"下改"饰"为"拭"，则不合体例，即"与全书矛盾矣"。

（6）循考检测：解释反例。发现《聘礼》中有"拭圭"之"拭"，段氏认为"必系俗改"。为什么断其为俗改呢？后文继续论证。

（7）以义求形：因"以巾去其尘"，故"拂拭义"的"饰、㕞"古皆从巾，"拭"字不合字形条件。

（8）义证：进一步申说"饰"义：去尘而得光明，故引申为文饰之义。

（9）旁证：郑玄注《司尊彝》"涗酌"为"挩拭勺而酌也"，拭《释文》作"饰"。

（10）内证：以"饰"训"㕞"，而"㕞"通用作"刷"，并辅以内证，《说文·刀部》有"刷"，"刷巾"即"㕞巾"。

段氏的推演程序可梳理为：

因为：《说文》无"拭"篆，今本《周礼·司尊彝》"涗酌"郑司农注："涗酌者，挩饰勺而酌也。"《经典释文》"挩饰"注："本或作拭"。

所以：唐代以前"饰"字的异体"拭"已经开始侵入文献。

又因："挩饰"可以作"挩拭"。

那么：同理，"饰圭"可作"拭圭"，则"拭圭"必为"饰圭"之俗改。

例2：《说文·金部》"鐇"下注

**鐇，业也。贾人占鐇。从金，昏声。**（武巾切，十二部。按，此字必后人所增，必当删者。《史》《汉》"贾人缗钱"字从糸，李匪曰："缗，丝也。以贯钱也。"引《诗》"维丝伊缗"，如淳引胡公云："缗，钱为缗者，《诗》云：氓之蚩蚩，抱布贸丝。故谓之缗也。"不知何人因二千一算改为鐇字，正如矢族改为镞耳。以业训之，尤不可通。）

段玉裁认为"鐇"字必系后人所增，其论证程序简析如下。

（1）指误："鐇"字条必为后人所增。

（2）书证：《史记》《汉书》作"缗"，从糸不从金。

（3）义证：引李匪、如淳释义为证，并以《诗经》为证。

（4）推测：有人"因二千一算"将"缗"改为"鐇"。

（5）类比："缗"改为"鐇"犹如"矢族改为镞"。段氏通过类比发现古今改字规律，并以此来考证其他同类现象。

（6）义证：加之，以"业"训"鎔"，于义不通。

## 2.3 段玉裁之论"当"

段注也常用"当"字来阐述考证结果，为什么"当"，且语气肯定，这也是段玉裁经过一番逻辑推理而来的"必然应当"。

例1：《说文·米部》"米"下注

**米，粟实也。**（卤部曰："粟，嘉谷实也。"嘉谷者，禾黍也。实，当作"人"。粟举连秠者言之，米则秠中之人，如果实之有人也。果人之字，古书皆作人，金刻《本草》尚无作"仁"者，至明刻乃尽改为"仁"。郑注《冢宰》职九谷不言粟，注"仓人掌粟入之藏"云："九谷尽藏焉，以粟为主。"粟正谓禾黍也。禾者，民食之大同；黍者，食之所贵，故皆曰嘉谷。其去秠存人曰米，因以为凡谷人之名，是故禾黍曰米，稻、稷、麦、苽亦曰米。舍人注所谓六米也。六米即《膳夫》《食医》之食用六谷也。《宾客》之车米、筥米，《丧纪》之饭米，不外黍、粱、稻、稷四者。凡谷必中有人而后谓之秀，故秀从禾人。）**象禾黍之形。**（大徐作"禾实"，非是。米谓禾黍，故字象二者之形。四点者，聚米也。十其间者，四米之分也。篆当作四圆点以象形，今作长点，误矣。）

此注考证了三处错误：一是"粟实"之"实"当作"人"，二是大徐本的"象禾实之形"应为"象禾黍之形"，三是本篆四长点当作四圆点以象形。论证程序如下。

（1）内证指误：因《说文》"粟，嘉谷实也"，如果"米，粟实也"，那么等量替换则为"米，嘉谷实实也"（不可接受），所以"米，粟实也"中"实"定有误。

（2）类比推理：如果粟是连秠的实（粟举连秠者言之），那么米为秠中之人（米则秠中之人）；类比：果实，有人（果实之有人也），所以，米就是粟之人。

（3）书证字形：以金刻本和明刻本《本草》证"果仁"之"仁"古作"人"，且为后面解说"秀"的字形做好铺垫。

（4）书证字义：郑玄注《冢宰》"仓人掌粟入之藏"云："九谷尽藏焉，以粟为主。"据此，段氏推知粟就是"禾黍"，与"粟，嘉谷实也"吻合。

（5）近义词辨析：对禾、黍进行别义，指出黍称为"嘉谷"的原因。

（6）词义引申：禾、黍去秠存人为米，稻、稷、麦、苽的仁也可称"米"，引申为各种谷仁之名，去秠存人即为"米"，也才有"六米"之说。

（7）书证：引《膳夫》《食医》证"六谷"即"六米"。

（8）古籍用例以为证：《宾客》之车米、筥米，《丧纪》之饭米。

（9）字形推演：据会意造字原理，"凡谷必中有人"为"秀"的字形来源（从禾人），推知"实"当作"人"。

段氏进一步以义证形，指出大徐本的"象禾实之形"应为"象禾黍之形"。米谓禾黍，"米"篆字形的四点之间有"十"，用来聚米，就像很多谷人（仁）聚在一起。基于象形造字法，指出篆书"点"的写法有误，当为圆点，非长点。

例2：《说文·人部》"优"下注

**优，小貌。**（小当作大，字之误也。凡光声之字，多训光大，无训小者。《越语》句践曰："谚有之曰：觥饭不及壶飧。"韦云："觥，大也。大饭谓盛馔，盛馔未具，不能以虚待之，不及壶飧之救饥疾也。言己欲灭吴，取快意得之而已，不能待有余力。"《韩诗》云："觥，廓也。"许所据《国语》作优，优与觥音义同。《广韵·十一唐》曰："优，盛貌。"用韦注。《十二庚》曰："优，小貌。"用《说文》，盖《说文》之讹久矣。）

段玉裁断定"小"当作"大"，论证程序简析如下。

（1）指误："小"当作"大"。

（2）于音寻义：段氏运用"于音寻义"的原理作为理论基础进行推演，认为"凡光声之字，多训光大，无训小者"。

（3）书证：以《越语》韦昭注和《韩诗》为证。

（4）音同义同："觥"可训"大""廓"，优与觥音同则义同。

（5）推演并验证事实：《广韵》十一唐的"优，盛貌"用韦昭注，《广韵》十二庚的"小貌"则是沿用已有错讹的《说文》,根据"于音寻义",判定所引《说文》错误已久,当为"大貌"。

## 2.4　段玉裁之论"本"

段注有时用"本"字来指出错误,并推断原貌。本来应该是什么,段玉裁没有也不可能看到《说文》本来的样子,但他善于利用科学方法推测出"原貌"来。

例1:《说文·艸部》"蔦"下注

　　**蔦,草也**。(也字各本无,今补。按,《说文》凡草名,篆文之下,皆复举篆文某字,曰:"某草也。"如葵篆下必云"葵菜也"。荩篆下必云"荩草也"。篆文者,其形,说解者,其义。以义释形,故《说文》为小学家言形之书也。浅人不知,则尽以为赘而删之。不知"葵菜也""荩草也""河水也""江水也",皆三字句,首字不逗。今虽未复其旧,为举其例于此。此蔦篆之下,本云"蔦草也",各本既删"蔦"字,又去"也"字,则蔦篆不为草名,似为凡枝枝相值、叶叶相当之称矣。《玉篇》蔦下引《说文》,谓即蓫蔦、马尾、蒔陆也。蓫同蔦。考《本草经》曰:"商陆一名蔦。根一名夜呼。"陶隐居曰:"其花名蔦。"是则累呼曰蓫蔦,单呼曰蔦。或谓其花蔦,或谓其茎叶蔦也。)**枝枝相值,叶叶相当。从艸,易声。**

段氏先利用类聚(归纳)的方法,发明条理(定理),再利用条理进行循考、推演。此注就是段氏利用自己归纳得来的训释体例进行推演,推断"蔦"篆下本云"蔦草也"。

(1)指误:各本脱"也"字。

(2)训释体例:段氏通过类聚归纳出《说文》训释的体例(凡草名,篆义之下皆复举篆文),训释某草名时,体例为"某,某草也"。段玉裁未在此注中详陈训释体例,而是列于"苋"字注中。《说文·艸部》:"苋,苋菜也。"段注:"菜上苋字,乃复写隶字删之仅存者也。寻《说文》之例,云芺菜、葵菜、菹菜、蘸菜、薇菜、蓷菜、莛菜、蘸菜、苋菜,以释篆文。藙者,字形;葵菜也者,字义。如水部,河者,字形;河水也者,字义。若云此篆文是葵菜也,此篆文是河水也。概以为复字而删之,此不学之过。《周易音义》引宋衷云:'苋,苋菜也。'此可以证矣。"

（3）推演:据训释体例推断葵篆下必云"葵菜也",苋篆下必云"苋草也"。

（4）训释原则:段氏将上述训释体例归纳为"三字句"格式。

（5）致误原因:浅人不知"三字句"的训释原则而误删。

（6）推断:《说文》"葵菜也""苋草也""河水也""江水也"应为三字句,首字不逗,推断"苋"之下本云"苋草也",并指出各本既删"苋"字又去"也"字。

（7）反证:"苋"若属草名,按训释体例,当训为"某草也";如果"苋"只训为"草",那么"苋"不为草名,可能仅为"枝枝相值、叶叶相当"之义。

但《玉篇》苋下引《说文》,释作"蓫苋、马尾、蔏陆",皆草名。《本草经》曰:"商陆一名苋。根一名夜呼。"陶隐居曰:"其花名苋。"《玉篇》"蓫苋"与《本草经》"苋"有何区别?段氏认为是累呼与单呼之别,但又认为可能是"或谓其花苋,或谓其茎叶苋也"。"枝枝相值,叶叶相当"应是"苋"的得名之由:"苋"之为言"当"也,"值"与"当"亦同义。所以"苋"应为草名,训为"苋草也"。

例2:《说文·人部》"企"下注

**企,举踵也。**(踵,各本作跂,非,今正。踵者,跟也。企,或作跂。《卫风》曰:"跂予望之。"《檀弓》曰:"先王之制礼也,过之者,俯而就之;不至焉者,跂而及之。"《方言》:"跂,登也。梁益之间语。")**从人止。**(按,此下本无声字,有声非也,今正。止部曰:"止为足。"《说文》无趾,止即趾也。从人止,取人延竦之意。浑言之,则足称止;析言之,则前止后踵。止镇于前,则踵举于后矣。企跂字,自古皆在十六部寘韵。用止在一部,非声也。去智切。)

此注论证二误:一是"跂"为"踵"之误,二是"从人,止声"应为"从人止"。

（1）指误："踵"为"歱"之误。

（2）义证：指出"企，或作跂"，《诗经·卫风》《礼记·檀弓》作"跂"，《方言》"跂"为"登"义，均与"举歱"义同。

（3）再指误："企"本应为会意字，非形声字。

（4）内证：《说文·止部》"止为足"，且《说文》无"趾"字，止即趾。

（5）义证：据义求形，由"延竦之意"推知"企"为会意字。

（6）释义：浑言时，足止无别；析言时，足的前部称止，足的后部称歱。

（7）反证：因"止"在一部，如果止为声，那么从止得声的"企"应在一部，但是"企"和"跂"自古皆在十六部真韵，所以大徐本字形解说有误。

此注充分体现了"小学有形、有音、有义，三者互相求，举一可得其二"。段氏通过系联诸多事实，归纳概括出定理，然后用定理进行推演，形音义三者可互求。

## 三、结语

本文就段注中"断、必、当、本"等论断进行举例式分析，以揭示段注中蕴含的科学研究方法和科学理念。这些推断不是建立在只字个例的有无上，而是建立在系统事实和理论推演的基础之上的。段玉裁综合运用本书内证、他书旁证、误源推测、古籍义证、溯因推理、反证推演等论证方法对《说文》进行考证、注解，其论证脉络清晰、逻辑严密。段氏的治学方法及其科学属性还有待进一步研究，系统梳理并总结段氏的学术思想和科学方法，以便发掘中国传统学术中所蕴含的深层的、可供继承发展的科学要素。

## 参考文献

戴　震著,赵玉新点校 2006《戴震文集》,北京：中华书局。

董莲池 2006《段玉裁评传》,南京：南京大学出版社。

段玉裁[清],许惟贤整理 2007《说文解字注》,南京：凤凰出版社。

冯胜利 2001《韵律词与科学理论的构建》,《世界汉语教学》第 1 期。

冯胜利 2003《从人本到逻辑的学术转型：中国学术从传统走向现代的抉择》,《社会科学论坛》第 1 期。

冯胜利 2015《乾嘉"理必"与语言研究的科学属性》,//《中文学术前沿》编委会编,《中文学术前沿》第 9 辑,杭州：浙江大学出版社。

霍凯特 2002《现代语言学教程》索振羽,叶蜚声译,北京：北京大学出版社。

梁启超,朱维铮校注 2010《清代学术概论》,北京：中华书局。

王念孙 2004《广雅疏证》,北京：中华书局。

Hockett C F.　1958　A Course in Modern Linguistics.　New York：Macmillan.

Hu Shi.　1967　The Scientific Spirit and Method in Chinese Philosophy.　//Charles M C.（ed.）*The Chinese Mind: Essentials of Chinese Philosophy and Culture.*　Honolulu：The University of Hawaii Press.

Larson R K.　2010　*Grammar as Science.*　Cambridge，MA：MIT Press.

（王用源　天津大学语言科学研究中心）

（施向东　天津大学语言科学研究中心）

（冯胜利　北京语言大学/天津大学语言科学研究中心）

# 段玉裁《说文解字注》论证用语体现的归谬证伪方法<sup>*</sup>

## 王用源

**摘　要**　段玉裁一生校订古籍数十部,并创立了科学的校勘理论和校勘方法。从逻辑学中的归谬法视角,文章统计出段玉裁《说文解字注》用于证伪推理的联结词"假令、果、倘"共 61 见,从各个联结词中选三个段注实例进行分析,考察其归谬反驳的逻辑论证程序,彰显段玉裁治学思想中蕴含的科学思想和科学方法。文章认为,归谬法是校勘指误的利器,但是归谬法不能直接进行校正,往往还需结合其他方法进行考证;归谬法的运用是段玉裁理校法的具体体现之一。

**关键词**　段玉裁　《说文解字注》　论证用语　归谬法

　　段玉裁的《说文解字注》(以下简称"段注")是清代朴学的代表作,能够反映乾嘉时代的治学思想和治学方法。冯胜利(2015)分析了乾嘉学者的"理必之学"及其研究中的科学属性,探讨了段玉裁的"理必"思想。冯文认为,段玉裁不仅言"必",他还常使用"断无""断不"等术语来表达逻辑运作和判断,段氏的"断无"和"断知"不是建立在只字个例的有无上,而是建立在系统事实和理论推演上的。可见,段玉裁的研究方法已不同于传统的经验式方法,而是在进行推演、预测。为发掘段氏的"埋必"思想,王用源、施向东和冯胜利考察了"段注"中"断、必、当、本"等用语的使用情况,梳理段氏的推理判断,揭示"段注"中蕴

---

\*　原文曾发表于《天津大学学报》2018 年第 3 期,据以收入时略有修改。

含的"理必"思想。"断不、断无、断知"等是段玉裁用来专表推理判断或推理预测的论证用语,这些"断"多为断其"不然",即证伪。"段注"也常用"当"来阐述考证结果,是经过一番逻辑推理而来的"必然应当"("理必")。这些论证用语的使用,表明"段注"蕴含"演绎推理"和"有无预测"的研究方法。我们所谓的"论证用语"是指在论证过程中采用的具有格式化、程序化特点的行文用语,本文将通过"段注"的其他论证用语考察段氏的归谬证伪方法。

## 一、归谬法与"段注"的归谬论证用语

段玉裁校订古籍数十部,并创立了科学的校勘理论和校勘方法。校勘的首要任务就是发现错误。在校正传本《说文》的讹误时,段氏运用科学的方法与原理来考证真伪,其校勘理念和方法有待系统研究。其中,归谬法就是校勘指误的利器,"归谬就是从命题自身推导出的一个无法接受的荒谬结论,以此证明该命题的不可能正确,亦即无法不错的必然性"。

归谬法是间接反驳方法之一,为了反驳某论题,先假定它为真,然后由它推出荒谬的结论,最后否定充分条件假言命题的后件,确定前件为假。其反驳过程为:

(1)反驳:A;

(2)假设:A真;

(3)论证:如果A,那么B;

(4)根据已知:非B;

(5)所以:A假。

综观"段注",段玉裁使用了多种研究方法,如归纳推理、类比推理、演绎推理、归谬论证等,归谬论证在校勘中具有重要的作用。在校勘《说文》时,第一道工序就是指出错误,然后还得证明这个"错误"必

错无疑,但从正面不容易或不能直接证明时,段氏常常使用归谬法来证伪。归谬只是证伪,归谬法还不能直接校正,往往还需结合他法进行考证。在运用归谬法的时候,经常会利用归纳法得出的一些结论作为推演的基础,归纳而来的规则或规律的正确性必然影响到推演结果的正确性。比如,"类厕"是段氏对《说文》篆文以类相从编排规则的归纳结果,当"类厕"被验证后,就可以此作为起点进行校勘、解说字义等。段氏推求出《说文》的诸多凡例,并用来对《说文》或其他典籍的错讹进行校勘,以《说文》校《说文》,创获颇丰。

《说文》本无凡例,段玉裁揭示许慎著书法则,阐发其通例,并以通例校正传本《说文》之讹误,对篡改、增补或他书中的错讹进行批驳。虽然段氏并未明言其考证方法为归谬法,但归谬法无疑是段氏证伪方法之一。在考校中,假定传本中的一些现象或他书的一些说法是正确的,然后运用归谬法揭示其错讹,这就是证伪。在现代汉语中,充分条件假言命题联结词的语言标志通常是"如果……那么……""只要……就……""若……必……"等,逻辑表达式为"如果 p,那么 q"。段玉裁常用"假令、果、倘"①等来构成"假令 X,则当 Y""果 X,则当 Y""倘 X,则 Y"等论证用语。

据统计,"段注"用于证伪的假言命题前件联结词"假令"21 见,"叚令"8 见,"倘"15 见,"儻"3 见,"果"14 见,合计 61 见,其中有 3 见为"假令"与"果"并用。前件联结词及其所在某篆下段注,详见表 1。

---

① 需要说明的是,这些联结词只是假言命题中前件部分使用的联项,后件部分的联项较为灵活,因此本文以前件联结词为考察对象。进行归谬时,也可不需要联结词。本文仅讨论假言推理表达格式中的论证方法。另外,"段注"中"若"一般不用来归谬推理。"段注"中有很多"如"字,"如 X,则 Y"共 20 余见,但很少用于证伪,仅发现 3 例,分别见于"迓"字注、"梅"字注、"粒"字注,冯胜利(2015)已对"粒"下段注的归谬法进行了分析,可参阅。本文暂不讨论"如 X,则 Y"的使用情况。假与叚、倘与儻是异体字关系,分开统计,一并讨论。

**表1 "段注"假言命题前件联结词统计表**

| 联结词 | 所在某篆段注 | 见次 |
|---|---|---|
| 假令 | 言部詷、诇，殳部毁，卜部趴，目部眒，首部莫，羊部羧、羌，凸部别，骨部骶，豊部豊，木部栲、柞，邑部郑、邠、郙，人部仞、僵，页部頴，厂部厣，马部骊 | 21 |
| 叚令 | 衣部褞，卤部鹵，雨部霣，鱼部鳙、鲸、鮋，女部妠，车部辑 | 8 |
| 倘 | 玉部琼、瓒，艸部苦，口部噻，辵部遘，骨部骹，宀部寂，吕部吕，巾部饰，人部仞，欠部欹、歗，彡部髟，鼠部鼫，门部阁 | 15 |
| 儻 | 玉部蝥，鱼部鲐、鲊 | 3 |
| 果 | 艸部著、荔，殳部毁，凸部刖，竹部箪，邑部邠，山部嶅，石部磺，鱼部鰕，西部覀，甾部畬，糸部续、結，龟部龟 | 14 |

下文对联结词进行归并，从各个论证用语中各选三例进行剖析，以见一斑。

## 二、"假令 X, 则当 Y"的归谬论证

"假令 X, 则当 Y"是段玉裁推演证伪时使用次数最多的论证用语，联结词"假令（叚令）"共 29 见；另有 8 例"假令（叚令）"用于一般性假设，不属于证伪。

例1：三篇上言部（P170）：诇，齐歌也。（师古注《高帝纪》曰："诇，齐歌也。谓齐声而歌。或曰，齐地之歌。"按，**假令**许意齐声而歌，**则当**曰"众歌"，不曰"齐歌"也。李善注《吴都赋》引曹植《妾薄相行》曰："齐诇楚舞纷纷。"《太平御览》引《古乐志》曰："齐歌曰诇，吴歌曰歈，楚歌曰艳，淫歌曰哇。"若《楚辞》"吴歈蔡讴"，《孟子》"河西善讴"，则不限于齐也。）[①]

---

[①] 本文语料来源于许惟贤整理本《说文解字注》（凤凰出版社，2007），并注明其所在页码。因段注是随文夹注，为表述方便，《说文》原文不加引号，将段注内容置于括号中。为节省篇幅，略有删减。

《说文》"齐歌"何解？颜师古给出了两种不同的意义。段玉裁运用归谬法证伪其一，认为非"齐声而歌"。其逻辑论证程序如下。

假如：许慎"齐歌"原义为"齐声而歌"；

那么：当训为"众歌"，而不为"齐歌"。

但是：文献中"齐歌"的含义是确定的。据"齐讴楚舞纷纷"和"齐歌曰讴，吴歌曰歈，楚歌曰艳，淫歌曰哇"，齐讴与楚舞相对，且齐歌与吴歌、楚歌并举，可知"齐歌"之齐为齐地。

所以：齐歌≠齐声而歌（众歌）。

结论："齐歌"原义为"齐声而歌"，误。

那"讴"是否就是齐地之歌呢？运用归谬法不能推导出讴就是齐地之歌，因为这里不能根据排中律推出所要论证的论题为真。排中律要求做出非此即彼的抉择，显然，在此注中，否定一个但不能肯定另一个。"讴"本义为齐地之歌，经过词义引申，其他地方的歌也可叫"讴"，但不能叫"齐歌"。此注包含一个完整的归谬论证过程，其目的在于对颜师古说法之一"齐声而歌"进行证伪，此例的归谬法对证伪来说是十分精当的。

例2：四篇上目部（P240）：映，睞也。（锴作"睛也"，铉作"涓目也"，皆误。**假令**训睞，**则当**与睞字类厕。自睞而下，皆系目病。《广韵》云："映，目患。"可以得其解矣。刀部曰："削，一曰窜也。"此"睞也"当作"削目"，谓窜目也。窜，下也。）

徐锴本《说文》作"睛也"，徐铉作"涓目也"，段氏用归谬法推导二者皆误。

假如："映"训睞；

那么：据《说文》以类相从的体例，①若"映"训睞，映当与睞字

---

① "类厕"是段玉裁运用归纳法揭示出来的《说文解字》篆文以类相从的编排规则。可参见一部末注语："凡部之先后，以形之相近为次。凡每部中字之先后，以义之相引为次。"

类厕。

但是：映篆在眚篆之下眼篆之上，《说文》："眚，目病生翳也。""眼，目病也。"自眚而下，皆系目病。据类厕体例，"映"应跟目病有关。但《说文》"眳，视貌也"，眳与目病无关。

所以："映，眳也"误。

段氏利用许书类厕体例来推断映不当训眳，而与"目病"有关。但归谬法不能直接证明"映"是哪一种目病。那"映"何解？在对训眳证伪后，还需其他论证方法。考《广韵》知映训"目患"，这是他书旁证，同时也是对训眳的再次否定。又寻《说文》内证，刀部曰："削，挑取也。一曰，窐也。"参照"削"下段注"穴部曰：'窐，空也。'窐与削音义通。"可知，"映"为窐下之目，"窐"与"窊窐洼"义相通，皆有深下之义，与"空"义亦相近。因此段氏认为"眳也"当作"削目"。《说文》"涓，小流也。"徐铉"映，涓目也"，我们认为，徐铉本"涓"可能是"削"之误，似乎应说"涓目也"当作"削目也"较妥。

例3：十一篇下雨部（P994）：霣，齐人谓雷为霣。（各本齐上有"雨也"二字，按，自雷篆至震篆，皆言雷电。自霝篆至霠篆，皆言雨。段令霣之正义为雨，则当次于彼间，今删。《韵会》本亦无此二字，齐人谓雷曰霣，方俗语言如此。雷古读如回，回与员语之转。《公羊传》"星霣如雨"，段为陨字。）

段玉裁认为"齐人谓雷为霣"之"齐"字上有"雨也"二字误。

假如：霣之本义为雨；

那么：若霣为雨，据以类相从的体例，霣篆当次于霝篆至霠篆之间。

但是：事实并非如此，"霣"位于雷篆至震篆之间。自雷篆至震篆，皆言雷电。

所以：霣为"雨也"误。

段氏运用归谬法论证了霣训"雨也"为假，但还不能推导出删"雨也"后就是真。在归谬后,再引《韵会》、方俗语言为证。从音理上看,雷古读如回,回与员属语之转,以此来说明"齐人谓雷为霣"即是霣的本义。《公羊传》"星霣如雨",是"霣"的假借用法,假借为陨字,非本义。

以上三例,段玉裁使用了"假令 X,则当 Y"论证用语,使用了一套形式上符合逻辑推理的论证规则,即上文提到的充分条件假言推理证伪的逻辑形式。其中"假令 X,则当 Y"属于蕴涵语句,可以根据某个普遍定律从前件中把后件推导出来,而这个普遍定律有时不一定明言。在上文例 2 和例 3 中,段氏用于推导的"普遍定律"(《说文》中所有篆文都是按以类相从的体例编排的)就没有明言。在某一定律下,假设前件 A 为真,推出后件 B 为真,但与事实不符,从而实现归谬证伪。这一逻辑推理现象在"段注"中还有很多,这正是段氏治学思想中蕴含的科学思想和科学方法的体现之一。

## 三、"果 X,则当 Y"的归谬论证

"果 X,则当 Y"也是段氏常用的假言推理论证用语,"果"偶尔与"假令"连用。

例 4:一篇下艸部(P45):蓩,毒草也。(铉、锴本篆皆作"蔜",从艸,娄声。铉本蔜下又出"蓩"篆,云:"卷耳也。从艸,务声。"锴本无蓩,张次立依铉补之。考《后汉书·刘圣公传》:"战于蓩乡。"注曰:"蓩音莫老反。"《字林》云:"毒草也。因以为地名。"《广韵》:"蓩,毒草。武道切。又地名。"据此,则毒草之字从力,不从女明矣。《玉篇》云:"蓩,莫屋、莫老二切。毒草也。"此顾野王原本。而蔜下引"《说文》:卷耳也。"又出蓩字,莫候切。引"《说文》:毒草也"。此孙强、陈彭年辈据俗本《说文》增之。今改正篆文,作"蓩,毒草也",而删"蓩,卷耳也"之云。卷耳**果**名蓩,**则当**与"芩,卷耳也"同处矣。)

徐锴本有"蔜"无"蓩",徐铉本有"蔜"和"蓩",段玉裁删"蔜"篆,

并把徐铉本"蔞"下的训释词移至"荔"篆下。段氏先指出徐铉、徐锴本"蔞"的字形有误,当作"荔"。然后以他书为证,证明毒草之字从力不从女。段玉裁改正篆文,作"荔,毒草也",且删"荔,卷耳也"。其归谬论证如下。

假如:"卷耳"为"荔",或"荔"训"卷耳";

那么:据以类相从的体例,"荔"篆当与"苓"(卷耳)类厕。

但是:事实上,"荔"与"薆"(人薆,药草,出上党)类厕,不与"苓"类厕。

所以:"荔"训"卷耳"有误。

蒋冀骋(1993)认为《广韵》和《字林》训"毒草"不足以作为删篆的证据,移动次第尚且多事,何况仅凭这一个理由而删篆呢?《说文》"蔞"和"荔"两篆当两存。暂且不论许书列字是否一定次序井然,段氏"果 X,则当 Y"的推理针对列字次第而言,是有道理的。

> 例 5:四篇下丩部(P293):别,分解也。(分别、离别皆是也。今人分别
> 则彼列切,离别则凭列切,古无是也。俗谓八部仌为古别字,且或于丷部乖字
> 下益曰:"仌,古文别。"假令果尔,则于此何不载乎?)

此注"假令"和"果"连用以归谬。段氏认为"仌,古文别"一说有误。

假如:"仌"是"别"的古文;

那么:根据《说文》"法后王、尊汉制,以小篆为质,而兼录古文、籀文,所谓'今叙篆文,合以古籀'也"("式"下段注)的体例,"别"篆下当有"仌,古文别"。

但是:"别"下不载"仌,古文别"。

所以:"仌为古别字"之说不成立。

又,《说文》:"乖,戾也。从丷仌。"各本于"丷仌"后有"仌,古文别"字样,段氏根据"凡许自注云'某古文某'者,皆见于许书"("乖"下

注语),"别"下无"宀",因此推断,"宀为古别字"的说法有误,"乖"下"宀,古文别"为浅人所增。"段注"用语精简,有不少注解需要前后互参,方能理解,此即为一例。

例6:九篇下山部(P771):嶅,山名。(此篆许书本无,后人增之。许书**果**有是山,**则当**厕于山名之类矣。《颜氏家训》:"柏人城东有山,世或呼为宣务山,予读柏人城内汉桓帝时所立碑铭云:上有巏嶅,王乔所仙。巏字遂无所出,嶅字依诸字书,即旄丘之旄也。嶅字《字林》一音忘付反,今依附俗名,当音权务。"《经典释文》曰:"《字林》有堥,亡周反,一音毛,堥,丘也。又有堥,亡附反,一音毛,亦云:嶅,丘也。"据颜陆之书,《字林》乃有"嶅"字,则许书之本无此显然矣。"旄丘"见《诗》,《尔雅》曰:"前高曰旄丘。"刘成国曰:"如马举头垂髦。"依《字林》,嶅丘即旄丘,乃丘名,非山名也。)

段氏认为"嶅"篆为后人所增。

假如:《说文》确有"嶅"这个山名;

那么:据以类相从的体例,嶅篆当与山名之类的篆文类列。

但是:事实上,嶅篆不与山名为伍。

所以:嶅不是山名。

用归谬法对"嶅是山名"证伪后,还需注解"嶅"为何义。这是归谬法无能为力的,只能借助他法。征引他书为证,据《颜氏家训》和《经典释文》的记载,《字林》有"嶅"和"堥",其义均为"丘也",段氏认为《字林》乃有"嶅"字,《说文》本无"嶅"字。

## 四、"倘 X,则当 Y"的归谬论证

"倘 X,则(当)Y"也是用于假言推理的论证用语,此格式中的联结词有"倘""儻"两种写法,都是段氏用来证伪的联结词,与"假令、果"用法相同。

　　例7：一篇下艸部（P46）：苦，大苦，苓也。（《释草》苓作蘦。孙炎注云："今甘草也。"按，《说文》苷字解云"甘草"矣，倘甘草又名大苦，又名苓，则何以不类列，而割分异处乎？且此云"大苦，苓也"，中隔百数十字，又出蘦篆云："大苦也"，此苓必改为蘦而后画一，即画一之，又何以不类列也？考周时音韵，凡令声皆在十二部，今之真、臻、先也；凡霝声皆在十一部，今之庚、耕、清、青也。《简兮》苓与榛、人韵，《采苓》苓与颠韵。倘改作蘦，则为合音，而非本韵。然则《释草》作蘦，不若《毛诗》为善。许君断非于苦下袭《毛诗》，于蘦下袭《尔雅》，划分两处，前后不相顾也。后文蘦篆，必浅人据《尔雅》妄增，而此"大苦，苓也"固不误。）

　　此注有两次归谬论证过程。首先针对孙炎"今甘草也"进行反驳。

　　假如：甘草＝大苦＝苓；

　　那么：据以类相从的体例，苷篆当与苦篆类列。

　　但是：《说文》苷与苦分隔异处，并不类列。

　　所以："苦"与"苷"不同类，不同义。

　　可是：《说文》在"苦"篆后隔一百多字又出"蘦"篆，云"大苦也"。从意义上看，"苓"必改为"蘦"而后才能整齐划一，但又将存在不类列的问题。段氏进而从音理上考证。古音令声在十二部，霝声在十一部，并以《诗经》押韵为证。

　　假如：将"苓"改作"蘦"；

　　那么：根据《诗经》押韵情况，作"蘦"则为合音，作"苓"则为本韵。从押韵来说，"苓"为佳，即"苓"不当改作"蘦"，但与意义上"苓"改为"蘦"不合。

　　所以：二者冲突时，就音理而言，"大苦"义写作"苓"为佳，进而推断"后文蘦篆，必浅人据《尔雅》妄增"，《说文》"苦，大苦，苓也"固不误。

　　例8：十一篇下鱼部（P1005）：鮸，哆口鱼也。（《上林赋》："鳙鰽鳍鮸。"郭注："鮸，鳠也。一名黄颊。"郭语恐非许意，儵是黄颊，则当与鳠为伍。）

段氏认为郭璞注"魟，鳠也。一名黄颊"恐非许意，并进行证伪。

假如："魟"是黄颊；

那么：据以类相从的体例，魟篆当与鲟篆类列。《说文》："鲟，扬也。"鲟下段注："陆疏曰：'今黄颊鱼也。'"

但是：魟篆与鲟篆不同处。

所以：魟不是黄颊鱼，许书之"魟"与郭璞注不同，二者应区分。

例9：十一篇下鱼部（P1010）：鮂，鱼名。（自鮂至魟十篆，盖皆非许书所本有，以鱼部鲦、鲕为鱼子，自鮛至鱣皆鱼名，自鰒至鲍皆泛言鱼之体、鱼之用，自鲐至鮚皆字从鱼而实非鱼者。至此而鱼部毕矣，不当又举鱼名及鱼之状貌，故知必浅人所增也。《释鱼》云："鮂、鳟。"系一鱼二名。傥许录鮂字，便当与鳟相联，由许时《尔雅》本无鮂字，但作必，必则例不录。）

此注可视为段氏根据《说文》以类相从的体例来进行校勘的典范，论述精当。段氏认为"自鮂至魟十篆，盖皆非许书所本有"，他的推断前提是以类相从的体例。先用《说文》内证说明鱼部字到"鮚"篆就该完毕了，"鮚"篆之后不当又举鱼名及鱼之状貌，段氏推断"鮚"之后的篆文均为浅人所增，然后进行归谬推理。

假如：《说文》原本收录鮂篆；

那么：据《释鱼》"鮂、鳟"说明鮂鳟系一鱼二名，鮂篆与鳟篆就应类厕。

又因：许时《尔雅》本无鮂字，鮂只作"必"，据《说文》录字规则，鮂不是本字，不在收录之列。

所以：《说文》本无鮂篆，属后人所增。

## 五、讨论与结语

上文从 3 种归谬论证用语入手分析了段玉裁运用归谬法进行证伪

的 9 个实例,其论证精当,对校勘指误起到了重要的作用,为后续的勘正工作指明了方向。此外还有 52 例归谬论证,有的是采用以类相从的体例来校勘传本《说文》的错讹,如玉部璗下注:"儵是玉名,则当厕于璙巳下十六字间。"木部柞下注:"假令许谓棫即柞,则二篆当联属之。且《诗》不当或单言棫,或单言柞,或柞棫并言也。"鼠部鼮下注:"倘许谓蟦蛄,则此篆必次于部末,如黾部之蝇、鼋,马部之骡、驴、駒、骒等字矣。"有对字形进行证伪的,如言部詗下注:"此经注本如是,假令经本作'同几',又何烦以詗释之哉。"羊部羳下注:"此牡字大小徐皆不误,今刻大徐本误'牝'。假令羳是牝,则下文安得云犗乎?"羊部羌下注:"假令羌字从人牧羊,则既人之矣,何待羑、侥字始从人哉。且何不入儿部,而入羊部哉。"也有对释义证伪的,如首部冒下注:"假令训火不明,则当入火部矣。"厂部厊下注:"假令是厉石,则当次厎、厉二篆之下,而不当次此矣。"还有对衍文进行辨别的,如骨部骴下注:"铉本此下有'骴或从肉'四字,锴无。按,假令许有此四字,则当先冠以篆文。"这些都是归谬法在段注中的具体运用,使用归谬法来定其非,为下一步的勘正打下了坚实的基础。

为考察归谬论证的使用条件,我们对不同联结词的使用场合进行了分析。在"假令(叚令)"的 29 例中,21 例与《说文》的体例(类厕、训释、归部、重文)有关,其中 9 例与类厕体例不合有关;5 例与释义有关;3 例与字形有关。在"果"的 14 例中,11 例与《说文》的体例(类厕、训释、归部、重文)有关,2 例与字音、字义有关,1 例为其他古籍的错讹。在"倘(儻)"的 18 例中,6 例与《说文》的类厕体例和训释体例有关,8 例与字形字音有关;4 例与释义有关。总体来看,这三种论证用语没有显著的区别,只是联结词不同而已。从校勘对象的错讹性质来看,61 例归谬证伪论证材料中有 38 例跟《说文》编排体例不合而致误有关,占了 60% 以上,其中与类厕体例不合的讹误最多。体例上的不吻合,只是错讹的表象,且难以直接证其误,于是段玉裁姑且假定其不误,然后依据相关规则、体例进行推导,推导出的一个与事实不符或无法接受的荒谬结论,以此证明其不可能正确,亦即"按理"则无法不错。

综观 61 例归谬论证的段注材料,我们认为,归谬法是校勘指误的利器,段氏的归谬论证也彰显出逻辑的推演力量,但是归谬法还不能直接进行校正,段氏常常综合运用归谬法、内证法、他书旁证、物证、古籍义证、类比推理、音理推演等多种方法,这些论证方法形成严密的逻辑推理过程,进而得出确凿不移的结论。不过,归谬法也有其自身的局限性,指误后的校正还需要正确运用其他方法方能得出令人信服的结论。下面再来看一例证伪后的校正。

> 例 10:一篇上玉部(P16):琼,亦玉也。(亦,各本作赤,非。《说文》时有言"亦"者,如李贤所引"诊亦视也",鸟部"鸾亦神灵之精也"之类。此上下文皆云玉也,则琼亦当为玉名,倘是赤玉,当厕璊、瑕二篆间矣。《离骚》曰:"折琼枝以为羞。"《广雅》玉类首琼支,此琼为玉名之证也。唐人陆德明、张守节皆引作"赤玉",则其误已久。《诗》琼琚、琼瑶、琼华、琼莹、琼英、琼瑰,毛传云:"琼,玉之美者也。"盖琼支为玉之最美者,故《广雅》言玉,首琼支。因而引伸凡玉石之美皆谓之琼。应劭曰:"琼,玉之华也。"是其理也。)

段玉裁运用归谬法论证如下:假如琼是赤玉;那么根据以类相从的体例,琼篆当与璊、瑕二篆类列(《说文》"璊,玉䞓色也""瑕,玉小赤也"),但《说文》"琼"在"玒䂿"与"珦瑮"之间,均训"玉也",为玉名,所以琼不是赤玉。段氏首先指出各本"赤"当作"亦",但是运用归谬法不能直接推出当为"亦玉也"。为了证明"赤"当作"亦",段氏使用类比法列举了两个同类现象作为辅证,但这两个辅证均有问题。《说文·言部》:"诊,视也。"《说文·鸟部》:"鸾,赤神灵之精也。"[1]岂不自相矛盾?虽然下文继续征引书证证明"琼"是玉名,并分析了传本致误

---

[1] 《说文·鸟部》:"鸾,赤神灵之精也。"段注:"赤,各本作'亦',误,今依《艺文类聚》《埤雅》《集韵》《类篇》《韵会》正。"段玉裁在"琼"和"鸾"下的注语有矛盾。

的原因,但不能证明"赤"为"亦"之形误,因为"赤"也可能是衍文。当然,这不是归谬法的问题,是证伪后如何运用其他方法来校正的问题。

陈垣(2016)在《校勘学释例》(原名《元典章校补释例》)中提出四种校书之法:对校法、本校法、他校法、理校法。对校法是一种利用同书之祖本或别本对读的校勘方法;本校法是以本书前后互证、抉摘异同的校勘方法;他校法是一种以他书校本书的方法;而理校法源于本校法,但需要依靠相关体例、知识,并运用逻辑推理来进行校勘的一种方法。段玉裁校勘学的特色及思想,蒋冀骋、漆永祥、董莲池、王华宝等多有论及,譬如,蒋冀骋认为:"运用许书的体例以校理《说文》,颜之推时也已知晓。到了段玉裁时代,更是后出转精,无论在理论上,还是实践上,在以许书体例校理许书方面,已远非颜氏时代所能比拟的了。"段玉裁将校勘实践上升到校勘理论,离不开那场"段顾之争",段氏"理校法"在与顾千里争论中多有阐述。理校法是段氏演绎逻辑思想的体现,体现了"善裁断、重义理"的治学思想和方法,段氏也因此被誉为理校的巨人。

但有的学者认为理校法不是校勘学的正轨。胡适在《〈元典章校补释例〉序》中对陈垣(字援菴)的校勘理论与实践给予了高度评价,认为:"陈援菴先生校《元典章》的工作,可以说是中国校勘学的第一伟大工作,也可以说是中国校勘学的第一次走上科学的路"。"王念孙、段玉裁用他们过人的天才与功力,其最大成就只是一种推理的校勘学而已。"在此序中,胡适认为:"援菴先生是依据同时代的刻本的校勘,所以是科学的校勘,而不是推理的校勘。"可见,胡适最初是轻视理校的,他提倡实证法,认为最初底本最可靠,"用善本对校是校勘学的灵魂,是校勘学的唯一途径"。陈垣却是这样看待理校法的:"最高妙者此法,最危险者亦此法。"不错,这正是段氏的最高妙处,至于是否最危险,那要看论证方法的科学与否。

段玉裁在《与诸同志书论校书之难》中曾说:"校书之难,非照本改字不讹不漏之难也，定其是非之难。是非有二：曰底本之是非，曰立说之是非。必先定其底本之是非，而后可断其立说之是非。"定其是，需证明；定其非，需证伪。就本文所讨论的归谬法来说，就是段氏在断其非。归谬法是理校法的具体体现之一，这种理校法促使段玉裁主张精审识断，不拘泥于旧本，也不拘泥于古人旧说。这一研究方法当源于段氏科学的治学思想。段玉裁的治学方法早已得到学界的关注和研究，但其治学方法的科学属性尚未得到广泛重视和系统研究，我们梳理并总结段氏的学术思想和科学方法，以便发掘中国传统学术中所蕴含的深层的、可供继承发展的科学要素。

## 参考文献

陈　垣 2016《校勘学释例》，北京：中华书局：135-139。

董莲池 2006《段玉裁评传》，南京：南京大学出版社：242。

段玉裁［清］1988《说文解字注》，上海：上海古籍出版社。

段玉裁［清］著，赵　航、薛正兴整理 2010《经韵楼集：附补编·两考》，南京：凤凰出版社：313-314。

冯胜利 2015《乾嘉"理必"与语言研究的科学属性》//《中文学术前沿》编委会编，《中文学术前沿》第 9 辑，杭州：浙江大学出版社：89-107。

蒋冀骋 1993《说文段注评议》，长沙：湖南教育出版社：112。

胡　适 2016《元校勘学释例序》//陈垣，校勘学释例，北京：中华书局。

漆永祥 1993《段玉裁校勘学述论》，《古籍整理研究学刊》第 6 期：28-32。

王华宝 2014《论段玉裁校勘学之特色》，《东南大学学报》第 3 期：70-74。

王用源，施向东，冯胜利 2017《段玉裁〈说文解字注〉科学研究方法例证》，《南开语言学刊》第 1 期：82-90。

许慎撰，段玉裁注，许惟贤整理 2007《说文解字注》，南京：凤凰山版社。

（王用源　天津大学外国语言与文学学院/天津大学语言科学研究中心）

# 《说文解字注》"今补"研究*

## 朱生玉

**摘　要**　段玉裁在注解《说文解字》时做了大量校补工作。从内容上看,既有对《说文》本身的校补,又有对段氏注解过程中所引经传及"小学"类文献的校补。从所用术语看,有今订、今补、今正、当作等。从方法来看,其校补充分运用了语言文字学上"形音义统一"原理和《说文》体例为依据的演绎、归纳等方法。"今补"在《说文解字注》中有不同的呈现形式;正文解说部分和部末总结部分均有"今补";所补内容涉及训释用语、字形说解用语、被释字、体例用语等。"今补"背后蕴含着一定的"学理",是乾嘉"小学"科学属性的体现。

**关键词**　段玉裁　《说文解字注》　"今补"　科学属性

## 一、引言

《说文解字注》是段玉裁用毕生精力整理与注解《说文解字》的成果,蕴含着丰富的理论精华和考据确论。《说文解字》为治"小学"十种根底书之一,且为重中之重;《说文解字注》则又是理解《说文》的主中之主。语言文字学研习者历来都非常重视对《说文解字注》的研究,产生了大量优秀成果。"今补"是段玉裁用来校补《说文》的标志性用语之一,今人尚未对这一用语做全面而系统的研究。《说文解字注》中

---

＊　该文繁体字版发表于《汉语史研究集刊》2021 年第 31 辑,据以收入时略有改动。

"今补"一词共出现 262 次,涉及 243 条。① 大多数"今补"出现于对正篆的注解当中,有一小部分出现于部末的总结语部分。根据前后搭配内容的不同,"今补"有若干种呈现方式。所补内容涉及被释字、训释语、说解语、重文及体例用语等方面。段氏补字往往是以一定依据为基础并予以理性思考的。"理必"思想与方法对于我们考察"今补"有着积极的作用,从中我们可以看到段玉裁补字所凭借的依据和使用的科学方法。

## 二、"今补"之体例与分布

### 2.1 "今补"之分布

262 例"今补"中,有 253 例见于正文的解说中,其余 9 次见于部目末的总结部分。见于正文的解说中者,即指段玉裁在对许书训条做注解时所言"今补",如表 1 所示②:

**表 1**

| 序号 | 部目 | 正篆 | 序号 | 部目 | 正篆 | 序号 | 部目 | 正篆 |
|---|---|---|---|---|---|---|---|---|
| 1 | 一篇·玉部 | 玭 | 86 | 七卷·日部 | 旸 | 170 | 十卷·囟部 | 鼤 |
| 2 | 一篇·玉部 | 靈 | 87 | 七卷·夕部 | 夗 | 171 | 十卷·心部 | 忼 |
| 3 | 一篇·艸部 | 藻 | 88 | 七卷·田部 | 甶 | 172 | 十卷·心部 | 庆 |
| 4 | 一篇·艸部 | 苓 | 89 | 七卷·卤部 | 槀 | 173 | 十卷·心部 | 愚 |
| 5 | 一篇·艸部 | 蔓 | 90 | 七卷·鼎部 | 鼏 | 174 | 十卷·心部 | 态 |
| 6 | 一篇·艸部 | 葛 | 91 | 七卷·禾部 | 穛 | 175 | 十一卷·水部 | 湘 |

---

① 有的条目中"今补"所出现不止一次;有的"今补"出现在部末总结部分。

② 有的训条中"今补"出现不止一次,出现几次则按几次计算,分列于表中。如"叓"字批注中"今补"共出现两次,则分列为第 38、39 两条。依此类推。

| 序号 | 部目 | 正篆 | 序号 | 部目 | 正篆 | 序号 | 部目 | 正篆 |
|---|---|---|---|---|---|---|---|---|
| 7 | 一篇·艸部 | 蔍 | 92 | 七卷·禾部 | 稱 | 176 | 十一卷·水部 | 澶 |
| 8 | 一篇·艸部 | 蔡 | 93 | 七卷·米部 | 精 | 177 | 十一卷·水部 | 池 |
| 9 | 二篇·牛部 | 牢 | 94 | 七卷·米部 | 糜 | 178 | 十一卷·水部 | 涿 |
| 10 | 二篇·彳部 | 後 | 95 | 七卷·米部 | 粉 | 179 | 十一卷·川部 | 州 |
| 11 | 二篇·齿部 | 斷 | 96 | 七卷·臼部 | 臼 | 180 | 十一卷·川部 | 州 |
| 12 | 三卷·丩部 | 纠 | 97 | 七卷·宀部 | 㝛 | 181 | 十一卷·夊部 | 㵺 |
| 13 | 三卷·十部 | 㘑 | 98 | 七卷·宀部 | 宄 | 182 | 十一卷·夊部 | 㵺 |
| 14 | 三卷·言部 | 諰 | 99 | 七卷·网部 | 网 | 183 | 十一卷·夊部 | 㵣 |
| 15 | 三卷·言部 | 訾 | 100 | 七卷·网部 | 㒼 | 184 | 十一卷·夊部 | 㵣 |
| 16 | 三卷·言部 | 譌 | 101 | 七卷·网部 | 罪 | 185 | 十一卷·雨部 | 霘 |
| 17 | 三卷·辛部 | 妾 | 102 | 七卷·网部 | 罝 | 186 | 十一卷·鱼部 | 鮚 |
| 18 | 三卷·革部 | 鞁 | 103 | 七卷·巾部 | 帆 | 187 | 十一卷·鱼部 | 鰡 |
| 19 | 三卷·鬲部 | 䰞 | 104 | 七卷·巾部 | 帚 | 188 | 十一卷·鱼部 | 鰡 |
| 20 | 三卷·又部 | 叉 | 105 | 七卷·巾部 | 幭 | 189 | 十一卷·鱼部 | 鱻 |
| 21 | 三卷·画部 | 画 | 106 | 七卷·巾部 | 帗 | 190 | 十一卷·燕部 | 燕 |
| 22 | 三卷·臤部 | 坚 | 107 | 八卷·人部 | 佣 | 191 | 十二卷·卤部 | 蔔 |
| 23 | 三卷·殳部 | 殳 | 108 | 八卷·人部 | 佃 | 192 | 十二卷·门部 | 閶 |
| 24 | 三卷·几部 | 凫 | 109 | 八卷·人部 | 吊 | 193 | 十二卷·耳部 | 耳 |
| 25 | 三卷·殸部 | 殸 | 110 | 八卷·壬部 | 征 | 194 | 十二卷·耳部 | 联 |
| 26 | 三卷·支部 | 孜 | 111 | 八卷·壬部 | 呈 | 195 | 十二卷·女部 | 婴 |
| 27 | 三卷·支部 | 敕 | 112 | 八卷·衣部 | 褰 | 196 | 十二卷·女部 | 娣 |
| 28 | 三卷·卜部 | 卦 | 113 | 八卷·衣部 | 褑 | 197 | 十二卷·女部 | 妓 |

| 序号 | 部目 | 正篆 | 序号 | 部目 | 正篆 | 序号 | 部目 | 正篆 |
|---|---|---|---|---|---|---|---|---|
| 29 | 三卷·卜部 | 贞 | 114 | 八卷·衣部 | 裂 | 198 | 十二卷·女部 | 妥 |
| 30 | 三卷·卜部 | 卨 | 115 | 八卷·尸部 | 反 | 199 | 十二卷·毋部 | 毋 |
| 31 | 四卷·白部 | 畴 | 116 | 八卷·舟部 | 舳 | 200 | 十二卷·戈部 | 戈 |
| 32 | 四卷·鼻部 | 鼻 | 117 | 八卷·舟部 | 舠 | 201 | 十二卷·弓部 | 弓 |
| 33 | 四卷·首部 | 莫 | 118 | 八卷·舟部 | 舫 | 202 | 十二卷·弓部 | 弧 |
| 34 | 四卷·隹部 | 霍 | 119 | 八卷·见部 | 觐 | 203 | 十二卷·弓部 | 弛 |
| 35 | 四卷·鸟部 | 鹕 | 120 | 八卷·见部 | 觑 | 204 | 十二卷·系部 | 繇 |
| 36 | 四卷·鸟部 | 鸡 | 121 | 八卷·见部 | 觏 | 205 | 十三卷·糸部 | 繙 |
| 37 | 四卷·鸟部 | 鹤 | 122 | 九卷·页部 | 颢 | 206 | 十三卷·糸部 | 紗 |
| 38 | 四卷·叀部 | 叀 | 123 | 九卷·首部 | 首 | 207 | 十三卷·糸部 | 绢 |
| 39 | 四卷·叀部 | 叀 | 124 | 九卷·首部 | 黵 | 208 | 十三卷·糸部 | 結 |
| 40 | 四卷·叀部 | 蠹 | 125 | 九卷·文部 | 嫠 | 209 | 十三卷·糸部 | 縿 |
| 41 | 四卷·肉部 | 肮 | 126 | 九卷·髟部 | 髦 | 210 | 十三卷·糸部 | 缄 |
| 42 | 四卷·肉部 | 臂 | 127 | 九卷·苟部 | 苟 | 211 | 十三卷·糸部 | 绁 |
| 43 | 四卷·刀部 | 划 | 128 | 九卷·鬼部 | 鬼 | 212 | 十三卷·糸部 | 缌 |
| 44 | 五卷·竹部 | 箈 | 129 | 九卷·山部 | 猁 | 213 | 十三卷·糸部 | 缤 |
| 45 | 五卷·竹部 | 簒 | 130 | 九卷·山部 | 巇 | 214 | 十三卷·糸部 | 绥 |
| 46 | 五卷·竹部 | 笠 | 131 | 九卷·山部 | 嵝 | 215 | 十三卷·糸部 | 彝 |
| 47 | 五卷·竹部 | 箹 | 132 | 九卷·山部 | 峭 | 216 | 十三卷·丝部 | 絑 |
| 48 | 五卷·竹部 | 棰 | 133 | 九卷·山部 | 嵖 | 217 | 十三卷·虫部 | 蛹 |
| 49 | 五卷·竹部 | 箅 | 134 | 九卷·山部 | 崔 | 218 | 十三卷·虫部 | 旭 |
| 50 | 五卷·竹部 | 箕 | 135 | 九卷·广部 | 广 | 219 | 十三卷·虫部 | 蜗 |

| 序号 | 部目 | 正篆 | 序号 | 部目 | 正篆 | 序号 | 部目 | 正篆 |
|---|---|---|---|---|---|---|---|---|
| 51 | 五卷·虎部 | 虩 | 136 | 九卷·广部 | 廙 | 220 | 十三卷·虫部 | 蛊 |
| 52 | 五卷·皿部 | 益 | 137 | 九卷·石部 | 磬 | 221 | 十三卷·虫部 | 蚰 |
| 53 | 五卷·亼部 | 舍 | 138 | 九卷·石部 | 碓 | 222 | 十三卷·虫部 | 蠆 |
| 54 | 五卷·来部 | 来 | 139 | 九卷·豕部 | 豵 | 223 | 十三卷·蚰部 | 蠱 |
| 55 | 五卷·麦部 | 麦 | 140 | 九卷·豕部 | 豝 | 224 | 十三卷·风部 | 颲 |
| 56 | 五卷·夊部 | 夊 | 141 | 九卷·豕部 | 豜 | 225 | 十三卷·黾部 | 鼀 |
| 57 | 五卷·久部 | 久 | 142 | 九卷·豕部 | 豤 | 226 | 十三卷·土部 | 垆 |
| 58 | 六卷·木部 | 樱 | 143 | 九卷·希部 | 彚 | 227 | 十三卷·土部 | 坺 |
| 59 | 六卷·木部 | 柘 | 144 | 九卷·希部 | 彙 | 228 | 十三卷·土部 | 垛 |
| 60 | 六卷·木部 | 枯 | 145 | 九卷·豸部 | 貁 | 229 | 十三卷·土部 | 埻 |
| 61 | 六卷·木部 | 筑 | 146 | 九卷·豸部 | 貒 | 230 | 十三卷·土部 | 垠 |
| 62 | 六卷·木部 | 榦 | 147 | 九卷·豸部 | 貉 | 231 | 十三卷·土部 | 墓 |
| 63 | 六卷·木部 | 枕 | 148 | 九卷·舄部 | 舄 | 232 | 十三卷·田部 | 畷 |
| 64 | 六卷·木部 | 梳 | 149 | 九卷·舄部 | 舄 | 233 | 十四卷·金部 | 铉 |
| 65 | 六卷·木部 | 椇 | 150 | 九卷·象部 | 象 | 234 | 十四卷·金部 | 凿 |
| 66 | 六卷·木部 | 楄 | 151 | 十卷·马部 | 骉 | 235 | 十四卷·金部 | 钟 |
| 67 | 六卷·木部 | 槀 | 152 | 十卷·马部 | 焉 | 236 | 十四卷·金部 | 銮 |
| 68 | 六卷·木部 | 椎 | 153 | 十卷·马部 | 騑 | 237 | 十四卷·金部 | 衔 |
| 69 | 六卷·木部 | 梼 | 154 | 十卷·马部 | 騳 | 238 | 十四卷·且部 | 且 |
| 70 | 六卷·木部 | 械 | 155 | 十卷·马部 | 驳 | 239 | 十四卷·斤部 | 斧 |
| 71 | 六卷·木部 | 械 | 156 | 十卷·马部 | 羸 | 240 | 十四卷·斤部 | 斫 |
| 72 | 六卷·木部 | 椁 | 157 | 十卷·马部 | 驴 | 241 | 十四卷·斤部 | 斬 |

| 序号 | 部目 | 正篆 | 序号 | 部目 | 正篆 | 序号 | 部目 | 正篆 |
|---|---|---|---|---|---|---|---|---|
| 73 | 六卷·林部 | 麻 | 158 | 十卷·马部 | 骥 | 242 | 十四卷·斗部 | 升 |
| 74 | 六卷·林部 | 麻 | 159 | 十卷·鹿部 | 鹿 | 243 | 十四卷·车部 | 轴 |
| 75 | 六卷·市部 | 芾 | 160 | 十卷·怠部 | 怠 | 244 | 十四卷·车部 | 轫 |
| 76 | 六卷·市部 | 芾 | 161 | 十卷·兔部 | 兔 | 245 | 十四卷·车部 | 辇 |
| 77 | 六卷·禾部 | 稹 | 162 | 十卷·兔部 | 兔 | 246 | 十四卷·昌部 | 昌 |
| 78 | 六卷·巢部 | 㪍 | 163 | 十卷·犬部 | 獉 | 247 | 十四卷·昌部 | 㫑 |
| 79 | 六卷·桼部 | 桼 | 164 | 十卷·犬部 | 戾 | 248 | 十四卷·昌部 | 隖 |
| 80 | 六卷·束部 | 刺 | 165 | 十卷·黑部 | 黑 | 249 | 十四卷·内部 | 离 |
| 81 | 六卷·口部 | 圉 | 166 | 十卷·尢部 | 尢 | 250 | 十四卷·子部 | 穀 |
| 82 | 六卷·口部 | 圃 | 167 | 十卷·乔部 | 霁 | 251 | 十四卷·午部 | 午 |
| 83 | 六卷·口部 | 圃 | 168 | 十卷·夫部 | 规 | 252 | 十四卷·酉部 | 医 |
| 84 | 六卷·邑部 | 鄩 | 169 | 十卷·并部 | 普 | 253 | 十四卷·酉部 | 医 |
| 85 | 七卷·日部 | 昧 | | | | | | |

部末总结部分是指许书每部之末都会指出"文几""重几"。段玉裁如果增补了正篆或者重文,则在每部之末的总结部分指出"今补某",如表2所示:

表2

| 卷目 | 内容 |
|---|---|
| 四卷·隹部 | 文三十九,今补魋,则四十。重十二。 |
| 四卷·肉部 | 文一百四十,今补臂、胲二篆,则百四十二。 |
| 五卷·竹部 | 文百四十四,今补第,则百四十五。重十五。 |

| 卷目 | 内容 |
|---|---|
| 七卷·鼎部 | 文四,今补一,共文五。 |
| 十卷·马部 | 文一百一十五,今补鷜、骡二篆,则当云一十七。 |
| 十卷·兔部 | 文五,今补兔篆,则为文六。 |
| 十一卷·水部 | 重二十三。今补濂篆。 |
| 十二卷·系部 | 文四。重二。今补由,则重三。 |
| 十三卷·卵部 | 文二。重一。二字今补。 |

## 2.2 "今补"之体例

"今补"之体例是指《说文解字注》中今补的表述形式。总结起来,大体上囊括了七种类型。下文将一一举例说明。

### 2.2.1 今补

先指出某字"各本无""各本脱""各本夺""各本删""各本少""各本失""旧无""旧夺""旧删"等,然后言明"今补",如①:

（1）第一卷·艸部:藻,藻蒲。（各本脱藻字,今补。）

（2）第七卷·米部:糜,糁糜也。（各本无糜字,浅人所删,今补。）

（3）第八卷·壬部:呈,近求也。从爪壬。爪壬,（旧夺爪字。今补。）徵幸也。

更多例证亦可参看"玭""霝""舳""嫠""医"等字下注解。

---

① 为节省篇幅,本文所引《说文解字注》条目不给出原文全部内容,只引出与所讨论问题密切相关的部分;为便于区分《说文》原文与段氏之批注,批注部分用括号表示。句读及标点悉依许惟贤整理本《说文解字注》（凤凰出版社,2015）。

## 2.2.2　X+今补

明确指出某字为今补,如:

（4）第四卷·鸟部:鹈,鹈鸟。(鹈字今补。)

（5）第七卷·巾部:帗,设色之工治丝练者。一曰帗,隔也。(也字
今补。)

（6）第十三卷·土部:墓,丘墓也。(墓字今补。)从土,莫声。

更多示例详见"枕""𡥀""尃""弧""绢""彝"等字下注解。

## 2.2.3　字数+今补

在所补之字下注明所补字之字数,如:

（7）第十卷·马部:骎,骎骎,(二字今补。)马行徐而疾也。从马,㑒声。

（8）第十一卷·仌部:凓,凓冹,(二字今补。)风寒也。《诗》曰:"一之日
凓冹。"(七字今补。)从仌,毕声。

（9）第十二卷·耳部:联,连也。从耳从丝。(四字今补。会意。)从耳,
耳连于颊。(故从耳。)从丝,丝连不绝也。(故又从丝。)

更多例证可参看"吊""鬼""鹝"等字下注解。

## 2.2.4　X+字数+今补

这一体例中,X为重申所补之字,"数字"指所补字数。显然,与上
一体例有所不同,即"字数+今补"中未见重申所补之字。这应该是
"X+今补"与"字数+今补"两种体例的融合。如:

（10）第三卷·丩部:纠,绳三合也。从糸丩,丩亦声。("丩糸"二字
今补。)

（11）第四卷·鼻部:鼻,所㠯引气自畀也。("所以"二字今补。口下
曰:"所以言食也。"舌下曰:"所以言别味也。"是其例。)

（12）第十四卷·金部：钟，乐钟也。秋分之音，万物穜成，故谓之钟。（"万、故谓之钟"五字，今补。）从金，童声。

该类中除了"纠""舍""桴""霖""钟"五字外，其余字下均为补"所以"二字或"所以者"三字，共涉 22 个训条。更多例证可参见"椎""圂""罠""磬""轴"等字下注解。

### 2.2.5　今补+X

"今补"后接所补内容，如：

（13）第一卷·玉部：靈，巫也。（各本巫上有"灵"字，乃复举篆文之未删者也。许君原书篆文之下，以隶复写其字，后人删之，时有未尽。此因巫下脱"也"字，以"灵巫"为句，失之，今补"也"字。）

大小徐本《说文》"靈"字下均作："靈巫。以玉事神。从玉霝声。"段玉裁依训释体例补"也"字。

### 2.2.6　今补+字数

"今补"之后接所补内容之字数，如：

（14）第十二卷·毋部：毋，止之薈也。从女一，女有奸之者，一禁止之，令勿奸也。（各本但有"从女有奸之者"六字，今补十字。）

大小徐本"毋"下云："止之也。从女，有奸之者。"[1]可见大小徐对"毋"字的结构分析只有"从女有奸之者"六字，而段氏补了"一""女""一禁止之，令勿奸也"共十字。

### 2.2.7　今补正

先给出补正后的原文，紧接着指出"各本无""各本脱""各本作"

---

[1]　结构分析用语之"从"，小徐本作"从"。后文恕不一一注明。

"各本讹夺"等,然后指明"今补正"。如:

> (15) 第三卷·几部:凫,舒凫,鹜也。从几鸟,几亦声。(各本作"从鸟,几声",今补正。)

> (16) 第十卷·犬部:戾,曲也。从犬出户下。犬出户下为戾者,身曲戾也。(各本少"犬出户下为"五字,今补正。)

> (17) 第十三卷·土部:垛,门堂孰也。(门字,孰字,今补正。)从土,朵声。

"今补正"的内涵是既有补充又有订正,如例(15)段氏明确指出《说文》各本作"从鸟几声",而段氏补正作"从几鸟,几亦声";又如例(17)"垛"本训"堂塾也",段氏之训增加了"门"字,且改"塾"为"孰"。

## 三、所补内容

《说文》一个字条的内容由三到五部分组成:被训释字—训释语—说解语—语音信息—重文部分。五部分组成了一个完整的训条。其中前三项为必有项目,语音信息、重文为可选项目。如表3、表4所示:

《说文·人部》:偰,安也。从人,炎声。读若谈。倓,偰或从剡。

**表3**

| 项目类型 | 被释字 | 训释语 | 说解语 | 语音信息 | 重文部分 |
|---|---|---|---|---|---|
| 《说文·人部》 | 偰 | 安也 | 从人,炎声 | 读若谈 | 倓,偰或从剡 |

《说文·足部》:踌,胫肉也。一曰曲胫也。从足,乔声。读若逑。

**表4**

| 项目类型 | 被释字 | 训释语 | 说解语 | 语音信息 |
|---|---|---|---|---|
| 《说文·足部》 | 踌 | 胫肉也。一曰曲胫也 | 从足,乔声 | 读若逑 |

观察《说文》的训条不难发现,有些训条当中还有"一曰"、引经、对所引经中字词的解释、构件的构意分析、重文之构形解析。"一曰"属于训释语部分;段玉裁已指出引经有说形、说音、说义之目的,鉴于此,根据所引经典的目的,可以将引经部分分别归入训释语、说解语、语音信息部分,"对所引经中字词的解释"亦可跟随引经部分的归类而归入;"构件的构意分析""重文之构形解析"则分别归入说解语和重文部分。

以上是就内容而言的。而《说文》整部书又是"隐括有条例"的,即通常所说的体例。比如被训释字与训释语可以用公式表达为: X, Y 也。在段玉裁看来,训释语必以"也"煞尾,故而常常会补出"也"字;又如段玉裁认为《说文》别一义当有"一曰"二字为标志;等等。《说文》体例不一而足,后文"补充依据"一节将会谈及与本文相关的一些体例。

总而言之,可以从内容和体例两方面去观察段玉裁"今补"之内容。如上所示,对《说文》原文的补充主要包括被释字、训释语、说解语、重文部分、语音信息等方面。除此之外,则是对体例用语的补苴。

## 3.1 被释字

"被释字"即《说文》训释的对象——正篆字头。有些字不见于《说文》,而段玉裁补之,如:

(18) 第四卷·肉部: 臀,膏肥皃。从肉,学省声。(此篆旧无,今补。)

(19) 第十卷·兔部: 兔,兔逸也。从兔不见足会意。(许书失此字,而形声多用为偏旁,不可阙也,今补。)

(20) 第十一卷·水部: 池,陂也。从水,也声。(此篆及解各本无,今补。)

其他例子如"羃""涿""妥"。段玉裁所补被释字并不限于上文所举几例,蒋骥骋(1992)指出段玉裁"增篆二十四",万献初(2014: 161)

亦云"增加篆文 24 字",而王培林(2013：22)统计段氏增补 29 字。本文所论为"今补"这一用语所揭示的增篆。①

## 3.2 训释语

训释语是对被释字词义的表述。训释语首先要受到词义表述准确性的限制,其次要符合《说文》自身的体例,如形义统一、转注等。如有不当或不符,段玉裁则予以补之,如：

> (21) 第一卷·玉部：玭,新玉色鲜也。(各本无"新"。《诗音义》两引皆作"新色鲜也",今补。)
> (22) 第五卷·竹部：簃,箥簃,竹也。(竹字,今补。)
> (23) 第七卷·米部：精,择米也。(米字各本夺,今补。)
> (24) 第十三卷·虫部：蝓,蝓蠑。(各本无此二字,今补。)

按,例(21)依文献补"新"字,使得词义特征丰富;例(22)、例(24)是为符合连绵词的训释体例;例(23)不仅使词义表述更加准确,而且符合形义统一的要求。补训释与用字反映了段玉裁对词义认识的精审和对《说文》训释体例的看法。

## 3.3 说解语

段玉裁说"每字先说解其义,次说解其形,次说解其音",这里的"说解语"就是说解形的部分,即指构形分析用语。《说文》正篆的构形分析用语事实上包含了两部分内容：一是字形结构分析,亦即构件,通常以"象形""从某某""从某从某""从某某声""从某声""某省声"等程序化用语揭示出来,这是分析整字的构成要素;二是揭示构形理据,即有时候在结构分析的基础上还会进一步指出整字中某构件的理据。

---

① 并非所有增篆之下的批注中均有"今补"字样,如第十三卷·蚰部：蠹,飞蚁。从蚰,熨声。(《尔雅》：蠹,飞蚁。释文曰："《说文》《字林》从蚰。"今据补。)

结构分析是每一篆下必不可少的内容,而构形理据则并非必不可少。①如果《说文》某篆下缺了结构分析,段氏往往予以补足。如:

> (25) 第二卷・彳部:後,迟也。从彳幺夊,幺夊者,後也。(各本夺二字,今补。幺者小也。小而行迟,後可知矣,故从幺夊会意。胡口切。四部。)

> (26) 第四卷・雔部:靃,飞声也。从雨雔。(各本少此三字,今补。)雨而雔飞者其声靃然。(说从雨之意。)

> (27) 第十四卷・斤部:釿,剂断也。从斤,金声。(声字今补。)

例(25)大徐本"後"的说解语为"从彳幺夊者,後也"七字,而段氏在"者"字前补了"幺夊"二字。根据文意,"从彳幺夊者"是指明该字所以由"彳幺夊"三个构件构成的缘由。如此则缺少说解语(结构分析)部分。段氏补了"幺夊"之后,则"从彳幺夊"为说解语,"幺夊者,後也"为构意分析。例(26)大小徐本"靃"下缺少说解语,段氏补之。例(27)"釿"字大徐本作"从斤金",小徐本作"从斤,从金声",段氏从小徐,而删去第二个"从"字。

## 3.4 重文部分

重文部分包括重文(古文、奇字、籀文、篆文)本身以及对重文的说解,如《说文・旨部》"旨"下有"𠩺,古文旨"、《说文・丼部》"阱"下有"宑,阱或从穴。汬,古文阱从水",其中"𠩺""宑""汬"为重文本身,"古文旨""阱或从穴""古文阱从水"即对重文的说解。段玉裁有补重文的,又有补重文解说部分的,如:

> (28) 第六卷・邑部:鄋,地名。从邑,臺声。臺,古文堂字。(文字,各本

---

① 李国英(2019:11)指出:"一般说来,分析字形结构之后构形理据已经明确的,《说文》就不再多费笔墨。如果分析字形结构之后构形理据尚不明确,《说文》则往往采取不同的方式加以申说。"

夺,今补。)

    (29)第十二卷·系部:繇,随从也。从系,䚂声。由,或繇字。(各本无
        此篆,全书由声之字皆无根柢,今补。)

例(28)中大小徐本重文说解均作"古堂字",段氏补"文"字,因为他认为
许书但言"古文"而不言"古某字"。类似的例子又见"蠱"字下注。详见
后文分析。例(29)大小徐本"繇"字下并无重文,而段玉裁补重文"由"。

## 3.5　体例用语

    体例用语一般出现频率较高,较为程式化。与"今补"相关的体例
用语主要有三类:一是补出训释语中煞尾的"也"字;说解语中构意分
析用语有时也以"也"字煞尾。前文已指出,被训释字与训释语可以用
公式表达为:X,Y 也。段玉裁认为这个"也"字是必不可少的,因此予
以补足,如:

    (30)第一卷·艸部:蒚,荡也。(也字各本无,今补。)

    (31)第五卷·久部:久,从后灸之也。(也字今补。)

    (32)第五卷·麦部:麦,芒谷。秋穜厚薶,故谓之麦。麦,金也。金王而
        生,火王而死。从来,有穗者也。("也"字今补。有穗犹有芒也。
        有芒故从来,来象芒束也。)从夂。

    (33)第十一卷·鱼部:鱻,新鱼精也。从三鱼。不变鱼也。(也字今补。
        此释从三鱼之意,谓不变其生新也。)

例(30)、例(31)是补训释语煞尾的"也"字,例(32)、例(33)是补构意
分析用语煞尾的"也"字。

    二是补出别一义的标志用语"一曰",如:

    (34)第三卷·攴部:敕,诫也。一曰,(二字今补。)臿地曰敕。从攴束。

    (35)第八卷·见部:觀,靓觀也。一曰,(二字今补。)拘觀,未致密也。

段玉裁在"翰""盍""漆"等字的注解中均言到"一曰者,别一义",可见

段氏是将"一曰"看作《说文》的一个体例的。

三是补出引经书名之后的"曰"。在段玉裁看来,《说文》引经的一般格式为"书名+曰+所引内容"。今本《说文》有的引经条目中没有"曰"字,而段氏做了补充;有的书名不完整,也予以补足,如:

(36)第三卷·卜部:卣,《易》卦之上体也。《商书》曰(曰字今补。):"曰贞曰卣。"

(37)第三卷·辛部:妾,有辠女子,给事之得接于君者。从辛女。《春秋传》云:"女为人妾。"(传字今补。)

例(36)《商书》补了"曰"字;例(37)原作"春秋",段氏补一"传"字。补"曰"之例还见于"疇""圍""昒"字下引经。然而,段玉裁也未能一以贯之地坚持这一原则,如今本《说文》"殳"下云:

《说文·殳部》:殳,以杸殊人也。《礼》:"殳以积竹,八觚,长丈二尺,建于兵车,车旅贲以先驱。"从又,几声。凡殳之属皆从殳。

引经径出书名而无"曰"字,段玉裁补正书名为《周礼》却未补"曰"字。①

另外,依照《说文》体例,每部之末要给出该部字头总数以及重文数。《说文》卷十三卵部末只有"文二"二字,段玉裁在该部"卵"下增补一古文"卵",按体例该部应"文二,重一",因此段氏补了"重一"二字。如果增补了篆文或重文,那么该部末之正篆或重文书数目必然会变,段玉裁也每每做了调整,这也可视为补正体例的重要内容,详见上文"'今补'之分布"部分。

## 四、补充依据

段玉裁增补文字并非没有根据,总结起来,主要有语言文字原理、

---

① 段玉裁给出所引《周礼》作"殳目积竹八觚,长丈二尺,建于兵车,旅贲目先驱",与许稍异。

体例、文献和理性判断等几个方面。下文举例论述。

## 4.1 语言文字原理

综观《说文解字注》，不难发现"形音义统一"是贯穿其书的根本原理。文字是记录语言的符号，汉字是记录汉语的，而汉字又是表意性质的，亦即汉字形体是依据意义信息而构造的。对于汉语汉字来说，音义结合层面的"义"是形体构造的深层依据，与形体是直接相联系的；当字形被造出来以后长期与音义结合体融合、固化以后，汉字就从音义结合体那里间接地获得了读音信息。基于此，我们说汉字形体创制时所依据的那个意义可以称作"本义"，为记录这个意义而造的那个汉字可称作"本字"。显然，本字和本义之间是有联系的。本字从与本义相联系的那个语音信息获得的读音即"本音"。简而言之，一个汉字是本形、本音、本义三位一体的。①

基于"形音义统一"原理，形音义互求的方法自然而生。关于段氏之"形音义统一"的原理和方法，容另文专述。段玉裁也时常利用这种方法校补《说文》训释语、说解语等。"今补"所涉条目中，以"形音义统一"原理为依据所做的补充，主要包括两种类型：一是补训释语使形义统一；二是补结构说解语以明构件功能。

### 4.1.1 补训释语使形义统一

《说文》作为形书，其训释语与被释字之间是形义统一的。李国英(2019：18)云："《说文解字》是根据汉字形义统一原理探求汉字本字本义的专书。"段玉裁已有清晰的认识，如他在"蔫"字下云："篆文者，其形；说解者，其义；以义释形，故《说文》为小学家言形之书也。"又十五篇注云"许惟就字说其本义"。如果训释语与被释字之间形义不契

---

① 按，本形、本音、本义这三个概念已见于《说文解字注》。

合,段玉裁便会予以校正,他在十五篇注云:"其全书说解之语,必依用本字本义,令全书形与义画一,所谓成一家之言。"段氏在训释语中补充某个或某些字,也是出于使形义相统一之目的。

> (38)第七卷·臼部:臼,舂臼也。(各本无臼字,今补。杵下云:"舂杵也。"则此当云"舂臼也"明矣。)古者掘地为臼。其后穿木石。象形。中象米也。

> (39)第九卷·豕部:狠,豕啮也。(豕字今补。人之啮曰龂,字见齿部;豕之啮曰狠,音同而字异也。)从豕,艮声。

按,例(38)"臼"字大小徐本均训作"舂也"。从义值的角度来说,臼≠舂。《说文》仅训作"舂"显然欠妥。段玉裁根据"以义释形"原则,补一"臼"字使得训释语与被释字形义统一。例(39)之"狠"字大小徐本均训作"啮也",而《说文》"啮"训"噬也"。《释名·释饮食》曰:"鸟曰啄,兽曰啮。"显然,从意义范畴上讲,"啮"比"狠"更广。"狠"字从豕,训作"豕啮也"则显得形义统一。需要注意的是,《说文》对"臼""狠"的训释方式为义界,可表述为"主训词+义值差"的格式。(王宁1988)"臼"字条训释语中所补的"臼"为主训词,而"狠"字条训释语中所补的"豕"为义值差。此为二者的不同之处。

类似的例子又见于"坚、胱、划、精、絜、觑、瞽、擎、猭"等字的注解中。

### 4.1.2 补结构说解语以明构件功能

汉字的组构成分,即构件,是有功能的。构件的功能主要有表形功能、表意功能、示音功能和标示功能。(王宁 2015:106-121)《说文》结构分析通常有一些程序化的表达格式,这些表达格式有的隐含了对构件功能的揭示,比如"从某从某"意味两个构件具有表义功能,"从某某声"的"声"字即标明该构件具有示音功能。段玉裁常利用汉字形音义之间的关系,对字的构件功能做出判断,并对结构分析说解语予以校补。如：

> （40）第三卷·十部：协，材十人也。从十力，（十人之材也。）力亦声。（"力亦"二字今补。）

> （41）第三卷·言部：諰，思之意。从言思。（会意。）思亦声。（思亦二字今补。胥里切。一部。）

> （42）第八卷·舟部：舢，船行不安也。从舟，舢省声。（声字旧夺，今补。）读若兀。（五忽切，十五部。《广韵》曰："俗作舡。"）

> （43）第十四卷·斤部：釿，剂断也。从斤，金声。（声字今补。古音在七部。大徐宜引切。）

按，大小徐本"协"字结构分析为"从十力声"，"力"为示音功能；段玉裁认为当作"从十力，力亦声"，可见段玉裁认为"力"除了具有示音功能，还具有表意功能。"諰"字情形亦同。"舢"字大徐本结构分析为"从舟，从舢省"，小徐本作"从舟舢省"，暗示"舢"在参构"舢"时具有表义功能；而段玉裁则认为"舢"仅具有示音功能。"釿"字情形亦同。总而言之，段玉裁是基于对整字的形音义与构件本身的形音义之间关系的分析而做出的判断。

## 4.2 依据体例

体例是一书内容及作者意旨的体现。《说文》作者并未过多地表明其撰述体例，颜之推称其书"隐括有条例"。历来已有不少学者勤于搜求和探讨《说文》体例，有不少相关论著问世。段玉裁《说文解字注》对《说文》体例也多有揭示。体例在段玉裁心目中有着非常重要的地位，他是将体例当作"律（rule）"来使用的。[①] 因此，段氏常常依据这种

---

① 冯胜利编著《段王学术与乾嘉"理必"的科学思想》之第三章《〈段注〉中的演绎推理方法》（未刊稿）云："段玉裁《说文解字注》同样非常重视对许书体例的发明，不仅如此，他视《说文》'体例'为'律'——将体例作为起点或依据来进行演绎推理，以达到考据、校勘之目的。"

"律"对《说文》进行一些校补工作。本文所关注的"今补"当中,就有一些是依据"体例"所补的。本文第 3.5 小节"体例用语"已略举几例与"今补"相关的一些体例,除此之外,还表现在转注、训释语须以"也"字煞尾、连绵词训释、说解语、三字句等几个大的方面。

### 4.2.1 转注

段玉裁发明转注条例云"转注者,互训也"[1],又"异字同义谓之转注"[2]。简言之,段氏所谓转注即互训,可用如下公式表示:

$$X, Y \text{ 也} 。$$
$$Y, X \text{ 也} 。$$

以上公式反映了单字为训的直训式互训。有时,义界的训释方式也能够构成互训,即被释字与主训字[3]互换位置。段玉裁也将这种情形称作"转注"。无论是单字直训方式形成的转注,还是以义界的方式形成的转注,凡是符合转注这一体例者,均可据以校补。如:

> (44)第一卷・艸部:蔡,艸丯也。(丯,读若介。丯字本无,今补。四篇曰:"丯,艸蔡也。"此曰:"蔡,艸丯也",是为转注。艸生之散乱也。丯、蔡叠韵,犹茡藘。此无丯字,则蔡当为艸名,不厕此处矣。)从艸,祭声。

按,大小徐本"蔡"均训作"艸也"。段玉裁认为"蔡"与"丯"为转注关系,而"丯"训"艸蔡也",依例,"蔡"当训"艸丯也",即:蔡,艸丯也;丯,艸蔡也。

### 4.2.2 训释语以"也"字煞尾

被训释字与训释语可以用公式表达为:$X, Y$ 也。在段玉裁看来,

---

① 见《说文解字注》卷一"二"字注。
② 见《说文解字注》卷四"雒"字注。
③ 主训字指训释语中记录主训词的那个字。

训释语必以"也"煞尾,故而常常会补出"也"字,如:

(45)第一卷·艸部:葛,艸也。(也字各本无,今补。)

(46)第十一卷·水部:澶,澶渊水也。(也字今补。)

类似的情形又见于"牢、幰、佣、犿、戈、阜、离"等字的注解下。

### 4.2.3 联绵词训释体例

众所周知,联绵词是不能拆分开解释的,即段玉裁所谓的"绵连字不可分释"[①]、"二字不分析"[②]。又他在"瑜"字注云"凡合二字成文,如瑾瑜、玫瑰之类,其义既举于上字,则下字例不复举,俗本多乱之"。又"狻"字下注云"全书之例如此,凡合二字成文者,其义详于上字。同部异部皆然"。虽然连绵词不可分释,而《说文》的体例却是以单音节字作为被训释项。如此一来,在《说文》的编排上则不得不把二者分为两条来训释,于是便有了"不可分释"这样一种体例。假设某双音节连绵词,A、B分别为记录这个连绵词的两个字。我们可用如下公式表示:

$$A, AB, C 也。$$
$$B, AB 也。$$

即A、B分为两条训释,其后紧接该连绵词AB,次接该连绵词之释义C;释义已见于上字,则下字中不复现。段玉裁利用这一体例,做了大量的校补工作。兹略举几例:

(47)第十三卷·虫部:蟜,蟜蟥,蚨也。(蚨字今补,此转注之例也。)从虫,矞声。

(48)第六卷·禾部:稹,稹稬,(二字各本无,今补。)多小意而止也。

(49)第十卷·夫部:规,规巨,有法度也。(各本无"规巨"二字,今补。于此说规矩二字之义,故工部巨下但云"规巨也"。此许全书之通例也。)

---

① 见《说文解字注》卷十三"姝"字注。
② 见《说文解字注》卷八"舳""舮"字注。

按,例(47)言"转注之例",是指"蠵蟥"与"蚈"为转注关系,即互训。今本《说文》"蚈"正训作"蠵蟥"。"蠵蟥"二字不可分释,按照体例,《说文》"蠵"字下应有该联绵词的释义,即"蚈也"。例(48)"稴稵"为联绵词,按照体例,"稴"字的训释语中应出现该联绵词。段玉裁在"稵"字注中云:"上篆下释稴稵之义,此只云'稴稵也',全书之例如此。"例(49)"规"的情形同"稴",段氏明确指出"此许全书之通例也"。

### 4.2.4　说解语体例

前文已指出,《说文》的说解语实际上包含两部分内容:一是结构分析,即标明正篆由哪几个构件组成。二是构形理据,即指出某字从某构件之缘由。前者是不可缺少的,后者是可选的。按照体例,在结构分析时,必定明确指出某字的构件是什么。而今本《说文》某些篆文的结构分析中存在构件遗失的情况。针对此类现象,段玉裁作注时则予以补充,如:

(50) 第三卷・又部:叉,手指相错也。从又一,(此字今补。象指闲有物也。)象叉之形。

(51) 第五卷・亼部:舍,市居曰舍。从亼中口。(中口二字今补。)中,象屋也。(象屋上见之状。说从中之意。)口,象筑也。(口音围。说从口之意。)

(52) 第六卷・桼部:桼,木汁,可以鬃物。从木。(各本无,今补。《韵会》作"象木形",亦误。)象形。(谓左右各三皆象汁自木出之形也。)

按,例(50)"叉"字小篆作"弖",大徐本说解语为"从又,象叉之形"。很明显"弖"由"又"和"一"两部分组成,《说文》的结构分析只提到了"又",而忽略了"一",故段氏补之。例(51)"舍"字篆文作"舍",大徐本说解语为"从亼中象屋也。口象筑也。"可以有两种句读方式:A."从亼中,象屋也;口象筑也。"B."从亼,中象屋也;口象筑也。"汤可敬(1997：703)取前一种句读。"舍"由"𠆢""中""囗"三个构件组成，A、B两式均不可取，因为 A 中结构分析提到了"从𠆢中"，而未及"囗"，B 中结构分析只提到了"从𠆢"而忽略了"中""囗"。例(52)"㲻"字篆文作"𣽎"，说解语作"象形。㲻如水滴而下"，这一句应该是对应字形中的六个小点来说的。"㲻"训"木汁"，据义溯形可知其当从"木"，去掉六个小点剩下的部分正是篆文"木"。即"㲻"含有"木"这个构件，而《说文》的结构分析中未能体现出来，故而段氏补"从木"二字。

此外，段玉裁认为，在构形理据说解中，当许慎对某一构件在整字中的理据予以说解时，必定重复称举该构件。若未重复称举，则当补，如：

> (53)第六卷·林部：麓，丰也。从林奭。奭，(此字今补。)或说规模字。
> (或说奭是规模之模字也。或之者，疑之也。故木部模下不录。)从
> 大卌，(谓奭从大卌会意也。)卌，(此字今补。)数之积也。林者，木
> 之多也。麓与庶同意。

按，大徐本《说文·林部》："麓，丰也。从林奭。或说规模字。从大卌，数之积也；林者，木之多也。"从结构上来看，"𣏟"由"林"和"奭"两个构件构成，《说文》说解语"从林奭"已指明。"从大卌"三字显然是对"奭"的构形分析，若"从大卌"不补"奭"字则显得缺少说解的对象。"数之积也"是对"奭"从"卌"之理据的说明，而非对"从大卌"的说明，照例应补"卌"字。

### 4.2.5 三字句

"三字句"是段玉裁所揭示的《说文》的一个体例。据宋铁全(2009)研究，《说文解字注》所言"三字句"包含三种类型：一是段氏在训释语下径直注明"三字句""三字一句"等；二是在训释语中补一字而

成三字句;三是改训释语中的某字,使之与被释字相同。本节所论即第二种情形,如:

> (54) 第四卷·鸟部:鶏,鶏鸟也。(各本鸛、鶒、鶏等字皆删,今补。三字句。疑即释鸟之鶴头。)从鸟,芺声。
>
> (55) 第十卷·鹿部:鹿,鹿兽也。(鹿字今补。三字句。)
>
> (56) 第十三卷·虫部:蛊,蛊虫也。(蛊字今补,此三字句,谓有虫名蛊也。)

"三字句"有一个明显的特点即训释语首字与被释字相同。从以上所引材料来看,补出的均为训释语的第一个字,与被释字相同。类似的情形又见于"柘""褖""髦""猂""崆""羰""𥫱""翻""紾""毂"等字。

## 4.3　依据文献

"今补"揭示的是今本《说文》所无而段玉裁认为理应补出的内容。在依据文献补充时,所依据的文献大体上可分为两类:一是与《说文》密切相关的,即他种文献所称引的《说文》内容;二是他种文献,包括经典文献及经学家的注释等。

### 4.3.1　依据《说文》内证

> (57) 第十卷·心部:愚,戆也。从心禺。禺,母猴属。(母字旧夺,今补。许书夔下、为下、玃下皆曰"母猴",即沐猴、弥猴一语之转,而由部禺下曰"母猴属",此即用彼语,浅人删"母",非也。)
>
> (58) 第十三卷·蚰部:蠿,蠿蟊,作网蟰蟊也。从蚰,㒲声。㒲,古文绝字。(文,各本夺,今补。见乡部。)

按,例(57)大小徐本"禺"皆训作"母猴属",这是以《说文》本身所载为证。例(58)大小徐本在"蠿"之重文"㒲"下均作"古绝字"。而《说文·乡部》"绝"字下有"㒲,古文绝"四字。此外,《说文·斤部》"斲"

下亦有该四字。需要补充的是,从体例的角度来说,段氏认为《说文》言"古文"而不言"古某字",如《说文·蚰部》"蟲"下有"叉,古爪字"语,段注云:"此四字妄人所沾,不言古文而言古某字,许无此例。"从用语准确性的角度来说,"古文某"与"古某字"含义不同,前者侧重于形体流变的线索,而后者侧重于不同时期记录同一个词时的用字替换。段氏据以补"文"字,也反映了其严谨之至。

### 4.3.2 依据他种文献所引《说文》

（59）第六卷·木部:榦,筑墙端木也。一曰,本也。（四字今补。《文选·魏都赋》注、卢谌《赠刘琨诗》注,皆引《说文》"榦,本也"。）

（60）第十一卷·水部:池,陂也。从水,也声。（此篆及解各本无,今补。按,徐铉等曰:"池沼之池,通用江沱字,今别作池,非是。"学者以为确不可易矣。考《初学记》引《说文》:"池者,陂也。从水,也声。"

按,例（59）中,胡刻宋本《文选·魏都赋》作"本枝别榦干",李善注引《说文》作"榦,本也";文渊阁本《文选·魏都赋》作"榦",而注文中却作"幹"。文渊阁本《文选·赠刘琨并书》"禀泽洪榦",李善注引《说文》:"榦,本也。"而胡刻宋本《文选·赠刘琨并书》及李善注并作"幹"。事实上,《说文》有"榦"无"幹"。《文选》注引《说文》是否可靠是一个值得深究的问题,但无论如何段玉裁补出"一曰本也"四字确是依据了《文选》注所引《说文》。例（60）之"池"字《说文》本无,段氏据《初学记》所引《说文》而补。

类似的情形又见于"玼""斳""姎""蝣""垠"等字的注中。

### 4.3.3 依据他种文献

（61）第一卷·艸部:薞,莍也。从艸,乱声。八月薞为雚,葭为苇。（各本脱"雚葭为"三字,今补正。……《豳》诗:"八月雚苇。"传云:"薞

为蘿，蕛为蕛。"谓至是月，而蘬秀为蘿，蕛秀为蕛矣。许正用
毛语。）

（62）第九卷·舄部：舄，如野牛，青色，其皮坚厚可制铠。（"青色"，各
本作"而青"，"其皮坚厚可制铠"，各本无此七字，今补。《论语·
季氏》疏、《尔雅·释兽》疏、《诗·何草不黄》正义、《春秋左传·宣
二年》正义皆有此七字，皆作青色，或作青毛。）

按，例（61）据《诗》毛传而补，例（62）"舄"即"兕"。《论语·季氏》"虎
兕出于柙"，邢昺疏引《说文》云："兕，如野牛，青色，其皮坚厚可制铠。"
《左传·宣公二年》"犀兕尚多"、《尔雅·释兽》"兕，似牛"，孔颖达与
邢昺疏引《说文》均作："兕，如野牛，青毛，其皮坚厚可制铠。"《诗·何
草不黄》"匪兕匪虎"，孔疏云："许慎云：兕，野牛，其皮坚厚可为铠。"
引文大同小异。

类似的情形又见于"藻""砦""坚""瀔""州""闻""埭"等字下
注解。

有时段玉裁会将上述两种文献证据汇集在一起，使补充更加有据
可依，如：

（63）第二卷·齿部：齗，齿本肉也。（各本无"肉"，《玄应》两引作"齿肉
也"。《篇》《韵》皆作"齿根肉也"，今补。）

按，玄应《一切经音义》（海山仙馆丛书）卷一"齗齘"条和卷九"齗齿"
条下均有"《说文》齿肉也"，此即段玉裁所云"玄应两引"。又《玉篇·
齿部》和《广韵·上平声·欣韵》收有"齗"，训作"齿根肉"。

## 4.4　理性认识

但凡补充，一般是段玉裁理性思考后所做出的判断。上文提到的
文献方面的依据、一部分体例方面的依据，是段玉裁注文直接告诉我们
的；语言文字学原理以及另一部分体例方面的依据则是我们从其表述

总结归纳出来的。然而,有的"今补"条目前后文却没有类似指出依据的表述,这更能体现段玉裁理性思考的一面,也是体现其学识的地方。

　　未补之前往往"不可读",或难以知晓其义,段玉裁补出字句使得文意更加明白晓畅,增强了可读性。此种情形大多是出于释义表述的准确性、文句表达的清晰性,抑或是基于客观情理的一种理性认识所做出的判断。不管是哪种情况,都反映出了段玉裁"理性"的一面。

### 4.4.1　使释义更加准确

　　(64) 第十卷·心部:态,意态也。(各本作"意也",少一字,今补。)

　　(65) 第十二卷·弓部:弛,弓解弦也。(弦字各本无,今补。)

　　(66) 第十三卷·土部:墓,丘墓也。(墓字今补。)

　　(67) 第十三卷·纟部:縗,丧服衣。(丧字各本无,今补。)

　　(68) 第十四卷·斗部:升,十合也。从斗,象形。合龠为合,龠容千二百黍。(十字各本无,今补。不补,则五量惟升、斗、斛见于本书,且失其相絫之数矣。)

按,例(64)"态"字大小徐本皆训作"意也",而"意"训作"志也"。"意"乃心之所识。显然,"意"与"态"的义值并不对应("意也"并不能准确反映"态"的词义内涵)。段玉裁补作"意态",在训释语中重复了被释字,虽然此举并不科学,但在一定程度上有助于了解"态"的词义特点。再如例(67),"縗"字大小徐本训作"服衣","服衣"在字面上可理解为"穿衣",如此则与"縗"的义值相去甚远。段玉裁对"縗"的词义内涵有着准确的认识,补一"丧"字使得释义更加准确。例(65)、例(66)的情形也类似。例(68)"升"的情况较为复杂,大徐本训"十龠也",小徐本作"十龠也",[1]段玉裁首先是改训释语为"十合也";其次补"合龠为合,龠容千二百黍"十字,并自陈补充该十字的理由。这一

---

① (南唐)徐锴《说文解字系传》,新安汪氏藏版,卷第二十七。

补充或有篡改许书之嫌,但也不无功劳,至少对我们了解"合""龠""升"的词义具有一定帮助。

### 4.4.2　使文句表达更清晰

(69) 第十卷·兔部:兔,兔兽也。(各本作"兽名",今正。三字句。)象兔踞,(兔字今补。踞俗字也,当作居。)后其尾形。(其字象兔之蹲,后露其尾之形也。汤故切,五部。俗作"菟"。)兔头与龟头同。凡兔之属皆从兔。

(70) 第十卷·犬部:戾,曲也。从犬出户下。犬出户下为戾者,身曲戾也。(各本少"犬出户下为"五字,今补正。户下犹户阈。户之下必有阈,阈高,则犬出必曲身;又或户阔,犬挤出亦必偏曲其身。此说戾字会意本义。段借用广,而本义废矣。)

按,例(69)大小徐本"兔"字构形分析云"象踞,后其尾形",段玉裁改为"象兔踞",不补"兔"字则显得文意不完整。例(70)"戾"下之说解语作"从犬出户下。戾者,身曲戾也",这句话可分作两部分解:"从犬出户下"为结构分析,"戾者,身曲戾也"应为构形理据的说解。前者告诉我们"戾"字由"犬"和"户"两个构件组成,后者则表明从"犬"和"户"的缘由。"戾者,身曲戾也"在句式上属于判断句,相当于"身曲戾"是对"戾"的解释说明,而"身曲戾"并不是"戾"的词义。"戾者,身曲戾也"在表达上并没有很好地反映"戾"从"犬"和"户"的理据,段玉裁补为"犬出户下为戾者,身曲戾也",使得表达更为清晰。

### 4.4.3　基于体认

(71) 第九卷·象部:象,南越大兽。(兽之冣大者,而出南越。)长鼻牙,(有长鼻长牙。以上七字,依《韵会》所据小徐本。)三年一乳。象耳牙四足尾之形。(象当作"像"。耳牙疑当作"鼻耳",尾字各本无,今补。)

按,篆文作"",大徐本字形分析云"象耳牙四足之形",而段玉裁加了一个"尾"字,应是出于对字形观察认知所做出的一种理性判断;同时也反映了"一点一画皆有意焉"。

为便于行文,上文分述了段玉裁补字的依据。事实上,是否需要补字、哪部分需要补字、补什么字通常需要深思熟虑、综合考虑,如此才能增加说服力。本节略举两例分析之。

（72）第四卷·肉部:臂,膏肥皃。从肉,学省声。(此篆旧无,今补。按,腊、臂二篆,蓋古本皆无,或增腊而失其解,则不若併增臂也。)

（73）第十卷·马部:驴,驴兽,(二字今补。)似马长耳。从马,卢声。

按,例(72),《说文》本无"臂"篆。"腊"字大小徐本均训作"觷也",段玉裁注云:"觷,各本讹'觷',说者以《释器》'角谓之觷'释之,误甚。角部本无觷字。此上下文皆言脂膏,治角之义无从阑入也。"《说文·角部》:"觷,治角也。从角,学省声。""腊"训"觷",形义不统一,这是段玉裁改训作"觷也"之缘由。若"腊"训"觷",而《说文》无"觷",对理解"腊"和"觷"的词义都有障碍。这是其补收"觷"的初衷。然而,收了"觷",就得给出其训释语。"觷"训作何?段玉裁在"腊"字下注引了《玉篇》《广韵》,可知"腊"和"觷"构成互训;又从列字次第上来说,"此上下文皆言脂膏",综合考虑之后,将"觷"训作"膏肥皃"。例(73)"驴"字大小徐均训作"似马,长耳"。段玉裁补"驴兽"二字,是出于对词义的理性认识,也是遵循体例。说是理性认识,是因为若不补"驴兽"二字,似嫌释义不到位、不准确。说是体例,是因为《说文》中有一些字的训释采用了以"似"为标记的比喻式训释方式,[1]可用公式概括为:X,(Y),似 M。X 为被训释语,Y 是对 X 词义的表述,M 则是借助于喻词"似"对被训释语的进一步补充说明。如:

---

[1] 比喻式训释方式中所使用的喻词除了"似",还有"如""象"等。

《说文·玉部》：琅，琅玕，似珠者。从玉，良声。

《说文·鸟部》：鸧，鸟，似鹞而青，出羌中。从鸟，介声。

《说文·豸部》：貘，似熊而黄黑色，出蜀中。从豸，莫声。

《说文·糸部》：纂，似组而赤。从糸，算声。

可见，在有的训条中，Y部分并不出现。从这个角度来说，"驴"字下不补"驴兽"二字似也符合体例。而据统计，在喻词为"似"的比喻式训释条目中，Y部分出现的占大多数。受这种绝对优势体例的影响，段玉裁选择了补出"驴兽"二字，既遵守了体例，又使得训释更加完整。

## 五、"今补"所反映的科学方法

通过上文分析，我们知道"今补"所涉及的内容十分多样，也有着不同的依据。透过"今补"可以看到段玉裁的理性思考。冯胜利（2015）指出乾嘉小学的科学属性体现在"理必"思想。这种理性思考背后是科学方法的支撑。在《说文解字注》当中，"必""当"等用语是体现"理必"思想的标志性术语；而"必""当"背后也蕴藏着逻辑推断的科学方法——归纳与演绎。"今补"条目中有时也言及"必""当"，如段玉裁于"隹部"增补篆文"鯕"时云"必当有此篆"，又"畷"下"所以知必有'百'者"云云。本节则结合"理必"与科学方法两个层面来探讨段玉裁"今补"所反映的科学方法。

### 5.1  归纳推理法

归纳法是通过排比个别现象、例证从而得出一般性结论的推理方法。是一种最基本的逻辑方法。"今补"条目中，有时段玉裁补字即使用了归纳的方法，如前文所举"斱"的训释语中补"肉"之例即是。兹更举两例。

（74）第十二卷·门部：闾，闾阖，（二字今补。《离骚》《大人赋》《淮南子》《西京赋》《灵光殿赋》《大象赋》皆云"闾阖"，王逸、高诱、薛综、韦昭、李善注皆曰："闾阖，天门也。"八风，西方曰闾阖风。）天门也。从门，昌声。（尺量切，十部。）楚人名门皆曰闾阖。（皆字依《韵会》补。）

按，《说文·门部》"闾"径训作"天门也"，而段注改为"闾，闾阖，天门也"，补"闾阖"二字。段氏举了若干篇名，言"皆云""皆曰"表明其归纳了若干文献。为便于直观理解，现列举文献原文如下：

ⅰ.《离骚经》"倚闾阖而望予"，王逸："闾阖，天门也。"

ⅱ.司马相如《大人赋》："排闾阖而入帝宫兮，载玉女而与之归。"

ⅲ.《淮南子·原道训》"经纪山川蹈腾昆仑。排闾阖，沦天门"，高诱注："闾阖，始升天之门也。"

ⅳ.《文选·西京赋》"正紫宫于未央，表峣阙于闾阖"，薛综注："天有紫微宫，王者象之。紫微宫门名曰闾阖。"

ⅴ.《鲁灵光殿赋》"高门拟于闾阖，方二轨而并入"，李善注："闾阖，天门也。王者因以为门。"

ⅵ.张衡《周天大象赋》："环藩卫以曲列，俨闾阖之洞开。"

ⅶ.《史记·司马相如列传》"排闾阖而入帝宫兮"，韦昭云："闾阖，天门也。"

段氏胪举诸多文献，即归纳带有"闾阖"二字的文句和注释，其目的是想说明"闾阖"一词在文献中宜作为整体来理解，且其义为"天门也"。当然，段玉裁很清晰地知道"闾"不等于"闾阖"，"闾"不得训为"天门也"，于是补"闾阖"二字。

（75）第十三卷·纟部：縿，旌旗之游所属也。（各本失"所属"二字，今补。巛部曰："游，旌旗之流也。"《周礼·巾车》注云："正幅为縿，游则属焉。"正义曰："正幅为縿，《尔雅》文。"又《觐礼》正义："《尔雅》说旌旗正幅为縿。"唐后《尔雅》夺"正幅为縿"四字，邢疏不能考补。緣是旌旗之体，游则属焉，故孙炎注曰："为旒于緣。"郭璞曰："緣，众旒所箸。"戴先生曰："游，箸緣垂者也，交龙鸟隼之属，皆画于緣。"《尔雅》曰："纁帛緣。"郑本之，曰：九旗之帛皆用绛，上有弧以张緣之幅。见《觐礼》《明堂位》《考工记》。下以人维之，《周礼·节服氏》"六人维王之太常"，《尔雅》"维以缕"是也。所以太常必维之者，正恐其游长曳地。《毛诗》"素丝纰之"，大夫旌旗之游亦维持之也。游属于緣，而统于緣，然斿部游下不云旌旗之緣也，则知緣下斷不云旌旗之游。理合析言，不得浑言矣。）从糸，参声。

按，大徐本"緣"字训作"旌旗之斿也"，小徐本"斿"作"游"。段氏补"所属"二字作"旌旗之游所属也"。有无"所属"二字，词义的所指是不同的。按大小徐的理解，指称旗帜的垂饰；按照段玉裁的理解，指称联属旗帜的垂饰的部分，也就是正幅。段玉裁的论证首先是归纳相关词语在文献中的实际用例，即：

ⅰ. 斿部曰："游，旌旗之流也。"

ⅱ. 《周礼·巾车》注云："正幅为緣，游则属焉。"正义曰："正幅为緣，《尔雅》文。"

ⅲ. 又《觐礼》正义："《尔雅》说旌旗正幅为緣。"

ⅳ. 孙炎注曰："为旒于緣。"

ⅴ. 郭璞曰："緣，众旒所箸。"

ⅵ. 戴先生曰："游，箸緣垂者也，交龙鸟隼之属，皆画于緣。"

段氏先是通过归纳实际用例，总结得出结论"緣是旌旗之体，游则属焉"，后又验之于文献例证，并援引师说以申之。

## 5.2 类比推理法

类比推理即从个别到个别的推理方法。段玉裁时常使用同类事物的某些属性的类比，来得出结论认为某该类事物也具有某种属性。

（76）第十四卷·金部：钟，乐钟也。（当作金乐也。）秋分之音，万物穜成,故谓之钟。("万、故谓之钟"五字,今补。犹鼓者"春分之音,万物郭皮甲而出,故谓之鼓";笙者"正月之音,物生,故谓之笙";管者"十二月之音,物开地牙,故谓之管"也。钟与穜叠韵。)从金,童声。

按,《说文·金部》"钟"训作"乐钟也。秋分之音,物穜成"[①],段氏何以补"故谓之钟"四字? 其推理过程可分析如下:

《说文·鼓部》:鼓,郭也。<u>春分之音</u>,万物郭皮甲而出,<u>故谓之鼓</u>。

《说文·竹部》:笙,十三簧。象凤之身也。笙,<u>正月之音</u>。物生,<u>故谓之笙</u>。大者谓之巢,小者谓之和。从竹,生声。

《说文·竹部》:管,如篪,六孔。<u>十二月之音</u>。物开地牙,<u>故谓之管</u>。从竹,官声。

A. 鼓、笙、管均属乐器;

B. $\begin{cases} 鼓——春分之音 \\ 笙——正月之音 \\ 管——十二月之音 \end{cases}$

C. $\begin{cases} 鼓——郭——故谓之鼓 \\ 笙——生——故谓之笙 \\ 管——开[②]——故谓之管 \end{cases}$

且a. 钟属于乐器;

  b. 钟——秋分之音;

  c. 钟——穜——?

结论:《说文》"钟"下当有"故谓之钟"四字。

## 5.3 演绎推理法

演绎推理是从一般性前提出发推论出特称性结论的方法。段玉裁根据语言文字学自身的规律以及体例来做的校补工作,大多数属于演

---

① 小徐本"音"下多一"也"字。
② 胡敕瑞(2013)以为此"开"当为"关"字之误,论之甚详。

绎的。

（77）第十四卷·酉部：医，治病工也。从殹，从酉。（四字各本无，今补。许书之例，必先举篆之从某从某，或从某某声，而下又释其从某之故，往往云"故从某"者是也。盖人所不憭者，则释之。）

按，《说文·酉部》："医，治病工也。殹，恶姿也；医之性然，得酒而使，从酉。王育说。一曰殹，病声。酒所以治病也。《周礼》有医酒。古者巫彭初作医。"前文已论及，《说文》每个训条中"被训释字—训释语—说解语"三部分不可或缺。根据"《说文》每篆下必有构形说解"这一前提演绎开来，则"医"下当有构形说解语。根据体例，仅能得出"医"下当有构形说解语，而构形说解语如何表述，则需利用该字的形音义及其构件的形音义之间的关系做出判断。幸而《说文》"殹，恶姿也"和"医之性然，得酒而使，从酉"两句暗含两点信息：第一，"医"由"殹"和"酉"两个构件组成；第二，指明了"殹"和"酉"的构形理据，即知"医"字从殹从酉会意。

（78）第四卷·叀部：叀，小谨也。（各本小上有"专"字，此复举字未删，又误加寸也。）从幺省，（小意。）从屮。（二字今补。）屮，财见也。（亦小意。）田，象谨形。（四字各本无，今补。盖李阳冰为墨斗之说而有所删也。上从屮，下从幺省，中象颛颛谨皃。）屮亦声。

按，《说文·叀部》："𤔲（叀），小谨也。从幺省；屮，财见也；屮亦声。""𤔲"在构形上可拆分为"屮""幺""田"三个部分，依照《说文》的构形说解体例，必然要明确指明某字是由哪几个部件组成的。而在"𤔲"下只明确点出了"从幺省"，而"屮""田"没了着落。因此，段玉裁补"从屮"是为了明确揭示出"𤔲"有一个构件是"屮"；补"田象谨形"是为了明确"田"的构形理据。《说文》本身提到了"屮"，但"田"这部分显然是遗漏了。不仅如此，《说文》提到了"屮"，说"屮，财见也；屮亦声"，按理来说读者从其表述中不难察觉到"𤔲"这个字中有"屮"这个构件,但是段玉裁还是加了"从中"二字,这不仅反映了段氏对体例把握之严谨,更突出说明他对构形分析中"从"的使用有清晰的认识。什么情况下用"从",什么情况下不用,他自有衡量标准。

## 5.4 综合运用法

归纳与演绎虽是两种不同的逻辑推理方法,但二者又是密切相关的。归纳得出的一般性结论往往可以作为演绎的前提。以下例子很好地展示了段玉裁归纳与演绎综合运用的情况。

(79)第十卷·黑部:黑,北方色也。(四字各本无。依青赤白三部下云"东方色""南方色""西方色",黄下亦云"地之色",则当有此四字明矣。今补。)火所熏之色也。从炎上出囮。

【第一步:归纳】

青,东方色也——木;

赤,南方色也——火;

白,西方色也——金;

黄,地之色也——土。

结论:盖《说文》对"五色"之训释遵循五色、五方与五行相配原则。

【第二步:演绎】

大前提:《说文》对"五色"之训释遵循五色、五方与五行相配原则;

小前提:黑为五色之一,黑于五行属水;

结论:黑为北方色。

按,青、赤、白、黄下《说文》并没有说它们与五行有关系。按理来说,归纳得不出五色五方与五行的关系,顶多说明那四色与东南西有关系。第二,青、赤、白分别与方位对应,而"黄"却与"地"对应。可见对应并不严格。而"黄"与"地"的对应提示我们要将五行考虑进来。因为

"地"对应着五行中的"土"。五行与五方的对应在古代文化中常见,在段玉裁来看应该是把他当作常识来应用的。"土"对应着方位的"中"。于是得出结论"黄"这种颜色对应的方位是"中"。又"黑"于五行属"水"。即:

青——东——木
赤——南——火
白——西——金
黄——中——土
黑——? ——水

如果没有五行的参与,我们仅仅知道青、赤、白分别对应东、南、西,不仅无法得知黄对应中,更无法推知黑对应北。因为即使我们认定"黑"一定对应着一个方位,而五方中除了东、南、西,还有北和中,那"黑"对应的方位究竟是什么? 是中还是北? 然而,因为已知五色的名称为青、赤、白、黄、黑,又五行与五方的对应关系是已知的,水对应着北,显然,黑只能对应方位北。当然,推论是否成立,有赖于五色、五方、五行之间的对应关系是否如此,因此,段玉裁说"当有此四字"。

需要说明的是,段玉裁依据某一体例演绎而得出的结论是否符合语言文字学事实是一回事,段玉裁在全书中是否严格遵守了这种体例又是另一回事。无论如何,他所使用的方法如上所示,是演绎的。揭示其科学方法正是本文的研究目的之一。

## 六、结语

通过对"今补"条目的研究,我们不仅能够挖掘段玉裁的科学思想、科学方法,还能够从中提炼出有理论价值的语言文字学观点,以及总结段氏心目中关于《说文》体例的一些条例。关于体例的条例,在段注中显得非常重要,我们时常能够看到他以某一体例作为起点去推演而得出结论。至于推演所得出的结论是否符合许慎原意、是否符合语言文字学本身的规律,以及段玉裁在其书中是否严格遵守了他所谓的体例,但我们可以看到他背后的思维模式却是演绎科学——即所谓"综刑名,任裁断"①。

以"今补"这一用语为线索,可以寻绎段玉裁在注解《说文解字》过程中所做的一些补充修正工作;然而,在整部《说文解字注》当中,尚有一些补充内容是没有明显的标志性用语的,或使用了其他的相关用语,如"今据……补""今依……补"等。需要说明的是,有的地方段氏在同类字的其中一个字下言"今补",而不见于其他字下,如"鹪""鷯"《说文》训为"鸟也",而段氏在"鸟也"之前分别补了"鹪""鷯"字,却未明言,原因在于他已在"鸡"字下说了"各本鹪、鷯、鸡等字皆删,今补。三字句",参互可知,故不赘言也。也有的未使用任何标志语,如:《说文·木部》"楂"训作"果似棃而酢",而段氏补作"果佀棃而酢"。这一部分材料同样值得关注。另外,在"今补"所涉及的内容中有一些较为特殊的现象,如段玉裁在某些字的训释语中补出"所以""者"等功能词语,这不仅反映了他对词义特点精审的认识,也在一定程度上体现了他对古汉语词性的深刻认识。

**参考文献**

段玉裁[清] 1988《说文解字注》(影印本),上海:上海古籍出版社。

段玉裁[清],许惟贤整理 2015《说文解字注》,南京:凤凰出版社。

冯胜利(待刊)《段王学术与乾嘉"理必"的科学思想》。

冯胜利 2015《乾嘉"理必"与语言研究的科学属性》//《中文学术前沿》编辑委员会编《中文学术前沿》第 2 辑,杭州:浙江大学出版社。

---

① 冯胜利(2015)指出"综刑名,任裁断"反映了清代乾嘉学术"有非常强大的逻辑底蕴和功力"。

胡敕瑞 2013 《"物开地牙"订辩》,《历史语言学研究》,第 6 期。

蒋冀骋 1992 《〈说文段注〉改篆简论》,《古汉语研究》第 2 期。

李国英 2019 《〈说文解字〉研究四题》,北京:中国大百科全书出版社。

宋铁全 2009 《〈说文解字注〉"三字句"研究》,《江汉大学学报》第 3 期。

汤可敬 1997 《说文解字今释》,长沙:岳麓书院。

万献初 2014 《〈说文〉学导论》,武汉:武汉大学出版社。

王　宁 1988 《论词义训释》,《辞书研究》第 1 期。

王　宁 2015 《汉字构形学导论》,北京:商务印书馆。

王培林编注 2013 《说文检字》,南京:凤凰出版社。

许　慎[汉]撰,徐铉校订[宋] 1963 《说文解字》(影印本),北京:中华书局。

许　慎[汉]撰,徐锴校订[宋] 1978 《说文解字系传》(影印本),北京:中华书局。

（朱生玉　天津大学语言科学研究中心）

# 段玉裁《二名不徧讳说》中的理必语法*

## 刘丽媛　刘　璐　冯胜利

**摘　要**　段玉裁和顾千里在《礼记·曲礼》"二名不偏讳"中是"偏"还是"徧(遍)"的问题上创造了有清一代学术史上的一大公案,显示出皖派"理必"和吴派"存古"之间的巨大分歧。文章即据段、顾"二名不偏/徧讳"之争,考察段氏在"理必思想"指导下进行的语法分析(故曰"理必语法")以及顾氏在"存古思想"驱使下从事的语法分析(故曰"存古语法")。二者因语法分析目的之不同(用语言文字组构规则之法证明古籍用词之异 VS. 用存古思想保有版本之原貌),其训释方式、方法和结论亦判然有别:段氏之理必语法极具科学属性及跨时代学术特色;而顾氏之存古语法则反映出他的古本意识及其保存古代文化的求实精神。

**关键词**　段玉裁　顾千里　语法　理必　求实

## 一、引言

对于《礼记·曲礼》中是"二名不偏讳",还是"二名不徧(≈遍)讳",聚讼纷纭。其中值得讨论的是,清代名家段玉裁与顾千里对"偏/徧"持完全相反的观点,但却能得出符合避讳事实的相同结果,这一论辩成为当时乃至当今学术界的一大公案。

---

\*　原文曾发表于《民俗典籍文字研究》2019 年第 2 期,据以收入时略有修改。

摆脱孰是孰非的泥淖，将当代语言学、传统语文学、校勘学结合起来，我们可以透视出段、顾所为，并非单纯的"一词之争"，而是二人背后所遵尚的"学理之辩"：是"综刑名、任裁断"，还是"陈古训、存古本"。

根据我们近来的研究（冯胜利 2015），段玉裁的理必之学渊源有自，规模宏大，值得分科研究，譬如其音韵学、说文学、训诂学、经学、校勘学等，不一而足。而他与吴派之学的不同，严格地说，不是差异，而是性质的不同。段氏的思想秉承戴震的刑名裁断，而吴派从王鸣盛到顾千里，崇尚的都是保古存实。前者，我们将之概括为"理必"（以刑名为圭臬），后者，我们将之归纳为"事必"（以存古为依归）。抓住了这一点，就容易认识到"理念的些微差异将导致结果的天壤之别"。越来越多的事实表明（冯胜利 2019a）："理必"是中国学术史上的一个巨大的飞跃，是逐渐才被发现和理解的中国思想史上的理性主义（rationalism）的突破；而后者的"事必"（存古之旧、版本之原）则是我们熟悉的据实求实、保存古籍原貌的学术理念和文化精神。从段、顾对"二名不偏/偏讳"的解读上，我们可以清楚地看出这两种学术不同的取径和结果。

为说明问题，下面我们先从当代语法学看《曲礼》"二名不<u>偏/偏</u>讳"在上古句法体系中如何解读。

## 二、《礼记·曲礼》原文的解读及语法

原文：《礼记·曲礼上》："礼，不讳嫌名。二名不偏讳。"

东汉郑玄注："偏，谓二名不一一讳也。孔子之母名'徵在'，言'在'不称'徵'，言'徵'不称'在'。"

唐孔颖达疏："'不偏讳'者，谓两字作名，不一一讳之也。孔子言'徵'不言'在'，言'在'不言'徵'者，案《论语》云'足，则吾能徵之矣'，是言徵也；又云'某在斯'，是言在也。"

为了区分注释家是在说解经意,还是在做语法分析(或根据语法分析解释经文的语义),我们提出注释古代典籍时的三个层面(或层次)。第一,说解经文原意;第二,注释家用相近的语法解读;第三,注释家用经文时代的语法解读。这三个层面可用来判定不同学者对于经文研究的不同层次,具之如下。

第一,经文原意(即经文的意思)可用不同的说法、不同的语法,甚至不同的语言来说明和阐释之,名之曰"经文说解"。判定"说解"正误的标准,是看其符合经文原意与否;只要符合经文的意思,都可以作为经文意思的解释。然而,"第二,注释家用相近的语法解读"则不然。"语法解读"需要用原文的语法来转说(paraphrase)经文的意思。因此,解读反映了注释家对原文句法的理解和认识;其正误的标准是看其解读合不合经文的语法和经意。这一点很重要,因为合乎语法和经意的解读不一定就是正确的解读。最后,解读还要遵循"时代原则",亦即注释家解读的语法的时代是否正确。具言之,注释家不能用后代的语法解读前代的经文。下面我们就根据解读的这三个层次来看上面的经文和解读。

## 2.1 经文原意的说解及语法解读

首先,"礼不讳嫌名"的嫌名是指字异而音同的字(如"丘"与"区");"不讳嫌名"的意思是音同字异的词不讳。此处前贤观点一致,故不赘述。

其次,关于"二名不偏讳"的争论则颇多,主要集中在是"偏 piān"还是"徧 biàn"的问题上。清代学者卢文弨(《钟山札记》卷三"二名不偏讳"条)、顾千里(《抚本〈礼记〉郑注考异》)、沈涛(《铜熨斗斋随笔》卷二"偏讳"条)、俞樾(《群经平议》)都认为字当作"偏",词义为"单、偏有其一"。南宋的毛居正(《礼记正误·曲礼上》)、岳珂(《刊正九经三传沿革例》)、清代的何焯(《义门读书记·卷三七》之《河东集下》

"准《礼》二名不偏讳"条)、阮元(《十三经注疏校勘记》)、段玉裁(《二名不偏讳说(丁卯)》)、王念孙(《读书杂志·卷七墨子第二》"偏"条)皆认为本字当为"徧",词义是"都"。这是历史上两派分歧的要点所在。

学者们对经文原意进行的说解,一般会采用段落性的语言,对于同一句经文从不同角度、用不同方法进行说解,其目的是帮助读者理解经文大意。如:

> (1) a. 毛居正(《礼记正误·曲礼上》):此义谓二字为名,同用则讳之,若两字各随处用之,不于彼于此一一皆讳之,所谓"不徧讳"也。
>
> b. 同时言:"徵在"不同时言(言一则可);分别言:言"徵"时不言"在",言"在"时不言"徵"。总之,只要"徵在"不同时言,其他情况都不讳。①

例(1)a 中以"同用"与"分用"的避讳规则说解经文;例(1)b 的说解中加入用例,在分述"同时言"与"分别言"的情况后,进一步概述避讳规则。

在说解的层次之上,注释家还可以进一步做出语法分析,即依据个人所理解的经意说明经文语言组织的可能性。对于"二名不偏讳",注释者就可以给出以下多种表述:

> (2) a. 二字不独讳一字。(毛居正)
>
> b. 二名则偏讳。(段玉裁)
>
> c. 二名不一讳。(段玉裁)

注释家可以用几乎一致的语言材料(相同的动词、论元、副词等)来组句,帮助读者理解经文的语法,但是这些表述是否符合经文的语法原意,要用经文时代的语法进行严格的测试,这也就是我们说的第三个

---

① 感谢审稿人为经意说解提供的这条解读,引之于此证明经文说解可有多种,只要符合经意即可。

层次"用经文时代的语法解读"。

## 2.2　经文时代的语法

"用经文时代的语法来解读"这一做法的重点,是从经文时代的语法规则出发,把不同词汇代入经文原文,判断是否符合经意。当然,如果注释家没有用经文时代的语法来解读经意,研究者必须用历时句法学的规则说明其"句法误读"的失误所在。下面即以否定句中的"偏"和"徧"为例说明之。

首先,关于句子的否定。从逻辑上来说,如果一个命题是 p,那么其真值的否定就是 ﹁p,﹁p 说明否定算子的整个辖域是 p。但是从汉语的语言事实而言,真正被否定的只是否定辖域中的一个成分(参吕叔湘 1985;徐杰,李英哲 1993;袁毓林 2000;等),吕叔湘(1985:246)曾指出"否定句也常常有一个否定的焦点。这个焦点一般是末了一个成分,即句末重音所在(即除去语助词、人称代词等)。但如果前边有对比重音,否定的焦点就移到这个重音所在"。徐杰、李英哲(1993)也提出"否定中心的选择取决于独立于否定本身的焦点选择"。否定的这一法则古今皆通,范围副词在否定句中都会成为句子的焦点,获得否定解读。

### 2.2.1　"不+总括性范围副词+VP",总括性范围副词被否定。如:

(3) a. 且两雄<u>不俱立</u>,楚汉久相持不决,百姓骚动,海内摇荡,农夫释耒,工女下机,天下之心未有所定也。(《史记·郦生陆贾列传》)

b. 凡法事者,操持不可以不正,操持不正,则听治不公;听治不公,则治<u>不尽理</u>,事<u>不尽应</u>。(《管子·版法解》)

c. 尧不诛许由,唐民<u>不皆巢处</u>;武王不诛伯夷,周民<u>不皆隐饿</u>;魏文侯式段干木之间,魏国<u>不皆阖门</u>。(《论衡·非韩》)

这里的三个用例中,否定副词的否定对象都是总括性范围副词,

"［不俱］立＝［不都］立＝［部分］立""［不尽］理＝［不完全］理＝［部分］理""［不皆］阖门＝［不都］阖门＝［部分］阖门"，否定副词的否定对象不是谓语动词，即："两雄不俱立""治不尽理""魏国不皆阖门"中没有"两雄不立""治不理""魏国不阖门"的解读。

有学者或许会认为"魏国不皆阖门＝魏国部分不阖门"，这样"不"就否定谓语动词，但是这样的改说更改了句子的主语，"魏国"改为"魏国部分（人）"并不能解读出与原文一致的语法，所做出的等值运算也只是意义上与文意大致相同（而不是精确的等值结果）。

2.2.2　"不＋限定性范围副词＋VP"，限定性范围副词被否定。如：

(4) a. 四月，阳虽用事，而<u>阳不独存</u>；此月纯阳，疑于无阴，故亦谓之阴月。（《西京杂记》卷五）

b. 故人<u>不独亲其亲</u>，<u>不独子其子</u>。使老有所终，壮有所用，幼有所长，矜寡孤独废疾者皆有所养。（《礼记·礼运篇》）

即使是现代汉语中已经成词的"偏食""偏爱"，在被否定时，仍然是副词获得否定语义解读，如：

c. 她不<u>偏食</u>，什么都吃。

d. 家里俩孩子，父母<u>不偏爱他们</u>，什么东西都一人一份。

"偏食"在被否定时表示"［［不偏］食］＝皆食≠不食某一些食物"；"不偏爱"在被否定时表示"［［不偏］爱］＝皆爱≠不爱某一个孩子"。

由此，在上古句法中，无论是"偏"还是"徧（遍）"，它们最自然的用法是范围副词，当被"不"否定时，获得否定语义解读，如：

**徧的句法语义解读①**：二名不徧讳。

二名不徧讳＝二名［不徧］讳＝二名偏讳

二名不徧讳≠二名不［徧讳］（二名讳其一，二名皆不讳）

"徧"为总括性范围副词,表示"皆、都",语义指向"二名"。"徧"被否定,得出"不都避讳"("不都讳"就是"部分避讳")的语义解读,与经意的避讳事实相符。

**偏的句法语义解读②：二名不偏讳**

二名不偏讳=二名[不偏]讳=二名皆讳

二名不偏讳≠二名不[偏讳](二名皆不讳,二名皆讳,二名偏讳其一)

"偏"作为限定性范围副词,表示"单、独、只",语义上限定"二名"。"偏"被否定,得出"不单讳"(不单个就是全部)的意义解读。结果这句话的意思就是"二名都讳",与经意不符。这也是段玉裁坚持改"偏"为"徧"的句法原因。

## 2.3 "偏、徧"之语法难题

"偏"和"徧"的关键且难解之处是：前贤既知"偏""徧"词义之不同,又何以能够在"二名不偏/徧讳"中解出相同的经意？ 此其一。第二,在解经时哪种句法结构可以解读出前人的分析？

具体而言,卢文弨在《钟山札记》中从经意上解作"二字皆在所讳中,但偏举其一则不讳耳",意思是"两个字都需要避讳,但二名单举一名的时候不避讳",隐含着的意思是"二名同在的时候避讳",于是与经意相符。卢氏经意的说解虽然无误,但是如何从"二名不偏讳"这句原话中解读出这个意思呢？ 如果我们为这一说解找到它的语法根据,就只能是将"偏"放在时间状语的句法位置上,把原话改为"二名偏不讳"(单说一个字的时候不讳),但是这一解法显然犯了改变原文和改变语法的错误。具言之,其误有二：

第一,把原文的[不偏+讳]变成了[偏+不讳],不仅改变了词序,而且改变了否定的对象：将否定的对象由"偏"改换为动词"讳"。

第二,将表示范围的副词"偏"放在了时间状语的位置上,制造出第三种解读：

### "偏"的句法语义解读③：二名不偏讳

　　二名不偏讳＝偏举其一则不讳

"偏"必须在一个时间状语的位置上，卢氏的解读才能与经意相符，否则根本无法使句子"二名不偏讳"符合避讳规则。

由上文的句法分析可知，"不偏讳"只能为句法语义解读③，亦即"偏举其一则不讳"，但这样一来既不是经文的原文，也不是原文的句法（不偏），反而强制副词"偏"执行它那时所没有的用法（做时间状语，见下文）。

毫无疑问，不明确经文解读的不同层次，无法真正理解段、顾解读经文的差异所在，这也就是为什么至今论者对二人争论的评判均有功亏一篑、未中要害之憾，更不用说不借助语法规则这一视角则无法窥出二者背后的学理差异了。

在明确了上述解读原则和句法后，我们来看段顾的解读原理之异同。

## 三、段，顾解读及其原理

### 3.1　段氏读法

段玉裁在"偏/徧"问题上，专门撰写了《二名不徧讳说（丁卯）》，指出"偏"非而"徧"是。在段玉裁的大段论述中，他对于"二名不徧讳"句法解读的反复论辩最引人注目。我们基于语法的原理，抽绎出其句法、语义和经意三方面的说解，发现段氏在具体分析中，与现代语言学的研究思想及理路堪称暗合（虽然是无意识的），他依次将"徧、一、一、皆、偏"代入原句（这是句法分析一大原则），进行句法、语义的解读与判断，并与经意进行匹配测试，最后依据上古汉语的语法规则解释

"为什么该位置唯有范围副词'徧'合法",而副词"偏"不合法!下面我们就从句法的原理上,先看段氏理必如何解释为什么经文应该是"徧",然后再看为什么经文不能是"偏"。

第一,解释为什么是范围副词"徧"。

原因1,经文"徧"与郑注"一一"之义相合。

> 注曰:"……不偏,谓二名不一一讳也。"按:"一一讳"者,谓人子人臣语言,于二名讳其一,又讳其一,是之谓徧,徧二者而讳之也。

段氏从郑注出发,寻求与上古的语言组织法则相符的解释,指出"一"叠用为"一一"的语法意义为"徧",即范围副词"徧(普遍)"与"一一"[①]的语法意义相同。同时,段氏也指出"一一"语法意义背后的语意是"讳其一,又讳其一"。

原因2,经文"徧"的"词源义"解读与郑注"一一"的语法意义相合。

这是段氏的拿手好戏,他说:

> 《说文》云"徧者,帀也",《曲礼》云"岁徧",《曾子问》云"告者五日而徧",《尚书》曰"徧于群神",凡阅历皆到曰徧。今人诵书,逐字不漏者为一徧,是其义。然则,二字而次第尽举之,所谓徧也。

段氏找到理解词义更深的另一个层次,即从《说文》和具体的例证说明"徧"的取意与取义(冯胜利 2019b):"徧"的词源义是"凡阅历皆到",这与"一一"叠用背后的语法意义("讳其一,又讳其一")彼此相合。

原因3,经意在"徧"而不在"皆"。

前面看到,"徧"的意思就是"皆",那么,为什么《礼记》不用"皆"而用"徧"呢?段氏的超人之处就在于斯(不仅当时人不解,今人也少有

---

① 文天祥"一一垂丹青"的"一一","全部"的意思。

能解者）："徧"之"都"义与"皆"不同！（"徧""皆"的语义结构 semantic structure 并不相同）为什么？段玉裁说：

> 何以不云"二名不皆讳"，而必云"不徧讳"也？皆者，总计也；徧者，散计也。云"皆"则义未憭，故必云"徧"。古圣贤立言之精如此。

从表面的词义而言，"徧、皆"相同，都是总括式范围副词，然而二者在与经文深层含意的匹配上大相径庭，经意"孔子之母名'徵在'，言'在'不称'徵'，言'徵'不称'在'"，具有"散用不讳"之意，而这一点唯有"徧"（each one）①的散计特征才能表达。"皆"字粗言虽可，但精密远不足"徧"。

以上三点，层层递进，段玉裁不仅从词义上说明"徧"字与郑玄注"一一"相合（全、都），而且从"徧"的词源取义上"凡阅历皆到曰徧"进一步说明"徧"与"一一"之语法意义也相合，并且还再深入一步与词义表层相同的"皆"进行比较，说明"徧"字的词源义（散计也）、经意（散用不讳）及郑注之意，三者之间的相合。有学者可能会说，段氏在"以注证经"（武秀成 2014），殊不知郑玄的语法更接近经文的时代，其注释语言（及其语感）更符合上古汉语的语法规则，段氏在解词义的同时，做到解词源义、解经意，实为精审。反过来也体现出段氏识出郑玄注释的高超之处。

总而言之，段氏正是从"句法—词义—词意—经意"相合的角度，回答了经文为什么是范围副词"徧"的问题。

第二，解释为什么不是"偏"。

为什么《礼记》经文不能是"偏"呢？段氏也有自己全面的观察和看法。他认为：

原因 1，将"偏"放在与"徧"相同的句法位置，作为"不"的直接否

---

① 感谢编辑部的建议，"徧"对应英语的 each one，"徧"与 each one 的对应，可以充分说明其词源义中的"散计"特征。

定对象,结果"偏"的句法和语义,马上与经意冲突。

　　偏讳,则二名讳一之谓,不偏讳者,乃必二名皆讳之谓,其义适与经相左。

　　段氏将"偏"放在与"徧"相同的句法位置(上古句法如此,非段氏武断),指出"不偏讳"即为"皆讳",与我们在第二部分根据上古汉语句法做出的分析相合,即"不偏讳"中"不"否定"偏",其意义为"皆",这也是上古汉语中最符合语感的句法解释。需要特别说明的是:如果不是段氏这样依法(句法)解经,而如卢文弨和顾千里那样以意解意,无视其中句法规则的不同的话,那么不仅在说解过程中不知不觉地更改了经文原有成分之间的组构规则,而且还会造成背离经意而不自知的后果。这正是顾氏弊病之所在。

　　原因2,若采用顾氏的观点此处为"偏",同时符合上古句法与经意,那么现在的经文就要改写。段玉裁说:

　　顾秀才千里作《礼记考异》,乃云"偏"是而"徧"非。其说曰:"郑以'一'解'偏',不一一者,皆偏有其一者也。"①如其说,仅举一为偏,则经当云"二名则偏讳",何以言"二名不偏讳"也?

　　段氏将顾氏"偏"的解读放入经文,在上古汉语这个语境中一律是"某一方面、某一部分"的意思。据此,任何人都会自然而然地得出"偏讳=不全部避讳=部分避讳=经意"。如果"偏讳"是经文原来的意思,那么经文就不能是"不偏讳",因为上古的"偏"只有这种用法,下面的事实可以为证:

　　(5) a. 丽与(暴),夫与履,一,偏弃之。(《墨子·经下》)

　　　　　偏弃=抛弃其中之一

　　　　b. 三者偏亡,焉无安人。(《荀子·礼论》,杨倞注:"偏亡,谓阙一也。")

────────────

① 此处,顾氏原文为:"(郑)以'一'解'偏',盖一一者,皆偏有其一者也。"

　　偏亡＝缺少某一方面

c. 君之所以明者兼听也，其所以暗者偏信也。(《潜夫论·明暗》)

　　偏信＝相信一方

d. 质文两备，然后其礼成。文质偏行，不得有我尔之名。俱不能备
而偏行之，宁有质而无文。(《春秋繁露·玉杯》)

　　偏行＝部分施行

　　不难看出，例(5)中的"偏"与顾千里的"偏举其一"句法位置、语义均相同，这一用法如果在肯定句中，任何人对"偏讳"的解读均与经意(部分避讳)恰好相合，亦即：

e. 二名则偏讳。

　　偏讳＝避讳其中之一

　　据此而言，《礼记》经文应用肯定句的"二名则偏讳"。然而事实正相反，《礼记》经文用的是否定句："二名不偏讳"。根据上古句法结构和语义，[[不偏]讳]就是[[皆]讳]，结果与《礼记》经文的原意完全相反，所以原文的"偏"一定是个错字。

　　注意：这里的"不偏讳"可能会读成"偏而不讳"。但这是不对的，如前所证(第二部分)，副词性成分在否定词之前还是之后，其语义解读大不相同。而"不偏讳"的"偏"按古代句法，只有在否定词之后的解读。这一点，武秀成(2004)在严格的句法分析上有明显的失误，他把"不偏讳"解为"二名举其一而不用讳"，把否定词"不"移到了"偏"之后来解读，显然违反了当时的句法规则。这从反面说明，段氏深谙上古句法组配之法，而不轻易用其他能"说得通"的意义，暗换"行不通"的语法，严格地在句法的组配法则之下，进行"按照规则的"解读语义并加以反复论证。

　　原因3，段氏认为"偏"字不对的第三个原因是：顾氏用"偏"字解读的方法，造成了"经、注"不合的结果。段玉裁尖锐地指出：

"一"可以解"偏","一一"不可以解"偏",而可以解"徧","不一一"不可以解"不偏",而可以解"不徧"。

段氏指出："一"虽然可以解释为"偏"，但是"一"重叠之后，其语法意义就不再是"偏"而是"徧"的意思，那么"不一一"也就是"不徧"。结果经文"不偏讳"意思是"徧讳"，而郑注"不一一讳"又是"不徧讳"——经、注矛盾。注意：上古的"一一"都是段氏所说的"徧"的意思，没有例外。请看：

(6) a. 南郭处士请为王吹竽，宣王说之，廪食以数百人。宣王死，湣王立，好<u>一一</u>听之，处士逃。(《韩非子·内储说上》)

b. 善张网者引其纲，<u>不一一</u>摄万目而后得，<u>一一</u>摄万目而后得，则是劳而难。引其纲而鱼已囊矣。(《韩非子·外储说右下》)

c. 是必使上取杨叶，<u>一一</u>更置地而射之也。(《论衡·儒增》)

d. 复有比丘，所说诸疑。求佛进止。世尊教敕，<u>一一</u>开悟，合掌敬诺，而顺尊敕。(《佛说四十二章经》)

例(6)中"一一"之为"徧"，可从两个角度来理解：其一，从整个事件发生的内部视角看，"一一"为方式状语，表示"一个一个地（从头至尾地进行）"。然而"偏"并没有这种"方式副词"的用法，所以顾氏所解之"偏"无法与郑玄之"一一"相合。另一方面，从事件发生的整体视角来看，"一一"可分析为范围副词，表示"皆"。这只与"徧"而不与"偏"相合。所以，郑玄之"一一"同样与顾氏所解之"偏"相矛盾。这又反衬出段氏深明上古"一一"的句法和语义，其语感之精审，令人啧叹不已。

段氏的理必论证虽然在理，顾氏的观点也并非没有根据。下面我们看到，顾氏有顾氏的理由，尽管他的理由有问题。

## 3.2 顾氏读法

现在来看顾千里的解释。顾千里的"二名不偏讳"条见《抚本〈礼记〉郑注考异》卷一《曲礼上》，其文中除了"唐石本"、陆德明《经典释

文》、《礼记·檀弓下》的材料,与句法、语义相关的仅两条,如下:

(1)"经之解"下的"注之解"中,顾千里说:

> 其郑云"不——讳"者,乃以"一"解"偏",盖——者,皆偏有其一者也。

顾千里的解释与段玉裁不同,对于"偏"与"不偏讳"的说解也不详细。为全面公允地理解顾氏的解读,我们预设顾氏的解释:(1)既合乎经意;(2)又合乎"偏"字的副词用法。唯其如此,我们才能为顾氏的"偏"找到一种合理的解释,如下文所示。

首先,如果"偏"是范围副词,"不偏"只能解为"皆",这样则与经意不符,所以这不是顾氏的解读。那么顾氏要使"偏"义与经意相符,在<u>语法解读</u>层次中的唯一办法是将"偏"解为"时间状语"。就是说,"不偏讳"要解读成"不偏有其一的时候,避讳"。这种解读的言外之意是:"有二名的时候(才)避讳"。这样句法解读与经意就相互吻合了。然而,问题也因此而来了:在上古汉语中,如上文所示,"偏"字并没有作为时间状语的用法。如果在上古汉语"偏"没有时间副词的用法,而顾氏的读法却又必须按照时间副词的位置来解读才能符合经意,结果只能是"强解句法"(用上古没有的句法来解释)。就是说,顾氏的解释不是不能通,只是不是上古的语法事实。[①] 这一点非常重要,因为以往的研究均忽略了经意解读中使用的句法结构,以及其结构是否与经文句法一致的问题,因此要么轻发隔靴搔痒之议论,要么导致判断失误之后果。最明显的是《汉语大词典》对"偏讳"的解释:

> 名字有两个字的,偏举其中的一个字,也要避讳,称"偏讳"。《礼记·曲礼》:"二名不偏讳。"

---

① 注意,这里并不是说顾氏知道自己做出了"偏"为时间状语的句法分析和该结构不是上古句法,而是说顾氏的解读的语义是把"偏"字作为时间状语后才满足经意。事实上,上古汉语不仅没有"偏"作为时间副词表示"偏有其一的时候"的用法,也没有"——"作为时间状语的用法("——"没有作为"一个一个的时候"的用法)。

这里把"偏"解释为"偏举其中的一个字"没有问题,但将"偏"与"讳"的句法关系串解为"时间状语+V",说成"偏举其中的一个字的时候也要避讳",则用后代句法解读上古语句。

(2)顾氏除了上面的经文解读外,还用后世的材料加以佐证。顾千里支持自己观点的一个"硬证"是《唐律》:

> 《唐律》谓之"偏犯",《疏义》云:"偏犯者,谓复名而单犯。"

《唐律》里面的"偏犯"不是"皆犯"。因此,顾千里给出的"偏犯"确是把"偏"解为"单"的一个"硬证"。然而可惜的是这不是铁证。段玉裁说:

> 且千里又云:"偏者,《唐律》谓之'偏犯',《疏义》云:'偏犯者,谓复名单犯,不坐。'"愚按:此"奏事犯讳"条,<u>二名偏犯不坐</u>,自是唐人语,用《礼》"不徧讳"之意,而非用《礼》之"偏讳"字。<u>如千里说</u>,"<u>偏犯</u>"即礼之"<u>偏讳</u>",然则经云"不可偏讳一字",《律》云"偏犯一字不坐,犯二字者乃坐"。何《礼》之严,而《律》之宽!岂后人之律不出于圣人之《礼》耶!

段氏一眼看出:"偏犯不坐"遵从的是经文"不徧讳"的经意,而不是经文的语法。他用归谬法指出:假如根据《唐律》的"偏犯"来理解《礼》的"偏讳",那么《礼》"不徧讳"就等于说《礼》法不允准"偏讳",结果就是"都要避讳"。如果"二字都要避讳"岂不是与《唐律》"偏犯不坐"(法律允准偏犯=偏讳)相互矛盾了吗?一个"偏犯"不问罪(不坐),一个不能"偏讳",如何解释后人的法律不遵从圣人之《礼》呢?这种归谬让顾千里的解释无处逃身。其原因就在于唐律的"偏犯"与《礼记》的"偏讳"的语法截然不同,尽管唐律因袭《礼》意(但不是原文的句法)。

## 3.3 段、顾的解读规则和原理

通过我们对段、顾"二名不偏/徧讳"的分析,现在可以进一步探讨二人解读所以不同的句法规则及其原理。下面分别从段、顾两方面来谈。

首先看段氏解读规则及其原理。段氏关注的是上古语法,他分别从"句法—词义—词意—经意"的相合上回答了为什么是"徧"而不是"偏",又从"句法替换""上古句法""经注匹配""排除特例"几个角度,解释了如果是"偏"的困境和矛盾。这一系列论证方法背后的论证规则,充分反映出近年来冯胜利(2015,2016,2018a,2018b;2019a,2019b,2019c)提出的"乾嘉理必"思想。亦即:

> "理必"就是用推演论证得出逻辑之必然。凡用逻辑推演之理必方法治学者均为"理必之学";凡研究"理必之学"中"理必之法"者,均为"理必研究"。(冯胜利 2019c)

段玉裁在"二名不徧讳"中采用的是正"理必思想"中的"理必性语法规则",简而言之可定义如下。

理必语法规则:

> 基于经文所在时代的语法(语言组织法则),从"句法—词义—词意—经意"的多维角度细剖其理,从而判断经文中用词之规则、规律及其是非。

在"理必句法"中,研究者依据的是经文所在时代的语法;时代性的语法反映的是语言的普世语法(Universal Grammar 或 UG)。正因如此,符合时代语感的语言直觉的解释,是最自然的解释(natural rules),也是最接近自然的解释(the rules of nature)。

需要补充的是,段玉裁这里所追求的不在书面文字记载的是"偏"还是"徧"的校勘问题,而是这里的用词到底是"偏"还是"徧=遍"的语言问题。这一点论者往往没有注意到,但这是问题的本质所在。正因如此,王念孙的"偏、徧借字说"的本质与段玉裁相同,都强调"理必规则"下,经文中的词应为哪一个的语言问题,而不是文字书写上是什么形式的书写符号的问题。

对比之下,顾氏的解读规则和原理则不同。首先,顾千里在语法上并未做太多阐述,而在他为书面文字所做的简单说解中隐含了一种唯有制造句法才能得解的"语法造解法"。这不是他的重点,他的重点是在版本上举出了唐代开成石经、陆德明《经典释文》、《礼记·檀弓》的记载,作为版本论证的证据。这种证故存古的做法,可以概括为"以事实之必推断句法规则"的方法。其定义如下。

事必句法规则:

> 基于"目治"的书面记载,为书面文字寻求版本参照,同时寻求与书面文字记载相应的语法解释。

在这一规则下,书面记载的文字可以得到不同版本间的合理解释,但在语法解释方面则会出现两种情况:(1)"书面记载的文字"有合乎经文时代语法的对应的词及其解释;(2)"书面记载的文字"找不到一种合乎经文时代语法的解释。如若是第一种情况,"事必句法规则"可以得到合理的结果:既合经文、又合书面记载的语法;然而,一旦出现第二种情况(不可避免地会出现),"事必句法规则"所得到的结果的合理性就将大打折扣。因为只能通过"硬解"制造一种尊重版本事实,但有违语法事实(及断代语法规则)的解读。"二名不偏讳"的解释,恰恰说明了第二种情况。

## 四、理必,存古理路之异

从句法角度分析段顾之争引发我们提出如下两个问题:(1)为什么"求实规则"有上文中所述的弊端而顾千里还要这样做?(2)段、顾"二名不偏讳"之争作为一个著名公案,在中国学术史上究竟有什么样的意义?下面从两个方面谈一下我们的看法。

### 4.1 理必、存古——两种不同的学理

王记录(2011)在讨论段、顾二人的不同观点时指出:"一二文字校

勘的差异，背后所反映的是校勘依据、校勘原则以及校勘成果的保留形式等的差异，再深一步讲，是学术理念的差异，而这种差异又在乾嘉学术发展的大背景下呈现出千丝万缕的联系。"此话不错，但段、顾二人的学术理念是什么？王记录没有说。他们的学术理念形成的学术路数是什么？也不得而知。然而有趣的是：在这一公案中，段氏和顾氏不仅具体做法大相径庭，并且各自都明确总结了自己的学术观点。这给了我们深入透视他们深层的学术理念的绝好机会。先看段玉裁自己的定位：以理定真。

段玉裁在《二名不徧讳说》中明确说明他"以理定真""不为文字记载证据所局限"的理必性的学术原则。下面几条尤为重要：

（1）不以版本优劣为定论

不得因其（按：唐《开成石经》）有数字胜于俗本者，遂以燕石为结绿也。（按：以石头为美玉。）

（2）不为书面记载所惑

千里又云："《檀弓》亦作'徧'，可证。"愚谓不学无识之人，既改其一，有不改其二者耶？毛氏书此最为佳处，岳氏知其善而不能从，千里乃力辨其非，是可以校经否？

（3）以理定文，不以书证为必要条件

注"不徧谓二名不一一讳也"，文理必如是，各本夺上"不"字，则愈令学者惑矣。凡若此类，不必有证佐而后可改。

这里，段氏根据"文理必如是"的原理提出"不必有证佐而后可改"的结论，乃是十足的理必精神，逻辑至高无上的最高体现。

毫无疑问，这里段氏"文理必是"（句法语义之逻辑）、"文理大于证佐"这两条是一种即便在今天都令人震撼的结论："凡理之所是，不必有实证而后可！"这与爱因斯坦"my theory is too beautiful to be wrong"以及霍金"one cannot argue with mathematical theorem"有什么两样？这是典型的理必、极致的理必,是段玉裁《二名不偏讳说》中发出的"理必宣言"! 他向整个学界宣称:只要逻辑为必,不需要通过实例的证明。这是"理必"大于"事必"的皖派精神,是我国理性主义的最高境界和最高口号。我们说乾嘉理必者,以此也矣!

顾千里呢? 显然与此相反。他的原则是<u>以版本定正误,或以实否定是非</u>。因此顾千里对改变经文的做法,做出严肃批判:

> 岳氏《沿革例》踵其说,云"合作'徧'"。又云"不敢如蜀大字本、兴国本轻于改也",是在宋时,竟有因谊父(按: 毛居正)之言而辄改经文者,其<u>为误不浅</u>。

前面说过,顾氏以存古为考据原则,所以解经尽量不破字、不改字。这样一来,学者就都要按照"白纸黑字"的记录去理解书面上的语言文字,并按照这样的理解去解释原文。但是,这里潜在的问题是:原文是上古的,但记录的文字的语法是不是上古的? 我们不得而知。根据现有记录的文字的理解是否是上古语法(语言)的正确理解,也无从知道(因为存古无法回答这个问题)。注意:存古派的根本原则是"不校之校",这是顾氏结论(无论对与错)的基本来源。

根据"不校之校"的原则,顾说中的句法结构的一个必然结果,是他的结论没有、也不存在"所以如此的机制原理"(存古原则不是考证操作过程中"所以如此而不能如彼"的机制的原理),因此做出"不校之校"的结论,则"就此打住",不能也无法进行科学性的预测和推演。这也是顾氏存古校勘原理之必然。此与段氏之理必校勘,确然"道不同不相为谋"。

从方法论上讲,解释古代文献的词句,如果不是凭借语感(语法道理之必),而是按照"存古"原则下"有什么接受什么,接受什么解释什么"的办法来做的话,那么除了"硬译"或"硬解"以外,很难有别的选择,也很难有最佳的结果(因为没有选择,则无从最佳)。因此,如果不是"理"驱动的解释,则必然要陷入"牵强附会"的泥坑而不能左右逢源。当然,我们不排除偶然碰上存古形式正好是正确的原文的可能。然而,如果是因为这样而合乎语法的话,那么这是解者的幸运,而不是解者的预测和智慧。

## 4.2　不同学理下的不同做法

明确了"理必"和"事必"两种理路之后,我们清楚地看到:不同学理导致了不同做法的对立。这里粗胪数端以见一斑。

### 4.2.1　理必的"顺读法"(求证据,求十分之见)与存古的"硬读法"(努力把直感没有、但字面要求的意思读出来)

前面顾千里用"偏犯"句法理解"偏讳"古语,就是"硬读"的一例。存古"硬读法"的结论往往不是自然语言的自然语感。这种局面对存古法而言在所难免,因为如果为了存古而不改原文(也不破读),势必导致解读的三种可能:(1)自然可通;(2)根本不通;(3)通,但不自然。上面顾氏解释"一一"为时间状语的做法,就是一个最不自然的释读结果。原因很简单,"一一"上古至东汉的用法,支持段玉裁的语感,不支持顾千里的理解。

### 4.2.2　证据的时代性

杨琳(2003)认为"偏讳"的确切含义应该是单讳其一,偏讳的避与不避因时因人而异。如果是这样,我们就不能用后代的理解(如《唐律》中的"偏犯不坐"的"偏犯")来解释上古不同的句法和礼法。在这点上,段玉裁和顾千里的做法是截然不同的。

### 4.2.3　增字解经还是推演论证

以理必为原则的解释,遇到疑难需要推演和论证;以事必为原则的解释,遇到疑难则不免增字解经。顾千里对郑玄"不一一讳"的解释是:"盖一一者,皆偏有其一者也",其中"……者(……的时候)",就颇有"增字解经"之嫌,因为不如此,"一一"用为"时间副词"的意思就解释不出来,且不管有没有上古用例。而理必的解释则不必如此。此为顾千里、段玉裁,道不同则做法不同的又一种明证。

## 五、余论

本文讨论了段玉裁和顾千里在《礼记·曲礼》"二名不偏/徧讳"的问题上的不同看法和处理方法,认为他们之间的分歧显示出皖派"理必"和吴派"存古"之间的学术理路的不同。段玉裁是在"理必思想"指导下进行的语法分析,我们称之为"理必语法",而顾千里是在"存古思想"驱使下从事的语法分析,我们称之为"存古语法"。二人对"二名不偏/徧讳"的解释虽然均合语法,但其目的(用语言文字组构之法证明古籍用词 VS. 用存古思想保有版本原貌)、方法和结论都截然不同。段氏的理必语法具有相当的理论系统,对今天的学术仍具强大的指导意义;而顾氏之存古语法反映出的意义不在学术理路的理性发展上,而在其保存古籍原貌基础上建立校勘学的古本意识及其保存古代文化的求实精神。

本文在追踪段、顾二人学术原理差异的问题上所得到的一个重要启发是:如何评价历史公案。根据本文的分析,学术评论需从"学理论证过程"来立论,而不能简单地从争论的结果的对错来立说。这里我们首先注意到的是卞仁海、王彦坤(2017)的说法,因为段、顾的结论完全等值或者相同,所以二者没有高下正误之异。其实大不然也!仅以"结果对错"来评学,无论是胜是负抑或平手,彼此之间的争论并不能因此而罢休。我们认为:学术争论不能就其结果看是非。学术本质上是一种思维理路的创造和突破,结论或结果只是这一研究过程的结束而不是过程的本身及其价值。如把眼光仅仅放到结果的对错上,很容易被看作是一种功利主义的做法。卞仁海、王彦坤(2017)说段、顾之争"可以休矣",正是从功利的角度得出的结论,而不是学术理路的价值判断。当然,研究的结果正确与否非常重要:如果研究没有结果,或没有好结果,或其结果都是错的,当然会被质疑该研究的价值为何。但是,真正的科学价值,不能仅仅靠结果来评价,有的研究失败了,但其学术的意义和价值仍然很大。学术评价主要是看其学术思想、学术理路。因此,如果仅仅从"结论相同"来立论,"各打五十大板"或"互为平等",那么段、顾二人的争论根本不能说谁的研究更有学术价值。事实上,我们看到,段氏解说的价值不但结果是正确的,其方法和路数更具独创性,其理必之法更具科学性。

## 参考文献

卞仁海,王彦坤 2017 《也谈"二名不偏讳"》,《励耘语言学刊》第 2 期。

段玉裁[清] 1988 《说文解字注》,上海:上海古籍出版社。

冯胜利 2015 《乾嘉"理必"与语言研究的科学属性》//《中文学术前沿》编辑委员会编《中文学术前沿》第 2 辑,杭州:浙江大学出版社。

冯胜利 2016 《论王念孙的生成类比法》,《贵州民族大学学报》,第 6 期。

冯胜利 2018a 《王念孙"生成类比逻辑"中的必然属性及当代意义》,//北京师范大学文学院主办《励耘语言学刊》第 1 辑,北京:学院出版社。

冯胜利 2018b 《论黄侃的"发明之学"与傅斯年的"发现之法"》,//北京师范大学文学院主办《励耘语言学刊》第 2 辑,北京:学院出版社。

冯胜利 2019a 《论乾嘉学术的科学突破》,《语言教学与研究》第 3 期。

冯胜利 2019b 《乾嘉之学的理论发明(一)——〈说文段注〉语言文字学理论阐微》//北京师范大学民俗典籍文字中心编,《民俗典籍文字研究》(第 23 辑),北京:商务印书馆。

冯胜利 2019c 《乾嘉之学的理论发明(二)——段玉裁〈说文解字注〉理必论证与用语札记》//北京师范大学民俗典籍文字中心编,《民俗典籍文字研究》(第 24

辑），北京：商务印书馆。

吕叔湘 1985《疑问·否定·肯定》，《中国语文》第 4 期。

王记录 2011《中国史学思想通论·历史文献学思想卷》，福州：福建人民出版社：
第 161 页。

武秀成 2014《段玉裁"二名不偏讳说"辨正》，《文献》第 2 期。

徐　杰，李英哲 1993《焦点和两个非线性语法范畴："否定""疑问"》，《中国语
文》第 2 期。

袁毓林 2000《论否定句的焦点、预设和辖域歧义》，《中国语文》第 2 期。

杨　琳 2003《何为"偏讳"》，《烟台大学学报》第 3 期。

（刘丽媛　北京师范大学；刘　璐　香港中文大学；冯胜利　北京语言大学）

# 从段、顾"四郊""西郊"之辩看段玉裁理必之学<sup>*</sup>

## 彭展赐

**摘　要**　段玉裁与顾千里就《礼记》经、注当作"四郊"或"西郊"各执一词,触发二人对古代学制,乃至校勘根本原则的争辩。段、顾论争实源于学理上之矛盾,段玉裁的理校,乃其治学主裁断、重发明的理必之学的体现。文章冀能借由考析二人论说的理据及论证方法,揭橥乾嘉学术中除顾氏所代表的信守明文旧注的学风外,更有段氏所代表的重视逻辑推理、追求道理上必然的理必之学,以期对段氏学术能有较深入认识。

**关键词**　段玉裁　顾千里　四郊　西郊　乾嘉学术

本文拟借由爬梳段、顾论争,体察二人持论的理据与思路,尤重剖析段说背后的论证模式(发明与解决问题的整个过程),如何体现皖派"综刑名,任裁断"(章太炎《清儒》)、重视发明的理必之学,<sup>①</sup>彰显段氏讲究逻辑推演、追求道理必然的学术理路。

## 一、段,顾"四郊""西郊"争议由来

段玉裁(1735—1815)与顾千里(1766—1835)于嘉庆十二年(1807)起围绕《礼记》"四郊""西郊"等几处经注校改分歧而开展的古

---

\*　原文曾发表于《民俗典籍文字研究》2019 年第 2 期,据以收入时略有修改。

①　据冯胜利(2018：2)。按：推演所得的道理或结论具有排他性,此实段玉裁治学往往主裁断、不容并存众说的重要原因。

代学制论争,为清代学术史上一场重要讨论,背后实有必不可不争之学理矛盾。

今本《礼记·王制》:"周人养国老于东胶,养庶老于虞庠,虞庠在国之西郊。"注云:"周立小学于西郊。"《正义》解注云:"夏周为文,皆上东,故亦并言之,云'东序、东胶,亦大学,在国中王宫之东。西序、虞庠,亦小学也,西序在西郊,周立小学于西郊'是也。"孔颖达(574—648)所引、所解注文均作"西郊"。然而,《魏书·刘芳传》却有异文:"《礼记》云周人'养庶老于虞庠,虞庠在国之四郊'。"刘芳(生卒不详)表中所引经文作"四郊"而非"西郊",并引及王肃(195—256)"天子四郊有学,去王都五十里"之说。

今本《礼记·祭义》:"天子设四学,当入学而大子齿。"注云:"四学,谓周四郊之虞庠也。"《魏书·刘芳传》引郑注:"四学,周四郊之虞庠也。"《正义》释经云:"天子设四学者,谓设四代之学:周学也,殷学也,夏学也,虞学也。""天子设四学,以有虞庠为小学,设置于四郊[①],是天子设四学,据周言之。"以四代之学释"四学",惟孔氏于注下又引录了皇侃(453—513)"四郊"异说:"皇氏云:'四郊虞庠,以为四郊皆有虞庠。'"而《通典》杜佑(735—812)注及所引崔灵恩(生卒不详)说中所引《祭义》郑注亦俱作"四郊"。此为《王制》《祭义》经、注中"西郊""四郊"异文的梗概。

孙志祖(1737—1801,1995:12-13)于《读书脞录·续编》卷一据《祭义》注、《魏书·刘芳传》所引《王制》,以及《正义》所引皇侃说。提出"《王制》'西郊'当作'四郊'"。顾千里后来于《抚本礼记考异》驳之,段玉裁则力主孙校,并向顾氏问难,引发二人就"西郊""四郊"的论争,相关信函及文章计廿五篇之多(顾占其七、段占十八)。段、顾最大

---

① 今本《正义》此"四郊",段、顾均认为原当作"西郊",《正义》解说系统中并不存在"四郊"说。

的分歧在于原则的不同：顾氏信守《三礼》传世版本原文，特别是孔颖达、贾公彦（生卒不详）的疏解均围绕"西郊"作解，"四郊"异文、异说存之则可，不当据之而改今本，否则孔、贾疏解"无一可通"；段氏则在对现有文献文字内容做出分析、古代礼制的理解的基础上，运用理必之法——以推演论证得出逻辑之必然，[1]推导出经史无载的历史事实，作为落实理校[2]不可或缺的根据。

## 二、段氏"四郊"说中的理必思想

理必，指推理上而非材料上的必然，段玉裁校书无异于发明，发明深托于理必之法。[3] 本节将探讨段氏如何据文献、训诂步步推演，发明出论争中三个重要论述：（1）据郑注文理《王制》必作"四郊"；（2）从"郊"字训诂证"四郊小学"必在乡境之边；（3）从"小学必可行乡饮酒礼"证古代必有"四郊小学"之制，揭示段氏论证过程中所透露的理必思想。

### 2.1　据郑注文理《王制》必作"四郊"

段玉裁于《经韵楼集·与顾千里书》中（计424字）最早断言《王制》经、注"西"误"四"正，此论尤能反映出段氏的理必思想：

> ……此"西郊"**必**"四郊"之误。何以言之？倘郑本"西郊"，则依上文"下庠、左学，小学也"之例云"西序、虞庠，小学也，在西郊"足矣，何必分别夏之西序、周之虞庠所在之不同乎？惟夏之西序在西郊，周之虞庠则四郊皆有之，故

---

① 此观点蒙冯胜利教授赐示，且本文多蒙冯教授赐正，谨此致谢。所谓理必，乃指推理之必然，就段氏理必及典型证证，据冯胜利（2015：99-117）。
② 胡适（2006：8）曾明言段王凭借过人天才与功力实践"推理的校勘学"。然而，人们只看到理校是一种方法，但对段氏而言，实为他的理必思想的体现。
③ 乾嘉学术的理路是理必，目标则是发明，后者往往为前者的结果。据冯胜利（2018：4）。

**必**分别言之耳。以是言之,《祭义》无讹字,《王制》经、注皆有讹字,郑本**必然**作"四",刘芳、崔灵恩、杜佑所据《王制》《祭义》经、注作"四",皇侃云"四郊皆有虞庠",皆不误。孔颖达于《王制》据误本,不解郑意,"西序在西郊,周立小学于西郊"不成文理,于《祭义》又不用郑注本义,援引四代之学而入学为入西郊虞庠,皆未妥协。

"四郊"异文材料早在,何以独段氏敢言郑本"必"作"四"? 因为段氏从语言分析上看出郑注作"四"的必然。何以见得? 因为他分析出郑玄(127—200)注文行文中透露出可以判断异文是非的铁证。请看《王制》注:

> 上庠、右学,大学也,在西郊。
> 下庠、左学,小学也,在国中王宫之东。
> 东序、东胶,亦大学,在国中王宫之东。
> **西序、虞庠,亦小学也,西序在**西**郊,周立小学于西**郊。

段玉裁注意到以上四组前三组均以"A、B,皆 C,在 D(位置)"的形式来传递相类意思,独第四组为"A、B,皆 C;A 在 D,周立 C 在 D",形式有异,故此两 D 所承载之意是否为"A、B"所共有殊为可疑。适今本后一"西"字有异文"四",段氏由此推论正因夏西序在"西郊"、周虞庠在"四郊",郑玄"故必"以"A、B,皆 C,A 在 D,周立 C 在 E"之句式"分别言之"。段氏进而据文例反推,若郑本原作"西郊"(后一 D),则当云"西序、虞庠,小学也,在西郊","足矣"。然而今本却作"西序在西郊,周立小学于西郊",不仅拆开为两句,并重复言"西郊",于是,今本实"不成文理"(即后《礼记四郊小学疏证》所谓"复赘不已甚"),注文断不会复赘如此。因此裁断:今《注》"西"字"必""四"字之讹,由注及经,知郑玄所本之经亦"必然"作"四"。其论证过程可试归为下列九步:

(1)指出错误:"西郊"必"四郊"之误;

(2)发现郑注表述形式前后有别,行文规则不一,故必有"文理"

暗含于此;

(3)延伸理证(既是预测,亦为反证):倘郑本原作"西郊",则当依上文"下庠、左学,小学也"之例,云"西序、虞庠,小学也,在西郊",今不然者,必有他义所欲言者;

(4)推测:第二个"西"必有问题;

(5)版本、异文:刘芳、崔灵恩、杜佑所据经、注作"四",皇侃说亦作"四";

(6)以《礼记·祭义》互证:《祭义》注有"四郊"一词("天子设四学,当入学而大子齿。"郑注:"四学,谓周四郊之虞庠也。"兼证《祭义》此"四郊"不当改"西郊"。按:函首已指出《正义》释"四学"为"四代之学","入学"为入四学中之"西郊虞庠小学",是"以一承四""于文义不安");

(7)驳斥作"西郊"之谬:"西序在西郊,周立小学于西郊",不成文理;

(8)误源推测:自孔颖达已用误本,孔氏曲解郑玄原意,遂为误本作疏,所解"皆未妥协";

(9)必然之结论:《王制》经、注皆有讹字,郑本必然作"四"。

顾千里于段氏揭示注文之论,始终无说,或见顾氏亦无法驳斥段氏这里的推理。

有些学者认为理校法所得的属地位次要的"外证"(倪其心 2004:107),但对段氏所推必然之理却回避不谈,似乎"眼见为实"则"悖理无碍"。但段玉裁则不然,他深信郑注乃至文献语言中,句式与所承载的内容有着必然对应。他发明注文有讹误的推理逻辑,可试归结为以下逻辑推演式:

大前提:郑注四组叙事的句式表达与内容意思一致。

小前提:第四组叙事的句式表达与前三组有别。

故:第四组所叙之事的内容意思与前三组亦必有别。

第四组与前三组叙事之法存在矛盾,此为段氏自信据之可定异文之关键原因。诚然,段说的大前提是否可信,尚可讨论,乔秀岩(2014:201)即曾就此予以驳斥,认为郑玄依经立注,非自述制度,今经文以三句释周制(余皆两句):"周人养国老于东胶,养庶老于虞庠,虞庠在国之西郊。"此正为郑注于"西序在西郊"后,特言"周立小学于西郊"之理。然而,披味经、注,涵咏其意,则可见郑玄整段注文是在综合说解四代大、小学之制,其中两用"亦"字呼应,是为郑玄归纳己意之标记,足见此处意思连贯,绝非对经文逐句对应疏释。乔氏"依经分注"之说恐不能成立,因此也不足推翻段氏据文例及其古汉语语感读郑注而发现之理。而段氏所以断言"必"者,实与其逻辑推演密不可分。

仔细推寻注、疏之对应关系,作为理校根据,乃乾嘉学者当行本色(王氏父子犹精)。顾广圻于《抚本礼记考异》也以理校之法考证《祭义》注"四郊"之"四"当作"西"(计539字)。然细绎顾说,其论证逻辑实有可商处。试归结为下逻辑推演式:

> 大前提:《正义》所释最得郑注"四学谓四郊之虞庠"之解。
>
> 小前提:《正义》将"四学"解为"四代之学"、将"四郊"解作"西郊"。
>
> 故:郑注"四学"解为"四代之学"、郑《注》"四郊"作"西郊"。

然而今本《正义》作"设置于四郊",则小前提之正确性有待证明。更重要者,郑注此处并无提及"四代之学",此解实出于《正义》引《仪礼》注"周立四代之学于国"并加以发挥,而这是否郑意尚待阐明,顾氏因此以《正义》最得郑解,论证恐无效,再由此断郑注解"四学"为"四代之学"、"四郊"作"西郊",更有循环论证之嫌。顾氏深信四代之学的解释,但成立之根据、经文具体意思,却未予交代。

退一步说,即或顾说皆得成立,单据《祭义》之讨论,实只能证明孔颖达所见版本之郑注作"西郊"。是否能据孔本、孔说校改郑注,犹可质疑。此亦其与段氏最大分歧:

段的做法：以郑注文理为准，判断郑玄所见经、注。

顾的做法：以孔颖达为准，判断郑玄所见经、注。

段氏批评其"过信孔颖达"，即以此故。盖段玉裁虽亦认为"孔之此注、此疏今本皆作'四郊'"，乃后人所改，《正义》原皆当作"西郊"（《礼记四郊小学疏证》），但段氏认为孔本原来就已非郑注原貌，自然不信孔氏所解郑意。段氏除了发现孔颖达解释不合郑注文理，更发现孔引《仪礼》注解"四学"作"四代之学"，有"以一（小学）承四（四代之学）"之弊，"于文义不安"。所以段氏反复就此驳难孔《疏》和顾说。

顾千里娴熟于文献，深晓《三礼》注、疏众说之区别，然而，上述"西郊"说其论证逻辑有欠严谨。考其所以如此者，盖源于其校勘前提为尊疏存古、恪守家法的"原则"，非如段玉裁追求所以然之逻辑与必然。二人信奉和恪守的原则不同，其方法和结果均有不同，自然之理也。

## 2.2　从"郊"字训诂证"四郊小学"必在乡境之边

段玉裁毕生服膺其师戴震（1724—1777）"由字以通其词，由词以通其道"的主张（《戴震文集·与是仲明论学》），以古书文字或经后人改易，通过文献语言使用规律的探求，仍能稽寻原文意旨。更重要的是，"礼失求诸野，史失求诸字，从语言文字的客观内涵可以推求得历史的真实"[①]。我们从段氏"郊"字词义的考释，可见他如何通过遍考典籍内"郊"之涵义，结合推理来"探源追始"，推求出"四郊小学"位置之"必"，以支持自己就《王制》"命乡简不帅教者"始于乡学，继移郊学（"四郊小学"）、移遂学习礼的解释——古代必有"四郊小学"制度之证明。

《王制》云：

命乡简不帅教者以告。耆老皆朝于庠，元日习射上功，习乡上齿，大司徒

---

① 本文多蒙审稿专家提点、赐正，此观点正引自评审意见，谨申谢忱。

帅国之俊士与执事焉。不变,命国之右乡简不帅教者移之左,命国之左乡简不帅教者移之右,如初礼。不变,移之郊,如初礼。不变,移之遂,如初礼。不变,屏之远方,终身不齿。

"移之郊",《注》曰:"郊,乡界之外者也""又为之习礼于郊学"。顾氏认为四番习礼前两番当从《正义》解为习礼在国中之乡学、州序、党序,并特设"国中,为乡界之内者",与注文对比,证明国中与郊皆有乡学,郑注"郊学"当指乡学之在郊者。

段玉裁认为顾氏误解经、注,《王制》此节正好揭示古有四郊小学之制,此"郊(学)"即四郊虞庠(小学)。段氏通过阐明"郊"的词义,说明"移之郊""郊学"之"郊"必用其本义——百里远郊,不能与文献中乡、近郊有称"郊"之"郊"相混,位处百里远郊的"郊学"绝非顾氏所指的乡学。下面是其论证过程。

段氏在《经韵楼集·与顾千里书论学制备忘之记》本《说文》以解郑注之意:

> 界者,竟也,竟于此也。[1] 乡界之外犹云乡境之边也。百里之内为乡,百里之外为遂,其中之限谓之郊。

下一函则以郑玄谓"郊"在"乡与遂"相接之间,断言"四郊之学必在乎此(乡边之境)"。进而结合"郊"的词义系统总括己说:

> 郊之为言交也,谓乡与遂相交接之处也。故《说文》曰:"距国百里为郊。"此郊之本义也,谓郊至百里而后为郊也。而《尔雅》曰:"邑外谓之郊。"《说文》"冂"下本之亦曰:"邑外谓之郊。"邑者,国也,是则自国中而外,至于百里,统谓之郊矣。此引伸之义也。何以引伸也? 国外、郊内,为六乡之地,故《周礼》立文多言国中及四郊以包六乡,其有单言六乡者,其事不涉国中者也。……郑注云:"郊,乡界之外者也。"此因经立文,……非他处乡亦可以称"郊",近郊亦可以称"郊"之比,举其字之本义,以别于引伸之义也。以郊别于

---

[1] 段玉裁《说文解字注》"界"字下云:"乐曲尽为竟,引申为凡边竟之称。"

乡,谓虽乡而郊也。(《经韵楼集·四与顾千里书论学制备忘之记》)

段氏先用"以声求义"之法(冯胜利 2019)。发明"郊"有"交接"义(郊、交上古音同),印证《说文》"必至"百里而后为郊的本义。然后阐明引伸义及引伸原理,说明国中、六乡、郊之间的关系(内涵):四郊可包六乡,单言六乡事则不涉国中。循训诂推寻注文本意,段氏确定了郊学(即四郊虞庠)之所在。段氏指出"自训诂之学不明而治经多惑",批评顾氏不明"郊"义,以"乡"为"郊",误解郑注,"训诂之法有未明"。

为验证其所划分的本义、引伸义,段氏进而详析诸"郊"字下毛《传》用字的细微差别,阐明其中的必然性。如《干旄》"在浚之郊",毛《传》:"郊外曰野。"毛何故"必以""郊外曰野"释之,而不谓"邑外曰野"?段氏认为盖毛氏要表明此郊位处百里远郊之外("不竟于远郊")。段氏何由知之毛意?此独赖其推必之法:以天子的公邑之田在甸地二百里内,家邑之田在稍地三百里内,推见诸侯卿大夫之食邑亦"断不在"各自领地的远郊内,而毛氏以"浚"为功臣官邑;因此,段氏断言若谓"邑外曰郊",则"致嫌邑在郊内",欲明浚邑在郊外,必言"郊外曰野"。由此阐明:

> 诂训之法,由古音可得古义,而义之见于经同字异解者,贵好学深思,心知其意。(《经韵楼集·六与顾千里书论学制备忘之记》)

认为要判别同名异实与异实同名,必须根据语法语义和语用规则,深入考察文献语言使用情况。

在论证中,为判定词义之必,段氏穷尽搜讨《诗经》"郊"之用例(其论《说文》"飨"字时亦然)。何九盈(2013:535-536)认为充分占有材料,引出科学结论的归纳汇证工作,正段、王等能超迈前人、时人之原由:

> 为什么宋儒、元儒、明儒同样也见到了这些材料,而他们却没有做出清儒这样的成绩呢?清儒熟读经史子集的人也不在少数,为什么只有段、王等人

才能做出这么好的成绩,而有的人却"手披万卷,不能识一字之声义"呢?……归纳汇证,包括发现问题与解决问题的全过程,是破疑义的重要法宝。

段氏借助考析"郊"于文献的使用义,尤其是毛、郑传注的用字规律,推断出经传无明确记载的四郊虞庠所在地点——百里远郊乡与遂相交接处,此解正与其对上引《王制》"移之郊"一段的理解密合。

当然,训诂只是段玉裁证成"郊(学)"必设于"四郊"的一种手段,段氏更用其科学性逻辑思维进行"理测"。请看:

> 六乡之学,在城郊,相距百里之中,其地方四百里,六乡分布焉。**其立学之详,不可知**。计乡学**必在**百里适中之地,州、党可环而赴焉。"乡大夫,每乡卿一人"者可居其所而理焉,如今日州县之廨署,无有居于所治之边者。即云州、党之序亦得称乡学,**然**州、党之学所容不广,况不帅教之始,耆老皆朝于庠,庠必乡学,非州、党得称,既移之右乡,移之左乡,必皆乡学也。乡学必在百里之适中而不在边,虞庠乃设百里之边,故《记》曰:"在国之四郊。"《注》谓之"郊学"。命乡简不帅教者习礼,先在本乡,继右乡移左乡,左乡移右乡,继移郊学,继移遂学,终乃屏之远方,由近泊远,厘然可考。(《经韵楼集·三与顾千里书论学制备忘之记》)

这段论证据实推演,确实"厘然可考"。兹试述如下:

问题:六乡立学详情,今不可知。

推测:乡学位置必在百里适中之地,与郊学迥异。

证明:

(1)今日州县之廨署位置适中,可证乡学应在治地中心(按:即五十里近郊)而不在边境,乡大夫(见《周礼·地官司徒》)居此理事。

(2)即或党序、州序得称乡学,其规模不足应付需要,所以仍必须设真正的乡学于百里适中之地。

(3)《王制》记"命乡简不帅教者以告,耆老皆朝于庠",庠为乡学;

下文"不变"者自右乡移之左、左乡移之右,亦必乡学(本乡于左则移至右),此皆指五十里近郊之乡学,非远郊之"郊学"。

(4)《王制》:"不变,移之郊。"郑注"郊"为"郊学",非乡学可知。

(5)《王制》后文有曰:"虞庠在国之四郊",故"郊学"即"四郊小学"。

综合以上理据置于经文理解(验证):命乡简不帅教者习礼,先在本乡【1】,继右乡移左乡,左乡移右乡【2】,继移郊【3】,继移遂【4】

【4】指遂学(郑注:"习礼于遂之学");据(4)、(5)知【3】为郊学,据(1)知【3】不得为乡学;据(1)、(2)、(3)知【1】、【2】为乡学,而据(4)、(5)知其不得为乡学之在边(按:即百里远郊)者。又从经文之"移""三不变"者,由内而外、自近而远,终至"屏之远方,终身不齿",若【3】同为不得在边之乡学,则失谪远简绌意旨。由此得出结论:乡学必在百里之适中而不在边,虞庠小学乃设于百里四郊之边。

段氏融会文献记载,通过推演所发明之古义,同时揭橥了:"古圣制度经无明文而可推测者"(《经韵楼集·七与顾千里书论学制备忘之记》)。上论不仅驳斥了顾氏所理解之郑义、孔义,更考出没有记载的历史事实,为"四郊"说奠定了事实的基础、提供了重要的论据。观其所论,俨然一完整的短篇论文,其逻辑清晰,层层推演,不但乡学立学古制,由不可知而至位置"厘然可考",更将《王制》经文之"郊"(及郑注"郊学")和"四郊虞庠"系联起来,以经文阐明、验证四郊小学制度,申明郊学必非乡学,乡学必不得在郊之理。孙诒让(1848—1908,1987:865)认为"段说甚核"(《周礼正义》卷22),当谓其所论述之制,严谨缜密,井然有序。

准上可见,严密的逻辑推理实段氏学术发明的底蕴,材料往往是根据目的、理论需要而一步步探索而来。

## 2.3　从"小学必可行乡饮酒礼"证古代必有"四郊小学"之制

段玉裁既以《王制》"移之郊,如初礼"指移不帅教者于"四郊小学"习礼(乡饮酒礼)来发明四郊小学的古制,则必须证明古代小学可行乡饮酒礼[1],否则无法回应顾氏从未有文献有谓此礼行之于虞庠小学的质疑。为此,段氏先据《说文》等书证及所发明的"《说文》定例",证明乡饮酒礼有行于大学,最终推论出小学当亦可行。

段氏于《经韵楼集·与顾千里书论学制备忘之记》首先指出"先儒"(当指孔、贾[2])论乡饮酒礼说犹未备,仅及四用:

一、乡大夫之宾兴贤能

二、州长射于州序

三、党正以正齿位

四、乡大夫饮国中贤者

为证乡饮酒礼的施用不限于乡,段氏突破成说,考得典籍中另外十种施用情况(合共十四用),并由此归纳出乡饮酒礼于乡(六例)、遂(四例)、郊(一例)、燕朝(一例)、大学(二例)皆有施行的结论。然而,由于"郊(学)"为"四郊小学"乃段氏独见(段所欲证明者),故段氏的论证思路实为:乡饮酒礼并不只行于乡,其中,与小学关系尤其密切之大学既可行之,则小学当亦可行(顾氏亦以二者属之一类)。因此,他所举的最后二例——《说文》说解言及诸侯及天子大学行乡射、乡饮,至为关键。请看段说:

《说文·水部》"泮"下曰:"诸侯乡射之宫。"夫泮宫,诸侯之大学也,而曰"乡射之宫",则诸侯于是行乡射之礼,必先行乡饮酒之礼矣。十三也。

---

① 由于"乡射未有不先以乡饮者"(《经韵楼集·与顾千里书论学制备忘之记》),故段氏论述往往聚焦于"乡饮酒礼"。据郑玄(2014:193)。

② 据孔颖达《礼记正义》,郑玄《仪礼注疏》。

《说文》"雝"下曰："天子飨饮辟雝。"依食部"飨"下曰："乡人饮酒也。"
与毛《传》合（引按：指《豳风·七月》"朋酒斯飨"，段据《正义》改毛《传》为：
"飨者，乡人飲酒也。"），然则此飨饮即乡饮也。辟雝，天子之大学也，而曰"天
子飨饮处"，则天子行乡饮酒礼于是矣。十四也。

段氏推断说解中的"乡射""飨饮"可为大学有行乡饮酒礼之证，实
发前人所未发，除有本于礼书记载（如《王制》："大学在郊，天子曰辟
雍，诸侯曰泮宫。"），更因对"飨""乡"的词义有深入的研究。

故当顾氏质疑《说文》"飨"字非专主乡饮酒礼一义，段氏《与黄
绍武书论千里第三札》即提出"《说文》定例"捍卫论据：（1）本篆下
主说该字之本义，他篆下若径用此字本义，则二者属于转注；（2）他
篆中的说解或用本篆引伸之义，惟皆有条理可寻，"少有截然异义假
借而用互注"者。段氏后来于《说文飨字解》改谓"断无有说解中所
用与本篆义绝不相蒙者"。此段氏发明"许氏之例"，要言之，段氏发
现许慎说解文字中所用某字之义若非本义，即其引伸义（如"初"
"始"皆得引伸为初始义，故说解下互用），断无用假借义者。由此，
段氏进而梳理"飨""享"的本义、引伸义、假借义，判定《说文》说解三
"飨"字皆用本义，合于"《说文》定例"：盖《说文》记"祭祀"必用
"享"不用"飨"（假借）；"饮宾祭祀，皆不于大学，则辟雝、泮宫之
'飨'，非饮宾神格可知也（引伸义）"；"侯"字下"春飨所射侯也"，谓
天子、诸侯春将养老先行大射礼之侯也，"古者乡饮、乡射必联类而
行"，（据段玉裁《经韵楼集》）"飨"亦指乡饮酒礼。因此，段氏认为
"泮""雝"二例，确凿不移，讥驳顾氏"绝不知其本义以及引伸假借之
用"（《享飨二字释例》）。

段氏凭借逻辑推演，以"大学之可行有行"来推证"小学亦可行及
有行"，作为古代四郊虞庠小学必曾有行乡饮酒礼之理据。

抑有进者，为破斥顾氏以乡射礼、乡饮酒礼只能施行于乡的攻击，
段氏由"飨"的词义，深入到乡饮酒礼制度内涵的钩沉、"乡"的名意的

考释,以期进一步为四郊虞庠小学有行此礼提供佐证。

（1）段氏特考证了乡饮酒礼的制度沿革。段氏发明乡饮酒礼之起于尚齿,学者但据《仪礼·乡饮酒礼》《周礼·地官司徒》谓此礼专以尊贤,不知其与养老礼"名异实同,实不尽同而无大异"。为此,段氏尝试直探乡饮酒礼的起源,阐明及至周代制礼时,乡饮酒礼方始转为专用于举贤能。请看段氏如何据文献来推断"乡饮酒礼不起于成周":

> 《豳风·七月》诗曰:"九月肃霜,十月涤场。朋酒斯飨,曰杀羔羊。跻彼公堂,称彼兕觥,万寿无疆。"传曰:"飨者,乡人饮酒也。乡人以狗,大夫加以羔羊。公堂,学校也。"……公刘乃后稷曾孙,计其时当夏之初已行此礼,是此礼起于虞、夏。

> 许叔重《说文解字》曰:"飨,乡人饮酒也。从乡、食,会意,乡亦声。"……黄帝、尧、舜始为此礼者,恐天下后世不知敬老,则不知孝弟,成周制礼,始用此礼以举贤能者,谓贤之可敬,同于老之可敬也。《乡大夫》"兴贤能"之文曰:"以礼礼宾之。"以者,用也,用古尚齿之礼也。（《经韵楼集·乡饮酒礼与养老之礼名实异同考》）

段氏据《七月》提及尚齿之"飨",诗咏夏初之公刘,而"飨"字造字本义为乡人饮酒,由此推断敬老尚齿才是乡饮酒礼最早礼义,只是记此礼尚齿之专篇汉初已佚（据《党正》注）。段氏进而揭示同为敬老、专篇亡佚的养老礼与乡饮酒关系密切:古之养老,用乡饮酒之礼,"综其实,盖亦不外乎乡饮酒之礼"。换言之,段氏通过阐发（扩充）乡饮酒礼礼义,因养老之施行无乡之限制,令古籍中一批言养老、正齿位的"飨"或"饮酒",均可视作乡饮酒礼（撤除用以尚贤者）,其中正包括顾以为大饮酒之《月令》"是月也,大饮烝"、《十月》"朋酒斯飨"、养庶老之《文王世子》注"天子饮酒于虞庠"等。

郑玄明确区分举宾贤能的乡饮酒礼、正齿位的党正饮酒礼与乡射前的饮酒礼。至孔、贾时已稍微改造了郑玄的理解,以"乡饮酒"为礼制通名,将党正、射礼前饮酒纳入其范围,统摄出四种场合下的饮酒礼。杜佑更参贾《疏》进而挖掘、扩充"乡饮酒"礼义:既可宾举贤能,也可正齿位、明长幼。(刘璐 2017:4-13)段氏不囿于成说,以传世有限的文献综合推求[①],发明已失载的古礼详情:乡饮酒礼最早礼义为敬老尚齿,有行于天子、诸侯大学(推及小学),比杜佑走得更远。

事实上,段氏的部分推断得到出土文献的证明。杨宽指出"西周时国王确实在辟雍(引按:天子大学)中举行乡饮酒礼的",举周穆王时《遹簋》有"乎(呼)鱼于大池,王乡酉(酒)"为证,大池即辟雍周围水池,并据《尹光鼎》《宰甫簋》"王乡酉(酒)"以商王更曾在驻防地行此礼。而《说文》说解中三个"飨"字亦当指乡饮酒礼。(杨宽 1965:285-288)故知顾氏以乡饮酒礼为只限施行于乡的范围(乡学、州序、党序),恐未必合乎历史事实。

(2)段氏又考证了乡饮酒礼取"乡"为名之意。从下面的驳顾氏以大学可行"乡射""乡饮"之礼则"名不正",更可看出段玉裁"以有考无"的理必方法。段氏先循训诂稽考"乡"之取名之意,反驳顾氏以"乡三物""乡八刑""乡大夫""乡先生""乡绅"等"乡"为行政单位之"乡",证国中有乡之说。段氏"以音考义",引《释名》:"乡,向也,民所向也。"证"乡"字有相向之意,并以字从𨙨(小篆),乃"言其居之相邻"[②],进而举《周礼·地官司徒》乡中人民相保、相受、相葬、相救、相赒、相宾;《孟子》"死徙无出乡"下言相友、相助、相扶持、亲睦,证明"乡"有相亲之意,而段氏指出礼莫重于民之相亲,故由此推断"乡饮酒礼""乡射礼""乡三物"等以"乡"命名,皆取相亲意,时人称"乡绅""乡贯"犹存古意,可以为证。"乡"非言地制,故不得以此证国中有乡,更不得据此谓"乡射礼""乡饮酒礼"专为六乡而设。(据段玉裁《经韵楼

---

① 袁媛(2016:149)曾指出:"段氏代表的思路更为科学,将反映古书面貌的多种材料纳入视野,依据材料的不同而采取不同的处理方法,……提高校勘的准确性。"

② 《说文》:"𨙨,邻道也。"段注:"道当为'邑',字之误也。"

集》）"乡"字甲骨文不从邑，而从卯从皀，象两人相向跪坐（），本义为相向共食①。学者认为乡邑称"乡"，更重要的是取义于"共食"，惟仍认同段氏所阐发的"相亲"义，并以之优于《说文》解释。（杨宽1965：288-289；姚伟钧 1999：13）。

段氏以当时材料结合训诂作合理推论，其在他的理性"发明"的基础之上一步步阐发四郊小学古制，似乎均不为重视版本、旧说的顾氏所理解和接纳。顾氏反复强调段氏"创造"事实（《顾千里集·与段茂堂大令论周代学制第三书》内十二见），并视之为子虚乌有之臆说。李慈铭（1830—1895）论段、顾论争，也说"段学固博奥，颇喜立新义，尽翻古人，不及先生持论谨慎尔"（王欣夫 2009：290）。李氏见"新"而惧，未能体察段氏之"新"有根有据，以为持论不谨慎，此实李氏之局限。事实上，段氏"立新义，翻古人"往往出于他理必推理之必然，是不得已而然之然。从这个意义上说，也可以说是他的学理特点。明乎此，段、顾据相同文献每得出截然不同结论、顾氏所不解保留经注异文、众说"必不是""必不可"者（《与段茂堂大令论周代学制第二书》），也就不难理解了。

## 三、结语

本文尝试通过段、顾论争中段玉裁三个重要论述所透露的理必思想，探讨段氏如何以理必之法治学。段氏踵武戴震所标举的"由文字以通乎语言，由语言以通乎古圣贤之心志"（《戴震文集·古经解钩沈序》），以小学训诂为贯通群经之梯航，集中探究古籍记载内容的工具（＝语言），以"求其是"为目标。"求是"固须参考版本明文，古人注、

---

① 　参香港中文大学《汉语多功能字库》，检自 http：//humanum. arts. cuhk. edu. hk／Lexis／lexi-mf／search. php？word＝%E9%84%89

疏,但最重要的是通过综合考察,推求和发明的古代文献语言的规律和经典义理的所以然。而要逼近此一境地,势将面对古书中众说纷纭的文字校释、制度稽考,尤其须克服文献不足征、前人说解未详等限制。为此,段氏认为研究者除须更广博的知识外,尤须"好学深思"——本文认为即逻辑推演能力,从而推究现有材料,做出裁断,甚至发掘新证,弥合其中缺环,自坚其说,一经理必,则泰山不移。由此发之使明的理据、结论,绝非凭空臆测,只是其中之"理"不限于明文所载(科学定律也不是能通过显微镜看出来的),因此对求实据者如顾千里而言(乃至部分当代学人),视段说为臆说或武断。[①] 殊不知,此段氏自觉为学之最"高"、最"精"者。此或为尝从其讲学的顾氏始终"不欲闻"之故(《经韵楼集·答顾千里书》),殊为可叹!

冯胜利(2018b:7-20)近年提出了"乾嘉理必"思想的理论,并进而指出:由皖派、章黄学派传承的、以演绎推论为利器的传统"发明之学",与胡适、傅斯年提倡重视材料、客观归纳的"发现之法",在治学理路上,迥然有别。倘循此思路上溯,我们发现,段、顾论争正好反映段氏继承自戴震,讲究道理必然、旨为发明的理必之学,已有不为后学所理解,预示两种学理之分道扬镳。本文认为段、顾最大分歧在于判断是非之方法准则:一重对材料的逻辑推理、裁断,以抉发及解释疑义,属理必之学;一重对原文的阐明、遵从,以保存古书旧说面貌,属文献考据之学。就乾嘉理必思想、理必之学而言,今天仍属一新领域,故而仍有待发展和探究。

---

① 诚如袁媛(2016:155)分析,当内证与外证发生矛盾时,段玉裁更相信自己的剖析与推断,"从当时的材料来看,段氏的推论难免争议,如果依他所言径改古本,无论如何都是冒险的。"段氏的理校因而遭到不少学者的批评,孙钦善(2006:142)批评段氏思想片面,自信太过,理校常有"武断臆改"。余敏辉(1997:230)指段氏"轻言理校,以臆妄改,写成定本又是大忌"。倪其心(2004:308)认为段氏未能贯彻区别"底本"与"立说"的主张。罗军凤(2008:96)批评段氏舍文本而据"义理"定《三传》异文,属"主观武断的学风"。

## 参考文献

戴　震著,赵玉新点校 2006《戴震文集》,北京:中华书局。

段玉裁 2008《经韵楼集》,上海:上海古籍出版社。

冯胜利 2015《乾嘉"理必"与语言研究的科学属性》//《中文学术前沿》编辑委员会编,《中文学术前沿》第9辑,杭州:浙江大学出版社。

冯胜利 2018a《王念孙"生成类比逻辑"中的必然属性及当代意义》//北京师范大学文学院主办,《励耘语言学刊》第1辑,北京:学院出版社。

冯胜利 2018b《论黄侃的"发明之学"与傅斯年的"发现之法"》//北京师范大学文学院主办,《励耘语言学刊》第2辑,北京:学院出版社。

冯胜利 2019《乾嘉之学的理论发明(二)——段玉裁《说文解字注》理必术语及论证之阐微》//北京师范大学民俗典籍文字研究中心编,《民俗典籍文字研究》第23辑,北京:商务印书馆。

顾广圻 2014《顾千里集》,北京:中华书局。

郭锡良 2010《汉字古音手册》,北京:商务印书馆。

何九盈 2013《中国古代语言学史》,北京:商务印书馆。

胡　适 2006《元典章校补释例序》//陈垣,《校勘学释例》,北京:中华书局。

孔颖达正义,吕友仁整理 2008《礼记正义》,上海:上海古籍出版社。

刘　璐 2017《经史互济:论杜佑〈通典〉对"乡饮酒"之诠释及现实意义》,经学与文化全国学术研讨会。

罗军凤 2008《论段玉裁的"义理校勘"——为段、顾之争进一解》,《西安交通大学学报》第3期。

刘梦溪 1996《中国现代学术经典·章太炎卷》,石家庄:河北教育出版社。

倪其心 2004《校勘学大纲》,北京:北京大学出版社。

乔秀岩 2014《学〈抚本礼记考异〉记》,《中正汉学研究》第1期。

孙钦善 2006《中国古文献学》,北京:北京大学出版社。

孙诒让撰,王文锦、陈玉霞点校 1987《周礼正义》,北京:中华书局。

孙志祖 1995《读书脞录》//《续修四库全书》第1152册,上海:上海古籍出版社。

王欣夫述,徐鹏整理 2009《文献学讲义》,上海:上海古籍出版社。

许　慎撰,段玉裁注,许惟贤整理　2012《说文解字注》,南京:凤凰出版社。

杨　宽　1965《古史新探》,北京:中华书局。

姚伟钧　1999《乡饮酒礼探微》,《中国史研究》第 1 期。

余敏辉　1997《段、顾之争与校勘原则》,《社会科学战线》第 3 期。

袁　媛　2016《也谈"段顾之争"——时代风气与个人治学的交织》,《文献》第 3 期。

郑　玄注,贾公彦疏,王辉整理　2014《仪礼注疏》,上海:上海古籍出版社。

（彭展赐　香港大学）

# 戴震"横被四表"说的学理探讨*

王　利　　冯胜利

**摘　要**　《尚书·尧典》:"光被四表,格于上下。"郑玄解为"尧德光耀及四海之外,至于天地",孔《传》作"光,充也"。戴震发现孔《传》与孙炎本《尔雅》相合,综合诸方证据,遂提出"《尧典》古本必有作'横被四表'者"之理必绝唱,谓"横被"即"广被","光"乃"横"字之讹。戴震虽明"光、横、广"诸字同源通用之义,但根据上下语境,其用字形讹误之说,旨在区分"光被""横被"实为二词,故"同源通用义"不能取代"具体语境义",并借此提出汉代有作"光被"版本存在之可能。与其相比,钱大昕不承认"光被"之版本之正当性,而王引之则用同源通义取代异词之别义,皆有失当。

**关键词**　尧典　光被四表　横被四表　戴震　王引之

## 一、引言

《尚书·尧典》:"光被四表,格于上下。"孔安国《传》:"光,充;格,至也。名闻充溢四外,至于天地。"郑玄《注》已佚,今存于《毛诗正义》中。《周颂·噫嘻》:"噫嘻成王,既昭假尔,率时农夫,播厥百谷。"郑笺引"光被四表,格于上下"。孔疏云:

---

*　本文系中国博士后科学基金面上资助项目"王鸣盛《尚书后案》研究"(项目编号 2018M643270)的阶段性成果。原文曾发表于《民俗典籍文字研究》2019 年第 2 期,据以收入时略有修改。

"光被四表,格于上下",《尧典》文也,注云:"言尧德光耀及四海之外,至于天地。所谓大人与天地合其德,与日月齐其明。"(《毛诗正义》卷十九之二)

郑玄解之为"尧德光耀",伪孔解之为"充"。汉唐以下,多无异议,各尊所闻。如程颐《程氏经说》云:"先儒训光作充,光辉照耀乃充塞也,其实一义。"盖糅合两家之义。又如林之奇《尚书全解》解此句,引曾氏曰:"光被四表,则与日月合明,而照临之功无不被;格于上下,则与天地同流,而覆载之功无不及",林之奇论曰"此说尽之",则全从郑义。至朱熹(2002:3155)则另辟蹊径,训之为"显":"光,显;被,及。……言其德之盛如此,故其所及之远如此也。……至于'被四表'、'格上下',则放其勋之所极也。"为蔡沈《书经集传》所袭用。

此后大致为朱、蔡之说所掩,直至清编修《钦定书经传说汇纂》,仍用蔡《传》,尊朱熹之义。清代前期,学者于此无甚发明,即有之亦鲜有声闻。如顾炎武《音学五书》考"横"古音黄,又音光,去声则古旷反,所引例证皆为后世学者习知习用,或因未以之释读"光被四表",故不为后学重视。又如姚范《援鹑堂笔记》考《汉书·王莽传》"昔唐尧横被四表",引何焯《义门读书记》云:"横读如横门之光。"方东树案曰:"横、桄、光音义同,何语疑有脱误。"(姚范 2002:653)今何焯书不载此条,当是方东树重编时所加。(王晓静 2015:20-24)何焯"横读如光"之义,既不载其《读书记》刻本[①],又至道光间夹杂于姚范《笔记》,则其于乾嘉学林一无影响。

## 二、戴震新解

真正有所发明,并且系统论述,辟为理必之始者,当是戴震。(冯胜利 2015,2018)

---

① 何氏《读书记》,有乾隆十六年(1751)初刊本六卷(含《春秋》三传、两《汉书》、《三国志》)、乾隆三十四年(1769)蒋维钧编刻本五十八卷等。据何焯(1987:2)。

乾隆十七年(1752)，戴震《屈原赋注》成书十二卷。《九歌·云中君》："览冀州兮有余，横四海兮焉穷。"戴注云："极中国四海，在其览观横被之内，令人思之弥劳也。郑康成注《礼记》云：'横，充也。'"（戴震1995b：631）与其《初稿》基本相合。（戴震 1995c：563）《屈原赋注·音义上》又云："横，古旷切。"（据戴震 1995b：741）戴震对"横被"音（古旷切）、义（充也）之理解，奠定此后之发明。

乾隆十九年(1754)，戴震"策蹇至京师"，结识新科进士纪昀、王鸣盛、钱大昕、王昶、朱筠诸"馆阁通人"［据钱大昕(1989：711)《戴先生震传》、段玉裁(1980：221)《戴东原先生年谱》］。翌年乙亥(1755)秋，王鸣盛客官京师，作《尚书后案》；戴震偶然过访，读其《尧典》注，为之论"光被四表"之"光"当作"横"，并引《尔雅》"光，充也"；退后，戴震"以为此解不可无辨，欲就一字见考古之难，则请终其说以明例"，故作《与王内翰凤喈书》（王鸣盛字凤喈，时任翰林院编修），为之详细阐明"光被"乃"横被"之误（据戴震《戴氏文集》）。不过，王鸣盛于戴震谢世十多年后方有回应。（王利 2015：329-348）

此后，戴震就此问题与友朋反复讨论，并将其说修订后写入《尚书义考》。据《与王内翰凤喈书》之戴氏后记得知，丁丑(1757)仲秋，钱大昕、姚鼐为之举二证；壬午(1762)孟冬，族弟戴受堂又举二证。乾隆四十三年(1778)，戴震逝世后，孔继涵刊刻《戴震遗书》（世称"微波榭本"），其中《戴氏文集》收录此文，于戴氏后记之后又附有洪榜所举之证，戴震生前当未曾获知（据戴震《戴氏文集》）；乾隆五十七年(1792)，段玉裁重新编校《戴氏文集》（世称"经韵楼本"），于洪榜所举例证之后，段氏又附一证（据戴震《戴东原集》）。至此，距离戴、王二人讨论"光被四表"问题已接近四十年。

## 2.1 "光被"必"横被"之误

在分析戴震之说前，需要最先说明的是，微波榭本、经韵楼本《戴氏文集》所收《与王内翰凤喈书》皆有脱漏,而阙文幸存于王昶《湖海文传》与王鸣盛《蛾术编》中。但经韵楼本成为后世定本,今通行本如1980年赵玉新点校本、1980年汤志钧点校本以及1995年《戴震全书》本、1997年《戴震全集》本,均以之为底本,皆因其旧,阙文遂晦而不彰①。下文引述以经韵楼本为准,必要时再做具体说明。

　　戴震的论述主要分为三步:第一步,光与桄;第二步,桄与横;第三步,光、桄与横。而最初的突破在于孔《传》与《尔雅》相合上,其云:

　　　　汉唐诸儒,凡于字义出《尔雅》者,则信守之笃。然如"光"字,虽不解,靡不晓者,解之为"充",转致学者疑。〔诂训之体,远而近之,不废近索远。〕②蔡仲默《书集传》"光,显也",似比近可通,古说必远举"光、充"之解何欤?

戴震认为汉唐诸儒解经,凡与《尔雅》相合者,皆笃信不疑。③至于"光"字,虽不做解释,也没有不理解的,孔传解之为"充",反而令人生疑。训诂体例,若能以本义解之,绝不会废而取引申假借义。至于蔡《传》解之为"显",看似浅近可通,但古注为何要舍近求远而取"光、充"之解呢?戴震自设疑问而引发如下逐步推论。

　　第一步,光与桄。戴震云:

　　　　(1)孔《传》:"光,充也。"陆德明《释文》无音切。孔冲远《正义》曰:"光、
　　　　　　充,《释言》文。"

首先引孔疏,指出孔《传》"光,充也"条出自《尔雅·释言》,并非孔《传》杜撰。是时,阎若璩、惠栋诸家辨伪古文、伪孔《传》,学界已然有舍伪孔而尊郑玄之风气。故戴震先言其说本诸《尔雅》,盖所来有自,非尽伪也。又云:

---

① 据戴震(1980:53-55,1995:277-279,1997:2235-2236)。详细考证可参考王利(2015)。
② 据王鸣盛《蛾术编》补。王昶《湖海文传》作:"诂训之体,远而近之,不几废近索远。"
③ 戴震治经犹重《尔雅》,如其《尔雅注疏笺补序》云:"《尔雅》,六经之通释也。援《尔雅》附经而经明,证《尔雅》以经而《尔雅》明。"(据戴震《戴震文集》)

（2）据郭本《尔雅》："桄、颎，充也。"注曰："皆充盛也。"《释文》曰："桄，孙作光，古黄反。"用是言之，光之为充，《尔雅》具其义。

《尔雅》孙炎本作"光"，而郭璞本作"桄"，由此可得光、桄不仅意义相同（皆训为充），而且在字形上更有关联。戴氏又云：

（3）虽孔《传》出魏晋间人手，以仆观此字据依《尔雅》，又密合古人属词之法，非魏晋间人所能。必袭取师师相传旧解，见其奇古有据，遂不敢易尔。

根据例（1）、例（2）两条的论证，戴震推断孔《传》"光，充也"之说不仅合理，而且来源有自，可以据信。以下便论证何谓"密合古人属词之法"，何谓"师师相传旧解"。

第二步，桄与横。戴氏云：

（4）自有书契已来，科斗而篆籀，篆籀而徒隶，字画偃仰，寖失本真。[1]《尔雅》"桄"字，六经不见。

在第一步找到"桄"与"光"的关系之后，便应自"桄"入手。由于戴震于《十三经注疏》"能全举其辞"（段玉裁（1980：216）《戴东原先生年谱》），所以他可以断言六经中无"桄"字。则其音义为何，六经中是否有近似字（或有其"词"）？故继之云：

（5）《说文》："桄，充也。"孙愐《唐韵》："古旷反。"《乐记》："钟声铿，铿以立号，号以立横，横以立武。"郑康成《注》曰："横，充也，谓气作充满也。"《释文》曰："横，古旷反。"《孔子闲居》篇："夫民之父母乎，必达于礼乐之原，以致五至而行三无，以横于天下。"郑《注》曰："横，充也。"疏家不知其义出《尔雅》。

六经无"桄"字，但"桄"载于《说文》，其义与《尔雅》同，其音则载于孙

---

[1] 戴震此说盖延续汉人以来关于文字演变之误说（特别是许慎《说文解字叙》），直至王国维作《战国时秦用籀文六国用古文说》诸文方大廓清。汉人不识"壁中书"之字，以为是早于篆籀之殷周"古文"，实际为战国时六国文字。（据王国维 1959：305-307）

恬《唐韵》,作"古旷切"(戴震作《屈原赋注》时已知晓)。考证出"桄"之音、义与"光"之音、义不同,实即通过"光"考出了有"充"义读"古旷反"的另一个词。以这一步为基础,此后论证才成为真正的转折点。戴震发现《礼记·乐记》《孔子闲居》两条郑注皆作"横,充也",而《释文》载其音亦皆作"古旷反"。不难看出,"桄""横"二字,音、义俱同。故云:

> (6)〔古字盖横、桄通。《汉书》"黄道"为"光道",则又古篆法黄(薁)、炎(芡)近似故也。六经中用横不用桄。〕①《尧典》古本必有作"横被四表"者。

古字"横"与"桄"相通,二字皆从木部,即"黄""光"相通也,举《汉书·天文志》"黄道,一曰光道"为证。《说文·黄部》:"黄,地之色也。从田从芡,芡亦声。芡,古文光。"②可知"黄"本即从"光"得声。而戴震关注点在二字之字形上,黄之古文为薁,光则作薁及芡,以为二字字形相近易混。于是戴震明确提出自己的观点:"《尧典》古本必有作'横被四表'者。"戴震并未否认作"光被"之版本意义,而认为一定还有另作"横被"的古本存在。

第三步,光、桄与横。戴震又云:

> (7)横被,广被也,正如《记》所云"横于天下""横乎四海"是也。

戴震提出"横被四表"之后,首先对"横被"进行解释。横被即广被之义,举《礼记·孔子闲居》"横于天下"、《祭义》"横乎四海"为证。戴震此处发明度越前贤,后来学者泛言"光""横""广"同音假借,不烦改字,无不由此启发而得也(但均忽略了戴氏这里阐明的是两个"词")。戴氏随之又云:

---

① 据《蛾术编》补。《湖海文传》作:"古字盖横、桄通,六经中用横不用桄。"
② "从田从芡,芡亦声",段玉裁《说文解字注》改作"从田芡声"。详见段玉裁(1981:698)。

（8）"横四表""格上下"对举。溥徧所及曰横，贯通所至曰格。四表言被，以德加民物言也；上下言于，以德及天地言也。《集传》曰"被四表，格上下"，殆失古文属词意欤？

戴震认为《尧典》古本必有作"横被"者，其义为"广被"，疏通字形、字义之后，便将这一"新词"其带入经文以作验证：尧德普遍所及于四海之人民，贯通所至于天地之上下。并用归谬法重新审查蔡《传》，若如朱、蔡所谓"被四表，格上下"，则不合古文属词之意矣，故当以"横四表""格上下"对举。此即前文所云"密合古人属词之法"。

最后，戴震便解释何以古本有作"横"而今本却作"光"，云：

（9）"横"转写为"桄"，脱误为"光"。追原古初，当读"古旷反"，庶合充霈广远之义。而《释文》于《尧典》无音切，于《尔雅》乃"古黄反"，殊少精核。

"横"与"桄"音（古旷反）、义（充也）俱同，且"黄""光"音形相近而易混，故"横"可转写为"桄"；而六经不用"桄"，盖又脱误为"光"字，如《尔雅》，郭璞本作"桄"，而孙炎本作"光"，是"桄"脱误为"光"之版本证据。故而《尧典》古本"光被四表"当作"横被四表"，"横"为"充霈广远之义"。

纵览戴震论证之始末，由孔《传》"光，充也"与孙炎本《尔雅》相合得到启发，又从《尔雅》孙炎、郭璞两本"光""桄"之不同，考证出"桄"与"横"相通，因此得出《尧典》古本必有作'横被四表'者"的论断；随后进行语义验证："横被"为"广被"之义；又进行句法验证："横四表"与"格上下"属词对举之法；最后，解释"横被"为何会变为"光被"，乃是"横"转写为"桄"，又误脱木旁所致。

戴震整个论证，逻辑清晰，结构严密，系统完整，今试将其论证结构分析如下①：

---

① 段玉裁在其《说文解字注》中将戴震这种理必思想及推理方法发挥得淋漓尽致，据冯胜利（2019a,b,c）等系列论文。

（1）发现问题——义训矛盾：

光本是常见字,不需解释也足以通晓,何以古训为"充"与常训矛盾呢?

"然如光字,虽不解,靡不晓者,解之为充,转致学者疑。……蔡仲默《书集传》'光,显也',似比近可通,古说必远举'光充'之解何欤?"可见戴震发现问题的敏感性。

（2）建立原则：戴震每做论断,必定申明原则为前提。

"汉唐诸儒,凡于字义出《尔雅》者,则信守之笃"（古人训释规律）;

"诂训之体,远而近之,不废近索远"（训诂以本义优先,引申假借义次之）;

"古人属词之法"（上下两句,语义一一对照）。

（3）论证①：由"光"发现"桄"字。

孔《传》"光,充也"与《尔雅》相合;

孙炎本作"光",郭璞本作"桄";

则"光"与"桄"意义相同,字形相近（版本异文）。

（4）论证②：由"桄"发现"横"字。

"《尔雅》'桄'字,六经不见";

"桄"与"横"音（古旷反）、义（充也）俱同,形相近（光、黄近似）,"古字盖横、桄通"。

"六经中用横不用桄"。

（5）结论必然：

"《尧典》古本必有作'横被四表'者"。

（6）验证①：语义层面。

戴震并无内证支持,故得出结论后,做出了一系列验证。首先从语义层面将"横被"释为"广被","广"有充扩之义,也是动词,同时提供旁证:"横被,广被也,正如《记》所云'横于天下''横乎四海'是也。"

（7）验证②：语法层面。

戴震认为横—格、被—于、四表—上下一一对应，词性、功能相同："'横四表'、'格上下'对举。溥徧所及曰横，贯通所至曰格。四表言被，以德加民物言也；上下言于，以德及天地言也。"

（8）归谬演绎：

验证后立即回斥误说，即"被四表，格上下"不合古人用词之法："《集传》曰'被四表，格上下'，殆失古文属词意欤？"古人语感是"横四表、格上下"，《集传》的解读是"被四表，格上下"与古人的语感大相径庭。

（9）误源推证：

戴震认为造成这种误解的根源在于传写讹误（他并未选择"光""横"相通说，理由详见下文）："'横'转写为'桄'，脱误为'光'。"后人就脱误的"光"字为解，丢失了"光"字代表的"横/桄"这个词。

（10）经义重申：

戴震又带入《尚书》经文上下语境之中，认为经文本义当作"横被"："追原古初，当读'古旷反'，庶合充霩广远之义。而《释文》于《尧典》无音切，于《尔雅》乃'古黄反'，殊少精核。"

（11）理念发明：

最后提出自己的治学理念："信古而愚，愈于不知而作，但宜推求，勿为株守。"这话非常之重：尊信古书但不思考，比不懂而大放厥词还有过之！所以他告诫：不要墨守成规。怎么办呢？这就是他发明的理必学路：但宜推求——唯有用严格的逻辑方法推求才是正路。这后半部分就是太炎先生给皖派总结的"综刑名、任裁断"，也是太炎先生自己的座右铭："学问之事，终以贵乡东原先生以为圭臬耳。"（吴承仕 1982：349）

## 2.2 "光被"与"横被"分属不同系统

如戴氏后记所云，乾隆二十二年（1757）仲秋，钱大昕为之举一证：

《后汉书·冯异传》永初六年安帝诏"横被四表,昭假上下"。姚鼐又为之举一证:班固《西都赋》"是故横被六合,三成帝畿"(《后汉书·班固传》)。二十七年(1762),族弟戴受堂为之举二证:《汉书·王莽传》"昔唐尧横被四表",王子渊《圣主得贤臣颂》"化溢四表,横被无穷"(《汉书·王褒传》)。四条书证皆在两《汉书》中。

戴震在得到友人举证后,便对其说进行修订,大约在壬午、癸未年间(1762—1763),将之写入《尚书义考》。《尚书义考》系戴震未成书之一种,原定二十八篇,最后只成《虞书》一篇(二卷),但是书《义例》堪称详备,且从已成的二卷来看,于经文异同考订,一丝不苟,博采汉宋,折中去取。(据戴震 1995a:3-4)大约可见,此书应该是戴震著述计划中《尚书》学定论之作。《义考》乃为经作注,故其论证体例又有不同。略述如下。

经文"光被四表,格于上下",小字注曰:

"光",当从古本作"横",《尔雅》《说文》并作"桄"。(戴震 1995a:22-23)

先提出异文,后又引《尔雅》(附孔《传》)及孔疏,然后才是案语。戴氏先举钱大昕诸人所举四证,说明汉人作"横被"之例;后引《尔雅》《说文》之"桄"字,云:

盖古字"桄"与"横"通用,遂讹而为"光"。

仍用字形讹误说,与前相同。此后便对"横,充"之义作解,引《礼记》及郑注,随之申明伪孔《传》"应是袭汉人旧解经之文义",并串讲经义曰:

"横四表""格上下"对举,充盛所及曰横,贯通所至曰格。四表有人民,故言"被"。上下谓天地,故言"于"。

以上之论述,大致皆由《与王内翰凤喈书》删减而来。末尾一段,则有所增补:

《诗·周颂·噫嘻》篇郑笺举"光被四表,格于上下"二语,疏引注云:"言尧德光耀及四海之外，至于天地。所谓大人与天地合其德，与日月齐其明。"此所谓注，或马、郑、王之注，然以光为光耀，则汉时相传之本亦自不一。蔡氏沈云"光，显也"，又以"被四表，格上下"对言之，失古人属辞之意。

在《与王内翰凤喈书》中，戴震多针对蔡沈《集传》而发，并未提及《噫嘻》疏所引的《尚书注》，于此则一并讨论。戴震尚未能确定为谁家之注，故泛言"或马、郑、王之注"[1]；又云"汉时相传之本亦自不一"，则据《噫嘻》疏所引汉人注，证明当时相传之本亦有作"光被"者。此与"《尧典》古本必有作'横被四表'者"可前后照应，前说论断"横被"之必然存在，待友人为之举证后，又见汉注"以光为光耀"，则肯定汉时相传之本自不同，一义也。即戴震认为"光被""横被"皆是汉人所传之本。

可见，《尚书义考》之论证虽然不如《与王内翰凤喈书》之绵密谨致，然补入郑玄"光耀"之注，汉宋之说，皆有交代，且缜密求是之意更为显明——汉世"光""横"皆有传本，而以义言之，当以"横"为是。故可视为戴震"光被四表"之说的定论。但《尚书义考》为未竟之书，不如《与王内翰凤喈书》流传深远，故自乾嘉诸儒以迄近世学人，引戴说多以《与王内翰凤喈书》为准，实欠周全。

## 三、戴说之传承与发展

戴震逝世后，其学说为后学所重、所传，从钱大昕为之所作《戴震先生传》中可窥见其详，而特称赞此例，云：

尝谓儒者治经，宜自《尔雅》始。世所传郭注已删节不全，邢疏又多疏漏。如《释言》"柍，充也"，六经无"柍"字，郑注《乐记》《孔子闲居》皆训"横"为

---

[1] 今案：此时辑佚尚未成风气，于马融、郑玄、王肃三家《书注》之辨析亦未深入，在《四库全书》开馆纂修，特别是王鸣盛《尚书后案》刊行后，其学方渐成熟。

充,"横""桄"古通用,《书》"光被四表",《汉书》引作"横被",今孔传犹训
"光"为充,文诡而义不殊也。……其考证通悟多如此。

江藩(1983:87)《国朝汉学师承记》、钱林(2002:336)《文献征存录》
论及戴震学术,亦本大昕之文。嘉庆二十三年(1818),阮元为江藩《国
朝汉学师承记》作序,对戴震推重有加:

> 元又尝思国朝诸儒说经之书甚多,以及文集说部,皆有可采,窃欲析缕分
> 条,加以翦截,引系于群经各章句之下。譬如:休宁戴氏解《尚书》"光被四
> 表"为"横被",则系之《尧典》。(《国朝汉学师承记》卷首)

阮元所拟编纂计划,后来成为《皇清经解》。戴震学说和影响贯穿有清
一代直至民国初年,胡适在作《清代学者的治学方法》时,有意识地挖
掘清代学者的科学方法,文章最后专辟一节,"引清学的宗师戴震论
《尚书·尧典》'光被四表'的光字的历史作为最后的一条例,作为我这
一篇方法论的总结束"。(胡适 2006:170)足见戴震"光"字之考证,
代表和奠定了他"理必之学"历史地位,既是他个人学术成就之显例,
又是近三百年中国学术之骄傲。戴震"横被"之说所以流传深远者,正
在于斯。此后学者大致沿戴震路线继续探求,不过与其观点、方法、理
念皆有不同出入,以下分别从其友人(钱大昕)、弟子(段玉裁)、后学
(王引之)等分别来反观戴震的思想之一偏①。

## 3.1 钱大昕

钱大昕是戴震此说的亲历者,曾为之举证,后又将之写入《廿二史
考异》(钱大昕 2004:200):

> "横被"即《书》"光被"也。《汉书·王莽传》"昔唐尧横被四表,无以加
> 之",《王褒传》"化溢四表,横被无穷",班固《西都赋》亦云"横被六合"。盖

---

① 关于戴震新解在清代学术史上的具体流传及其范式价值,详见王利、冯胜利(2023)。

《尧典》"光被"字,汉儒传授本作"横"矣。《释言》:"桄、颎,充也。""桄"即"横"字,古文"允"为"芡",与"黄"相似,故"横"或为"桄"。孔传出于魏晋之间,《尧典》"横"已作"光",而训"光"为"充",犹存古义。后世因作光辉解,失汉儒之本旨矣。

以"横"与"桄"同、"横"误为"光"等,说与戴震同。不过末尾云"后世因作光辉解,失汉儒之本旨矣",否定了汉代有作"光被"本《尧典》存在的合理性或可能性,透露出钱大昕仍然未能理解"光被"同时存在的可能及其经学意义。他确实认为两者是不同的词(与戴震相合),但他只认可"横被"是合理的(推尚戴震)。也正因为此,他对史书中大量"光被"的例子没有给予充分的重视①。

## 3.2 段玉裁

段玉裁(2002:5-7)以为古文《尚书》作"光",今文作"横",不认同其师戴震所谓"光"为"横"之讹误,认为"横""光"皆是"桄"字之假借。具言之,"横"与"桄"通,而"光"乃"桄"之假借。段氏之所以从语言而不从字形裁断迷离,是因为古文、今文皆与《尔雅》《说文》故训合,而且典籍引文俱在,不容抹杀任何一方。故云:

> 郑君释以"光耀",此就本义释之;伪孔云"光,充也",此就假借释之。

言假借,是看到了另一个词隐藏其间。他所以认为今、古文皆可通的原因,是说两个词皆可得解(但不意味着"一词两解")。正因如此,他又认为"用今文注古文也(按,即假借注法),古、今文字异而音义同,伪孔训为长",意即用今文"桄,充也"注古文"光"(光是桄的假借),"光""桄"古今文字异而音义皆同,所以伪孔"光,充也"的解释更胜一筹。之后有进而论证"横""桄"通用,云:

---

① 两《汉书》、《三国志》"光被"之例甚多,钱大昕均未论及。

第二章 科学方法类

　　然则桄是本字,横是假借字。横之古音读如黄,亦读如杭,用为桄之假
借,则读如光,而恢郭之义。则汉后,横、桄皆切古旷,今俗谓器物之横木,亦
古旷切,此古今语有轻重也。

　　段氏之说不拘泥于字形讹误,脱离形体限制,辨别诸字之本义与假
借义,可谓深得其师之心。他将"光被""横被"分析为两个词,而非"一
词两解",同样不取同源义通之说而致模糊两者不同之境地。这是他
与戴震意旨尤为契合之处。后世学者若不察其因形考词之前因后果,
徒以今、古分区分"光""横"而苛责之[①],则失茂堂之意远矣。

## 3.3　王引之

　　王引之(1975:65-66)先节引戴震《与王内翰凤喈书》,随即提出已说:

　　"光""桄""横"古同声而通用,非转写讹脱而为光也。三字皆充广之义,
不必古旷反而后为充也。

此后依次论证:第一,辨"光"非讹字,枚举十余条书证;第二,论"光"
"横"义同;第三,论证"光""广"声同义通。最后,总结云:

　　"光被"之"光"作"横",又作"广"。字异而声义同,无烦是此而非彼也。
至"光""格"对文,而郑康成训"光"为光耀,于义为疏。戴氏独取"光,充也"
之训,其识卓矣。

"光被"之"光"与"横"通(第二步论证),又与"广"通(第三步论证),
三字音义同(按,此乃同源义同,而非派生义同),无需是此而非彼。

　　王引之对文献材料掌握非常全面,对音同义通之理也无丝毫犹疑
(并未理会今、古文异同之影响)。反观戴震之论证,"黄""光"相通,
"横""桄"相通,"横被,广被也",要点皆已显明,而戴氏强调"光,斥"
之义,虽取字形讹误之说,其旨在说明这里牵涉音义不同的两个词。不

---

① 　此后陈乔枞考证"光被""横被"皆属今文。(据陈乔枞《今文尚书经说考》)

如此无法说"必"。而王引之也在前人材料的基础上，继承其父，发明同源义通之理而弥合不同之说，与戴震论证之方法相师而有异：东原之说，层层推演，环环相扣，有验证，也有证伪（针对蔡《传》非郑注），得出一形两词故必有讹变之说，最后断以"理必"——古本《尧典》必有作'横被'者。而伯申则主要在排比书证，类聚音近义通之同源属性，达到段玉裁所谓"求义则转移皆是"的彼此兼通之地步，其所持自有逻辑体系隐含其中。但读者须知：用"同源通用义"，如"三字皆充广之义"则无法推演"理必"，不仅如此，更不能解"举物定名难假"的单词①。词的"具体语境义"是解文训诂（而非同源训诂）的释义原则，而后者正是戴震和段玉裁之意旨之所在。

由此引起我们的深思：钱大昕作为戴震"横被"说的直接亲历者，似乎震撼于戴震理必之意，因而对"横被"一说执念甚强，以至对史书中的"光被"例证均未足与见。段玉裁作为戴震的弟子，更深得其法，从本义、假借义上严格区分经文语言层面之意义，又从同源词族上聚合桄、横等实为一字，料理清晰，从未混淆两者：前者为具体语境义，后者为词族义。然而，到了下一辈的王引之，理必之学的势头未见其强，反似稍弱：他则将两者合二为一，以同源义通之理，消弭了经文层面的独特意义。

当然，我们知道，清代其他学者的论述尚多，从学术史而言，有其历史价值，不过从学理来看，大都不出以上三种类型，特别是到乾嘉后期，一般学者都采用王引之声同义通式的说法。逻辑理必的继承与发展，似乎没有比戴、段更强。

## 四、结语

戴震于《与王内翰凤喈书》末尾云：

---

① "求义则转移皆是，举物则定名难假"，详见段玉裁《说文解字注》一篇上"天"字。

仆情僻识狭,以谓信古而愚,愈于不知而作,但宜推求,勿为株守。例以"光"之一字,疑古者在兹,信古者亦在兹。

所谓"疑古者""信古者",当时学界一般以为疑伪孔与信汉儒。而戴震所指,却非如此截然二分:疑伪孔,亦信伪孔;信汉儒,亦疑汉儒,盖尽在"但宜推求,勿为株守"八字中。由孔《传》"光,充也"与《尔雅》"桄,充也"相合,而牵引出"横"字,又独取"充"义,此乃王引之所云"其识卓矣"!通过与其他学者对比,殊可见戴氏超越时代之特质就在一个"必"字之上。何以然哉?下面粗胪数耑,以示一斑。

首先,为何一定要读"古旷反"才能"庶合充霩广远之义"?

因为戴震想要解决的是音义关系问题,是语言的问题。唯有如此才可以言"必"!他最初的疑问在于:读为"古黄反"的"光"如何有"充"义?最后发现"充"义所对应的字(=词)当是"古旷反"的"桄""横"二字。这种以义正音之法,就是他所说的"疑于义者,以声求之;疑于声者,以义正之"(《转语二十章序》)的"语言之学"。

其次,若读"古黄反",即作"被四表""格上下","被""格"为动词,则"光被四表,格于上下"两句就无法完全对照。而若读为"古旷反"作"横",则"横""格"为动词,"被""于"为介词,"四表""上下"为名词,两句便一一对应,所以戴震特别提出"'横四表''格上下'对举。……《集传》曰'被四表,格上下',殆失古文属词意欤"。因此要符合"充霩广远之义"必须读为"古旷反",这是从语法角度得出所以如此之"法"(=必的前提)。

最后,戴震将"光被""横被"视为两个词,分属两个不同的系统。"光"字,在理论上可与许多字相通,但在具体的文献版本中,其能诠释的方向是受上下文意约束的(即"词义"与"文意"之别)。如果说前者是同源相通的话,那么后者则属于文献训诂层面。(冯胜利 2019c)戴震与王引之所作都是从寻求形音义关系上得到突破,不过两者出发点完全不同。戴震从经文解释入手,最后又回到经文本身上,他所谓"追原古初"是追寻经文"本义"之"古初";而王引之的论述很大程度已经脱离《尚书》之文本,是在探求字与字(或词)间的相通原理。戴震最后没有用光、横相通的解释,并非是他不理解,而是他认为不能脱离具体文献版本的语境约束而只论词群同源之义的相通(词族同源)。词族义可以统观义类,但不能解释具体上下文的确定词义。而唯有后者可以通过上下文语境才能验证其"必"。

　　戴震的理必是跨时代超越历史的革命性的学术突破,这可以从反对戴震新说者看出来。譬如,王鸣盛于戴震谢世十几年后重论旧事,不仅学术上要"不相为谋",在德性上的批评更大过学术争论,已夹杂个人情感于其中;根源在于墨守郑氏,故与戴震学理大异。(王利 2015)不仅王鸣盛,翁方纲(2002:516)《两汉金石记》所论则更具代表性,其以三国碑文作"光被"为证,认为"其为东汉以来传诵如此之本,可无疑者",而戴震"必谓古本《尧典》作横被四表","矜言复古,其亦可以不必矣";并云假使古本有作"横被"者,"亦当两存";但就"义理"而言,"光被"之义更足。不仅说明当时学者对"理必"学说难以接受,而且还存在很多的误解和不解。事实上,不少清代学者引用戴震之说,多在"《尧典》古本必有作'横被四表'者"处产生误解,远不止翁氏一人如此。事实上,戴震并未否定"光被"本之存在,且在《尚书义考》中就郑玄佚注特别阐明"汉时相传之本亦自不一",此即两并互存之意也。翁氏唯一反驳之点,或在"光"之"义理"更足上。殊不知,其所谓"义理"乃经学训诂之所本(冯胜利 2019c),非戴震文献训诂之主旨也[1]。

　　纵观近三百年之学术脉络,可见戴震发皇理必之学于前,謦欬回响于后,几代学人大都沿着戴震启示之方向进行研究,绵延不绝以至于今。余英时(2000:118)有云:"盖晓征虽博雅,毕竟所为者只是抬轿子

---

[1] 类似情况尚可见诸魏源,其欲尊西汉今文而黜东汉古文,虽袭取戴、段之说,但未能明辨今、古文,又于经书版本与文字通假之概念异同流于疏阔,故所说多混乱。(据魏源 2004:4)

的学问;而东原治学则贵精而不务博,以闻道为归宿,这才是坐轿子的学问。"其实,在我们看来,东原心目中所骄傲的、所向往的,是他的"理必之学",或如太炎先生《清代学术之系统》(徐亮工 2006:34)中所说的,是政务官(统管事务的大脑),而不是事务官(办事的手足)。

## 参考文献

蔡　沈 1983《书经集传》//《四库全书》第 58 册,台北:台湾商务印书馆。

陈乔枞 2002《今文尚书经说考》//《续修四库全书》经部第 49 册,上海:上海古籍出版社。

程　颐 1983《程氏经说》//《四库全书》第 183 册,台北:台湾商务印书馆。

戴　震 1778《戴氏文集》//戴震《戴氏遗书》之二十三,清乾隆四十三年微波榭本。

戴　震著,汤志钧点校 1980《戴震集》,上海:上海古籍出版社。

戴　震著,赵玉新点校 1980《戴震文集》,北京:中华书局。

戴　震 1995a《尚书义考》//戴震,《戴震全书》第 1 册,合肥:黄山书社。

戴　震 1995b《屈原赋注》//戴震,《戴震全书》第 3 册,合肥:黄山书社。

戴　震 1995c《屈原赋注初稿》//戴震,《戴震全书》第 3 册,合肥:黄山书社。

戴　震 1995d《东原文集》//戴震,《戴震全书》第 6 册,合肥:黄山书社。

戴　震 1997《戴震全集》第 5 册,北京:清华大学出版社。

戴　震 2002《戴东原集》//《续修四库全书》集部第 1434 册,上海:上海古籍出版社。

段玉裁 1980《戴东原先生年谱》//戴震著,赵玉新点校,《戴震文集》,北京:中华书局。

段玉裁 1981《说文解字注》,上海:上海古籍出版社。

段玉裁 2002《古文尚书撰异》,《续修四库全书》经部第 46 册,上海:上海古籍出版社。

冯胜利（待刊）《理论训诂学讲义》。

冯胜利 2015《乾嘉"理必"与语言研究的科学属性》//《中文学术前沿》编委会编,《中文学术前沿》第 2 辑,杭州:浙江大学出版社。

冯胜利 2018《论黄侃的"发明之学"与傅斯年的"发现之法"》//北京师范大学文学

院主办,《励耘语言学刊》第 2 辑,北京:学院出版社。

冯胜利 2019a 《乾嘉之学的理论发明(一)——段玉裁《说文解字注》语言文字学理论阐微//北京师范大学民俗典籍文字研究中心编,《民俗典籍文字研究》第 23 辑,北京:商务印书馆。

冯胜利 2019b 《乾嘉之学的理论发明(二)——段玉裁《说文解字注》理必论证与用语札记//北京师范大学民俗典籍文字研究中心编,《民俗典籍文字研究》第 24 辑,北京:商务印书馆。

冯胜利 2019c 《训诂的属类与体系——论经学训诂、子学训诂、史学训诂、文学训诂的独立性》,《古汉语研究》第 3 期。

顾炎武 1982 《音学五书》,北京:中华书局。

何　焯著,崔高维点校 1987 《义门读书记》,北京:中华书局。

胡　适著,陈平原编 2006 《胡适论治学》,合肥:安徽教育出版社。

江　藩著,钟　哲点校 1983 《国朝汉学师承记》,北京:中华书局。

林之奇 1983 《尚书全解》,《四库全书》第 55 册,台北:台湾商务印书馆。

钱　林 2002 《文献征存录》,《续修四库全书》,上海:上海古籍出版社。

钱大昕撰,方诗铭,周殿杰校点 2004 《廿二史考异》,上海:上海古籍出版社。

钱大昕著,吕友仁点校 2009 《戴先生震传》//钱大昕《潜研堂集》,上海:上海古籍出版社。

王　昶 1995 《湖海文传》,上海:上海古籍出版社。

王　利 2015 《戴震〈与王内翰凤喈书〉真伪考》//香港中文大学中国语言及文学系编,《明清研究论丛》第二辑,上海:上海古籍出版社。

王　利,冯胜利 2023 《戴震"横被四表"之说在清代的影响》//华学诚主编,《文献语言学》第 16 辑,北京:中华书局。

王国维 1959 《观堂集林》,北京:中华书局。

王鸣盛 2002 《尚书后案》,《续修四库全书》经部第 45 册,上海:上海古籍出版社。

王鸣盛 2002 《蛾术编》,《续修四库全书》子部第 1150 册,上海:上海古籍出版社。

王晓静 2015 《〈援鹑堂笔记〉版本考》,《西南交通大学学报》第 3 期。

王引之 1975 《经义述闻》,台北:世界书局。

王顼龄 1983 《钦定书经传说汇纂》,《四库全书》第 65 册,台北:台湾商务印书馆。

魏　源 2004 《书古微》//魏源《魏源全集》,长沙：岳麓书社。

翁方纲 2002 《两汉金石记》//《续修四库全书》史部第 892 册,上海：上海古籍出版社。

吴承仕 1982 《章炳麟论学集》,北京：北京师范大学出版社。

姚　范 1995 《援鹑堂笔记》//《续修四库全书》子部第 1148 册,上海：上海古籍出版社。

余英时 2000 《论戴震与章学诚》,北京：三联书店。

章太炎 2006 《清代学术之系统》//徐亮工编,《中国近三百年学术史论集》,上海：上海古籍出版社。

朱　熹 2002 《朱子全书》,上海：上海古籍出版社,合肥：安徽教育出版社。

（王　利　香港树仁大学;冯胜利　北京语言大学/天津大学语言科学研究中心）

| 第三章 |

# 文　字　类

# 乾嘉之学的理论发明(一)
## ——《说文段注》语言文字学理论阐微<sup>*</sup>

### 冯胜利

**摘　要**　文章从当代语言学角度阐释段玉裁《说文解字注》中所涵蕴的深刻学理和理性思维,其中包括:意(signified meaning)与义(meaning of signifier)的不同,字义(character-meaning)与词义(word meaning)的对立,取意(signifiability)与元义(minimal atomic sememe)的原理,断代字意(chronological form-meaning)与断代字感(chronological form-intuition)的问题,古义(old meaning)与根义(root meaning)的关系、元义素(undividable sememe)与复合义素(compound-sememe)的分别,以及声义同原(sound symbolism)与义隔而通(diferent-but-connected meanings)等。文章认为:段玉裁所代表的乾嘉学术包含着可为后世不断开发和汲取的科学思想和方法,是建立汉语语言学不可轻忽的重要源泉。

**关键词**　段玉裁　《说文解字注》　意与义　断代字意　声义同原

---

\*　本文是我给硕士班讲授《说文解字》课的一个讲义。我从 2012 年至 2017 年在香港中文大学中文系讲授此课凡三次,第一次的讲课录音蒙钱珍同学转录成文,给这个札记打下基础。此后又在第二次、第三次授课中,不断加以校订和修补才成初稿。在初稿基础上,朱生玉同学进行了细致的整理,去粗取精、依讲解内容分类排列且摘出数十条术语附之于后而编排成册。虽然成册后又经几次修订和审校,但仍未惬意。窃谓与其封之于匣而无日关注,不如公之于众而即可蒙教。于是从 110 条札记中择取 10 余条内容相关者,奉之专家同行,以求指正、赐教。与此同时,我还要特别感谢编辑部诸位同仁之鼓励、支持以及在文字编辑上的协助与贡献。没有他们的督促和帮助,本文不会如此顺利与读者见面。

　　段玉裁《说文解字注》,研究者多关注其于许书体例发凡、形音义关系论述、训诂实践方法、文献与专书互证诸方面。于乾嘉学术之成就,发掘既多。然此考据成就之底层,有无系统之理论发明? 若无,畅茂之林宁起硗确之地? 若有,其根系体貌如何,扎深几许? 其中深奥处,尚未见系统发明。遂有人以为此学缺乏理论,而应声者众。悲乎!"玉在山而草木润,渊生珠而岸不枯。"观草木崖岸,则珠玉可知也。木有朴,判而得之者材也;玉有璞,剖而视之者玉也。然朴璞有实而不显,尚质也;英荣无实而有光,尚文也。谓朴无材、璞无玉,则蔽也。蕴藟不见,朴之过欤,抑工之过也? 今既为工匠,当依朴之原质,遴举《段注》数条,试为剖判。拘于其书体例,先见其节目之细,构件之工,照应之密,知必更有体大思精之体系在焉。其若欲还其宫室之恢宏,堂屋之井严,构架之密致,铆榫之契合,请俟异日。

## 一、字意,断代字意,断代字感

　　《止部》**止,下基也**。与丌同部同义。**象艸木出有阯**。止,象艸木生有阯。中象艸木初生形,屮象艸过中,枝茎益大,出象艸木益滋上出达也。**故曰止为足**。此引伸假借之法。凡以韦为皮韦,以朋为朋党,以来为行来之来,以西为东西之西,以子为人之称,皆是也。以止为人足之称,与以子为人之称正同。许书无趾字,止即趾也。《诗》"麟之止",《易》"贲其止""壮于前止",《士昏礼》"北止",注曰:"止,足也。"古文止为趾,许同郑,从今文,故不录趾字。如从今文名,不录古文铭也。或疑铭、趾当为今文,名、止当为古文,周尚文,自有委曲烦重之字不合于《仓颉》者,故名止者古文也,铭趾者,后出之古文也。古文《礼》、今文《礼》者,犹言古本、今本也,古本出于周,从后出之古文;今本行于汉,转从最初之古文。犹隶楷之体,时或有舍小篆用古籀体者也。诸市切。一部。**凡止之属皆从止**。①

────────────────

① 文中每条所涉《说文解字注》的原文及标点,均据许维贤的整理本。每条中加粗部分为许慎《说文解字》原文,未加粗部分为段玉裁注文(反切为大徐所加)。"阐微"部分均属作者对段注精华的个人体会和理解,因此多少不等、深浅不一,关注视角和侧重之点也有所不同,一视具体内容和个人见解为准。凡此种种,是耶非耶,悉待方家学者是正为盼。

## 1.1

《说文》解释"𡳿"的意思是"下基也",它的构形是"象艸木出有阯"。与甲骨文的"𐊬"相比,许慎的解形显然是错的。甲骨文像"脚趾张开的脚掌",是"脚底板"或"脚趾"的形象。读《说文解字》首先要清楚的是,根据小篆字形解释的"**字意**(＝文字构形的意图)"和甲骨文、金文有很大不同。这里可见一斑。

## 1.2

小篆的字意和金甲文不同,原理是小篆有自己独立的系统。段玉裁用止、屮、𡳿、出四个草木生长的独体象形字说明其造字系统。这是他在断代"**字感**"(比较"语感"和"断代语感"的概念)上有自觉意识的表现。这正是今人所缺少的。**字感**指的是对字形上附载着哪些和词义相关的构意或取意的系统认识,它是沟通字形及其笔意所记录的系统意义和词之间的感官反应,亦即人们看到一个字形时的刺激反应(包括字的构意和词的取意)。字感以语感和构字系统为基础。字感不是一成不变的,它随着时代的不同而不同。如上举之"止"字,甲骨文和小篆给人的字感是不同的,这是由于不同时代的字感差异(构意系统的差异)所造成的,这就叫作"断代字感"。简言之,甲骨文有甲骨文的字感,篆文有篆文的字感,隶书有隶书的字感,楷书也有楷书的字感。不同时代的书写体系有不同时代的字感,就如同不同时代的语法有不同时代的语感一样。这一点至今还没有引起古文字学家在构建文字理论时的注意和重视。

## 1.3

许慎的文字学中,有几个相关但有区别的不同概念,必须注意它们的区别,强调这点非常重要:字意≠字义≠词义。今天的文字学家似乎还没有很好地区别这三个概念。举例而言：

字意＝象艸木出有阯　　　字形取象的意图

字义＝下基也　　　　　　字意的意旨（表达字意的核心词的词义）

词义＝足　　　　　　　　该字代表的词在语言使用中的意思

　　《说文》"止"字的训释比较清楚地揭示了许慎的文字学概念和体系。这里我把它们离析、揭示出来，供从事文字、训诂之学的同学和同行思考研究。

　　需要进一步说明的是：字义是字意和词义沟通的桥梁，即通常所说的本义（见下文对"匕"字的阐释）。给某个词造字即以某一个词义为基点来设计字形，所设计的字形反映的构造意图，叫"**字意**"，也叫"造意"或构意。字和词结合起来的意思是字义，如"本"的字义是"根"。词义是指脱离于字而附着于声音的意义（早于字的意义）。字义和词义可以重合，但本质上不是同一个范畴的概念。字**义**取之于词义，亦即把一个词义当作一个对象来造字，怎么造字、怎么表现这个词义，要经过一定的设计，这个设计的意图就是字**意**。词义有很多（包括临时的），老百姓可能根本不识字，却能知晓某个词所表达的意义是什么。造字要以意义为依据，而造字者一般都用该词最常见、最基本的意义来造字，他们是根据词感来选择的。字义是词义中的一个义项。如"本"有树根、源头等多个意义。造字时只选择了"树根"义作为构形的依据。[①] 但给"树根"义造字时如何来表现或设计呢？是画一个木头底下带有凌乱的根儿的形象，还是画木头底下附有一标识符号的形象？这个整体设计所反映的意图，就是字的**构意**。总之，**字意**、字**义**和**词义**，是三个不同的范畴或层面，是一个现象（如"本"）的三个不同系统的反映。

　　词义是指某个词在语言实际使用中的意思。词义是客观存在的，

---

① 也可以说是用词义中最容易表现的一个意义来造字。

并为语言使用者所熟悉的。字是记录词的,字又有字义,相当于本义(定义见上),也是在文献语言中使用的意义。有时候,人们并不知道某个字的字义是什么(因为时代久远等方面的关系),但知道某个字的词义是什么。同时,字义又由构意体现出来。字意是造字取象的意图,字义是沟通字意和词义的桥梁。譬如"齐"字,《说文》训"禾麦吐穗上平也"。显然,这不是"齐"的词义,其词义是"齐、整"。"禾麦吐穗上平"可分解为两部分:一是"禾麦吐穗",讲的是字意;一是"上平",讲的是字义。可见,"禾麦吐穗"这一构形的意图是提示字义"上平",而字义"上平"又与词义"齐、整"相关联。这就是我们所要提出的一个新概念,在读《说文解字注》时,可以看出段玉裁在这方面有深刻的认识,虽然他没有专门论述,但是概念是有的。

## 1.4

段于此注对许慎的引申义有所发明。首先,许慎"故以止为足"的意思是说:经典文献的语言把"止"用为"足＝趾"不是"止"字的字义(＝本义),而是把"象艸木出有阯"的"下基"的意思用成了"脚趾"的意思了。这里的"以 A 为 B"是许慎把"A 义"用为"B 义"的引申术语。段玉裁把这种方式概括为"引伸假借之法",如以凤朋为朋党之朋:

凤飞,群鸟从以万数,故<u>以为</u>朋党字。(《说文解字注·卷四·鸟部》)

"以 A 为 B"是因为 A 和 B 之间有一定的联系,而这种联系是古人"以为(＝把 A 看作 B)"的结果,因此是引申。但是 A 和 B 究竟是两个对象(凤鸟和朋党、麦子和行来、栖和西),所以也可以说是借 A 来指称 B。正因如此,段玉裁说这是"引申假借"的方式。由此可见,真正最早讲引申的,应该是许慎。而段玉裁在《说文解字注》里所谓的"假借",也有一部分就是引申,是借 A 义说 B 义的引申方式(实际上,所有的引申都可以看成是"借 A 说 B"的结果)。

## 二、义轨,义隔之通

《刀部》**副,判也**。《毛诗·大雅》曰:"不**坼**(坼)不副。"《曲礼》曰:"为天子削瓜者,副之。"《匡缪正俗》曰:"副贰之字本为福,从衣、畐声,俗呼一袭为一福衣,是也。书史假借,遂以副字代之。副本音普力反,义训剖、劈,学者不知有福字,以副贰为正体。《诗》不**坼**(坼)不副,乃以朱点发副字。"按,颜说未尽然也。副之则一物成二,因仍谓之副。因之凡分而合者,皆谓之副。训诂中如此者至多。流俗语音如付,由一部入三部,故韵书在宥韵,俗语又转入遇韵也。沿袭既久,其义其音遂皆忘其本始。福字虽见于《龟策传》、《东京赋》,然恐此字因副而制耳。郑仲师注《周礼》云:"贰,副也。"《贝部》"贰"下因之。《史记》曰:"藏之名山,副在京师。"《汉书》曰:"臧诸宗庙,副在有司。"周人言贰,汉人言副,古今语也。岂容废副用福。**从刀,畐声**。芳逼切。一部。《周礼》曰:"**副辜祭**。"郑注《周礼》作"疈",云:"疈,疈牲胸也。疈而磔之,谓磔禳及蜡祭。"许所据作"副",盖副者,古文小篆所同也。郑所据用籀文。

**疈,籀文副从畐**。当云重畐。重畐者,状分析之声。

### 2.1 驳斥颜说不通"义轨"之变

古人不断地从某个角度将词义引申到后来的这个意义上,即词义引申的轨迹,简称"义轨"。段云:"训诂中如此者至多",就是说明了义轨的存在,不断从某个角度遵循而行之的义变路径就是义轨。事理之必然就是词义的引申途径。事物的动作、事物的性质、事物的结果都可以用同一个词来表达。

"副""判""析"都是分开的意思。颜师古的错误在于搞错了本字和假借字,颜错把"福"认为是"副"的本字。段氏纠正其误解,指出"副"才是本字,"福"是后出字。何以见得? 证据有二:

(1)义训:"贰,副也。《贝部》'贰'下因之。"

（2）书证三条：

第一，《史记》："藏之名山,副在京师。"《索隐》："言正本藏之书府,副本留京师也。"

第二,《汉书》："臧诸宗庙,副在有司。"师古曰："副,贰也。其列侯功籍已藏于宗庙,副贰之本又在有司。"段玉裁说："周人言贰,汉人言副,古今语也,岂容废副用福。"

第三,《周礼》："副辜祭。""副"郑注《周礼》作"疈"。

段氏说："（引申义）沿袭既久,其义、其音遂皆忘其本始。"因此,派生义所从出的那个意义丢失了,也就是说**根义**泯灭了。这指明了**根义**之从何而来的事实。

## 2.2 发明"副"和"贰"的意义来源不同而相通之理（义隔之通）

"副"和"贰"两者有不同的来源,即**义隔**;但由于古人观察角度和理解的特殊方式,所以"副"和"贰"又可义通。什么使之通？是古人理念使之通。理念就是古人观察问题和认识物件的角度。"副之则一物成二,因仍谓之副。因之凡分而合者皆谓之副"——所谓副手/副本是从第二个的角度来表达（或认识）的,于是"不重要的、备用的"就与"二合一"的观念彼此相通了。"副"和"贰"表面看好像义意是彼此相隔的,但根据古人的观察角度,实际是可相通的。"周人言贰,汉人言副,古今语也。"一切都取决于观察角度的不同。观察角度的不同可导致语义发展的千变万化,但都万变不离其宗。

## 2.3 一副、一袭、一套的"词意"来源（"set"的语义来源）

词意,如上文所述,即命名时的取意。所以,"一副"的都能分开。"意"是取意,是作为意义（词义）的基础的意义。"一副、一袭、一套"的区别在于取意不同,具体而言：

"一袭":袭是覆盖(cover),外面披的,引申到套(set),是蒙在外面的。

"一套":套,也是从外面蒙覆(cover)引申而来的,是 set。

"一副":副,是一组,是劈开的两个。

"一副""一套"和"一袭"**词意**的来源不同,因此,在跟名词的搭配上也不同;但经过引申而**词义**有相同的地方。意异而义同,也即义隔之通。

同意词:取意相同的一组词。如"套""袭"均取意于覆盖(cover)。

同义词:有相同义位的一组词。如"一套""一副"强调所组成的整体。

## 三、本义(制字之本义),字意,词义

《匕部》**匕,相与比叙也**。比者,密也。叙者,次弟也。以姒籀作妣,祉或作礼,秕或作秅等求之,则比亦可作匕也。此制字之本义。今则取饭器之义行而本义废矣。从反人。相与比叙之意也。卑履切。十五部。**匕亦所㠯用比取饭**。㠯者,用也。用字衍。(下略)

《匕部》**匕,变也**。变者,夊也。凡变匕当作匕,教化当作化,许氏之字指也。今变匕字尽作化,化行而匕废矣。《大宗伯》:"以礼乐合天地之化,百物之产。"注曰:"能生非类曰化,生其种曰产。"按,虞荀注《易》分别天变地化、阳变阴化,析言之也;许以匕释变者,浑言之也。从到人。到者,今之倒字。人而倒,变匕之意也。呼跨切。十七部。**凡匕之属皆从匕**。

### 3.1

段氏明言"制字之本义",即谓造字时所取的构意所反映的词义,因此与字形密切相关。注意:这里我们切不可将"制字之本义"等同于"构意"。"匕"的本义是"密密地排列在一起",引申而有"密集""次序"等义。

### 3.2

从上述两字(匕与匕)的比较可以看出:无论段玉裁有关字形的解

释和金甲文合与不合,有一点很清楚:造字之前,得有一个表达该词的造字意图。亦即:"从倒人"是"变匕之**意也**""从反人"是"相与比叙之**意也**"。这里段氏用的都是"意"这个术语,可见"意"是段氏文字学中的一个重要概念。事实上,许慎并没有明确区分"意"与"义"的不同,而段玉裁之分析不能不说深得"许氏之字指"——深明许慎的"制字理论"并从字义与字意之不同的角度,深化了许慎的理论(如下所示)。

### 3.3

制造字的本义和字形之旨意不同:

匕:"倒人"是字意,"变"是词义。

匕:"反人"是字意,"相与比叙"是词义。

汉语的文字是用字意来表达(或表现)词义的,因此凡是表达/表现词义的文字的意义,是本义。"变也"是通过"倒着的人"这一构意来体现的,"相与比叙"是通过"反过来的人"这一构意而体现的;离开了"意",文字的理性就失去了根据。因此可知,段玉裁的"意""义"系统(字意、字义和词义)是有条不紊的。

## 四、元义

《辵部》**过,度也**。引伸为有过之过。《释言》:"邮,过也。"谓邮亭是人所过,愆邮是人之过,皆是。分别平、去声者,俗说也。**从辵,呙声**。古禾切。十七部。

《辵部》**迵,过也**。本义。此为经过之过,《心部》愆、寋、誉,为有过之过。然其义相引伸也,故《汉书·刘辅传》云:"元首无失道之迵。"[1]**从辵,侃声**。去虔切。十四部。

《心部》**愆,过也**。过者,度也。凡人有所失,则如或梗之有不可径过处,

---

[1] 今《汉书》作"元首无失道之愆",与所引异。

故谓之过。从心,衍声。去虔切。十四部。**寋,或从寒省。寒声。僭,籀文。从言,侃声。过在多言,故从言。**

《言部》**訧,罪也。**《邶风》毛传:"訧,过也。"亦作邮,《释言》:"邮,过也。"亦作尤,《孟子》引《诗》:"畜君何尤。"**从言,尤声。**羽求切。古音在一部。**《周书》曰:"报以庶訧。"**《吕荆》文。

《邑部》**邮,竟上行书舍。**《孟子》:"德之流行,速于置邮而传命。"《释言》:"邮,过也。"按,经过与过失古不分平去,故经过曰邮,过失亦曰邮,为尤、犹之假借字。**从邑垂。**会意。羽求切。古音在一部。**垂,边也。**说从垂之意。在境上,故从垂。

### 4.1

段氏这里的注解启发我们建立和思考几个重要的概念,即什么是"元义"、什么是"派生义"、什么是"义源"的问题。这三者,概念不同,但均潜含于段注的解词释义之中。首先,什么是"元义"?"元义"是最基本(primitive)、最原始且不能分解的意义,它是最初的音义组合体,是语义再度组合和进一步发展的基本要素。"元义"在语义要素中相当于化学里构成水分子中的 $H^+$ 和 $O^{2-}$。一个元义可以和另一个意义组合成其他的意义(如 $H_2O$)。"意义+意义"还等于意义。是复合义而不是复合词——由元义组合而成的意义可称作**复合义**。"子义"是从元义发展(或派生)出来的意思。譬如"赐、赏、赠"都不是"元义词",因为它们的意思是从"加、有"等下属义素复合而成的:

赐=使+加益(=易)

赏=使+加尚(=多)

赠=使+加增(=加)

比较:

Kill＝cause to die

Give＝cause to have

当然，"使"和"加"是不是"元义"（最基本原始的意义），也是需要考证的。再如"正确"这个意思（概念），英文是从元义"右"（right）发展而来，但汉语的"右"很少有"正确"的意思；汉语的"左"则发展出了"错"的意思（旁门左道），但英文没有。"错误"的意思在汉语里还有一个来源就是"过"，这是段氏在不同的词条注释里反复阐释的："凡人有所失，则如或梗之有不可径过处，故谓之过。"就是说，从"经过"到"错误"的发展途径可以描写为：**过**（桥）→走**过去**→走**过头**→走**错**/**失**道。就是说，"经过"和"左"都是"错误"这个意义的**义源**。

这里需要注意的是：元义和本义不同。本义是和字形密切相联的，是通过字形判定的词义，是相对于引申义来说的那个意义，是本义。①

## 4.2

段玉裁在解释"经过"和"过失"的关系时说"义相引伸"，这里我们关心的是：经过和过失，哪个是"元义"，哪个是"子义"（派生义）。如果根据段注"凡人有所失，则如或梗之有不可径过处，故谓之过"的话，那么显然，"经过"是元义。汉语"经过类"的元义词至少有：过、遄、愆、邮（訧）几个，它们都从"经过"派生出"错误"的"子义"项。这种相关词语沿着同一语义路径派生（或引申）的现象，叫作"类从义变"或"同律引申"。用这种规律考证词义关系的方法，叫做"同律互证"。

## 4.3

这里的注释中，段玉裁说："古不分平去。故经过曰邮，过失亦曰邮。为尤訧之假借字。"段玉裁古音学上的一个重大发现是"古无去

---

① 可参冯胜利（2013）《探索上古"同源义根"的新途径》，该文是《同源词研究——以唇塞音声母字为例》中的《序言》，弟子郭咏豪在该书中论证了上古"［唇塞音/中分］"的一个原义。

声"。后代的四声别义,源于古代" ＊-s"等后缀的别义功能。所以,即使远古的意义和词性不靠声调来区分,其别异也要有其他(语音或语法)的手段。由于汉字无法记录这些超音段音位(或最小的音段单位),因此我们无法直观地观察到"以音别异"的远古手段。这一点段玉裁时代的学者还没有意识到,段玉裁是第一个看出上古无声调的学者,但是没有声调怎么"别异"?段氏没有说,而我们应该在他奠定的基础上,继续向前探索。

## 五、古今字,古义,概念,指称,取意

《言部》**谊,人所宜也。**《周礼・肆师》注:"故书仪为义。郑司农云:义读为仪。古者书仪但为'义',今时所谓义为'谊'"。按,此则谊义古今字。周时作谊,汉时作义,皆今之仁义字也。其威仪字,则周时作义,汉时作仪。凡读经传者,不可不知古今字。古今无定时,周为古,则汉为今,汉为古,则晋宋为今。随时异用者谓之古今字,非如今人所言古文、籀文为古字,小篆、隶书为今字也。云谊者,人所宜,则许谓谊为仁义字也。今俗分别为恩谊字,乃野说也。《中庸》云:"仁者,人也。义者,宜也。"是古训也。**从言宜。宜亦声也。**仪寄切。古音在十六部。

### 5.1

定义古今字。谊、义是古今字。段玉裁关于古今字的观念有三个要点:一是古今无定时;二是记录同一个词项时古今用字不同;三是古今字不是古今字体的不同。

### 5.2

考证古义。什么是"谊、宜""仁、人"的古义?段氏说:"谊为仁义字也","仁者人也,义者宜也"。人的本性(nature),是作为人所应该具备的东西。"仁"者从心,人生下来就有心,有恻隐之心。这是汉人对

"人"的看法,是"人"的古义(亦即"古训")。

## 5.3

以古人取意解古人之语义。"概念义、指称义、取意"在古籍解读中具有十分重要的作用。明白了概念义、指称义、取意等不同的意义后,才能更加透彻地理解古典文献。"论"和"议"在经典中常常相对为言,这说明二者的意义是不同的。具体而言,"论"取意于"仑","仑"是集书册而成的,取条理分明之意,有区别、分类的意思;"谊(议)"取意于"宜",即议论是非,包含了价值评判。知道了"论"和"议"的这些意义特点,可以保证我们深刻而准确地理解古代的文献语言。譬如:

5.3.1 《庄子·齐物论》:"六合之外,圣人存而不论;六合之内,圣人论而不议。""存而不论"的内涵是对于六合之外的事物,由于人们的认识达不到,因而无法清晰地理解,也就无法对它进行辨别和分类。于是,庄子强调最好不要给尚未认识的事物勉强地分类——"存而不论"是承认它们的存在,但不去条分缕析地说它们是什么。"论而不议"呢,是说在"六合之内"人们对于自己能够认识的事物,可以给它们分类(可以"论"),但不能给它们定性,不要对它们进行是非价值的判断,说这个好、那个坏,等等。一句话,不必进行价值观念上的区分(不议=不做"应该与否"的判断,宜=应该)。可见,"论"是指区别、分类,"议"是指评定是非、或是非定性。

5.3.2 《淮南子·修务训》:"今不称九天之顶,则言黄泉之底,是两末之端议,何可以公论乎?""两末之端议"是指两端都有是非了,也就是做出了价值评判;"何可以公论"是说事先有了价值评判,怎么能做到公平、公正的辨别呢?

5.3.3 《论衡·本性》:"不论性之善恶,徒议内外阴阳,理难以知。"不区分善恶的情况下就做出评价,是难以达到理性思维的高度的。又《效力》:"论道议政。"又《薄葬》:"用耳目论,不以心意议也。"

是说用耳目去分辨,而不能用心来揣测或臆断是非。《定贤》:"复召为光禄大夫,常居左右,论事说议,无不是者。""论事说议"先论后议,也就是先分辨,然后再评价。从"论"到"议"这一过程不能反过来,反过来则意思不一样,也违背了人类认识的规律。

5.3.4 《盐铁论·晁错》:"讲议集论,著书数十篇。"该句中的"论"和"议"区别不甚明显,是相混同了。

总之,只有对"论"和"议"的取意特点有了很好的把握,才能更准确地体会到古人经典文献的深刻内涵。

## 六、论证,议论,元义素,词源

《言部》**论,议也**。论以仑会意。《亼部》曰:"仑,思也"。《龠部》曰:"仑,理也"。此非网义。思如《玉部》"鰓理自外,可以知中"之鰓。《灵台》:"于论鼓钟"。毛曰:"论,思也。"此正许所本。《诗》"于论"正仑之假借。凡言语循其理得其宜谓之论,故孔门师弟子之言谓《论语》。皇侃依俗分去声、平声异其解,不知古无异义,亦无平去之别也。《王制》:"凡制五刑,必即天论",《周易》:"君子以经论",《中庸》:"经论天下之大经",皆谓言之有伦有脊者。许云"论者,议也","议者,语也",似未尽。**从言,仑声**。当云"从言仑,仑亦声"。卢昆切。十三部。

《言部》**议,语也**。上文云"论难曰语",又云"语,论也",是论、议、语三字为与人言之称。按,许说未尽。议者,谊也。谊者,人所宜也。言得其宜之谓议。至于《诗》言"出入风议",《孟子》言"处士横议",而天下乱矣。**一曰,谋也**。《韵会》引有此四字。**从言,义声**。当云"从言义,义亦声"。宜寄切。古音在十七部。

### 6.1

什么叫论证(Argument)?什么是辩驳(Disputation)?中国古人脑子里的"论证"和"辩驳"是怎样的思维活动?这是关系到中国古人思维理路和方式的大问题,而这个问题,我们可以通过训诂来考证:通过

考证中国人"指称概念的角度",来发掘中国古人的思维方式。(参上面"议"字解析)譬如:

> 《亼部》仑,思也。俞下曰:"仑,理也。"《大雅》毛传曰:"论,思也。"按:论者,仑之假借。思与理义同也。思,犹鰓也,凡人之思,必依其理。伦、论字皆以仑会意。**从亼册**。聚集简册,必依其次第,求其文理。力屯切。十三部。

由段注可知:中国的 argument(论证)和 theory(理论)是从"思路、道理的**条缕顺畅**上的'条顺'"这个角度来组织、来认识、来表达的;而西方的 theory(理论)则强调"析",是 analyze(分析)的结果。"条缕清晰、流畅不紊"的实现,至少要有两条线并行才有"顺",一条单线不能组成"顺"。所以,条分缕析是从个别之间的关系上找格式(pattern),所谓"必依其次第,求其文理"。"论、轮、伦、仑"的指称义相同,概念义不同。从这个角度说,汉语的"理论(theory)"是从个别与个别的组合关系上,发现规律(综合性思维),而西方的 theory 是从整体的切分单位上,寻找规律(分析型思维)。这种思维方式的不同深深地镶嵌在汉语的"字意"当中,而段玉裁"深知其意",所以他说"思与理义同也。思,犹鰓也,凡人之思,必依其理。伦、论字皆以仑会意"。"思索"在古人看来就是寻找对象的"鰓理"或"理路";论证在古人看来就是"把思路像'仑'一样组织起来"。中国古代论证思维的类比推理的根源,即在于此。我们的语言已经规定了我们的思想。[1] 研究思想史的学者,舍语言本身的证据而求其深,亦难矣哉!

## 6.2

上面讨论的是"议论"的古义,而这一讨论的本身就提醒了我们如何认识和发掘"古义"。言"得其宜之谓议"是说"理当怎么样的叫作

---

[1] 从更深层的认知科学上说,人类无法超越他们语言深层机制提供的能力来形成思想(人无法想象不可能想象的事情)。斯事甚大,需另文专论。

'宜';'用嘴说事情该当如何'则是'议'"。"处士横议"是用我的"理当"挡着你的"理当",所以天下无"当/宜＝义",于是大乱。

## 6.3

元义素：最古老的、最原始的（primitive），非派生的（not derived）意义（不一定时间上最早的）。

词源：某个词从哪儿派生出来的。

上面的分析曾指出：元义素包括两个方面，一是指词义的基本构成成分，是不可再分解的最小单位。譬如"给"的元义素不是"给"这个动作本身，而是［致使］+［拥有］这两个元义素的组合。二是指同源词的核心义素，这一核心义素是构成同源词的最原始的、不可分解的最小单位。例如："论"的"仑"（条纹、条理、纹路）是元义素。因此，伦理的意思是"人类文化上的有伦有脊、有条有理"，这其实就是敬顺自然的规律和理路：人与人之间的关系像自然界的万物一样有条顺，有格式（pattern）。从这里我们就可以进而区分**概念义**和**指称义**的不同：

| 概念义 | 指称义 |
|---|---|
| 用科学的方法下定义 | 从某种角度来表述此概念，是义源 |
| 桌 | 卓（高，跟"案"相对） |
| 椅 | 倚（靠） |
| 论 | 仑（纹理条顺，元义素） |

概念义就是人们对客观事物的认识，是理性思维的科学定义。随着人类认识的不断深化，概念义可能会发生变化。指称义是用来指称事物的意思。一般情况下，不能将二者等同，但有时候二者又是一致的。如，在物理学或数学领域，"平行线"的概念义和指称义是相同的。又如，古人对"鲸"的认识和今天不同，导致了"鲸"古今概念义的不同，但指称鲸鱼这种动物的指称义，古今未变："京＝大核心义"。因此，概

念义和指称义性质不同,在日常对话和生活中,指称义强于概念义(或二者相当),指称义是事物的本身及其特点。在科学领域里,概念义强于指称义,或概念义就是指称义。

### 6.4

形声兼会意:"当云'从言义,义亦声'。""义"本身的意思就是"宜",故"言得其宜之谓议";"义"又具有标音功能,所以说"义亦声"。

### 6.5

"处士横议"表现出来的概念义和指称义的区别在哪里呢?"横"的意思是什么? 它的概念义、指称义各是什么? 首先,知道了概念义,未必知道它的指称义。训诂就是从"指称义"考证"概念义"。陆宗达先生说"横眉冷对""野渡无人舟自横"的"横",是"拦着、挡着、阻碍"之义,[①]它的指称义跟"顺"相对,而其概念义则跟"直"相对。"处士横议"的"横",就是挡着、不顺的意思。

### 6.6

段玉裁说:"求义则转移皆是,举物则定名难假"(见下"天"字阐微)。"求义"就是寻找"指称义",定名是找"概念义"。段玉裁脑子里有这些概念的区分,虽然他没有分别给它们一个术语。

## 七、声义同源论

《示部》禛,以真受福也。从示,真声。此亦当云"从示,从真,真亦声"。不言者,省也。声与义同原,故谐声之偏旁多与字义相近,此会意、形声网兼

---

① 于1993年私塾课上所得。

之字致多也。《说文》或俪其会意,略其形声;或俪其形声,略其会意。虽则省文,实欲互见。不知此,则声与义隔。又或如宋人《字说》,只有会意,别无形声,其失均诬矣。侧邻切。十二部。

## 7.1

"声与义同原"中的"原"当理解为"义根",而"龤声之偏旁多与字义相近",是说不同的字(=词)的声符之中,含有相同的根义。

义根即意义的根,能够派生词义的那个意义叫义根。不是每个意义都是义根。能够派生词的那个"母义"才叫义根。义根是产生意义的母体。义根和根义是同一个东西,只是从不同的角度来说的。譬如:能生孩子的人被称为"妈妈",妈妈的身体被称为"母体"。那么,哪些意义能够产生意义?这是段氏文献语义学关注的大问题。由根义派生出的意义叫做派生义。派生和引申虽然相似,但需注意:根义是相对于派生义而言,本义是相对于引申义而言的。二者在和其他概念建立的关系上,很不同。即:

根义——派生义
本义——引申义

具体而言,义根和根义是从派生的角度来界定的,派生义可能根本没有字形的信息在内,而本义则是与字形密切相关的(带有字形的信息或特征)。义根是语义学研究的重要内容。不同的时代,根据某一时代特有的事和物所产生的词及其根义,都具有不同的特点。所以,根义不一定都是上古所独有的。

词义派生(引申)是围绕着一个核心义进行的。同源词的派生也是遵循词义引申规律的。

"钱、钱、盏、线"等从"戋"的字,都有"小、零"的意思(所以是"戋亦声"类的字)。"小"就是"戋"的声、义之"原"。"声义同原"没有错误。元戴侗《六书通释》说:"夫文生于声者也,有声而后形之以文,义与声俱立,非生于文也。"明方以智《通雅·卷首》也说:"欲通古义,先通古音。"都领悟到了这个道理。但乾嘉之前没有严格的"声与义同原"之说。古人论古音、古义者,均就通假而言,尚未洞察"同源"之机。即使有的学者领悟到同源的关系,看到"龤声之偏旁多与字义相近"的事实,也没有达到段玉裁的深度,也不够科学。事实上,看不到"以声求义"的内在机制,很难理解"声义同原"的原理之所在。段玉裁的"声义同原说"之所以具有现代意义上的思考和证据,是源于他下面的这些分析:

> 有县蹏谓之犬,叩气吠谓之狗,皆**于音得义**。("犬"下注)
>
> 亢之引申为高也,故曰颃之。古本当作亢之。**于音寻义**,断无飞而下曰颃者。("亢"下注)
>
> 凡云不得息者,如欱字、欧字、嗳字、噎字、呃字,皆**双声像意**。("无"下注)
>
> 硍硍者,石旋运之声也。礚礚者,石相触大声也。硍《篇》《韵》音谐眼切。古音读如痕。可以皃石旋运大声,而硍硍字只可皃清朗小声。非其状也。音不足以**皃义**,则断知其字之误矣。("硍"下注)

声音有意义吗?段氏之"于音得/寻义""双声像意",尤其是"音以**皃义**"中的"皃=貌",这一关键字道出了他的思想。事实上,英文里很多从"gl-"声母的词,都有"发光"的意思,适可为证:

| glisten | gleam | glint | glare | glam | glimmer | glaze | glass | glitz |
|---------|-------|-------|-------|------|---------|-------|-------|-------|
| 闪闪发光 | 闪烁 | 闪烁 | 眩光 | 华丽 | 微光 | 釉 | 玻璃 | 浮华 |

| gloss | glory | glow | glitter |
|-------|-------|------|---------|
| 光泽 | 荣耀 | 发光 | 闪光 |

这也启示我们将来所要发展出的一门"比较词源学"的可能。当然,不可否认,声义同原虽然是事实,但段玉裁并没有宣称所有"谐声同者皆同义",[1]倘若如此就会走向荒谬。宋代王圣美的"右文说"和王

---

① 注意古人"凡……皆……"中的"凡"不都是今天的"所有""一切"的意思,通常是"一般而言(in general)"的意思。因此用今天的逻辑术语批评古人表达得不精确,实在是搞错了目标。

安石的《字说》就是这样,苏轼调侃王安石说:土皮是坡,水皮是波,那么"以竹鞭犬有何可笑"?

### 7.2

段注不只是注释《说文》,更重要的是阐释自己文献语言学的发明和理论。什么是段氏"声义同原说"?本条注释体现了段氏的"声—义"理论,整段注释都是在阐释其理论,特转引如下,以便分析:

> 声与义同原,故谐声之偏旁多与字义相近,此会意、形声网兼之字致多也。《说文》或偶其会意,略其形声;或偶其形声,略其会意。虽则消文,实欲互见。不知此,则声与义隔。又或如宋人《字说》,只有会意,别无形声,其失均诬矣。

其论证内容包括:

(1)用"谐声之偏旁多与字义相近"来证明"声义同原";

(2)用"会意、形声两兼之字致多也"来证明"声义同原";

(3)用《说文》形声、会意互文条例证明"声义同原";

(4)用"声与义隔"=破坏声义同原规律来警示后代学者;

(5)用宋人的错误来申明"声音"(形声)的重要;

(6)只重字形(会意=会合部件/以见/构形意图)而无声音的结果:诬矣(犯了破坏规律的错误)!

由此可见,段氏于注解之中寄寓了丰富的"文献语言学"方面的思想和理论,值得好学深思之人去挖掘和发扬。《段注》曰:"凡学古者,当优焉游焉以求其是。颜黄门云:'观天下书未遍,不可妄下雌黄。'"

## 八、取意,取义

《木部》:橄,楰也。《秦风》:"竹闭绲縢。"毛曰:"闭,绁;绲,绳;縢,约也。"《小雅·角弓》传曰:"不善绁檠巧用,则翩然而反。"《既夕记》说明器之弓"有柲"注云："柲，弓檠也。弛则缚之于弓里，备损伤也。以竹为之。"引《诗》"竹柲绲縢"。《考工记·弓人》注云："紲，弓檠。弓有紲者，为发弦时备顿伤。"引《诗》"竹紲绲縢"。合此言之，《礼》谓之"柲"，《诗》谓之闭，《周礼注》谓之"紲"，《礼》古文作"柴"，四字一也，皆所谓檠也。紲者，系檠于弓之偶。绲，则系之之绳。谓之檠者，正之也。谓之橜者，以竹木异体，从苟傅合之之言。凡言橜笞、橜棰者，取义于缧绁。凡后世言标榜者，取义于表见在外也。**从木，敬声**。巨京切。十一部。

段玉裁此注中发明"取意"与"取义"的概念。A 取意于 B，意谓"A 从 B 那里得到指称 A 的意义（亦即指称角度的指称义）。

"凡言榜笞、榜棰者，取义于缧绁。"这里要区分的是"取意"与"取义"两个概念。造词或命名时所取的具体的意义，叫作取义；取义的行为和过程叫取意，表达了取名人（用 A 给 B 命名）的一种主观意图。

```
    A   取义于   B
（笞棰）取义于缧绁　⎫
（标）取义于表见在外　⎪
（橜）取义于正　　　⎬ 从声音取义（义源、义系、义串）
（橜）取义于从苟傅合　⎪
（狗）取义于小　　　⎭

    A   取意于   B
（笞棰）取意于缧绁　⎫
（标）取意于表见在外　⎪
（橜）取意于正　　　⎬ 从 B 的角度给 A 取名
（橜）取意于从苟傅合　⎪
（狗）取意于句（小）⎭
```

即"缧绁"是给"笞棰"取名的意图，"表"是给"标"取名的意图，"正"是给"橜"取名的意图，"旁"是给"榜"取名的意图，"句"是给"狗"取名的意图。

"狗"取意于"句",取的是"句"的"小"义,从"句"的"小"义的角度来给"狗"命名,这种行为叫作"取意"。

## 九、训诂逻辑,推演

《一部》**元,始也**。见《尔雅·释诂》。《九家易》①曰:"元者,气之始也。"**从一,兀声**。徐氏锴云:不当有"声"字。以髡从兀声,軏从元声例之,徐说非,古音元、兀相为平入也。凡言"从某、某声"者,谓于六书为形声也。凡文字有义、有形、有音,《尔雅》已下,义书也。《声类》已下,音书也。《说文》,形书也。凡篆一字,先训其义,若"始也""颠也"是。次释其形,若"从某、某声"是。次释其音,若"某声"及"读若某"是。合三者以完一篆,故曰形书也。愚袁切。古音第十四部。

### 9.1

从"徐氏锴云"到"谓于六书为形声也",段氏此条注解堪称"科学训诂"之典范。他材料熟悉,善于归纳,发现两个"或体字"(亦即"髡"又作"髡"从元声、"軏"又作"軏"从元声),以此证明"兀"和"元"两字古音相同;并以此"例之",证明"徐说之非"。这就是乾嘉学者的科学方法和科学精神之所在。他所说的"例之",在这里实际就是数学上"等量代替"的推演方法,因此其结果是逻辑的必然![2] 这是《段注》(以至"乾嘉学术")的精华之所在。今人对此很少关注和阐发,实为可惜。

### 9.2

形、音、义之书各有所当,此乃该注精华所在之二:义书、音书、形

---

① 《九家易》是汉代的一部易家著作。
② 当然还要结合其他证据才能把这里的"条例"变成真理;故今人在使用其法时,要特别注意。

书三者各不相同,各有各的原则和系统,各有各的专著可以参考。然而,在考证一个字的时候,必须三者相结合,才能得其真谛之所在。

## 9.3

尚推演。注意:能发现"髡"又作"髡"、"軧"又作"軧"是材料的功夫,而段氏将"髡从兀声""軧从元声"并为"例"(=归纳出通理 generalization),则是归纳的本领。但如何使用材料,如何推演归纳,非创造性逻辑思维不能化材料为规律。段氏以"兀""元"可以互代、再进而推演之,使之成为一个更具规律性的"古音……相为平入"的音理,于是就得出"平、入"相转的音变条件(亦即丢失韵尾的演变)。这种科学推演的过程在《段注》里面比比皆是。所以,说段氏是文献语言学科学家,并不过分。

## 十、叠韵为训,转注之微别,互训,意义引申与概念定名,根义与所指

《一部》**天,颠也**。此以同部叠韵为训也。凡"门,闻也""户,护也""尾,微也""发,拔也"皆此例。凡言"元,始也""天,颠也""丕,大也""吏,治人者也",皆于六书为转注,而微有差别。元、始可互言之,天、颠不可倒言之。盖求义则转移皆是,举物则定名难假。然其为训诂则一也。颠者,人之顶也,以为凡高之偁。始者,女之初也,以为凡起之偁。然则天亦可为凡颠之偁,臣于君、子于父、妻于夫、民于食,皆曰天是也。**至高无上,从一大**。至高无上,是其大无有二也,故从一大,于六书为会意。凡会意,合二字以成语,如"一大""人言""止戈"皆是。他前切。十_部。

## 10.1

"同部叠韵为训"即声训,是一种用音同(或音近)的词来解释词义

的训诂方法。声训有何道理和根据？如果我们从词"声音+意义"结合的任意性上看,声训是没有道理的。但是从"声随义转"（或"义随声转",见戴震《转语》。其后,钱大昕有"声随义转",胡朴安有"义随音异"之论）以及"声义同源（声中有义）"的属性上看,声训是有道理的。关键是要看哪些声训是"声义"（声中之义）和"义声"（义之本声）的表现（下文还会提及,亦可参"禛"字阐微）。所以,我们要找出"声音"和"意义"的关系以及其中的道理,然后才可以用其中的道理来解释和判断什么是合理的声训。

### 10.2

声训的时代性。声训是东汉以前注释家的创造,因此原始的声训都在东汉以前的文献里。为什么声训出现在东汉以前而不是以后呢？这个问题值得思考。主要原因是汉时去古未远,师传和口语还保留着古音。比如《释名》说："古者曰车声如居,言行所以居人也。今曰车。车,舍也,行者所处若居舍也。"可见东汉的"车"有二读,其中音"居"是古音。但汉之后,读音改变,声训的语音根据就要大打折扣,因此很少人使用了。东汉末年刘熙的《释名》是声训最著名的著作,既是第一部,也是最后一部。其所以如此者,值得探究。窃谓或许就是上面的原因。

### 10.3

"皆于六书为转注而微有差别",六书中的转注有很多说法。段玉裁从其师戴震之说,认为"转注"就是"互训"。即用 A 训 B,再用 B 训 A,就是"转注"。段玉裁说它们"微有差别",但"微别"在哪儿,尚需认真研究和体味。

### 10.4

"'元''始'可互言之,'天''颠'不可倒言之。"譬如,"元日"是开始的一日、"元年"指开始的那一年。所以"元"和"始"的意思一样，两字可以互训。但是"天"和"颠"则不可以互训，为什么呢？这就是段玉裁说的"微有差别"——"元、始"互训和"天、颠"互训不一样，原因是"天"的引申方向（君、父、夫）和程度（上天）与"元"的引申方向（开始）不一样，因此《韩非子·奸劫弑臣》中的"高陵之颠"，不能换成"高陵之天"。

## 10.5

读段注需知段氏所据的构字体系的时代特点，就如同不同时期的语言有不同时期的语法一样，不同时期的文字有不同的"字法"。这是今天学界需要（但尚未）对**历时文字学**系统进行理论化研究的大问题。这里段氏对"天"字字形的分析是根据小篆字形体系的"重新构意"来解释的，所以他说"（天）至高无上，是其大无有二也，故从一大"，并指出这"于六书为会意"。换言之，"天"字发展到小篆体系后，和它在甲文里的"构意字法"（文字构造的法则）大不一样了。原来"天"是象形字，指的就是"颠（＝脑门）"，其证如下：

（1）字证：

甲骨文的"天"作𡗗，最上面的方块状象是人的大脑袋。

（2）书证：找到"天"当"头"用的例句：

《山海经·海外西经》里有"刑天"，是"砍头"的刑罚（参章太炎《文始》）。

《易经·睽》里有："见舆曳，其牛掣，其人天且劓。"这里的"天"就是"砍头"。头叫"天"，砍头也叫"天"，就如同鼻子叫"鼻"，砍掉鼻子也叫"鼻＝劓"。

（3）出土文献之证：

图1的金文图像说明上古确有"断头"之刑，但这些图形不是文字，更不是"天"字。

图1

## 10.6

显然,小篆的"天"不再象形而是会意。什么是"会意"?段玉裁的
定义精审之极:"凡会意,合二字以成语,如'一大''人言''止戈'皆
是。"这就告诉我们:如果说甲金文的"天"还是"图像"性文字的话,小
篆"天"的构形则是"语言"性的文字了。换言之,"天"字的构形从"图
像→视觉"法(构字法则)发展到了"句子→理念"法。段氏所谓"合二
字以成语"的"语"字,是这里的点睛之笔。它告诉我们:会意=句子。
"凡由两个以上的形体组合而成的字,都可以谱成一句话(或一个短
语)"(冯胜利 1993),可以说是段氏"合字成语"最好的注解。段玉裁
"合二字以成语"的涵义究竟还有多深,仍然值得再发掘;但无论如何,
这一思想是非常超前的。因此,我们如果拿着甲骨文说段氏解字有错
误,就如同拿着"稍夺之权"(《史记·项羽本纪》,"之"和"权"是双宾
语)说"稍夺其权"(苏轼语,"其权"是单宾语)不合语法一样,是缺乏
语法古今不同的概念和认识的。

## 10.7

"盖求义则转移皆是,举物则定名难假,然其为训诂则一也",这也
是此条段注的精要之点。"义"指的是几个引申义或一组派生词之间
所共有的"义"。"求"是"推究"的意思。譬如,"北"有"后背、北方、用

背背物、逃跑"等意义,其本义是"后背"。再如,"天、颠、顶、腔、巅"这几个词是同源词,其根义就是"顶端"。因此,"转移皆是"指的是"无论怎么转变繁衍、它的根义( = 词族的 DNA)都还在"的意义。一个"根义"可以通过不同的引申方式和方向指称很多不同的对象,这就是所谓"转移皆是";一个家族的同源词都是"根义"转移、繁衍的结果。然而"举物定名"之后,就不能再"转移"了。就是说,派生后的词义固定在所指的对象上以后(天 = 君、父),事物和名称就一一对应,互训的词就不可以任意换用了。《诗经·墉风·柏舟》中"母也天只"不能说成"母也颠只"。"然其为训诂则一也"是对"训诂"性质的揭示和要求:训诂学的任务就是要把"核义"和"根义"发掘出来,把不同家族成员中(引申义串中的成员和派生词族中的成员)每一位都具有的相同"义核"找出来,使之在家族中无所不在,即所谓"一也"(用"义核",即家族成员的 DNA,把不同成员串联起来)。从训释的角度来看,无论是"天"还是"颠",意思是一样的(指的是"核义"或"根义")。换言之,段氏这里"一也"的现代意义,就是在语义和词汇的发展中,把"用根义来指称不同对象"的"对应关系"确定下来(使之与特定对象固定不变)。

### 10.8

本注中段氏把"求根义"的训诂和"求所指"(指称物)的训诂,清楚地区分开来。如果我们分辨不清,就会觉得段注自相矛盾。譬如,他既说"'天''颠'不可倒言之",又说"'天'亦可为凡'颠'之称",岂不前后矛盾,两不能立? 徐承庆《匡谬》就批评段注说:"言颠者不能称天,……若易为天,不成文理矣。"事实上,段氏正是在区分了"求义( = 求根义)"和"举物( = 求所指)"的基础上,才有"可为凡……之称"的"根义",同时又有"不可倒言"的"物指属性"。段氏之精审(科学性)由此可见;而后人若不"好学深思",则很容易误解、妄自诬段而不自知其浅。

### 10.9

最后,本注中术语"凡"的意思,如前文所示,不宜理解为"所有"。"亦可为凡'颠'之称"的"凡"是"一般(in general)"的意思,亦即"可用为一般'颠'名称"。如果误解为"所有",那么就成了"(天)也可以用为所有'颠'名称"了,这显然不是事实,因为"颠顶"之义的词不止"天"一个,还有很多其他的。其次,"'天'亦可为凡'颠'之称"是就"天、颠"的"音义相通"而言的,所谓"求义则转移皆是",而非就"举物定名"而发。

### 10.10

综上,此条段注的现代意义可以理解和归纳为:

(1)声训理论及历史。

(2)当代语言学中的词义演变与词语派生的机制和理论。

(3)"求义则转移皆是,举物则定名难假"的语义学原理及其意义。

(4)训诂学的任务、方法和技术。

## 十一、异源同义词,同源异义词,义通与义隔

《言部》雠,犹膺也。心部曰:"应,当也。"雠者,以言对之。《诗》云"无言不雠"是也。引伸之,为物价之雠。《诗》"贾用不雠",高祖饮酒"雠数倍"是也。又引伸之,为雠怨。《诗》"不我能慉,反以我为雠",《周礼》"父之雠""兄弟之雠"是也。人部曰:"仇,雠也。"仇雠本皆兼善恶言之,后乃专谓怨为雠矣。凡汉人作注云"犹"者,皆义隔而通之。如《公》《谷》皆云:"孙犹孙也。"谓此子孙字,同孙遁之孙。《郑风》传:"漂犹吹也。"谓漂本训浮,因吹而浮,故同首章之吹。凡郑君、高诱等每言"犹"者,皆同此。许造《说文》,不比注经

传,故径说字义,不言"犹"。惟弇字下云:"珡犹齐也",此因珡之本义"极巧视之",于弇从珡义隔,故通之曰"犹齐"。此以应释雠甚明,不当曰"犹应",盖浅人但知雠为怨詈,以为不切,故加之耳。然则尔字下云"丽尔犹靡丽也",此犹亦可删与?曰:此则通古今之语,示人:丽尔古语,靡丽今语。《魏风》传"纠纠犹缭缭""掺掺犹纤纤"之例也。〇物价之雠,后人妄易其字作售,读承臭切,竟以改易《毛诗》"贾用不雠",此恶俗不可从也。**从言**,**雠声**。此以声苞意。市流切。三部。

## 11.1

多重引申:对→物与物对应(匹配)→物与价对应(匹配)→人与人对(仇敌)。段氏这段精彩的注释可以分层来理解和欣赏:[①]

第一层:雠从言,本义是对话(无言不雠=对)。

第二层:雠是"对儿"的意思,"君子好逑(雠,后出字:仇)"=好对象。

第三层:售,物价和东西彼此相对应。

第四层:"仇雠本皆兼善恶言之,后乃专谓怨为雠矣。"一对儿,有好的一对儿,也有坏的一对儿,所以引申为仇怨之仇。

## 11.2

"《说文》不比注经传",这是文字训诂和文献训诂本质不同的一个巨大发现。今天学者还常常混淆而不明。段氏是很清楚的:《说文》讲的是字的本义,是一个词上"所有意思"的"根";而"注经"是找"符合上下文的意思"。《说文》不比注经传,所以在直接说解"字义"的语言里,不用"犹"这个术语。注意:"本义"不能误解为"本来的意义",也不一定是最早的意义。由于语言的发展经历了漫长的时间和过程,

---

① 按,凡能像欣赏艺术那样欣赏理性的发明和创造,其精神愉悦的程度不亚于听贝多芬的交响乐、看齐白石山水画。

我们无法仅仅从字形着眼去探查最初的、本来的那个意义是什么。本义在文献语言学里指的是由字形决定的词义（本于字形的词义），当它引申后、相对于后来的引申义来说的那个意义。许慎在编纂《说文》时一般遵循这样一条规则：说解一个字时，能讲构意则不讲本义，能讲本义则不讲引申义。构意相对来说内涵更为丰富，当给出构意以后，人们就可根据构意来体会这个字的字义（本义）及其词义。

## 11.3

　　说明"犹"为解经术语及背后的语义原理：义隔而通。"义通而隔"或"义隔而通"，这是段玉裁解义精华之一，我们称作段氏"**语义通—隔论**"。这里的关键是：什么是"隔"？"不通"不成族群、不为一家之成员；"不隔"则无以区分彼此。"凡汉人作注云'犹'者，皆义隔而通之"。什么是"犹"？A 不是 B，才有"犹如 B"的说法。具言之，"漂犹吹也"，毛《传》的意思是说："漂本训浮"不训"吹"，这就是"隔"。"隔"是"本不训"的意思。但是"因吹而浮"，所以"漂"在这里的用法就如同"吹"。"这里的用法如同"讲的就是"通"。因此，不相关的两个意义，在特定的上下文（或环境）中发生了关系，这种"相通"叫作"义隔而通"。

　　再如"窴"字从"瞋"，但"瞋"是"极巧视之"的意思，和训"室也"的"窴"本不相关，所以许慎说"瞋犹齐也"。许氏用"犹"字点出本来相隔的不同词义，以"窴"字为"桥梁（＝语境）"而有了"齐"的意味，所以"极巧视"可通"齐"，因为"瞋"从四个"工"，如同方阵布满之状，[1]所以说"犹齐"。这是语境（用字语境和造字语境）创造的"义通"之例。今天很少人关注段玉裁"造字语境"的思想及其发明的机制了。

　　通释古今之语也用"犹"。如果"犹"只是解经的术语，那么段玉裁

---

[1]　按，段玉裁"窴"字下注曰："瞋从四工，同心同力之状。"同则齐。

自己的理论就遇到了矛盾:"尔"字下云:"丽尔犹靡丽也。"这不是解经,而是解语(方言口语之异)。据此,段氏所谓"注经传"才用"犹"的说法就不对了。看段注,一个不可忽略的方面是看段玉裁怎么解决自己理论造成的矛盾。不是严格的科学家,不会也不善处理这种逻辑上(包括事实上)的矛盾。但这不是乾嘉皖派学者的态度和能力,他们意识得到也处理得了自己理论带来的矛盾(正因为他们有一套构建矛盾并解决之的方法和系统,才保证了他们学说的科学性)。段氏在这里先放缓一步,以玩笑的方式质问:"此'犹'亦可删与?(这个'犹'字难道也能删除吗?)"然后,他信心十足地道破天机:"此则通古今之语:示人'丽尔'古语,'靡丽'今语。"就是说,除了"解经"用"犹"以外,破译"古今说法之不同"也用"犹"。这就与他发现的"解字"径说字义"不言犹"的条例没有矛盾了(因此,"仇,犹𦤦也"就可以删改为"仇,𦤦也"了)。为凿实此说,他还举出《诗经·魏风》毛传来说明这是古注家的一个条例:

丽尔犹靡丽也("毛传")

丽尔——古语

靡丽——今语

由此可见,段氏论证可谓八面应敌,滴水不漏。


## 十二、附录: 正文中所涉相关概念简释


本义:制字部件所反映的词义叫本义。本义是造字的时候所取构形意图中所反映的词义。本义是词义的一种,是与字形相关的意义。它可能但不必是该词的原始意义。(见"匕"条)

词义:词义是指某个词在语言实际使用中的意思,词义是客观存在,并为语言使用者所熟悉的。(见"止"条)

词意：命名时的指称意。它是词义的核心部分，在词的语言实际使用中或明或暗地表现出来。（见"副"条）

复合义：元义可以和别的意义组合成其他意义。"意义＋意义"还等于意义，而不是复合词，由元义组合而成的意义可称作"复合义"。（见"过"条）

概念义、指称义：概念义就是人们对客观事物的认识，是理性思维的科学定义。随着人类认识的不断深化，概念义可能会发生变化。指称义是指称的事物本身。（见"论"条）

取意：有两种：一是造字的取意，二是造词的取意。造字取意是指构造汉字字形时想要表达的那个意图；造词取意是指造词时所依据的对象的某种特征、状态或意念。（见"橄"条）

取义：造词或命名时所取的具体的意义，叫作"取义"。（见"橄"条）

同律引申—同律互证：相关词语沿着同一语义路径派生（或引申）的现象，叫作"类从义变"或"同律引申"。用这种规律考证词义关系的方法，叫作"同律互证"。（见"过"条）

意："意"是《说文解字注》中非常重要的概念或术语。"意"可以分为两个范畴（或层次）：一是视角方面的形象；二是视觉形象在大脑中的反应。"意"是有某种状态的意象（image），是意象和意念的结合。（见"枭"条）

义根、根义、派生义：义根即意义的根，能够派生词义的那个意义叫义根。不是每个意义都是义根，派生词的那个词叫义根，即意义的根，它自己的意思叫根义。义根是产生意义的那个母体。义根和根义有时是同一个东西，但是从不同的角度来说的。（见"禛"条）

元义：元义是最基本（primitive）、最原始且不能分解的意义，它是语义组合、发展的基本要素。（见"过"条）

元义素：包括两个方面，一是指词义的基本构成成分，是不可再分

解的最小单位。二是指同源词的核心义素,这一核心义素是构成同源词的最原始的、不可分解最小单位。(见"论"条)

字感:字感是指对负载构意(或取意)的部件及其组合的直感。字感是沟通字形和它所记录的词之间的感官反应,亦即人们看到一个字形时,对它构造的直觉和反应。(见"止"条)

字义:字义是字意和词义沟通的桥梁,即通常所说的本义。(见"止"条)

字意:给某个词造字即以某一个词义为基点来设计字形,所设计的字形所反映的构造意图,叫"字意",也叫"造意"或"构意"。(见"止"条)

## 参考文献

段玉裁[清] 1988《说文解字注》,上海:上海古籍出版社。

冯胜利 1986《同律引申与语文词典的释义》,《辞书研究》第 2 期。

冯胜利 1993《造意语境考义刍议》,《古汉语研究》第 2 期。

冯胜利 2013《探索上古"同源义根"的新途径》//郭咏豪,《同源词研究——以唇塞音声母字为例》,香港:商务印书馆。

(冯胜利　北京语言大学/天津大学语言科学研究中心)

# 《说文段注》之"同意"及其理论意义 *

## 朱生玉　王相帅

**摘　要**　"同意"是《说文解字》所揭示的一种汉字构形现象，或指几个字的某个构件之构意相同，或指整字的构形意图相同。段玉裁不仅继承了许慎的"同意"说，而且有所发展，主要表现为在明确区分"意"与"义"的基础上，重视"意"这一概念；对"同意"做了理论阐释；增加了"同意"字组；丰富了同意字的结构类型。段玉裁的理论发明对于当今文字学的研究具有重要启示意义："意"是古今汉字皆有的科学概念，是建构完善的汉字学理论体系必不可少的概念；形一构一意一义的交互关系不仅体现在"同意"字方面，而且是理解"造字过程"和"识字过程"的理论指导；以此为基点，对离析文字学上的相关概念亦具有十分重要的意义。

**关键词**　《说文解字注》　同意　继承与发展　文字学理论

## 一、引言

许慎的《说文解字》是我国第一部分析形体、解说字义、辨识声读的字书，是汉字学理论的奠基之作。《说文》解析字形之"同意"具有较高的理论价值，后人陆续对"同意"现象进行了不同程度的探索，如"《说文》四大家"在其著作中均有不同程度的探讨和应用。

---

\*　原文发表于《汉字汉语研究》2020 年第 3 期，据此收入时略有修改。

段玉裁对《说文》"同意"思想的运用集中体现在其《说文解字注》（以下简称《说文段注》）当中。段氏对"同意"思想既有继承，又有发展。继承主要表现在，段玉裁在分析《说文》33条"同意"说解的基础上对许慎之"同意"做了阐发。发展主要表现在理论和实践两个方面：对"同意"做了理论界定与探索，以及大量运用"同意"来解析字形。在段氏看来，"同意"现象蕴含深刻的理论内涵，包括对"意"与"义"的明确区分，形义统一以及由此建立起来的传统语言文字学的基础理论，对当今文字学的研究仍具有十分重要的借鉴意义。

## 二、《说文》"同意"研究概述

截至目前，已有不少学者对《说文》"同意"做过探讨，概而言之，主要集中在以下几个方面。

**第一，"同意"的含义与性质。**清代黄以周《六书通故》云："同意者，造字之意同也。同意不必同义。"陈梦家（2006：61）认为"两个字之间其全部的形或其一部的形与别一字形义相近者往往可以'同意'。"①孙雍长（1991：46）认为"同意之'意'不是'义'，不是指词义或字义。……'意'者，旨趣、大意之谓也。"苏宝荣（1993）、李国英等（1994：54）认为"同意"即造字意图相同。认识到"意"不同于"义"，"同意"指字的构造意图相同，这在理论上是一大进步，后来的大部分学者大都同意这一观点，如吴辛丑（1998）、潘杰（1999）、易敏（2005）、赵铮（2005a）、刘兵（2007）等，但侧重点又有不同。其中潘杰（1999）强调"同意"是揭示汉字构形规律的一种方式；罗红昌（2008）认为"同意即同形，即用相同的字形表达相同的义类"；许嘉璐（2010）认为"同意"

---

① 需要指出的是，陈梦家的研究是从更广的角度来探讨"同意"，而非专门针对《说文》所载的同意字。他将字与字的同意分为四类，具体参见陈梦家（2006：63）。

是一个训诂学术语,"指两个或两个以上的汉字造字方法相同,表意的方式相同";陈燕(2012)通过深入分析"同意"字组之间在字形、结构、字义方面的联系,将"同意"定义为"一般指偏旁相同和偏旁意义相同或相关,也指结构相同和整字意义相同或相关";许征(2012)认为"同意"是一个文字学术语,其作用是"指明一组字具有相同或相似的偏旁,运用大致相同的造字方法,表示同一类属的意义"。

第二,"同意"字的体例。其主要关注"同意"字的构形规律。清代王筠《说文释例》在"同意"条下做了举例分析;钱剑夫(1986)据王筠《说文释例》的分析将"同意"分为四类①;陈建裕(1998)认为 28 组同意字有两个共同点:即每组同意字有相同的(或稍有变异的)构意部件,且意义上存在联系;潘杰(1999)归纳了同意字构形方面的五条规律;刘兵(2007)对同意字的体例做了专门探讨,根据"字造意"的特点分为 3 种情形;陈燕(2012)根据"同意"字的字义和字形结构等共有特点分为 3 类 26 组;鲁杰(2014)将同意现象分为 4 类。

第三,"同意"的数量。吴辛丑(1998)统计《说文》中"同意"出现了 29 次;陈建裕(1998)认为凡 31 例,涉及 28 组 59 字;潘杰(1999)统计出现 28 次,共计 24 组 53 字;易敏(2005)大略地指出"通行的大徐本《说文》中有 30 余条'同意'的说解";赵铮(2005b)统计为 35 例;刘兵(2007)统计得 27 组;罗红昌(2008)云《说文》"言'同意'者有二十处之多";陈燕(2012)统计共 30 例;许征(2012)和鲁杰(2014)均指出有 31 次用到"同意"。各家统计结果不一致,主要是因为在行文的表述上未能明确区分"同意"二字出现的次数与所涉及的条目两个层面的问题。

第四,"同意"与转注的关系。《说文解字叙》对"转注"的定义中

---

① 据钱剑夫(1986:22-23)。按,陈建裕(1998)一文有"赵剑夫先生《中国字典辞典概论》把'同意'分为四类"一语,作者名与书名均有出入。又杨宝忠、张新朋(2004)《试论"虚假字义"》一文之附注 21 与杨薇、张志云(2006:550)《中国传统语言文献学》参考文献均引作《中国字典辞典概论》,书名中少"古代"二字。

有"同意相受"四字,因此有不少学者将《说文》正篆说解中的"同意"与转注联系起来,较早的有江声(1891)、黄以周(1895)、陈汉章(1893)、陈衍(2001)、孙雍长(1991)等。吴辛丑(1998)认为"只有一部分同意字是转注字,而转注字必以同意为前提";陈燕(2012)认为《说文》正文中的"同意"与转注定义中的"同意"内涵是一致的,并以此为基础对"转注"做出了新的理解。除此之外,还有罗红昌(2008)等。章太炎《转注假借说》中已明确指出《说文》说解中的"同意"体例与转注不同;赵铮(2005b)认为转注之字"应当是字义相同",而同意字"不涉及字义相同的问题";鲁杰(2014)认为《说文》正文说解中的"同意"与转注之"同意"并非一回事。

第五,"同意"相关术语。早在清代,王筠就已经将《说文》"同意"与"同""与……同""与……相似"等用语联系起来研究。陈建裕(1998)通过这些用语的比较认为它们之间所指互有交叉,"同意"内涵并不确定;赵铮(2005b)认为"同意"与"某与某同"情况不同,前者是"直指推求笔意",后者则指明某部件为笔势化的符号,需进一步推求笔意;鲁杰(2014)认为"同""相似""象"等用语与"同意"类似,都是为了揭示相关汉字的笔意、造字理据。

以往研究成果为我们理解"同意"现象奠定了基础,也为我们深入挖掘其潜在的理论价值提供了思路。对《说文》"同意"现象的理解与研究,离不开《说文段注》。学者虽未对《说文段注》中的"同意"做全面而深入的研究,但他们在研究《说文》本身的"同意"字时常借助于《说文段注》,如潘杰(1999)、易敏(2005)、陈燕(2012)等,其中易敏(2005)探讨了段玉裁对"同意"的补充阐释,重点探讨了段氏之"补充字例"和"纠正许说"。但需要指出的是,《说文段注》涵盖了《说文》所指出"同意"字的基础上增加里字例;另外对"同意"也有理论上的阐述。因此,我们有必要对《说文段注》中的"同意"进行全面的整理与研究。总体而言,段玉裁对许慎之"同意"说既有继承又有发扬。

### 三、段氏对《说文》"同意"之继承

《说文》"同意"现象虽然数量不多,但得到了有清一代"小学"家的重视,段玉裁即其中之一。段玉裁对"同意"说的继承,首先表现在他大部分地承袭了许慎有关"同意"的字例。目前所见大徐本《说文解字》中的"同意"可分为两部分:一是许慎原书旧有的,共31条;二是大小徐校订时按语中所加,共4条①。详见表1②:

表1　大徐本《说文解字》"同意"条目

| 序号 | 卷部 | 字头 | "同意"字组 | 序号 | 卷部 | 字头 | "同意"字组 |
|---|---|---|---|---|---|---|---|
| 1 | 三卷·焱部 | 爾 | 爾—爽 | 8 | 五卷·巫部 | 巫 | 巫—工 |
| 2 | 三卷·誩部 | 譱 | 善—義、美 | 9 | 五卷·冂部 | 央 | 央—旁 |
| 3 | 三卷·寸部 | 得 | 得—叚 | 10 | 五卷·皿部 | 皿 | 皿—豆 |
| 4 | 三卷·晨部 | 晨 | 晨—州 | 11 | 五卷·工部 | 工 | 工—巫 |
| 5 | 四卷·叀部 | 蕙 | 蕙—牽 | 12 | 五卷·高部 | 高 | 高—倉、舍 |
| 6 | 四卷·羊部 | 美 | 美—善 | 13 | 六卷·木部 | 朵 | 朵—采 |
| 7 | 四卷·羊部 | 芈 | 芈—牟 | 14 | 六卷·林部 | 霖 | 卌—庶 |

① 徐铉所加见"义""畺";徐铉引徐锴所加见"稀""置"二字下。另外,许书在"工"下本有"与巫同意",徐锴又进一步申说:"为巧必遵规矩、法度,然后为工。否则,目巧也。巫事无形,失在于诡,亦当遵规榘。故曰与巫同意。"

② 就"同意"二字出现次数来说,大徐本《说文》正篆的说解中共出现35次(不计入序文中"同意相受"一条);就所涉及的条目来说,有的有重复,如"巫"下言"与工同意",又在"工"下言"与巫同意";有的有交叉,如"善"下言"与义美同意"、"美"下言"美与善同意",又"苟"下言"羊与义、善、美同意"。另外需要说明的是,徐锴《说文解字系传》所见"同意"字组与大徐本大部分相同,仅小有差异,主要表现在两方面:一是同意字对应关系有异,如《系传·祛妄》"垩"字下言"此与在同意",而大徐本"垩"与"雷"同意;二是增加6组"同意"字,分别为:元一尧、舜一荆、片一爿、邪一牙、临一监、在一坐(此见《系传·通释》卷26"在"字下)。

| 序号 | 卷部 | 字头 | "同意"字组 | 序号 | 卷部 | 字头 | "同意"字组 |
|---|---|---|---|---|---|---|---|
| 15 | 七下·网部 | 置 | 置一罷 | 26 | 十二卷·我部 | 義 | 義一善 |
| 16 | 七卷·日部 | 昔 | 昔一俎 | 27 | 十二卷·弓部 | 弢 | 弢一鼔 |
| 17 | 七卷·韭部 | 韭 | 韭一耑 | 28 | 十三卷·土部 | 壼 | 壼一畾 |
| 18 | 七卷·禾部 | 稀 | 爻一爽 | 29 | 十三卷·絲部 | 䜌 | 䜌一連 |
| 19 | 八卷·裘部 | 裘 | 裘一衰 | 30 | 十四卷·乙部 | 乙 | 乙一丨 |
| 20 | 九卷·石部 | 碞 | 碞一嵒 | 31 | 十四卷·午部 | 午 | 午一矢 |
| 21 | 九卷·茍部 | 茍 | 茍一義、善、美 | 32 | 十四卷·勺部 | 勺 | 勺一包 |
| 22 | 十卷·夭部 | 奔 | 奔一走 | 33 | 十四卷·王部 | 壬 | 壬一巫 |
| 23 | 十卷·火部 | 熒 | 熒一鑾 | 34 | 十四卷·𠂤部 | 官 | 官一師 |
| 24 | 十一卷·水部 | 灋 | 灋一法 | 35 | 十四卷·斗部 | 斝 | 斝一爵 |
| 25 | 十二卷·至部 | 臺 | 臺一室、屋 | | | | |

　　段玉裁继承了表 1 中的 33 处"同意"[1]，而去除了 2 例。"稀"字徐锴按语、"碞"字按语均有"同意"之说，而段玉裁在对二字作注时并未言及，这与段玉裁对二字的结构分析有关。关于"稀"字，徐锴认为"当言从爻从巾，无'声'字。爻者，稀疏之义，与爽同意"。徐锴之所以这样解析字形，是因为他认为《说文》当中无"希"字；而段玉裁不认同这一观点，认为只不过许慎在编撰《说文》时夺漏了"希"字，故今不得其说解[2]。关于"碞"字，徐铉说"从品与嵒同意"，段注云："品象石之砳礧，品亦声也。"段氏在"嵒"下又注云"嵒与石部之碞别"。由此可推

---

① 注意：a."蒜"字大小徐本皆云"丗与庶同意"，段玉裁改为"蒜与庶同意"；b."灋"字大小徐本皆云"与法同意"，段玉裁改为"与瀍同意"；c."午"字大徐本云"此予矢同意"，小徐本作"此与矢同意"，段玉裁同小徐本。

② 参见《说文解字注》禾部"稀"字下说解。

断,虽然"皛""嚞"均有"品"形构件,但在段玉裁看来它们的构意可能是不同的。另外,值得注意的是,段玉裁对其中两处"同意"字例做了校勘:一是《说文·木部》"朵"下云"此与采同意",而段氏云"当云与禾同意";二是《说文·林部》"麋"下云"卌與庶同意",而段氏改为"麋與庶同意"。

其次表现在"同意"条目的复现使用。如:许慎在"晨"字下已说"飤夕为夗,臼辰为晨,皆同意",而段氏在给"夗"字作注时又引用了该句;许慎在"弢"字下已说"殳,垂饰,与鼓同意",段氏在给"鼓""屮"字作注时又引用了该句;"嘉"字注下引曰"美与善同意"。以上是段玉裁引用《说文》本有条目解说字形构意的情形。我们知道,《说文段注》还增加了一些"同意"字例(详见下文论述),段玉裁也会反复引用他自己增加的条目,如木部"欙"下段氏云"欙与燊同意",焱部"燊"字下重见;木部"采"下云"此与采同意",而禾部"采"下云"此与采同意";亡部"乍"下云"乍与毋同意",毋部"毋"下云"毋与乍同意"。

再次表现在阐发许慎"同意"之旨。徐锴《说文解字系传》已注意揭示"同意"之旨,如"芈"下云"牟,牛气上出也,故云同意",此类情形又见"工""韭""朵"等字下。段玉裁对一些"同意"条目做了进一步的解释,使得其中的"同意"之旨愈发晓畅。兹举例如下:

(1)央,中央也。从大在冂之内。大,人也。央、旁同意。(《说文·冂部》)
段注:"央"取"大"之中居,"旁"取两旁外廓,**故曰同意**。①
(2)昔,干肉也。从残肉,日以晞之。与俎同意。(《说文·日部》)
段注:"俎"从半肉,且荐之。"昝"从残肉,日晞之,其作字之恉同也,**故**

---

① 审稿专家指出"说'央旁'同意时,不是用的'旁'的本义",亦指出"'羋爵'同意,段玉裁的理解未必符合许慎本意",确为真知灼见。笔者考虑到段玉裁有明确的"意不等于义"这一理论区分,则同意不必同义,对构意的探讨要与词义分为两个层面,尽管二者有紧密的联系。笔者引用此例的目的是想说明段玉裁对许慎的"同意"做了阐述,即指出了"为什么"同意,至于"央一旁""羋一爵"之同意究竟如何解释以及段玉裁的阐释是否可接受,的确也是另一个今后值得深入研究的问题。感谢审稿专家指出这一点。

**曰同意**。

　　（3）臺，观，四方而高者。从至从之屮，从高省。与室、屋同意。（《说文·至部》）

　　　　段注：按，臺不必有屋。李巡注《尔雅》曰："臺上有屋谓之谢。"然则无屋者谓之臺，筑高而已。**云与室、屋同意者**，室、屋篆下皆云从至者所止也，是其意也。

　　仔细分析可发现，段玉裁揭示同意之旨的方式却有不同，有的是指出构件或整字的构形取象，如"央—旁"；有的是指明构件所表之义，如"臺—室、屋"；有的是指出均从某一构件，如"奔—走"；等等。

　　最后表现在新增"同意"字例在构件异同、结构类型方面与许慎所举基本一致。综观《说文》所举同意字组，就构件异同来说，可分为"一个构件相同"①和"构件完全不同"两类；就结构来说，"同意"之字结构相同者居多，而结构不同者占少数；就"同意"的体现方式来说，有"整体组构意图同"与"个体参构意图同"之别。段氏新增"同意"字组情形亦如此。详见表 2。

表 2　《说文》"同意"字组与《说文段注》新增"同意"字组比较②

| 比较参项 | | 《说文》 | 《说文段注》 |
|---|---|---|---|
| 构件异同 | 一个构件相同 | 裒—衰；善—義、美；官—師 | 物—半；兵—戒；防—杓、泲、扐 |
| | 构件完全不同 | 皿—豆；姒—晨；辡—嶭 | 熏—盥；察—覈；蓼—醒 |
| 结构类型 | 同为会义合成字 | 蹇—牵；睪—留；繼—連 | 侻—成；采—采；安—宩 |
| | 同为形义合成字 | 高—倉、舍；勹—包；昔—俎 | 鼠—孚；孚—昏；彝—爵 |
| | 会义合成字—形音合成字 | 奥—罊；夵—奔；央—旁 | 桑—纍；察—覈；獄—犴 |

<hr>

① 《说文》同意字组中未见有两个及以上构件相同的情况。
② 结构分析参照王宁（2015：139）。

（续表）

| 比较参项 | | 《说文》 | 《说文段注》 |
|---|---|---|---|
| "同意"方式 | 整体组构意图同 | 夙一晨；斝一爵；羋一牟 | 安一宓；坐一茨；与一予 |
| | 个体参构意图同 | 臺一室、屋；瀨一瀳；爾一爽 | 彬一彫、彰；媘（㛃）一思（囟）；申一晨、要 |

以上种种反映了段玉裁对"同意"的继承。他对"同意"的研究更体现在其对"同意"理论的阐述和思想的发扬等方面。

## 四、段氏对《说文》"同意"之发展

段玉裁对《说文》"同意"这一用语及其思想做了进一步的阐述与推广，关于这一点，有的可以直接从段玉裁的表述中得到，而有的则需对"同意"字组做具体的分析才能总结归纳出来，概而言之，可以从以下几个方面来观察段玉裁对"同意"说的发展。

### 4.1 重视"意"之概念

"意"这个概念在《说文段注》中有着相当重要的地位，它不仅体现在字的构意和词的取意上，还是沟通二者的桥梁。就"同意"这一用语所涉及的内容来说，"意"的重要性体现在三个方面：一是明确区分"意"与"义"。许慎在"卓"字下云"早匕为草，匕卪为卬，皆同义"。段注改为"皆同意"，并云"'意'旧作'义'，今正"，此为明证。"意"不等于"义"，"同意不必同义"，后人多有此论，如前引清代黄以周、孙雍长之说。陈梦家（2006：57）对"意""义"的区分做了相对较多的论述①，

① 感谢审稿专家指出陈梦家（2006）《中国文字学》中有相关论述，笔者据以补充。但需要说明的是，陈梦家所言之"意"与本文所探讨的构意是有区别的，其"意""义"二分的理念也与段玉裁的有所不同，容另文专述。

认为"所谓'意'者是隐藏于文字的形之内者,必须用心思会而后得知。反之,义或谊则是表露于文字的形之外者,目见即得"。陈氏将此与其"三书说"结合起来,使其分析不局限于小篆字系,可谓一大创见。然而,真正立足于段玉裁的"意""义"二分体系的理论架构仍待进一步探索。二是补充"意"字。《说文·囟部》"𪉘"下云"此与籀文子字同",段氏于该句下注云:"意字旧夺,今补。"显然,有无"意"字所表达的意思有差别。三是校勘"同意"字例。《说文·木部》"朶"下云"此与采同意"①,段氏云"宋本作'采',今本作'采',按,'采''采'会意。'朶'则不同,言其梗概而已,当云'与禾同意'"。段玉裁认为"朶"与"采、采"构造情形不一样,因此说二者同意似有不贴切处。②"禾"字《说文》分析为"从木,从巫省。巫象其穗","朶"字《说文》云:"树木垂朶朶也。从木,象形",就《说文》本身的小篆系统而言,"朶""禾"二字构形均取象于"木"之有下垂物,因此说"朶"与"禾"同意。

## 4.2 "同意"之理论阐释

到底什么是"同意"? 许慎没有给出明确的界定。"同意"现象已引起了徐锴的注意,我们从其《系传》中也可看出尝试性的探讨。如"芈"字下徐锴按语云"牟,牛气上出也。故云同意","韭"字下徐锴按语云"一,地也。故曰与耑同意",这是试图揭示"同意"之故;又如"临"字下以按语形式指出"与监同意","𠩺"字下言"与𠩺同意"等,这些"同意"字例是不见于许慎《说文》的,可见徐锴在"同意"字例方面

---

① 《系传》作"此與采同意"。
② "朶"为形义合成字,"采、采"为会意字。这告诉我们,构形模式不同,有可能不同意,特别是就整体组构意图而言。如果是就字中某个构件而言的话,构形模式不同,有可能某构件体现的构意却是可以相同的。构形模式与构意的呈现之间是一种怎样的关系,是一个亟待研究的问题。

做了扩展,但亦未对"同意"予以理论界定。到了清代,段玉裁对"同意"做出了明确的理论阐述。如:

> 凡言某与某同意者,皆谓其制字之意同也。(四卷·羊部"芈"字注)
> 凡言某与某同意者,皆谓字形之意有相似者。(五卷·工部"工"字注)

段玉裁认为"同意"是指"制字之意""字形之意"相同或相似。结合上文所论段玉裁对"意"与"义"之区分,这里的"制字之意""字形之意",用现今的术语来说即指造意或构意。

## 4.3 增加"同意"字例

《说文段注》在《说文》的基础上新增加了39组同意字,见表3。

**表3 《说文段注》新增"同意"字组**

| 序号 | 卷部 | 字头 | 同意字组 | 序号 | 卷部 | 字头 | 同意字组 |
|---|---|---|---|---|---|---|---|
| 1 | 一卷·屮部 | 熏 | 熏—壅 | 12 | 六卷·木部 | 采 | 采—釆 |
| 2 | 二卷·釆部 | 宷 | 宷—覈 | 13 | 七卷·日部 | 晒 | 晒—釃 |
| 3 | 二卷·牛部 | 物 | 物—半 | 14 | 七卷·㕚部 | 㕚 | 㕚(屮)—屵、屵、屵 |
| 4 | 二卷·品部 | 杲 | 杲—龥 | 15 | 七卷·禾部 | 機 | 機—玑 |
| 5 | 三卷·収部 | 兵 | 兵—戒 | 16 | 七卷·宀部 | 豐 | 豐—蘆 |
| 6 | 三卷·殳部 | 役 | 伇—戍 | 17 | 七卷·宀部 | 安 | 安—窆 |
| 7 | 三卷·攴部 | 败 | 败—贼 | 18 | 七卷·宀部 | 察 | 察—覈 |
| 8 | 三卷·攴部 | 寇 | 寇—败、贼 | 19 | 七卷·瘳部 | 瘳 | 瘳—醒 |
| 9 | 四卷·明部 | 奭 | 奭—爽、奭 | 20 | 八卷·人部 | 份 | 彬—雕、彰 |
| 10 | 五卷·麤部 | 麤 | 麤—狀 | 21 | 八卷·匕部 | 卓 | 卓—卬 |
| 11 | 六卷·木部 | 曡 | 燊—曡 | 22 | 八卷·匕部 | 艮 | 皀—眞 |

| 序号 | 卷部 | 字头 | 同意字组 | 序号 | 卷部 | 字头 | 同意字组 |
|---|---|---|---|---|---|---|---|
| 23 | 九卷·厄部 | 厄 | 厄一后 | 32 | 十二卷·毋部 | 毋 | 毋一乍 |
| 24 | 九卷·豸部 | 豻 | 豻一狱 | 33 | 十二卷·弓部 | 弹 | 弓一珃 |
| 25 | 十卷·犬部 | 猋 | 猋一勇、麤、骉 | 34 | 十三卷·糸部 | 彝 | 彝（互）—爵（雀头） |
| 26 | 十卷·火部 | 光 | 光一见、气、兄 | 35 | 十三卷·土部 | 垒 | 垒一茨 |
| 27 | 十卷·囟部 | 巤 | 巤（巛）—学 | 36 | 十四卷·勺部 | 与 | 与一予 |
| 28 | 十一卷·水部 | 汭 | 汭一枘 | 37 | 十四卷·𨸏部 | 防 | 防一枋、泲、扐 |
| 29 | 十二卷·女部 | 媪 | 媪一妪 | 38 | 十四卷·子部 | 子 | 孨一嚚 |
| 30 | 十二卷·女部 | 嫍 | 嫍（㜱）—思（囟） | 39 | 十四卷·申部 | 申 | 申一晨、要 |
| 31 | 十二卷·女部 | 妥 | 妥一安 | | | | |

段玉裁新增的"同意"字组数量比许慎所举稍多几组，这对于我们窥探他对"同意"思想的理解和运用无疑是十分有帮助的。

## 4.4 丰富"同意"字的结构类型

对《说文》同意字组的具体分析，大多着眼于构件异同、结构异同、构件功能等几个方面，有代表性的如潘杰(1999)、易敏(2005)、陈燕(2012)。

许慎、段玉裁所举同意字中均有会意结构的字，但所不同的是许慎所举会意字均为不同构件组构而成的字，而段玉裁增加了"叠体会意"这一情形，如"豻一狱""猋一骉麤骉"；另外，段玉裁的同意字组中还有同为形声字而声中带义的情形，如①：

---

（4）寠，大屋也。从宀，丰声。（《说文·宀部》）

段注：宀，屋也。丰，大也。故寠之训曰大屋。此与俪百谷艹木丽于地说麓从艹丽同意。

（5）媰，有所恨也。从女，酋声。（《说文·女部》）

段注：媰，有所恨痛也。从女，酋省声。（形声中有会意也。媰之从酋者，与思之从囟同意。）

（6）汭，水相入也。从水从内，内亦声。（《说文·水部》）

段注：汭，水相入皃。从水内。（与枘同意。）

许慎的同意字组中没有类似的情况。

## 五、"同意"说对文字学之启示

汉字构形中有"意"，这一思想肇自许慎，经过历代学人的挖掘和阐释，汉字之"意"已有了学理意义，如从黄侃（1983：51）到陆宗达（2015：64）的"笔意"说，王宁（2015：56）称之为"构意"，李国英（1987）称之为"造意"。当今的汉字学理论研究，无论如何都不能忽视"意"（或称作"造意""构意"）这一概念在汉字理论体系当中的地位和作用。前文已略有提及，段玉裁对《说文》小篆之"意"与"义"有着清晰的认识；他对"意"这一概念的理论阐释与运用实践也体现在"同意"这一现象当中。冯胜利（2014：301）说："段玉裁为许慎的'同意'建立起汉字构形学的基础概念。"对"同意"给予了很高的评价。由此延伸开来，许多理论问题被引发出来，值得深入思考。

**首先，"意"是完善的文字学理论体系必需的概念。**关于汉字性质的认识历来颇有分歧苏培成（2001），不同说法反映了观察汉字的不同角度；王宁（2015：56）从汉字符号发生学的角度，认为早期汉字字符是取象构形的，将汉字称作"构意文字"，这一认识十分深刻；齐元涛（2016）进一步从构件的原生型功能角度论述了汉字属于表意文字。

显然,无论从哪个角度来认识汉字,都脱离不开"意"这个概念。甚者,从古至今整个汉字发展体系中,各个阶段的汉字均有"意",可以说考察构意是我们解读汉字的起始点。李国英(1987)更是指出"造意"是一个"科学概念",①然而,目前汉字学上对"意"的研究还十分薄弱。对"意"缺乏系统性研究,比如:甲骨文、金文、小篆有哪些表"意"的构件? 都表什么样的"意"? 不同阶段,"意"是如何传承、转换与识解的? 这些问题的解答有赖于对各个阶段汉字做系统的分析。而这些问题的解决不仅有利于推进文字学理论的建设,更有助于古文字的考释。以小篆为研究对象,由《说文》所揭示、《说文段注》所初步建立的"意"这一理论概念为我们建立完善的文字学理论进而回答上述问题提供了良好的基础和理论范式。

**其次,形—构—意—义之间存在错综复杂的实现关系。**汉字是一种形体符号,汉字又是有结构属性的;"意"与"义"的区分既有利于训诂学研究的深入,又有利于文字学相关概念的厘定。形、构、意、义在不同的层面上。从《说文》和《说文段注》之"同意",我们看到:a. 不同的形体可以体现相同的"意"和"义";b. "同意"字结构既可以相同又可以不同;c. "同意"者不必"同义"。形—构—意—义四者之间表现出一种异常复杂的实现关系,如图1所示。

**图1 汉字"形—构—意—义"关系**

---

① 兹引李国英(1987)原文如下:"许慎在《说文解字》中虽然没有明确提出'造意'这个科学概念,但是从《说文》全书可以看出许慎已经清楚第看到了汉字存在造意现象。"

其中的"义"指词义;"象"是指语词的指称对象(entity),也是词义所概括反映的对象,它既包括客观实象,也包括主观虚象,古人给某个语词造字时往往需借助于语词所指称的对象,当然这个对象也是经过认知加工过的意象;"意"则是基于词义特点和意象特点而形成的用于构形时所表现的意图;"形"是为体现"意"而基于"象"所设计的视觉符号;形一旦被设计出来,自然地包含着一种内在结构。如:"芈"与"牟"同意,"芈"是为[meʔ/羊鸣]而造的字,"牟"是为[mu/牛鸣]而造的字。[1]显然,二词所涉及的对象分别为"羊"和"牛",自然造字时亦取象于羊和牛。但二词的词义并不等同于"羊""牛",而是"羊鸣"和"牛鸣"。先民捕捉到了羊、牛鸣叫时"声气上出"这一共同特点,在字形上如何表现这一共同特点呢?理论上来说,可以使用相同的构形手段来展现,也可以采用不同的手段。古文字的事实告诉我们,先民在造字时选用了不同的构形符号来分别体现羊、牛鸣叫时"声气上出",如:"芈"作 ♉(H22155),"牟"作 ♈(H18274),[2]二字演变至《说文》小篆分别作 𦍌、𠃊。我们看到,不同的指事符号分别与"羊""牛"组合形成不同的形体符号,具有相同的构形模式,体现着相同的构意,对应着不同的词义。不同字中相同的构件又可以体现不同的构意,具体可参冯胜利(2015)对构件"攴"的分析。若上述理论模型可信,将之推广开来可以分析早期古文字形、构、意、义之间的关联,从而深化对汉字构造过程和识解过程的认识。

第三,需认识到构意、构件功能、构件义是不同的概念。《说文》与《说文段注》"同意"字还引发我们对构意、构件功能、构件义三个概念的思考。冯胜利(2015)指出"构形有意、构件有义";除此之外,构件还有功能。那么,构意、构件功能、构件义之间是怎样一种关系?王宁

---

① 方括号中斜线前为上古音,依郑张尚方所构拟,斜线后为词义。
② 以上甲骨文字形引自刘钊等(2009)。H表示《甲骨文合集》(胡厚宣 1999)。

（2015：55）："汉字构形的最大特点是它要根据所记录的汉语词（语素）的意义来构形，因此，汉字的形体总是携带着可供分析的意义信息，这就决定了分析汉字构形的两个不可缺少的方面——构形与构意。""汉字形体中可分析的意义信息，来自原初造字时造字者的一种主观造字意图。"构意是一种意义信息，可以分为两个层面：一是构件的构意，二是整字的构意。在上文所分析的"同意"字中，我们看到有的是单个构件的构意同，有的是构件组构以后整体体现出的构意同。构件功能是指构件的构意类别，包括表形、表义、示音和标示四种功能。既然构件在参构时携带着某一种意义信息，那它至少有表义的功能①。构件义是指某个构件在参构时所携带的该构件单独成字时的意义信息，这种意义信息反映到整字所记录的词当中，往往为语义特征，因此也有的学者称之为"构件义素"（石定国 1996：58），如"冠"字中"元"的构件义为［头］、"寸"的构件义是［手］。厘清了上述概念，再结合同意字组来看，就会有更深刻的理解，如"官"与"师"同意，二字有相同的构件"𠂤"，其功能为表义，构件义为［众］，但仅此还不能说明其"意"之同。段玉裁云："人众而帀口之，与事众而宀覆之，其意同也。"不仅指明了"官"与"师"各自的构件之义，更指明了"同意"之处——"宀覆众"所体现的构形意图与"帀口众"所体现的相同。事实上，不仅是同意字组，每一个汉字我们都有必要考察其由哪几个构件构成，构意是什么，构件的功能分别是什么，构件义又是什么。

## 六、结语

上文梳理了学界对《说文》"同意"的研究成果，在此基础上分析了

---

① 说"至少"，是因为从功能的角度来看，可能有的构件具有双重作用，比如形声兼会意类的字，"珥"字中的"耳"既有表义功能又有示音功能。

《说文段注》中的"同意"条目。段玉裁的"同意"一词还有其他的一些含义：① 词意同，即用来指称词的命名理据，如叩部"嚣"下云："凡发乱曰'鬖鬣'，艸乱曰'莘薴'，皆抢攘同意。"大部"夷"字下云："《出车》《节南山》《桑柔》《召旻》传皆曰：'夷、平也。'此与'君子如夷''有夷之行''降福孔夷'传'夷，易也'同意。"②引经之意同，即指出许慎引用经典文句的意图是相同的，如《说文·用部》"庸"下引《易》曰："先庚三日。"段注云："引以证用庚为庸，与蘗、豐引《易》同意。说见艸部蘗下。"又《说文·金部》"鏑"下引《春秋传》曰："诸矦敌王所鏑。"段注云："此引以证会意之恉。与引'艸木丽乎地'说蘗，引'丰其屋'说豐，引'莫可观于木'说相，引'在冋之野'说駉同意。"

本文赞同段玉裁之说，"同意"即指字的构造意图相同。通过上面的研究，我们看到并不像有些学者所说，段玉裁对"同意"的"理解并不深透"，而恰恰可能是后人对段玉裁的理解尚未到位。《说文段注》对许慎的"同意"说既有继承，又有发展。在《说文段注》的理论体系当中，"意"不等于义；"意"既关乎语词的层面，又关涉汉字构造的层面，是沟通二者的桥梁，也是汉语言文字学理论体系的核心概念之一。通过对"同意"字组的分析，可以发现汉字的形、构、意、义之间存在错综复杂的关系，厘清其中的关系、层级不仅是完善的文字学理论建构本身的需要，也是指导我们认识和解读古汉字的津梁。将这种理论思想贯穿于整个汉字发展史，必将引出许多有意义的研究论题，如：甲骨文系统中有哪些"意"？有哪些"同意"字或构件？词义、构件义、构形模式与构意之间关系如何？等等。本文旨在抛砖引玉，期望能引起学者重视对汉字"意"的研究。是耶非耶，请方家斧正！

**参考文献**

陈　燕　2012《〈说文解字〉"同意"说》，《语言科学》第 5 期。

陈汉章　1893《缀学堂初稿·转注释例》，哈佛燕京图书馆藏光绪 19 年版。

陈建裕 1998《〈说文解字〉"同意"本意辨说》,《承德民族师专学报》第 3 期。

陈梦家 2006《中国文字学》,北京:中华书局。

陈 衍 2001《说文举例》//陈衍撰,陈步编,《陈石遗集》,福州:福建人民出版社。

段玉裁［清］1988《说文解字注》,上海:上海古籍出版社。

冯胜利 2014《论汉字形体的本质不在象形而在别异》//黄翊主编,《繁简并用　相映成辉——两岸汉字使用情况学术研讨会论文集萃》,北京:中华书局。

冯胜利 2015《古文字构形中的句法信息》//北京师范大学民俗典籍文字研究中心编,《民俗典籍文字研究》第 26 辑,北京:商务印书馆。

胡厚宣 1999《甲骨文合集》,北京:中华书局。

黄 侃(述),黄 焯(编) 1983《文字声韵训诂笔记》,上海:上海古籍出版社。

黄以周 1895《儆季所著书·论〈说文〉》,哈佛燕京图书馆藏光绪 21 年版。

江 声 1891《六书说》,《求实斋丛书》本,哈佛燕京图书馆藏光绪 17 年版。

李国英 1987《〈说文〉的造意——兼论辞书对〈说文〉训释材料的采用》,《辞书研究》第 1 期。

李国英,章 琼 1994《说文学名词简释》,郑州:河南人民出版社。

刘 兵 2007《〈说文解字〉"同意"体例研究》,华中师范大学硕士学位论文。

刘 钊 2009《新甲骨文编》,福州:福建人民出版社。

鲁 杰 2014《〈说文解字〉"同意"现象研究》,《湖北文理学院学报》第 3 期。

陆宗达 2015《说文解字通论》,北京:中华书局。

罗红昌 2008《〈说文解字〉"同意"考兼论转注》,《宜宾学院学报》第 9 期。

潘 杰 1999《从〈说文〉"同意"看许慎对汉字构形规律的揭示》,《古籍研究》第 1 期。

齐元涛 2016《构件的原生型功能与汉字的性质》,《北京师范大学学报》第 3 期。

钱剑夫 1986《中国古代字典辞典概论》,北京:商务印书馆。

石定果 1996《说文会意字研究》,北京:北京语言学院出版社。

苏宝荣 1993《〈说文解字〉助读》,西安:陕西人民出版社。

苏培成 2001《汉字的性质》,《廊坊师范学院学报》第 1 期。

孙雍长 1991《转注论》,长沙:岳麓书社。

王 宁 2015《汉字构形学导论》,北京:商务印书馆。

吴辛丑 1998《〈说文〉同意字与转注字浅析》,《语言研究》第 1 期。

许　征 2012《〈说文解字〉"同意"考》,《新疆教育学院学报》第 4 期。

许嘉璐 2010《传统语言学辞典》,石家庄：河北教育出版社。

许　慎[汉]撰,徐　铉[宋]校订 1963《说文解字》,北京：中华书局。

杨宝忠,张新明 2004《试论"虚假字义"》//北京大学汉语言研究中心《语言学论
　　丛》编委会编,《语言学论丛》第二十九辑,北京：商务印书馆。

杨　薇,张志云 2006《中国传统语言文献学》,武汉：崇文书局。

易　敏 2005《谈〈说文解字〉"同意"》,《赣南师范学院学报》第 2 期。

章太炎 2015《国故论衡》,北京：商务印书馆。

赵　铮 2005a《〈说文〉"同意"说评述》,《湖北大学学报》第 4 期。

赵　铮 2005b《〈说文〉"同意"释例》,《晋阳学刊》第 5 期。

（朱生玉　天津大学语言科学研究中心；王相帅　临沂大学文学院）

# 《说文》"才、中、之、出"构意研究[*]

## 朱生玉　高　飞

**摘　要**　汉字有形、音、义、用等要素，与形和义密切相关的还有意，即构意。构意是形体所反映的造字意图，是汉字据意构形时的产物；构意也是沟通字形与本义的桥梁。汉字的产生即取象构形与取意的过程。《说文》"才""中""之""出"四字取象于艸木生长的不同阶段而构形，各自在参与构字过程中体现原型构意或衍生型构意，或仅因同形而可重新分析。由此发现，同一个构件可以体现不同的构意，不同的构件也可以体现相同的构意，在《说文》内部形成了自身的构形、构意系统。

**关键词**　说文　才、中、之、出　构形　构意

汉字具有表意性，是一种构意文字。构意也叫造意，是汉字形体所反映的原初造字时设计字形想要表达的意图。许慎的《说文解字》为我们探讨构意提供了良好的材料。第一，《说文》的训释往往揭示了汉字的构意，如《说文·犬部》："臭，禽走臭而知其迹者犬也。"该训释明显是说"臭"从犬从自的构意。（李国英 1987）第二，《说文》常指出某些构件的构意，如"睿"下云"𣎆，残地；阬坎意也"；"师"下云"𠂤，四帀，众意也"。这是分别指出"𣎆""𠂤"在"睿""师"二字中的参构意图。第三，《说文》"某与某同意"这一条例也是对构意的揭示，如"善"

---

\*　原文发表于《宁夏大学学报（人文社会科学版）》2021 年第 3 期，收入时略有修改。

下言"此与义美同意"。"同意"之例启示我们不同构件在构意方面可以有某种联系。关于《说文》"同意"的研究成果已有不少,兹不赘述。

段玉裁《说文解字注》也特别注重对构意的揭示与阐释,而且也有意识地系联不同字的构意,如"才"字下段玉裁云:"凡艸木之字。才者,初生而枝叶未见也。屮者,生而有茎有枝也。丰者,枝茎益大也。出者,益兹上进也。此四字之先后次弟。"本文即拟以"才、屮、丰、出"为个案来分析四字的构意及其在参构其他字时所凸显的构意情况。具体而言,在《说文》系统中,"才、屮、丰、出"四字均取象于艸木,它们构意为何? 各自在参构其他字时所凸显的构意是什么? 这都是本文所要探讨的问题。

## 一、"才"系字及其构意

"才"在《说文》为部首,但其下无属字。《说文系传》(以下简称《系传》)卷第十二"才"下徐锴按语云:"此一部内无字而云'凡才之属'者,为有材字及哉从才在他部也。"《说文·才部》:"才,艸木之初也。从丨上贯一,将生枝叶。一,地也。凡才之属皆从才。"依照许慎的训解,"才"取象于艸木,其构意可描述为[艸木刚刚冒出芽儿]①。在整个《说文》当中,"才"参构的字共有 11 个,其中在 10 个字中充当声符②,而唯有"闭"字例外,因为《说文·门部》:"闭,阖门也。从门;才,所以距门也。"依许慎所言,"才"在"闭"字中所体现的构意为用以距门的工具。[用以距门的工具]与"才"单独成字时的构意[艸木刚刚冒出芽儿]有何关联?

针对"闭"所从"才"之意,历代《说文》研究者都提出了一些解释。

---

① 为与词义区别,本文用方括号表示构意。
② 这 10 个字是:赵、𩵋、𨪋、材、财、萧、豺、𢦏、在、存。声符的构意是一个较为复杂的问题,尚待深入思考。如非必要,本文暂不涉及这一问题。

《系传》二十三卷"闭"字下徐锴按语曰:"才,木也。会意。"按照这一思路,似可如此理解:[用以距门的工具]往往是木头所制的,故"闭"从"才"。这一关联不免有些牵强,因此段玉裁说"从门而又象撑距门之形,非才字也"。段氏善于依《说文》之体例而进行推演考证,此处也不例外。他说:"玉裁按,才 不成字,云'所以距门',依许全书之例,当云'才 象所以距门之形'乃合。而无象形之云,则当是合二字会意。"他进而推断许书原本应当作"閉","转写失真"而成了"闭"。这一观点受到了《段注订》《段注匡谬》《说文解字注笺》的质疑。尽管段氏认为许书该字原本作"閉"不竟可信,但我们认为其发疑点是值得注意的,即"才"在"闭"字中所体现的构意有些迂曲难通。《说文解字注笺》引李阳冰云"才象木斫伐之余",并云"此即闭从才之意"。这一解释亦难以理解。朱骏声《说文通训定声》在"才,所以距门也"之下加了"象形"二字,可见朱氏亦认为"闭"所从并非训作"艸木之初也"的"才";朱氏紧接着又云:"或曰从材省亦通。材,木挺也。"杨树达(2007:130)亦认为"才"即"材"之初文,"闭从才者,距门之关以木为之。"此可备一说。苗夔《说文声订》则认为"当补'才亦声'",从其表述"亦声"可知,苗氏是认可"才"的表意功能的,但未做进一步讨论。

从上可知,大家对"闭"之所以从"才"的理据存在一些争议。究竟作何解释,出土古文字或许能够深化我们的理解。"闭"最早见于西周中期的《豆闭簋》,又见于战国《子和子釜》。(高明,涂白奎 2008:1254)高鸿缙云:"非文字,乃物形,后变为才,意不可说。"(转引自张世超等1996:2770)李学勤主编《字源》认为"闭"字门中不是"才",而是"像用来关门的键之形"①。后来云梦睡虎地秦简文字"闭"作(日甲14)、(日甲72背),后者所从与"才"的古文近似,这就是小篆"闭"字从"才"之由来。

从小篆溯形至古文字,我们可以知晓"闭"之构形理据;然而我们

---

① 李学勤(2012:1043)中该条由胡伟撰写。

不能不注意的问题是金文与小篆属于不同的构形系统,能否以金文的构形构意系统来断然否定《说文》小篆的系统呢? 本文认为不妥,至少有失公允。冯胜利先生(2014:298-306)对此已反复论述,值得参看。立足于《说文》自身的系统,综合上文所举各家的观点,"闭"从"才"的理据可有两种分析思路:一,"才"乃"材"之省形,若如此,则"闭"所从之"才"凸显了[木]这一构意;二,"闭"所从之"才"与"才"同形,即与训作"艸木之初也"的"才"无关。仅因形同而取以构字的情形,在《说文》中也是存在的,详见下文分析。

## 二、"屮"系字构意分析

《说文·屮部》:"屮,艸木初生也。象丨出形,有枝茎也。古文或以为艸字。读若彻。凡屮之属皆从屮。尹彤说。臣铉等曰:丨,上下通也,象艸木萌芽,通彻地上也。"依据《说文》的训释,"屮"的构意可以分析为:[艸木+初+上出]。

《说文》中以"屮"为义符或形符而参构之字共有 25 个①,如表 1 所示:

**表 1 《说文》以"屮"为意符或形符之字**

| 《说文》部首 | 所涉字例 | "屮"之功能 | 《说文》部首 | 所涉字例 | "屮"之功能 |
|---|---|---|---|---|---|
| 屮部 | 每 | 表义 | 豈部 | 豈 | 表形 |
| 屮部 | 毒 | 表义 | 青部 | 岑 | 表义 |
| 屮部 | 屯 | 表义 | 亼部 | 舍 | 表形 |
| 屮部 | 熏 | 表义 | 木部 | 木 | 表义 |

---

① 检索结果据《汉字全息资源应用系统》(https://qxk.bnu.edu.cn/#/xilian)。

| 《说文》部首 | 所涉字例 | "屮"之功能 | 《说文》部首 | 所涉字例 | "屮"之功能 |
|---|---|---|---|---|---|
| 屮部 | 岁 | 表义 | 宋部 | 宋 | 表形 |
| 屮部 | 岁 | 表义 | 生部 | 生 | 表义 |
| 艸部 | 艸 | 表义 | 叝部 | 叝 | 表形 |
| 艸部 | 卉 | 表义 | 朮部 | 朮 | 表义 |
| 舜部 | 舜 | 表义 | 夲部 | 奏 | 表义 |
| 干部 | 芦 | 表义 | 夲部 | 鞁 | 表义 |
| 又部 | 发 | 表义 | 女部 | 妻 | 表义 |
| 隹部 | 巂 | 表形 | 内部 | 离 | 表形 |
| 眉部 | 省 | 表义 | | | |

上文将"屮"单独成字时的构意分析为[艸木+初+上出]，实际上它又可以进一步拆分为/艸木/、/初/、/上出/三个特点。经过对表 1 所列 25 字在《说文》中的训释及构形分析，我们发现，这三个特点并非同时完整地体现在"屮"所参构的字当中，而是凸显其中一个特点或两个特点的组合。具体而言，可分为以下几种情况：

## 2.1 取[艸木]之意

"屮"字创制之初，即取象于艸木，因此在参构它字时体现[艸木]之意，最为典型。在从"屮"的 25 字中有 7 字体现[艸木]之意，如：

《说文·屮部》：岁，菌岁，地蕈。丛生田中。从屮，六声。

《说文·屮部》：毒，厚也。害人之艸，往往而生。从屮从毒。

《说文·屮部》：岁，艸初生，其香分布。从屮从分，分亦声。

《说文·艸部》：艸，百端也。从二屮。凡艸之属皆从艸。

《说文·艸部》：卉，艸之总名也。从艸、屮。

《说文·舛部》：舛，众舛也。从四中。凡舛之属皆从舛。读与冈同。

《说文·朩部》：朩，分枲茎皮也。从中，八象枲之皮茎也。凡朩之属皆从
朩。读若髌。

以上 7 个字当中，除了"朩"之外，其他字均隶属于与艸木密切相关的
中部、艸部、舛部。需要说明的是，艸和木严格来说是两种不同的植物，
且上七字均为艸属。因古人往往艸木连言，因此许慎训释语中说"艸
木"，从构意系统我们可知，"中"其实偏指"艸"。另外值得注意的是，
在以上 7 字中，[艸]这一构意最为凸显，但在有的字中也隐含着其他
的特点，如"芬"所从之"中"除了表现[艸]这一构意，其实还有[初]这
一特点。从词义特点来说，芬＝/艸/＋/初生/＋/(香味)分散/，其中的/
分散/这一特点来自于构件"分"，而/初生/则无疑来自于"中"。又如
"朩"指剖去麻之皮，"麻"故可归为中属，但"中"在"朩"字中同时亦有
表形的作用，因此段玉裁在"朩"字"从中"二字下注云"象枲茎"，只不
过这个表形的作用处于从属的地位。

## 2.2　取[上出]之意

"中"在构字时表达[上出]这一构意，共有 4 个字。具体如下：

《说文·中部》：熏，火烟上出也。从中从黑。中黑，熏黑也。

《说文·本部》：鞃，进也。从夲从中，允声。《易》曰："鞃升大吉。"

《说文·本部》：奏，奏进也。从夲从廾从中。中，上进之义。

《说文·壴部》：壴，陈乐立而上见也。从中从豆。凡壴之属皆从壴。

很显然，上述四字与艸木无涉。"熏"字下段玉裁注云："从中。象烟上
出。""中"在"熏"字中表现烟上出这一形象。"鞃"字下段玉裁注云：
"中者，进之意也。""奏"字下许慎所谓"中，上进之义"即是对"中"字
构意的揭示。"壴"字下段玉裁云："中者，上见之状也。"值得注意的
是，"中"表示[上出]意，而"中"这个构件在熏、鞃、奏、壴整字的布局中

也置于上方的位置,这或许体现了构件布局与构意之间的象似性。这种象似性在汉字构形中还有哪些,以及是否具有一定的普遍意义,是值得深入考察的一个问题。① 需特别强调的是,从古文字形体演进的角度来说,上述几字或许原本并非从屮,如:

熏:（吴方彝）、（番生簋）、（小篆）;

鞄:（虢季子白盘）、（兮甲盘）、（小篆）;

奏:（H31026）、（作册般黿）、（秦公大墓石磬）、（小篆）;

壴:（H9530）、（壴生鼎）、（郭店·六德24）、（小篆）。

随着形体演变,到了《说文》小篆被统一化为"屮"。虽来源不同,但需明白不同字体内部自有其构形、构意系统。用甲金文的构形、构意系统批驳小篆的构形、构意系统有失公允。上列四字所从"屮"之构意在小篆当中是异时空下重新分析的结果。本文的探讨是就小篆字系而言的。

## 2.3 取[艸木+上出]意

"屮"在构字时还可以体现[艸木+上出]的构意,这一构意同时凸显了/艸木/和/上出/这两个特点。共有 5 个字,具体如下:

《说文·屮部》:每,艸盛上出也。从屮,母声。

《说文·屮部》:屯,难也。象艸木之初生,屯然而难。从屮贯一。一,地

---

① 陈伟武(1997)考察了"同符合体字"与所记录的词义之间的关系,他说"事物数量的增多,往往伴随着程度加强、频率加快等相应的变化,同符合体字也就同时反映了这种语义的变化""如果构件相同,而构件在位置、方向、大小等方面相对立,同符合体就会产生背反义……"。Behr(2006)也有类似的观点,其原文如下:"Homosomatic juxtaposition in Chinese writing... it is a marginally productive iconic technique, which encodes semantic functions of plurality, augmented volume or intensity, collectivity, ambality, opposition, closeness, diminutivity, rapidity, as well as shape or sound imitation."以上所揭示的现象即可归为"同符合体字"与它所记录的词之间存在一定的象似性(iconicity),汉字构形模式中所隐含的象似性问题是值得探讨的一个课题。

也。尾曲。《易》曰："屯，刚柔始交而难生。"

《说文·木部》：木，冒也。冒地而生。东方之行。从屮，下象其根。凡木之属皆从木。

《说文·生部》：生，进也。象艸木生出土上。凡生之属皆从生。

《说文·宋部》：宋，艸木盛宋宋然。象形，八声。凡宋之属皆从宋，读若辈。

以上 5 个字均表示艸木之属，且皆有［上出］之意。需要说明的是，"木"之甲骨文作 （《合集》5749）、（《合集》32806），金文作 （木瓢）、（木父丙簋），为整体象形字。小篆 与上述古文字一脉相承，但在构形上，《说文》将"木"字构形拆分为上下两部分，即段玉裁所云："屮象上出，𣎵象下垂。"这样的分析固然不符合字形历史演变的轨迹，但另一方面我们应该去理解许慎、段玉裁如此分析的原因，因为《说文》及其小篆是自成系统的，"木"训作"冒"与之构形分析作"从屮"以体现［上出］之意是相对应的。由此可见许慎作《说文》之良苦用心。

## 2.4　借形且取［上出］意

《说文》分析为从"屮"的字当中，有一部分字所从之"屮"并非训作"艸木之初也"之"屮"，而是与"屮"同形。这样的字有 4 个，即：

《说文·隹部》：巂，周燕也。从隹，屮象其冠也。冏声。一曰蜀王望帝，淫其相妻，惭亡去，为子巂鸟。故蜀人闻子巂鸣，皆起云"望帝"。

《说文·亼部》：舍，市居曰舍。从亼，屮象屋也。口象筑也。

《说文·㫃部》：㫃，旌旗之游，㫃蹇之皃。从屮，曲而下，垂㫃相出入也。读若偃。古人名㫃，字子游。凡㫃人之属皆从㫃。

《说文·内部》：离，山神，兽也。从禽头，从厹从屮。欧阳乔说：离，猛兽也。

以上"巂""舍"字下构形解析均言"屮象某"，即取该部分形体与"屮"相同，"㫃""离"情形亦如此。这种现象我们可以理解为形借（或借形)。所谓的形借,是指"不管一个字原来的音义,只借用它的字形的一种现象"(裘锡圭 1988:209)。但是它又不同于整字的形借,整字的形借是借用相同的文字形体去记录不同的词;而这里所说的是汉字构件的形借,是某个字的构件与既有构件形体相同而所做的关联性重新分析。①"𣏾"篆文作𣏾,其所谓从"屮"指左上部之"屮"。实际上,"屮"并非训"艸木之初也"的"屮",仅仅是取与"屮"形同形近而已,于是借用"屮"形;其最重要的目的是凸显[上出]的构意,正如段玉裁所说"从屮者,与岂肯屵同意,谓杠首之上见者"。"离"篆文𧴪上部之"屮"形亦当如段玉裁所说"从屮,若嵩字之首,像其冠耳"。诸如此类,对字中构件的分析既与既有构件在形体上关联起来了,又可在构意上联系起来,是构形构意系统优化的一种表现。

## 2.5 存疑

据《说文》构形分析而从"屮"者还有 5 字,但对这些字从"屮"的理据多有争议,限于篇幅,兹仅举一例以略见一斑。

《说文·眉部》:省,视也。从眉省,从屮。𥅱,古文从少从囧。

"省"小篆作𥳑,《说文》学者对其构形理据的解释聚讼纷纭,大体上可以分为以下几种观点:A."屮"取[通彻]之意,如徐铉云:"屮,通识也。"徐锴云:"屮,彻也。"B."屮"取[细微]之意,如段玉裁:"从屮者,察之于微也。凡省必于微。"《说文疑疑》:"屮,艸木出生也。视于微眇,省察意也。

---

① 先民在创制汉字过程中应该有一种形借,即人们在构形过程中,经过取象所形成的形象与汉字系统中既有的汉字或构件表征的形象相同或相近,于是就借用该既有的形体来作为构形元素。这种情形发生在汉字创制之初。《说文》所在文字距离创制时已远,我们不能说人们在造"嵩"这个字时认知取象中所形成的一部分形象与既有的"屮"象似,便借用了"屮"这个形体作为构形元素之一。如果追溯古文字,我们知道,"嵩"所从之"屮"形是由𣏾上部象形的部分演变而来的。由于小篆"嵩"上部所从与"屮"相同,《说文》的构形分析可看作是一种关联性重新分析。

因中有微紉意。故又借为减省之省。古文从少,与中同意。"许棫《读说文杂识》:"省从中会微细意。"《重文管见》:"省训视而不从目,而从眉省者,秒小之物难于省察,必蹙眉目以省之而后中也。"C. 讹变说,如徐灏:"从眉从中,义不可通。盖由古文变'少',讹为𠂤也。"D. 存疑,如朱骏声《说文通训定声》:"小篆象古文之形而省察一义借为静字欤? 抑形近看而误欤? 或曰字从屵从目会意。屵,岸上见也。皆存疑。"

由上观之,其中以持第二种意见者较多。不管是"中"取[通彻]之意还是[细微]之意,必须思考的一个问题是:"中"如何会有[通彻]或[细微]之意? 上文已言"中"的构意可分析为[艸木+初+上出],我们推测,[通彻]之意可能是从/上出/这一特点进一步发展而来的,因为艸木破土而出即显[通彻];[细微]之意可能是从/初/这一特点进一步发展而来,段玉裁言"察之于微也"、许棫言"从中会微细意"的观点给了我们这方面的启示,艸木刚破土而出时必显得微小。然而,正如冯胜利先生(2014:298-306)所指出的,"造字之意,虽可臆测,然无书证则不可确信"。在缺乏书证的情况下,上述意见也仅能提供一种思路而已。其他《说文》构形分析从"中"而据我们考察较有争议的字还有屵、戈、岑(古文"青")、妻,本文不一一分析。

## 三、"之"系字构意研究

《说文·之部》:"之,出也。象艸过中,枝茎益大,有所之。一者,地也。凡之之属皆从之。"依据《说文》的训释,"之"的本义指"出往",其构意可以分析为:[艸+上出]。

《说文》中以"之"为义符或形符而参构之字共有 10 个,如表 2 所示①:

---

① 检索结果据《汉字全息资源应用系统》(https://qxk.bnu.edu.cn/#/xilian)。

表 2　《说文》以"之"为义符或形符之字

| 《说文》部首 | 所涉字例 | "之"之功能 | 《说文》部首 | 所涉字例 | "之"之功能 |
|---|---|---|---|---|---|
| 之部 | 里 | 表义 | 先部 | 先 | 表义 |
| 艸部 | 芝 | 表义 | 厂部 | 庐 | 表义 |
| 帀部 | 帀 | 表义 | 至部 | 臺 | 表义 |
| 邑部 | 凿 | 表义 | 土部 | 封 | 表义 |
| 日部 | 肯 | 表形 | 土部 | 里 | 表义 |

上文将"之"单独成字时的构意分析为［艸+上出］,即包括/艸/、/上出/两个特点。经过对表 2 所列 10 字在《说文》中的训释及构形分析,我们发现,这两个特点并非完整地体现在"之"所参构的字当中,而是凸显了其中一个特点。具体而言,可分为以下几种情况:

## 3.1　取［艸］之意

"之"在所参构字中明显表示［艸］意的有 2 个字,具体如下:

> 《说文·之部》:里,艸木妄生也。从之在土上,读若皇。
>
> 《说文·艸部》:芝,神艸也。从艸从之。

"里"隶属于之部,与"之"之构意相吻合①;"芝"从艸且隶属于艸部,对于"芝"整字而言,构件"艸"与"之"均可体现［艸］这一构意,但"芝"所从的"之"除了具有表意功能外,还具有示音功能,段玉裁径直将"芝"之构形分析为"从艸之声"。

另外,由"之"构成的字里面,有三个较为特殊,即"封""里"与

---

① 《读说文杂识》认为"里""从生省,王声",《重文管见》则认为"从之生省"。可见,对"里"的小篆形体有不同的分析,前一种分析则与这里讨论的"之"无关,不过即使分析为"从生省",它所代表的构意依然可分析为［艸木］,因为"生"本身即取象于"草木生出土上";后一种分析依然从"之",体现［艸木］之意。

"邦"之古文"邑",如:

> 《说文·土部》:封,爵诸侯之土也。从之从土从寸,守其制度也。① 公
> 侯,百里;伯,七十里;子男,五十里。坓,古文封省。

> 《说文·邑部》:邦,国也。从邑,丰声。邑,古文。

这三个字均有"之"这个构件,其中"坓"为"封"的古文。关于"封"
"坓"从"之"的理据颇有争议,大体上有三种说法:一是取[到往]之
意,如徐锴《系传》卷二十六云:"各之其土也。"又在《祛妄》篇云:"之
者,受命而往各之其国土也。"桂馥《说文义证》:"从之者,之,往也。"承
培元《说文引经正例》:"之者,往即乃封。"第二种意见即段玉裁认为
"之"取"是"义,他在"爵诸侯之土也"下注云:"谓爵命诸侯以是土也。
《诗》毛传:之子,嫁子也。之事,祭事也。庄子之人也,即是人也。然
则之土言是土也。其义之土,故其字从之土。"第三种意见则认为"之"
乃"丰"之省,如《句读》:"坓"宜"从土丰省声"。又《说文疑疑》:"当是
从土从寸丰省声。古文坓亦是从土丰省声。何以知之? 盖以籀文从土
丰声故也。"第三种说法与"之"无关,暂且不论。前两种说法就整个
"之"系字的构意体系来说,显得较为突兀。对"邑"字的解释也有一些
争议,如段玉裁云:"从屮田。之,适也。所谓往即乃封。"而朱士端《说
文校订本》则以为"从半丰而省"。

　　就古文字来说,古"邦""封"本为一字,②象在土堆上种植艸木以
为封界之形。如此则《说文》"封""邦"所从"之"的构意亦可理解为
[艸木]。王国维(1983:35)以为"邑"从之田与六书不合,"屮"乃
"丰"之讹,现在看来似大可不必。说"屮"乃"丰"之讹是立足于古文
字来审视《说文》。若立足于《说文》自身,上文分析,"屮"亦可体现
[艸木]之意,如此不仅可以贯通古今,而且也符合《说文》自身的构形

---

① 　《系传》作:"从土之寸。寸,其制度也。"
② 　据李学勤(2012:582),该条由王志平撰写。

构意系统,因为我们前文已分析了"之"可体现[艸]意。

## 3.2 取[上出]之意

"之"在所参构的字中可体现[上出]意,有3字,如下所示:

《说文·先部》:先,前进也。从儿从之。凡先之属皆从先。

《说文·厂部》:屵,岸上见也。从厂,从之省。

《说文·至部》:臺,观,四方而高者。从至从之,从高省。与室屋同意。

"先"从之,段玉裁云"之者,出也";"屵"篆文作 **屵**,许慎分析为"从之省",段玉裁改为"从厂屮会意",段氏又说:"屮与屮皆谓艸初生,故凡上出者,可以屮象之。"亦即不管分析为从"屮"还是"从之省",均可以体现[上出]这一构意;"臺"字大小徐分析为"从至从之,从高省",而段玉裁谓"屮声"。我们知道,"臺"这种建筑物的突出特点是高出地面,因此所从之"之"可以理解为取[上出]之意。

## 3.3 仅取形似

《说文》从"之"之字中有1例,其构意与"之"无涉,即:

《说文·丹部》:青,帱帐之象。从丹;屮,其饰也。

"青"下许慎已明言"屮"为饰品之象,徐锴《系传》卷十四:"屮象其幄上饰形,非之适之字。"段玉裁亦认为其帐帱之饰。徐灏则认为"青"全体象形,窃以为不确。若为全体象形,姑不论其所象何形,"青"宜当独立为一部首。

## 3.4 存疑

《说文》构形分析与"之"有关的还有一字,其构形理据较为复杂,即:

《说文·帀部》:帀,周也。从反之而帀也。凡帀之属皆从帀。

"币"何以"从反之",可谓众说纷纭。段玉裁云:"凡物顺屮往复则周遍矣。"徐灏云:"屮象屮木上出,反之则面面皆遍合,屮字以见意,故曰反之而币。"王筠云:"当言到之。而言反之者,屮字无反,故其词可通。且之者,往也。既往而反,则反复其道,必周币也,故曰反。"朱骏声云:"谓从到之。指事字。"饶炯《部首订》:"文从反屮。屮下说出也。出即往也。往而反之,意为回币,故从反之以指其事。"结合当今古文字学的研究成果,①亦难断其是非。本文谨此存疑,以俟贤者智见。

## 四、"出"系字构意分析

《说文·出部》:"出,进也。象屮木益滋,上出达也。凡出之属皆从出。"依据《说文》的训释,"出"的本义指外出②;"出"之构意可以分析为:[屮木+上出]。

《说文》中以"出"为义符或形符而参构之字共有 10 个,③如表 3 所示:

**表 3 《说文》以"出"为意符或形符之字**

| 《说文》部首 | 所涉字例 | "出"之功能 | 《说文》部首 | 所涉字例 | "出"之功能 |
|---|---|---|---|---|---|
| 示部 | 祟 | 表义 | 出部 | 黜 | 表义 |
| 示部 | 纛 | 表义 | 日部 | 暴 | 表义 |
| 出部 | 卖 | 表义 | 月部 | 胐 | 表义 |
| 出部 | 糶 | 表义 | 穴部 | 窋 | 表义 |
| 出部 | 敖 | 表义 | 夲部 | 暴 | 表义 |

---

① 由于本文的探讨侧重于《说文》内部系统,古文字学界关于"币"的研究成果,拙作《自一师相关字分化层次暨字词关系研究》(待刊稿)已做了综述,在此不更赘述。
② "出"的词义结构可以分析[DO+out],其中的 DO 代表动作行为,out 是这个动作行为所伴随的结果。
③ 检索结果据《汉字全息资源应用系统》(https://qxk.bnu.edu.cn/#/xilian)。

从词义结构来说,"出"有三部分构成:主体(O)+动作(V)+参照物(G)。从取象构形的角度来说,"出"字取象于艸木,附带着艸木生长"上出"的特点,因此,"出"字的构意可概括为[艸木+上出]。这一构意在"出"参与构字的过程中有泛化的趋势。"出"之构意在所参构的字中大体上可以分为三类:

## 4.1 取[艸木+上出]之意

在《说文》当中,"出"充当义符而表示[艸木+上出]构意的即"出"字本身。《说文》即训作"进也",段玉裁云"本谓艸木,引伸为凡生长之偁"。其下"象艸木益滋,上出达也"即是对构意的描述。反映到词义层面,"出"可分析为/艸木/+/上出/+地面/。其中"艸木"为主体,"上出"与动作有关,"地面"则是参照物。

## 4.2 取[上出]之意

"出"在构字过程中隐去/艸木/这一特点,而凸显/上出/者有 2字,具体如下:

> 《说文·日部》:暴,晞也。从日从出,从収从米。麤,古文暴从日麤声。
> 《说文·月部》:朏,月未盛之明。从月、出。《周书》曰:"丙午朏。"

"暴"由四个构件组成,许慎亦分别用四个"从"字来引介,段玉裁则径直改为"从日出収米",并云:"日出而竦手举米晒之,四字会意。"在段玉裁看来,会意字的结构分析用不用"从"是有所区别的。可"联属成文"①者则曰"从某某",而非"从某从某"。"朏"则由月、出会意。二字中的"出"都体现[上出]之意。就词义层面来说,"暴""朏"可概括为/日、月/+/上出/+/地面/。其中"日""月"分别为"暴""朏"的主体,"上出"表达动作,"地面"为参照物。

---

① 段玉裁在其《说文解字注》中对此有所解释。

### 4.3　取泛化之[出]意

"出"在参构字中构意进一步泛化,隐去了/上/这一方向特征,而凸显/出(离开)/这个特征。这样的字有 6 个[①],即:

　　《说文・出部》:卖,出物货也。从出从买。

　　《说文・出部》:糶,出谷也。从出从䊮,䊮亦声。

　　《说文・出部》:敖,游也。从出从放。

　　《说文・穴部》:窋,物在穴中皃。从穴中出。

　　《说文・夲部》:暴,疾有所趣也。从日出夲廾之。

　　《说文・示部》:祟,神祸也。从示从出。隸,籀文祟从隸省。

显然,"卖""糶"指货物或谷物交易,所表达的方向并非向上;"敖"指出游、"窋"指离开洞穴,亦非向上;"暴"所表达的"疾、趣"亦非向上。说文学家对"祟"之构形分析大体上有三种意见:一是分析为会意,以徐铉为代表;二是分析为会意兼形声,以徐锴为发端,《系传》卷一:"祟,神祸也。从示出。臣锴曰:……以出示人,故从出,出又音吹,去声,故《诗》曰'匪舌是出,惟躬是瘁',故又出声。"这一意见影响较大,从其说者亦较多,如段玉裁、王筠等。三是分析为形声,如《说文通训定声》《说文疑疑》《说文谐声补遗》均认为"从示出声"。根据当今古音学研究成果,"出""祟"均属物部。"祟"所从之"出"应有表意与示音双重功能。因此,以上第二种观点较为可取。如此则"出"亦表达一种抽象的[出]意。反映到词义层面,上述六字所记录的词的词义结构可描述为/X/+/离开/+/界限/,详见下文分析。

　　不难看出,"出"的主体从艸木扩展到日、月,进而指其他物品。"出"所涉及的动作具有方向性,在"出""暴""胐"等字中表现为/上出/的特点;"卖、糶、敖、窋、暴"等字中的"出"所表示的动作并没有/上

---

① 按,《说文・放部》重见"敖",训作"出游也"。此不另做计算。

出/的特点,而是指/离开/某一区域或范围。"出"所涉及的参照物也随之不同,在"出""暴""屵"中,以/地面/为参照物;而在"卖、糶、敖、宼、暴"中,参照物变得较为抽象,如"卖、糶"涉及交易这一语义框架,"卖、糶"表示主体(物资)离开原所有者,即超出原所有者的界限而向新所有者转移,如图 1 所示:

原所有者 ▶ 新所有者

**图 1**

"敖、宼、暴、祟"的动作则侧重于越过一定的界限,如图 2 所示:

主体 ▶

**图 2**

最后需要说明的是,《说文》以"出"为意符之字还有一个"屈",《说文·出部》:"屈,槸屈,不安也。从出,臬声。《易》曰:'槸屈。'"段玉裁《说文解字注》、柳荣宗《说文引经考异》认为该字当为"从臬,出声"。"屈"之词义对其构形分析至关重要,而《说文》对"屈"之训释较为抽象,所引《易》文对"屈"之理解至关重要,但所引《易》文本身牵扯甚广,争论莫衷一是,本文姑且存疑。

## 五、结语暨余论

上文分析了"才、屮、业、出"四字及其作为形符或意符在所参构之字中的构意。现统一图示如下:

才：〔艸木〕

中：〔艸木〕⇨〔艸木+上出〕⇨〔上出〕

之：〔艸（木）〕⇨〔上出〕

出：〔艸木+上出〕⇨〔上出〕⇨〔出〕

如果将上述四种情况更抽象一些的话，则可用图 3 表示：

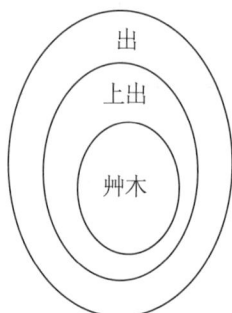

图 3

　　一般认为，汉字有形、音、义、用等要素，"音""义"属于语言的层面，"用"属于使用的层面。通过上面的分析，我们看到与汉字的"形"密切相关的还有"意"，即构意，它不同于"义（词义）"。这里简要谈谈形与意之密切关系。汉字的形体是被有意识地设计出来的，这就意味着有一个构形的过程。文字形体是可视化符号，其创制须得借助于具体的物象，我们将这个过程称之为"取象"，将取象所参照的具体物象叫做"取象对象"。如上文所示，依《说文》解说，"才、中、之、出"取象于"艸木"，此为字形之来源。虽同取象于艸木，但由于取象于艸木生长的不同阶段而形成"才、中、之、出"四个不同的形体，正如段玉裁所说"艸木由才而中而之而出，日益大矣"。字形可以体现构意。"意（构意）"是认知加工的结果，是人们对取象对象及其特点的认知加工，我们将这个过程叫作"取意"。此为构意之来源。由于构意与人们的思维意识相关，所以它并不是一成不变的。不难看出，"才、中、之、出"这四个字在作为构件参与构字时,大体上围绕着艸木及其特点来凸显构意,在不同的字当中,所凸显的构意不同,形成以[艸木]为中心向外辐射的态势。处于核心的构意与取象对象密切相关,可称之为"原型构意",它具有完形性;核心之外的为衍生型构意,反映了取象对象的特点,以原型构意为基础但又可脱离原型构意而得以凸显。同一个构件,人们在认知中围绕原初取象的对象而捕捉形成了一系列相关的特点,这些特点均可作为这个构件的构意去参与构字。总而言之,汉字形一意的形成即依物取象、依象构形、以意赋形、以形表意的过程。

事实上,构形构意的研究尚很薄弱,亦远非上文所描述的那样简单,需另文撰述。上文的研究仅为个案,尚有许多问题值得深入。首先,《说文》基础构件约四百个左右[①],这些构件的构意是什么、哪些构件能够代表相同的构意、哪个构件可以体现不同的构意等,这些问题都需要一一研究,由此才能构建《说文》的构意系统。构意系统的建立,对于我们认识《说文》中某些有争议的构件及其功能当有参考价值。其次,就整个汉字发展史而言,我们既要有"断代"的理念,又要有"贯通"的思想。所谓断代的理念是说构形、构意也是有其时代性、系统性的,甲骨文、金文、简帛文字、楷体字等不同的系统其构形属性不同,构意系统也不同,需要分阶段、分体系地去考察;所谓贯通的思想是说汉字的发展是一脉相承的,而不能割裂开来,从殷商甲金文至楷书有很多字得以传承,我们对构形、构意的认识和阐释也应历史贯通起来。这样做或可一定程度上避免拿甲金文的构形构意来批判《说文》的做法。第三,虽然前文的分析和结论是基于离汉字创制时期已非常遥远的《说文》构形构意系统,但它对于我们认识汉字的创制(从无到有)、形成(发展演变)不无启发。汉字的造字阶段可大体分为原生造字阶段与次生造字阶段,两个阶段中形体的来源和构造方式、构意的体现途径

---

① 按,王宁(2002:21)说有基础构件367个,而在王宁(2015:17)计有414个基础构件。

第三章 文字类

341

是不同的,值得深入研究。本文仅立足于《说文》构形构意系统,通过个案研究探讨构形、构意问题,旨在抛砖引玉,尚留有许多问题需学界同仁共同努力。

## 参考文献

北京师范大学汉字研究与现代应用实验室,汉字全息资源应用系统,https://qxk.bnu.edu.cn/#/xilian.

陈伟武 1997《同符合体字探微》,《中山大学学报》第 4 期。

承培元[清] 1988《说文引经正例》//丁福保,《说文解字诂林》,北京:中华书局。

段玉裁[清] 1997《说文解字注》,上海:上海古籍出版社。

冯胜利 2014《论汉字形体的本质不在象形而在别异》//黄翔等编,《繁简并用、相映成辉——两岸汉字使用情况学术研讨会论文集》,北京:中华书局。

高 明,涂白奎 2008《古文字类编》,上海:上海古籍出版社。

桂 馥[清] 1987《说文解字义证》,上海:上海古籍出版社。

胡厚宣 1999《甲骨文合集》,北京:中华书局。

孔广居[清] 1988《说文疑疑》//丁福保,《说文解字诂林》,北京:中华书局。

李国英 1987《〈说文〉的造意——兼论辞书对〈说文〉训释材料的采用》,《辞书研究》第 1 期。

李学勤 2012《字源》,天津:天津古籍出版社。

苗 夔[清] 1988《说文声订》//丁福保,《说文解字诂林》,北京:中华书局。

裘锡圭 1988《文字学概要》,北京:商务印书馆。

饶 炯[清] 1988《部首订》//丁福保,《说文解字诂林》,北京:中华书局。

王国维 1983《史籀篇疏证》//王国维,《王国维遗书》第六册,上海:上海书店出版社。

王 宁 2002《汉字构形学讲座》,上海:上海教育出版社。

王 宁 2015《汉字构形学导论》,北京:商务印书馆。

王 筠[清] 1988《说文解字句读》,北京:中华书局。

萧道管[清] 1988《说文重文管见》//丁福保,《说文解字诂林》,北京:中华书局。

徐 灏[清] 1988《说文解字注笺》//丁福保,《说文解字诂林》,北京:中华书局。

许　械［清］ 1988《读说文杂识》//丁福保,《说文解字诂林》,北京：中华书局。

杨树达 2007《积微居小学述林》,上海：上海古籍出版社。

张世超,孙凌安,金国泰,马如森 1996《金文形义通解》,京都：中文出版社。

朱骏声［清］ 1984《说文通训定声》,北京：中华书局。

朱士端［清］ 1988《说文校订本》//丁福保,《说文解字诂林》,北京：中华书局。

朱生玉 待刊稿《自一师相关字分化层次暨字词关系研究》//四川大学汉语史研究
　　所编,《汉语史研究集刊》,成都：巴蜀书社。

Wolfgang B. 2006 Homosomatic Juxtaposition and the Problem of Syssemantic（huìyì）
　　Characters //Francoise B, Redouane D.（eds.）*Écriture chinoise Données*, *usages*
　　*et représentations*, Paris：Centre de Recherches Linguistiques sur l'Asie Orientale
　　École des hautes Études en sciences sociales：75-114.

（朱生玉　天津大学语言科学研究中心;高　飞　北京中医药大学）

# 训 诂 类

# 论王念孙的生成类比法<sup>*</sup>

## 冯胜利

**摘　要**　科学是思想,而不是技术。乾嘉学术蕴藏着丰富的科学思想,有待发覆。清邓实《国学今论》曰:"本朝之经学考据,浩博无涯涘,实足以自成其一种之科学,永寿于名山者也。"然而,什么是乾嘉的科学思想? 向无定论。文章认为:乾嘉科学理念中其最突出的标志就是他们的"理必"思想。(冯胜利 2014)文章即在"发掘乾嘉理必思想"的大题目下,从王念孙《广雅疏证》类比例证中揭示其推理必然的科学要素。文章认为:乾嘉小学的科学要素不仅可与现代科学研究直接接轨,甚至可以补充当代逻辑之不足。文章继此呼吁将来古代思想史、逻辑史的研究,当以独立的科学思想和方法来观照传统朴学中的科学理念,并据所得之传统科学理念,比照西方科学的传统和理念,如此中西学术参互比较或有新的突破和启发,俾能创造出含有东西方思想精华的科学理念和科学体系。

**关键词**　乾嘉理必　广雅疏证　生成类比逻辑　形式逻辑

---

\* 本文部分内容在台湾"中央研究院"文哲所 2016 年五月 11—12 日举办的《离词·辨言·闻道——古典研究再出发》会议上报告,得到与会者的指教,谨表谢意。感谢天津大学语言科学研究中心 2016 年 6 月 26—27 召开的《乾嘉段王的科学理念和科学方法国际研讨会》及《全国第八届认知科学大会》提供的交流机会,感谢蔡曙山教授及与会的专家和同学的宝贵意见和建议。原文曾发表于《贵州民族大学学报》2016 年第 6 期,据以收入时略有修改。

## 一、王念孙的"生成类比法"

刘盼遂《高邮王氏父子年谱》云:"(乾隆四十一年)自是以后四年皆独居于祠畔之湖滨精舍。以著述至事,穷搜冥讨,谢绝人事。"终得"四辟六达,动搉合度,取精用弘,左右逢原"。最后,"大端既立,则触类旁通矣。"然而,何为王氏之"大端"? 刘盼遂未竟其详,王怀祖本人亦未明言其故。王念孙未若其师戴东原直言理必:"《尧典》古本**必**有作'横被四表'者";他也不像其友段若膺径用"断不""必有"等理必术语晓喻后人:段氏在《说文解字》"粒"下注曰:"此篆(粒)不与糙篆相属,亦可证其**断**不作糙也。"当然,没有用"必""断"等字眼,①并不意味着王氏之学不属"综刑名、任裁断"(章太炎评语)的"订误、发明"派(陆宗达评语)。下文看到,王念孙另创了一套"理必之法"。科学的要谛在"理必",本文认为王氏的"大端"在类比法的创造,而王氏类比蕴含着科学要素,有"理必"原理深藏其中,本文即为此发覆焉。

首先了解什么是王念孙的类比义证。先看下面的几个例子:

(1)《广雅·释诂一》:"般,大也。"《疏证》曰:"《说文》:伴,大貌。伴与般亦声近义同。凡人忧则气敛,乐则气舒,故乐谓之般,亦谓之凯。大谓之凯,亦谓之般,义相因也。

(2)《广雅疏证·卷三》:凡厚与大义相近,厚谓之敦,犹大谓之敦也,厚谓之醇,犹大谓之纯也;厚谓之臧,犹大谓之将也。

(3)《广雅疏证·卷三》:凡高与大义相近,高谓之岑,犹大谓之岑也;高谓之嵬,犹大谓之巍也;高谓之弻,犹大谓之奭也。

(4)《广雅》"方,始也。"《广雅疏证》曰:"凡事之始,即为事之法,故始谓

---

① 王念孙并非绝对不用"**必**"字,《方言义疏》曰:"凡……皆;卢文昭不晓古人文义,若仍依旧本,则其谬有三……,则所引亦**必有**'年'字,而今本脱之也。"

之方,亦谓之律。法谓之律,亦谓之方矣。"

例(1)告诉我们,王念孙为了证明"般"有"大"的意思,从"般"和"凯"是同义词(都有"乐"的意思)入手,说明"凯"有"大"义和"般"有大义一样,因为它们都有"乐"的意思;并以"乐则气舒"为原理推出"乐"自然有"大"义。以"凯"释"般",无疑是类比。但这是简单的形式逻辑的类比推理吗?不尽然!我们从例(4)的论证中可以悟出,王氏的论证不是简单的类比推理。请看:

《广雅》:"凡事之始,即为事之法,故:

$$
\begin{array}{l}
\text{始谓之方,亦谓之律。} \\
\text{法谓之律,亦谓之方矣。}
\end{array}
$$

如果仅仅是"始谓之方,亦谓之律;法谓之律,亦谓之方",那么可以看作一个类比型(analogy)推理,其公式为:

$$A \text{——} X, Y$$
$$B \text{——} X, Y$$

上式意味:A 和 B 都具有属性 X,如果 A 具有特征 Y,那么 B 也具有特征 Y。然而,"凡事之始,即为事之法"这句"关键辞"告诉我们:A 和 B 有"相生"关系[1],而非"待证"关系。《礼记·乡饮酒》:"亨狗于东方,祖阳气之发于东方也。"郑注曰:"祖犹法也。狗所以养宾。阳气主养万物。"至今诸多西方法院判案之法,均据最早案例定罪,即反映出"凡事之始,即为事之法"的社会观念。在这种观念下产生的词义关系(按,词义关系不是逻辑关系,尽管词义的语义学分析需要逻辑),法和始是"相因"的关系。据此,我们不能说土念孙的类比义证是简单的类比逻辑。很显然,在形式逻辑的类比推理公式(X 和 Y 都有 p、q、r,如

---

① 按,这里的"相生"指"生与被生"的相互关系,下仿此。

果 X 具有特征 F,所以 Y 也有特征 F)里,X 和 Y 没有相生关系。可以设想:如果让类比的两项中 X 和 Y 赋有彼此"同源相生"的关系,那么 X 所具有的属性和 Y 所具有的属性,就不是偶然的巧合,而是必然的结果,因为"同源必有同性"(genetic certainty)的原理,赋予了 X 和 Y 的"p、q、r……"系列属性成分以"基因必然"的性质(基因效应)。① 因此,王氏的类比蕴含着必然的要素。笔者认为,王念孙发明的"类比义证法"是他独创的、可称之为"生成类比法"或"Generative Analogy"的,赋有必然属性的逻辑推理。

## 二、《广雅疏证》类比论证举隅

在《广雅疏证》中,我们爬梳出 99 条类比义丛(具有类比性的语义关系丛),下面选取数例,以见一斑。

1."始即为法"类比义丛

【原理】凡事之始,即为事之法,

【推演】故始谓之方,亦谓之律。法谓之律,亦谓之方矣。

2."忧敛乐舒"类比义丛

【原理】伴与般亦声近义同。凡人忧则气敛,乐则气舒,

【推演】故乐谓之般,亦谓之凯。大谓之凯,亦谓之般,义相因也。

3."类律声义并同"类比义丛

【原理】类与律声义同。

【推演】故相似谓之类,亦谓之肖,

法谓之肖,亦谓之类,义亦相近也。

---

① 从另一个角度而言,这里提出的生成类比法中"p、q、r……"基因系列,可以示解为 X 和 Y 的预测结果 prediction 或验证事实 verification,同样可以导致"生成类比逻辑"的必然性结果。兹事深大,当另文专述。

## 4. "远大同义"类比义丛

【原理】凡远与大同义,

【推演】故远谓之荒,犹大谓之荒也,

远谓之遐,犹大谓之假也,

远谓之迂,犹大谓之吁也。

## 5. "形容义近"类比义丛

【原理】形、容义并相近也。

【推演】故貌谓之形,亦谓之容,

常谓之刑,亦谓之庸,

法谓之刑,亦谓之容,义并相近也。

## 6. "缩惭义近"类比义丛

【原理】缩与惭义相近,

【推演】故缩谓之侧匿,犹惭谓之惬也。

缩谓之衄又谓之蹙,犹惭谓之忸怩又谓之謶咨也。

## 7. "大则覆有"类比义丛

【原理】俺与奄亦声近义同。大则无所不覆,无所不有,

【推演】故大谓之幠无,亦谓之奄,

覆谓之奄,亦谓之幠无,

有谓之幠无,亦谓之抚,亦谓之奄。

## 8. "张大同义"类比义丛

【原理】凡张与大同义,

【推演】故张谓之幠,亦谓之扜,

犹大谓之幠,亦谓之吁也;

张谓之磔,犹大谓之祐也;

张谓之彉,犹大谓之廓也。

### 9. "美大同意"类比义丛

【原理】美从大,与大同意,

【推演】故大谓之将,亦谓之皇。

美谓之皇,亦谓之将。

美谓之贲,犹大谓之坟也。

美谓之肤,犹大谓之甫也。

### 10. "健疾相近"类比义丛

【原理】凡健与疾义相近,

【推演】故疾谓之捷,亦谓之𩣺,亦谓之壮,亦谓之偈;

健谓之偈,亦谓之壮,亦谓之𩣺,亦谓之捷。

健谓之戚,犹疾谓之咸也;

健谓之武,犹疾谓之舞也。

### 11. "有大义近"类比义丛

【原理】有与大义相近,

【推演】故有谓之厖,亦谓之方,亦谓之荒,亦谓之幠,亦谓之虞。

大谓之厖,亦谓之方,亦谓之荒,亦谓之幠,亦谓之吴。

上述类比法是王氏的独创。虽然在中国训诂学史上类似类比法的现象不是没有先例,但是以前(甚至后来)的类比论证,都不及王氏的深刻而自成体系。譬如杨雄《方言》"鼻,始也。兽之初生谓之鼻,人之初生谓之首"可谓开类比训诂之先例;但以此为基础发展而成"生成性"类比方法者,始自王念孙。当然,我们也看到,享誉学界的乾嘉殿军——章黄学派的后代所发展的类比方法(见陆宗达先生 1964:48),虽然在类比的"线性连续集"上大有拓展,但在类比的生成性方面尚未多见。譬如陆先生说:"从'去'和'除'的对应的意义上,同样可以引申出'拿掉'、'杀死'、'宽恕'、'躲避'这些意义。"举例如下:

**去**=(1)躲避、(2)拿掉、(3)杀掉、(4)宽恕

除 ＝（1）躲避、（2）拿掉、（3）杀掉、（4）宽恕

去　（1）躲避　"公赋《南山有台》，武子去所。曰：臣不堪也。"《左传·
　　　　　 襄公二十年》

　　（2）拿掉　"卫侯不去其旗，是以甚败。"《左传·闵公二年》

　　（3）杀掉　"不去庆父，鲁难未已。"《左传·闵公元年》

　　（4）宽恕　"叔党命去之。"《左传·宣公十二年》

除　（1）躲避　"逃奔有虞，为之苞正，以除其害。"《左传·哀公元年》

　　（2）拿掉　"天假之年而除其害。"《左传·闵公元年》

　　（3）杀掉　"欲除不忠者以说于越。吴人杀之。"《左传·襄公二十年》

　　（4）宽恕　"请以除死。"《左·昭公二十年》

上面的义列对应项，基本上属于类比互证。此后，学界还有"同律互证"（冯胜利 1982）、"同步引申"（许嘉璐 1987）、"相因生义"（蒋绍愚 1989）、"类同引申"江蓝生（2000）等术语的创造与发明，都是在陆宗达先生例据基础上的发展；然考其系统，均缺乏王氏义列类比的生成性——类比而无生成，则难以推演为必。下文我们将看到，王念孙的这一方法背后的原理，比今天所谓同律互证、同步引申深刻得多。下面的例子提供了王氏"生成类比法"的典型模式：

　　　凡"与"之义近于"散"，"取"之义近于"聚"；"聚、取"声又相近，故聚谓
　　之收，亦谓之敛，亦谓之集，亦谓之府；取谓之府，亦谓之集，亦谓之敛，亦谓之
　　收。取谓之捊，犹聚谓之裒也；取谓之掇，犹聚谓之缀也；取谓之捃，犹聚谓之
　　群也。（《广雅疏证》卷一上，"捊，取也"下疏）

我们注意到，近代学者张舜徽在《说文解字约注》卷二十四解释"梜"与"匵"的关系时，把王氏的生成类比法，发挥得淋漓尽致：

　　　匵（dú）即梜之或体，犹栖之籀文作匷，匦之或体作櫎（gòng）耳。盖匵之
　　言窦也，谓中空也。匣谓之匵，犹沟谓之渎，皆取义于中空也。匵之义通于
　　窦，犹匬（yǔ）之义通于窬矣。

这是一种什么样的逻辑方法呢？下面我们就尝试从逻辑上加以具体的分析。

## 三、王氏"大端"即"生成类比对应律"之论证法

下面我们以《广雅疏证》99条类比例证为基础,综合分析和验定王氏类比义证背后的原理及原理中潜含的逻辑思想,以此说明王氏"大端"之秘。兹分表层"类比式"与深层"关系式"两个方面进行分析。

### 3.1 表层类比式逻辑

我们认为:王氏之"大端"可先概括为一种"双(多)重对应论证法"。下面以《广雅疏证》最富代表性的例证说明之。

> 前提　凡"与"之义近于"散","取"之义近于"聚";"聚、取"声又相近,
> 推理　故
>
> 类比 ⎰ 聚谓之收,亦谓之敛,亦谓之集,亦谓之府;
> 　　　取谓之府,亦谓之集,亦谓之敛,亦谓之收。
> 　　　取谓之捊,犹聚谓之裒也;
> 　　　取谓之掇,犹聚谓之缀也;
> 　　　取谓之捃,犹聚谓之群也。

此条例证的逻辑关系可解之为"横向类比关系矩阵",其要领是:至少由二至三个语义串构成"方类"(方,理也)。即:

$$A=a,b,c,d,(聚 \in 收、敛、集、府)$$
$$B=a,b,c,d,(取 \in 收、敛、集、府)$$
⎱同义词

这是王氏类比逻辑的第一步,亦即取"A 谓之 $x$,亦谓之 $y$,B 谓之 $x$,亦谓之 $y$,故……"型论证模式。该模式的逻辑表达式可以释为(由张寅生教授提供):

$$[f(a) \to aRb] \to [f(x) \to xRy]$$

在一个群里有一个个体 $a$,只要它有 $f$ 性质,$a$ 和 $b$ 就有 $R$ 关系,那么,同

一群里或另一个同构的群里的一个个体 $x$ 如果有同样的特性 $f$，也会导致这个个体 $x$ 与该群的某一个体 $y$ 有 $R$ 关系。

这是王氏的语义关系矩阵中的论证体系及其作用。

## 3.2 关系的必然性

王氏类比论证的第二步，亦即区别于一般形式逻辑中的类比逻辑的关键步骤，是给出了上述公式中的 $a$ 和 $x$ 之间"相生关系"（用"↕"表示）：

$$A = x, y, z; (聚 \rightarrow 哀 \rightarrow 缀 \rightarrow 群)$$
$$\left. \begin{array}{c} ↕ = ↕ = ↕ = ↕ \\ B = x, y, z; (取 \rightarrow 捊 \rightarrow 掇 \rightarrow 捃) \end{array} \right\} 同源词$$

就是说，王氏首先发掘出"聚"和"取"对应的"同轨义串"，之后，进一步发掘它们在**同源系列**上的**对应关系**，亦即："取"可以说成"捊"，"聚"也可以说成"哀"，但有趣的是"取和聚"是同源的关系、"捊和哀"也是同源的关系。这就构成了"同轨义串"串与串之间的"基因"属性。换言之，义串彼此之间的对应关系是"生成性的"，这是构成"生成类比"的逻辑系统的重要步骤。

更需注意的是：生成关系不仅发生在与"取和聚"对应的一组亲缘族系上，同时还发生在与"取和聚"对应的"多组"亲缘族系上。请看：

取谓之捊——拿起来，聚谓之哀——捧起来；

取谓之掇——捡起来，聚谓之缀——连起来；

取谓之捃——收起来，聚谓之群——组起来。

面对这个纵向同源的"网阵式"类比，我们有足够的理由说王念孙的"类比义证法"不是形式逻辑中简单的类比逻辑。为清楚起见，我们进一步比较形式逻辑的类比论证方式，看它和王氏的逻辑有何不同）：

**类比逻辑：**

X 和 Y 都具有属性 p、q、r，

第四章　训诂类

355

X 具有特征 F,

所以,Y 也具有特征 F。

### 王氏逻辑—Ⅰ

X＝聚,Y＝取,那么,

X 和 Y 都具有属性 p＝收,q＝敛,r＝集,

X 具有特征 F＝库府,

所以,Y 也具有特征 F＝库府。

王氏的类比论证不妨姑做如上理解。如果换个角度,把"聚谓之收,亦谓之敛,亦谓之集,亦谓之府"和"取谓之府,亦谓之集,亦谓之敛,亦谓之收"分解开来,仍用形式逻辑的类比方式来理解,我们还可以有如下示解(interpretation):

### 王氏逻辑—Ⅱ

∵ 聚谓之收、谓之敛、谓之集,

取也谓之府、谓之集、谓之敛,

聚亦谓之府;

∴ 取亦谓之府。

如果按照上述 Ⅰ 和 Ⅱ 的方式来理解,那么王氏的论证就是(或会误解为)简单的类比论证。然而,王氏的"类比义证"并不止于此:他不是用"聚"和"取"的同样的一组特征(意义)来证明:如果其中之一具有另一个特征(或功能 F),则另一个也有这个特征(或功能 F)。换言之,他没有用 X 和 Y 的一组相同特征来说明(或论证)X 的 F,同样出现在 Y 的身上。他是用 X 和 Y 的相同特征来说明 X 和 Y 有"对应关系",而这种"对应关系"本身不是任意的(因为 X 和 Y 有基因传递的必然性)。王氏的生成类比逻辑应该做如下理解或解析:

### 王氏生成类比逻辑

X 和 Y 都具有属性 p、q、r,

如果 p、q、r,具有衍生关系,

且 X 和 Y 具衍相生关系,

则 X 和 Y 的属性系列可以被预测和验证为真。

这里的"衍生关系"在王氏的义证里面实现为词义之间的"引申"或"派生"关系。因此,如果 X 和 Y 都分别具有一个集合{p→q→r},且 X 和 Y 二者本身具有"亲缘"关系,那么它们自然(从基因因承上)具有生产"对应性集合(子体系统)"的派生能力,因此具有子系集合的对应关系。我认为,这才是王念孙"义从类证"的宗旨所在。显然,这不是形式逻辑上简单的"类比论证"。

如上所述,王氏逻辑的关键不在 X 和 Y 各具有一个(引申)集合{p→q→r→s}(两个词各含同样一列"引申义串"),即:

聚=收→敛→集→府

取=收→敛→集→府　　"收引"申为"敛"、"敛"引申为"集"、集引申为"府"

其关键在于:X 具有特征 F,Y 具有特征 G,而 F 和 G 具有相生的关系(记作 F↔G)。所以,X 和 Y 中的集合项所具有的相互对应的关系是由它们彼此相生的"纵向"关系联系起来的。亦即:

(1) 哀←聚{收、敛、集、府}

　　　↕　　↕

　　捊←取{府,集,敛,收}

在词的使用义上,"聚"有"哀"的意思,"取"也有"捊"(用手捧)的意思。所以"聚"和"哀"义近、"取"和"捊"义近。而最关键的是"哀↔捊"和"取↔聚"一样,也是由一个语根衍生出来的同源词。于是上面这个论证还可以用下面的公式表达为:

X 具有特征 F,

Y 具有特征 G,

若 F↔G,

则 X 和 Y 具有(特征/属性上的)对应关系。

王念孙实际是用 X 和 Y 分别具有的两个不同的特征 F 和 G 之间的同源关系,来证明 X 和 Y 具有属相对应的关系。为说明这一点,他苦心孤诣地把这种"同源类比"的关系也扩展为集合性的组合。请看:

(2) 缀←聚:收、敛、集、府
　　↕　　↕
　　掇←取:收、敛、集、府

(3) 群←聚:收、敛、集、府
　　↕　　↕
　　捃←取:收、敛、集、府

上述关系可归纳为如图 1 至图 3 所示("→"表示引申关系、"↕"表示同源关系):

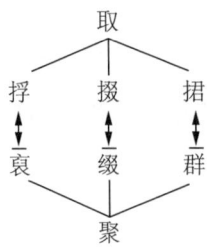

图 1

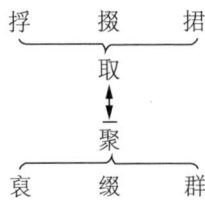

图 2

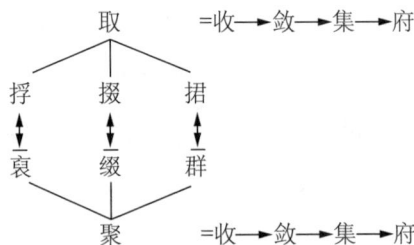

图 3

我们还可以综合起来看,其横向引申和纵向同源的类比关系就更为清楚:

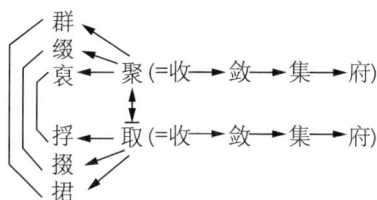

**图 4**

我们认为:王氏创造的"同源类比"对应律的论证方法,在逻辑上可以归纳为一种生成类比法,[①]这在中国学术或逻辑史上,当属首创。[②] 在乾嘉学术的历史长河中,王念孙和段玉裁所以成为 300 年中的佼佼者,和王独创的"生成类比逻辑"及段发明的"理必演绎逻辑"(参冯胜利2014),是分不开的。"生成类比逻辑"和"理必演绎逻辑"可谓珠联璧合、相映成辉,构成乾嘉科学理论最赋有公理思想的中华智慧史上的交响乐章。

回到前面提到的张舜徽先生在《说文解字约注》卷二十四中解释的"匰"与"椟"的关系,其中所用论证方法也让我们看到历代学者对段王逻辑的运用与发挥:

> "匰即椟之或体,犹柜之籀文作匭),匰之或体作椟耳。盖匰之言窭也,谓中空也。匰谓之匰,犹沟谓之渎,皆取义于中空也。匰之义通于窭,犹匼之义通于窬矣。"

其取证的类列包括如下几个方面:

---

[①] 当然,生成类比法作为一种逻辑方法,本文这里提供的仅仅是一种理论的假设,如何在逻辑演算上验证该方法的真值及预测属性,则有待进一步的研究。

[②] 有的学者问:"乾嘉学者有没有颠覆什么?"如果本文论证可以成立的话,那么这里"同源类比对应律之论证方法"所反映出来的"理必"的思想,对传统的"中庸"观念就是一种直接的颠覆,因为从理论上讲,理必不容中庸。

（1）同类（匣、盒）

（2）同义（沟、洞）

（3）同形（匸＝木：栖：匿、椟：匵、檐：籭）

（4）同源（取义中空：椟之言窦＝匿之义通于窬）

如果说（1）、（2）、（3）中的例证还是类比逻辑的产物，那么有了（4）中的"同源"纵向关系的贯穿，类比逻辑就变成了"生成类比逻辑"，其结论不再是"某有某义"，而是"某与某"之间的关系的存在和确证。具言之，即："匿"与"窬"有关系＝"沟"与"渎"有关系＝"椟"与"窦"有关系＝"木"与"匸"有关系。再进而言之，"匿"与"窬"有关系是一个平面、"匵"与"窬"有关系是另一个平面、"沟"与"渎"有关系是第三个平面、"椟"与"窦"有关系是第四个平面、这四个平面中的前与后二者之间的关系都共有一个"DNA（中空）"，同时又共享造字平面上的"木"与"匸"的关系。如此"交叉/立体类比"的对应咬合论证法，才是王念孙理证之法的精华所在。

## 四、结语

科学是思想而不是技术，乾嘉学术有丰富科学思想，是中国科学思想的宝藏而有待发覆。邓实说乾嘉学术"实足以自成其一种之科学，永寿于名山"，然而他们有哪些科学思想和成果，则一直没有具体而确切的条目和研究。如果本文的论证正确的话，那么王念孙发明的"生成类比逻辑"就是一个值得重视和继承的科学发明或创获。若此，则乾嘉小学的科学要素就不仅可与现代科学研究直接接轨，甚至可以补充当代逻辑之不足。本文即此呼吁将来逻辑思想史的研究，当首先挖掘中国独立的科学思想和方法，然后根据所得之中国科学之理念，比照西方科学的思想，如此中西学术参互比较，或有新的突破和启发，创造出含有东西方思想精华的科学理念和科学体系。

## 参考文献

冯胜利 1982《论段玉裁引申义的研究》,北京师范大学硕士学位论文。

冯胜利 2003《从人本到逻辑的学术转型》》,《中国社会科学论坛》第 1 期。

冯胜利 2014《乾嘉理必与语言研究的科学属性》//《中文学术前沿》编辑委员会编,《中文学术前沿》第 9 辑,杭州:浙江大学出版社,89-107。

冯胜利,殷晓杰 2018《王念孙〈广雅疏证〉类比义丛纂例》//华学诚主编,《文献语言学》第九辑,北京:中华书局。

江蓝生 2000《相关语词的类同引申》,江蓝生《近代汉语探源》,北京:商务印书馆,309-320。

蒋绍愚 1989《论词的"相因生义"》//吕叔湘等编,《语言文字学术论文集——庆祝王力先生学术活动五十周年》,上海:知识出版社,93-109。

刘盼遂［清］1982《高邮王氏父子年谱》,天津:天津古籍书店。

陆宗达 1964《训诂浅谈》,北京:北京出版社。

王念孙［清］2004《广雅疏证》,北京:中华书局。

许嘉璐 1987《论同步引申》,《中国语文》第 1 期。

张舜徽 2009《说文解字约注》,武汉:华中师范大学出版社,3133。

章太炎,刘师培 2006《中国近三百年学术史论》上海:上海古籍出版社,338-340。

（冯胜利　北京语言大学/天津大学语言科学研究中心）

# 训诂的属类与体系
## ——论经学训诂、子学训诂、史学训诂、文学训诂的独立性*

### 冯胜利

**摘 要** 文章在前人训诂学研究的基础上提出：今日之训诂学虽经古今学者筚路草创，系统井然，仍非古人训诂实践之全部。秦汉以来之训诂范围，除了字词语法以外，尚有经学训诂、子学（玄学或哲学）训诂、史学训诂、文学训诂之不同属类与体系。文章指出：这些传统训诂学家所实践但至今未能明确立科的不同体系，均有其相对独立的训诂对象、训诂原则和训诂方法。文章发凡起例，为上述不同属类的训诂体系做一尝试性的定性研究。

**关键词** 字词训诂 经学训诂 子学训诂 史学训诂 文学训诂

训诂或训诂学一向被人看作饾饤之学，琐碎于字词之间，雕虫小技，壮夫不为。然而，从古至今，"由文字以通乎语言，由语言以通乎古圣贤之心志"（戴震 1980b），舍训诂则无以明道。治训诂，"譬之适堂坛之必循其阶而不可以躐等"（戴震 1980b）。古代之文献典籍，未有不通训诂而能求其谛解者。是以训诂之义，亦大矣哉！尽管如此，今日之训诂学经古圣今贤筚路蓝缕以辟体系，井井然而有序矣，其所涵括者仍非古人训诂实践之全部。纵观秦汉以来经、史、子、集四部之学，无不有其独立

---

* 原文曾发表于《古汉语研究》2019 第 3 期，据以收入时略有修改。

之训诂而至今未能董理成体,以见古人苦心孤诣、以示后生治学之道。故而不揣梼昧,冒为古人立言、立科,于语言文字名物训诂之外,别立经学训诂、子学训诂、史学训诂、文学训诂之不同属类与体系。[①] 进而指出:上述古代训诂学家实践但至今未能明确立科之四大体系,均有其相对独立之训诂对象、训诂原则及训诂方法。[②] 下面发凡起例,依次而试论之。

## 一、训诂及训诂学简述

### 1.1 何谓训诂

何谓训诂? 唐孔颖达曰:"训者,道也。道物之貌以告人也。"又说:"诂者,古也。古今异言,通之使人知也。"所以训诂(或诂训)就是"通古今之异辞,辨物之形貌"。黄侃(1983:181)在古训之上又推进一步,他说:"诂者故也,即本来之谓;训者顺也,即引申之谓。训诂者用语言解释语言之谓。[③] ……初无时地之限域,且论其法式,明其义

---

① 赵建成(2017)指出:何晏《论语集解》开创了经典注释的集解之体。我们同意赵氏标举的"集解体"为新的"(字词名物)注释体",但"集解"不属独立属类的训诂体。这里特为标出,以免混淆。

② 有人可能疑问为什么不从现有"注释学"的角度区分训诂的不同属类? 毫无疑问,将来的研究一定要汲取注释学的成果。然而目前没有从"注释学"的角度讨论训诂属类的主要原因是:注释学从朱星先生1973年提出以来(《中国注释学概论》),虽经诸多学者的提倡、翻新取得了长足的发展(如靳极苍 2000;周裕锴 2003;汪耀楠 2010 等),然而似乎尚未形成一个统一原理下不同训诂属类的分辨原则与理论系统。譬如,"注释应当有明确地要求,这个要求就是以今释古,以浅释深,以普通话释方言,以具体明确的内容解释含义广泛的概念"。(汪耀楠 2010)这个要求虽与一般训诂学具体、细致,但没有本质的不同。而本文所说的五大训诂范畴则各有自己的训诂原理、对象和方法,且相互独立、彼此有别。因此与"注释学"的"广泛的概念"很不同。笔者感谢沈培和章琼二位教授提醒关注的这个问题。

③ 按,对季刚先生此处"语言"的意思,或有宽、严两解。严格地说,这里的语言指字词、短语。宽泛地理解,凡解字词短语所含的微言哲理、所代表之事件场景、所表现之文学意境和美感,均可谓"解释语言"一种(虽然不是字词短语本身)。所以,严而言之,"用语言解释语言"是词语训诂的定义,其他属类的训诂应当根据自己对象和原理的属性和特点,做属于自己的相对独立的定义。

例,以求语言文字之系统与根源是也。"解释语言就要调动一切可供使用的工具,因此"文字、声韵为训诂之资粮,训诂学为文字声韵之蕲向"。有了宗旨、目标、手段和方法,黄季刚先生因此而创建了一套训诂学的理论。何九盈先生(1995:251)说:"古代训诂学几乎没有理论可言,所以也很难称之为'学'。训诂学真正成为'学'是从黄侃开始的。"

谈训诂不能不知训诂学,谈训诂学,不能不知训诂之缘起。"训诂"这一术语在西方语文学(philology)里叫做 exegesis,它是解释圣经词语意义的一门学问。这和汉语"训诂"的意思和来源基本一致;就是说,我们的"训诂",也起源于解经。① 最早使用"训诂"二字的是解释《诗经》的《毛诗故训传》。

## 1.2　当代训诂学的新发展

训诂学研究到了当代,在陆宗达和王宁两位先生的领航研究下,得到了新的开掘和发展。传统训诂学最关心的是"词语的含义及其解释",因此词的"本义"和"引申义"自段玉裁以来就成了训诂学的核心议题。然而,从陆宗达先生提出文献语言学的角度来看,探索词义使用和演变的规律,是训诂学现代化的一个重要标志。换言之,赋予训诂学以语言学的性质、探讨训诂原理、方法和规律,成就了训诂学当代的新发展。

首先,陆先生在《训诂浅谈》(1964:2-3)中明确指出:"训诂学就是以语义的分析、组合和语义的体系,以及解释语义的方法为研究的内容,尤其是研究汉语的历史语言。"又说:"训诂学是汉语语言学里研究语言思想内容的一门科学,也就是语义学。"这可以说是历史上第一次把训诂学定义为语义学。

---

① 注意:这里说的是"训诂"而不是"训诂学"。兹事甚大,将另文专述。

不仅如此,在陆宗达和王宁先生协力推进的训诂学现代化进程中,他们根据训诂的对象及其性质的不同,将训诂分为两大类型:一种研究的是实际语言材料里随文而释的词义;一种关注的是词典、辞书中综合概括的词义解释。前者王宁先生称之为"**使用义**",后者称之为"**储存义**"。使用义和储存义的规律,二者独立分科以后得到了充分和深入的研究,其互动规律的探索也硕果累累。陆、王的开拓与研究,可以说改写了近代训诂学的历史,不仅创造出大量的突破性成果,而且培养出大批的年轻训诂学家。

## 二、训诂的属类与原理

如上所述,传统和当代训诂学的研究,一般侧重于字词名物方面的语义阐释,语言之外的训诂问题,譬如经文的理义、词语的哲理、事件的来由、清词隽语的文学效应等方面的诠释,则不在其范围之内,至今也无人问津。然而,这些和字词训诂不同属类的训诂实践和内容,不仅自古就不乏其例,而且自成体系。它们相对独立于字词训诂,既是字词训诂的延伸,又是独立发展的结果;但长期以来学界没有给予它们独立的地位(它们没有自己独立的领域、原则和理论),从而混同或掩埋于字词训诂之中而备遭冷遇;不仅影响着词义训诂的判定(把不是词义的训诂混同于词义),更重要的是忽视了其他训诂属类和系统的存在。具体而言,字词训诂之外,传统训诂的全部实践之中,还有经学训诂、子学(哲学)训诂、史学训诂和文学训诂四大门类。这四个类别的训诂实践都亟待系统的整理和研究,需要以当代训诂学的理论为基础,根据它们各自所属领域的原则和原理,建立一个彼此相关但又各自独立的"广义训诂学"的理论体系。毫无疑问,这应该说是当代训诂学家的一个时代使命。"非曰能之,愿学焉",故而不揣梼昧,抛砖引玉,分别而试论之。

## 2.1 经学训诂的对象与原理

### 2.1.1 什么是经学

经学是研究六经的学问。什么是六经之学?《汉书·儒林传》有言曰:"六艺者,王教之典籍,先圣所以明天道,正人伦,致至治之成法也。"据此,经是"先王"用来教戒臣民的"典籍",经学是"明天道""正人伦"的治世之"法"。黄季刚先生(1983)重申了这一重要观点,并用之纠正章学诚的"六经皆史说"。他说:"《汉书·艺文志》谓六经者王教之典籍,章实斋本之,因有六经皆史之说。惟章语实有未合处。史学只是经学之一部分,经学于垂世立教大有功焉,故经学为为人之学。"可见,经学是"垂世立教"的"为人之学"。徐复观(1982)更具体地发挥了经学垂世立教之"人学"观,他说:

> 《诗》《书》的成立,其目的在由义理而来的教戒。为了教戒的目的,在编纂(指《诗》《书》——编者)时做了很大的选择。当然,这些被选择、编纂而遗留下来的教材,同时即是历史中的重要资料,并能给历史以照明的作用;但就选择、编撰的动机与目的言,这只能算是副次作用。所以章学诚六经皆史之说,歪曲了经之所以为经的基本意义,把经的副次作用,代替了主要作用。"

综上所述,经学是维系传统社会教义的理论和原则。因此,所谓六经都是"教经"。纵然六经之中有记载历史的典籍(如《春秋经》),也是"以史为教"的经典。经学中的历史严格地说不是"西方所谓历史学的历史(史学 historiography 或历史性 historicity)",[①]而是明天道、正人伦的"史教"之学(=经学)。从这个意义上说,徐复观谓"章学诚六经皆史之说歪曲了经之所以为经的基本意义",良有以也。

---

[①] 西方历史学所关注的基本问题是为什么"事情会按照发生的方式发生(以及可能对未来意味着什么)why things happened the way they did ( and possibly what that means for the future)",这和经学旨在人伦教化的历史,截然不同,尤其是西方学者把历史学定义为 epistēmē(真知,Heller 1982),就与经学的历史更不一样了。

### 2.1.2　什么是经学训诂？

　　了解了什么是经学,就不难理解"经学训诂"在传统训诂学里的地位和作用了。然而,长期以来人们一般都用"经学训诂"来说明经典中的文字训诂。最要区分的是黄侃先生(1983：192,219)在《文字声韵训诂笔记》中使用的"经学训诂"的概念。先看下面的论述：

　　　　"说字之训诂与解文之训诂不同。小学家之训诂与经学家之训诂不同。盖小学家之说字,往往将一切义包括无遗。而经学家之解文,则只能取字义中之一部分。""小学之训诂贵圆,经学之训诂贵专。"

　　这里"经学家之训诂"指的是"解文之训诂",而不专指"解经义之训诂"。事实上,尽管在传统经学里,很多学者有感于"经文训诂"与"经义训诂"之不同,[①]但却很少或至今没有只针对"经学义理"的训诂属性进行的专门研究,更遑论独立研究"经义训诂"之方法、原则和原理了。本文冒天下之大不韪,尝试发凡起例,赋予"经学训诂"以新的概念,使之独立于传统字词之解文训诂。

　　什么是我们理解的经学训诂？ 从传统上说,公羊高、穀梁赤、毛亨、郑玄等,都是经学训诂之大师,故而经学训诂,由来久矣。但经学训诂不是字词训诂,公羊高、谷梁赤、毛亨、郑玄等尽管使用了大量的字词训诂同时有的也很难分辨,但是他们作经学训诂的时候,使用的原则和方式,与字词训诂迥然有别。譬如《春秋公羊传注疏》有云：

　　　　《春秋经》：二十有九年,春,新延廄。
　　　　《公羊传》：新延廄者何？ 修旧也。旧,故也。缮故曰新,有所增益曰作,始造曰筑。修旧不书,此何以书？ 据新宫灾后修不书。讥。何讥尔？ 凶年不

---

① 譬如季刚先生之"《诗》《书》以训诂为先,《易》《礼》《春秋》以义理为要。《诗》《书》之训诂明,即知其义；《易》《礼》《春秋》之训诂明,犹未能即知其义也"(黄侃 1983),其中就暗含字词训诂(＝解文之训诂和季刚先生之"经学训诂"),与我们这里定义的"经学训诂(＝季刚先生的《春秋》训诂)"之间具有本质不同的思想。

修。不讳者,缮故功费差轻于造邑。

　　徐彦《疏》:上"二十八年筑微之事"实在"大无麦禾"后,而在前言之者,讳以凶年造邑故也。然则去年无麦禾,今兹凶岁而修廐,不讳者正以功费轻也。

　　《传》与《疏》均为解经而作。首先,经文依例要为鲁君讳大恶,但是,这里不但不讳反而"讥之"。《公羊传》曰:"何讥尔?"回答是因为依例凶年不修,但"今兹凶岁而修廐",是违常规,所以要"书"。然而,去岁禾麦无收,新宫失火而重修之,但却不书。何以如今要"书"? 公羊说:"不讳者正以功费轻也!"就是说,修马厩比造宫殿的罪过轻。

　　这可谓经学训诂的一般方式。《公羊传》解释的是"新延廐者何、何以书、何讥尔、不讳者何"等问题,都是经义问题,其目的在于揭示《春秋经》作者写作的用意。即通过叙事内容的书与不书,揭示《春秋》作者的"微言大义",揭示春秋笔法的"教讽"之旨。《公羊传》的训诂是通过《春秋》的书写体例中"无需书写的事件"来表达对庄公的谴责和讥讽。

　　如上所示,"经学训诂"由来已久,但何以是一个新的概念? 这是因为在训诂学史上,似乎还没有把古人解经实践中有关的"经学"属性的训诂原理和方式离析出来,使之独立成科,或独立成为训诂的一个门类。正因如此,经学训诂和字词训诂常常混在一起,无法辨别,不仅困惑后来的语言研究者,同时也影响着后来的经学研究者。举例而言:

　　《诗·国风·邶风·柏舟》:日居月诸,胡迭而微。

　　郑笺云:"日,君象也。月,臣象也。微,谓亏伤也。君道当常明如日,而月有亏盈,今君失道而任小人,大臣专恣,则日如月然。"

　　黄焯先生(1985:27)《毛诗郑笺平议》云:"焯案:范家相《诗渖》云:'胡常而微,言日月至明,胡常有时而微,不照见我之忧思。'此解颇直截。盖诗意或为呼日月而诉之之辞,犹屈子问天之类也。《诗经·邶风·日月》'日居月诸,照临下土',笺亦以日月喻国君与夫人,似皆失之。"

这里郑笺以"日月"为"君臣"的同时又"以日月喻国君与夫人"，黄耀先批评说"似皆失之。"事实上，从两处的"日月"所指的意图来看，郑玄做的不是字词训诂，而是"经学训诂（阐释义理的训诂）"。然而，黄耀先却从"语言学"的角度用字词训诂（阐释字词之义的训诂）来批评郑玄。郑玄何尝不知"日月"有"屈子问天"时所指的日月的意思？然而他要做的是经学训诂，要阐释的是经文的"义理"，因为经文是王教之典籍，是先圣所以明天道、正人伦、致至治之成法之作。因此，我们如果用语言学的原则来批评用经学解释的结果，那么就从属类和体系上导致风马不及的偏误。有鉴于此，笔者在《理论训诂学讲义》（待刊）里专门给"经学训诂"下了一个简明的定义，即"以阐释经书微言大义为目的的训诂为**经学训诂**"。如果我们明确了什么是经学训诂，我们就不会、也不能用词语训诂的原则来苛责经学训诂，更不会和不能用经学训诂的结果来改变或混淆词义训诂的根据与系统。

事实上，混淆经学训诂与字词训诂而带来的误解与无谓争执，古今均不乏其例。譬如《尚书》"光被四表"，戴震从字词训诂的角度提出"古本尧典必有作'横被'者"［根据孔安国"光，充"之古训及《释文》古旷之反切（戴震 1980a：53-55）］，而郑玄则训"光"为"光耀"。郑玄所释乃经学训诂，故其说不必有作"横被"者。然而，不知戴震本意者（如王鸣盛 1995：70-72）则用郑玄经学训诂反对戴震字词训诂之理必，这就犯了用经学的"诗教义理"来反对语言学的"求真理必"（参见冯胜利2018，2019），结果必然两不相属也。由此可见，厘清古人注释中这两种训诂的不同，是训诂学和经学两个学科将来研究的重要课题。

### 2.1.3 经学训诂的原理、方法与要领

#### 2.1.3.1 区分家法之不同

经学训诂的一个基本原则是要区分家法之不同。黄侃先生（1983）有言曰："（经学）训诂、文词、典制、事实、大义等，不可妄为轻

第四章 训诂类

重。此经学之大要也。"何以"不可妄为轻重"？因为秦汉经学之训诂，家学有自，不可以一家之说而驳另家之说。"不可以一家之说而驳另家之说"的一个范例，是黄侃先生在东北大学讲授《诗经》时流传下来的一个美谈。

> 《周颂·潜》："潜有多鱼。"《毛传》："潜，糁也。"《尔雅·释器》："糁谓之涔"。《说文·木部》："槮，以柴木雝水也。"《字林》字作罧。《正义》："《尔雅》作木边也，积柴之义也。然则糁用木不用米，当从木边为正也。"胡承珙《后笺》："若糁之从米，释为以米投水中养鱼，则不得为器，恐是望文生义。"（引自叶贤恩 2006：164）

按，以上诸训各有所执，亦各有所偏。黄侃先生兼而通之云：

> "投米、积木，二义可通。其书积木者，《说文》'槮，以柴木雝水也。'《广雅》'涔，槮也。'郭景纯《江赋》：'槮殿为涔。'此皆积木之义，亦本于古。其实涔、潜、糁、槮，声皆相转，即义亦皆可通，不必从米独是，从木独非。此等但宜分疏各说，而不必有所取舍，有所取舍则固矣"。（引自叶贤恩 2006：164）

这里"宜分疏各说"是处理经学家法训诂的一大原则，因此黄季刚先生说"不必有所取舍"，"有所取舍则固矣"。评者以为黄先生此说"超越前人"，宏通之极。其实，这是深通经学理路原则的具体表现。经学重"家法"，因为它承传有自，各为体系，所以从彼此独立成系的角度而言，"家法有异，但无是非"！所以季刚先生说："经学训诂虽有时亦取其通，必须依师说展转求通，不可因猝难明晓，而辄以形声相通假之说率为改易也。"可见，通晓师说家法，是经学训诂的一大原则。

### 2.1.3.2　区分字词训诂、文意训诂与义理训诂

《黄侃先生语录·论治经》（黄侃 1983）曰：

> 五经应分二类，《易》《礼》《春秋》为一类，《诗》《书》为一类。《诗》《书》用字及文法之构造，与他经不同，《易》《礼》《春秋》则字字有义。《诗》《书》以训诂为先，《易》《礼》《春秋》以义理为要。《诗》《书》之训诂明，即知其义；

《易》《礼》《春秋》之训诂明，犹未能即知其义也。

这是经学训诂的第二大原则。黄先生通过五经二分法以及词义训诂与经义训诂之不同，揭示了用字之训诂（揭示上下文中语言文字的具体意思）与义理训诂（揭示语言文字背后的义理思想）之间的本质不同。因此，字词训诂与经学训诂的对立，也可以看作《诗》《书》训诂与《春秋》训诂的对立。

在训诂的类别中，不仅要区分词义训诂与经义训诂之不同，更要严格区分和处理文意训诂与经义训诂的不同。① 冯胜利（1983）提出，古代训诂中存在一种与字词训诂完全不同的"文意训诂"。譬如《国语·晋语》："虢之会，鲁人食言。"韦昭注："食，伪也。"其实"食"在这里的词义很清楚。《左传·哀公二十五年》孟武伯恶郭重曰："何肥也？""公曰：是食言多矣，能无肥乎？"这里的"食"与《左传》的一样，都是"吃"的意思。但是韦氏注撇开了"食"的词义而阐释其言外之意。必须警觉的是：在《中华大字典》里"食，伪也"这类解释文意的训诂，也以词义的身份置身于该书的义项之列。今天虽然我们知道文意训诂不容与词义训诂相混淆，但如何区分经义训诂与文意训诂却是一个新课题。经义训诂与文意训诂有本质的不同吗？ 举例而言，《诗·大雅·大明》："天监在下，有命既集，文王初载，天作之合。"《毛传》："载，识也。"涵咏诗意，诗中之"载"乃"年载"义，"初载"犹言"初年"。② 但毛

---

① 《经典释文·二》："以扰万民，而小反"，郑而昭反，徐、李寻伦反。"注云："扰犹驯也。"惠栋云："扰有柔音，故《史记》或作'柔'；又有驯音，故徐、李'寻伦反'；或音'而小反'失之。"吴承仕按语曰：懮、扰、柔俱古幽部字，而小、而昭、而周诸音皆是也。音扰为驯，韵部虽亦可通，真、谆、幽、宵通转之例，说见"有鹭雉鸣"而声类不近，字书韵书亦不收此音。疑昔人并以徐邈、李轨为异读，不谓扰字兼有驯音也。（见《经典释文序录疏证》附《经籍旧音辩证·卷二》《经典释文·二》，中华书局，2008：252）按：据此则徐、李异读在解文意，而非注音。是故古人文意之训诂，不仅义训，音训亦然，而今言古音者似皆未明此，故揭而示之于此。

② 孔颖达《毛诗正义》云："文王初载，谓其幼小。"是诗人用"初载"表示"天作之合"时文王的午龄。

亨训之以"识",这显然不是词义训诂。但这是文意训诂呢？还是经义训诂？如何区别？这里我们提出一种简捷的辨别方法（更详实的研究,则有待来日）:

（1）用换一种说法的言外之意来训诂的方法,是文意训诂。

（2）用天道人伦来教人如何看、如何做的训诂方法,是经学训诂。

简言之,改换说法的是文意训诂,教人看法/做法的是经学训诂（给人想法的是哲学训诂）。[1] 据此而言,毛传"载,识也"不是后者而是第一种:谓"文王出世后刚刚具有思想意识之时"［故孔疏又说:"（大姒）于文王生有所识则不过二、三岁也。"］,这是改变说法,因此不是经学训诂而是文意训诂。这和上文所引郑玄解"光"为"光耀"不同,郑玄的注释是经学训诂而非文意训诂,因为那里"光"的词义是"充斥",而"光耀"乃是郑玄用假借之法"实现颂扬尧德之目的"的结果。[2]文意训诂仍然属于文献语言学的传统训诂的范围,它与其他四类新建的训诂范畴（经学、玄学、史学、文学）是截然不同的。

## 2.2 子学训诂的对象与原理（子学训诂也称"玄学训诂"或"哲学训诂"）

汤一介（2016:321）在《郭象与魏晋玄学》谈道:"中国历史上一直有注释经典的传统……汉朝注释经典多采用章句的方法,一章一句甚至是一字一字地作详细解释,还有用'纬'证'经'的方法,形成纬书系统。到魏晋则为之一变,玄学家或用'得意忘言'、'寄言出意',或用'辩名析理'的方法。佛教传入以后,对佛经也有各种不同的注释,有'音义'、'音训'等等。"这是训诂范式在历时发展过程中的第二个重要

---

[1]　亦即用提供一种新的想法来加深理解或阐释自己思想的训诂方法,是子学训诂。

[2]　当然,经义训诂、文意训诂、词义训诂之间具有相互影响、彼此互动的关系,它们在词义演变中也发挥着不同作用、产生了不同的效应,但这是另一个问题。显然,这里的论证还引发出一个将来需要深入研究的新课题。

里程碑：子学训诂的出现与建立。

这里我们根据本文"训诂属类系统的理论"，不禁要发问：子学训诂作为一个独立的属类系统，它独立成体的必然性是什么？这个问题可以通过王弼（226—249）《老子道德经注》得到启示和回答。

《道德经·第三十二章》有云：道常无名，朴虽小，天下莫能臣也。侯王若能守之，万物将自宾。

王弼注：道无形不系，常不可名，以无名为常。故曰道常无名也。朴之为物，以无为心也，亦无名，故将得道莫若守朴。夫智者可以能臣也，勇者可以武使也，巧者可以事役也，力者可以重任也，朴之为物，愦然不偏，近于无有，故曰莫能臣也。**抱朴无为**，不以物累其真，不以欲害其神，则物自宾而道自得也。

这是在阐释《道德经》这段话的**哲学思想**：因为"道"没有形体不能维系，所以一般都没有办法给它取名字。因为无法取名是正常情况，所以说"'道'经常是没有名字的"。这种注释显然与毛亨注诗、郑玄笺毛的字词训诂大相径庭。毛、郑的字词训诂旨在字、词、句、章之解释，而王弼则关注哲理的阐释，突破只解字、词、章句的注经方式，长篇大论，颇以自己对老庄玄学思想的理解为标准去阐释。王弼之注也不是毛郑的经学训诂，很简单，王弼之注旨不在六经义理，而在老庄思想。更重要者，王弼所为与其说是注释，不如说是他对玄学思想的再创造——所谓六经注我、我注六经者也。据此，我们说玄学训诂的出现是魏晋时期学术思想解放的必然产物。这一时期的哲学家凭借我注六经（＝古代典籍）来达到六经注我的目的。因此，我们尝试性地用下面数条作为玄学训诂的原理和方法（更详细、精密的分析则有俟来日）：

（1）对象：子学义献。

（2）原理：辩名析理（用逻辑方法限定字词概念，辨析其哲学含义）。

（3）方法：寄言出意（将自己的想法深入于原文刑名之理（以意逆

志),化出新的思想)。

(4)目的:得意忘言(阐释其中的哲理,超越字词表面之义)。

## 2.3　史学训诂的对象与原理

史学训诂与经学训诂和玄学训诂皆然不同。粗言之,它是用史学语言和背景解释古代史书的一种训诂活动。与经学训诂和玄学训诂相比,史学训诂最为历代学者所关注、所重视,甚至颇有精辟的总结。譬如清人钱大昭就曾一语道破史学训诂之真谛:

> "注史与注经不同,注经以明理为宗,理寓于训诂,训诂明而理自见。注史以达事为主,事不明,训诂虽精无益也。"

就是说,史学训诂的目的旨在注明事件的来龙去脉。陈垣以"一注训诂典故,一注本事"概括之。事实上,历代史学家对史学训诂的内容也颇有揭举,如史料的甄别、史实的补充、史实鉴定、史理揭示、史识发明等功能的阐释,不一而足。[①] 史料补充是史学训诂的基本内容。譬如,汉朝孟喜传古文《易》的史实,是经裴松之(372—451)《三国志·虞翻传》注提供的材料,才保留下来这一史实。

刘孝标为《世说新语》作注,其宗旨、体例都受到了裴松之《三国志注》的影响。也属于典型的史学训诂。如:

> 《世说新语·任诞第二十三》周伯仁风德雅重,深达危乱。过江积年,恒大饮酒,尝经三日不醒。时人谓之"三日仆射"。
>
> 刘孝标注有云:《晋阳秋》曰:"初,顗以雅望获海内盛名,后屡以酒失。庾亮曰:'周侯末年可谓凤德之衰也。'《语林》曰:'伯仁正有姊丧,三日醉;姑丧,二日醉,大损资望。每醉,诸公常共屯守。'"

显然,这些风雅倜傥的生活轶事,没有刘氏注文的补充,今天是很难看

---

① "史理"是这里提出的一个新概念,不仅包含西方史学的概念,同时包含中国传统的史教的意思。斯事至大,当另文专述。

到的。赵建成(2017)总结刘孝标的《世说新语》注时说：

> 《三国志注》务求周悉,侧重于补其脱漏,《世说注》则更注重于勾勒书中
> 人物发言、行事之历史、时代背景,故又有所发扬。

由此可见,即使都是历史训诂,由其对象、内容及社会背景之不同,也会带来注释方法、体例及系统的不同。

然而,如何注史?何为史学训诂?史学训诂的理论体系如何建立?我们看到:史学训诂虽备受关注,但其原理、方法以及理论等重要问题,学界向无系统研究。不仅历史学科方面没有关注史学训诂的研究,训诂学科方面也没有给予专门的研究,哪怕是初步的史学训诂理论也尚未提到日程上来。这里,我们只能综合前人的训诂实践和史论,对史学训诂的对象和原理做一尝试性探索。[①] 如果说裴松之开创了新的史学注释范式的话,那么胡三省的《资治通鉴注》则全面反映出何为"史注"的内容、方式和范例。这里我们姑且从陈垣先生总结胡注的 20 篇目的内容入手,将何谓史学训诂的初步想法分述如下:

(1)对象:记录历史的古代典籍(或从历史角度对待的古代典籍)。

(2)原理:"注史以达事为主"(钱大昭)、"博采异文多所折中"(李慈铭)。

(3)内容:书法、避讳、评论、劝诫。

(4)手段:补阙、校勘、解释、考证、辨误、出处、征引。

(5)目的:提供事件的来龙去脉(包括作者的意图)。

注意:虽然有些史书的训诂也被归入"史注"范畴,但注释家所用仍属义字训诂[如赵建成(2017)把《史记集解》归入史注,但《史记集解》仍属字词训诂]。其次,某一新训诂体的开创和出现,并不意味着

---

① 这里主要参考陈垣(1962)《通鉴胡注表微》。按,裴松之《上三国志注表》也谈到自己注释的内容包括补阙,备异、惩妄、论辩等。

其他训诂体(尤其是文字训诂)就被取代。新体和旧体常常并存无碍,有时不仅共存,而且还你中有我,我中有你,虽表面不易分辨,但其根本仍泾渭分明——不易分辨不等于没有分别。

## 2.4 文学训诂的对象与原理

文学训诂的范式是李善(630—689)创立的。但李善创立的是什么范式? 这里我们要为古人立言。

首先,以往研究对李善训诂的认识,虽得其承传,并未切中其创新之谛。譬如:认为李善注既有传统的训诂、章句、音注,又有补阙、备异、纠谬等体例。我们知道,引述繁复是李善《文选注》的重要特色和风格,或曰"这是由其作注宗旨决定的"。然而,这里的宗旨是什么呢? 不得而知。赵建成(2017)引李善《上文选注表》"弋钓书部,愿言注缉,合成六十卷"后,总结道:"弋钓书部"(=征引)的一个重要目的在于揭橥文本背后的事典与文辞来源,从而确立了集部注释学的一种新的范式。……可以说是中国古代集部典籍注释最高成就的代表。无疑李善《文选注》开创了里程碑式的注释学体,然而问题是:如果说征引文献的一个重要目的在于揭橥文本背后的事典与文辞来源,我们不禁还要进一步追问:李善为什么要"注出事典与文辞来源"? 日本学者冈村繁(2002:319)似乎看出了其中一些奥妙,说道:

> "李善继承并超越了以往对《文选》作语言学注解的传统方法,进而从文学的角度深入《文选》的内面。他致力于凸现汉魏六朝文学的本质特征,由此而把重点放在《文选》作品中用语所依据的出典,对之逐一探幽溯源,精心施注。"

但问题仍然存在:为什么从文学的角度注释,事典和文辞来源就如此重要? 此其一。第二,经学训诂不用此法的原因何在? 为什么史学训诂也不用此法? 为什么事典和文辞来源单单对文学"情有独钟"?

在这些问题澄清以前,李善注释的里程碑性质,就只能是一个标签,而没有实质性的内容。如此一来,不仅他对后代的影响所以如此之大也变成不得而知,而且李善所以如此出注的原理,也以其昏昏难使昭昭。

为揭示李善注释的真正要旨,我们不妨先看下面的例子:

> 曹子建《赠徐干》:惊风飘白日,忽然归西山。

> 李善注:"夫日丽于天,风生乎地,而言飘者,夫浮景骏奔,倏焉西迈,余光杳杳,似若飘然。古《步出夏门行》曰:行行复行行,白日薄西山。铣曰白日喻君也,惊风飘之、忽归西山喻时去不可逐也。"

李善为什么要用乐府诗《步出夏门行》来注释曹植诗歌中的"白日""西山"。论者会说:为了提供文辞的来源。但为什么要提供文辞的来源?事实上,李善在注释王仲宣《从军诗五首》中"白日半西山,桑梓有余晖"一句时,亦采用古《步出夏门行》之"行行复行行,白日薄西山"来作注。不错,他的目的是要提供文辞的来源,但这只是手段而不是的目的。笔者认为,文学注释"提供文辞来源"不仅仅是要提供背景知识,更重要的是提供已有文学语境中的意象与意境。换言之,李善在告诉读者:王仲宣诗歌中的"白日"和"西山"这两个意象,不仅出自乐府诗的意境之中,更重要的是要结合"行行复行行,白日薄西山"中的白日和西山的意象来理解、来构思、来欣赏现在原文中的"白日"和"西山"。原因很简单,文学鉴赏过程是读者重新构建意象之美的再创造的过程。具体而言,我们认为文学阅读也是一种文学创作(被动性创作),是读者在作者提供的文字信息的基础上,根据自己的经验,再度创造出与作者相谐的文学美感和效应。(参冯胜利 2016)在这种"阅读创作论"的思想指导之下,李善注解中的语词出处、意象来源、"诗句脱变"和"化用诗歌意境与意象"等,都是文学训诂帮助读者建立审美经验的手段。就是说,文学训诂提供出典和文辞来源的目的,就是要标出"意象"取景或取象之所自。再如:

（1）刘桢《赠五官中郎将四首》：秋日多悲怀，感慨以长叹。

李善注：毛苌《诗传》曰："秋士悲也。"

（2）谢灵运《登石门最高顶》：晨策寻绝壁，夕息在山栖。

李善注引《江赋》"绝岸万丈，壁立霞驳"；又引郭璞《游仙诗》"山林隐遁栖"。

（3）陆士衡《招隐士》：富贵苟难图，税驾从所欲。

李善注引《论语》："子曰富贵可求也，虽执鞭之士吾亦为之，如不可求，从吾所好。"

上文例（1）中的引文出自《豳风·七月》毛传，原文作："伤悲，感事苦也。春，女悲；秋，士悲，感其物化也。"如果再结合郑笺："春，女感阳气而思男；秋，士感阴气而思女"，则原诗"秋日多悲怀"的情景和意境就更加丰富多彩地跃然纸上了。例（2）中的引文则将原文"绝壁"放到了"万丈绝岸"和"云霞壁立"的景象之中，更加之以游隐遁迹之处的林夕仙境，于是让读者尽情想象原文"晨策寻绝壁，夕息在山栖"的多维、多层的意境，自然景象丛生而飘然欲仙。例（3）则是从思想背景的深度上，引导读者如何去"图"，如何去"欲"——引文一出，则将一番穷途的道理和隐退的情趣，直抒无遗而又余味无穷。

总之，李善所为，意在提供原文所出之意境和意象。正如王宁先生（1988）所说："这些都不是仅寻找出处，更重要的是以境比境，为读者提供一个在前的境界，以加深对选诗的体会。这种注释方式是唯文学作品可取，又为文学作品所必取的。"这正是李善创造的文学训诂的一个新范式，①他征引的目的不仅仅是解释字词之义，也不只是给出出处，其根本目的是提供给读者多维度的历时**文学语境**，让他们可以借此想象和创造富有时空厚度和立体感的文学**意境**和**意象**，从而获得超时空美感的文学享受。这就是为什么李善文选注在四大名注（裴松之、

---

① 笔者感谢张伯伟先生所见告李善参比语境的"互相宪述"之注法，早在宋高似孙《选诗句图》中已发其凡。然而其所以如此者，仍未明其详细。

刘孝标、郦道元和李善)之中,征引典籍最多;而最多之中又以引集部书数量最多(1 157 家),占全部引书的 59%(赵建成 2017)的原因所在,因为文学作品的意境和意象越丰厚,其艺术效果就越强。古今中外,概莫能外。

根据上面的分析,我们可以尝试性地给文学训诂列出如下特征:

(1) 对象:古代文学作品(诗、歌、词、赋及古代散文)。

(2) 原理:事出于沉思,义归乎翰藻(《文选·序》),翰藻=文学意象之载体。

(3) 手段:用征引方式提供事典与文词来源。

(4) 内容:字词、短语、诗行、警句、词法、句法等。

(5) 目的:揭示历时文学语境中的意境和意象。


## 三、结语

根据本文的分析,在汉语训诂学史上,语言文字之训诂与经学义理之训诂一直就并驾齐驱,划水难分;很难说哪一个是源、哪一个是流。东汉以后,玄学训诂和史学训诂打破了对经注的因袭模拟,确立了注释学中的新范式。不仅把子注和经注区分开来,史注更是子然成体,分道扬镳。然而,历代学者虽然都看到了这些不同门类的训诂体系,但是尚未洞悉它们彼此不同之原理所在和系统之异,因此未能真正区分和发掘它们之间本质上的不同。譬如,虽然裴松之、李善均用“征引”之法,但如上所示,二者“征引”目的之本质所在,截然不一。本文不揣梼昧,提出上述四大训诂种类之独立性、范畴性,并初步简示其各自存在的系统性;为将来广义训诂学的建立与发展提供新的思路、拓展新的空间。就目前的研究和我们初步理论来看,这种“广义训诂学”的基本格局是:(1) 小学训诂学,(2) 经学训诂学,(3) 哲学训诂学,(4) 史学训诂学,(5) 文学训诂学。

毫无疑问，上述每一个分属学科均可进行自己独立的专科研究，而就目前的研究状况而言，下面的工作可谓迫在眉睫的基础建设：（1）确定各个属类自己特有的研究目的、对象和方法；（2）构建各自独立存在的理论原理；（3）揭示自己的操作规则及其发展规律。①

这既是目前的首要任务，又是奠定广义训诂学的理论根据和实践基础。当然，凡上种种，皆为发凡起例、初步尝试。其中各科均有待详密的论证和分析，故而挂一漏万，势所难免；是耶？非耶？尚待方家是正。

## 参考文献

白兆麟 2005《新著训诂学引论》，上海：上海辞书出版社。

陈　垣 1962《通鉴胡注表微》，北京：中华书局。

陈志超 1990《陈垣往来书信集》，上海：上海古籍出版社。

戴　震［清］1980a《与王内翰凤喈书》//戴震，《戴震集》，上海：上海古籍出版社。

戴　震［清］1980b《〈古经解钩沈〉序》//戴震，《戴震集》，上海：上海古籍出版社。

方一新 2008《训诂学概论》，南京：江苏古籍出版社。

冯胜利 1983《区分词义训诂与文意训诂》，《辞书研究》第 3 期。

冯胜利 2016《骈文韵律与超时空语法》//蔡宗齐，《声音与意义：中国古典诗文新探》，上海：上海古籍出版社。

冯胜利 2018《论黄侃的"发明之学"与傅斯年的"发现之法"》//北京师范大学文学院主办，《励耘语言学刊》第 2 辑，北京：学院出版社。

冯胜利 2019《论乾嘉学术的科学突破》，《语言教学与研究》第 3 期。

冯胜利（待刊）《理论训诂学讲义》

冈村繁著 2002《文选之研究》陆晓光译，上海：上海古籍出版社。

郭在贻 2005《训诂学（修订本）》，北京：中华书局。

何九盈 1995《中国古代语言学史》，广州：广东教育出版社。

---

① 笔者感谢施向东、汪维辉、张美兰、齐元涛、史文磊等同寅指出的，在本文五种训诂属类之外，它如中医、建筑等专科领域，是否亦当自立训诂属类？我们不排除这种可能，但是否独立成科的条件和标准是：（1）有独立的原理，（2）有独立运作的机制。

洪　城　1984　《训诂学》，南京：江苏古籍出版社。

黄　侃　1983　《文字声韵训诂笔记》，上海：上海古籍出版社。

黄　侃　2006　《黄侃先生语录·论治经》//张晖编，《量守庐学记续编：黄侃的生平和学术》，北京：三联书店。

黄　焯　1985　《毛诗郑笺平议》，上海：上海古籍出版社。

靳极苍　2000　《注释学刍议》，西安：陕西人民出版社。

陆宗达　1964　《训诂浅谈》，北京：北京出版社。

陆宗达，王　宁　1983　《训诂方法论》，北京：中国社会科学出版社。

陆德明撰，吴承仕疏证　2008　《经典释文序录疏证》附《经籍旧音辩证·卷二》//《经典释文·二》，北京：中华书局。

齐佩瑢　2004　《训诂学概论》，北京：中华书局。

汤一介　2016　《郭象与魏晋玄学(增订版)》，北京：中国人民大学出版社。

汪耀楠　2010　《注释学纲要》，北京：外语与教学研究出版社。

王鸣盛［清］　1995　《蛾术编》//《续修四库全书》，上海：上海古籍出版社。

王　宁　1988　《李善的照明文选注与选学的新课题》//赵福海，陈宏天等编，《昭明文选研究论文集》，长春：吉林文史出版社。

王　宁　1996　《训诂学原理》，北京：中国国际广播出版社。

徐复观　1982　《中国经学史的基础》，台北：台湾学生书局。

叶贤恩　2006　《黄侃传》，武汉：湖北人民出版社。

赵尔巽［清］　1977　《钱大昭传》//赵尔巽［清］，《清史稿》，北京：中华书局。

赵建成　2017　《经典注释征引范式的确立与四大名注引书》，《浙江学刊》第 2 期。

周大璞　2011　《训诂学初稿》，武汉：武汉大学出版社。

周裕锴　2003　《中国古代阐释学研究》，上海：上海人民出版社。

Viezel E.（2017）The Rise and Fall of Jewish Philological Exegesis on the Bible in the Middle Ages：Causes and Effects. *The Review of Rabbinic Judaism 20*：48-88.

Heller A.（1982）*A Theory of History*. London：Routledge & Kegan Paul

（冯胜利　北京语言大学/天津大学语言科学研究中心）

# 王念孙《广雅疏证》类比义丛纂例*

## 冯胜利　殷晓杰

**摘　要**　王念孙《广雅疏证》向以"类比证义"见称于世。文章从《广雅疏证》中爬梳近百种此类训释，经严加遴选，共得 71 种，奉之读者，以见王氏雅学精髓之一斑。王氏疏证之要旨在"考证词义"，其"考义"之术在"义类"，而其证明之法则在义类纵（衍生）横（同义）关系之发掘，所谓"以关系证关系"之理证方法。文章所纂者，盖皆模拟论证之范例也。读者既可由此窥见王氏朴学精华之所在，亦可为研究王学之所据。

**关键词**　《广雅疏证》　类比义丛　纂例

## 一、什么是"类比义丛"？

类比义丛是王氏发现和揭举的词语中的具有"相同（或类似）关系"的语义群组。如《广雅疏证》："凡事之始，即为事之法，故始谓之方，亦谓之律；法谓之律，亦谓之方。"其中讨论"初始"与"法律"两个意思的相关性，王氏则从"律"有"始""法"二义，"方"也有"始""法"二义的关系来论证。核之古注，均有成训为据。如：

> 方，始也。《助字辨略》卷三："《洛阳伽蓝记》：赵逸云，郭璞尝为吾筮云，寿年五百岁，今始余半。此始字，犹云方也，才也。"
>
> 方，法也。《后汉书·桓谭传》："如此天下之方，而狱无怨滥矣。"李贤注：

---

\*　原文曾发表于《文献语言学》2018 年第 2 辑，据以收入时略有修改。

"方,犹法也。"

　律,始也。《方言》:"鼀、律,始也。"《说文》:"肂,始开也,从户聿。"

　律,法也。《文选·陈琳〈为袁绍檄豫州〉》:"如律令。"李善注引《风俗通》:"律,法也。"

　　因始、法二义在不同词的词义系统里相因而存,故可用之进行类比互证。我们把这种不同词语的语义系统表现出的同一语义关系(或按同一类语义轨道形成的语义关联)并可用之相互佐证的语义族群,叫作"类比义丛"。

## 二、《广雅疏证》类比义丛的"丛叠"类型

　　王念孙发明的类比义丛互证法的基本格式是由两对形式交叉而成:一对是词(如"律"和"方")另一对是义(如始和法)。按照这种基式构成的类比义丛称之为【2×2】式类比义丛。在王氏的《广雅疏证》里,用基式组构的类比义丛,其层次套叠方式不一而足。据初步统计,有 11 种之多,如【2×2】式、【2×2×2】式、【2×(2×2)】式【2×2×3】式、【(2×2)×(2×2)】【(2×2亦)×(2×2犹)】、【(4×4)×(2×2)】式、及【5×5】式。兹分述如下:

### 2.1　【2×2】式类比义丛

【原理】凡事之始,即为事之法。

【推演】故始谓之方,亦谓之律。

　　　　法谓之律,亦谓之方矣。

【出处】见第　节。

### 2.2　【2×2】式类比义丛

【原理】伴与般亦声近义同。凡人忧则气敛,乐则气舒。

【推演】 故乐谓之般,亦谓之凯。

　　　　大谓之凯,亦谓之般,义相因也。

【出处】

般,乐也。《尔雅·释诂》:"般,乐也。"

凯,乐也。《集韵》海韵:"恺,《说文》:'乐也。'亦作凯。"

凯,大也。《文选·陆机〈演连珠〉》:"是以万邦凯乐。"吕向注:"凯,大也。"

般,大也。《方言》卷一:"般,大也。"

## 2.3 【2×2】式类比义丛

【原理】 类与律声义同。

【推演】 故相似谓之类,亦谓之肖。

　　　　法谓之肖,亦谓之类,义亦相近也。

【出处】

类,相似也。《国语·吴语》:"类有大忧。"韦昭注:"类,似也。"

肖,相似也。《方言》卷七:"肖、类,法也。"郭璞注:"肖者,似也。"

肖,法也。《方言》卷七:"肖、类,法也。"

类,法也。《楚辞·九章》:"吾将以为类兮。"王逸注:"类,法也。"

## 2.4 【2×2×2】式类比义丛

【原理】 凡远与大同义。

【推演】 故远谓之荒,犹大谓之荒也,

　　　　远谓之遐,犹大谓之假也,

　　　　远谓之迂,犹大谓之吁也。

【出处】

荒,远也。《楚辞·离骚》"览相观于四荒。"王逸注:"荒,远也。"

暇,远也。无①。《尔雅·释诂》:"远,遐也。"

迁,远也。《论语·子路》:"有是哉,子之迂也?"皇侃疏:"迂,远也。"

荒,大也。《诗·周颂·天作》:"天作高山,大王荒之。"毛传:"荒,大也。"

假,大也。《书·大禹谟》:"不自满假。"孔传:"假,大也。"

吁,大也。《尔雅·释诂》:"吁,大也。"

## 2.5 【2×2×2】式类比义丛

【原理】貌、常、法义并相近。

【推演】故貌谓之形,亦谓之容,

　　　　常谓之刑,亦谓之庸,

　　　　法谓之刑,亦谓之容,义并相近也。

【出处】

形,貌也。无。《荀子·礼论》:"貌而不功。"杨倞注:"貌,形也。"

容,貌也。无。《文选·鲍照〈代君子有所思〉》:"年貌不可还。"吕延济注:"貌,容也。"

刑,常也。《尔雅·释诂》:"刑,常也。"《逸周书·大匡》:"有常不赦。"孔晁注:"常,常刑也。"《周礼·天官·小宰》:"国有常刑。"孙诒让正义:"常刑,谓官刑之常典。"

庸,常也。《尔雅·释诂》:"庸,常也。"

刑,法也。无。《国语·鲁语下》"不共有法"韦昭注:"法,刑也。"

容,法也。《老子》"孔德之容"钟会注:"容,法也。"

## 2.6 【2×(2×2)】式类比义丛

【原理】缩与惭义相近。

---

① 凡王氏模拟之义无成训者,以"无"标之。

【推演】故缩谓之侧匿,犹惭谓之慲也。

　　　　缩谓之䖟,又谓之蹙,

　　　　犹惭谓之忸怩,又谓之嗒咨也。

【出处】

侧匿,缩也。《广雅・释诂》卷三:"侧匿、蹙,缩也。"

慲,惭也。《方言》卷二:"㛢、慲、赧,愧也。晋曰㛢,或曰慲。秦晋之间,凡愧而见上谓之赧。梁宋曰慲。"郭璞注云:"赧、慲,亦惭貌也。"

䖟,缩也。《广雅・释言》:"䖟,缩也。"

蹙,缩也。无。《战国策・楚策二》"其缩甲则可。"鲍彪注:"缩,蹙也。"

忸怩,惭也。《国语・晋语八》"君忸怩颜"韦昭注:"忸怩,惭貌。"

嗒咨,惭也。《玉篇》口部:"嗒咨,惭也。"

## 2.7 【2×2×3】式类比义丛

【原理】俺与奄亦声近义同。大则无所不覆,无所不有。

【推演】故大谓之幠,亦谓之奄,

　　　　覆谓之奄,亦谓之幠,

　　　　有谓之幠,亦谓之抚,亦谓之奄。

【出处】

幠,大也。《方言》卷一:"幠,大也。"

奄,大也。《诗・大雅・皇矣》"奄有四方"毛传:"奄,大也。"

奄,覆也。《汉书・京房传》:"此上大夫覆阳而上意疑也。"《说文・大部》:"奄,覆也。"幠,覆也。《说文》巾部:"幠,覆也。"

幠,有也。《尔雅・释言》:"幠,有也。"

抚,有也,无。《书・皋陶谟》:"予欲左右有民。"孙星衍今古文注疏:"有者,抚也。"

奄,有也。无。

## 2.8 【(2×2)×(2×2)】式类比义丛

【原理】凡张与大同义。

【推演】故张谓之幠,亦谓之扜,
犹大谓之幠,亦谓之訏也;
张谓之磔,犹大谓之祐也;
张谓之彍,犹大谓之廓也。

【出处】

幠,张也。《玉篇》巾部:"幠,大也,张也。"

扜,张也。《淮南子·原道训》:"射者扜乌号之弓。"高诱注:"扜,张也。"

幠,大也。《尔雅·释诂》:"幠,大也。"

訏,大也。《尔雅·释诂》:"訏,大也。"

磔,张也。《玉篇》桀部:"磔,张也。"

祐,大也。《玉篇》衣部:"祐,广大也。"

彍,张也。《广雅·释诂》:"彍,张也。"

廓,大也。《尔雅·释诂》:"廓,大也。"

## 2.9 【(2×2$_{亦}$)×(2×2$_{犹}$)】式类比义丛

【原理】美从大,与大同意。

【推演】故大谓之将,亦谓之皇。
美谓之皇,亦谓之将。
美谓之贲,犹大谓之坟也。
美谓之肤,犹大谓之甫也。

【出处】

将,大也。《诗·豳风·破斧》"亦孔之将"毛传:"将,大也。"

皇,大也。《说文》:"皇,大也。"

皇,美也。《诗·大雅·文王》:"思皇多士,生此王国。"朱熹注:"皇,美。"

将,美也。《广雅·释诂》:"将,美也。"

贲,美也。《文选·谢庄〈宋孝武宣贵妃诔〉》:"修诗贲道。"李周翰注:"贲,美也。"

坟,大也。《尔雅·释诂》:"坟,大也。"

肤,美也。《诗·豳风·狼跋》"公孙硕肤"、《诗·大雅·文王》"殷士肤敏",《毛传》并云:"肤,美也。"马融注《噬嗑卦》云:"柔脆肥美曰肤。"

甫,大也。《尔雅·释诂》:"甫,大也。"

## 2.10 【(4×4)×(2×2)】式类比义丛

【原理】凡健与疾义相近。

【推演】故疾谓之捷,亦谓之毚,亦谓之壮,亦谓之偈;

健谓之偈,亦谓之壮,亦谓之毚,亦谓之捷。

健谓之愛,犹疾谓之咸也;

健谓之武,犹疾谓之舞也。

【出处】

捷,疾也。无。《礼记·乐令》:"征鸟厉疾。"孔颖达疏:"疾,捷速也。"

毚,疾也。《声类》:"毚,疾也。"

壮,疾也。无。《尔雅·释言》:"疾,壮也。"

偈,疾也。《诗·桧风·匪风》:"匪车偈兮。"陆德明释文:"偈,疾也。"

偈,健也。《玄应音义》卷六:"以偈。"注引《字林》:"偈,健也。"

壮,健也。无。《易·干》:"天行健,君子自强不息。"孔颖达疏:"健者,强壮之名。"

魖,健也。《福建通志·方言》:"魖,健曰魖。"

捷,健也。《后汉书·任文公传》:"惟文公大小负粮捷步。"李贤注:"捷,健也。"《慧琳音义》卷一"健行"注引《集训》:"健,劲健也。"

嫚,健也。《玉篇》女部:"嫚,健也。"

咸,疾也。无。

武,健也。《文选·扬雄〈羽猎赋〉》:"徽车轻武。"李善注引《广雅》:"武,健也。"

舞,疾也。无。

## 2.11 【5×5】式"有大义近"

【原理】有与大义相近。

【推演】故有谓之庬,亦谓之方,亦谓之荒,亦谓之幠,亦谓之虞。
大谓之庬,亦谓之方,亦谓之荒,亦谓之幠,亦谓之吴。

【出处】

庬,有也。《尔雅·释诂》:"庬,有也。"

方,有也。《召南·鹊巢》:"维鸠方之。"毛传:"方,有之也。"

荒,有也。《诗·鲁颂·閟宫》:"奄有龟蒙,遂荒大东。"毛传:"荒,有也。"

幠,有也。《尔雅·释诂》:"幠,有也。"

虞,有也。《玄应音义》卷十三:"虞受。"注引《广雅》:"虞,有也。"

庬,大也。《尔雅·释诂》:"庬,大也。"

方,大也。《国语·晋语一》:"今晋国之方。"韦昭注:"方,大也。"

荒,大也。《诗·周颂·天作》:"天作高山人王荒之。"毛传:"荒,大也。"

幠,大也。《尔雅·释诂》:"幠,大也。"

吴(虞)。大也。《方言》卷十三:"吴,大也。"

### 三、《广雅疏证》类比义丛纂例

经初步爬梳和统计,王念孙《广雅疏证》中的类比义丛多达一百余条。这里因篇幅所限,谨选典型范例奉之读者。其编次原则及程序如下:

(1) 制作本条义丛之名目。如"厚、大同义"类比义丛;

(2) 爬梳王氏《疏证》有关该条二义之所以相同、相近、相因、相通(或相转)之原理。如"厚与大同义""凡物申则长,诎则短"等;

(3) 本《纂例》之核心部分:标出王氏模拟推演之内容,如"故厚谓之敦,亦谓之厖,大谓之厖,亦谓之敦";

(4) 本《纂例》之核心部分:检出王氏模拟诸义的古训出处,以便研究者析证。

(5) 凡注"无"者,乃检《疏证》原文及《故训汇纂》《经籍籑诂》《中华大字典》《汉语大字典》等书均无"A,B 也"之训者。然若有"B,A 也"之类而似关联之训者,则附之于后,以资辅证。

(6) 列出《广雅疏证》本条原文,以资参比证。

## 3.1 义同类

### 3.1.1 "厚、大同义"类比义丛

【原理】厚与大同义。

【推演】故厚谓之敦,亦谓之厖;大谓之厖,亦谓之敦矣。

【出处】

敦,厚也。厖,大也。《周语》"敦厖纯固"韦昭注:"敦,厚也。厖,大也。"

厖,厚也。《诗·商颂·长发》:"为下国骏厖。"毛传:"厖,厚也。"

敦,大也。《方言》卷一:"敦,大也。"

【原文】敦者，《方言》：“敦，大也。陈郑之间曰敦。”《尔雅》：“大岁在午曰敦牂。”孙炎注云：“敦，盛；牂，壮也。”是大之义也。敦又音徒昆反，其义亦为大。《汉书》“敦煌郡”，应劭注云：“敦，大也。煌，盛也。”《周语》“敦庬纯固”，韦注云：“敦，厚也。庬，大也。”《商颂·长发》传云：“庬，厚也。”《墨子·经》篇云：“厚，有所大也。”厚与大同义，故厚谓之敦，亦谓之庬，大谓之庬，亦谓之敦矣。（《广雅疏证》卷一上“敦，大也”下疏）

### 3.1.2 “远、大同义”类比义丛

【原理】凡远与大同义。

【推演】故远谓之荒，犹大谓之荒也；远谓之遐，犹大谓之假也；远谓之迂，犹大谓之吁也。

【出处】见2.4。

【原文】极、荒者，《楚辞·九歌》：“望涔阳兮极浦。”王注云：“极，远也。”《尔雅》：“东至于泰远，西至于邠国，南至于濮铅，北至于祝栗，谓之四极。”郭璞注云：“皆四方极远之国。”“觚竹，北户，西王母，日下，谓之四荒。”注云：“皆四方昏荒之国，次四极者。”案：极、荒，皆远也。《离骚》云“览相观于四极”，又云“将往观乎四荒”，王注：“荒，远也。”四极四荒，犹言八极八荒，故《广雅》极、荒俱训为远也。要服之外谓之荒服，亦其义也。凡远与大同义，远谓之荒，犹大谓之荒也；远谓之遐，犹大谓之假也，远谓之迂，犹大谓之吁也。（《广雅疏证》卷一上“极，远也”下疏）

【本条参考材料】迂者，《论语·子路篇》：“有是哉，子之迂也？”包咸注云：“迂，犹远也。”复之言迴也。曹大家注《幽通赋》云：“复，远邈也。”字或通作洵，《邶风·击鼓》“于嗟洵兮”毛传：“洵，远也。”释文：“洵，呼县反。”《韩诗》作“复”。文十四年《穀梁传》“复八千乘之国”范宁注：“复，犹远也。”

### 3.1.3 "张、大同义"类比义丛

【原理】凡张与大同义。

【推演】故张谓之幠,亦谓之扜,犹大谓之幠,亦谓之吁也;张谓之磔,犹大谓之祄也;张谓之彋,犹大谓之廓也。

【出处】见2.8。

【原文】幠,亦弙也。方俗语有侈弇耳。《尔雅》:"幠,大也。"《小雅·六月》传云:"张大也。"是幠与张同义。幠各本讹作怃,《玉篇》:"幠,大也,张也。"今据以订正。凡张与大同义,张谓之幠,亦谓之扜,犹大谓之幠,亦谓之讦也;张谓之磔,犹大谓之祄也;张谓之彋,犹大谓之廓也。(《广雅疏证》卷一上"幠,张也"下疏)

### 3.1.4 "美、大同意"类比义丛

【原理】美从大,与大同意。

【推演】故大谓之将,亦谓之皇。美谓之皇,亦谓之将。美谓之贲,犹大谓之坟也。美谓之肤,犹大谓之甫也。

【出处】见2.9。

【原文】将者,《豳风·破斧》首章"亦孔之将"毛传云:"将,大也。大,亦美也。"二章云"亦孔之嘉",三章云"亦孔之休",将、嘉、休,皆美也。将、臧声相近。"亦孔之将",犹言"亦孔之臧"耳。美从大,与大同意,故大谓之将,亦谓之皇。美谓之皇,亦谓之将。美谓之贲,犹大谓之坟也。美谓之肤,犹大谓之甫也。(《广雅疏证》卷一上"将,美也"下疏)

【本条参考材料】贲者,《序卦传》:"贲者,饰也。"《小雅·白驹》:"皎皎白驹,贲然来思。"毛传:"贲,饰也。"皆美之义。《盘庚》"用宏兹贲",谓用大此美绩也,即上文所云"嘉绩于朕邦"也。《大诰》"敷贲",亦谓敷布文武之美功。肤,《豳风·狼跋》篇"公孙硕肤"、《大雅·文

王》篇"殷士肤敏",《毛传》并云:"肤,美也。"马融注《噬嗑卦》云:"柔脆肥美曰肤。"

### 3.1.5 "媚、好同义"类比义丛

【原理】《说文》:"媚,说也"。

【推演】故媚好谓之畜,相悦亦谓之畜,又谓之好。

【出处】

畜,媚好也;《说文》女部:"嫷,媚也。"段注:"古经传用畜字多用为嫷之假借者。苏林曰:'北方人谓眉好为诩畜。'又如《礼记》:'孝者,畜也,顺于道不逆于伦是谓之畜。'《孟子》曰:'畜居何尤,畜君者,好君也。'孔子曰:'以道导之则吾畜也,不以道导之则吾仇也。'此等皆以好恶对言,畜字皆取嫷媚之义。"

畜,相悦也。无。

【原文】嫷者,《说文》:"嫷,媚也。"孟康注《汉书·张敞传》云:"北方人谓媚好为诩畜。"畜与嫷通。《说文》:"媚,说也。"故媚好谓之畜,相悦亦谓之畜,又谓之好。《孟子·梁惠王》篇:"畜君者,好君也。"本承上君臣相说而言,故赵岐注云:"言臣说君谓之好君。"好、畜,古声相近。"畜君何尤",即"好君何尤"。《祭统》云:"孝者,畜也。顺于道,不逆于伦,是之谓畜。"《孔子闲居》及《坊记》注并云:"畜,孝也。"《释名》云:"孝,好也。爱好父母如所悦好也。"畜、孝、好,声并相近。畜君者,好君也;洚水者,洪水也,皆取声近之字为训。后世声转义乖,而古训遂不可通矣。(《广雅疏证》卷一下"嫷,好也"下疏)

### 3.1.6 "剔、刳同义"类比义丛

【原理】铬,鬎也。

【推演】去骨曰剔,去节曰刳。凡剔夫毛发爪甲,亦谓之刳。

【出处】

刐,去节也。《众经音义》卷十一引《通俗文》云:"去骨曰剔,去节曰刐。"

刐,剔去毛发爪甲也。无。

【原文】刐者,《说文》:"铬,鬀也。"《众经音义》卷十一引《通俗文》云:"去骨曰剔,去节曰刐。"刐,与铬同。剔,与鬀同。凡剔去毛发爪甲,亦谓之刐。《吴子·治兵》篇说畜马之法云:"刻剔毛鬣,谨落四下。"《庄子·马蹄》篇云:"烧之剔之,刻之雒之。"落、雒,并与刐同。司马彪注《庄子》以雒为羁络其头,非也。下文"连之以羁絷,编之以早栈",乃始言羁络耳。(《广雅疏证》卷一下"刐,剔也"下疏)

### 3.1.7 "举、负同义"类比义丛

【原理】凡物之上举者皆谓之揭。

【推演】故举物谓之揭,负物亦谓之揭。

【出处】

揭,举(物)也。《说文》:"揭,高举也。"《庄子·胠箧》:"则负匮揭箧担囊而趋。"陆德明释文引《三苍》:"揭,举也,担也,负也。"

揭,负(物)也。见上。

【原文】揭,音居列、去列、渠列三反,又居谒、渠谒二反。《说文》:"揭,高举也。"《小雅·大东》篇云:"西柄之揭。"《庄子·胠箧》篇云:"唇竭则齿寒",竭,与揭通。凡物之上举者皆谓之揭。《说文》:"稝,禾举出苗也。"《卫风·硕人》篇:"庶姜揭揭",《毛传》云:"揭揭,长也。"《说文》:"碣,特立之石也。"义并与揭通。举物谓之揭,负物亦谓之揭。《说文》:"竭,负举也。从立,曷声。"《礼运》:"五行之动迭相竭也。"郑注云:"竭,犹负戴也。"成二年《左传》:"桀石以投人。"杜预注云:"桀,担也。"《庄子·胠箧》篇云:"负匮揭箧,担囊而趋。"竭、揭、桀,并通。揭与担同义,故并训为举也。揭又音去例反。《邶风·匏有苦叶》篇

"浅则揭"《毛传》云:"揭,褰衣也。"揭、褰、抠,一声之转,故亦并训为举也。又案:挈者,对举也,故所以举棺者谓之輁轴。《士丧礼》下篇:"迁于祖,用轴。"郑注云:"轴,輁轴也。輁状如长床,穿楏,前后着金而关轴焉",是也。扛者,横关对举也。故床前横木谓之杠。《说文》:"杠,床前横木也。"徐锴传云:"今人谓之床桯",是也。暴者,亦对举也。故舁床谓之楄。舁者,共举也,故车所以举物者谓之舆。《释名》云:"自古制器立象,名之于实,各有义类,斯之谓矣。"(《广雅疏证》卷一下"揭,举也"下疏)

### 3.1.8 "哂、笑同义"类比义丛

【原理】哂、笑同义。

【推演】故微笑谓之哂,大笑亦谓之哂。

【出处】

哂,微笑也。《论语·先进》"夫子哂之"朱熹集注:"哂,微笑也。"

哂,大笑也。《礼记·曲礼》"笑不至矧"郑注:"齿本曰矧,大笑则见。"释文:"矧本又作哂。"

【原文】哂,与下呬字同。微笑谓之哂,大笑亦谓之哂。《说文》:"笑不坏颜曰弞。"《论语·先进》篇:"夫子哂之",是哂为微笑也。《曲礼》"笑不至矧"郑注云:"齿本曰矧,大笑则见。"释文:"矧,本又作哂。"是哂为大笑也。哂、呬、弞、矧,并通。(《广雅疏证》卷一下"哂,笑也"下疏)

### 3.1.9 "嗷咷与号咷同义"类比义丛

【原理】嗷咷与号咷亦同义。

【推演】故哭声谓之嗷咷,歌声亦谓之嗷咷。

【出处】

嗷咷(号咷),哭声也。《易·同人》九五:"先号咷而后笑。"释文

云:"号咷,啼呼也。"《说文》:"楚谓儿泣不止曰噭咷。"

噭咷(号咷),歌声也。无。

【原文】号咷者,《同人》九五:"先号咷而后笑"释文云:"号咷,啼呼也。"《说文》:"楚谓儿泣不止曰噭咷。"噭咷与号咷亦同义。哭声谓之噭咷,歌声亦谓之噭咷。《汉书·韩延寿传》云"噭咷楚歌"是也。(《广雅疏证》卷二上"号咷,鸣也"下疏)

### 3.1.10 "蠚、瘌同义"类比义丛

【原理】蠚与瘌同义。

【推演】故草木毒伤人谓之刺,亦谓之蠚。蜂虿毒伤人谓之蠚。蠚,亦刺也。

【出处】

蠚,草木毒伤人也。无。

蠚,蜂虿毒伤人也。《说文》虫部:"蠚,虫行毒也。"《慧琳音义》卷六十"毒蠚"注引《文字典说》:"蠚,蜂虿行毒蠚人也。"

刺,蜂虿毒伤人也。无。

【原文】蠚、蠚,一字也。《说文》:"蠚,虫行毒也。""蠚,蠚也。"《西山经》云:"蠚鸟兽则死,蠚木则枯。"《韩非子·用人》篇云:"圣人极有刑罚而死无毒蠚",并字异而义同。蠚与瘌同义。《方言》:"饮药傅药而毒谓之瘌。"郭璞以瘌为辛蠚是也。字或作刺,草木毒伤人谓之刺,亦谓之蠚。《史记·龟策传》云:"兽无虎狼,草无毒蠚。"《魏都赋》云:"蔡莽蠚刺,昆虫毒噬",是也。蜂虿毒伤人谓之蠚。蠚,亦刺也。《广雅》云:"虿、蝲,蝎也。"蝲与刺同音。刺者,毒伤也。故蝎又谓之蝲矣。(《广雅疏证》卷二上"蠚、蠚,痛也"下疏)

### 3.1.11 "闬、里同义"类比义丛

【原理】闬,里也。

【推演】里谓之闬,故里门亦谓之闬。

【出处】

闬,里也,《文选·谢灵运〈拟魏太子邺中集诗〉》"贫居晏里闬"吕延济注:"里闬,乡曲也。"《楚辞·招魂》:"去君之恒干,何为四方些。"王逸注:"或曰去君之恒闬。闬,里也。"

闬,里门也。《说文》:"闬,闬也。汝南平舆里门曰闬。"《汉书·叙传》:"绾自同闬"应劭注云:"卢绾与高祖同里,楚名里门为闬。"《文选·刘峻〈广绝交论〉》:"居里闬而鸣钟。"李善注:"里门曰闬。"

【原文】闬者,《说文》:"闬,闬也。汝南平舆里门曰闬。"《汉书·叙传》"绾自同闬"应劭注云:"卢绾与高祖同里,楚名里门为闬。"《楚辞·招魂》"去君之恒干"王逸注云:"或曰去君之恒闬。闬,里也。楚人名里曰闬。"《广雅·释宫》篇亦云:"闬,里也。"里谓之闬,故里门亦谓之闬。《管子·立政》篇云"审闾闬",是也。此篇云:"闬,居也。"居谓之闬,故馆门亦谓之闬。襄公三十一年《左传》云:"完客所馆,高其闬闳,厚其墙垣",是也。(《广雅疏证》卷二上"闬,尻也"下疏)

### 3.1.12 "闬、居同义"类比义丛

【原理】闬,居也。

【推演】居谓之闬,故馆门亦谓之闬。

【出处】

闬,居也,《玉篇》门部:"闬,居也。"

闬,馆门也。无。

【原文】见 3.1.11。

### 3.1.13 "揢、插同义"类比义丛

【原理】揢,插也。揢、缙、晋,古通用。插、偏、扱、捷,古通用。

【推演】晋训为插,故殳矛柄所插亦谓之晋。

【出处】

搢，插也，《仪礼·乡射礼》："搢三而挟一个。"郑注："搢，插也。"

晋，殳矛柄所插也。《周礼·考工记·庐人》："凡为殳，参分其围，去一以为晋围。凡为酋矛，五分其围，去一以为晋围。"郑注云："晋，读如王搢大圭之搢，矜所插也。"

【原文】搢者，《乡射礼》"搢三而挟一个"郑注云："搢，插也。"《士丧礼》"搢笏"郑注云："搢，捷也。"《内则》"搢笏"郑注云："搢，犹扱也。"《周官·典瑞》"王晋大圭"郑众注云："晋，读为搢绅之搢，谓画于绅带之间。"《荀子·礼论》篇云："缙绅而无钩带。"《丧大记》云："徒跣扱衽。"《管子·小匡》篇云："管仲诎缨插衽。"搢、缙、晋，古通用。插、扁、扱、捷，古通用。晋训为插，故殳矛柄所插亦谓之晋。《考工记·庐人》："凡为殳，参分其围，去一以为晋围。凡为酋矛，五分其围，去一以为晋围。"郑注云："晋，读如王搢大圭之搢，矜所插也。"又案：搢之言进也，进笏于绅带之间，故曰搢绅。《史记·五帝纪》作"荐绅"，《尔雅》曰："荐，进也。"《易》曰："晋晋，进也。"《周官》作"晋晋"，《史记》作"荐"，其义一也。徐邈《礼记音读》"搢为箭"，《释名》云"矢谓之箭。箭，进也"，义亦同矣。（《广雅疏证》卷二上"搢，插也"下疏）

### 3.1.14 "短、小同义"类比义丛

【原理】凡短与小同义。

【推演】故短谓之痤，小亦谓之痤。

【出处】

痤，短也，无。

痤，小也。《众经音义》卷十六引《声类》云："锉䥑，小釜也。"

【原文】矬者，《众经音义》卷二引《通俗文》云："侏儒曰矬。"《释言》篇云："倚，痤也。"痤，与矬同。《曲礼》："介者不拜，为其拜而蓌拜。"释文云："蓌，挫也。"义与痤相近。凡短与小同义，故短谓之痤，小

亦谓之痤。《说文》:"痤,小肿也。一曰族累病。"桓六年《左传》:"谓其不疾瘯蠡也。"《正义》云:"瘯蠡畜之小病。"瘯蠡,与族累同,急言之则为痤矣。《众经音义》卷十六引《声类》云:"铧鑶,小釜也。"《尔雅·释木》:"痤,接虑李。"郭璞注云:"今之麦李。"《齐民要术》引《广志》云:"麦李细小。"麦李细小,故有接虑之名。急言之亦近于痤,故又谓之痤。接虑、族累、铧鑶,皆语之转耳。(《广雅疏证》卷二下"矬,短也"下疏)

### 3.1.15 "短、小同义"类比义丛

【原理】短与小同义。

【推演】故井中小虫,亦谓之孑孓。

【出处】

孑,短也。《慧琳音义》卷八十二:"孑遗。"注引《韵英》:"孑,短也。"

孓,短也。《广韵韵》月韵:"孓,短也。"

孑孓,短也。《集韵韵》质韵引《博雅》:"孑孓,短也。"

孑孓,井中小虫也。《尔雅》:"蜎,蠉。"郭璞注:"井中小蛣蟩赤虫。一名孑孓。"《广韵》肿韵:"孑孓,井中小虫。"

【原文】孑孓者,《说文》"孑,无右臂也""孓,无左臂也",皆短之义也。短与小同义,故井中小虫,亦谓之孑孓。《释虫篇》云:"孑孓,蜎也。"《尔雅》:"蜎,蠉",注云:"井中小蛣蟩赤虫。一名孑孓。"孑孓与蛣蟩,声义并同。孑之言孑然小也。《释名》云:"盾狭而短者曰孑盾。"孑,小称也。孓之言蹷也。《汉书·王莽传》:"莽为人侈口蹷頤。"颜师古注云:"蹷,短也。"《方言》注云:"蹶蹶,短小貌也。"凡物之直而短者谓之蹶,或谓之蹶。《列子·黄帝》篇:"吾处身也,若橜株驹。"张湛引崔撰《庄子注》云:"橜株驹,断树也。"释文云:"橜,《说文》作柮,木本也。株驹,亦枯树本也。"又《尔雅》"槸谓之杙",注云:"橜也。"又"橛

谓之闑",注云:"门阃也。"《玉藻》正义云:"闑,谓门之中央所竖短木也。"蹶、厥、橜、杘,并同声。蹶与貁声又相近。木本谓之杘,杙谓之橜,门阃谓之橜,梁上柱谓之棳,皆木形之直而短者也。故蔡邕《短人赋》云:"木门阃兮梁上柱,视短人兮形如许矣。"又案:《说文》"鼳,鼠也。一曰西方有兽,前足短,与蛩蛩巨虚比,其名谓之鼳。"字亦作蹶。《淮南子·道应训》:"北方有兽,其名曰蹶,鼠前而兔后,趋则顿,走则颠。"高诱注云:"鼠前足短,兔后足长,故谓之蹶。"蹶与貁声相近,合之则为蹶貁,转之则为孑孓,故短貌谓之蹶貁。兽前足短谓之蹶,头短谓之颣,无左右臂谓之孑孓,其义并相通也。(《广雅疏证》卷二下"孑孓,短也"下疏)

### 3.1.16 "绳、直同义"类比义丛

【原理】以绳取直。

【推演】绳与直同义,故准绳亦谓之准直。

【出处】

绳,直也。《书·冏命》:"直愆纠谬。"蔡沈集传:"绳,直也。"

准直,准绳也。清王念孙《读书杂志·汉书十二》"分当相直":"《月令》曰:'先定准直,农乃不惑。'准直即准绳也。"

【原文】绳者,《汉书·律历志》云:"绳者,上下端直,经纬相通也。"《说卦》传云:"巽为绳直。"《淮南子·缪称训》云:"行险者不得履绳,出林者不得直道。"绳与直同义,故准绳亦谓之准直。《月令》云:"先定准直,农乃不惑",是也。(《广雅疏证》卷三上"绳,直也"下疏)

### 3.1.17 "仁、恕同义"类比义丛

【原理】皆悲闵之意。

【推演】故哀闵人谓之仁,亦谓之恕。

仁,哀闵人也。《孙子·计》:"将者,智信仁勇严也。"杜牧注:"仁者,爱人悯物,知勤劳也。"

恕,哀闵人也。无。

【原文】 人者,《释名》:"人,仁也。仁生物也。"《开元占经·人占》篇引《春秋说题辞》云:"人者,仁也。以心合也。"又引宋均注云:"与他人相偶合也。"《中庸》"仁者,人也",郑注云:"人,读如相人偶之人,以人意相存问之言。"《表记》:"仁者,人也。"注云:"人,谓施以人恩也。"引成十六年《公羊传》曰:"执未有言舍之者,此其言舍之何?人之也。"今本作"仁"。仁与人同义,故古书以二字通用。又案:《公羊传》:"此其言舍之何?仁之也。曰在招丘,悕矣。"何休注云:"悕,悲也。仁之者若曰在招丘,可悲矣。闵录之辞,是传言仁之,即悲闵之意也。"《吕氏春秋·论人》篇:"哀之以验其人。"人,即仁也。仁与恕同义,故哀闵人谓之仁,亦谓之恕。《孔子闲居》云:"无服之丧,内恕孔悲",是也。(《广雅疏证》卷四上"人,仁也"下疏)

### 3.1.18 "昔、夜同义"类比义丛

【原理】 昔,夜也。

【推演】 故其夕时亦谓之昔。

【出处】

昔,夜也。《庄子·天运》:"通昔不寐。"陆德明释文:"昔,夜也。"

昔,夕时也。《史记·楚世家》:"其乐非特朝夕之乐也。"司马贞索隐:"昔,犹夕也。"

【原文】 昔之言夕也。哀四年《左传》:"为一昔之期,袭梁及霍。"杜预注云:"夜结期,明日便袭梁霍也。"《列子·周穆王》篇"昔昔梦为国君",张湛注云:"昔昔,夜夜也。"《庄子·天运》篇"通昔不寐"释文云:"昔,夜也。"其夕时亦谓之昔,故夕、昔古通用。《左氏春秋》庄七

年:"夏四月辛卯夜,恒星不见。"《穀梁》"夜"作"昔",云:"日入至于星出谓之昔。"《楚辞·大招》注引《小雅·頍弁》篇"乐酒今昔",今本作"夕",皆是也。《周官·腊人》"掌干肉"郑注云:"腊之言夕也。"义亦相近。(《广雅疏证》卷四上"昔,夜也"下疏)

### 3.1.19 "理、治同意"类比义丛

【原理】 理与治同意。

【推演】 故理谓之乱,亦谓之敕。治谓之敕,亦谓之乱。理谓之纼,犹治谓之庀也。理谓之伸,犹治谓之神也。理谓之撩,犹治谓之疗也。

【出处】

乱,理也。《楚辞·大招》:"娱人乱只。"王逸注:"乱,理也,所以发理辞指,总撮其要也。"

敕,理也。《广韵韵》职韵:"敕,理也。"

敕,治也。无。

乱,治也。《尔雅·释诂下》:"乱,治也。"

纼,理也。《方言》卷六:"纼,理也。秦晋之间曰纼。"

庀,治也。《国语·鲁语下》:"子将庀季氏之政焉。"韦昭注:"庀,治也。"

伸,理也。《广韵韵》真韵:"伸,理也。"

神,治也。《尔雅·释诂》:"神,治也。"

撩,理也。《说文》手部:"撩,理也。"

疗,治也。《方言》卷十:"疗,治也。"

【原文】 乱者,《说文》:"𤔔,治也。一曰理也。"《尔雅》:"乱,治也。"《皋陶谟》云"乱而敬",乱,与𤔔同。乐之终有乱,诗之终有乱,皆理之义也。故《乐记》云:"复乱以饬归。"王逸《离骚》注云:"乱,理也,所以发理辞指,总撮其要也。"理与治同意,故理谓之乱,亦谓之敕。治谓之敕,亦

谓之乱。理谓之纰,犹治谓之庀也。理谓之伸,犹治谓之神也。理谓之撩,犹治谓之疗也。《鲁语》注云:"庀,治也。"《尔雅》:"神,治也。"《方言》"疗,治也"是其证矣。(《广雅疏证》卷二上"乱,理也"下疏)

### 3.1.20 "口吃、蹇难一义"类比义丛

【原理】吃,言蹇难也。

【推演】故难谓之蹇,亦谓之讇,口吃谓之讇,亦谓之謘,其义一也。

【出处】

蹇,难也。《易·蹇·彖传》:"蹇,难也。"

讇,难也。《方言》卷十郭璞注:"讇,语讇难也。"

讇,口吃。《方言》卷十:"謘,吃也。或谓之讇。"

謘,口吃。《方言》卷十:"謘、极,吃也。楚语也。或谓之轧,或谓之讇。"

【原文】謘、极、轧、讇者,《方言》:"謘、极,吃也。楚语也。或谓之轧,或谓之讇。"《蹇·彖传》云:"蹇,难也。"《说文》:"吃,言蹇难也。"《众经音义》卷一引《通俗文》云:"言不通利谓之謇吃。"《列子·力命篇》"謘悷极谇"张湛注云:"謘悷,讷涩之貌。"謘、謘、謇、蹇,古通用。极、悷,古通用。涩,与讇同。《方言》注云:"轧,鞅轧。气不利也。"《史记·律书》云:"乙者,言万物生轧轧也。"《说文》云:"乙,象春草木冤曲而出,阴气尚强,其出乙乙也。"李善注《文赋》云:"乙乙,难出之貌。"乙,与轧通。《方言》注云:"讇,语讇难也。"《说文》:"讇,不滑也。"《楚辞·七谏》云:"言语讷涩。"难谓之蹇,亦谓之讇,口吃谓之讇,亦谓之謘,其义一也。(《广雅疏证》卷二下"謘,吃也"下疏)

## 3.2 义近类

### 3.2.1 "有、大义近"类比义丛

【原理】有与大义相近。

【推演】故有谓之厖，亦谓之方，亦谓之荒，亦谓之幠，亦谓之虞。大谓之厖，亦谓之方，亦谓之荒，亦谓之幠，亦谓之吴。吴、虞，古同声。

【出处】见 2.11。

【原文】方者，《召南·鹊巢篇》："维鸠方之。"《毛传》云："方，有之也。"抚者，《尔雅》："忨，敉，抚也。"又云："矜怜，抚掩之也。"抚为相亲有，故或谓之抚有。昭元年《左传》："君辱贶寡大夫围。谓围将使丰氏抚有而室。"二年《传》："若惠顾敝邑，抚有晋国，赐之内主。"皆是也。抚又为奄有之有。成十一年《左传》："使诸矦抚封。"杜注云："各抚有其封内之地。"《文王世子》："西方有九国焉，君王其终抚诸。"郑注云："抚，犹有也。"抚、方一声之转。方之言荒，抚之言无也。《尔雅》："幠，有也。"郭注引《诗》"遂幠大东"，今本幠作荒，毛传云："荒，有也。"有与大义相近，故有谓之厖，亦谓之方，亦谓之荒，亦谓之幠，亦谓之虞。大谓之厖，亦谓之方，亦谓之荒，亦谓之幠，亦谓之吴。吴、虞，古同声。（《广雅疏证》卷一上"方，有也"下疏）

【本条参考材料】虞者，《大雅·云汉》五章云："群公先正，则不我闻。"六章云："昊天上帝，则不我虞。"闻，犹恤问也。虞，犹抚有也。"则不我虞"，犹言亦莫我有也。"则不我闻"，犹言亦莫我闻也。其三章云："昊天上帝，则不我遗。"四章云："群公先正，则不我助。"遗，犹问也。助，犹虞也。故《广雅》又云："虞，助也。"解者亦失之。

### 3.2.2 "利、善义近"类比义丛

【原理】利与善义亦相近。

【推演】故利谓之戾，亦谓之赖，善谓之赖，亦谓之戾，戾赖语之转耳。

【出处】

戾，利也。《礼记·大学》："一人贪戾，一国作乱。"郑玄注："戾之言利也。"

赖,利也。《国语·周语中》:"先王岂有赖焉?"韦昭注:"赖,利也。"

赖,善也。《孟子·告子上》:"子弟多赖。"赵岐注:"赖,善也。"

戾,善也。《诗·大雅·抑》:"亦维斯戾。"马瑞辰《毛诗传笺通释》引《广雅》:"戾,善也。"

【原文】戾者,《小雅·采菽》篇:"优哉游哉,亦是戾矣。"毛传云:"戾,至也。"正义云:"明王之德能如此,亦是至美矣。"郑注《粊誓》云:"至犹善也。"是戾与善同义。又郑注《大学》云:"戾之言利也。"利与善义亦相近,故利谓之戾,亦谓之赖,善谓之赖,亦谓之戾,戾赖语之转耳。(《广雅疏证》卷一上"戾,善也"下疏)

### 3.2.3 "貌、常、法义并相近"类比义丛

【原理】形、容义并相近也。

【推演】故貌谓之形,亦谓之容,常谓之刑,亦谓之庸,法谓之刑,亦谓之容,义并相近也。

【出处】见2.5。

【原文】容者,象之法也。《考工记·函人》:"凡为甲,必先为容,然后制革。"郑众注云:"容,谓象式。"《老子》"孔德之容",钟会注云:"容,法也。"《吕氏春秋·士容论》"此国士之容也",高诱注与钟会同。《说文》:"镕,冶器法也。"《汉书·食货志》:"冶熔炊炭。"应劭注云:"熔,形容也,作钱模也。"义亦与容同。貌谓之形,亦谓之容,常谓之形,亦谓之庸,法谓之刑,亦谓之容,义并相近也。(《广雅疏证》卷一上"容,瀳也"下疏)

### 3.2.4 "事、行义近"类比义丛

【原理】事与行相近。

【推演】故事谓之贯,亦谓之服,行谓之服,亦谓之贯矣。

【出处】

贯,事也。《尔雅·释诂》:"贯,事也。"

服,事也。《尔雅·释诂》:"服,事也。"

服,行也。《晏子春秋·内篇谏上三》:"君身服之,故外无怨治,内无乱行。"吴泽虞集释:"此服当训行,身服之者犹言躬行之也。"

贯,行也。《论语·卫灵公》:"予一以贯之。"刘宝楠正义引阮元《一贯说》:"贯,行也。"

【原文】贯者,《论语·卫灵公篇》:"子贡问曰:'有一言而可以终身行之者乎?'子曰'其恕乎?'"《里仁篇》:"子曰:'吾道一以贯之。'曾子曰:'夫子之道,忠恕而已矣。'"一以贯之,即一以行之也。《荀子·王制》篇云:"为之贯之",贯亦为也。《汉书·谷永传》云:"以次贯行,固执无违。"《后汉书·光武十王传》云"奉承贯行",贯,亦行也。颜师古训贯为联续,失之。《尔雅》:"贯,事也。"事与行义相近,故事谓之贯,亦谓之服,行谓之服,亦谓之贯矣。(《广雅疏证》卷一上"贯,行也"下疏)

### 3.2.5 "创、伤义近"类比义丛

【原理】伤,创也。

【推演】故创之浅者曰伤,创亦谓之伤。

【出处】

伤,创之浅者也。《礼记·月令》:"命理瞻伤察创。"郑注云:"创之浅者曰伤。"

伤,创也。无。《荀子·礼运》:"创巨者其日久,痛甚者其愈迟。"杨倞注:"创,伤也。"

【原文】伤者,《月令》:"命理瞻伤察创。"郑注云:"创之浅者曰伤。"此对文也,散文则创亦谓之伤,故《说文》云:"伤,创也。"僖二十二年《左传》:"君子不重伤。"文十一年《穀梁传》作"不重创",其义一也。

(《广雅疏证》卷一上"伤,创也"下疏)

### 3.2.6 "缩、惭义近"类比义丛

【原理】缩与惭义相近。

【推演】故缩谓之侧匿,犹惭谓之慺也。缩谓之衄,又谓之蹙,犹惭谓之忸怩,又谓之齚齚也。

【出处】见2.6。

【原文】愬怩、齚齚者,《方言》:"忸怩,惭涩也。楚郢江湘之间谓之忸怩,或谓之齚齚。"《晋语》"君忸怩颜"韦昭注云:"忸怩,惭貌。"《孟子·万章》篇云:"象曰:'郁陶思君尔。'忸怩。"忸、与愬同,愬字从心,衄声,各本讹作愬,今订正。齚齚,各本讹作戚恣。《集韵》《类篇》并引《广雅》:"戚,惭也。"则宋时《广雅》本已讹。《释训篇》:"忸怩,齚齚也。"齚字亦讹作戚,惟齚字不讹。考《方言》《玉篇》《广韵》并作"齚齚"。《离》释文亦云:"齚齚,惭也。"今据以订正。忸怩、齚齚,皆局缩不伸之貌也。齚齚,倒言之则曰资戚。《太玄·亲初一》云:"其志龃龉。"《次二》云:"其志资戚。"资戚,犹龃龉,谓志不伸也。范望注训资为用,戚为亲,皆失之。卷三云:"侧匿、蹙,缩也。"《释言》云:"衄,缩也。"缩与惭义相近,缩谓之侧匿,犹惭谓之慺也。缩谓之衄又谓之蹙,犹惭谓之忸怩,又谓之齚齚也。(《广雅疏证》卷一上"齚齚,惭也"下疏)

【本条参考材料】痗、赧、愧者,《方言》:"痗、愧、赧,愧也。晋曰痗,或曰愧。秦晋之间,凡愧而见上谓之赧。梁宋曰愧。"郭璞注云:"敕、愧,亦惭貌也。"《说文》:"赧,面惭赤也。"《孟子·滕文公》篇云:"观其色赧赧然。"《小尔雅》:"面惭口戁。"戁,与赧通。

### 3.2.7 "小、好义近"类比义丛

【原理】凡小与好义相近。

【推演】故是金之美者谓之钑，亦谓之镠，义与钑、嫽同也。

【出处】

钑，金之美者也。《玉篇》金部："钑，美金也。"

镠，金之美者也。《尔雅·释器》："白金谓之银，其美者谓之镠。"

【原文】钑、嫽者，《方言》："钑、嫽，好也。青徐海岱之间曰钑，或谓之嫽。"注云："今通呼小姣洁喜好者为钑、嫽。"钑，犹小也。凡小与好义相近，故孟喜注《中孚卦》云："好，小也。"《陈风·月出篇》"佼人僚兮"《毛传》云："僚，好貌。"傅毅《舞赋》："貌嫽妙以妖蛊兮"，嫽，与僚同。《玉篇》："钑，美金也。"《尔雅》："白金谓之银，其美者谓之镠。"是金之美者谓之钑，亦谓之镠，义与钑、嫽同也。姣，与《诗》佼人之佼同。《方言》："自关而东河济之间，或谓好曰姣。"（《广雅疏证》卷一下"钑、嫽，好也"下疏）

### 3.2.8 "好、柔义近"类比义丛

【原理】是绰为好也。是约为好也。凡好与柔义相近。

【推演】故柔貌亦谓之绰约。

【出处】

绰约，好也。《庄子·逍遥游》篇："淖约如处子。"《楚辞·九章》："外承欢之淖约兮。"王逸、司马彪注并云："好貌。"

绰约，柔（貌）也。无。

【原文】婥约者，《楚辞·大招》云："滂心绰态，姣丽施只。"是绰为好也。《吴语》云："婉约其辞。"是约为好也。合言之则曰绰约。绰，与婥通，字或作淖，又作淖。《庄子·逍遥游》篇"淖约如处子"，《楚辞·九章》"外承欢之淖约兮"，王逸、司马彪注并云："好貌。"凡好与柔义相近，故柔貌亦谓之绰约。《庄子·在宥》篇云"淖约柔乎刚强"是也。（《广雅疏证》卷一下"绰约，好也"下疏）

### 3.2.9 "健、疾相近"类比义丛

【原理】凡健与疾义相近。

【推演】故疾谓之捷,亦谓之魑,亦谓之壮,亦谓之偈;健谓之偈,亦谓之壮,亦谓之魑,亦谓之捷。健谓之嫚,犹疾谓之咸也;健谓之武,犹疾谓之舞也。

【出处】见 2.10。

【原文】魑者,《玉篇》音仕交切,云:"剽轻为害之鬼也。"《众经音义》卷十二引《声类》云:"魑,疾也。"《广韵》又楚交切,云:"疾貌。"字亦作訬。《玉篇》:"訬,健也。疾也。"《淮南子·修务训》"越人有重迟者而人谓之訬"高诱注云:"訬,轻秒急疾也。"魑,曹宪音巢。各本巢字误入正文,惟影宋本、皇甫本不误。凡健与疾义相近,故疾谓之捷,亦谓之魑,亦谓之壮,亦谓之偈;健谓之偈,亦谓之壮,亦谓之魑,亦谓之捷。健谓之嫚,犹疾谓之咸也,健谓之武,犹疾谓之舞也。卷一云:"舞、偈,疾也。"《尔雅》云:"疾,壮也。"《杂卦传》云:"咸,速也",是其证矣。(《广雅疏证》卷二上"魑,健也"下疏)

### 3.2.10 "小、敛义近"类比义丛

【原理】敛与小义相近。

【推演】故小谓之蔇,亦谓之揫,聚敛谓之揫,亦谓之夋矣。

【出处】

蔇,小也。无。

挈,小也。《方言》卷二:"揫,细也。敛物而细谓之挈。"

揫,敛也。《尔雅·释诂》:"揫,敛也。"

夋,敛也。《说文》攵部:"夋,敛足也。"

【原文】《方言》引传曰:"慈母之怒子也,虽折蔇笞之,其惠存焉。"左思《魏都赋》"弱蔇系实"张载注云:"蔇,木之细枝者也。"案:蔇者,

细密之貌。《尔雅》："缪罟谓之九罭。"九罭,鱼网也。注云:"今之百囊罟是也。"《说文》:"布之八十缕为稯。"《玉篇》:"鬃,马鬣也。"皆细密之义也。《豳风·七月》篇:"言私其豵,献豜于公。"毛传云:"豕一岁曰豵,三岁曰豜。大兽公之,小兽私之。"义亦同也。卷三云:"㚯,聚也。"《说文》:"㚯,敛足也。"《尔雅》:"揫、敛,聚也。"揫与㚯一声之转。敛与小义相近,故小谓之菱,亦谓之揫,聚敛谓之揫,亦谓之㚯矣。(《广雅疏证》卷二上"菱,小也"下疏)

【本条参考材料】《礼记·乡饮酒义》:"秋之为言愁也。"郑注:"愁,读为揫。揫,敛也。"《汉书·律历志》云:"秋,𪏮也。物𪏮敛乃成孰。"《说文》云:"𪏮,收束也。从韦,𪏮声。或从手,秋声,作揫。"又云:"𪏮,小也。"𪏮训为小,𪏮、揫训为敛,物敛则小,故《方言》云:"敛物而细谓之揫。"摓、𪏮、𪏮,并声近义同。《说文》:"啾,小儿声也。"字亦作噍,《礼记·三年问》云:"小者至于燕雀,犹有啁噍之顷焉。"《吕氏春秋·求人篇》:"啁噍巢于林,不过一枝。"高诱注云:"啁噍,小鸟也。"《方言》云:"鸡雏,徐鲁之间谓之䨂子。"摓、啾、䨂,并音即由反,义亦同也。摓,各本作挈,乃隶书之讹,今订正。《诗·郑风·遵大路》:"掺执子之袪兮。"正义引《说文》云:"掺,敛也。"故敛物而细或谓之掺,掺之言纤也。《诗·魏风·葛屦篇》"掺掺女手"毛传云:"掺掺,犹纤纤也。"《古诗》云"纤纤出素手",纤与掺声近义同。

### 3.2.11 "涂、覆义近"类比义丛

【原理】涂与覆义相近。

【推演】故涂谓之墁,亦谓之塓,覆谓之幠,亦谓之幔。

【出处】

墁,涂也。《论语·公冶长》:"不可杇也。"何晏集解引王曰:"杇,墁也。"陆德明释文:"墁,涂也。"

塓,涂也。《左传·襄公三十一年》:"圬人以时塓馆宫室。"杜预

注:"堲,涂也。"

幎,覆也。《淮南子・原道训》:"舒之幎于六合。"高诱注:"幎,覆也。"

幔,覆也。《玉篇》巾部:"幔,覆也。"

【原文】幔者,《说文》:"幔,幕也。"《释名》云:"幔,漫也。漫漫相连缀之言也。"司马相如《长门赋》云:"张罗绮之幔帷兮。"《尔雅》:"镘谓之杇。"李巡注云:"涂工之作具也。"襄三十一年《左传》:"圬人以时堲馆宫室。"杜预注云:"堲,涂也。"涂与覆义相近,故涂谓之镘,亦谓之堲,覆谓之幎,亦谓之幔。幔、幎,语之转耳。(《广雅疏证》卷二下"幔,覆也"下疏)


### 3.2.12 "粗、疏义近"类比义丛

【原理】粗与疏义相近。

【推演】故食粗食者谓之茹,故食菜亦谓之茹。食菜谓之茹,故所食之菜亦谓之茹。

【出处】

茹,食粗食也。《方言》:"茹,食也。吴越之间,凡贪饮食者,谓之茹。"郭璞注:"今俗呼能粗食者为茹。"

茹,食菜也。《汉书・董仲舒传》:"食于舍而茹葵,是食菜谓之茹也。"

茹,所食之菜也。《汉书・食货志上》:"菜茹有畦。"颜师古注:"茹,所食之菜也。"

【原文】茹者,《方言》:"茹,食也。吴越之间,凡贪饮食者,谓之茹。"郭璞注云:"今俗呼能粗食者为茹。"案:《大雅・烝民》篇云:"柔则茹之,刚则吐之。"是食谓之茹也。《礼运》云:"饮其血,茹其毛。"《孟子・尽心》篇云"饭糗茹草"。是食粗食者谓之茹也。粗与疏义相近,食粗食者谓之茹,故食菜亦谓之茹。食菜谓之茹,故所食之菜亦谓

之茹。《庄子・人间世》篇云"不茹荤",《汉书・董仲舒传》云"食于舍而茹葵,是食菜谓之茹也",《食货志》云"菜茹有畦",《七发》云"秋黄之苏,白露之茹",是所食之菜亦谓之茹也。(《广雅疏证》卷二下"茹,食也"下疏)

### 3.2.13 "聚、众义近"类比义丛

【原理】聚则众。

【推演】故众谓之宗,亦谓之林。聚谓之林,亦谓之宗。聚谓之搜,犹众谓之搜也。聚谓之都,犹众谓之诸也。聚谓之哀,犹多谓之哀也。聚谓之灌,犹多谓之观也。

【出处】

宗,众也。《逸周书・程典》:"商王用宗谗。"孔晁注:"宗,众也。"

林,众也。《国语・周语下》:"林钟,和展百事,俾莫不任肃纯恪也。"韦昭注:"林,众也。言万物众盛也。"

林,聚也。无。

宗,聚也。无。

搜,聚也。《尔雅・释诂》:"搜,聚也。"

搜,众也。《诗・鲁颂・泮水》:"束矢其搜。"毛传:"搜,众意也。"

都,聚也。《穀梁传・僖公十六年》云:"民所聚曰都。"

诸,众也。《论语・为政》:"举直错诸枉。"朱熹集注:"诸,众也。"

哀,聚也。《诗・小雅・常棣》:"原隰哀矣。"毛传:"哀,聚也。"

哀,多也。《尔雅・释诂》:"哀,多也。"

灌,聚也。《庄子・逍遥游》:"时雨降矣而犹浸灌。"郭庆藩集释引《博雅》:"灌,聚也。"

观,多也。《诗・小雅・采绿》:"薄言观者。"郑玄笺:"观,多也。"

【原文】族者,《白虎通义》云:"族者,凑也,聚也。谓恩爱相流凑也。上凑高祖,下至元孙,一家有吉,百家聚之,生相亲爱,死相哀痛,有

会聚之道,故谓之族。"族、凑、聚,声并相近。凡聚与众义相近,故众谓之宗,亦谓之林。聚谓之林,亦谓之宗。聚谓之搜,犹众谓之搜也。聚谓之都,犹众谓之诸也。聚谓之裒,犹多谓之裒也。聚谓之灌,犹多谓之观也。(《广雅疏证》卷三下"族,聚也"下疏)

### 3.2.14 "深、空义近"类比义丛

【原理】距离与空间义相近。

【推演】故深谓之坳,亦谓之谬,空谓之谬,亦谓之坳矣。

【出处】

坳,深也。《广韵》怗韵:"坳,深也。"

谬,深也。《集韵》萧韵:"谬,空谬,深也。"

谬,空也。同上。

坳,空也。无。

【原文】坳者,上文云:"坳、豁,深也。"深与空义相近,故深谓之坳,亦谓之谬,空谓之谬,亦谓之坳矣。(《广雅疏证》卷三下"坳,空也"下疏)

### 3.2.15 "性、质义近"类比义丛

【原理】生性所有为质。

【推演】故资质谓之性,形质亦谓之性。

【出处】

性,资质也。《礼记·礼器》"增美质",郑注云:"质,犹性也。"《淮南子·精神》:"随其天资而安之不极。"高诱注:"资,性也。"

性,形质也。《大戴礼记·本命》:"形丁—谓之性。"

【原文】性者,《庄子·庚桑楚》篇云:"性者,生之质也。"《春秋繁露·深察名号》篇云:"性者,质也。"《汉书·董仲舒传》云:"质朴之谓性。"《礼器》"增美质",郑注云:"质,犹性也。"资质谓之性,形质亦谓

之性。《楚语》云:"若体性焉,有首领股肱,至于手拇毛脉。"(《广雅疏证》卷三下"性,质也"下疏)

### 3.2.16 "寒、悲义近"类比义丛

【原理】 寒、悲,义相近也。

【推演】 故寒谓之沧,亦谓之凄,悲谓之凄,亦谓之怆,义相近也。

【出处】

沧,寒也。《说文》水部:"沧,寒也。"

凄,寒也。《左传·昭公四年》:"春无凄风。"陆德明释文:"凄,寒也。"

凄,悲也。《文选·庐陵王墓下作》:"含凄泛广川。"吕延济注:"凄,悲也。"

怆,悲也。《玉篇》心部:"怆,悲也。"

【原文】 沧者,《说文》:"沧,寒也。"又云:"凔,寒也。"《逸周书·周祝解》云:"天地之间有凔热。"《列子·汤问》篇云:"沧沧凉凉。"《灵枢经·师传》篇云:"衣服者,寒无凄怆,暑无出汗。食饮者,热无灼灼,寒无沧沧。"并字异而义同。寒谓之沧,亦谓之凄,悲谓之凄,亦谓之怆,义相近也。故《祭义》云:"霜露既降,君子履之,必有凄怆之心,非其寒之谓也。"(《广雅疏证》卷四上"沧,寒也"下疏)

### 3.2.17 "高、大义近"类比义丛

【原理】 凡高与大义相近。

【推演】 故高谓之岑,犹大谓之岑也;高谓之嵬,犹大谓之巍也;高谓之弼,犹大谓之奰也。

【出处】

岑,高也。《方言》卷十二:"岑,高也。"

岑,大也。《方言》卷十二:"岑,大也。"

嵬,高也。《文选·西都赋》:"曾盘崔嵬。"李善注引王逸曰:"嵬,高也。"

巍,大也。《玉篇·嵬部》:"巍,高大也。"

弼,高也。《方言》卷十二:"弼,高也。"

奊,大也。《说文》大部:"奃,大也。"《玉篇》作奊。

【原文】弼者,《方言》:"弼,高也。"义见卷一"弼,上也"下。凡高与大义相近,高谓之岑,犹大谓之岑也;高谓之嵬,犹大谓之巍也;高谓之弼,犹大谓之奊也。(《广雅疏证》卷四下"弼,高也"下疏)

### 3.2.18 "取、聚义近"类比义丛

【原理】凡与之义近于散,取之义近于聚;取之义近于聚,"聚、取"声亦近。

【推演】故聚谓之收,亦谓之敛,亦谓之集,亦谓之府;取谓之府,亦谓之集,亦谓之敛,亦谓之收。理以类聚,取谓之捋,犹聚谓之袞也;取谓之掇,犹聚谓之缀也;取谓之捃,犹聚谓之群也。

【出处】

收,聚也。《尔雅·释诂》:"收,聚也。"

聚,敛也。《广韵韵》虞韵:"聚,敛也。"

聚,集也。《慧琳音义》卷十六"贮聚"注引贾注《国语》:"聚,集也。"

聚,府也。《周礼·春官·序官》"天府"贾公彦疏:"聚,府也。"

府,取也。《玉篇》广部:"府,取也。"

集,取也。《广雅·释诂》:"集,取也。"

敛,取也。《大戴礼记·虞戴德》:"敛此三者而一举之。"王聘珍解诂:"敛,取也。"

取,收也。《玉篇》又部:"取,收也。"

捋,取也。《经典释文》:"袞,郑荀、董蜀才作捋,云:'取也。'"

裒，聚也。《玉篇》衣部："裒，聚也。"

掇，取也。《广雅》释诂："掇，取也。"

聚，缀也。无。

捃，取也。《后汉书·冯衍传》："捃桓文之诵功。"李贤注引《方言》："捃，取也。"

群，聚也。《文选·班固〈西都赋〉》："群百郡之廉孝。"吕向注："群，聚也。"

【原文】凡与之义近于散，取之义近于聚；"聚、取"声又相近，故聚谓之收，亦谓之敛，亦谓之集，亦谓之府；取谓之府，亦谓之集，亦谓之敛，亦谓之收。理以类聚，取谓之捊，犹聚谓之裒也；取谓之掇，犹聚谓之缀也；取谓之捃，犹聚谓之群也。（《广雅疏证》卷一上"捊，取也"下疏）

## 3.3 义相因类

### 3.3.1 "党、数义相因"类比义丛

【原理】数多频比义相因也。

【推演】故党谓之比，亦谓之频，数谓之频，亦谓之比，义相因也。

【出处】

比，党也。《荀子·非相》："党学者"，杨倞注："党，亲比也。"

频，党也。无。

频，数也。《史记·游侠列传》："数过，吏弗求。"司马贞索隐："数，亦频也。"

比，数也。无。

【原文】朋、党、右、频，为亲比之比，毖为比密之比。《说文》："毖，慎也。从比，必声。"引《大诰》"无毖于恤"，又云："比，密也。"密与慎同义，故《系辞》传云："君子慎密而不出也。"《释言》篇云："秘，密也。"秘，与毖通。右者，《说文》："右，手口相助也。"助与比义相近。襄十年

《左传》云:"王右伯舆。"频者,《释训》云:"频频,比也。"《法言·学行》篇:"频频之党,甚于鸒斯,亦贼夫粮食而已矣。"李轨注云:"鸒斯群行啄谷,喻人党比游晏,贼害粮食。"《楚语》"群神频行",韦昭注云:"频,并也。"《说文》:"矉,匹也。"皆比之意也。党谓之比,亦谓之频,数谓之频,亦谓之比,义相因也。《学记》:"比年入学。"比年,犹频年也。(《广雅疏证》卷三下"朋、党、右、频者,比也"下疏)

### 3.3.2 "忧则敛、乐则舒"类比义丛

【原理】伴与般亦声近义同。凡人忧则气敛,乐则气舒。

【推演】故乐谓之般,亦谓之凯。大谓之凯,亦谓之般,义相因也。

【出处】见2.2。

【原文】般者,《方言》:"般,大也。"郭璞音盘桓之盘。《大学》:"心广体胖。"郑注云:"胖,犹大也。"《士冠礼》注云:"弁名出于盘。"盘,大也。言所以自光大也。盘、胖,并与般通。《说文》:"幋,覆衣大巾也。鞶,大带也。"《讼》上九:"或锡之鞶带。"马融注云:"鞶,大也。"《文选·啸赋》注引《声类》云:"盘,大石也。"义并与般同。《说文》:"伴,大貌。"伴与般亦声近义同。凡人忧则气敛,乐则气舒,故乐谓之般,亦谓之凯。大谓之凯,亦谓之般,义相因也。(《广雅疏证》卷一上"盘,大也"下疏)

### 3.3.3 "大则覆有"类比义丛

【原理】俺与奄亦声近义同。大则无所不覆,无所不有。

【推演】故大谓之幠,亦谓之奄,覆谓之奄,亦谓之幠,有谓之幠,亦谓之抚,亦谓之奄。

【出处】见2.7。

【原文】奄者,《说文》:"奄,大有余也。从大、申。申,展也。"《大雅·皇矣》篇"奄有四方"毛传云:"奄,大也。"《说文》:"俺,大也。"俺

与奄亦声近义同。大则无所不覆，无所不有，故大谓之憮，亦谓之奄，覆谓之奄，亦谓之憮，有谓之憮，亦谓之抚，亦谓之奄。矜怜谓之抚掩，义并相因也。(《广雅疏证》卷一上"奄,大也"下疏)

### 3.3.4 "物大则独"类比义丛

【原理】 凡物之大者，皆有独义。

【推演】 故独谓之蜀，亦谓之介，大谓之介，亦谓之蜀，义相因也。

【出处】

蜀，独也。《方言》卷十二："蜀，一也。南楚谓之独。"郭璞注："蜀，犹独耳。"

介，独也。《书·泰誓》："如有一介臣。"蔡沈集传："介，独也。"

介，大也。《尔雅·释诂》："介，大也。"

蜀，大也。《尔雅·释山》："独者蜀。"《说文》："蜀，葵中蚕也。"引《诗·豳风·东山》"蜎蜎者蜀"。正义引郭璞《尔雅注》云："大虫如指似蚕。"

【原文】 蜀者，《方言》："蜀，一也。南楚谓之独。"郭璞注云："蜀，犹独耳。"《尔雅·释山》云："独者蜀。"《说文》："蜀，葵中蚕也。"引《豳风·东山》篇"蜎蜎者蜀"，今本作蠋。正义引郭璞《尔雅注》云："大虫如指似蚕。"案：凡物之大者，皆有独义。蠋，独行无群匹，故《诗》以比敦然独宿者。郑笺云"蠋，蜎蜎然特行"，是也。《尔雅》："鸡大者蜀。"义亦同也。卷三云："介，独也。"独谓之蜀，亦谓之介，大谓之介，亦谓之蜀，义相因也。《管子·形势》篇："抱蜀不言而庙堂既循。"惠氏定宇《周易述》云："抱蜀，即《老子》抱一也。"(《广雅疏证》卷一上"蜀,弌也"下疏)

### 3.3.5 "怂恿则动"类比义丛

【原理】 怂恿者，从旁动之也。

【推演】故伈愸者,从旁动之也,因而物之自动者,亦谓之耸愸。

【出处】

伈愸,从旁动之也。《方言》卷十:"伈愸,劝也。南楚凡己不欲喜而旁人说之,不欲怒而旁人怒之谓之食阌,或谓之伈愸。"

耸愸(伈愸),物之自动也。《汉书·司马相如传》"纷鸿溶而上厉",颜师古注引张揖曰:"鸿溶,竦踊也。"

【原文】

食阌、伈愸者,《方言》:"食阌、伈愸,劝也。南楚凡己不欲喜而旁人说之,不欲怒而旁人怒之,谓之食阌,或谓之伈愸。"《汉书·衡山王传》"日夜纵臾王谋反事",颜师古注云:"纵臾,谓奖劝也。"《史记》作"从容",《汲黯传》"从谀承意",并与伈愸同。案:伈愸,叠韵也。单言之则谓之耸,《方言》云:"自关而西秦晋之间,相劝曰耸,或曰将。中心不欲而由旁人之劝语,亦曰耸。"昭六年《左传》:"诲之以忠,耸之以行。"杜预注云:"耸,惧也。"《汉书·刑法志》"耸"作"愯",颜师古注云:"愯,谓奖也。"案:颜说是也。耸之以行,谓举善行以奖劝之,故《楚语》:"教之《春秋》,而为之耸善而抑恶焉,以戒劝其心。"韦昭注云:"耸,奖也。"又案:伈愸者,从旁动之也,因而物之自动者,亦谓之耸愸。《汉书·司马相如传》"纷鸿溶而上厉"张注云:"鸿溶,竦踊也。"竦踊、鸿溶,又语之转矣。(《广雅疏证》卷一下"伈愸,劝也"下疏)

### 3.3.6 "物广则长"类比义丛

【原理】凡对文则广与长异,散文则广亦长也。

【推演】故广谓之充,亦谓之寻,长谓之寻,亦谓之充。

【出处】

充,广也。《方言》卷一:"《周官》之法,度广为寻,幅广为充。"

寻,广也。同上

寻,长也。《方言》卷一:"寻,长也。"

充,长也。《淮南子·说山》:"近之则钟音充。"高诱注:"充,长也。"

【原文】寻亦覃也。《方言》:"寻,长也。海岱大野之间曰寻,自关而西秦晋梁益之间,凡物长谓之寻。"《淮南子·齐俗训》云:"峻木寻枝。"《大荒北经》:"有岳之山,寻竹生焉。"郭璞注云:"寻,大竹名。"《说文》:"寻,绎理也。度人之两臂为寻,八尺也。"《方言》云:"《周官》之法,度广为寻,幅广为充。"皆长之义也。凡对文则广与长异,散文则广亦长也。故广谓之充,亦谓之寻,长谓之寻,亦谓之充。《说文》训充为长是其证矣。(《广雅疏证》卷二上"寻,长也"下疏)

### 3.3.7 "申则长,诎则短"类比义丛

【原理】凡物申则长,诎则短。

【推演】故诎谓之摄辟,短亦谓之摄辟。

【出处】

摄辟,诎也。《吕氏春秋·下贤》:"卑为布衣而不瘁摄。"高诱注:"摄,犹屈也。"

摄辟,短也。无。

【原文】㒄、叠、襞、褶、襞、结者,《玉篇》引《楚辞·哀时命》"衣摄㒄以储与兮",今本㒄作叶。王逸注云:"摄叶、储与,不舒展貌。"摄音之涉反,与㒄通。《说文》:"诎,诘诎也。一曰屈襞也。"又云:"襞,襞衣也。"徐锴传云:"襞,犹卷也。襞,折叠衣也。"故《礼》注谓裙折为襞积也。《汉书·扬雄传》注云:"襞,叠衣也。"司马相如《子虚赋》云:"襞积褰绉,纡徐委曲。"襞,字亦作辟。《士丧礼记》"裳不辟"郑注云:"不辟积也。"《大射仪》注云:"为幂盖,卷辟缀于笰,横之。"《庄子·田子方篇》:"口辟焉而不能言。"司马彪注云:"辟,卷不开也。"皆诘屈之意也。屈,与诎通。跛者,足屈而不伸,故亦谓之躃。《吴志·孙峻传》注引《吴书》云:"留赞与吴桓战,一足被创,遂屈不伸。曰:'我屈躃在间

巷之间，存亡无以异。'"是也。《众经音义》卷十四引《埤仓》云："禎，襞衣也。"又引《通俗文》云："缏缝曰禎。"《广韵》："折，折叠也。"《士昏礼记》"执皮摄之"郑注云："摄，犹襞也。"叠、摄、折，并通。今俗语犹云折衣或云叠衣矣。《吕氏春秋·下贤篇》"卑为布衣而不瘁摄"，高诱注云："摄，犹屈也。"凡物申则长，诎则短，故诎谓之摄襞，短亦谓之摄襞。《素问·调经论》篇云"虚者聂襞气不足"，是也。《甲乙经》作"摄襞"。襞之言卷曲，结之言诘屈也。卷一云："襞、结、诎，曲也。"引之云：《尔雅》："革中绝谓之辨。"郭璞注云："中断皮也""革中辨谓之韏"，注云："复半分也。"案：革中辨之辨，当为襞。字形相近，又蒙上文辨字而误也。据《仪礼》《庄子》《子虚赋》《说文》《广雅》诸书，则凡卷者谓之襞，故革中襞谓之韏。若辨乃中分之名，与襞屈之义殊无涉也。《说文》："革中辨谓之韏。"辨字恐是后人以误本《尔雅》改之。（《广雅疏证》卷四上"禎、叠、襞、禎、韏、结，诎也"下疏）

### 3.3.8 "秾则盛多"类比义丛

【原理】密度高。

【推演】故凡大而多谓之魏，或谓之秾。凡人语言过度及妄施行，亦谓之秾。

【出处】

秾，大而多也。《方言》卷十："魏、秾、䁽，多也。南楚凡大而多谓之魏，或谓之秾。"

秾，人语言过度及妄施行也。同上。

【原文】魏、秾者，魏之言拥，秾之言浓，皆盛多之意也。《方言》："魏、秾、䁽，多也。南楚凡大而多谓之魏，或谓之秾。"凡人语言过度及妄施行，亦谓之秾。《后汉书·崔骃传》"纷縟塞路"李贤注云："《方言》：'縟，盛，多也。'"縟，与秾通。盛，与䁽通。（《广雅疏证》卷三下"魏、秾，多也"下疏）

### 3.3.9 "郁陶有忧、喜二义"类比义丛

【原理】 则繇字即有忧喜二义,郁陶亦犹是也。

【推演】 是故喜意未畅谓之郁陶。《檀弓》正义引何氏《隐义》云:"郁陶,怀喜未畅意",是也。忧思愤盈亦谓之郁陶。《孟子》《楚辞》《史记》所云是也。暑气蕴隆亦谓之郁陶。

【出处】

郁陶,喜意未畅也。《礼记·檀弓》孔颖达正义引何氏《隐义》:"郁陶,怀喜未畅意。"

郁陶,忧思愤盈也。《楚辞·九辩》:"郁陶而思君。"王逸注:"愤念蓄积,盈胸臆也。"

郁陶,暑气蕴隆也。夏侯湛《大暑赋》:"何太阳之吓曦,乃郁陶以兴热是也。"

【原文】 郁悠者,《方言》:"郁悠,思也。晋宋卫鲁之间谓之郁悠。"郁,犹郁郁也。悠,犹悠悠也。《楚辞·九辩》云:"冯郁郁其何极?"《郑风·子衿篇》云"悠悠我思",合言之则曰郁悠。《方言》注云:"郁悠,犹郁陶也。凡经传言郁陶者,皆当读如皋陶之陶。"郁陶,郁悠古同声。旧读陶如陶冶之陶,失之也。阎氏百诗《尚书古文疏证》云:《尔雅·释诂》篇:"郁陶、繇,喜也。"郭璞注引《孟子》曰:"郁陶思君。"《礼记》曰:"人喜则斯陶。"邢昺疏引《孟子》赵氏注云:"象见舜正在床鼓琴,愕然反。辞曰:'我郁陶思君故来尔。'辞曰忸怩而惭,是其情也。"又引下《檀弓》郑注云"陶,郁陶也。"据此则象曰"郁陶思君尔",乃喜而思见之辞,故舜亦从而喜曰"惟兹臣庶,女其于予治"。孟子固已明言象喜亦喜,盖统括上二段情事。其先言象忧亦忧,特以引起下文,非真有象忧之事也,因悉数诸书以郁陶为忧思之误。念孙案:象曰"郁陶思君尔",则郁陶乃思之意,非喜之意。言我郁陶思君,是以来见非喜而思见之辞也。孟子言象喜亦喜者,象见舜而伪喜,自述其郁陶思舜之意,

故舜亦诚信而喜之,非谓郁陶为喜也。凡人相见而喜,必自道其相思之切,岂得即谓其相思之切为喜乎?赵注云:"我郁陶思君故来。"是赵意亦不以郁陶为喜。《史记·五帝纪》述象之言亦云"我思舜正郁陶",又《楚辞·九辩》云"岂不郁陶而思君兮",则郁陶为思,其义甚明,与《尔雅》之训为喜者不同。郭注以《孟子》证《尔雅》,误也。阎氏必欲解郁陶为喜,喜而思君尔,甚为不辞。既不达于经义,且以《史记》及各传注为非,傎矣。又案:《尔雅》:"悠、伤、忧,思也。"悠、忧、思,三字同义。故郁悠既训为思,又训为忧。《管子·内业》篇云"忧郁生疾",是郁为忧也。《说文》:"悠,忧也。"《小雅·十月之交》篇"悠悠我里",《毛传》云:"悠悠,忧也。"是悠为忧也。悠与陶古同声。《小雅·鼓钟》篇"忧心且妯",《众经音义》卷十二引《韩诗》作"忧心且陶",是陶为忧也。故《广雅·释言》云:"陶,忧也。"合言之则曰郁陶。《九辩》"郁陶而思君"王逸注云:"愤念蓄积,盈胸臆也。"魏文帝《燕歌行》云:"忧来思君不敢忘。"又云:"郁陶思君未敢言",皆以郁陶为忧。凡一字两训而反复旁通者,若乱之为治、故之为今、扰之为安、臭之为香,不可悉数。《尔雅》云:"郁陶、繇,喜也。"又云:"繇,忧也。"则繇字即有忧喜二义,郁陶亦犹是也。是故喜意未畅谓之郁陶。《檀弓》正义引何氏《隐义》云:"郁陶,怀喜未畅意",是也。忧思愤盈亦谓之郁陶。《孟子》《楚辞》《史记》所云是也。暑气蕴隆亦谓之郁陶,挚虞《思游赋》云:"戚溽暑之陶郁兮,余安能乎留斯?"夏侯湛《大暑赋》云:"何太阳之吓曦,乃郁陶以兴热",是也。事虽不同,而同为郁积之义,故命名亦同。阎氏谓忧喜不同名,《广雅》误训陶为忧,亦非也。(《广雅疏证》卷二下"郁悠,思也"下疏)

### 3.3.10 "传、驿皆取传递之义"类比义丛

【原理】传车驿马,皆取传递之义。

【推演】故传宣谓之胪,亦谓之译;传遽谓之驿,亦谓之馹;传舍谓

之庐,亦谓之旅,亦谓之驿,其义并相通也。

【出处】

胪,传宣也。《国语·晋语六》:"风听胪言于市",韦昭注:"胪,传也。"

译,传宣也。《方言》卷十三:"译,传也。"

驿,传遽也。《周礼·秋官·行夫》:"掌邦国传遽之小事媺恶而无理者。"郑玄注:"传遽若今时乘传骑驿而使也。"

駏,传遽也。《广韵》鱼韵:"駏,传马名。"《集韵》鱼韵:"駏,传也。如今遽马。或从旅。"

庐,传舍也。无。

旅,传舍也。《文选·〈河阳县作〉》:"行旅上。"李周翰注:"旅,舍也。"

驿,传舍也。杜牧《和野人殷潜之题筹笔驿十四韵》:"筹笔驿深思。"冯集梧注引《增韵》:"驿,传舍也。

【原文】胪者,《说文》:"胪,籀文胪字。"《晋语》:"风听胪言于市。"韦昭注云:"胪,传也。"《庄子·外物》篇云:"大儒胪传。"《汉书·叔孙通传》:"大行设九宾胪句传。"苏林注云"上传语告下为胪,下告上为句。"韦昭注云:"大行掌宾客之礼,今之鸿胪也。"应劭注《百官表》云:"鸿胪者,郊庙行礼赞九宾,鸿声胪传之也。"《周官·司仪》"旅摈"郑众注云:"旅,谓九人传辞。"旅、胪古通用。《广韵》:"駏,力居切。传马也。"駏与胪同声。传车驿马,皆取传递之义,故传宣谓之胪,亦谓之译,传遽谓之驿,亦谓之駏,传舍谓之庐,亦谓之旅,亦谓之驿,其义并相通也。(《广雅疏证》卷四上"胪,传也"下疏)

### 3.3.11 "刁、屈义通"类比义丛

【原理】其义并相通也。

【推演】故短尾犬谓之刁,亦谓之屈,短衣谓之褯,亦谓之裾,无缘

424

之斗谓之刁斗,无缘之衣谓之祛裓,其义并相通也。

【出处】

刁,短尾犬也。无。

屈,短尾犬也。《说文》尾部:"屈,凡短尾曰屈。"

褕,短衣也。《说文》衣部:"褕,短衣也。"

裓,短衣也。《广韵》物韵:"裓,短衣也。"

刁斗,无缘之斗也。《汉书·李广传》:"不击刁斗自卫。"颜师古注引苏林曰:"刁斗,形如铐,无缘。"

祛裓,无缘之衣也。《方言》卷四:"自关而西秦晋之间,无缘之衣谓之祛裓。"

【原文】屈,音九勿、渠勿二反。《众经音义》十二引许慎《淮南子注》云:"屈,短也。"《史记·天官书》"白虹屈短"《集解》引韦昭《汉书注》云:"短而直也。"屈与屈同。《说文》:"屈,无尾也。"《玉篇》云:"短尾也。"高诱注《淮南子·原道训》云:"屈,读秋鸡无尾屈之屈。"《韩非子·说林篇》云:"鸟有周周者,重首而屈尾。"《尔雅》:"鶌鸠,鹘鵃。"郭璞注云:"似山鹊而小,短尾。"《集韵》引《埤仓》云:"屈,短尾犬也。"屈、屈、屈、鶌,并同义。今江淮间犹呼鸟兽之短尾者为屈尾。《说文》:"崛,山短高也。"《广韵》:"裓,短衣也。"《方言》云:"自关而西秦晋之间,无缘之衣谓之祛裓。"义亦与屈同。短尾犬谓之刁,亦谓之屈,短衣谓之褕,亦谓之裓,无缘之斗谓之刁斗,无缘之衣谓之祛裓,其义并相通也。《集韵》《类篇》并引《广雅》:"屈,短也。"今本脱屈字。(《广雅疏证》卷二下"屈,短也"下疏)

## 3.4  A 为/即/犹(谓之)B 类

### 3.4.1  "始即为法"类比义丛

【原理】凡事之始,即为事之法。

【推演】故始谓之方,亦谓之律。法谓之律,亦谓之方矣。

【出处】见第一节。

【原文】毒、律者,《方言》:"毒、律,始也。"律与聿通。《说文》:"聿,始开也,从户聿。"聿,亦始也,声与聿近而义同。凡事之始,即为事之法,故始谓之方,亦谓之律。法谓之律,亦谓之方矣。(《广雅疏证》卷一上"毒、律,始也"下疏)

### 3.4.2 "气满为臆"类比义丛

【原理】愊、臆,气满也。

【推演】故凡怒而气满谓之愊臆,哀而气满亦谓之愊臆,忧而心懑亦谓之愊臆。

【出处】

愊臆,怒而气满也。《方言》卷十三:"臆,满也。"郭璞注云:"愊、臆,气满也。凡怒而气满谓之愊臆。"

愊臆,哀而气满也。《文选·潘岳〈夏侯常侍诔〉》:"望子旧车,览尔遗衣,愊抑失声,迸涕交挥。"李周翰注:"愊抑,哀愤也。"

愊臆,忧而心懑也。无。

【原文】《说文》:"悥,满也。"《方言》:"臆,满也。"郭璞注云:"愊、臆,气满也。凡怒而气满谓之愊臆。"《汉书》"策虑愊亿",是也。哀而气满亦谓之愊臆。《史记·扁鹊传》:"嘘唏服亿,悲不能自止。"服亿,即愊臆。《问丧》云:"悲哀志懑气盛",是也。忧而心懑亦谓之愊臆。冯衍《显志赋》云:"心愊忆而纷纭",是也。臆、臆、忆、亿、悥,五字并通。司马相如《长门赋》:"心凭噫而不舒兮。"李善注云:"凭噫,气满貌。"凭噫即愊臆之转。《说文》:"十万曰悥。"《玉篇》云:"今作亿。"亿亦盈数之名也。故《小雅·楚茨》篇云:"我仓既盈,我庾维亿。"《易林·干之师》云:"仓盈庾亿",盈亿亦语之转也。襄二十五年《左传》:"今陈介恃楚众以冯陵我敝邑,不可亿逞。"逞与盈通,言其欲不可满盈也。文十八年《传》云:"侵欲崇侈,不可盈厌。"意与此同。盈与逞,古同声而通用。昭四年《左传》:"逞其心以厚其毒。"《新序·善谋》篇"逞"作"盈";《史记》"栾盈"作"栾逞",是其证。杜注训亿为度,逞为尽,皆失之。《众经音义》卷二、卷五、卷十、卷二十二,并引《广雅》:"填,满也。"今本脱填字。(《广雅疏证》卷一上"臕,满也"下疏)

### 3.4.3 "传递为驿"类比义丛

【原理】二者皆取传递之义,故皆谓之驿。

【推演】间谍之人,以此国之情告于彼国,故亦谓之驿也。

【出处】

驿,传也。《一切经音义》卷七:"传,驿也。"

驿,间谍也。无。

【原文】间、觇、谍者,《尔雅》"间,倪也"郭注云:"《左传》谓之谍,今之细作也。"《说文》:"谍,军中反间也。"《大戴礼·千乘》篇云:"以中情出,小曰间,大曰谍。"卷三云:"觇、间,觊也。"觇,字亦作侦,同。间谍之人,以此国之情告于彼国,故亦谓之驿也。(《广雅疏证》卷四下"间、觇、谍,驿也"下疏)

### 3.4.4 "折叠为诘屈"类比义丛

【原理】叠与卷皆不展开。

【推演】襞,(折)衣也。《庄子·田子方》篇"口辟焉而不能言"……皆诘屈之意也。屈,与诎通。跛者,足屈而不伸,故亦谓之蹩。

【出处】

襞,(折)叠衣也。《汉书·扬雄传》颜师古注:"襞,叠衣也。"

辟,口诘屈也。《庄子·田子方》:"口辟焉而不能言。"司马彪注云:"辟,卷不开也。"

蹩,跛也。《广韵》昔韵:"蹩,跛蹩。"

【原文】见 3.3.7。

### 3.4.5 "芬香为和也"类比义丛

【原理】芬香有和调之意。

【推演】芬，和也。故几人相和好亦谓之芬。

【出处】

芬，和也。《方言》："芬，和也。"郭璞注云："芬香和调。"

芬，几人相和好也。无。

【原文】芬者，《方言》卷十三："芬，和也。"郭璞注云："芬香和调。"《周官·鬯人》注云："鬯，酿秬为酒，芬香条畅于上下也。"《大雅·凫鹥》篇云："旨酒欣欣，燔炙芬芬。"皆芬香和调之意也。几人相和好亦谓之芬，《荀子·议兵》篇云"其民之亲我欢若父母，其好我芬若椒兰"，《非相》篇云："欢欣芬芗以送之"，皆是也。《方言》："纷、怡，喜也。"纷与芬义亦相近。（《广雅疏证》卷三下"芬，和也"下疏）

### 3.4.6 "頩、倪为衺"类比义丛

【原理】凡言頩倪者，皆衺之义也。

【推演】睨，衺视也。……是日斜亦谓之睨也。

【出处】

睨，衺视也。《说文》目部："睨，衺视也。"

睨，日斜也。《庄子·天下》："日方中方睨。"

【原文】頩倪者，《众经音义》卷二云："俾倪，《三仓》作頩倪"。《玉篇》匹米、吾礼二切。《集韵》又匹计、研计二切。《众经音义》卷八引《仓颉篇》云："頩，不正也。"《说文》："頩，倾首也。"又云："睨，衺视也。"《中庸》云："睨而视之。"睨与倪同义。《庄子·天下》篇云："日方中方睨。"是日斜亦谓之睨也。《尔雅》："龟左倪，不类。右倪，不若。"郭璞注云："左倪，行头左庳。右倪，行头右庳。"庳与倪皆衺也。《史记·灌夫传》："辟倪两宫间。"索隐引《埤仓》云："睥睨，邪视也。"《释

名》云："城上垣曰睥睨。"言于其孔中睥睨非常也。《古今注》云："汉谓曲盖为辒辌盖"，是凡言頓倪者，皆衺之义也。邪、斜，并与衺同。（《广雅疏证》卷二下"頓倪，衺也"下疏）

### 3.4.7 "佁为待、止"类比义丛

【原理】怠疑与佁拟，义亦相近。佁之言待也，止也。

【推演】故不前谓之佁，不动亦谓之佁。

【出处】

佁，不前也。《广韵·志韵》："佁，佁儗，不前。"

佁，不动也。《小石潭记》："日光下澈，影布石上，佁然不动。"

【原文】傺、跙者，《方言》："傺、跙，逗也。南楚谓之傺，西秦谓之跙。逗，其通语也。"郭璞注云："逗，即今住字也。"《楚辞·离骚》："忳郁邑余侘傺兮。"王逸注云："侘傺，失志貌。"侘，犹堂堂立貌也。傺，住也。楚人名住曰傺。《九章》："欲儃佪以干傺兮。"注云："傺，住也。"《方言》注云："跙，谓住视也。"《说文》："跙，直视也。"《九章》云："思美人兮，揽涕而伫跙。"刘逵注《吴都赋》云："伫跙，立视也。今市聚人谓之立跙"，张载注《鲁灵光殿赋》云："愕视曰跙"，义并同也。《说文》："佁，痴貌。"《汉书·司马相如传》"沛艾赳螑仡以佁儗兮"，张注云："佁儗，不前也。"《玉篇》《广韵》跙、佁，并音丑吏切，义亦相近也。《庄子·山木》篇云："侗乎其无识，儻乎其怠疑"，怠疑与佁拟，义亦相近。佁之言待也，止也，故不前谓之佁，不动亦谓之佁。《吕氏春秋·本生》篇云："出则以车，入则以辇，务以自佚，命之曰佁蹷之机。"高诱注云："佁，至也。蹷机，门内之位也。乘辇于宫中游翔，至于蹷机，故曰务以自佚也。"案：佁蹷，谓痿蹷不能行也。凡人过佚，则血脉凝滞，骨干痿弱，故有痿蹷不能行之病。是出车入辇，即佁蹷之病所由来，故谓之佁蹷之机。枚乘《七发》云："出舆入辇，命曰蹷痿之机"，是也。高注训佁为至，蹷机为门内之位，皆失之。今本《吕氏春秋》作"招蹷之机"，案：

李善注《七发》引作佁儗,又引《声类》:"佁,嗣理切。"《集韵》《类篇》并云:"佁,象齿切。至也。"《吕氏春秋》"佁儗之机",高诱读,则旧本作佁明甚,今本作招者,后人不解佁字之义而妄改之耳。(《广雅疏证》卷二下"眙,逗也"下疏)

### 3.4.8. "自下而上亦为上"类比义丛

【原理】上与自下而上通。

【推演】是祖为上也。故其自下而上亦谓之祖。

【出处】

祖,上也。《方言》卷十二:"摇、祖,上也。"

祖,自下而上也。无。

【原文】摇、祖者,摇,亦跃也。方俗语有轻重耳。《楚辞·九章》云:"愿摇起而横奔兮。"《汉书·礼乐志》:"将摇举,谁与期?"颜师古注云:"言当奋摇高举,不可与期也。"班固《西都赋》云:"遂乃风举云摇。"是摇为上也。《方言》:"蹾,跳也。"《尔雅》:"扶摇谓之猋。"李巡注云:"暴风从下升上。"《说文》:"冲,涌摇也。"《管子·君臣》篇云"夫水,波而上,尽其摇而复下"。义并同也。《尔雅》:"祖,始也。"《说文》:"祖,始庙也。"是祖为上也。其自下而上亦谓之祖。《方言》:"摇、祖,上也。""祖,摇也。""祖,转也。"郭璞注云:"动摇即转矣。"然则祖者,旋转上起之意。《说文》:"璪,圭璧上起兆璪也。""珇,琮玉之璪也"。珇与祖义亦相近。(《广雅疏证》卷一下"祖,上也"下疏)

又,《广雅·释诂一》:"厉,上也。"

【出处】《广雅·释诂一》:"厉,上也。"《文选·嵇康〈赠秀才入军〉》:"凌厉中原。"李善注:"厉,上也。"《玉篇》厂部:"厉,上也。"厉,自下而上也。《经义述闻·诗·深则厉》:"上行亦谓之厉。"

【原文】厉者,《说文》:"囆,巍高也。读若厉。"《淮南子·修务训》云:"故君子厉节亢高以绝世俗。"厉,与囆通。厉训为上,故自下而上亦谓之厉。《楚辞·远游》篇云："徐弭节而高厉"，司马相如《大人赋》云："纷鸿溶而上厉"，是也。（《广雅疏证》卷一下"厉，上也"下疏）

### 3.4.9 "桴粥即覆也"类比义丛

【原理】桴粥即孚育，孚育犹覆育耳。

【推演】故伏卵谓之孚，卵化亦谓之孚。

【出处】

孚，伏卵也。《说文》爪部："孚，卵孚也。"

孚，卵化也。《众经音义》卷二引《通俗文》云："卵化曰孚。"

【原文】孚者，《夏小正》"鸡桴粥"传云："桴，妪伏也。"育，养也。桴粥即孚育，孚育犹覆育耳。伏卵谓之孚，卵化亦谓之孚。《说文》："孚，卵孚也。"《方言》："北燕朝鲜洌水之间，鸡伏卵而未孚，始化之时，谓之涅。"《淮南子·人间训》云："夫鸿鹄之未孚于卵也，一指蔑之，则靡而无形矣。"孚之言剖也。《淮南子·泰族训》："蛟龙伏寝于渊而卵剖于陵。"唐瞿昙悉达《开元占经·龙鱼虫蛇占》篇引此剖作孚，又引许慎注云："孚，谓卵自孚者也。"《太玄·迎次二》云："蛟潜于渊，陵卵化之。"《众经音义》卷二引《通俗文》云："卵化曰孚。"孚，各本讹作乳，与上乳字相复。《众经音义》卷二、卷六及唐释湛然《法华文句记》卷六并引《广雅》："孚，生也。"今据以订正。（《广雅疏证》卷一下"孚，生也"下疏）

### 3.4.10 "陂阤犹言陂陀"类比义丛

【原理】陂阤，犹言陂陀。

【推演】故岸之重次第谓之陂陀，髪之重次第谓之髲髢。

【出处】

陂陀，岸之重次第也。无。

髲髢，髪之重次第也。《周礼·天官·追师》："为副编次追衡笄。"

郑玄注:“所谓髲髢。”贾公彦疏:“言髲髢者,鬄髪也。谓剪鬄取贱者刑者之髪而为髢。”

【原文】貱之言被也,以物相被及也。故卷二云:“益,被,加也。”《尧典》:“光被四表”,传训被为溢,义相近也。貱与貤,叠韵也。《说文》:“貱,移与也。”《玉篇》:“貤,貱也。”《墉风·君子偕老》篇:“不屑髢也”,郑笺云:“髢,髲也。”正义引《说文》云:“髲,益髪也。”《释名》云:“髲,被也。髪少者得以被助其髪也。”髲髢与貱貤声相近,皆附益之意也。凡物之有次第者,亦谓之貱貤。《周官·追师》:“掌王后之首服,为副编次。”郑注云:“次者,次第髪长短,为之所谓髲髢也。”《说文》:“貤,重次弟物也。”《集韵》:“貱貤,次第也。”案:貱貤,犹言陂陀,故岸之重次第谓之陂陀,髪之重次第谓之髲髢。《说文》以貤为重次弟物,《周官》注以髲髢为次第髪长短,其义一也。物之次第相重,则相附益,故貱貤又为益也。(《广雅疏证》卷一下“貱,益也”下疏)

### 3.4.11 “轒轒犹硁硁”类比义丛

【原理】轒轒犹硁硁。

【推演】凡坚貌谓之硁,故坚声亦谓之硁。

【出处】

硁,坚貌也。《论语·子路》:“言必信,行必果,硁硁然小人哉。”皇侃疏云:“硁硁,坚正难移之貌也。”

硁,坚声也。《史记·乐书》“磬”作“硁”。集解引王肃注云:“硁,声果劲也。”

【原文】轒者,曹宪音苦耕反。《说文》:“䡩,车坚也。”䡩与轒同。《释训》篇云:“轒轒,坚也。”轒轒犹硁硁,凡坚貌谓之硁,坚声亦谓之硁。《论语·子路》篇:“言必信,行必果,硁硁然小人哉。”皇侃疏云:“硁硁,坚正难移之貌也。”《乐记》:“石声磬,磬以立辨,辨以致死。”《史记·乐书》“磬”作“硁”。《集解》引王肃注云:“硁,声果劲也。”《释

名》:"磬,罄也,其声罄罄然坚致也。"并声近而义同。(《广雅疏证》卷一下"鄎,坚也"下疏)

### 3.4.12 "喉息犹喘息"类比义丛

【原理】喉息,犹喘息也。

【推演】凡病而短气亦谓之喉。惧而短气亦谓之喉。

【出处】

喉,病而短气也,《国语·晋语五》:"余病喉矣",韦昭注:"喉,短气貌。"

喉,惧而短气也。无。

【原文】喉者,《方言》:"喉,息也。自关而西秦晋之间,或曰喉。"《汉书·匈奴传》:"跂行喉息蠕动之类。"颜师古注云:"跂行,凡有足而行者。喉息,凡以口出气者。蠕蠕,动貌。"案:跂者,行貌也。高诱注《淮南子·原道训》云:"跂跂,行也。"《汉书·东方朔传》云:"跂跂脉脉善缘壁。"喉者,息貌也。谓跂跂而行,喉喉而息,蠕蠕而动也。《广雅》喘、喉俱训为息。喉息,犹喘息也。《新语·道基》篇云:"跂行喘息蜎飞蠕动之类。"王褒《洞箫赋》云:"蟋蟀蚸蠖,跂行喘息",是其证也。颜注以为口喉之喉,失之。《逸周书·周祝解》云:"跂动哕息"。《淮南子·俶真训》云:"蚑行哈息。"蚑、跂古通用。喉、哕、哈古通用。凡病而短气亦谓之喉。《晋语》"余病喉矣"韦昭注云:"喉,短气貌",是也。惧而短气亦谓之喉。宋玉《高唐赋》云"虎豹豺兕,失气恐喉",是也。义与喉息之喉并相近。(《广雅疏证》卷二上"喉,息也"下疏)

### 3.4.13 "枉谓之匡"类比义丛

【原理】枉谓之匡。

【推演】故正枉亦谓之匡。

【出处】

匡,枉也。《周礼·考工记·轮人》:"则轮虽敝不匡。"郑众注:"匡,枉也。"

匡,正枉也。《书·说命》:"以匡那辟。"蔡沈集传:"匡,正也。"

【原文】軭者,《说文》:"軭,车戾也。"字通作匡。《考工记·轮人》"则轮虽敝不匡",郑众注云:"匡,枉也。"枉,亦戾也。《说文》云:"兽皮之韦,可以束枉戾,相违背",是也。《管子·轻重》甲篇云:"弓弩多匡觡者。"枉谓之匡,故正枉亦谓之匡。《孟子·滕文公》篇云"枉之直之",义有相反而实相因者,皆此类也。《说文》:"尣,跛曲胫也。古文作尫。"尫与匡亦声近义同。(《广雅疏证》卷四下"軭,騺也"下疏)

### 3.4.14 "欺谓之误"类比义丛

【原理】凡见欺于人谓之误,欺人亦谓之误。

【推演】故自误谓之诖,亦谓之谬,误人谓之谬,亦谓之诖矣。

【出处】

诖,自误也。《说文》言部:"诖,误也。"

谬,自误也。《尔雅序》"并多纷谬。"陆德明释文引郑注《礼记》:"谬,误也。"

谬,误人也。无。

诖,误人也。《战国策·韩策一》:"诖误人主。"鲍彪注:"诖,亦误也。"

【原文】诖者,《说文》:"诖,误也。"《韩策》云"诖误人主",《史记·吴王濞传》云:"诖乱天下。"凡见欺于人谓之误,欺人亦谓之误,故自误谓之诖,亦谓之谬,误人谓之谬,亦谓之诖矣。(《广雅疏证》卷三下"诖,误也"下疏)

### 3.4.15 "道谓之牖"类比义丛

【原理】道与窗皆通导之物。

【推演】道谓之牖,故道引亦谓之牖。

【出处】

牖,道也。《诗·大雅·板》"天之牖民"毛传:"牖,道也。"

牖,道引也。无。

【原文】牖者,《顾命》"诞受羑若"马融注云:"羑,道也。"正义云:"羑声近牖,故训为道。"《老子》释文云:"羑与牖同。"道谓之牖,故道引亦谓之牖,《大雅·板》篇:"天之牖民",是也。(《广雅疏证》卷二下"牖,道也"下疏)

### 3.4.16 "聚土曰封"类比义丛

【原理】聚土成堆。

【推演】聚土曰封。故蚁场亦谓之封也。

【出处】

封,聚土也。《诗·周颂·时迈序》:"巡守告祭柴望也。"郑玄笺:"聚土曰封。"

封,蚁场也。《方言》:"垤、封,场也。楚郢以南,蚁土谓之垤。"

【原文】封、垤者,《方言》:"垤、封,场也。楚郢以南,蚁土谓之垤。"垤,亦中齐语也。《易林·震之蹇》云:"蚁封穴户。"《周官·封人》注:"聚土曰封。"故蚁场亦谓之封也。《豳风·东山》篇"鹳鸣于垤"毛传云:"垤,蚁冢也。"《韩非子·奸劫弑臣》篇云:"犹蚁垤之比大陵也",蚁,与蚁同。(《广雅疏证》卷三上"封,场也"下疏)

## 3.5 声通语转类

### 3.5.1 "佳、介语转"类比义丛

【原理】佳、介,语之转耳。

【推演】故善谓之佳,亦谓之介,大谓之介,亦谓之佳。

【出处】

佳,善也。《楚辞·大招》:"跨修滂浩,丽以佳只。"王逸注:"佳,善也。"

介,善也。《尔雅·释诂》:"介,善也。"

介,大也。《尔雅·释诂》:"介,大也。"

佳,大也。《战国策·中山策》:"佳丽,人之所出。"高诱注:"佳,大。"

【原文】佳者,善之大也。《中山策》:"佳丽,人之所出。"高诱注云:"佳,大。丽,美也。"《大雅·桑柔》笺云:"善,犹大也。"故善谓之佳,亦谓之介,大谓之介,亦谓之佳。佳、介,语之转耳。(《广雅疏证》卷一上"佳,大也"下疏)

### 3.5.2 "封、坟语转"类比义丛

【原理】封、坟,语之转。

【推演】 故大谓之封,亦谓之坟,冢谓之坟,亦谓之封。冢,亦大也。

【出处】

封,大也。《诗·商颂·殷武》:"封建厥福。"毛传:"封,大也。"

坟,大也。《尔雅·释诂》:"坟,大也。"

冢,坟也。《说文》勹部:"冢,高坟也。"段注:"土部曰:'坟者,墓也。'墓之高者曰冢。"

冢,封也。《书·舜典》:"封十有二山。"孔安国传:"封,大也",孔颖达疏引《尔雅》云:"冢,大也。"舍人曰:"冢,封之大也。"《周礼·春官·序官》:"冢人,下大夫二人,中士四人。"郑玄注:"冢,封土为丘垄,象冢而为之。"《资治通鉴·汉纪二十》:"每岁时遣使者祠祭望之冢。"胡三省注:"平曰墓,封曰冢,高曰坟。"

【原文】封之言丰也。《商颂·殷武》传云:"封,大也。"《尧典》

云:"封十有二山。"封、坟,语之转。故大谓之封,亦谓之坟,冢谓之坟,亦谓之封。冢,亦大也。(《广雅疏证》卷一上"封,大也"下疏)

### 3.5.3 "闾、里声转"类比义丛

【原理】闾里一声之转,乡谓之闾,遂谓之里,其义一也。

【推演】二十五家谓之闾,故其门亦谓之闾也。

【出处】

闾,二十五家也。《周礼·地官·大司徒》:"五家为比,五比为闾。"

闾,二十五家门也。《说文》门部:"闾,里门也。"《周礼·秋官·序官》:"修闾氏。"郑玄注:"闾,谓里门。"

【原文】闾者,《周官·大司徒》:"五家为比,五比为闾。"《说文》:"闾,侣也。二十五家相群侣也。"又云:"闾,里门也。"案:闾里一声之转,乡谓之闾,遂谓之里,其义一也。二十五家谓之闾,故其门亦谓之闾也。(《广雅疏证》卷二上"闾,尻也"下疏)

### 3.5.4 "摽、擎声转"类比义丛

【原理】摽、擎一声之转。

【推演】故击谓之摽,亦谓之擎,水中击絮谓之潎,亦谓之漂矣。

【出处】

摽,击也。《说文》手部:"摽,击也。"

擎,击也。《说文》手部:"擎,击也。"

潎,水中击絮也,《说文》水部:"潎,于水中击絮也。"

漂,水中击絮也。《汉书·韩信传》:"有一漂母哀之。"韦昭注:"以水击絮曰漂。"

【原文】摽者,《说文》:"摽,击也。"《玉篇》音匹叫、孚尧、怖交三切。哀十三年《左传》:"长木之毙,无不摽也。"杜预注与《说文》同。

《史记·庄子传》"剽剥儒墨"正义云:"剽,犹攻击也。"剽,与摽同。《汉书·韩信传》:"有一漂母哀之。"韦昭注云:"以水击絮曰漂。"义亦与摽同。《文选·洞箫赋》"联绵漂擎"李善注云:"漂擎,余响飞腾相击之貌。"漂、擎一声之转,故击谓之摽,亦谓之擎,水中击絮谓之漱,亦谓之漂矣。(《广雅疏证》卷三上"摽,击也"下疏)

### 3.5.5 "鳏、寡声转"类比义丛

【原理】鳏、寡、孤,一声之转。

【推演】老而无夫曰寡,则无妻亦谓之寡。

【出处】

寡,老而无夫也。《孟子·梁惠王》:"老而无妻曰鳏,老而无夫曰寡。"

寡,老而无妻也。《诗·周南·桃夭》正义引《小尔雅》:"无夫无妇并谓之寡。"

【原文】孤、寡、索者,《孟子·梁惠王》篇:"老而无妻曰鳏,老而无夫曰寡,老而无子曰独,幼而无父曰孤。"襄二十七年《左传》:"齐崔杼生成及强而寡",则无妻亦谓之寡。鳏、寡、孤,一声之转,皆与独同义,因事而异名耳。《周南·桃夭》正义引《小尔雅》云:"无夫无妇并谓之寡。丈夫曰索,妇人曰嫠。"(《广雅疏证》卷三上"孤、寡、索者,独也"下疏)

### 3.5.6 "刲、刳声转"类比义丛

【原理】刲、刳一声之转,皆空中之意也。

【推演】故以手抠物谓之挂,亦谓之挎。……两股间谓之奎,亦谓之胯,

【出处】

挂,以手抠物也。无。

抠，以手抠物也。《仪礼·乡饮酒礼》"抠越"，释文："抠，口孤反。"疏云："瑟下有孔越，以指深入谓之抠。"

奎，两股间也。《说文》大部："奎，两髀之间也。"

胯，两股间也。《庄子·徐无鬼》"奎蹄曲隈"向秀注："股间也。"

【原文】劶者，《方言》："劶，劵也。"《说文》："劶，判也。"《众经音义》卷九引《仓颉篇》云："劶，屠也。"《系辞》传"劶木为舟"，九家本作抠，注云："抠，除也。"《周官·掌戮》"杀王之亲者辜之"，郑注云："辜之言枯也，谓磔之。"《荀子·正论》篇云："斩、断、枯、磔"，义并相近。刲、劶一声之转，皆空中之意也。故以手抠物谓之搷，亦谓之抠。《玉篇》："搷，苦携切。中钩也。"《乡饮酒礼》"抠越"，释文："抠，口孤反。"疏云："瑟下有孔越，以指深入谓之抠。"此即《玉篇》所谓"中钩也"。两股间谓之奎，亦谓之胯，《说文》："奎，两髀之间也。"《庄子·徐无鬼篇》"奎蹄曲隈"向秀注云："股间也。"《广雅·释言》："胯，奎也。"《玉篇》音口故切。是凡与刲、劶二字声相近者，皆空中之意也。（《广雅疏证》卷三上"劶，屠也"下疏）

【本条参考材料】刲者，《说文》："刲，刺也。"《易·归妹上六》"士刲羊"，马融注与《说文》同。

### 3.5.7 "髢髦、贻虰声相近"类比义丛

【原理】髢髦与贻虰声相近，皆附益之意也。

【推演】故凡物之有次第者，亦谓之贻虰。

【出处】

髢髦（贻虰），附益也。《诗·墉风·君子偕老》："不屑髦也。"郑笺："髦，髢也。"正义引《说文》云："髢，益发也。"《释名》云："髢，被也。发少者得以被助其发也。"

贻虰，物之有次第也。《集韵》置韵："贻虰，次第也。"

【原文】同 3.4.10。

### 3.5.8 "曝湿声近"类比义丛

【原理】曝与湿声近,故通。

【推演】草干谓之修,亦谓之湿,犹肉干谓之修,亦谓之膴。

【出处】

修,草干也。无。

湿,草干也;《经义述闻·诗·暵其湿矣》:"湿,亦且干也。《广雅》有曝字,云:曝也。《众经音义》引《通俗文》曰:'欲燥曰曝。'《玉篇》:'曝,欲干也。'古字假借,但以湿为之耳。"

修,肉干也。《诗·王风·中谷有蓷》:"中谷有蓷,暵其修矣。中谷有蓷,暵其湿矣。"毛传:"修,且干也。蓷遇水则湿。"郑笺:"蓷之伤于水,始则湿,中而修,久而干。"

膴,肉干也。《玉篇·肉部》:"膴,胸脯也。"

【原文】曝者,《玉篇》:"曝,邱立切。欲干也。"《众经音义》卷二十二引《通俗文》云:"欲燥曰曝"。引之云:"《王风·中谷有蓷篇》:'中谷有蓷,暵其干矣。中谷有蓷,暵其修矣。中谷有蓷,暵其湿矣。'传云:'修,且干也。蓷遇水则湿。'笺云:'蓷之伤于水,始则湿,中而修,久而干。'"案:湿,当读为曝。曝,亦且干也。曝与湿声近,故通。"暵其干矣""暵其修矣""暵其湿矣",三章同义。草干谓之修,亦谓之湿,犹肉干谓之修,亦谓之膴。(《广雅疏证》卷二上"頣,坚也"下疏)

### 3.5.9 "裔、邃声近"类比义丛

【原理】裔与邃声相近。

【推演】故远谓之裔,亦谓之邃,水边谓之澨,亦谓之裔,义相近也。

【出处】

裔,远也。《左传·文公十八年》"投诸四裔。"杜预注:"裔,

远也。"

裔,远也。《尔雅·释言》:"裔,远也。"

濄,水边也。《玉篇》水部:"濄,又水边地也,涯也。"

裔,水边也。《淮南子·原道》:"故虽游与江浔海裔。"高诱注:"裔,边也。"

【原文】裔者,文十八年《传》"投诸四裔",襄十四年《传》"是四岳之裔胄也",注并云:"裔,远也。"四裔、四荒、四极,其义一也。裔与濄声相近。远谓之裔,亦谓之濄,水边谓之濄,亦谓之裔,义相近也。(《广雅疏证》卷一上"裔,远也"下疏)

### 3.5.10 "类、律声义并同"类比义丛

【原理】类与律声义同。

【推演】故相似谓之类,亦谓之肖,法谓之肖,亦谓之类,义亦相近也。

【出处】

类,相似也。《国语·吴语》:"类有大忧。"韦昭注:"类,似也。"

肖,相似也。《方言》卷七:"肖、类,法也。"郭璞注:"肖者,似也。"

肖,法也。《方言》卷七:"肖、类,法也。"

类,法也。《楚辞·九章》"吾将以为类兮",王逸注:"类,法也。"

【原文】类者,《方言》:"类,法也。齐曰类。"《缁衣》:"身不正,言不信,则义不壹,行无类也。"郑注云:"类,谓比式。"释文云:"比方法式也。"《楚辞·九章》"吾将以为类兮",王逸注云:"类,法也。"《荀子·儒效》篇六:"其言有类,其行有礼。"类之言律也,律亦法也。《乐记》"律小大之称",《史记·乐书》作"类"。是类与律声义同。相似谓之类,亦谓之肖,法谓之肖,亦谓之类,义亦相近也。(《广雅疏证》卷一上"类,瀍也"下疏)

### 3.5.11 "小与尖细通名"类比义丛

【原理】凡物之锐者，皆与小同义。

【推演】故小谓之婁……小谓之纤，故利亦谓之铦。利亦谓之铦，舌属亦谓之铦。……小谓之莱，故刺亦谓之莱。小谓之锐，故兵芒亦谓之锐，草初生亦谓之菨。小谓之眇，故木末亦谓之秒，禾芒亦谓之秒。

【出处】

铦，利也。《汉书·贾谊传》："莫邪为钝兮，铅刀为铦。"晋灼注："世俗谓利为铦彻。"

铦，舌属也。《说文》金部："铦，舌属。"

莱，小也。无。

莱，刺也。《尔雅·释草》："莱，刺。"

锐，兵芒也。《说文》朿部："朿，木芒也。"段注："芒者，草专也，引申为凡鑯锐之称。今俗用锋铓字，古只做芒。"《说文》："锐，芒也。"

菨，草初生也。《方言》卷二："菨，小也，凡草生而初达谓之菨。"

【原文】菨、秒者，《方言》："菨、秒，小也。凡草生而初达谓之菨，木细枝谓之秒。"注云："菨，音锐。锋萌始出也。"左思《吴都赋》云："郁兮菨茂"，菨之言锐也。昭十六年《左传》"不亦锐乎"，杜预注云："锐，细小也。"《说文》："锐，芒也。"《尔雅》："再成锐上为融邱。"注云："鑯顶者，义并与菨同。"《说文》："鋭，小鋭也。"鋭与菨亦声近义同。《方言》注云："秒，言秒杪也。"《说文》："杪，木标末也。"《汉书·叙传》"造计秒忽"刘德注云："秒，禾芒也。忽，蜘蛛网细者也。"秒与杪同义，下文眇、藐二字，义亦同也。凡物之锐者，皆有小义，故小谓之婁。《释器》篇又云："石针谓之蜌。"《广韵》婁、蜌并音姊宜切，其义同也。小谓之纤，故利亦谓之铦，舌属亦谓之铦。《汉书·贾谊传》："莫邪为钝兮，铅刀为铦。"晋灼注云："世俗谓利为铦彻。"《说文》云："铦，舌属也。"小谓之莱，故刺亦谓之莱。《尔雅》："莱，刺。"注云："草刺针也。"《方言》："凡草木刺人者，北燕朝鲜之间谓之茦。"小谓之锐，故兵芒亦谓之锐，草初生亦谓之茦。小谓之眇，故木末亦谓之杪，禾芒亦谓之秒。是凡物之锐者，皆与小同义也。（《广雅疏证》卷二上"茦、杪，小也"下疏）

### 3.5.12 "覆与腹通"类比义丛

【原理】覆，与腹通。

【推演】故孳生谓之覆育，化生亦谓之覆育。

【出处】

覆育，孳生也。无。

覆育，化生也。无。

【原文】腹者，《乐记》云："煦妪覆育万物。"覆，与腹通。孳生谓之覆育，化生亦谓之覆育。《释虫》篇云："蝮蜪，蜕也。"《论衡·无形》篇云："蛴螬化而为复育，复育转而为蝉"，是也。（《广雅疏证》卷一下"腹，生也"下疏）

### 3.5.13 "猷、由字通"类比义丛

【原理】猷、由，古字通。

【推演】故道谓之猷裕，道民亦谓之由裕。

【出处】

猷裕，道也。《方言》卷三："裕，猷，道也。东齐曰裕，或曰猷。"

由裕，道民也。《书·康诰》："汝亦罔不克敬典，乃由裕民。"孙星衍疏："言汝亦无不能敬法，乃以道导民。"

【原文】裕者，《方言》："裕，猷，道也。东齐曰裕，或曰猷。"猷、裕、牏，声并相近。引之云："《康诰》篇：'用康乃心，顾乃德，远乃猷裕，乃以民宁，不女瑕殄。'旧以裕字属下读，'裕乃以民宁'，甚为不辞。三复经文，当以'远乃猷裕'为句，谓远乃道也。《君奭》篇云'告君乃猷

裕'，与此同。下文云'乃以民宁，不女瑕殄'，犹云乃以殷民世享耳。猷、由，古字通。道谓之猷裕，道民亦谓之由裕。上文云：'乃由裕民，惟文王之敬忌，乃裕民曰："我惟有及。"'皆是也。解者<u>失其义久矣</u>。"（《广雅疏证》卷三上"裕，道也"下疏）

### 3.5.14 "凡日入以后，日出以前，通谓之夜"类比义丛

【原理】凡日入以后，日出以前，通谓之夜。

【推演】故夕时亦谓之夜。

【出处】

夜，凡日入以后，日出以前也。无。

夜，夕时也。《慧琳音义》卷二十一引《华南经音义》"沦永夕"注："夕，夜也。"《说文》夕部："夜，舍也，天下休舍。"段玉裁注："夜与夕混言不别，析言则殊。"

【原文】凡日入以后，日出以前，通谓之夜，故夕时亦谓之夜，《尧典》云"夙夜出内朕命"是也。寋者，《玉篇》："寋，夜也。"引《墉风·墙有茨》篇"中寋之言"，今本作"菁"。释文引《韩诗》云："中菁，中夜，谓淫僻之言也。"《汉书·文三王传》"听闻中菁之言"，晋灼注云："菁，《鲁诗》以为夜也。"（《广雅疏证·卷四上》"寋、昔、暗、暮，夜也"下疏）

### 3.5.15 "肩、背相通"类比义丛

【原理】担与负皆为载物。

【推演】故凡以驴马馲驼载物者，谓之负佗，亦谓之贺。

【出处】

负佗，以驴马馲驼载物者也。《方言》卷七："贺，儋也。自关而西，陇冀以往，谓之贺。凡以驴马馲驼载物者，谓之负佗，亦谓之贺。"

贺者，以驴马馲驼载物也。《方言》卷七："贺，儋也。自关而西，陇冀以往，谓之贺。凡以驴马馲驼载物者，谓之负佗，亦谓之贺。"

【原文】攍、旅、何、揲者,《方言》:"攍、膂、贺、媵,儋也。齐楚陈宋之间曰攍。燕之北郊、越之垂瓯、吴之外鄙、谓之膂。南楚或谓之攍。自关而西陇冀以往,谓之贺。"凡以驴马馲驼载物者,谓之负佗,亦谓之贺。儋,与担同。《释言》云:"攍,负也。"《庄子·胠箧》篇"赢粮而趋之",赢,与攍通。攍、揲二字并从手,各本讹从木,今订正。旅,各本讹作挍,自宋时本已然,故《集韵》《类篇》挍字注并云:"一曰担也。"考《玉篇》《广韵》挍字俱不训为担。又膂字古通作旅,《秦誓》"旅力既愆",《小雅·北山》篇"旅力方刚"并以旅为膂。《广韵》:"旅,俗作振。"振与挍字形相近。《方言》:"攍、膂、贺、媵,儋也。"此云:"攍、挍、何、揭、揲,担也。"挍字明是俗旅字之讹。郭璞注云:"儋者用膂力,因名云。"今据以订正。何,与贺通,亦通作荷。《说文》:"媵,囊也。"《方言》注云:"今江东呼儋两头有物为媵。"《后汉书·儒林传》云:"制为媵囊。"揲、媵、滕,并通。(《广雅疏证》卷三上"攍,担也"下疏)

### 3.5.16 "澌与斯同"类比义丛

【原理】厮与斯通。

【推演】器破而不殊,其音亦谓之澌。

【出处】

斯(澌),器破也。《方言》卷六:"器破而不殊其音亦谓之澌。"

澌(斯),音破也。《慧琳音义》卷九十三:"厮下。"注引《考声》:"厮,声破也。"

【原文】斯者,《尔雅》:"斯,离也。"《方言》云:"齐陈曰斯。"《陈风·墓门篇》:"斧以斯之"《毛传》云:"斯,析也。"《庄子·则阳》篇云:"斯而析之。"《史记·河渠书》:"乃厮二渠以引其河。"《集解》引《汉书音义》云:"厮,分也。"厮,与斯通,今俗语犹呼手裂物为斯。《楚辞·九歌》:"流澌纷兮将来下。"王逸注云:"澌,解冰也。"《方言》:"澌,散也。

东齐声散曰㿖。秦晋声变曰㿉。"器破而不殊,其音亦谓之㿖。《集韵》引《字林》云:"甂,瓮破也。"义并与斯通。(《广雅疏证》卷一上"斯,分也"下疏)

## 四、《广雅疏证》类比义丛与训诂学转向

王念孙《说文解字注序》说:"方以类聚,物以群分;循而考之,各有条例。"这是王氏疏证《广雅》的一大原则,而这一原则背后的理论原理,则集中反映在他的类比义丛之中。仅取 3.2.18 为例,即可见其一斑。其语义原理为:凡'与'之义近于'散','取'之义近于'聚';'聚、取'声又相近,故:

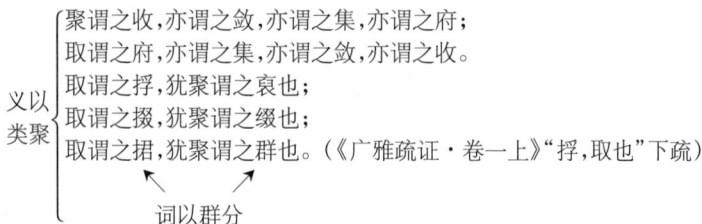

聚谓之收,亦谓之敛,亦谓之集,亦谓之府;
取谓之府,亦谓之集,亦谓之敛,亦谓之收。
取谓之抧,犹聚谓之哀也;
取谓之掇,犹聚谓之缀也;
取谓之捃,犹聚谓之群也。(《广雅疏证·卷一上》"抔,取也"下疏)

义以类聚 → 词以群分

**图 1**

应该说,本《纂例》所裒辑的 71 条,条条均可做上述分析。或问:王氏这种用类比义丛来证明语义相关的训诂方法,有何现代意义?我们认为:它给我们提供了今天仍需深究的语义之"类"与词汇之"群"之间的相互"咬合"的关系。什么是"咬合"?用巴赫(Emmon Bach,1974:143)的话说,就是拱形桥中楔形石之间的"咬合关系":

"推理在科学实践中并不是按照线性的形式进行的(像这里强调的那样),它是以所有成分全方位同现的形式进行的(proceeds on all fronts simultaneously)。我们不是在建造金字塔,而是在构建"楔形拱式桥,其中每

一块楔形石必须同时承力才能成功。"①

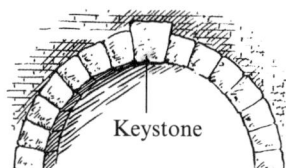

**图 2**

　　王念孙 keystone 建构中的楔形石，绝不只两块（两串）。两块楔形石的咬合虽然也需彼此依赖、相互为据，但多重、多层成员之间的咬合，才最能体现各个成分在深层中的彼此依赖的关系，才能更有力地证明咬合关系的必然属性。就图 1 而言，"聚"可以叫"收"，也可以叫"敛"，还可以叫"集"、叫"府"；这是"一群"意义上的关联"串"、是以"聚"为线索串起来的"义串"。亦即：聚＝收、敛、集、府。下面的问题是："聚"与"收、敛、集、府"之间的关联是巧合或偶然，还是有理可据或必然的？如何证明"义串"的合理性？王念孙雅学的"必然体系"就是靠模拟之"群"和"群"之有"类"架构起来的。其逻辑原理可以展示为：

（1）正推：

　　如果不只一串，而是诸多词的"义串"都是语义系统中的客观存在，那么该义串成分（如"聚"字与"收、敛、集、府"）之间的语义关联就不是偶然的巧合，而有它们所以如此的合理性或内在必然的原因。

（2）反推：

　　如果"聚"与"收、敛、集、府"之间的关系有合理性或必然性的话，那

---

① 原文为：It may appear as if our reasoning is circular in a vicious sense. We use various rules to argue for aspects of the theory and then turn around and use the theory to argue for the correctness of the rules. But this impression is based on an incorrect view of the process of scientific reasoning. Reasoning in an empirical science does not proceed in a linear fashion, (as I shall stress here). It proceeds on all fronts simultaneously. We are not constructing a pyramid but rather a keystone arch, in which all the pieces must be held up at once.

　　么这种关系就不可能只在一个"聚"字上有所反映,其他字词上,也
　　应当或必然有同样的反映。

于是,我们看到,训诂学任务就不再是"挖土豆"式的单个词汇或词义的考证,训诂学的任务实际已经变成了如下的理性推证工作:

> a. 从收集"聚"有哪些意思("收、敛、集、府"),变成了预测这些意思("收、敛、集、府")还会在哪些类似的词上出现;
>
> b. 为"词"考"义"变成为"群"找"类";
>
> c. 潜在的逻辑理论(应然、当然、或必然)逼着王念孙去发现"群分"的"类聚";
>
> d. 新材料的发现与获得:"取叫府、也叫集、也叫敛、也叫收"。

显然,这里的"类聚"是"预测"(预测哪些是"类"的组成成分)的结果,也可以说"类聚"就是在预测(哪些现象可聚之于类)。读王氏《广雅疏证》读到这里应该格外惊喜地看到:这第二群以"取"为线索的义串是他成功"预测发现"的结果! 我们看到里面同样有第一群同类的成员:

第一组: 前提义串聚=收、敛、集、府
第二组: 推演义串取=收、府、集、敛

就是说"聚"和"取"这两个不同的词共享同一义轨上的相同成员之间的同一关系。这不可能是"偶然发现"的结果,相反,是上文所论"预测发现"的产物,是计划的产物。其中潜在的原理(或目的)是:

> a. 两个引申义段上的重合,可能是偶然;
>
> b. 三个引申义段上的重合,很难说是偶然;
>
> c. 四个引申义段上的重合,无法说是偶然。
>
> d. 不是偶然,则当是应然或必然。

于是我们看到,王念孙是用否定"偶然"的办法来揭示"应然"和"必然"的结果。这是王念孙在训诂学科学方法论上一个巨大的突破,是前无古人的突破: 蔽之一言,即"用关系证关系"。这就造成训诂学性

质的一个根本性的转变,或曰训诂学的大转向:训诂学不再是挖土豆
式的单个词义的考证,而是义类和意义关系的发掘、考证和研究。前者
我们叫作传统的**字词训诂学**(当然包括句、段、章的语义阐释——章句
学),后者则是王氏开辟的赋有现代意义的语义关系的训诂学(简称
"义系训诂学"[①])。然而,其真正带有挑战性的现代意义是:要证明关
系,没有王念孙的"楔形咬合纵横类聚系统"是很难做到的——它要求
一般至少要有三至五串"类聚"和"群分"的材料,始为"方类"(方,理
也)。亦即:

$$A = a, b, c, d \quad (聚 \in 收、敛、集、府)$$
$$B = a, b, c, d \quad (取 \in 收、敛、集、府) \left.\vphantom{\begin{matrix}1\\1\end{matrix}}\right\} 同义词$$

$$A = x, y, z \quad (聚 \to 衰 \to 缀 \to 群)$$
$$\updownarrow \quad \updownarrow \quad \updownarrow \quad \updownarrow$$
$$B = x, y, z \quad (取 \to 捋 \to 掇 \to 捃) \left.\vphantom{\begin{matrix}1\\1\end{matrix}}\right\} 同源词$$

就是说,王氏在发掘出了"聚"和"取"的"同轨义串"之后,又发现了它
们在同源系列上的对应关系:"取"可以说成"捋","聚"也可以说成
"衰";而"捋"和"衰"又是同源的关系——这就构成了拱桥楔形石一
类的彼此咬合的"生成模拟逻辑"(参冯胜利 2016)。王氏雅学一向为
世人所推崇,然而什么是"王氏雅学",却见仁见智而莫衷一是。我们
认为:王氏雅学之精蕴及根本,就在于他在看似没有关系的地方建立
了关系,就在于他在表面无法证明的关系上面创造了逻辑交合法。正
因如此,他才发现了语义关系可用"横"的同义关系和"纵"的衍生关联
来相互咬合,彼此印证。于是,我们可将此法理解为"模拟生成逻辑演
绎法"。有鉴于此,我们才将王氏《广雅疏证》中的所有的类比义丛,爬
梳出来,衰集一处,既作为王氏学术殿堂之丰碑,又可为王氏科学理念

---

① 相对"音系 phonology"(研究**语音[生成]系统**的学问)的命名而言,义系指研究**语义(生**
**成)系统**的学问。

研究之经典。是耶非耶？用王氏自己的话说："苟可以发明前训，斯凌杂之讥，亦所不辞。"（王念孙《广雅疏证·自序》）

## 参考文献

冯胜利 2016 《论王念孙的生成模拟法》，《贵州民族大学学报》第 6 期。

阮 元［清］1982 《经籍籑诂》，北京：中华书局。

王念孙［清］2004 《广雅疏证》，北京：中华书局。

宗福邦，陈世铙，萧海波主编 2007 《故训汇纂》，北京：商务印书馆。

Bach E. （1974）*Syntactic Theory*. New York：Holt，Rinehart and Winston INC.

（冯胜利　北京语言大学/天津大学语言科学研究中心；

殷晓杰　浙江师范大学人文学院）

| 第五章 |

# 音　韵　类

# 试评段玉裁古音学理论的科学品质及其内在逻辑*

## 施向东

**摘 要** 段玉裁的古音学成就不仅仅在于他的古韵十七部分部,他对上古音研究在观念上、学理上、方法上、形式上都有突出的贡献,远远超越了陈第、顾炎武和江永。段氏的古音学成就集中表现在《说文解字注》及其附录《六书音均表》中。文章概括了段玉裁古音学理论的内涵和特色,尝试分析了这种理论的科学品质及其内在逻辑。

**关键词** 段玉裁 古音学理论 科学品质 内在逻辑

段玉裁在中国音韵学史上的崇高地位早已载入史册,《说文解字注》《六书音均表》已经是治古音者必读的经典。但是段氏古音学理论是否具有科学的品质,以及其内在的逻辑究竟如何,至今尚罕有探究。本文不揣冒昧,试对此加以剖析,解释段玉裁古音学理论的科学品质及其内在逻辑,引玉之砖,希望得到方家的指正。

## 一

在评述段玉裁古音学理论之前,必须将段玉裁之前古音理论的发展进行一番整理,梳理其中的逻辑,才能对段玉裁对古音学的贡献及其

---

\* 本文曾在第四届章黄学术思想研讨会暨陆宗达先生诞生 110 周年及陈新雄先生逝世三周年纪念会上宣读。原文曾发表于《汉字文化》2016 年第 3 期,据以收入时略有修改。

音学理论内在逻辑有鲜明的了解。

中国传统的古音学研究始于对《诗经》的解读。《诗经》是有韵之文,这是古今学者的共识。但是后人按照时音去读有时却会遇到韵脚不和谐的情况。如《邶风·燕燕》:"燕燕于飞,下上其音。之子于归,远送于<u>南</u>。瞻望弗及,实劳我<u>心</u>。"六朝学者沈重注"南"字云:"协句,宜乃林反。"这是因为按《切韵》"音、心"属"侵"韵,而"南"属"覃"韵,不能通押,读"乃林反",下字"林"亦"侵"韵字,韵就协调一致了。沈重的这一做法,引起了两种反应,一是陆德明《经典释文》中的反应:"古人韵缓,不烦改字",意思是上古对押韵的要求比较宽缓,不改读音也可算是押韵了;另一种就是"叶韵说",像宋代朱熹吴棫,将诗经中读来不顺的韵字都改一个读音,让它读起来顺口。但是究竟是先秦人就已经改读其音了,还是后人为了念顺口才要改读呢?没有明说,但是其潜台词可能两者兼有。明代陈第反对这两者,他主张古音与今音不同,诗歌本自押韵,之所以不顺口乃是因为用今音去读古诗的缘故。他在《毛诗古音考》中说:"夫诗以声教也,取其可歌可咏,可长言、嗟叹、至手足舞蹈而不自知,以感猋其兴观群怨事父事君之心,且将从容以绸绎夫鸟兽草木之名义,斯其所以为诗也。若其意深长而于韵不谐,则文而已矣。故士人篇章必有音节,田野俚曲亦各谐声,岂以古人之诗而独无韵乎?盖时有古今,地有南北,字有更革,音有转移,亦势所必至。故以今之音,读古之作,不免乖刺而不入,于是悉委之叶。"

我们把上述的事实和古人的解释归纳为下面的表 1,以展现其中的逻辑:

**表 1**

| | 事实和解释 | 逻辑 |
|---|---|---|
| 现象 | 《燕燕》3 章韵脚位置"音、南、心"三字。按《切韵》,"音心",侵韵;"南",覃韵。失韵→ | 《诗经》是有韵之文→古今共识 ↓ 现象与共识发生矛盾 |

| | 事实和解释 | 逻辑 |
|---|---|---|
| 解释1 | 协句。沈重："南：乃林反"→ | 改读（协句）后，矛盾消失→中古音为准 |
| 解释2 | 陆德明：古人韵缓不烦改字→ | 改变押韵标准，矛盾消失→中古音为准 |
| 解释3 | 陈第：时有古今，音有转移→ | 引入古音观念，矛盾消失→上古音为准 |

但是解释1仅仅从理论上解决了矛盾，而实际操作起来却常常陷入更大的矛盾中。比如一个"母"字，在主张"叶音"的朱熹的《诗集传》中，竟然有5个不同的读音（其中4个"叶音"：叶满补反、叶满彼反、叶满洧反、叶满委反，一个不注音，即"如字"，读其本音）；一个"好"字注了9个音（叶许厚反＝叶许苟反＝叶许口反＝叶许口反、叶许候反＝去声叶呼候反、去声叶许厚反；呼报反或注"去声"），一个不注音，即"如字"，读其上声本音。去除等值的音切，实际5个读音，其中有3个"叶音"。最奇怪的是"去声叶许厚反"这个音，反切"许厚反"按《广韵》应属上声第四十五厚韵（与"吼呴"同音），却又注明读"去声"，让人左右为难，无从张口发声。有时一个字同时注两个"叶音"，如《郑风·羔裘》首章："羔裘如濡叶而朱、而由二反洵直且侯叶洪姑、洪鉤二反彼其之子，舍命不渝叶容朱、容周二反。"似乎这些入韵字到底读什么音是无所谓的，只要彼此顺口就行。诸如此类的问题，是"叶音、协句"说本身的痼疾，因此它并没能真正解决古音学上遇到的矛盾问题，反而增加了理论上和实际上的困难，因此后来逐渐被古音学者唾弃。

解释2从理论上似乎解决了矛盾，而实际操作起来也会遇到很大的问题。所谓"古人韵缓"，到底宽缓到什么程度？韵和非韵的界限有没有一个尺度？标准在哪里？这些问题都没有给出答案（当然他也给不出答案），结果就是言人人殊，漫无标准。南宋人郑庠把《广韵》的二百零六韵合并为六部(《广韵》的"东冬江阳庚青蒸、入声屋沃觉药陌锡职"合并为一部;"支脂之微齐佳灰"合并为一部;"鱼虞歌麻"合并为一部;"真文元寒删先、入声质物月曷黠屑"合并为一部;"萧肴豪尤侯幽"合并为一部;"侵覃盐咸、入声缉合叶洽"合并为一部)来解释《诗经》押韵,每一韵部宽到了极点,解释上述"音、南、心"的押韵是没有问题了,但是即使这么宽的韵部,《诗经》中的有些押韵还是不能解释,比如《邶风·绿衣》4 章:"絺兮绤兮,凄其以<u>风</u>。我思古人,实获我<u>心</u>。""风"字在第一部,"心"字在第六部;《魏风·陟岵》2 章:"陟彼<u>屺</u>兮,瞻望<u>母</u>兮。""屺"字在第二部,"母"字在第五部;《召南·羔羊》首章:"羔羊之<u>皮</u>,素丝五<u>紽</u>。""皮"字在第二部,"紽"字在第三部。诸如此类,如果承认这些篇章是有韵的,最后势必将古韵都合并为一个韵部,换句话说就无所谓押韵了。

解释了即陈第的观念是革命性的,引入"古音"观念,取消以中古音为准绳看待诗经押韵,上述两者解释所引发的矛盾就迎刃而解了。《毛诗古音考》:"风孚金切,古与'心林音淫'为韵,似在今之侵部,今则置东部。""母音米。凡父母之母,《诗》皆音米,无有如今读者,岂音随世变耶?""皮音婆。《说文》'波坡颇跛'皆以'皮'得声。徐蒇曰,当为'蒲禾切',不当为'蒲麋'音,此古今之别也。"因此,"古音"观念的引入,是古音理论的革命性的突破,陈第功不可没。但是草创之初,也存在不少问题。首先是陈第没有明确的古音分部,韵字一一注明古读音,就字论字,不相统辖,散漫无度;其次是韵字古读的根据何在,有的说了(如上述"皮"字),有的只有断语,并无论据,是非难定;再次,囿于乡音,在一些韵字读音上判断有误,不能正确反映古音真实面貌(如《毛诗古音考》卷一:"南音宁,古与'音、心'为韵,沈约属之覃矣。"按"宁"字不属侵部,不得与"音、心"等字押韵,此陈氏乡音所误也。陈第,三山(今福建连江)人也,闽东方言古侵韵字与梗摄合为 ing 韵也。)。究其原因,归根结底是在科学理念和科学方法的自觉性上尚存在欠缺。

顾炎武是清代古音学的开山祖,他的《音学五书》继承并大大推进了陈第的古音观念,在方法上也有所创新。顾炎武在《音论》中旗帜鲜明地指出"古诗无叶音",著《诗本音》,"主陈第诗无叶韵之说,即本经所用之音,互相参考,证以他书,明古音原作是读,非由迁就,故曰本音。"(《四库全书提要》语)著《唐韵正》,以古音为标准,对唐韵(实际上是《广韵》)中之字今音与古音不同者,一一注云"古音某",并引经传之文以证之。著《韵补正》,对吴棫《韵补》所列"古音"一一检验,对"合者、不合者、疑者、四声转用不必注者"详加胪列,肯定其正确的部分,驳正其谬误。著《古音表》,明确地划分古韵为十部。他首创了"离析唐韵"的方法,不像郑庠那样简单地把中古韵部整体地合并到上古韵部中,而是具体分析其中的字在古音中的归属,再分别加以合并。所分古韵十部为:"东冬锺江"第一(举平以该上去入,下同),"支(之半)脂之微齐佳皆灰咍尤(之半)"第二,"鱼虞模麻(之半)侯"第三,"真谆臻文殷元魂痕寒桓删山先仙"第四,"萧宵肴豪尤(之半)幽"第五,"歌戈麻(之半)支(之半)"第六,"阳唐庚(之半)"第七,"庚(之半)耕清青"第八,"蒸登"第九,"侵覃谈盐添咸衔严凡"第十。还有个别上古到中古发生了音变的字,顾炎武也将它们划回相应的韵部,如东韵"风枫"划归第十部侵韵、东韵"芃"划归第十部凡韵,东韵"弓雄熊"划归第九部蒸韵,齐韵"西"划归第四部先韵,微韵"旂圻斤沂"划归第四部殷韵,微韵"挥煇晖翚"划归第四部文韵,等等,体现出顾炎武跳出中古音框架的束缚直面上古音的理念。其理论逻辑可以归纳如下:

《诗经》是有韵之文→《诗经》押韵是有分部的→《诗经》押韵押的是古韵→古韵分部不能纯依今韵 ,首创"离合唐韵"的方法→作《古音表》展示古韵十部的内容→作《唐韵正》展示今韵与古韵的差异→作《韵补正》纠正吴棫的错失→作《易音》扩大古韵十部的证据

江永《古韵标准》继承了陈第、顾炎武的古音理念,并在研究理念和

研究方法上大大超越了二者。此书分古韵平上去三声为十三部、分入声为八部,并纠正了顾氏平入声分配的失误,认为顾氏"考古之功多,审音之功浅",首次明确提出了古音研究中必须按照音理进行审音。卷首《诗韵举例》,在古音研究中首次分析了《诗经》的韵例,为整理古韵立下了凡例,避免了判别韵与非韵的主观随意性。其《例言》所论各端,尤能体现出江氏思维的精密。江永对学术研究主体的资质提出了自己的看法:"凡著述有三难:淹博难,识断难,精审难。"认为研究者的识断、精审比淹博更重要。这种对科学研究主体性的自觉,在中国学术史上是赫然领先的。为避免繁琐重复,我们把江氏的逻辑试归纳如下:

> 《诗经》是有韵之文→音有古今之异,《诗经》押韵是古音之准→古无叶音,诗之韵即是当时本音→《诗经》押韵有条例可循→循此条例可见古韵之分合→古韵平上去三声分十三部,入声分八部→古韵自有疆界,当通其所可通,毋强通其所不可通→古韵分部不仅需要考古,尤其需要审音→尊重《广韵》系韵书,考古音者可沿流而溯源

很明显,江氏的逻辑比顾氏严密,持论更宏达中肯,对后世的影响也更深远。

二

段玉裁的古音学成就不仅仅在于他的古韵十七部分部,他对上古音研究在观念上、学理上、方法上、形式上都有突出的贡献,远远超越了陈第、顾炎武和江永。段氏的古音学成就集中表现在《说文解字注》及其附录《六书音均表》中。

## 2.1 关于"古本音""古合韵"及其相互关系的理论

"古本音"的思想肇自陈第,顾炎武和江永都继承了这一观念,但

是段玉裁最先把它明确为一个古音学的术语,并给了它明确的定义。有了"古本音"的思想才能扫除之前"叶音说"的阴霾。可以说"古本音"观念是古音学的基础。但是"古合韵"的观念同样重要。段氏云:"古本音与今韵异,是无合韵之说乎? 曰:有。""凡与今韵异部者,古本音也。其于古本音有龃龉不合者,合韵也。……不以本音蔑合韵,不以合韵惑本音,三代之韵昭昭矣。"又说:"学者必知十七部之分然后可以知十七部之合,知其分、知其合然后可以尽求古经传之假借、转注而无疑义。""古合韵"是段玉裁首次提出来的概念,这一观念对古音分部、各部声音远近关系的认定都非常重要。陈第、江永等反对"叶音说"而讲"古音、本音",似乎《诗经》押韵天然和谐,都是本部自押,没有合韵,若果真如此,那么古韵分部便没有可能。比如,陈第批评"叶音说"说:"夫其果出于叶也,作之非一人,采之非一国,何'母'必读'米',非韵'杞'韵'止',则韵'祉'韵'喜'矣?……其矩律之严,即《唐韵》不啻,此其故何邪?"但是实际上"母"字在《诗经》中入韵 17 次,有 16 次确实如陈第之说,但是《诗经·鄘风·蝃蝀》"母"与"雨"押韵的事实和理由他却避而不谈。假如不承认存在合韵,那么根据这一韵例段氏第一部(顾、江第二部)跟第五部(顾、江第三部)就无法分开。《卫风·氓》"葚"(段氏第七部)与"耽"(段氏第八部)押韵,这两部顾炎武不分,合为第十部,段氏分开,此例是合韵。[1] 这就是"知其合而后愈知其分"的道理。基于观察各韵部合韵的多寡与有无,段玉裁将古韵十七部分为六大类,列出了十七部的顺序,这对于解释古音十七部的音转、异部假借转注等现象都是极其有说服力的。(详见下文)

段玉裁关于"古本音"与"古合韵"及其关系的思想,体现了语言系统性的观念。语言系统中各个范畴既具有独立或相互对立的地位,同

---

[1] 江永《古韵标准》"葚耽"都属第十二部,不算合韵。但是《陈风·泽陂》"苕俨枕"押韵,江氏"枕"属第十二部,"苕俨"属第十三部,也成为合韵的韵例。按段氏则"苕俨枕"都属第八部。总之这两部在《诗经》存在合韵现象。

时也存在相互联系和制约的关系。段氏虽然没有使用这些现代术语表达这些意思,但是他在对"古本音"与"古合韵"概念的表达与应用中体现了这个思想。

## 2.2 关于"同谐声者必同部"的理念及其与"古谐声偏旁分部互用"的关系

陈第与顾炎武都注意到谐声符与古音的关系。《毛诗古音考》卷一:"皮音婆。《说文》'波坡颇跛'皆以皮得声。"《古音表》将微韵"旂圻斬沂"划归第四部殷韵,微韵"挥煇晖翬"划归第四部文韵,透露出根据谐声符进行归部的倾向。但是他们的做法是零碎的、不自觉、不彻底、不系统的。段玉裁则旗帜鲜明地提出了利用谐声偏旁进行古韵分部的理论方法:"六书之有谐声,文字之所以日滋也。考周秦有韵之文,某声必在某部,至啧而不可乱。故视其偏旁以何字为声,而知其音在某部,易简而天下之理得也。"又说:"许叔重作《说文解字》时未有反语,但云某声某声,即以为韵书可也。自音有变转,同一声而分散于各部各韵,如一'某'声而'某'在厚韵、'媒腜'在灰韵,一'每'声而'悔晦'在队韵、'敏'在轸韵、'晦痗'在厚韵之类,参缝不齐,承学多疑之。要其始则同谐声者必同部也。"(《六书音均表》二)

"易简而天下之理得",这是科学研究的终极追求。前代古音学者胪列韵文、比合韵脚、离析唐韵、辨析音理,不可谓无效,但是始终没有找到一种最简便有效的方法,而段玉裁一语道破了:"同谐声者必同部。"

《六书音均表》二即《古十七部谐声表》,穷尽地列出了汉字的谐声符。与《说文解字注》配合,将《说文》所收的字都进行了归部,而不仅仅是《诗经》及其他韵文的入韵字。此举也是开创性的,表明段玉裁古音研究的理论和方法具有了相当的可操作性和可重复性这种近代实证科学所应有的特征。后来的古音研究学者无不继承了这种方法,只是在分部多寡、谐声符分配等具体细节上有所变动和改进,其基本理念则是一致的。

现代学者对段氏"同谐声者必同部"观点的批评不能说没有道理。[①] 但是如同著名的"格林定律"也有许多例外一样,存在一些例外并不能否定"同谐声者必同部"论断的重大价值。"同谐声者必同部"的价值在于它揭示了谐声的本质的和基本的状况,而例外只是少数,并且是非常有价值的。其实段玉裁自己已经注意到了,虽然《六书音均表一》提出了"古假借必同部说""古转注同部说"的命题,但是在《六书音均表三》又提出了"古异部假借转注说"和"古谐声偏旁分部互用说",指出:"古六书假借以音为主,同音相代也。转注以义为主,同义互训也。作字之始,有音而后有字,义不外乎音。故转注亦主音。假借取诸同部者多,取诸异部者少。转注取诸同部异部者各半。十七部为假借转注之维纲。""谐声偏旁分别部居,如前表所列矣。间有不合者。如裘字求声而在弟一部、朝字舟声而在弟二部、牡字土声而在弟三部、侮字每声而在弟四部……此类甚多,即合韵之理也。"

段氏的论述并非首施两端,正如"古本音"和"古合韵"的关系一样,古韵十七部提供了上古音分部的此疆彼界,是一个相对静止的参照系,反映了先秦韵系的基本面貌,而谐声偏旁的分部互用和异部假借转注的现象,正是语音在历史长河中流转变化的痕迹。段氏能认识到这一点,是它的优点而不是缺点。

## 2.3 关于古韵分部与"古十七部次第远近"的关系

顾炎武和江永古音分部的次序尚未摆脱中古韵书的影响,顾氏的十部也好,江氏的十三部也好,先后顺序都是照着《广韵》的顺序来的,

---

① 比如按照《诗经》押韵,谐声字与其声符有不在同一韵部的情况;《说文》对汉字形声的分析有失误的情况,因此"同谐声者必同部"存在不少反例。

第五章 音韵类

461

这种顺序的理由、部与部之间的关系,都从未得到过阐释。段玉裁的古韵十七部则不同,他完全抛开了中古韵书的束缚,按照自己对上古音各部合韵关系、音转关系的紧密程度的精密观察,实质上就是各部语音相近程度的大小,重新排列了十七部的次第并分了六个小类。属于同一小类的韵部,或次第相邻近的韵部,其关系就紧密。下面先列出六类十七部的次序表,再略举例子以揭橥段氏的看法(段玉裁像顾氏、江氏一样没有给自己分的韵部命以名称,这里姑且借用后人所用的名称来指称)。详见表2:

表2

| 类序 | 一 | 二 | | | | 三 | | | 四 | | | 五 | | | 六 | | |
|---|---|---|---|---|---|---|---|---|---|---|---|---|---|---|---|---|---|
| 部序 | 1 | 2 | 3 | 4 | 5 | 6 | 7 | 8 | 9 | 10 | 11 | 12 | 13 | 14 | 15 | 16 | 17 |
| 部名 | 之 | 萧 | 尤 | 侯 | 鱼 | 蒸 | 侵 | 覃 | 东 | 阳 | 庚 | 真 | 谆 | 元 | 脂 | 支 | 歌 |

例如上文提到的《鄘风·蝃蝀》“母”与“雨”押韵,“母”属第一类之部,“雨”属第二类鱼部,邻类合韵;又《大雅·思齐》“庙”与“保”押韵,“庙”属第二类第二部萧部,“保”属第三部尤部,同类邻部合韵;《秦风·小戎》“膺滕兴”与“音”押韵,前三字属第三类第六部蒸部,“音”属第七部侵部,同类邻部合韵;等等。又如《说文》示部“祡,烧柴尞祭天也。从示,此声。段注:十五部。凡此声亦多转入十六部。禷,古文祡从隋省。段注:隋声古音在十七部,此声古音在十六部,音转最近”。此例通过“祡”字的谐声、音转、重文,指出了第十五部、十六部、十七部的音近相转,此属同类邻部相转。又玉部“珣,医无闾之珣玗璂,从王旬声。段注:十二部。一曰玉器,读若宣。段注:谓训器则读若宣也,音转入十四部”。按,此属同类相转。这些语言事实无不证明段氏所列次的十七部次第深刻反映了古音系统内部的相互关系,远优于顾、江因循韵书所列的次序。这种对看起来似乎无关宏旨的细节的精心研

究,反映了段玉裁严谨的科学态度,更反映了他见微而知著的深刻洞察力。

## 2.4 关于"考古"和"审音"的关系

前人因江永批评顾炎武"考古之功多,审音之功浅",而把顾列入"考古派",把江列入"审音派"。段玉裁也被认为是"考古派",似乎他因不精通字母等韵之学而疏于审音。实际上这完全是误解了什么是"审音",也完全误解了段玉裁。"审音"的功夫,并非仅仅指中古等韵学的字母、七音、开发收闭、开合洪细、轻重内外等等知识,更主要的是要善于理解汉语音节的结构方式、结构类型、结构成分、音类之间的差别同异、相互关系、以及制约这些东西的因素,即古音系统的全局。否则就可能迷失于琐屑的枝节,失去全局,看不到本质的东西。段玉裁确实精于考古,但是对审音也非常重视和内行。《六书音均表一》有一段话说,古音十七部,今音平上去入一共有二百零六韵,为什么分那么多呢? 是因为"音有正变也。音之敛侈必适中,过敛而音变矣,过侈而音变矣⋯⋯大略古音多敛,今音多侈⋯⋯其变之微者,亦审音而分析之。"明确提出"审音"的概念。在段氏眼中大体上三等韵是正音,一二四等韵是变音,这跟黄季刚先生的古本韵说法正好相反。但是我们注意到,罗杰瑞教授论上古汉语一二四等跟三等的区别时,认为三等韵是非喉化音,一二四等韵是喉化音。按普通语音学的观点,非喉化音当然是正音,喉化音是变音。段氏的看法跟二百年后的现代学者的理论暗合,难道不是他审音的精到吗?

段玉裁考古和审音的成果,最为人称道的就是他的古音分部。他把顾、江的第二部(支部)分为之、脂、支三部,当时就收到戴震等大家的赞赏,至今仍是不刊之论。我们看他分三部的理由,当然首先是考古,列举《诗经》和其他周秦韵文的韵例,果然应当分;其次就是审音,段氏举了两方面的理由,一是韵部之间的关系,之尤相近,之部字不少转入尤韵的,如"尤邮谋丘久疚牛又有否玖负妇秠旧"等,而脂支两部字没有转入尤韵的;二是平入关系,之部配职德、支部配陌麦昔锡、脂部则配收舌诸入声韵,三者关系上古分用很严。

关于"异平同入"的理论,也是段玉裁审音的结果。中古的韵书、韵图是把入声跟阳声相配的,顾炎武、江永把大部分的入声配阴声,但是没有说清楚其音理。段玉裁虽然继承顾、江以入配阴的格局,但是发现入声跟阳声的关系是割不断的。他指出第六部(蒸)与第一部(之)同入、第十部(阳)与第五部(鱼)同入、第四部(侯)、第三部(尤)与第九部(东)同入,等等。段氏所述,有的非常正确,有的比较粗率,有待后人修正,实际上却是孔广森、戴震阴阳入对转理论的先声。这种着眼大局的审音,体现了段氏清晰的古音系统观念,岂是琐屑末技可比。

## 2.5 关于古音研究成果展现形式

段玉裁的古音学成果若论专著,似乎就只有《六书音均表》那么一本薄薄的提纲式的小册子,通常只是作为《说文解字注》的附录出现。但是这只有五万多字的著作,却几乎字字珠玑,创造性思维的密度很大,留给读者的思考题目很多。然而这正是段氏古音学理论的长处。正如他引用《周易·系辞传》中的名言"易简而天下之理得",他在《六书音均表》中发现和表达的简单而深刻的道理,发明的朴素而实用的方法,使南北朝以来古音学的艰难探索走出了丛林,踏上了康衢通道。在某种意义上可以说,正是贯彻运用了《六书音韵表》的理论和方法,《说文解字注》才能够取得空前的成功。

## 三

段玉裁的古音学研究之特色和优点,我们可以归纳为:

(1)明确提出一系列术语和命题,并对其内涵赋值,使其学术研究具有鲜明的科学色彩。

如"古本音"："凡一字而古今异部，以古音为本音，以今音为音转。如'尤'读'怡'、'牛'读'疑'、'丘'读'欺'，必在第一部而不在第三部者，古本音也；今音在十八尤者，音转也。举此可以隅反矣。"（《六书音均表》一）有定义，有举例，即使在今天，也是符合标准范式的术语。再如"古假借必同部说"，这是一个命题，所以加了一个"说"字："古本音不同今音，故如《夏小正》借'养'为'永'、《诗》《仪礼》借'蠲'为'圭'，古'永'音同'养'、'蠲'音同'圭'也。古音有正而无变，故如借'田'为'陈'、借'荼'为'舒'，古先韵之'田'音如真韵之'陈'、模韵之'荼'音如鱼韵之'舒'也。古四声不同今韵，故如借'害'为'曷'、借'宵'为'小'见《学记》为'肖'见《汉书》，古'害'声如'曷'、'小''肖'声如'宵'也。必明乎此三者，而后知假借。"（《六书音均表》一）这一命题揭示出古假借的实质，从三个方面以七实例证明了假借就是古本音属同部的同音字互相替代。这与现代学术研究中对规则、定理的阐释完全是一致的。

（2）创造性地发明了用谐声系统归纳韵部系统的方法，沟通了音韵、文字、训诂三者的研究，将对音韵的认知判断建立在客观材料的基础上，是语言研究方法的科学转变。

科学研究必须以客观事实和规律为基础。音韵学研究在现代之前是所谓"口耳之学"，具有极强的个人色彩和主观色彩，很难找到语音的客观物，尤其是已经消逝了的古音。段玉裁在研究《说文解字》时发现汉字的谐声系统恰恰是记录古音的客观材料。文字是记录语言的符号，汉字的"形"记录了汉语音节的"音"和"义"，其中"音"就是通过其谐声系统记录下来的。这部分材料就是研究古音的客观材料。《诗经》等上古韵文押韵只涉及一部分文字，未曾入韵的汉字如何归部（这是研究假借、通假、转注、异文等问题必须的知识），之前一直是学者们束手无策的事，有了段玉裁揭示的这一规律，训诂学就获得了利器。清代小学的空前发达,成绩斐然,与方法的科学化是不可分割的。

（3）摒弃了绝对化的思维模式,发现了语言内部的多元对立—协调的事实,并揭示了其规律。

陈第在古音研究上的开创之功是巨大的,但是其学术思维的逻辑却是绝对化的。他正确地看到了古音与今音不同,因此在《诗经》押韵字中找出 500 个,一一以直音注明其古读,他在《自序》中批评"叶音说"说:"夫其果出于叶也,作之非一人,采之非一国,何'母'必读'米',非韵'杞'韵'止',则韵'衭'韵'喜'矣?'马'必读'姥',非韵'组'韵'黼',则韵'旅'韵'土'矣?'京'必读'疆',非韵'堂'韵'将'则韵'常'韵'王'矣?'福'必读'逼',非韵'食'韵'翼',则韵'德'韵'亿'矣?厥类实繁,难以殚举。其矩律之严,即《唐韵》不啻,此其故何邪?"但是他对《诗经·鄘风·蝃蝀》"母"与"雨"押韵的事实却避而不谈。顾炎武讲古音,却只承认古音为"正",以后代读音为"误",《唐韵正》一书《四库提要》说:"与所作《韵补正》皆为善本。然《韵补》误叶古音,可谓之'正';至《唐韵》则本为四声而设,非言古韵之书。声随世移,是变非误。概名曰'正',于义则犹未协。"这一批评应该说是恰当的。江永为古韵立标准,把所有例外都归之于"方音",也是一种绝对化的表现。

段玉裁的上古音理论,既讲"古本音",又讲"古合韵";既讲"古音韵至谐",又讲"古十七部合用类分";既讲"古假借必同部""古转注同部",又讲"古异部假借转注",这表明他的语言观是承认古代汉语内部存在多元对立—协调的事实。语言本是历史的产物,既有从《诗经》时代到后代的发展变化,也有自前《诗经》时代到《诗经》时代的发展。比如"同谐声者必同部"的命题存在少数反例,这很正常,因为远在《诗经》时代之前的甲骨文中就已经有形声字,而在《诗经》时代之后的战国秦汉时代,形声字还在源源不断地产生,因此《说文》的谐声系统所反映的,一定不是一个纯粹的共时语音系统。利用它来解释先秦文献中的语言现象大部分能够获得理想结果,就已经相当成功了。承认例外,承认变化发展,这恰恰是实事求是的科学态度。

下面我们将段玉裁古音学理论的内在逻辑描述为如图1的框架:

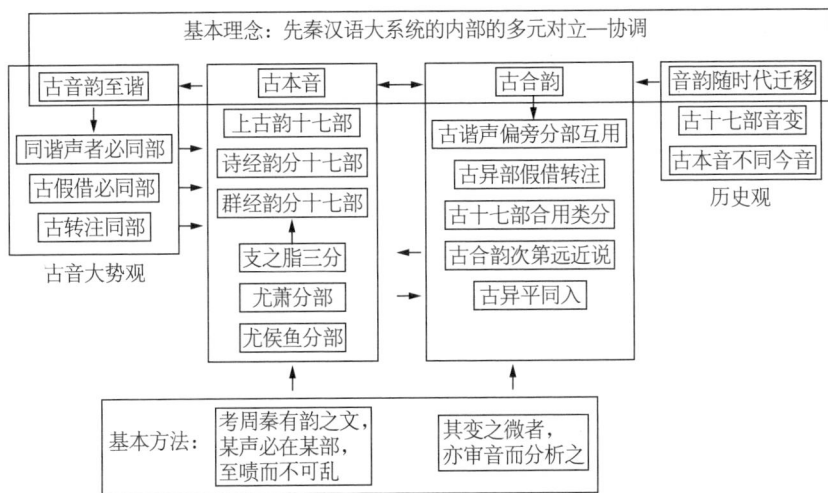

图1　段玉裁古音学理论的内在逻辑示意图

## 参考文献

陈　第[明]著,康瑞琮点校　1988《毛诗古音考》,北京:中华书局。

段玉裁[清]　1981《说文解字注》,上海:上海古籍出版社。

段玉裁[清]　1981《六书音均表》//段玉裁,《说文解字注》,上海:上海古籍出版社。

顾炎武[清]　1982《音学五书》,北京:中华书局。

黄　侃　1964《黄侃论学杂著》,北京:中华书局。

江　永[清]　1982《古韵标准》,北京:中华书局。

陆德明[唐]　1983《经典释文》,北京:中华书局。

《四库全书》出版工作委员会编　2006《文津阁四库全书提要汇编(全五册)》,北
　　京:商务印书馆。

朱　熹[宋]　1980《诗集传》,上海:上海古籍出版社。

（施向东　天津大学语言科学研究中心）

# 段玉裁古音观的历史超越

## ——试析段玉裁"双线二论"的古音观*

### 施向东

**摘　要**　段玉裁的《六书音均表》集中体现了他的古音观,而《说文解字注》则全面展示了这一理论。段玉裁的古音观有两条主线,"古音韵至谐"观是段玉裁的古音大局观,由"古本音"论和"古合韵"论构成,前者是处理古韵分部问题的基本理论,后者是处理部际关系问题的基本理论;"音韵随时代迁移"观是段玉裁的古音历史观,是以观察点的历史位移解释上古音中特殊现象和矛盾现象的卓越理论。而"考古"与"审音"相结合则是是段玉裁处理古音问题的基本方法论。段玉裁的《说文解字注》打破了"疏不破注"的传统,由"我注说文"而达到了"说文注我"的境界。

**关键词**　段玉裁　古音观　古音韵至谐　古本音　古合韵音韵随时代迁移

一

前论:《六书音均表》与《说文解字注》的纲目关系和体用关系。

《说文解字注》是段玉裁(1735—1815)耗时 40 年著成的煌煌巨著,其文字学、训诂学、音韵学成就都达到了历史的高峰。而书中的古

---

＊　原文曾发表于《南开语言学刊》2018 年第 1 期,据以收入时略有修改。

音学思想,其实在他注《说文》之前就成书的《六书音均表》中就已经提纲挈领,表露无遗。段氏对《说文解字》所说解的每一字都注明其古音韵部,凡是段氏觉得古音与今音抵牾,或谐声与归部有冲突,以及其他需要说明其读音的地方,都会或详或略地加以说明。① 其理论根据,都可以在《六书音均表》中找到。全书第一字"一"下,段氏注曰:"於悉切。古音第十二部。〇凡注言一部、二部、以至十七部者,谓古韵也。玉裁作《六书音均表》,识古韵凡十七部。自仓颉造字时至唐、虞、三代、秦、汉,以及许叔重造《说文》曰'某声',曰'读若某'者,皆条理合一不紊。故既用徐铉切音矣,而又某字志之曰'古音第几部'。又恐学者未见六书音均之书,不知其所谓,乃于说文十五篇之后,附《六书音均表》五篇,俾形声相表里,因专推究,于古形、古音、古义可互求焉。"这就是开宗明义,一上来就把《六书音均表》与《说文解字注》的纲目关系交代清楚,也把《说文解字注》必以《六书音均表》为附录的缘由交代清楚了。

但是两书的关系不仅仅是纲目关系,还是体用关系。《六书音均表》讲的是《诗经》及先秦其他韵文的押韵问题,是归纳的韵部和入韵字,是通过押韵总结出来的古韵系统。而《说文解字注》是要用这个古韵系统说明汉字结构中的谐声系统、说明汉字使用中的假借、转注现象,是要用音韵通训诂,使音韵学的价值在为文字学和文献学服务中得到体现。

---

① 如一篇上一部"丕,大也。从一不声。敷悲切"段注:"古音在第一部。铺怡切。"按"敷悲"之音《广韵》属脂韵,据《六书音均表一》应归古音第十五部。但是按其声符"不",据《六书音均表一》应归古音第一部。所以段注特意要辨明反映中古音的有些反切不适于上古音,指出"丕"字"古音在第一部"。并另拟了一个适合上古音归部的反切"铺怡切"。以下凡是段注强调"古音在某部"的,都应做如是观,不应按中古反切而应按其形声来给该字定位上古音的韵部。又示部"祡,从示此声。仕皆切。(段注:十五部。凡此声亦多转入十六部。)……褅,古文祡,从隋省。(段注:隋声古音在十七部,此声古音在十六部,音转最近。)"以下凡是段注强调"音转"的,都应作如是观。

《六书音均表》与《说文解字注》中体现的段玉裁的古音学思想,可用图1示意,以便于下文的论述:

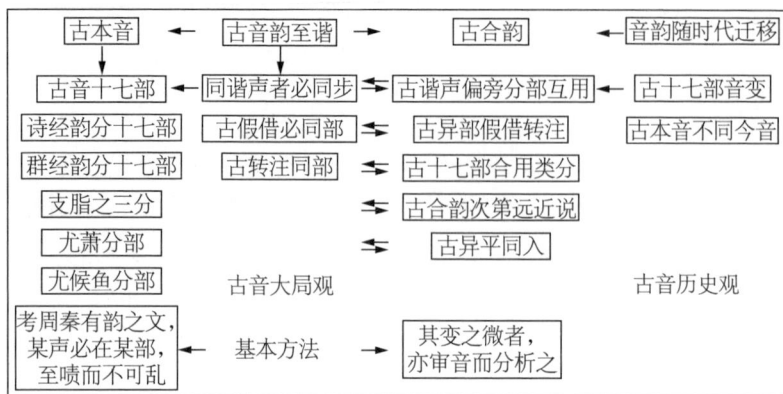

图1 段玉裁古音学思想示意图

图1中的论点都见于《六书音均表》(以下简称《音均表》),而一一体现于《说文解字注》(以下简称"段注")对各个字古音的注解之中。细读段注,便可抽绎出段氏注释古音的体例及其背后的逻辑,赫然在目的不仅是段氏古音系统,而且是他的杰出的古音观。段玉裁的古音观有两条主线,第一条主线"古音韵至谐"观是段玉裁的古音大局观,由"古本音"论和"古合韵"论构成,前者是处理古韵分部问题的基本理论,后者是处理部际关系问题的基本理论;第二条主线"音韵随时代迁移"观是段玉裁的古音历时观,是以观察点的历史位移解释上古音中特殊现象和矛盾现象的卓越理论。而"考古"与"审音"相结合则是段玉裁处理古音问题的基本方法论。这一"双线二论"的古音观中包含的科学思维模式,是我们今天仍要认真解析的对象。

二

本论:段玉裁古音观的历史超越。

说到段玉裁在古音学上的贡献,人们一般都会津津乐道于他的古音十七部的分部观点,而很少谈到他的古音观背后的学术理念和思维模式。现代科学日益摒弃直线式和单向式的思维模式,而我们在《音均表》和"段注"中看到的"双线二论"的古音观,就已经对这种直线式和单向式的思维模式实现了历史性的超越。在段玉裁之前,陈第、顾炎武等学者已经通过对宋儒"叶韵"说的批判树立了语音的历史观,实现了古音观的第一次历史超越。但是他们的古音观尚存在缺陷,那就是单向式和直线式的发展观。历史地看,陈第、顾炎武等面对的主要是"叶韵说"这种错误理论,因此把理论的重点放在了论证"古音"(陈第《毛诗古音考》《屈宋古音义》)"本音"(顾炎武《诗本音》)上,而对客观存在的合韵、合音现象没有关注或没有重视,因而不可能从理论上来论证。江永《古韵标准》把一切合韵现象都委之以"方音",实际上也是委婉地否认了"合韵"现象。段玉裁在继承前贤学说提出"古本音"论的同时,创造性地提出了"古合韵"论,双论并峙,构成了他的"古音韵至谐"观,即他的古音共时观。与此同时,他还有一个重要观念,即"音韵随时代迁移"观,即他的古音历时观。有了这一观念,许多历来纠缠不休的矛盾现象就涣然冰释。段氏的"双线二论"古音观,是古音学史上的又一次历史性的超越。对于段玉裁古音观的历史超越,我们应该给予充分的肯定。

## 2.1 段玉裁的古音大局观

段玉裁的"古音韵至谐"观不仅是他的"古本音"论,而且包含了"古合韵"论,"古本音"论是处理上古音普遍现象的基本理论,"古合韵"论是处理上古音局部现象的基本理论,两论看似冲突,实则相互补充,构成了段玉裁的古音大局观。

### 2.1.1 "古本音"说前有所承,"古本音"论实为首创

如上所述,"古本音"的观念不是段玉裁首先提出来的,陈第、顾炎

武、江永都已经有了"古音""本音"的观念。但是"古本音"作为一个术语，是段玉裁首先命名和定义的。"古本音"论作为一个理论，是段玉裁首先论证的。《音均表》一、二全面阐述了古本音理论，"段注"则全面贯彻了古本音理论而为全书所收的字注明了古音。

段氏的"古本音"论与前贤的"古音""本音"说是有明显区别的。首先，段氏之前的"古音""本音"论带有片面性绝对化的缺陷，如陈第《毛诗古音考》自序虽然正确地指出："盖时有古今，地有南北，字有更革，音有转移，亦势所必至。故以今之音读古之作，不免乖剌而不入。"但是他所谓"母必读米，非韵杞韵止，则韵祉韵喜""马必读姥，非韵组韵黼，则韵旅韵土"等，却恰恰暴露了他的古音观的缺陷，他强调按"古音"读毛诗无须"叶韵"自然和谐，这自然是对的，却无视了"古合韵"存在的事实，"母读米"解释不了《鄘风·蝃蝀》二章"雨、母"相押的事实；另一方面，他也缺乏古音发展可以历史分化的观念，"马读姥"虽然解释了与"组黼旅土"的押韵，却不好解释与"野者"（《鲁颂·駉》二三四章）的押韵，陈第只好把中古麻韵系字都归到鱼模韵的读法。我们今天知道，这是不符合历史事实的。而段氏的"古本音"论与"古合韵"论不可分割，不是单兵突进的片面之说。故《音均表》既有表一表二专论古本音，又有表三申论古合韵，表四、表五兼列古本音与古合韵。《音均表》四第一部"古本音"列"母"字，第五部"古合韵"又列"母"字，指出"古本音在第一部，《诗·蝃蝀》以韵'雨'，此古合韵也"。段氏"古本音"论又与"音转"（即"音韵随时代迁移"）论不可分割，故段氏定义古本音曰："凡与今韵异部者，古本音也。其于古本音有龃龉不合者，古合韵也。"又说："凡一字而古今异部，以古音为本音，以今音为音转。如'尤'读'怡'、'牛'读'疑'、'丘'读'欺'，必在第一部而不在第三部者，古本音也；今音在十八尤者，音转也。举此可以隅反矣。"由此可见，"古本音"论不是段氏古音观的全部，而只是其中一个重要的组成部分，它与段氏古音学说的其他部分有机地组合起来成为一个系统的古音理论。

其次,段氏"古本音"论与汉字谐声系统结合起来,将《说文》谐声符分配到古音十七部之下,使所有汉字都具有了古音归属,而不限于先秦的入韵字。段氏之前,陈第与顾炎武都注意到谐声符与古音的关系。《毛诗古音考》卷一:"皮音婆。《说文》'波坡颇跛'皆以皮得声。"《古音表》将微韵"旂圻斩沂"划归第四部殷韵,微韵"挥辉晖翬"划归第四部文韵,透露出根据谐声符进行归部的倾向。但是他们的做法是零碎的、不自觉、不彻底、不系统的。而段玉裁则旗帜鲜明地提出了"一声可谐万字,万字而必同部。同声必同部"的观点和利用谐声偏旁进行古韵分部的理论方法:"六书之有谐声,文字之所以日滋也。考周秦有韵之文,某声必在某部,至啧而不可乱。故视其偏旁以何字为声,而知其音在某部,易简而天下之理得也。"这就使古音理论不再局限于先秦诗歌的赏析和押韵研究,而是把古音学与文字学、训诂学结合起来,把古音学与文献解读中假借、转注结合起来,大大扩展了古音学的使用价值。《音均表》二"古十七部谐声表"是一个了不起的创举,表明段玉裁古音研究的理论和方法具有了相当的可操作性和可重复性这种近代实证科学所应有的特征。后来的古音研究学者无不继承了这种方法,只是在分部多寡、谐声符分配等具体细节上有所变动和改进,其基本理念则是一致的。

再次,段氏"古本音"论是一个经受了实践检验的理论。"古本音"论在段氏注《说文》中受到了严格的检验。《说文》9 353 字,重文1 163字,段注说解其音,言"合韵/合韻"者101次,言"合音"者94次,合计195,仅占1.85%,加上言"音转"者61次,言"音变"者11次,占0.6%,共计2.54%。也就是说,符合"同谐声者必同部"的占到97%以上。这充分证明了"同谐声者必同部"是一个经得起实践检验的科学预言。

### 2.1.2 创立"古合韵"论

"古合韵"论是段玉裁首创,弥补了陈第、顾炎武等反对"叶韵说"

时的矫枉过正,是解释上古音中不符合"古本音"论的少数局部现象的正确理论。

段玉裁明确地说:"古本音与今韵异,是无合韵之说乎？曰：有。""凡与今韵异部者,古本音也。其于古本音有龃龉不合者,古合韵也。……不以本音蔑合韵,不以合韵惑本音,三代之韵昭昭矣。"又说:"学者必知十七部之分然后可以知十七部之合,知其分、知其合然后可以尽求古经传之假借、转注而无疑义。"《音均表》三专门阐述了"古合韵"理论,表四(《诗经》韵分十七部表)在古韵十七部的每一部之后,除了列举"古本音"的韵字外,还列举了"古合韵"的韵字,表五(群经韵分十七部表)也在"古合韵"的韵字上加上圈来标记。但是我们千万不要认为"古合韵"论只是一种消极的、无可奈何地承认例外的遁词。实际上,"古合韵"论有着非常积极的、重要的理论内涵。

首先,"古合韵"理论是"古本音"理论的必要补充。不论是《诗经》还是先秦其他韵文押韵,符合"古本音"论的是占绝大多数;汉字谐声系统,符合"同谐声者必同部"的也占绝对的优势。例外数量虽少,但也是客观存在,如果没有一个合理的理论去解释它,那就会陷入不可解决的矛盾之中。如上文提到的《诗经·鄘风·蝃蝀》二章"雨、母"相押的事实,如果不承认是合韵,那么,"雨"(段氏属第五部)和"母"(段氏属第一部)的分部就不能成立,推而广之,那么"古本音"和古韵十七部的理论大厦就会整个轰然倾倒。再进一步说,任何古韵分部都不可能成立。

其次,"古合韵"论并不是仅仅承认"古本音"论和古音十七部的分部存在例外,它还探求这些例外中的规则,揭示了"古谐声偏旁分部互用""古异部假借转注""古十七部合用类分""古合韵次第远近说""古异平同入"等规律性的现象。这里仅就"古合韵次第远近说"和"古异平同入"说略微展开举例。段氏考察了《诗经》及先秦其他韵文合韵所表现出来的紧密程度的不同把十七部互相之间关系的排列成六类,揭示了它们之间的亲疏远近的关系,并据此安排了他的古韵十七部的次序(段氏像顾氏、江氏一样没有给自己分的韵部命以名称,这里姑且借用后人所用的名称来指称)。详见表1。

**表1 段氏古韵十七部次第表**

| 类序 | 一 | 二 | | | | 三 | | | 四 | | | 五 | | | 六 | | |
|---|---|---|---|---|---|---|---|---|---|---|---|---|---|---|---|---|---|
| 部序 | 第1部 | 第2部 | 第3部 | 第4部 | 第5部 | 第6部 | 第7部 | 第8部 | 第9部 | 第10部 | 第11部 | 第12部 | 第13部 | 第14部 | 第15部 | 第16部 | 第17部 |
| 部名 | 之 | 萧 | 尤 | 侯 | 鱼 | 蒸 | 侵 | 谈 | 东 | 阳 | 清 | 真 | 文 | 元 | 脂 | 支 | 歌 |

段玉裁的十七部排列次序改变了以往学者按照中古韵书的顺序排列古音韵部的传统,完全按照古音系统内部的音近关系来安排次序,是一种创举,反映了他尊重客观规律的科学态度。还有"异平同入"的理论,也是段玉裁"古合韵"理论的一个具体表现。中古的韵书、韵图是把入声跟阳声相配的,顾炎武、江永把大部分的入声配阴声,但是没有说清楚其音理。段玉裁虽然继承顾、江以入配阴的格局,但是发现入声跟阳声的关系是割不断的。他指出第六部(蒸)与第一部(之)同入、第十部(阳)与第五部(鱼)同入、第四部(侯)、第三部(尤)与第九部(东)同入,等等。段氏所述,有的非常正确,有的比较粗率,有待后人修正,实际上却是孔广森阴阳对转和戴震阴阳入对转理论的先声。"异平同入"的理论进一步补充了古韵十七部部际关系的学说,为审视"古合韵"现象增添了理论武器。

其三,段玉裁揭示的古合韵现象中类内关系、类际关系和部际关系的规律在"段注"中得到了检验和证实。如 篇下屮部"毒,从屮,毒声"段注:"毒在一部,毒在三部,合韵至近也。"一篇下艸部"芿,从艸,乃声"段注:"如乘切,六部。乃在一部,仍芿在六部者,合韵最近也。"二篇上八部"豙,从八,豕声"段注:"豙在十六部,豙遂在十五部,合韵最近也。"二篇下足部"踊,从足,扁声……读若苹"段注:"此十一部十二部合韵。"三篇上舌部"䚭,从舌,易声"重文作"䑐",从也。段注:"也声古在十七部,与十六部合韵最近。"三篇下革部"鞞,从革,卑声"段注:"并顶切。古音当在十六部。支清多合韵。"四篇上隹部"䧇,从隹山……肖声"段注:"户圭切,十六部。按肖声在十五部,合韵也。"鸟部"鷢,从鸟。堇声"段注:"那干切。十四部。按堇声在十三部。合韵也。"五篇上亏部"亏,从亏。虖声"段注:"去为切,据道德经古音在十七部,虖在五部,鱼歌合韵也。"七篇上刊部"朝,从刊,舟声"段注:"陟遥切。二部。按舟声在三部。而与二部合音最近。"七篇下网部"罶,从网留。留亦声"重文作"䍧",从娄。段注:"三部四部合音。"例子还有很多,都证明了段氏揭示的古合韵的关系是经得起验证的。

历史比较语言学中著名的格林定律(1822),揭示了古代日耳曼语中辅音转移的规律,但是存在许多例外现象。后经罗德纳(1862)、格拉斯曼(1862)和维尔纳(1867)的研究,在例外中又发现了规律,成了历史语言学研究的佳话。段玉裁的古本音论和古合韵论,揭示了上古音的一般规律和其例外现象中的规律,而且远远早于这些欧洲学者,这是值得我们大书特书的。

### 2.1.3 "古本音"论和"古合韵"论合成"古音韵至谐"论

"古音韵至谐"观不仅仅意在强调"古本音"论,强调"同谐声者必同部""古假借必同部""古转注同部"的观念,而且包含了"古合韵"论,前者是处理上古音分部的得心应手的利器,后者是处理上古音部际关系的卓越理论,两论相互补充,反映了古代押韵和谐声假借的大局。

说文二篇下龠部:"龤,乐和也。"段注:"龤训和。和训调。调训和。三字为转注。'龤和'作'谐和'者皆古今字变。"三篇上言部:"谐,詥也。""詥,谐也。"段注:"詥之言合也。"许意"谐"为"和、合",而不是"齐同",这跟中国古代哲学主张"和而不同"是完全一致的。乐声同则陋,乐声和则美,"八音克谐"是最理想的境界。因此,段氏的"古音韵至谐"观,正好将"古本音""古合韵"二论统包其中。

2.2　段玉裁的"音韵随时代迁移"观是一个历时解释系统,它不仅是解释上古音与中古音关系的正确理论,也是解释上古音中"音转""音变""合韵"等特殊现象和矛盾现象的卓越理论,它是段玉裁的古音历时观。段玉裁的"音转""音变"观念,是对陈第"音有转移"说的又一次超越。

在段玉裁以前,陈第就提出"音有转移"的观点,但是他没有解决"音如何转移"的问题;顾炎武借助了中古"唐韵"(实际上是《广韵》)的框架来讨论上古音,虽然做到了"离析唐韵",但是从他古韵十部的次序来看,他还是没有彻底跳出中古音的束缚。江永虽有改进,但是本质未变。他们共同的缺陷,都是没有关注古音是如何转、如何变的,其中存在哪些规律。

### 2.2.1　"音转""音变"观与"古合韵"论的内在逻辑关系

段玉裁的"音转""音变"观与陈第的不同之处,在于后者只是零碎地、就字论字地谈古音,谈音变,而前者则是系统地、规则地阐述"音转""音变"。所谓"系统",就是他的古韵十七部系统,就是《说文》谐声系统,所谓"规则",就是他的"古合韵"论所揭示的古韵十七部次第远近和部际关系的规则。

"段注"言"音转"凡61见,言"音变"凡11见,如:《说文》一篇上示部:"祟,从示,此声。"重文祧,从隋省。段注:"隋声古音在十七部。此声古音在十六部。音转最近。"一篇下艸部"葩,从艸,肥声"段注:"房未切,|五部。"重文蘿,从麻贲,段注:"按贲声本在十五部,音转入十三部。故蘿亦符刃、符分切。"五篇上竹部"等"字段注:"古在一部,止韵,音变入海韵,音转入等韵。多肯切。"六篇下邑部:"鄐,从邑,崩声……读若陪。"段注:"许云'崩声',则在第六部也。'读若陪',则音转在一部也。鄐城,

《楚汉春秋》作凭城。师古云'郮又音普肯反',皆本音也。今音薄回切,依'读若陪'之云而入灰韵也。"七篇上日部"曬,从日,麗声。"段注:"所智切。音变则所卖切,十六部。"十一篇下鱼部"鯇,从鱼,完声"段注:"户版切,旧音也,十四部。又胡本切,今音也,音转而形改为'鰥'矣。"十四篇上斗部"斡,从斗,㪒声"段注:"乌括切,古音在十四部。《匡谬正俗》云:'斡音笯,不音乌活反',引陆士衡《愍思赋》为证。按其字'㪒声',则颜说是也。然俗音转为'乌括切',又作揞、作斜,亦于六书音义无甚害也。"凡此诸例,都与上面所举的"古合韵"的规则相同。段氏的"合韵"也好,"音转""音变"也好,都不是任意随便的乱合乱转,而是循着一定的语音规则而合、转的。由此可见,段氏"古合韵"论所揭示的部际关系,实际上也深刻反映了汉语韵部之间离合关系或演变关系。"古合韵"论的丰富的理论价值在此也可见一斑。

### 2.2.2 "音转""音变"现象有共时的表现,但是本质上是历时的现象

"音转""音变"原是在时间的维度上提出来的范畴。但是它们在共时平面上也有表现。比如按照"古本音"的理论,凡是同谐声的必同部、古假借必同部,但是却也有"古谐声偏旁分部互用""古异部假借转注"的现象。前者如:《说文》七篇上㪒部"朝,从㪒舟声"段注:"陟遥切。二部。按舟声在三部。而与二部合音最近。"《诗经》入韵6见,与"敖郊骄镳劳暴笑悼刀遥忉苗高"等押韵,全部在第二部。八篇上人部"侮,从人,每声",重文"侮",从母。段注:"母声犹每声也。"按"母声、每声"在第一部,而"侮"在第四部。《诗经》入韵4见,与"后口愈咐奏句树"等押韵,全部在第四部。《左传·昭公七年》载《正考父鼎铭》"侮"与"偻伛俯走口"押韵,亦全是第四部字。段氏《音均表》三"古谐声偏旁分部互用说"条指出:"此类甚多,即合韵之理也。"

异部假借的例子如:《诗经·小雅·常棣》:"兄弟阋于墙,外御其

务。"郑玄笺:"务,侮也。"《左传》僖公二十四年引此诗,正作"外御其侮"。按,"务"字古音第三部,"侮"字古音第四部。《诗经·大雅·文王有声》"筑城伊淢",毛传:"淢,成沟也。"郑玄笺:"方十里曰成,淢,其沟也。"而《说文》十一篇上作"洫",解云:"十里为成,成间广八尺深八尺谓之洫,从水血声。"段注:"毛诗作淢……按门阈之字古文作閾,是'或'与'血'异部而音通也。"按"或"声在第一部入声,"血"声在第十二部入声。

尽管"音转""音变"现象在共时平面上有所表现,但是本质上它们还是历时现象,是历时现象在共时平面上的投影。段玉裁说:"自音有变转,同一声而分散于各部各韵……参差不齐,承学多疑之。要其始则同谐声者必同部也。"这是一个真知灼见的命题。须知,远在《诗经》时代之前的甲骨文中就已经有形声字,而在《诗经》时代之后的战国秦汉时代,形声字还在源源不断地产生,因此《说文》的谐声系统所反映的,一定不是一个纯粹的共时语音系统。段玉裁清醒地认识到这一点,所以他能够把"音转""音变"的观念随时体现在对《说文》的注解中,读者如果误把《说文》当成一个纯粹的共时系统,就会排斥"音转""音变"的思想,怀疑段氏的结论。

## 2.3 "考古"与"审音"相结合

"考古"与"审音"结合,是段玉裁处理古音问题的基本方法论。"考古"的关键是找对线索,"审音"的要害是抓住枢纽。

"双线二论"犹如生命物质 DNA 中双螺旋结构,赋予段玉裁古音理论以生命力。江永曾经批评顾炎武:"考古之功多,审音之功浅。"有人把段玉裁也划归"考古派"的阵营,认为他工丁考古而拙于审音。这种看法并不符合事实。段玉裁在"双线二论"观念支配之下是兼重考古和审音的。

语音如何"考古"? 古人没有记录声波的技术,但是留下了记录音义的文字。汉字有谐声一途,声符就是字音的记录。《说文》一书,形声字占十之八,许多非形声字,也往往作形声字的声符,段氏之考古,就是抓住谐声问题这个语音考古的全局。《音均表》二云:"六书之有谐声,文字之所以日滋也。考周秦有韵之文,某声必在某部,至啧而不可乱。故视其偏旁以何字为声,而知其音在某部,易简而天下之理得也。许叔重作《说文解字》时未有反语,但云某声某声,即以为韵书可也。"段氏抓住这一线索不放,犹如高屋建瓴,得以俯瞰全局。因此,在《音均表》中,首先摆明古韵十七部的架构(表一),随后就列出了古韵十七部的谐声表(表二),接着阐明古韵十七部的"合用类分"(表三),这样"古本音""古合韵"的全局就赫然在目,为考明《诗经》和群经按十七部分韵的韵谱(表四、表五)做了理论的铺垫。在"段注"论音的部分中,段氏的考索也主要围绕谐声而展开。如《说文》二篇上牛部:"犕,易曰'犕牛乘马'。从牛,葡声。"段注:"系辞今作服。古音及声、葡声同在第一部。故服、犕皆扶逼反。以车驾牛马之字当作犕,作服者假借耳。《左传》'王使伯服如郑请滑',《史记·郑世家》作伯犕。《后汉书·皇甫嵩传》'义真犕未乎',《北史》魏收嘲阳休之'义真服未',正作'服'字。此皆通用之证也。"七篇下疒部:"瘜,从疒或声,读若沟洫之洫。"段注"按洫声在十二部,或声在一部。然《毛诗》洫作减,古文阈作閾,是合音之理也。"

段氏之审音,着眼于音转音变的趋势这一枢纽,因而能够统御全局,不迷失于细微末节。《音均表》一"古十七部音变说"云:"古音分十七部矣,今韵平五十有七,上五十有五,去六十,入三十有四,何分析之过多也?曰,音有正变也。音之敛侈必适中。过敛而音变矣,过侈而音变矣。"在缕述中古韵部之正变之后,段氏指出:"大略古音多敛,今音多侈。之变为咍、脂变为皆、支变为佳,歌变为麻,真变为先,侵变为盐,变之甚者也。其变之微者,亦审音而分析之。音不能无变,变不能无分。明乎古有正而无变,知古音之甚谐矣。"在"段注"一书中,段氏审音围绕着音之古今正变、韵部之间合音关系,展现他的细致独到的眼光。如一篇上示部："祇，敬也，从示，氏声。"段注："旨夷切。古音凡'氐'声字在第十五部，凡'氏'声字在第十六部。此《广韵》'衹'入五支、'祇'入六脂所由分也。铉所据《唐韵》'祇，旨移切。'是孙愐'祇'入五支，远逊于宋《广韵》所改定矣。《经典释文》于《商颂》'上帝是祇'诸时反，则又阑入七之。于《孔子闲居》诸夷反，则固不误。此等学者所当审定划一也。"此强调"脂、支"之别即古音第十五部、十六部之别。二篇上走部："赿，疑之等赿而去也。从走，才声。"段注："等读若矕。'等、赿'叠韵字，濡滞之皃。疑之故等赿而去。'等'在之止韵，音变入咍海韵，音转入拯等韵。仓才切，一部。"此强调古音第一部的音变及与第六部的音转关系。又如一篇下艸部"蘳，从艸，鞋声。读若堕坏。"段注"此谓读如堕坏之堕也。堕，隋声，在十七部，音转许规切，入十六部。凡圭声字在十六部。铉本脱去'堕'字，《广韵》蘳有'坏'音，误矣。唐韵胡瓦切，十七部之音变也。"此考证十七部字与十六部字的区别以及致误的原因。这些审音成果，都是段氏在他的双线二论观念指导下做出来的，仅凭中古等韵学的知识是完全不够的。

## 三

余论："我注说文"与"说文注我"——段玉裁学术研究的主体性。

段玉裁完成《音均表》后，用其后半生 40 年的精力来注《说文》，因此"段注"成为清代《说文》四大家之首，成就非凡，至今仍是治小学的必读书。王念孙誉为"盖千七百年来无此作矣"（王念孙《说文解字注序》），洵非虚语。唐人注经，讲究"疏不破注"，遇到经典原文与汉儒注解抵牾之处，往往捉襟见肘，难以自圆其说，其本质就是淹没于材料而缺乏理论的自觉和逻辑的力量。而段氏注《说文》则不然。段氏注《说文》，从某种意义上来说就是对《音均表》建立的古音理论的一个实验，也可以说是用《说文》的材料来证明自己发现的音理。遇到不能符合音理之处,出于对音理的自信而毅然改之,这是段注中常常可以见到的现象。因此"段注"也遭到一些诟病,批评者认为段氏偏执武断,妄改许书。但是我们知道,许慎原书早已不传,流传的完整本子最早就是二徐的书。所谓段氏改许书,实际上是改二徐的书。段氏之改二徐,依据的是学理和其他文献的支持。有时即使没有文献根据,只要学理确实如此,也毫不犹豫地改。如五篇上虎部"虢,虎所攫画明文也。从虎乎。"段注:"各本衍声字。今正。乎在十五部。虢在五部。非声也。"今按,大徐本正作"从虎乎声",但是属十五部的"乎"作属第五部的"虢"字的声符,显然违反音理。这种改形声为会意的,"段注"中出现二十余例。又竹部"笫,簀也。从竹。弟声。"大徐"阻史切"。段注:"按'史'当作'死'。十五部。"今按,"史"属止韵,古音在一部,"死"属旨韵,古音在十五部,段氏古音韵部支(第十六部)脂(第十五部)之(第一部)三分,当然不容混淆。此种改正反切下字厘正古音归部的,"段注"中凡六十余见。又如六篇上木部"枓"字,大徐本曰"勺也,从木从斗。"段注:"铉本作'从斗',非也",改为"斗声"。音理所在,改得理直气壮,正是学术自信的表现。后来发现的唐写本《说文》木部残卷所存"枓"字,正作"斗声",证明了段玉裁所改完全正确。从"我注说文"到"说文注我",证明了段氏的见解具有科学的预见性。这不仅是段玉裁这一实验的成功,也是科学逻辑的胜利。

## 参考文献

陈　第[明] 1988《毛诗古音考》,北京:中华书局。

段玉裁[清] 1981《说文解字注》,上海:上海古籍出版社。

段玉裁[清] 1981《六书音均表》//许慎撰,段玉裁注,《说文解字注》,上海:上海古籍出版社。

顾炎武[清] 1982《音学五书》,北京:中华书局。

江　永[清] 1982《古韵标准》,北京:中华书局。

莫友芝［清］2002《唐写本说文解字木部笺异》//《续修四库全书》227 册,上海：上海古籍出版社。

王念孙［清］1981《说文解字注序》//许慎撰,段玉裁注,《说文解字注》,上海：上海古籍出版社。

徐通锵 1991《历史语言学》,北京：商务印书馆。

（施向东　天津大学语言科学研究中心）

# 《说文段注》与段玉裁的审音*

## 施向东

**摘　要**　历来将清代古音家段玉裁列为"考古派",以区别于戴震、江永等"审音派"。文章指出段玉裁实际上精于审音,但是他的审音不是基于中古等韵学理论,而是着眼于汉字谐声系统的全局和上古音转音变的趋势,跳出了中古音的框架。对其审音成就应当给予充分的肯定评价。

**关键词**　段玉裁　上古音　考古　审音　等韵学

自江永批评顾炎武"考古之功多而审音之功浅",后人遂将清代古音学家分为"考古派"和"审音派"。江永、戴震等被冠以"审音派"之名,顾炎武、段玉裁等被归入"考古派"。有些学者甚至主观地规定,只有按照等韵学的理论来考察古音才能称作"审音",这更是地地道道的以今律古,把自己的观念强加于古人了。殊不知"考古"与"审音"二事本不可分,舍考古无以审音,离审音无以考古。简单划派,厚诬古人,亦歪曲了音韵学史的事实。

何谓"审音"? 用今天的术语说,审音无非是分部和归字两件事。分部是将元音和韵尾相同的字归为一类,是从大的方面审音,涉及音节结构和音位的归纳;归字是确定每一个字具体的读音,按其元音和韵尾归入某一个韵部。古人没有此类术语,但他们却在

---

＊　原文曾收录于娄育等编的《汉语史新视阈》,厦门大学出版社,2019。据以收入时略有修改。

用不同的方法做这两件事。所谓"考古",就是观察古人押韵的实际情况,按照某个字常跟哪些字押韵、不跟哪些字押韵来分配它们的韵部。

其实江永的"审音"之谓,指的是用等韵学的眼光和方法来考察古音。等韵学是基于汉语中古音系统而产生的一种学问,它将汉语的声韵调条分缕析,构建了一个细密的系统,用字母、韵摄、四声、等列、开合、内外等名目将汉语的每一个音节定位到一个语音框架当中,使汉语的语音系统化,有条理,可编码,确实是很有价值的一个理论。但是,如果认为这个基于中古音的理论体系也完全适用于汉语上古音,并且是唯一有效的理论工具,那就有失偏颇了。

江永精于审音,也擅长考古。其《古韵标准》《四声切韵表》和《音学辩微》三书,就是他考古和审音的结果,在音韵学史上居功至伟,其后的学者无不沾溉其泽。

而段玉裁的古音研究,其考古之功多为后代学者所津津乐道,古音十七部之分,被视为段氏精于考古的成果,却往往忽略了他同时也精于审音的另一面。段氏《六书音均表》中曾明确地提出了他的审音观。《音均表一》"古十七部音变说"云:"古音分十七部矣,今韵平五十有七,上五十有五,去六十,入三十有四,何分析之过多也? 曰,音有正变也。音之敛侈必适中。过敛而音变矣,过侈而音变矣。……大略古音多敛,今音多侈。之变为咍、脂变为皆、支变为佳,歌变为麻,真变为先,侵变为盐,变之甚者也。其变之微者,亦审音而分析之。音不能无变,变不能无分。明乎古有正而无变,知古音之甚谐矣。"也就是说,段氏的古韵十七部之分,不仅是他考古的结果,同时也是他审音的结果。

本文试通过段玉裁的《说文解字注》(包括其附录《六书音均表》)具体分析段氏是如何审音的。

## 一、段氏之审音,抓住了六书谐声的全局,高屋建瓴,把握了古韵分部的关键

审音须有依据。中古有韵书,有反切,后期还有等韵图,而上古并没有这些。因此上古音的审音难度极大。顾炎武《音学五书·叙》说:"三百五篇,古人之音书也。"他是以《诗经》以及其他上古韵文的押韵为上古音的韵部划分的审音依据的。但是仅仅依靠这些材料,审音还是面临极大的困难。第一,韵和非韵的界限在哪里? 第二,本韵和合韵的界限在哪里? 这两个问题不是单凭有韵之文本身就能够解决的。对于对这两个问题,古韵家们各有自己的标准,因而划分韵部的数量和韵字归部各不相同。比如《诗经·鄘风·载驰》首章:

> 载驰载<u>驱</u>,归唁卫<u>侯</u>(<u>侯部</u>)。
> <u>驱</u>马悠<u>悠</u>,言至于漕。
> 大夫跋涉,我心则<u>忧</u>(<u>幽部</u>)。

顾炎武不别"侯""鱼",《诗本音》将"侯"读为"胡",认为此章"驱、侯"押韵,"悠漕忧"别是一韵。而江永不别"幽""侯",《古韵标准》卷一平声第十一部"驱"字下即举此例为"本证",证明"驱"音"丘",本章通为一韵。今按,二氏古读皆误,但是确定此章为换韵,则顾是而江非。又《诗经·大雅·板》八章:

> 敬天之<u>怒</u>,无敢戏<u>豫</u>(<u>鱼部</u>);
> 敬天之<u>渝</u>,无敢驰<u>驱</u>(<u>侯部</u>)。

顾炎武认为"怒豫渝驱""以平去通为一韵。"而江永则分为两韵。从判断押韵而言,江是而顾非。但是江氏认为"渝"读"容周切"、"驱"读"祛由切",也是错误的。

段玉裁的审音异于二氏。他首先抓住了六书谐声这个全局性的关

键。他说："六书之有谐声，文字之所以日滋也。考周秦有韵之文，某声必在某部，至啧而不可乱。故视其偏旁以何字为声，而知其音在某部，易简而天下之理得也。许叔重作说文解字时未有反语，但云某声某声，即以为韵书可也。"（《六书音均表二》）这句话有些绝对化，但总体上来说却是正确的，它是上古音审音的最基本的依据，是"易简而天下之理得"的审音手段。《六书音均表二》穷尽罗列了古韵十七部谐声表，每一个字都依据其声符归入了某个韵部，执简驭繁，纲举目张。《六书音均表四、五》则将《诗经》韵谱和群经韵谱列出，与《六书音均表二》正好互相印证，是"事之实"对"事之理"所预言的结果的证明。《表四》第四部古本音"驱"字下注："区声在此部，《诗·载驰》《伯兮》《山有枢》《皇皇者华》《板》五见。""渝"字下注："俞声在此部。《诗·羔裘》《板》二见"。同为"区声"的"枢、伛、躯、䲡"也都属第四部。《说文解字注》还将未见于上古韵文的区声字"讴、蓲、殴、鸥、福、欧、貙、沤、鰸、妪、瓯、弲、𤬓、𨻶、醧"，俞声字"逾、逾、谕、揄、窬、觎、貐、偷、褕、蝓、输、隃"也列入上古音第四部。《诗经》入韵之字约有一千九百多个，没有出现在入韵字中的大量汉字，其韵部归属依据什么来划定？顾、江二氏在《唐韵正》《古韵标准》中已经有了依靠谐声字来判断上古归字的做法的苗头，但是没有段玉裁那么自觉和明确。段氏注《说文解字》，将九千三百多汉字一一归部，靠的就是谐声系统。

　　用我们今天的语言来描写段氏的审音过程，大概可以形成一张流程图，如图 1 所示。

　　重复操作这一流程，就可以将《诗经》韵字都分别归到古韵十七部之下，而同一谐声符的字，都可以按部就班地得到古韵的归属。段氏区分支脂之三部，常常从谐声上审音。比如《说文》第一篇上示部"祇，敬也。从示，氏声"段注："古音凡氏声字在第十五部，凡氐声字在第十六部，此《广韵》只入五支、祇入六脂所由分也。"第八篇下见部"视"重文"眎，亦古文视"段注："此氏声，与目部'眂、氐声'迥别。

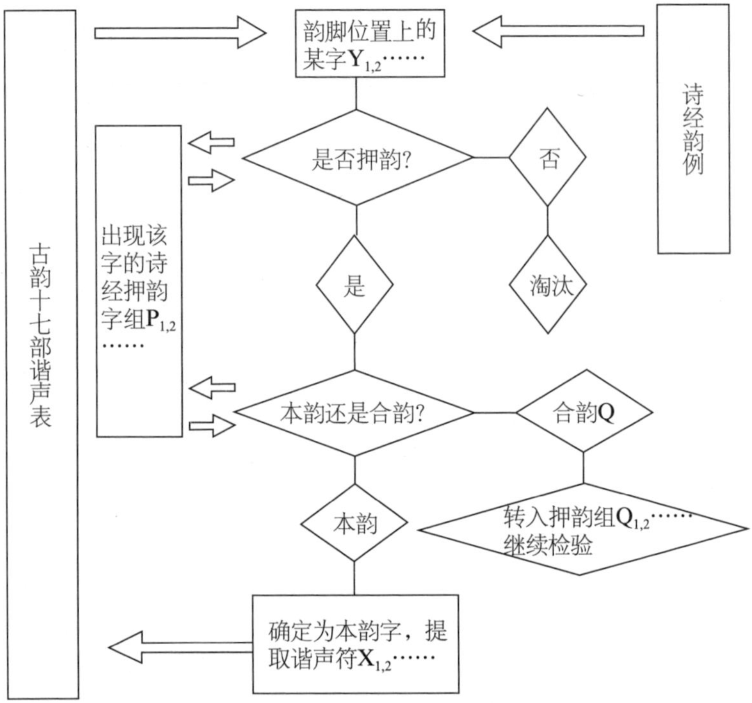


**图 1**

氏声古音在十五部，氏声在十六部，自唐宋至今多乱之。视见《周礼》。”又第十三篇上糸部“綥，帛苍艾色也。从糸，畁声”段注：“畁，各本作畀，并篆体作纅。今正。此用丌部之畁为声，非用丌部之畀为声也。丌部之畁从甾缶之‘甾’为声，非‘由’、非鬼头之‘甶’也。甾在古音第一部，由在古音第十五部，此不可或紊者也。其亦古音第一部也。故綥字亦作綦，经典用之。徐铉以补说文或体。许本书无之。渠之切，一部。《玉篇》作綨。”类似用谐声审音的例子在《说文解字注》中比比皆是，都是说服力极强的，可见段玉裁是把谐声作为审音的一个最强有力的依据的。

## 二、段氏之审音,着眼于音转音变的趋势这一枢纽,统御全局,不迷失于细微末节

江永在谈到他审音的时候,说道:"人灵万物,情动声宣。声成文谓之音,错综纵横,四七经纬。由是侈弇异呼,鸿杀异等,清浊异位,开发收闭异类,喉牙齿舌唇辗转多变,悉具众音。音之谐谓之韵。……《三百篇》者,古音之丛,亦百世用韵之准。稽其入韵之字,凡千九百有奇,同今音者十七,异今音者十三。试用治丝之法,分析其绪,比合其类,综以部居,纬以今韵,古音犁然。"(《古韵标准·例言》)这里谈到的"四七"(按:指四声、七音。四声指声调,七音指发音部位不同的七类声母)、等呼、清浊、开发收闭等,都是等韵学中的概念。江氏有《四声切韵表》一书,是用等韵学的观念分析中古音,同时也渗透着他对上古音的一些看法,例如阴声韵与入声韵的配合、中古韵部的离析、不同等第的韵部的配合,等等,都体现了江氏通过等韵学的方法对上古音进行审音的功夫。但是拘泥于细节,有时就会迷失大体。比如江氏不能将侯部独立出来而依附于幽部,就是过分迷信于等韵之故。还以上述两诗为例,江永正确地批评顾炎武执着于"侯音胡"的认识是"先入为主",是"见秦汉以来侯韵与鱼虞模韵杂然并用,遂变诗中之音以就之,此顾氏之大惑也"(《古韵标准·平声第十一部·总论》)。但是江氏本人也惑于中古韵书将侯韵夹在尤韵与幽韵之间,等韵图将尤幽侯列于一图而仅有等列的不同,遂以为三者上古不可分。戴震批评段玉裁认为尤侯两部不必分,[1]很明显也是受了等韵图的影响。

---

[1] 戴震《答段若膺论韵》:"试以声位之洪细言之……侯之'钩、沤'与尤之'鸠、忧'虽洪细不同矣,犹东之'公、翁'与钟之'恭、雍'洪细不同也……仆之意第三、第四当并"云云,段玉裁《寄戴东原先生书》:"抑先生曾言尤侯两韵可无用分。玉裁考周秦汉初之文,侯与尤相近,而必独用。"

　　而段玉裁的审音，着眼于音转音变的趋势，因而可以统御全局，不为细微末节所迷惑。段氏将幽部（段氏第三部）、侯部（段氏第四部）、鱼部（段氏第五部）都分开。《六书音均表一》"第三部第四部第五部分用说"在考察了文献中三部分用的例子后指出："第三部之字多转入于萧宵肴豪韵中，第四部之字多转入于虞韵中，第五部平声之字多转入于麻韵中、入声之字多转入于陌麦昔韵中。此四部分别之大概也。"音转音变体现了韵部之间的联系，不同的联系表现出来的就是韵部的区别。这种从联系中观察区别，是段玉裁审音的一个大原则，也可以说是他的方法和技巧，体现的是段氏的古音系统观念。段氏区分之脂支为第一部、第十五部、第十六部，除了考察它们在《诗经》中押韵的情况，还敏捷地发现它们音转音变的不同之处："第一部之韵，音转入于尤。……第十五部脂微齐皆灰韵，音转入于支佳。第十六部支佳韵，音转入于脂齐歌麻。第十七部歌戈韵，音转亦多入于支佳。此音转之大较也。"（《六书音均表一》）因为存在音转音变，所以存在合音（合韵）现象。在《说文解字注》中，这种观念随处体现，如第一篇下中部："毒，厚也，从中，毐声。"段注："毐在一部，毒在三部，合韵至近也。"第三篇下革部"革"重文："革，古文革，从卉，卉年为一世而道更也。臼声。"段注："臼，居玉切，在三部，革在一部，合音最近。"第四篇上萑部"旧"字"从萑，臼声"段注："古音在一部。"重文作"鵂，旧或从鸟，休声"，段注："按毛诗旧在一部，音转入三部，乃别制鵂字，音许流切矣。"段氏第一部（之部）与第三部（幽部）的音变音转和音近合韵关系的特点是第十五部（脂部）、第十六部（支部）所不具备的。又如第一篇上示部："祇，地祇，提出万物者也。"段注："'地祇提'三字同在古音第十六部，'地'本在十七部，而多转入十六部用。"第一篇下艸部："芰，蔆也，从艸，支声。"重文"蓤，杜林说芰从多。"段注："支声在十六部，多声在十七部，二部合音最近。古弟十七部中字多转入弟十六部。"第十六部与第十七部（歌部)的音近音转关系,也为第一部和第十五部所不具备。因此段氏支脂之三部,不仅有考古材料的支持,也是精细审音的结果。

　　江永将顾炎武的第四部(包括自上平声十七真至下平声二仙的 14 韵)分为两部,《古韵标准》平声第四部"总论"云:"真谆臻文殷与魂痕为一类,口敛而声细;元寒桓删山与仙为一类,口侈而声大。而先韵者介乎两类之间,一半从真谆,一半从元寒者也。"将元寒一类析出单独立部,是江永古音学的贡献,值得肯定。而段玉裁认为江氏对"真臻一部与谆文欣魂痕一部分用尚有未审"(《六书音均表一》"弟十二部弟十三部第十四部分用说")。段氏认为《诗经》中这三部分用甚严,甚至唐虞时代就已如此。这是从考古言。从审音而言,段玉裁认为第十二部音转入于第十三部,第十三部音转入于第十四部,而第十二部的入声,在《诗经》中也不与第十三、十四部的入声通用。如《说文解字注》第四篇上鸟部:"鶮,鶮鸟也。从鸟,堇声。"段注:"那干切,十四部。按堇声在十三部,合韵也。"又段注常常提到十三部与十五部的合音。因为段氏尚不分脂、微,实际上是在说微文合韵。如第六篇下员部:"员,物数也。从贝,口声。"段注:"王权切,古音员在十三部,口在十五部,合韵最近。"这类注语在《说文解字注》中数十见。而十二部字则多与十一部字合音,如第十篇下大部:"奕,大也。从大,戣声,读若诗奕奕大猷。"段注:"《小雅·巧言》文,'奕奕'当作'秩秩'。今《毛诗》正作'秩秩'。传曰:'秩秩,进知也。'呈在十一部,秩在十二部,古合音为最近。是以奕读如秩。直质切。"这样段玉裁就把江永未分的第十二部(真部)和第十三部(文部)都独立出来了。

　　真文分部、支脂之分部与侯部独立,是段玉裁对古音学的巨大贡献,这不仅是段氏考古的结果,同时也是段氏审音的结果,我们不能轻易抹杀这一点。

### 三、段氏之审音，突破了等韵的局限，使上古音研究最终从中古音的框架中独立出来

江永之所以被认为审音派，主要是因为他精于等韵学。等韵学固然是一种很好的审音工具，能够从系统的眼光观察汉语语音，照顾到汉语音节的声、韵、调、呼、等、摄等方方面面，但是它毕竟是根植于汉语中古音的土壤中产生出来的，用来研究上古音，还是存在很大的局限性。

比如顾炎武已经看到中古韵书中"侯、厚、候"韵与在它前后的"尤幽、有黝、宥幼"韵在上古不应该划归到同一个韵部，而将它们跟"鱼、虞、模"诸韵合并为一个韵部。后者是错误的，而前者却是正确的。江永纠正了顾氏的错误，将"鱼、虞、模"诸韵独立出来为一个韵部，但是他却又错误地把"侯、厚、候"韵与在它前后的"尤幽、有黝、宥幼"韵划归到同一个韵部中，比起顾炎武反而倒退了。江氏的这一错误，明显是受到等韵学的影响。中古等韵图将"尤侯幽、有厚黝、宥候幼"九韵列于一图（等韵家称为流摄），"侯、厚、候"列于一等，"尤、有、宥"列于三等，"幽、黝、幼"列于四等。江氏《四声切韵表》也将"尤有宥、侯厚候、幽黝幼"九韵列于一图，显然是将它们看成洪细相配的一个韵部。上文说过，《四声切韵表》渗透着他对上古音的看法，江氏自己也说："余既为《四声切韵表》，细区今韵，归之字母、音等，复与同志戴震东原商定《古韵标准》四卷，《诗韵举例》一卷，于韵学不无小补焉。"（《古韵标准·例言》）又如，江氏将顾炎武的古韵第四部划分为第四、第五两部，这与等韵图将《广韵》"真"以下十四韵分为"臻、山"两摄是相呼应的。但是江氏未能像段玉裁一样将中古臻摄进一步分析为真部（段氏第十二部）与文部（段氏第十三部），这不能不说是江氏受到了等韵学的局限。至于江氏跟顾氏一样未能将中古"同用"的支脂之韵分开，显而易见是与等韵图将它们归入一个"止摄"分不开的。

段玉裁在分析上古音韵部时抛开了等韵图,因此能在江永古韵十三部的基础上进一步分出侯部和文部,并将支脂之三分,确立古音十七部的格局。在《段注》一书中,段氏审音围绕着音之古今正变、韵部之间合音关系,展现他的细致独到的眼光。如一篇上示部:"祇,敬也,从示,氏声。"段注:"旨夷切。古音凡'氏'声字在第十五部,凡'氏'声字在第十六部。此《广韵》'祇'入五支、'祇'入六脂所由分也。铉所据《唐韵》'祇、旨移切。'是孙愐'祇'入五支,远逊于宋《广韵》所改定矣。《经典释文》于《商颂》'上帝是祇'诸时反,则又阑入七之。于《孔子闲居》诸夷反,则固不误。此等学者所当审定划一也。"此强调"脂、支"之别即古音第十五部、十六部之别。二篇上走部"赺,疑之等赺而去也。从走,才声。"段注:"等读若麠。'等、赺'叠韵字,濡滞之皃。疑之故等赺而去。'等'在之止韵,音变入咍海韵,音转入拯等韵。仓才切,一部。"此强调古音第一部的音变及与第六部的音转关系。又如一篇下艸部:"虆,从艸,难声。读若堕坏。"段注:"此谓读如堕坏之堕也。堕,隋声,在十七部,音转许规切,入十六部。凡圭声字在十六部。铉本脱去'堕'字,《广韵》虆有'坏'音,误矣。唐韵胡瓦切,十七部之音变也。"此考证十七部字与十六部字的区别以及致误的原因。这些都是段氏精细审音的成果,仅凭中古等韵学的知识是完全不够的。

《六书音均表三》简明扼要地讲清了段氏对十七部审音的大致结果:"今韵二百六部,始东终乏,以古韵分之,得十有七部。循其条理,以之咍职德为建首,萧宵肴豪音近之,故次之。幽尤屋沃烛觉音近萧,故次之。侯音近尤,故次之。鱼虞模药铎音近侯,故次之。是为一类。蒸登音亦近之,故次之。侵盐添缉叶怗音近蒸,故次之。覃谈咸衔严凡合盍洽狎业乏音近侵,故次之。是为一类。之二类者,古亦交互合用。东冬钟江音与二类近,故次之。阳唐音近冬钟,故次之。庚耕清青音近阳,故次之。是为一类。真臻先质栉屑音近耕清,故次之。谆文欣魂痕音近真,故次之。元寒桓删山仙音近谆,故次之。是为一类。脂微齐皆灰术物迄月没曷末黠辖薛音近谆元二部,故次之。支佳陌麦昔锡音近脂,故次之。歌戈麻音近支,故次之。是为一类。《易大传》曰:'方以类聚。物以群分。'是之谓矣。学者诚以是求之,可以观古音分合之理,可以求今韵转移不同之故,可以综古经传假借转注之用,可以通五方言语清浊轻重之不齐。"《说文解字注》中,这类表达比比皆是,不可尽举。这里仅举两个典型例子,以见一斑。

第二篇上口部:"哇,谄声也。从口,圭声。段注:於佳切,古音十六部。读若医。"段注:"医在第一部,相隔远甚,疑是翳字。翳在十六部。"按,第四篇上羽部"翳,从羽,殹声。"段注:"於计切,十五部。"与"哇"字声母相同,韵部相近,故段氏疑"读若医"为"读若翳"之误。"医翳"形近,但"医"为会意字,第十四篇下酉部:"医,治病工也。从殹从酉。"段注:"四字各本无,今补。许书之例,必先举篆之从某从某,或从某某声,而下又释其从某之故,往往云'故从某'者是也。盖人所不憭者,则释之。此从殹从酉于六书为会意。於其切,古音在一部。与翳鷖字在十五部不同。此以殹会意。彼以殹形声也。"段氏这一段话细致地分析了形声与会意之别,指出了《说文》此字传写之误,并着重辨析了古音第一部与第十六部"相隔远甚",而第十五部与第十六部相近,故可相互"读若"。又如《六书音均表二》"此声"属第十五部,《表四》第十五部古本音"泚"字下注:"此声在此部……凡此声字汉人多入十六部用。"《说文解字注》此声字凡二十九,段注"十五部"者七,"十六部"者十,"十五十六部者"十一,"十五部亦十六部"者一。第二篇上此部"此"字段注:"十五部,汉人入十六部。"第一篇上示部:"祡,烧柴尞祭天也,从示,此声。"段注:"十五部。凡此声亦多转入十六部。"重文作"禷,古文祡,从隋省。"段注:"隋声古音在十七部,此声古音在十六部,音转最近。"这就印证了段氏审音发现的十六部与十五部音近,十七部与十六部音近的规律,也揭示了音近音转规律对文字谐声的制约。

不仅如此,段氏古韵十七部的排序,完全按照韵部之间音变音转的远近关系来确定,根本上改变了从郑庠、顾炎武到江永的按《广韵》韵次先后排列古韵的做法,使上古音研究得以从中古音的框架中独立出来,开创了上古音研究的新格局。《六书音均表三》列出的"古十七部合用类分表"简明扼要地表现了段氏突破中古音系框架,而按照古音各韵部自身特征和部际远近关系建立的上古韵部系统框架。此表与中古等韵图截然不同,也与江永《四声切韵表》截然不同。这个韵部系统框架还有许多不合理、不尽善的地方,但是它确确实实是段氏审音的结果,比起他的前辈来,对于古音学有着更多的贡献。下面我们将此图简要地转化如表1所示。原图是传统的左行书写方法,这里改为右行,段玉裁的古韵十七部本来只有顺序号,没有部名,这里按后人习惯加上了部名。

**表 1**

| 第一类 | 第二类 | | | | 第三类 | | | 第四类 | | | 第五类 | | | 第六类 | | |
|---|---|---|---|---|---|---|---|---|---|---|---|---|---|---|---|---|
| 第一部(之) | 第二部(宵) | 第三部(幽) | 第四部(侯) | 第五部(鱼) | 第六部(蒸) | 第七部(侵) | 第八部(谈) | 第九部(东) | 第十部(阳) | 第十一部(耕) | 第十二部(真) | 第十三部(文) | 第十四部(元) | 第十五部(脂) | 第十六部(支) | 第十七部(歌) |

"前修未密,后出转精",从今天看,段玉裁的审音自然还存在着诸多疏漏缺失处,经过一代代后来学者的努力,古音学得到了越来越精密的发展进步。但是我们不能忽略前人所做出的贡献,更不能抹杀前人已经意识到并努力地去钻研的领域。表彰段玉裁的审音,指出他审音的方法和理念,列举他审音的成绩,这就是我们撰写此文的初衷。

## 参考文献

陈新雄 1995《怎样才算是古音学上的审音派》,《中国语文》第 5 期。

戴　震［清］1994《答段若膺论韵》//戴震,《声类表》,《戴震全书》第三册,安徽:
　　黄山书社。

段玉裁［清］1981a《寄戴东原先生书》//段玉载,《六书音均表》,上海:上海古籍
　　出版社。

段玉裁［清］1981b《六书音均表》//许慎撰,段云裁注,《说文解字注》,上海:上海
　　古籍出版社。

段玉裁［清］1981c《说文解字注》,上海:上海古籍出版社。

顾炎武［清］1982《诗本音》,见《音学五书》,北京:中华书局。

江　永［清］1982《古韵标准》,北京:中华书局。

江　永［清］1936《四声切韵表》,北京:商务印书馆。

王　力 1937《古韵分部异同考》,《语言与文学》。

（施向东　天津大学语言科学研究中心）

# 段玉裁古韵研究思想考*

## 陈　燕

**摘　要**　清代乾嘉语言学的兴盛,得益于古韵研究的长足进步。段玉裁是清代古韵研究的巨擘。考求段氏古韵研究,挖掘其古韵研究的系统性、辩证性和抑等韵扬音变等思想,既可以探讨取得卓越成就和存在局限的深层原因,又可为中国古代语言学思想史提供深入研究的资料。

**关键词**　段玉裁古韵思想　系统性　辩证性　抑等韵扬音变
　　　　局限

有清一代是古音研究昌盛时期,硕果累累。正如王力先生所说"古音学的发展是乾嘉语言学兴旺发达的决定性原因"(何九盈1984)。他总结清代古韵研究成绩说:"段玉裁在古韵学上应当功居第一","清代古韵之学到段玉裁已经登峰造极"。(王力 1992)段玉裁的古韵学在清代就产生很大影响,如著名学者陈澧《说文声表》使用段玉裁古韵十七部排列谐声字等。现代研究段玉裁古韵学的学者较多,如钱曾怡(1985)、杨剑桥(1988)、李开(2005)、吴庆峰(1990)、李恕豪(1987)、乔秋颖(1991)。许多专著都有关于段玉裁古韵研究的章节(如梁启超 2003;土力 1981;董同龢 2001;唐作藩 2011;周斌武1981;耿振生 2001;刘晓南 2007;万献初 2008;董莲池 2006)。以往

---

\*　原文曾收录于俞理明、郭齐等编《向熹先生九十华诞纪念文集》,上海:上海三联书店,2016 年。据以收入时略有修改。

的研究大多对段氏古韵取得的成就进行全面总结和评价,或对段氏古韵理论和研究方法做深入探讨,但尚缺乏对段玉裁古韵思想进行专门的研究。

段玉裁是乾嘉时期重要学者,他的古韵思想不仅是清代语言学思想史的重要内容,而且在中国古代语言学思想史上占有重要的位置。"然而中国语言学却缺《中国语言学思想史》!委实令人遗憾。"(鲁国尧 2008)《中国语言学思想史》非一朝就能撰成,我们著文愿为实现这一目标添砖加瓦。

一

段玉裁关于古韵方面的著述,主要有专著《六书音均表》以及刊集在《经韵楼集》的一些书信和序言。根据序言可知《六书音均表》写作时间在 1767—1775 年之间。一部 60 多页(今版 16 开本)的《六书音均表》用了 8 年时间完成,可谓段氏精心之作。《经韵楼集》有关音韵的书信写于 1786—1812 年之间,如《跋古文四声韵》(1786)、《江氏音学序》(1812)等。最重要的是段氏去世前三年写的《答江晋三论韵》(1812),是对《六书音均表》再度阐述和修正,基本是对该书的反思。上述著述能够较为完整地反映段玉裁古韵研究的思想。

二

段玉裁研究了郑庠、顾炎武、江永的古韵著述之后,重新演绎了《诗经》和群经用韵,得出了与前辈不尽相同的古韵十七部。相同的材料得出了不同的结论,原因何在?这可以从多方面研究,若从段氏古韵研究思想方面探讨,我们以为主要有以下三点:

## 2.1 系统性的思想

古韵研究之初缺乏科学性和系统性。六朝开始的"叶音""协句"临时改变读音,只是单字研究。吴棫的古音研究"集叶音之大成"。(何九盈 2000)"首先把古韵研究引上系统的科学道路的,是明末清初的伟大思想家、经学大师顾炎武。"(唐作藩 2011)但是顾炎武的研究还不够系统,如对异部押韵字的处置只说"方音不同,未可为据也"(顾炎武《音学五书》),江永《古韵标准》则说"方音偶借,不可以为常"。皆缺乏系统研究。段玉裁在古韵系统性方面做得比前人完善。段氏古韵系统由四部分组成:一是建立古韵十七部表,规定了同部字押韵的范围;二是异部字押韵的合韵说;三是音变说;四是完善的文献资料。以上内容既相对独立又互为联系。下面我们分三方面进行考察。

其一,建立完整而互为联系的古韵系统。段玉裁年老之时在《经韵楼集》总结道:"段氏之功在支脂之为三,尤侯为二,真文为二",这是学界公认的事实,段氏在识断方面可谓坚决而有眼光。翻开《六书音均表》,无不为其宏富的古韵研究材料所折服。段氏古韵十七部稳固地建立在这些材料的基础上,呈现出比较强的系统性。表现在:建立入声分派到相关韵部的古韵十七部;讲究十七部次第,按照远近关系排序并分成六大类,构建合韵的基础和不同层次合韵的机制;为古韵做历史分期,将语音演变纳入所划分的时期;确定古本音和变音,从理论上阐述"音有转移",指出"古合韵即音变之权舆也"。(段玉裁《说文解字注》)以上内容环环相扣颇具系统性。段玉裁古韵的精髓可以用三个词概括:十七部,合韵说,音变说。三者的关系:前两者互为因果,十七部是合韵的基础,合韵又能反证十七部的界限;后两者是单向因果关系,段氏建立合韵机制时已经考虑到音变的因素,因此他说古合韵是音变的开始,音变的基础和动力是合韵,而音变的外在表现形式是

"敛""侈"和"变";第一和第三则是通过详审古今音变,证明古韵十七部"甚谐"。三者成为相互关联的系统。

段氏从系统性出发决定古韵韵部的取舍。他在《答江晋三论韵》时讨论到祭泰夬废月曷末辖薛的立部问题,针对江有诰提出单独设立祭部的问题表达了不同意见:

> 各韵有有平无入者,未有有入无平者。且去入与平上不合用,他部多有然者。足下突增一部无平之韵,岂不骇俗?(段玉裁《经韵楼集》)

段氏反对设立祭部理由是:祭泰夬废月曷末辖薛"皆古无平上之韵,与第十五部平上合用者不过百中一二"(段玉裁《经韵楼集》)。况且古韵十七部是一以贯之的入声韵部不独立的体系,若设立祭部会打乱这个体系。段氏从古韵系统性出发,将祭部合到脂部。

其二,段氏首创的合韵说最具系统性。段氏合韵说已有专门文章讨论(陈燕 1992),此不赘说。合韵说的系统性表现在:(1)从音理上说明合韵的语音基础;(2)以语音远近关系排列十七部次第,以示合韵的条件;(3)将十七部分为六大类,表示合韵的不同层次;(4)指出入声在合韵中的枢纽作用;(5)指出合韵引发音变;(6)列出《诗经》与群经的古合韵谱,以便于查找。其合韵有四种类型:相邻韵部合韵,六大类内同类合韵,异类合韵和异平同入。各类合韵皆有依据,自成系统,基本可以覆盖一部押韵现象。后来江有诰等人又将合韵说做了修正和完善。

段氏合韵体系还包括受合韵影响引发音变。段氏说:"古合韵即音变之权舆也。"(段玉裁《经韵楼集》)是说合韵的韵部语音皆相近,受其影响韵部会发生音变,因此古合韵是音变的开始。如第一部之韵音转入第三部尤幽韵,第三部尤幽韵音转入第二部萧宵韵,第四部侯韵音转入第五部鱼虞韵,第六部蒸韵音转入第七部侵韵,以上合韵的韵部往往发生音变。段氏的合韵说成为可以应用于共时和历时的完整系统。

其三，《六书音均表》有一个较为全面的文献资料系统，内含有两个谱和一个表，即表四《诗经韵谱》、表五《群经韵谱》及表二《古十七部谐声表》，成为段氏古韵说的重要组成部分。表二将谐声字偏旁首次系统地整理归纳，按照十七部排列成表，改变了宋代以来只是以个别谐声字为证的状况。《六书音均表》是从系统地整理韵文材料开始的，《诗经韵谱》《群经韵谱》是它的雏形。1767 年段玉裁和其弟段玉成开始研究《毛诗》用韵，段氏谈到研究目的说：

> 余读《毛诗》，有见于支脂之古平入各分为三，尤与侯、真与文，古亦各分
> 为二。病夫顾氏江氏之不能分也，乃作《诗经韵谱》《群经韵谱》。（段玉裁
> 《经韵楼集》）

段氏为了证明自己的研究成果而作"两谱"，后来又为其加注释，至 1770 年 2 月成书。初稿名《诗经韵谱》（段玉裁《经韵楼集》），钱大昕为之作序。1772 年段氏请其师戴震批阅，被以"体裁尚未尽善"驳回而继续撰著。1775 年秋天完成此书，比三年前内容更加丰富充实，由原来两表变成五表，增加了"古十七部"的谐声表、分部表及合用表，改名为《六书音均表》。经过整理的文献资料更加系统和完善。

在顾炎武、江永的著述中虽然也能看到"韵谱"之类的资料，但是总体上没有段氏做得完善：顾氏将《诗经》《易经》原文分别全文列出，用小字随文注明押韵字的韵部，而段氏于每韵部之后清晰地列出经典文献的押韵字，并且分别标明本音的字和合韵的字；江永以《诗》韵为主，将押韵的字随韵部列上，后面《补考》罗列其他韵文材料，而段氏将《诗经》《群经》分别列表，并于每个韵部之后充分展示韵文例证；段氏还有顾、江皆无的古十七部谐声表。总之，就所示文献资料的丰富性和系统性来看，顾、江不及。

段氏古韵学体现的系统性思想有所师承，其师祖江永曾说：

> 音学须览其全，一处有阙则全体有病。（江永《古韵标准》）

江永这句话针对陈第用直音法研究古韵说的,他批评道:"直音之谬不可胜数"(江永《古韵标准》),主张古韵研究要系统性,从等韵等方面通盘考虑。江永上述思想很重要,具有指导意义,标志着古韵学研究的长足进步。古音研究从不科学的叶音说开始,陈第的直音法稍有进步,但是仍有叶韵说的影子,更重要的是缺乏系统性研究。江永虽然从宏观上提出了系统性思想,古韵分部较前有所进步,但是在异部押韵等方面做得不如段玉裁那样系统。段氏显然全面地践行了江永提出的系统性思想,促进了古韵学健康的发展。

### 2.2 辩证的思想

段氏运用古韵的分合阐明观点,体现出辩证的哲学思想。

顾炎武、江永等学者研究古韵,为了分部的需要较多地注意韵部之间的区别,而对于异韵部的押韵则以"方音"或"方音偶借"简单解释。段氏关于此项研究有很大进步。贯穿段玉裁古韵学的思想,不仅重视韵部的"分",还有韵部的"合",两者辩证互存,具有哲学意义。段氏说"知其分而后知其合,知其合而后愈知其分"(段玉裁《说文解字注》),辩证地认识韵部的分合关系。古韵十七部是"分",对不同韵部的语音相近关系进行研究和利用是"合"。"合"主要发挥两个作用:为划分韵部和韵部排序提供直接的依据以及异部合韵。

戴震"对十七部次第不能深晓"(段玉裁《说文解字注》),特别对支脂之三部没有连续排序提出疑问,段玉裁以韵部之间的音近关系说明道:

> 取弟三表细绎之可知也。之咍音与萧尤近,亦与蒸近。脂微齐皆灰音与谆文元寒近。支佳音与歌戈近。实韵理分劈之大耑。(段玉裁《说文解字注》)

段氏例举支脂之各部不同的相近韵部聚合群为证,说明三部的相离关系,并作为排序次第的依据,音近是十七部排序次第的重要原则。

段氏的古韵次第与前贤不同：顾炎武和江永皆按照《广韵》的顺序排列古韵，支脂之三部次第是连续的；段氏不拘泥于《广韵》的顺序，而是以古韵押韵的本部与异部的相合关系证明三部的古今之异，表现出以同求异的辩证思想。

如前所说，古韵能够合韵的韵部语音皆相近，因此合韵的韵部互相影响而发生音变。段氏以此作为支脂之三分的依据：

> 古七之字多转入于尤韵中，而五支六脂则无有此，此三部分别之大概也。
> （段玉裁《说文解字注》）

古韵第一部之部字多与第三部尤部字合韵，到中古多转到尤韵（以平赅上去），如"牛郵尤疣丘邱裘旧枢友有羑右佑囿侑宥久玖灸"等，而五支六脂没有如此变化。这是以音近而同化的"合"为据，说明支脂之三部"分"的理由。

段氏合韵说受到钱大昕、江有诰的反对。段玉裁在《答江晋三论韵》中引江有诰的意见说："通其所可通，而阙其所不可通。增一合韵之名，则自生枝节矣。"（段玉裁《经韵楼集》）段氏听到不同意见后，首先检讨了自己在判断押韵字和本韵合韵等方面的错误，然后态度坚决地说：

> 不谓合韵得乎？谓之合而其分乃愈明，有权而经乃不废合韵之名，不得不立也。足下谓阙其所不可通，非此谓也。（段玉裁《经韵楼集》）

他解释其理由道：

> 义例炳然，非不可通者，苟尽去之，则仆所分十七部之次第脉络，亦将不可得而寻矣。（段玉裁《经韵楼集》）

段氏重视合韵，不仅因为它体现出韵部之间的相合关系，而且合韵可以彰显出十七部的界限。合韵说建立在语音关系的基础之上。语音关系分为相离和相合，用于段氏古韵系统：十七部反映相离关系，而合韵说则表现各种相合关系;韵部的本质是"分",而古韵十七部及次第是合韵的依据和框架;合韵建立在明确的韵部界限之上,反衬出韵部之间的界限;韵部的"分"与"合"共处同一系统,相得益彰。

戴震曾经不止一次希望段氏将真文合为一部,段氏依然坚持,并专门对此解释说:

> 玉裁以谓谆文与元寒两部音判阳阴而鸿杀正等,若真臻先一部,则其音视此两部为敛而鸿杀不敌,于十一部则鸿杀正等。是以十二部平声不可并十三部平声。况三百篇所用划然。(段玉裁《经韵楼集》)

段氏根据《诗经》的押韵,认为真文与其他韵部关系不一样:十三部谆文与十四元寒的语音相近;而十二部真臻则与十一部耕清的语音相近。他以真文两部各自有不同相近韵部为证,断定两部只能分而不能合。段氏为了说明古韵部"分"的合理性,就要用所"分"韵部与各自所"合"韵部比较说明,通过不同的聚合体表示与他部的区别。

"分"是"合"的基础和依据,用语音的"合"证明韵部的"分"。辩证地认识韵部的分合,这是段氏古韵研究的重要思想。

## 2.3 抑等韵扬音变的思想

抑等韵扬音变表现出段氏独特的审音观念。

段玉裁古韵十七部将真文和尤侯两分,因此其师戴震批评道"考古功多,审音功浅。(段玉裁《经韵楼集》)这句名言本是江永(《古韵标准》)和戴震批评顾炎武的,此时却用到了段氏身上,表明戴震不满段氏过多地考古而不考虑等韵音理的做法。王力先生(1982)把江永和戴震归为审音派[1],他认为审音派是"以等韵为出发点,往往靠等韵的理论来证明古音"。"审音派最大特色就是入声独立"。段

---

[1] 王力先生(1982)《上古韵母系统研究》中将江永和戴震归为审音派,而在《清代古音学》中只将戴震列为审音派。本文对此不做详论。

氏生前已被视作"考古"派,可惜无人研究段玉裁是如何看待等韵及如何审音的,我们认为探讨段氏的古韵研究思想不能回避这个问题。为了与审音派相区别,我们称段氏有关古韵音理的思想为"审音观念"。

段氏对戴震的上述批评解释道:

> 仆则谓古法只有双声叠韵。古之双声非今三十六字母之声,古之叠韵非今二百有六之韵。是以今音当致力于字母,治古音则非所详。戴师亦曰学者但讲求双声,不言字母可也。(段玉裁《经韵楼集》)

这最后一句话显然是用老师的话辩解自己所言不违师命。段氏说这话时戴震已经去世35年,在戴氏生前他也一直坚持自己的主张。他将"古音"与今音、字母(指等韵)截然分开,认为等韵用于今音而不能用于"古音"。段玉裁虽然受到其师的批评,但是仍然坚持不改自己的"审音观念"。戴震将真文合于殷部,尤侯合于讴部。事实证明段氏是正确的。考古是基础,审音不可缺。我们以为在建立古韵方面,考古派和审音派的研究成果是互补的。

1792年孔广森发表了《诗声类》,将古韵东冬两分,得到了段氏的称赞。段氏同意东冬两分。因此在《六书音均表》付梓17年以后,段氏古韵由十七部变成十八部,[1]至此古韵阴声和阳声应当设立的韵部基本确立完毕。段玉裁的功劳主要在确立阴声和阳声的韵部方面。特别是确立阳声韵部,相对于入声韵部要容易,较少走弯路。但是若没有这个基础,入声韵部的确立可能会更加艰难。段氏与江有诰谈到入声韵部与阴声韵部相配时,明确地表达了对等韵的认识:

---

[1] 王力先生(1992;129)说:"段氏古韵增至十九部,即东冬分立,物月分立。"(1992;129)关于"物月分立",段玉裁《答江晋三论韵》说:"祭泰夬废月曷末黠鎋薛仍归十五部,而分别注之曰,以上配谆文殷魂痕末,以上配元寒桓删山仙者。"(《经韵楼集》卷六)可知第十五部入声的分派虽然有变化,但是"物月"仍然没有独立。

足下以等韵言之。等韵之法起于近世。岂古音有是说乎？（段玉裁《经韵楼集》）

这句话所表现的观点比前面更为明确，即研究古韵不能以等韵为据，其理由是等韵出现的时间晚于古韵。因此段氏研究古韵排斥等韵，在段氏内心深处始终坚持认为研究古韵只能从先秦的文献材料中探求。他还对同窗孔广森古韵整齐的搭配产生怀疑，他说：

抑更有问焉。孔氏分为阳声九类，阴声九类，而两两相配，其然否不可知。（段玉裁《经韵楼集》）

孔氏以阳声阴声韵部各分九类相配而可以对转，展现出古韵整齐的格局，有等韵的色彩。王力先生（1992）评价说"孔氏阴阳对转之说，为后代音韵学家所崇奉"。段氏拒绝等韵，对此很不以为然。

处在重视音理氛围之中的段玉裁，对音理有独特的理解，这主要表现在他的音变说之中。

如前所说，音变说是段氏古韵系统的组成部分之一，表现出古合韵与音变的关系。除此之外，段氏还用较多篇幅论述了音之"敛""侈""适中"和"正、变"。何谓"敛""侈"？他说：

音之敛侈必适中，过敛而音变矣，过侈而音变矣。（段玉裁《说文解字注》）

"敛""侈"是最容易观察到的唇舌部发音开口度大小或舌位前后的生理现象。段氏认为它的变化导致了语音的变化，而敛侈"适中"则不会发生语音变化。"敛""侈"之说来自江永。江永（《古韵标准》）说："真谆臻文殷与魂痕为一类，口敛而声细，元寒桓删山与仙为一类，口侈而声大。"所不同的是：江永的"敛""侈"之说类似于古韵的拟音，而段氏则用来解释语音变化。

何谓"正"？敛侈"适中"的音就是"正"音。"变"音的产生是因为音之"过敛"或"过侈"，从而产生新的韵。段氏将古韵十七部与二百零六韵对应,指出音之"正"与"变"。如"之,音之正也;咍,之之变也。萧宵,音之正也;肴豪,萧宵之变也"(段玉裁《说文解字注》)这段文字指出十七部与二百零六韵的演变关系,"音之正"与"变"反映历时系统韵部演变的走向。我们据此认为所谓"适中"的"正"音就是古韵十七部。段氏说"古有正而无变"(段玉裁《说文解字注》)可以做旁证。这就是说只有古韵十七部才是正音,而没有变音。既然古韵无变音,那么变音如何产生呢? 段氏说"古合韵即音转之权舆也"(段玉裁《说文解字注》),即古韵的合韵是音变的开始,使"正"音产生出"变"音。如古韵第一部之咍多与第三部尤幽合韵,"是以之咍部内字多转入尤韵"(段玉裁《说文解字注》)。

段氏还说:

> 大略古音多敛,今音多侈。之变为咍,脂变为皆……(段玉裁《说文解字注》)

他认为,那些"变"音多是"侈"音,音韵古今演变是由"敛"到"侈"变化的过程。在这个变化过程中韵部越来越多。古音多敛,今音多侈之说的依据何来? 孙玉文先生(1990)认为"受前代学者注音的影响。前代学者注古韵文音多将侈注为敛……陈第、顾炎武等人也把许多侈音注成敛音",此说有理。段氏不仅对音变过程有较为具体的描写,而且划分了音变的三个时期,即唐虞夏商周秦汉初时期,汉武帝后泊汉末时期,魏晋宋齐梁陈隋时期。上述研究使陈第提出的语音演变著名论断在古韵研究中扎扎实实地体现出来。

段玉裁又说:

> 其变之微者,亦审音而分析之。音不能无变,变不能无分。古有正而无变,知古音之甚谐矣。(段玉裁《说文解字注》)

由此得知段氏也重视审音,其对象主要是那些历时发生变化的音,特别要把握细微之变。这是他审音的独特之处,建立在语音变化思想的基础之上,通过建立"敛""侈"和"正""变"的音变模式,表现历时语音变化的原因和过程。他认为通过详审古今音变,方知古音无变而且"甚谐"。

段氏对古音变化论述用了较多篇幅,《六书音均表》表一、表三是理论阐述部分,其中表一专设"古十七部本音说①"和"古十七部音变说"论述音变问题,表三主要论述与音变相关的合韵问题,证明他在音变研究上下了一番功夫。他为什么如此重视音变问题?我们以为这正反映段氏独特的古韵思想,他关注的不仅是建立古韵十七部,而且还有十七部到二百零六韵之间的演变及原因,建立演变的途径。对此等韵理论似乎帮不了什么忙。

段氏的古韵十七部主要依据考古建立,十七部与音变审音有什么关系呢?前文说,他通过细说古今音变证明古韵十七部是"甚谐"的,而"甚谐"正是天籁之音,是古韵分部的最高境界。

## 三

纵观段氏古韵研究,表现出来的系统性思想、辩证思想及重视语音变化的思想都是正确的。仔细阅读段玉裁的著述,不乏独有的闪光之处。也有一些局限在所难免,段氏晚年也有检讨和修正。如他在《答江晋三论韵》中说:

> 仆于《毛诗》,诚有本非韵而斥为韵者,本可不韵之处而定为韵者,有用本韵而谓之合韵者,疵类不少。(段玉裁《经韵楼集》)

段氏能够经常反躬自省,是成为著名学者的必备条件。

段氏古韵思想的建立在深入考古的基础之上,这没有错误。但是一味排斥等韵也未必高明。作为古代语音学理论的等韵学虽然出现时

---

① 古本音指古今异部而以古音为本音。古本音概念基于古今音的变化而提出。

间较晚,但是基本反映汉语语音结构的特点,作为一种理论具有普遍性,对于建立汉语语音系统具有指导意义,同样适用于古韵系统研究。段氏排斥等韵,产生了以下相关的问题:

第一,对入声韵部处置不尽合理。段氏基本继承了顾炎武将入声韵部并在阴声韵部的做法,①始终坚持入声韵不独立。但是声调却有入声,这就形成了矛盾。段氏用异平同入解决平入押韵问题,如第五部鱼和第十部阳共有入声药铎,为一阴一阳同入;第十六部支和第十七部歌同有入声麦锡,为两阴共入,第十二部真配入声,为一阳一入等。这样安排虽然解决了诸韵部音近合韵问题,但是韵部的阴阳与入相配缺乏规律,同入韵部的数量参差不齐,不能体现汉语语音结构的特点。在这方面,孔广森古韵十八部将阴阳韵部各八个,整齐相配,与段氏形成鲜明的对比。但是孔氏不承认古有入声,仍不能解决入声押韵问题。与段氏交往较多的王念孙,江有诰将盍、缉及至、祭(去入)独立成部,对入声韵部的处置胜过段氏。段氏离世前几年对异平同入做了局部修正:接受了江有诰的意见,将第四部侯配有"屋烛觉之半";十五部的祭泰月曷等,分别与十三部文和十四部元相配。但是缉合九韵仍旧分配侵覃九韵为二部。(段玉裁《经韵楼集》)总之,段氏古韵韵部的阴阳与入相配仍然不合理,问题的关键是入声韵部仍然合在阴声或阳声韵部之中。② 而入声韵部独立,才是最终的出路。

第二,十七部将蒸登与侵盐、覃谈同归在第三类,同类韵部的韵尾发音部位不同,这就不单与等韵不合的问题了。

以上缺陷不是考古不精所致,而是稍微考虑一下等韵就以可避免。

---

① 除了继承顾炎武在侵覃等部配有入之外,又增加了十二部真配入。
② 李文先生(1997)认为:"在段玉裁看来,入声是否独立成部并不重要,重要的是入声所起的作用。"考证段氏的古韵研究后,我们认为段氏既重视入声是否独立,也看重入声的作用。他以入声韵不独立为立部原则。

# 四

传统习惯用"考古派"或"审音派"来概括古韵学家研究的特点,这些称名可以表现古韵学家对研究对象的基本认识,反映一些思想倾向。今天我们无需判断"考古派""审音派"孰优孰劣。段玉裁是公认的考古派,其古韵研究成果"登峰造极"。其师戴震是公认的审音派,将等韵理论引入古音研究,其研究思想可赞。但是其研究成果不如段玉裁,而受段氏的影响颇多。我们认为:作为审音精髓的等韵是古代语音理论,考古作为中国传统学术研究的重要基础,总是走在审音的前面,形成了古韵研究以考古开始,以审音结束的局面。事实证明两者是互补的,不可或缺。

## 参考文献

陈　澧[清] 2008 《说文声表》//陈澧,《陈澧集(第六册)》,上海:上海古籍出版社。

陈　燕 1992 《试论段玉裁的合韵说》,《天津师大学报》第 3 期。

董莲池 2006 《段玉裁评传》,南京:南京大学出版社。

董同龢 2001 《汉语音韵学》,北京:中华书局。

段玉裁[清] 1981 《说文解字注》,上海:上海古籍出版社。

段玉裁[清] 2011 《经韵楼集》//续修四库全书编委会编,《续修四库全书(集部·别集类)》,上海:上海古籍出版社。

耿振生 2001 《音韵通讲》,石家庄:河北教育出版社。

顾炎武[清] 1982 《音学五书》,北京:中华书局。

何九盈 1984 《乾嘉时代的语言学》,《北京大学学报》第 1 期。

何九盈 2000 《中国古代语言学史》,广州:广东教育出版社。

江　永[清] 1982 《古韵标准》,北京:中华书局。

李　开 2005 《清代学术史上的盛事:戴震、段玉裁论韵十五年》,《东南大学学报》

第 6 期。

李　文　1997《论段玉裁的古异平同入说》，《古汉语研究》第 2 期。

李恕豪　1987《论段玉裁的古音研究》，《四川师范大学学报》第 6 期。

梁启超　2003《中国近三百年学术史》，天津：天津古籍出版社。

刘晓南　2007《汉语音韵教程》，北京：北京大学出版社。

鲁国尧　2008《中国语言学思想史》//耿振生，刘家丰编，《语苑撷英（二）——庆祝
　　　　唐作藩教授八十华诞学术论文集》，北京：语文出版社。

钱曾怡　1985《段玉裁研究古音的贡献》，《文史哲》第 6 期。

乔秋颖　1991《上承先贤，下启来者——从〈六书音均表〉看段玉裁的古音学成就和
　　　　地位》，《河池学院学报》第 4 期。

孙玉文　1990《音有正变：音之敛侈必适中》，《湖北大学学报》第 5 期。

唐作藩　2011《汉语语音史教程》，北京：北京大学出版社。

万献初　2008《音韵学要略》，武汉：武汉大学出版社。

王　力　1981《汉语音韵学》，北京：中华书局。

王　力　1982《上古韵母系统研究》//王力，《龙虫并雕斋文集（第一册）》，北京：中
　　　　华书局。

王　力　1992《清代古音学学》，北京：中华书局。

吴庆峰　1990《段氏古韵研究方法论》，《山东师大学报》第 1 期。

杨剑桥　1988《段玉裁古音学的评价问题》，《温州师范学院学报》第 2 期。

周斌武　1981《汉语音韵学史略》，安徽：安徽教育出版社。

（陈　燕　天津师范大学文学院）

# 段玉裁增加反切"当(据某书)某某切"学理分析

## ——以《说文解字注》第七、八篇 25 条例证为对象*

陈鑫海

**摘　要**　段玉裁在为《说文解字》作注的同时,也对大徐本反切提出了一些增改意见。其中一些意见,段玉裁用"当(据)某书某某切"形式加以表述,体现了其本人较强的判断意识。文章对《说文解字注》第七、八两篇进行了穷尽式考察,将其中 25 条例证全部摘出进行分析,揭示了段玉裁据以论证的三个前提和一个推论,并对四者的逻辑关系和逻辑地位做出适当判断。同时,对这些例证的分析,也是为穷尽式梳理段玉裁增改大徐本反切的行为进行的初步探索。

**关键词**　《说文解字注》　反切　"当(据某书)某某切"

　　清代学者段玉裁倾尽毕生之力写就的《说文解字注》,是我国语言文字学史上最为重要的著作之一。这部著作包容并展现了段玉裁在文字学、训诂学、音韵学、文献学乃至语法修辞方面的精深造诣。

　　其中音韵学方面最大的成就,就是用段氏的"古韵十七部"为《说文解字》的每一个字附注韵部,使单个的汉字在古音方面形成一个完整的体系。同时,段玉裁作注时采用的中古音,基本上是承袭徐铉抄录的《唐韵》音。但是,这种承袭并非机械的、一成不变的。在作"注"的过程中,段玉裁不时提出一些自己的增补或修正意见。这些增改意见,

---

*　原文曾发表于《励耘语言学刊》2017 年第 2 期,据以收入时略有修改。

据我们的初步统计有 1 300 余条。这已经涉及《说文》全书收字数量的 1/8 强,是一类不可忽视的现象,值得系统研究。

这些意见的提出形式有何规律可循? 目的何在? 这些意见又体现了段玉裁本人在音韵学、训诂学方面什么样的思想? 此前并未见到过系统的阐述。我们目前正在对这类现象进行穷尽式的摘录、整理与分析。现摘取部分现象,就其所反映的段玉裁的学理思想求正于学界。

段玉裁增改大徐本反切的形式多数属于径增或径改,未加过多说明文字。但其中少数增加反切字例下面,段玉裁采用了"当(依)某书某某切"这样的表述形式(个别例证用"应"代替"当"来表述,本文视作一类),明确体现了他的判断。我们采用抽样调查的方式,随机选择《说文解字注》第七、八两篇,在其中检得全部这类现象共计 25 例。[①]

接下来我们将择取 25 例中的典型例证分析其学理,并进而推演段玉裁这一表述形式背后的逻辑关系。[②] 通过一番梳理,我们发现,段玉裁提出这种表述形式的,大体上可归结为三方面原因。

## 一、段玉裁依据音义对应关系增加反切或更改大徐本反切

在这一类中,我们均可以推见段氏默认的一个前提:

前提Ⅰ(理论前提):古音与古义、古形相匹配;今音与今义、今形相匹配。

段氏默认的另一个相关前提:

前提Ⅱ(事实前提):因为前提Ⅰ,又因为《说文》解古形、古义(即本义),所以,为《说文》注音应该注《说文》/文献时代的古音。

---

① 以下分类开列条目时,按照行文讨论之先后重新排序。
② 许惟贤标点整理本为项目组统一确定的工作用本,故以此本为基础加以讨论。各例引文中《说文解字》文本依段注,段注文字放在"( )"中,标点以许惟贤标点整理本为准。段注有误者依照许惟贤校注径改。许本点校有误或疑误时适当讨论。所引段注与音切无关者均以"……"代替。

其中,前提Ⅰ又是前提Ⅱ的推理基础。前提Ⅰ和前提Ⅱ都是其他所有推理形式的大前提。如果大徐本反切不符合这两个前提,段玉裁就会把其他文献证据作为推理的小前提,提出更改反切的意见或另外增加合理反切。这样对大徐本反切提出的修正意见就是其推理得出的结论。如此可以构成严格的三段论论证格式。

段氏在对此类大徐本反切提出修正意见时,有些论据已经随文指出,也有一些并未言明,需要核以相应的字书、韵书。

> (1)《禾部》秏:稻属。(《汉书》曰:"讫于孝武后元之年,靡有孑遗秏矣。"孟康曰:"秏音毛,无有秏米在者也。"秏米,米名,即所谓稻属也。今本作毛米,误。孟意若今言无有一粒存者。《水经注》曰:"燕人谓无为毛。"故有用毛为无者,又有用秏者。初读莫报切,既又读呼到切,改禾旁为耒旁,罕知其本音本义本形矣。《大雅》:"秏斁下土。"秏者,乏无之谓。故《韩诗》云:"恶也。")从禾,毛声。(呼到切,二部。按,当音毛音耄。)伊尹曰:"饭之美者,玄山之禾,南海之秏。"

段玉裁主张的音毛,合《汉书》孟康注"音毛";音耄,合"初读莫报切"。另据《广韵》,"呼到切"的"秏"字释义"减也,亦稻属"。段玉裁通过文献的排比分析,认为"秏"字的形音义匹配关系当如下所示:

|  | 形 | 音 | 义 |
|---|---|---|---|
| 本 | 秏 | 音毛/音耄 | 稻属 |
| 今 | 耗 | 呼到切 | 减也 |

故主张恢复本形、本音、本义之间的匹配关系。

> 与此例相类的有例(2)《䎽部》䎽(原文从略)。
> (3)《米部》糶:谷也。从米,翟声。(他吊切,二部。按,当依《玉篇》徒的、徒吊二切。)

此例较为特别。段玉裁认为一字对应二音,且采用"当依/当据"等强烈判断形式的例子并不多见。我们随机抽查《段注》前十一篇,仅见《足部》踏、《角部》觜、《立部》增、《鬼部》魖及本例共5例。仅就本例而言,似乎与"翟"字本身的构形作用有关。在《说文》里,"翟"作为构件,分别参与了"糴""糶"两个字的构形。许慎认为这两个字都是会意字,但同时指出"糶"字中"糴亦声",此即大徐本反切之所据。而《广韵》"糴"字只有"徒历切"一个读音,且与"翟"同音。段玉裁据此认为在"糴"字的构形中,"翟"也是"亦声"。再以《玉篇》(实为《大广益会玉篇》)为据,认为"翟"当有两读。

    (4)《人部》佼:交也。从人,交声。(下巧切,二部。按,交义当依《广韵》古看切。)

    查《广韵》,佼字有三读。《看韵》古看切,"交也";《巧韵》下巧切,"庸人之敏,《说文》交也";古巧切,"女字"。段玉裁根据《说文》本义"交也",判断"古看切"当匹配本义,故主张改依。

    又按:《广韵》把《说文》本义"交也"又与"庸人之敏"同系于"下巧切",当是根据大徐本反切而定。段玉裁当是看到这一矛盾,故在《广韵》"一义配二音"这样的匹配关系中做出抉择。从这里我们还可以推知段玉裁的一个推论,即:

    推论Ⅰ:如果本义匹配两个音读,必有一个不是本音。

    这一推论可以看成是从其理论前提(前提Ⅰ)中推导出来的。

    另按:这一推论与例(3)显示的"一义配二音"情形不矛盾。例(3)的音义匹配有另外的解释,可以看作特例。

    与本例相类似的还有例(5)《日部》晹(《集韵》中"一义配二音")、例(6)《瓜部》旗(《广韵》中"一义配二音")。此不赘述。

    (7)《人部》傭:均也,直也。从人,庸声。(余封切,九部,依《广韵》,《说文》当丑凶切①。)

    "傭"字在《广韵》中有两个音韵地位:容小韵"余封切"下第十四

---

①   许惟贤标点原作:"依《广韵》。《说文》当丑凶切。"此改。

字,注"傭赁,又丑凶切";踵小韵"丑凶切"下第二字,注"直也、均也,又音容"(按:段玉裁将《说文》说解"均直也"改为"均也直也"显然也依据了《广韵》)。在段玉裁看来,"均也、直也"这个意思在《广韵》中是和"丑凶切"相匹配,而"直也"又是《说文》本义,那么"丑凶切"就是《说文》本音,所以应当采用这个反切。又按,此例段玉裁主张的反切虽明言"依《广韵》",但也或许参考了《系传》"傭"字之"敕容反"。与此例相类的有例(8)《舟部》般(原文从略)。

> (9)《衣部》裻:新衣声。(此当依《玉篇》先鹄切。《子虚赋》:"翕呷萃蔡。"张揖曰:"萃蔡,衣声也。"萃蔡,读如碎槃二音,裻亦双声字。)一曰,背缝。(此则冬毒切,与上襡义同。……)从衣,叔声。
> (三部。)

此例与上例同。也是根据其他字书重新建立音义对应关系。"裻"字,《玉篇》收在衣部,注"先鹄切,新衣声也,又都梏切",显然认为"裻"字的本音为"先鹄切"。此为段玉裁所本。然后段玉裁又找到张揖注《子虚赋》中的文献例子,加强论证。至于《玉篇》的又音"都梏切",等于大徐本"冬毒切"。段玉裁将其匹配给另一义"背缝"。

> (10)《衣部》裵:长衣皃。(此即《子虚赋》"裶"字也。若《史记·子虚赋》"弭节裵回",《汉·郊祀志》"神裵回若留放",乃长衣引伸之义。《后汉书·苏竟传》注云"裵回谓萦绕淹留"是也。俗乃作"徘徊","徘徊"矣。)从衣,非声。薄回切。(按,当芳非切。十五部。……)

查《广韵》微韵,"裵"在肥小韵,符非切,当大徐"薄回切"。"裶"在霏小韵,正是段氏认为应当改成的"芳非切",注"衣长皃"。许慎已明言"长衣皃"为本义,段玉裁即据此认定"裶"为本形,再进一步推论"芳非切"为本音。则"薄回切/符非切"应匹配《广韵》"裵"字地名"裵县"之义。

与此例同类的有例(11)《尾部》屈。

（12）《见部》靓：召也。（《广雅·释言》曰："令、召，靓也。"曹宪云："耻敬反。亦为靓妆之靓，似政反。耻敬则召靓之靓也。今多云靓师僧，则其字矣。"……）从见，青声。（疾正切，按，当依曹宪耻敬切，十一部。）

按照曹宪《博雅音》的注释，"耻敬反"对应的是《说文》本义"召也"；"似政反"等于大徐"疾正切"，对应的是另一个意思"靓妆之靓"。按照本义对应本音的原则，段玉裁认为应当用"耻敬反"。

（13）《覞部》覞：并视也。从二见。（弋笑切。按，《祭义》："见以萧光，见间以侠甒。"注云："见及见间，皆当为覞字之误也。"覞不见于许书，盖即覞字。谓萧光与燔燎并见，侠甒与肝肺首心并见也。见者，视也。覞应古苋切，十四部。）凡覞之属皆从覞。

此例段氏用"应"表述，据异文改，但有孤证之嫌。段氏的推理似乎是这样的：《礼记·祭义》里的"见/见间"，按照郑玄的注，这两处都应当是"覞"字。接下来段玉裁认定《礼记·祭义》的这个"覞"字就是《说文解字》的"覞"字，似乎在背后遵循了这样一个默认的前提：

前提Ⅲ：经书中出现的字，《说文解字》都应该有。如果字形不能相合，就应该通过义或音（我们暂未发现合适的例子）的桥梁沟通字际关系，然后再通过这种关系进行判断。

如果是据义沟通，而音不相合就可能需要改音读（那么如果是据音沟通，是否会出现改义的情况？需要另外考察）。

至于前提Ⅲ与前述前提Ⅰ、前提Ⅱ的内在逻辑关系还需要搜集更多例证进一步分析。

（14）《欠部》欨：欨欨，戏笑皃。（此今之嗤笑字也。《广韵》画欨、嗤为二字，殊误。其云"嗤又作欨"，不知皆欨之俗耳。《文赋》曰："虽浚发于巧心，或受欨于拙目。"李善曰："欨，笑也，与嗤同。"今本转写乖谬。）从欠，之声。（许其切，按，当赤之切。一部。蚩亦从虫，之声。）

此例据文献所反映的字际关系增改反切,改动对象亦为反切上字。段玉裁看到《文选》李善注《文赋》指出了"欹"与"嘡"同,而"嘡"只是"欹"的俗体之一。进而认为《广韵》把"欹"归入"许其切"下,把"嘡"归入"赤之切"下是错误的。两个字都应当是"赤之切"。

## 二、段玉裁据其古音学观念修正大徐本反切

这一类型中,我们进一步按照段玉裁古音学观念中的两个方面:对古声调系统的认识和对古韵部系统的认识分为两类。

### 2.1 依据"古无去声"说提出反切修正意见

"古无去声",是段玉裁在《六书音均表一·古四声说》中提出的著名观点。关于其具体内容,前贤多有阐释,此处不赘。在《说文解字注》中,段玉裁多有根据这一观点更改大徐本反切之例。但需要指出的是,并不是《说文解字》里所有的去声字,段玉裁都要用非去声反切来增改。我们抽样考察了《说文解字注》第一篇上,共检得去声字43个,段玉裁提出增改意见的仅有7例,其中增加反切者6例。唯一一个改切的例子又是改动反切上字,与"古无去声"无关。那么,段玉裁对于去声字的反切,其做出增改与不做增改之间的取舍标准为何?仍然需要通过全面归纳,做进一步比较、分析。关于这一问题我们将另文讨论。这里仅就第七、八篇中确据"古无去声"增改反切、段玉裁又有强烈判断的四个例子做出分析。

> (15)《疒部》痱:风病也。(非、风双声。《释诂》曰:"痱,病也。"郭注:
> "见《诗》。"按,《小雅》:"百卉具腓。"李善注《文选·戏马台诗》
> 云:"《韩诗》云:百卉具痱。薛君曰:痱,变也。毛苌曰:痱,病也。
> 今本作腓。"据李则《毛诗》本作痱,与《释诂》合。)从疒,非声。(蒲
> 罪切,十五部。按,当扶非切,亦作疿。)

按：扶非切亦合《诗经》异文"腓"。

(16)《人部》倡：乐也。从人，昌声。（尺亮切，十部。按，当尺良切。）

(17)《从部》从：随行也。从从辵，从亦声。（慈用切，九部。按，大徐以去韵别于平韵，非也。当疾容切。）

(18)《见部》观：谛视也。（……《穀梁传》曰："常事曰视，非常曰观。"凡以我谛视物曰观，使人得以谛视我亦曰观，犹之以我见人、使人见我皆曰视，一义之转移，本无二音也。而学者强为分别，乃使《周易》一卦，而平去错出支离，殆不可读，不亦固哉。……）从见，雚声。（古玩切，按，玩当作完，十四部。）

按：例(15)—例(17)同时符合音义对应关系。

痱，《广韵》平声符非切下："瘇，风痱病也。痱，上同。"又去声扶沸切，注"热疮"。按照《广韵》的音义匹配关系，正是平声的"风痱病"义合于《说文》本义。段氏"扶非切"合《广韵》"符非切"。①

倡，《广韵》尺良切注："乐也，优也，又音唱。"去声尺亮切注"导引先，又音昌"。平声匹配之义合于《说文》本义。

从，《广韵》疾容切注"就也"；疾用切（合大徐慈用切）注"随行也"；另有七恭切，注"从容"。段玉裁认为大徐、《广韵》分别平去，以去声注本义为非。

观，《广韵》古丸切（合段氏主张之古完切）注"视也"；古玩切注"楼观"，并引《说文》曰谛视也。段玉裁认为"一义之转移，本无二音"，显然并未承认"楼观"这个名词意义，而是完全就两个动词意义所做的判断。

又按：从、观二字的去声/非去声别义，兼有自动/使动之别。从字本义"随行也"为自动，"就也"即"使随行也"，为使动。观字，按照段玉裁的说法，也有"以我谛视物"，和"使人得以谛视我"之别。且在段

---

① 《广韵》痱字另有上声蒲罪切，注"痱瘰"。

玉裁看来,自动义和使动义是"一义之转移,本无二音也。而学者强为分别"。同时我们发现,按照段玉裁的理解,这两个字的非去声读法都表示自动;去声读法都表示使动。

## 2.2 依据古韵分部提出反切修正意见

段玉裁在《六书音均表》中划分古韵十七部。其中之脂支三分、侯部独立、真文分立三项为其重要创见。这些古韵分部方面的成果,段玉裁在《说文解字注》中也多有应用。第七、八两篇所涉例证中属于此种类型的有:

### 2.2.1 据"第一部、第十五部、第十六部分用说"(之脂支三分)三例

(19)《疒部》瘑:创裂也。一曰,疾瘑。(《玉篇》作"一曰,疾也")从疒,禼声。(以水切,当依《广韵》羊捶切,十六部。)

(20)《伙部》臮:众与词也。从乑,自声。其冀切(按,冀当作洎,十五部)。《虞书》曰:"臮咎繇。"

(21)《履部》履:足所依也。从尸,服履者也。从彳夊,从舟象履形。良止切。(按,"良止"误也。当依《篇》《韵》力几切,十五部。)一曰,尸声。凡履之属皆从履。

### 2.2.2 据"第三部、第四部、第五部分用说"(侯部独立)一例

(22)《见部》覰:觇覰也。(……覰,古多假"狙"为之,《周礼·蜡氏》注曰:"蜡读如狙司之狙。"狙司,即覰伺也。《史》《汉》"狙击秦皇帝",应劭云:"狙,伏伺也。"《方言》:"自关而西曰素,或曰狙。"《三仓》:"狙,伺也。"《通俗文》:"伏伺曰狙。"是则覰狙古今字。……)一曰,拘覰,未致密也。从见,虘声。(七句切。按,当依《广韵》七虑切,五部。)

按:"虘"声字属段氏第五部,而大徐本反切下字"句"属段氏第四

部（侯部）音，故必依《广韵》改切。

### 2.2.3 据"第十二部、第十三部、第十四部分用说"（真文分立）一例

（23）《見部》覼：覼覼，暂见也。从见，宾声。（必刃切，十二部。按，"覼覼"异部而叠韵，覼当依《集韵》纰民切。）

按："賓"声字属段氏第十二部（真部），而大徐本反切下字"刃"属段氏第十三部（文部）音，故必依《集韵》改切。

## 三、段玉裁据其同源词观念修正大徐本反切

（24）《禾部》秙：春粟不溃也。（……今俗谓轻春曰桄，古旷切，即秙之转语也。）从禾，昏声。（户括切。按，当古活切，十五部。）

此例段玉裁改反切上字。我们在该条注释中能够找到的唯一依据就是古活切合"古旷切，即秙之转语"。因为"桄""旷"在段玉裁第十部；"括""活"在段玉裁第十五部，在段氏"古十七部本音说"里并不能构成音转关系。段玉裁的"转语"，通常是以声类相同或相近，且意义相同为条件，沟通字词间的同源关系。"转语"这一表述形式在《段注》中共 15 见，其中首见例《屮部》苵字下又表述为"一音之转语"；另有"一声之转"表述 10 见，[1]但据以增改反切者仅此一例。段氏据"转语"声类相同相近的要求将反切上字改为"古"，也体现了他对于反切上字声类归属的意见。

（25）《旡部》旡：歙食屰气不得息曰旡。（……旡之字，经传无征。《大雅·桑柔》曰："如彼遡风，亦恐之僾。"传曰："僾，唈也。"《释言》同。笺云："使人唈然如向疾风，不能息也。"今观许书则知旡乃正

---

① 相关统计采自项目团队集体成果。由于用源老师汇总、整理、统计。

字,傻乃假借字。凡云"不得息"者,如歜字、欧字、噎字、噎字、唈字,皆双声像意,然则无必读"於未切"也。傻之训,仿佛见也,毛郑何从知其训"唈然不能息",则以有旡字在也。傻从爱声,爱从恖声,恖从旡声,可得其同音假借之理矣。凡古文字之可考者如此。或问《释言》《毛诗》传唈字当作何字?曰此即旡字也。於唈,古多作"邑",如《史记·商君传》《汉书·杜邺师丹传》可证。古音七八部与十五部关通,相假之理也。毛谓:"傻,旡也。"此即"壹,瓠也"之例,谓壹即瓠之假借也。)从反欠。(居未切,十五部。按,居未当作"於未")凡旡之属皆从旡。旡,古文旡。

此例,段玉裁据"双声像意"关系改反切上字。所谓"双声像意"这一表述形式在《说文解字注》全书中仅一见。在这一例证中,"双声"显然指的是作为分析对象的几个字——"歜""欧""噎""噎""唈"声类相同,都是影母,"意"指是指它们都有"不得息"的含义,合起来就是用影母的"双声"关系来像"不得息"之"意"。显然这也是段玉裁从同源词的角度所做的表述形式。

## 四、结论

通过对上述 25 个例子的分析,我们共探得段玉裁据以增改大徐本反切的三个前提和一个推论:

前提Ⅰ(理论前提):古音与古义、古形相匹配;今音与今义、今形相匹配。

推论Ⅰ:如果本义匹配两个音读,必有一个不是本音。

前提Ⅱ(事实前提):因为前提Ⅰ,又因为《说文》解古形、古义(即本义),所以,为《说文》注音应该注《说文》/文献时代的古音。

前提Ⅲ:经书中出现的字,《说文解字》都应该有。如果字形不能相合,就应该通过义或音的桥梁沟通字际关系。

其中，前提Ⅰ和推论Ⅰ、前提Ⅱ的内在逻辑关系比较明确。前提Ⅲ与其他前提、推论的关系尚待进一步挖掘。

此外，在这些前提和推论中，哪些前提、推论可以提升为公理和定理，也还需要进一步探索。我们目前可以做出如下判断：

前提Ⅰ可能是一条公理。

推论Ⅰ可以作为一条定理。

前提Ⅱ因为需要借助前提Ⅰ推导，所以不能提升为公理，也只能是一条定理。

前提Ⅲ的地位尚待明确。

随着研究的深入，我们期待着进一步验证、修正乃至扩充我们的判断。

## 参考文献

陈复华，何九盈 1987《古韵通晓》，北京：中国社会科学出版社。

陈彭年等编，余廼永校注 2008《新校互注宋本广韵（定稿本）》，上海：上海人民出版社。

丁　度［宋］2015《集韵》（第三版），北京：中华书局。

丁声树编录，李　荣参订 1981《古今字音对照手册》（新1版），北京：中华书局。

段玉裁［清］1981《说文解字注》，上海：上海古籍出版社。

段玉裁［清］著，许惟贤整理 2007《说文解字注》，南京：凤凰出版社。

顾野王［梁］，陈彭年等［宋］1986《大广益会玉篇》，北京：中华书局。

许　慎［汉］1873《说文解字》，北京：中华书局。

（陈鑫海　天津大学语言科学研究中心）

# 《说文解字注》对上古汉语韵律现象认识的探究[*]

## 赵璞嵩

**摘 要** 上古汉语与现代汉语的音步类型截然不同,其轻重长短是以韵素多少、元音长短、元音响度来计量的。(冯胜利 1997,2000)段玉裁早已敏锐地发现了上古汉语韵律轻重的现象,首发语音轻重之说。文章从《说文解字注》中发掘了一批反映上古汉语韵素的原始材料,以此探究段玉裁如何认识上古汉语中存在的韵律对立现象。

**关键词** 段玉裁 说文解字注 韵素音步 韵律音韵学

## 一、引言

韵素(mora)是音节韵母中所包含的最小的韵律成分,它是节律分析的最小单位、韵律层级中最小的单位。人类语言中的音步一般分为两种类型:音节音步和韵素音步。在音节音步的语言里,语音轻重由音节来表现。在韵素音步的语言里,语音轻重关系的表现可以在两个韵素之间完成。根据最近的研究,上古汉语属于韵素音步,与汉代之后以双音节为韵律单位的音节音步截然有别。(冯胜利 1997,2000)何大安先生(2016)在《评白一平、沙加尔〈上古音:构拟新论〉》中肯定了

---

[*] 本文曾在"乾嘉段王的科学理念和科学方法国际研讨会"(2016.6 天津大学)上宣读,蒙潘悟云教授、施向东教授、洪波教授、Charles Yang 教授、陈鑫海博士指点并提出宝贵意见,谨此一并致谢。文中如有错误,概由作者负责。原文曾发表于《古汉语研究》2017 年第 4 期,据以收入时略有修改。

上古汉语韵律的发现及研究:"至于'上古音非单音节'的问题,孙宏开(2014)和冯胜利(2012,2013)也分别从汉藏语共同创新,以及韵素轻重等不同角度提出了新的见解。他们的意见与《上古音:构拟新论》的主张不同,我建议读者参看、比较,定能知所取舍。"近年来,上古汉语的韵律轻重现象越来越受到语言研究领域的重视。韵素音步的发现不仅对整个汉语史的研究具有重要的意义,尤其为汉语语音史的研究开拓了一个崭新的方向。

事实上,在乾嘉时期,已有学者敏锐地发现上古文献中关于韵律轻重的信息。段玉裁在其《说文解字注》中首发语音轻重之说,发掘了一大批上古汉语中与韵律轻重相关的重要材料。然而在汉语历史语音学的研究中,迄今尚未从韵律的角度对段玉裁发现的轻重现象展开系统的整理。这些材料对汉语韵律的研究具有非常重要的价值,不仅为上古韵素音步的研究提供了宝贵的线索,更为进一步从韵律音系理论发展汉语音韵学的研究提供了重要的依据。下面我们就分别论述段玉裁提出的韵律轻重语料中所包含的韵素内容以及对这些内容进行的韵律音系学的分析。

## 二、《说文解字注》对上古汉语韵律现象认识的探究

### 2.1 同是"我"义,"吾""我"语音轻重缓急不同

段注"我"字条:《论语》二句,而、我、吾互用。《毛诗》一句而、卬、我杂称。盖同一我义而语音轻重缓急不同。施之于文若自其口出。

段玉裁提出"我""吾""卬"在上古汉语中的互用源于语音轻重缓急的不同。在这之后,章太炎《祭统》中说:"若,止当训汝,言汝、言若、言乃,其义悉同而语势轻重有异,犹一句错见吾、我二字尔。"其后,金守拙、俞敏、郑张尚芳、潘悟云、施向东、朱红等学者均从语音的角度讨论了"吾""我"之间的差异。

金守拙（1956）："吾、我实为同一字之重读与非重读之别。"这是由语音上的平声与非平声体现出来的。俞敏（1999a）先生明确指出"吾""我"是语音轻重的问题，他说："'吾'和'我'的分别纯粹是个声音问题：凡在语丛尾巴上的，或者有对比的，一定念得重，所以是 ŋad。凡后头还有别的字的，因为往往念得轻，所以写的时候儿把收尾音忽略了，就是 ŋa。……我猜这种'鱼歌旁转'的现象（夫、彼；胡、何；女、尔；吾、我）是一种轻重音（gradation）的现象。像'尔为尔，我为我'那种句子里，用的是对比的口气，所以用重音的歌部字。"郑张尚芳（1987）认为对于上古汉语来说，凡是处置、对比、对公众讲话等需要强调的场合，都用 ai 式（"我"式），一般场合多用 a（"吾"式），也可用 ai，所以 ai 是 a 的强调式。潘悟云（2001）认为上古汉语存在一个用音段来标记强调式的后缀 *-l，表现在第一人称代词的区别形式是：吾 * ŋa～我 * ŋal。施向东、朱红（2009）认同俞敏及郑张尚芳的观点，认为上古汉语中造成第一人称代词"吾""我"的差别的也正是语音的问题，表强调采用的语音手段是非强调式元音后增加一个舌头辅音。

冯胜利（2000，2009，2012）将"吾""我"的对立看作上古汉语"韵素对立"的现象，提出"吾""我"有别是韵素音步发生作用的结果。这是首次运用韵律音系理论，对"吾""我"同义互换现象产生的机制做了深入的分析。韵律理论的实践着重从上古汉语音系结构属性及轻重音形式发挥的作用等方面，探讨上古汉语人称代词轻重音现象所反映出的语音规律。在此基础上，赵璞嵩（2014）提出以韵律轻重理论来解释第一人称"吾""我"的对立具有绝对的优势，并将"我""吾"之间的语音关系具体分析为标准形式（default form）与弱化形式（reduced form）的对立，而不是强调形式与标准形式的对立。论文利用上古音构拟的成果，通过节律音系学理论中的"响度层级"量化了两个音节的韵母响度值，证实歌部的"我"比鱼部的"吾"语音要重，两者的轻重表现为音段上的差异。

具体来说,第一人称代词"吾""我"分属上古的鱼、歌两部,表1是七家学者的拟音:

表1

|  | 高本汉 | 王力 | 俞敏 | 李方桂 | 白一平 | 郑张尚芳 | 潘悟云 |
|---|---|---|---|---|---|---|---|
| 吾 | ŋ-ɔ | ŋi-a | ŋ-a | ŋ-a-g | ŋ-a | ŋr-aa | ŋ-aa |
| 我 | ŋ-ɑ | ŋ-ai | ŋ-al | ŋ-ar-x | ŋ-aj-ʔ | ŋ-aal-ʔ | ŋ-aal-ʔ |

七位学者对"吾""我"的拟音不尽相同,如何判断二者韵律孰轻孰重呢? 在节律音系学的分析中,韵素的轻重在语音学上有相应的响度等级序列,如表2所示(Hogg & McCully 1987):

表2

| Sounds(音段类型) | Sonority values(响度值) | Exampes(例举) |
|---|---|---|
| low vowels(低元音) | 10 | /a,ɑ/ |
| mid vowels(中元音) | 9 | /e,o/ |
| high vowels(高元音) | 8 | /i,u/ |
| flaps(闪音) | 7 | /r/ |
| laterals(边音) | 6 | /l/ |
| nasals(鼻音) | 5 | /m,n,ŋ/ |
| voiced fricatives(浊擦音) | 4 | /v,ð,z/ |
| voiceless fricatives(清擦音) | 3 | /f,θ,s/ |
| voiced stops(浊塞音) | 2 | /b,d,g/ |
| voiceless stops(清塞音) | 1 | /p,t,k/ |

根据韵素响度等级就可以给上面的拟音计算出韵素响度数量,能够得到表3的数据:

表3

|  | 高本汉 | 王力 | 俞敏 | 李方桂 | 白一平 | 郑张尚芳 | 潘悟云 |
|---|---|---|---|---|---|---|---|
| 吾 | 9 | 10 | 10 | 10+2=12 | 10 | 10+10=20 | 10+10=20 |
| 我 | 10 | 10+8=18 | 10+6=16 | 10+7=17 | 10+7=17 | 10+10+6=26 | 10+10+6=26 |

以上三个表显示的结果说明,七家学者在各自建立的语音系统中对分属歌、鱼二部的"我""吾"的拟音不尽相同,但构拟的结果却都惊人地显示出两者在韵律上的对立,即:歌部比鱼部韵素多,响度大。

论文不仅从共时层面分析了"吾""我"韵律对立产生的机制,同时,从历时层面解释了对立消失的根本动因。具体来说,西汉之后"我""吾"两个音节的韵素响度关系并未发生根本的变化,但却趋于混同。参照王力(1985)、俞敏(1999b)的拟音,"吾""我"从先秦到西汉的语音演变可以表示如下:

吾:ŋa>ŋo　/ŋo>ŋɔ

我:ŋal>ŋa　/ŋai>ŋɑ

观察"吾""我"在两汉时发生的语音演变,如果分别计算两个音节的韵素响度,无论根据哪家的拟音,"我"的音节始终比"吾"的音节响度值要高。表4的计算比较可以为证:

表4 "吾""我"在先秦及两汉时代音节响度值

|  | 王力 | | | | 俞敏 | | | |
|---|---|---|---|---|---|---|---|---|
|  | 先秦 | | 两汉 | | 先秦 | | 两汉 | |
|  | 拟音 | 韵素响度 | 拟音 | 韵素响度 | 拟音 | 韵素响度 | 拟音 | 韵素响度 |
| 吾 | ŋo | 9 | ŋɔ | 8.5 | ŋa | 10 | ŋo | 9 |
| 我 | ŋai | 10+8=18 | ŋa | 10 | ŋal | 10+6=16 | ŋa | 10 |

音节响度差异仍然存在,但文献不再反映"吾""我"的互补分布规律。这正是由于汉代之后韵律单位发生了根本性的变化,单音节内部无法显示出音步的对立。以上统计证实韵律结构演变才是造成对立消失的根本原因。因此,"韵律对立"反映了上古汉语"吾""我"对立的本质所在,不仅明确了两者的对应属性,并且符合语言类型演变的规律。

段玉裁提到"同一我义,语音轻重缓急不同"首发韵律轻重之说,他看到同一人称代词的互换的现象,其根本原因来自轻重缓急的对立,反映的是正是上古汉语以"音节内部成分的多少"决定语音轻重的事实。这一事实已被上述的研究所证实。

## 2.2 "不"轻"弗"重,"不"者其文直,"弗"者其文曲,二者不可互易

《段注》"不"字条:与弗字音义皆殊。音之殊则弗在十五部也。义之殊,则不轻弗重。如"嘉肴弗食,不知其旨,至道弗学""不知其善"之类可见。《公羊传》曰:"弗者,不之深也。"俗韵书谓不同弗,非是。

段玉裁明确指出两者意义有别,根本就在于"轻重"有别。他在"弗"字条下,再次对"弗""不"之异做出了进一步的解释:

而用弗为不。其误盖亦久矣。《公羊传》曰:"弗者,不之深也。"固是矫义。凡经传言不者,其文直。言弗者,其文曲。如《春秋》"公孙敖如京师,不至而复""晋人纳捷菑于邾,弗克纳。"弗与不之异也。《礼记》"虽有嘉肴,弗食不知其旨也;虽有至道,弗学不知其善也。"弗与不不可互易。

段玉裁以"'不'文直""'弗'文曲"的语义差异为线索对"不""弗"的对立做出了判断。而究其根本原因,二者的差异还在于语音的轻重。"弗""不"之异,是"辞气"不同导致的。到了《马氏文通》里有更为明确的论述:

《论语·公冶长》正义云:"弗者,不之深也。"与"不"字无异,惟较"不"字辞气更遽耳。《论语·公冶长》:"弗如也,吾与女弗如也。"极言其不如之甚,有不待思索而急遽言之之状。故《孟子·尽心下》历数大人之巍巍者,即遽断之曰:"我得志,弗为也。"至以后总言不足畏之理,则用"不"字,故曰:"在彼者,皆我所不为也。"《左传·宣公十二年》云:"郑人劝战,弗敢从也;楚人求成,弗能好也。"两"弗"字皆以深责,亦匆遽口气。

首先观察古音构拟的结果反映出了"弗""不"的哪些语音特征,如表 5 所示:

表 5

|  | 高本汉 | 王力 | 董同龢 | 周法高 | 李方桂 | 白一平 | 潘悟云 |
|---|---|---|---|---|---|---|---|
| 不 | piəg | pǐwə | pjuə̌ | pjwə | pjəg | pjə | pɯ' |
| 弗 | pi̯wə | pǐwət | pjuə̌t | pjwət | pjət | pjət | pɯd |

表 5 构拟的结果反映了阴声韵与入声韵的对立。[①] 在语音上,"不"(pɯ'>pɯd)是之部字,中古才促化(郑张尚芳 2003);"弗"是物部字 pɯd。"不"为阴声韵,"弗"为入声韵。根据我们之前的研究,上古汉语的韵律轻重是以"音节内部成分的多少"决定的,具体来说是以韵素多少、元音长短、元音响度来计量。就韵素数量而言,尽管各家拟音的音值有所差异,但无一例外入声韵"弗"比其相应的阴声韵"不"多一个塞音韵尾[d/t],[②]其韵素数量大于阴声韵的韵素数量。阴入的对立是韵律轻重对立的表现。换言之,段玉裁所述语义上的"文直""文曲"其实就是韵素数量多少、韵律轻重的语音表现。马建忠指出的"弗"字的

---

[①] 所谓阴声韵并不是通过构拟来定义的。我们不把阴声韵必然看作开音节。它只是与鼻音韵尾的阳声韵、清塞音韵尾的入声韵对立的第三类韵母。至于阴声音节是开音节还是闭音节,各家构拟不同,但不影响我们的讨论。感谢匿名审稿人提出理清该问题的重要性,在此致以诚挚的谢意!

[②] 这里方桂构拟阴声韵具有辅音韵尾。根据韵素理论,浊塞音-g 比清塞音-t 的韵律响度大,因此同样反映出与其他构拟一致的强弱差比关系。

出现环境是"用以深责"而"辞气更遽",也说明句中加强语气的位置要以韵素多的"弗"以彰显其语音上的重。值得注意的是,这完全符合韵律理论的预测,韵素多的音节更重,因此用入声韵的"弗",韵素少的音节表一般,用阴声韵的"不"。使用"弗"的环境"文曲",使用"不"的环境"文直",而不是相反的情况:"韵素多,音节轻;韵素少,音节重"。这是语言中"义重—音重"之对应规律使然。

　　有研究曾指出"弗"是"不之"的合音,为何段注赞同古注中"弗"的语义比"不"更"深"呢? 同时,《马氏文通》也说"弗"比"不"的语气更加"急遽"呢? 我们知道,合音现象是语音上轻读造成的。为何"弗"的语义或语气反而更深更重呢? 冯胜利(2012)曾针对丁声树先生"'弗'乃'不之'的合音"提出一种假设:"'弗'始之于'不+之',后经重新分析而用为强调。故蒲立本(1987)谓:'弗是用来加强事件的否定,而非一般对象的否定。'"也就是说,"弗"作为"不"语音上的强调形式,是"弗=不之"之后语音上重新分析的结果。语音上重新分析假说的优势在于,可以解释文献中"丧三年以为极,亡则弗之忘矣"(《礼记·檀弓》)这类用法。显然,在这类句子中,"弗"不能替换为"不之"。黄景欣(1958)曾评价何休"弗者不之深也"的阐述"对古人的语意体会可能比现代人深刻",他以为有几点与语气有关。一,"弗"字为入声,"不"字不是入声字;入声字有收尾,语音急迫短促,有加重语气的意味。二,"弗"与"不"并列出现时,"弗"字句的语气词多用"也";"不"字句的语气词多用"焉"。"也"是表判断语气的,相比起语气词"焉",更能衬托"弗"的肯定、加强的语气。如:"乐极和,礼极顺,内和而外顺,则民瞻其颜色,而弗与争也;望其容貌,而民不生易僈焉。"(《礼记·乐记》)"内乱,不与焉;外患,弗辟也。"(《礼记·杂记》)"寡妇之子,不有见焉,则弗友也。"《礼记·坊记》)。三,所谓深浅,可以从一些问答句的使用中看出:"季氏旅于泰山。子谓冉有曰:'女弗能救与?'对曰:'不能。'子曰:'呜呼! 曾谓泰山不如林放乎?'"(《论语·八俗》)前句是孔子责问冉有,故用"弗",后句是冉有回答孔子,学生自制理屈,不敢顶撞老师,故语气较轻,用"不"。入声韵"弗"的韵素多于阴声韵"不","弗""不"语音上的重量级差可以表示为:pɯ'<pɯd。

## 2.3 凡言"何不"者,急言之亦曰"何"

《段注》"盍"字条:"曷","何"也。凡言"何不"者,急言之亦曰"何",是以《释言》云:"曷,盍也。"郑注《论语》云:"盍,何不也。"盍古音在十五部,故为曷之假借,又为盖之谐声。

《段注》"曷"字条:《释言》曰:"曷,盍也。"此亦假借。凡言"何不"者,急言之,但云"曷"也。

段玉裁在《说文解字注》中指明了"何""曷""盍"之间的语音关系:"何"是"何不"的急言形式;"曷"是"何不"的急言形式。又因为"何不=盍",因此,"盍"重于"何","盍"重于"曷"。他们之间的关系可以用"何不>盍>何、曷"来表示。同时,他也强调实际上"曷""盍""何"三者又是同义词。

古注中"盍"常训两义:何也;何不也。《经传释词》:"'盍'为'何不'而又为'何','曷'为'何'而又为'何不'。声近而义通也。故《尔雅》曰:'曷,盍也。'《广雅》:'曷,盍,何也。'学者失其义久矣。"

杨树达(1965)《词诠》中指出"盍"有反诘副词的用法,可作"何不"解,实为"何不"二字之合声。"其母曰:'盍亦求之? 以死,谁怼?'"(《左传·僖公二十四年》)"哀公问于有若曰:'年饥,用不足,如之何?'有若对曰:'盍彻乎?'"(《论语·颜渊》)"颜渊季路侍。子曰:'盍各言尔志?'"(又《公冶长》)

根据古韵分部,何(gaal)为歌部字,曷(gaad)为月部字、盍(gaab)为盍部字。"何"为阴声韵,"曷""盍"为入声韵。"何""曷""盍"主要元音相同,韵尾有别,因此王引之认为二者"声近义通"。三者的语音关系可以从古音构拟的结果看出来,译见表6:

表6

|  | 高本汉 | 王力 | 董同龢 | 周法高 | 李方桂 | 白一平 | 潘悟云 |
|---|---|---|---|---|---|---|---|
| 何 | $g^h\alpha$ | ɣai | ɣɑ | ga | garx | gaj | gaal |
| 盍 | $g^h\alpha p$ | ɣap | ɣɑp | gap | gap | gap | gaab |

段玉裁在这里通过三者的关系明确地指出,"盍"重于非强调式的"何"。根据韵素理论,上古汉语语音系统属于韵素数量敏感(quantity-sensitive)的类型,必然会表现出入声韵相对于其阴声韵更重的语言现象。古音构拟的结果证明,何、盍,主要元音相同,入声韵比阴声韵多一个韵素,故而强于阴声韵"何"。韵素的多少,亦是"盍"在语义上可以表反诘之义的语音动因。依以上对段注中"不、弗"轻重关系的分析,我们也可以猜想,段氏是将"盍""何"二字的韵律关系分析为:"盍者,何之深也",这些现象同样属于重音形式的例证。

值得注意的是:无独有偶,我们在为古代虚词作注的文献中找到了许多可以佐证这一问题的材料。例如,段玉裁已指出"诸""或训为'之'。或训为'之于'"。"诸"既可表"之"义,又可表"之乎(于)"义。这是比较普遍的看法。

《马氏文通》中提出"诸"乃"之于(乎)"的合音词:"之"合"于"字,疾读之曰诸,书中"诸"字代"之于"者常也,而亦有单用"之"字以代"诸"者。蒲立本(1995)也说在上古汉语中,两个单音节可以缩约为一个音节而用一个字来表示。"诸=之乎"即是这种紧缩形式例证。

但文献上的材料告诉我们,"诸"不必一定是"之乎"的合音。《助语辞集注》(卢以纬著,王克仲集注 1988)谓"诸"字与之字之指代意义相同。又曰:诸字之后如有以乎字煞尾者,诸字必为之之义。

> 秦伯谓子桑:"与诸乎?"(《左传·僖公十三年》)
>
> 吾敢违诸乎?(《左传·昭公三年》)
>
> 王庶几改之!王如改诸,则必反予。(《孟子·公孙丑下》)

王克仲因下文有"乎",而知这种语境下"诸"字必与"之"同义,实际上,这是证明"之""诸"语义一致、语音有别的有力证据。语音上,"诸"为鱼部[a],"之"为之部[ə]。冯胜利(2012)曾指出,"诸、之互训"实际说明的是"阴声弇侈不同,轻重不同"。是"作者意欲强调,但'之'不足重,故用重字以强化之义"。鱼部的"诸"是重音的载体,因为和"诸"相对的"之"是[ə],[ə]比[a]弱,所以鱼之对比,在响音等级序列上显然是强比弱。因此,以上"何""盍"表现出的歌、盍二部对立;"诸""之"表现出的鱼、之二部对立,皆是"合音词"通过韵律运作的"重新分析"用作重音形式的例证。

## 2.4 "曾"训为"乃"则合语气

段注"曾"字条:曾,词之舒也。曰部曰:"朁,曾也。"《诗》:"朁不畏明""胡朁莫惩。"毛、郑皆曰:"朁,曾也。"按,曾之言乃也。《诗》"曾是不意""曾是在位""曾是在服""曾是莫听",《论语》"曾是以为孝乎""曾谓泰山不如林放乎",《孟子》"尔何曾比予于管仲",皆训为乃则合语气。赵注《孟子》曰:"何曾犹何乃也",是也。是以朁训为曾,"朁不畏明"者,乃不畏明也。皇侃《论语疏》曰:"曾犹尝也。"尝是以为孝乎,绝非语气。盖曾字古训乃,子登切。后世用为曾经之义,读才登切。此今义、今音,非古义、古音也。

认同"曾"训"乃"义的观点比较普遍:王引之《经传释词》:"家大人曰:乃、宁、曾,其义一也。……何曾,何乃也。《孟子·公孙丑》篇:'尔何曾比予于管仲?'赵《注》曰:'何曾,犹何乃',是也。"刘淇《助字辨略》中提到"何曾"训为"何乃"为惬。而明确地将这种现象看作是与"语气"直接相关的,由段玉裁开始。在这之后的研究者鲜有重视段注在这里的注释:"曾"训为"乃"的根本原因是"合语气"。也就是说,"曾"在这里解释为"乃",是语气上需要重音使然。

段玉裁说"曾"是词之舒,所起的是在语音上的延长作用。"曾之言乃"归根结底是为了"合语气"的需要。对于历史上将"曾"解释为"尝"义,段玉裁是不赞同的,他以为"曾"在这里的语义非用语气不能说明这种现象的成因。

那么"何曾"是什么语气呢?段玉裁告诉我们:"何曾"在古汉语中常表反问的语气,亦即表示某件事情的发生是出乎意外或不应该的。《孟子》中"尔何曾比予于管仲!"所表达的语义是:"你为什么竟把我同管仲相比!""何曾"的使用是加强语气所需(怎么就这么把我和管仲相比呢?)。因此,段玉裁说"何曾"训"何乃"是语气上的问题。上述例子告诉我们,"何曾"作为语义的焦点需要焦点重音表达语气上的反诘。根据焦点—重音对应原则(Forcus/Prosody Correspondence Principle),一个短语的焦点成分必须在其中包含韵律最凸显的词。因此,受到焦点赋值的成分,在句中就要承担重音。(Zubizarreta 1998:38)语音上,"乃"(nɯɯʔ)为哈部字,"曾"是与之相应的阳声韵登部字。阳声韵比其相应的阴声韵多一个鼻音韵尾,韵素数量也相应增多,因而也比阴声字音重。由此可见,登部"曾"比哈部"乃"韵素多,故而在语音上强于"乃"。

## 2.5 "乃"难乎"而"也,"乃"内而深,"而"外而浅。"乃""而"一语之转

段注"乃"字条肯定何休对《公羊传》"'乃'难乎'而'"的注释:《春秋·宣八年》:"日中而克葬。"《定十五年》:"日下昃乃克葬。"《公羊传》曰:"而者何?难也。乃者何?难也。曷为或言而,或言乃。乃难乎而也。"何注:"言乃者,内而深,言而者,外而浅。"按,乃、然、而、汝、若,一语之转。

王引之《经传释词·卷六》"乃"字条下进一步指出"乃""而"虽音义皆近,而对言时却有差异:"曷为或言'而',或言'乃','乃'难乎'而'也。案,'乃'与'而'对言之则异。《礼记·文王世子》曰:'文王九十七乃终,武王九十三而终',是也。散言之则通。"

郝懿行更是明确地将《尔雅义疏》中二者差异归为语音轻重的不同："曷深言'而'者外而浅。按'而''乃'语有轻重耳。古读'而''乃'音近。"

"乃""而"音近，均属之部，二者语音的不同在于"乃"为（nɯɯʔ）一等字，"而"（njɯ）为三等字，此外"乃"的音节中包含一个上声韵尾。七家拟音的结果如表7所示：

表7

|   | 高本汉 | 王力 | 董同龢 | 周法高 | 李方桂 | 白一平 | 潘悟云 |
|---|---|---|---|---|---|---|---|
| 乃 | nə̂g | nə | nə̂g | nəɣ | nəgx | nəʔ | nɯɯʔ |
| 而 | ȵi̯ə̂g | ńiə | ȵi̯ə̂g | njiəɣ | njəg | njə | njɯ |

根据蒲立本（1962—1963）、郑张尚芳（1987）、潘悟云（2000，2014）等的古音构拟，三等韵韵母元音的语音特征标记为［+短］或［+LAX］。韵素理论告诉我们，在上古汉语中，音节韵素数量的多少及元音的长短是衡量轻重的标准。长元音与其相应的短元音之间当存在轻重的对立，这种轻重的对立也可以用韵素的多少来计算，亦即长元音相当于两个韵素。根据韵律音系理论的"相对凸显"原理，我们可以假设，韵素数量多的音节重于韵素数量少的音节，再根据"乃"韵素多、"而"韵素少的推测，恰恰可以从段玉裁、王引之及郝懿行等清代学者发现的"而轻乃重"中得到验证。换言之，乾嘉音韵学家的轻重说和当代音韵学家的古音构拟，在韵素理论的分析下得到了统一的解释。

上面的证据说明：在上古汉语语音系统中，不仅上古汉语的韵部之间存在轻重的对立，三等韵与非三等韵之间也存在轻重韵律的对立。如果事实果真如此，我们进而可以提出："等"与"韵律轻重"也存在着某种必然的联系。上古的语音事实告诉我们：非三等韵韵素数量多于三等韵的韵素，"等"的对立可能就是韵律轻重对立的表现。如果古代学者所谈的"内而深"（非三等字）、"外而浅"（三等字）反映的是非三等字和三等字的对立,那么"三等与否"实则与语音"轻重"有关。

## 2.6 "邪""也"疑辞并用

段注"邪"字条:今人文字,"邪"为疑辞,"也"为决辞,古书则多不分别。如"子张问:十世可知也",当作"邪"是也。又邪、也二字,古多两句并用者。如《龚遂传》:"今欲使臣胜之邪,将安之也。"韩愈文:"其真无马邪,其真不知马也。"皆也与邪同。

段玉裁注意到"邪""也"在古汉语中两句并用。而"……邪……也"的并用是一个较为固定的格式,并不是"……也……邪"。语音上,"邪"为鱼部字,"也"为歌部字。冯胜利(2012)在《上古单音节音步例证》中指出,两疑并用时,一般均取"邪……也……"格式而无"也……邪……"的格式。为什么呢?如果根据人类语言末句音重的一般规律,那么"邪"属鱼部,"也"属歌部,则鱼轻歌重,故用歌部殿后"以彰其重"就是自然而然的结果。2013年他进一步指出"'邪、也'在使用中的先后次序,是由它们自身的韵律分量所决定的,亦即'轻者居前,重者在后'。"这是句子重音格式要求的结果。

## 2.7 读伐,长言之;读伐,短言之

段注"伐"字条:《公羊传》曰:"《春秋》伐者为客,伐者为主。"何云:"伐人者为客,读伐长言之;见伐者为主,读伐短言之。皆齐人语也。"按,今人读房越切,此短言也。刘昌宗《周礼·大司马》《大行人》《辀人》皆房废切,此长言也。刘系北音,周颙、沈约韵书皆用南音,去入多强为分别,而不合于古矣。

在讨论"伐"长言、短言的问题,段玉裁不仅明确了"伐"的哪个语音形式为短言(房越切),哪个语音形式为长言(房废切),并且认为沈约多强行以去入为别,实则古音并去入声调的分别。

段下裁"古无去声"的观点是他在《六书音韵表》中就汉语声调的发

展做出的判断:"考周秦汉初之文,有平上入而无去,洎乎魏晋,上入声多转而为去声,平声多转为仄声,于是乎四声大备,而与古不侔。""古无去声说"是乾嘉时期古音学研究中的一大贡献。我们知道,声调并非汉语自古就有的特征。声调的出现,源于韵尾辅音的丢失。汉语声调的起源虽然很早,但四个声调最后完成,则在六朝之际。段氏在"伐"字条下关于"去入强为分别"的论断实则说明此时韵尾辅音尚未以声调的形式出现。也可以这样说,段玉裁为何休"长言""短言"作注,不仅阐明在声调确立之前,中古的去声调要长于入声调,同时证明长、短言的分别并非声调的区别。那么,究竟是什么语音特征决定了长言、短言之别呢?

郑张尚芳(2003)《上古音系》中提到"长言"与"短言":"前音为《集韵》废韵房废切 bads,'击也',后音为月韵房越切 bad,乃后世的通读音。bad 保留入声为短读,汉代 bads>bas>daih 自然成长读了。'伐'后世都混说入声,原来则依语法意义分读。"

郑张先生这里强调的古注"伐"的不同读音对古汉语韵律的讨论具有重要的意义,他(2016)在第三届国际汉语韵律语法研讨会上的发言中进一步指出:"韵素构成的多少自然给人长短的感觉","以 * bads 比 bad 为长音,此例以去声-s 表被动……其-s 转为-h 前,都加增音-i,成为 i 尾韵,更可体现其长。"郑张先生所说的 bads 在语音上比 bad 长,其本质的原因就在于前者的韵素数量比后者的多。这也同时证明,在上古汉语中,音节的长短、韵素数量的多少直接影响韵律的轻重。同样地,段注中对长言、短言的语音学描写及与其相关的"去入"问题的讨论,恰好可以说明,韵尾数量不同,入声、去声长短有别、轻重有别。

值得注意的是,根据平山久雄(1991)的研究,可将高诱注《淮南子》及《吕氏春秋》改读上声看作"急气言",改读去声看作是"缓气言"。① 就声调与轻重之间的联系,施向东(2015)曾做出极为重要的探

---

① 感谢匿名审稿人的提示与建议。

讨,他指出:"上古汉语音节的长短是由韵尾的性质决定的。入声和上声的塞音韵尾决定了它们只能是短的音节,平声和去声因为带有响音或擦音尾因此是长的音节。长短应该是上古"声调"的主要特征,因为这是由韵尾的不同必然引起的特性。"正如前文指出的,作为对音节长短极为敏感的语言,上古汉语的韵律结构可以靠上声及去声的韵尾来实现。因此,我们可以认为"急气"和"缓气"同样是上古汉语语音系统以韵素区别轻重的又一重要证据。①

## 三、结语

段玉裁在《说文解字注》中从"语气缓急""语义轻重""语义深浅"等角度讨论了上古汉语的韵律轻重现象。这表明他观察到了语音对于语义差别起到了至关重要的影响并且尤其重视"语气轻重"对上古汉语语音系统所起的作用。因此我们可以论断:以"语音轻重"探究古汉语语音、语义的演化及语音、语义之间的交互作用,是他"因声求义"研究中又一重要的方法。值得注意的是,段玉裁在广罗与轻重有关的文献材料的同时,特别强调在重音位置上强弱形式不能互易,揭示了韵律轻重是导致上古汉语文献中出现"互补分布"的一个重要语音机制。此外,他还指出了一些特有的重音格式。我们不妨将他的这一实践概括为"以韵律通训诂"的科学方法,这无疑是段玉裁古音学研究的又一重大贡献和突破。

因此,如果承认段玉裁所指出的语音轻重的差别,我们应该就实现

---

① 声调的韵律特征主要是由 F0 表现的,它在古代汉语中多大程度上发挥"相对轻重(relative prominence)的作用,至今(在当代语言中)仍然没有系统的研究。根据对古汉语声调特征的考察,我们可以说:从韵律系统的角度预测,中古的去声可能重,然而我们还没有发现现在韵律重的位置用去声的例子。诗歌中倒是存在平声在句末重音位置的例子,但如果平上去入有轻重的排列的话,尚没有诗歌以外自然造句方面的例证。因此如何科学地讨论上古声调的韵律现象,还有待将来深入地研究。

二者"轻重缓急"的方式、其运作原理、衡量"语势轻重有异"的语音标准等问题给予解答。根据以上我们做出的韵律理论分析,文中所列段注中的例证均反映出上古韵素的对立。同时,这些材料反映出的上古韵部韵素差异,表现为阴声韵弱阳声韵强、阴声韵弱入声韵强、入声韵弱阳声韵强,证明上古汉语的韵律系统可能确实与后代截然有别。①段注中的注释不仅为探究上古汉语语音系统的特征提供了更多、更为有利的证据,更重要的是能从韵律(语气、语势、轻重)的角度对上古汉语的语音现象做出更为深入的考察。

## 参考文献

丁声树 1935《释否定词弗不》//历史语言研究所研究员编辑员助理员共撰,《庆祝蔡元培先生六十五岁论文集》(下册),北京:中央研究院历史语言研究所。

段玉裁[清] 2009《说文解字注》,上海:上海古籍出版社。

冯胜利 1997《汉语的韵律、词法与句法》,北京:北京大学出版社。

冯胜利 2000《汉语双音化的历史来源》,《现代中国语研究》第 1 期。

冯胜利 2009《论汉语韵律的形态功能与句法演变的历史分期》//中国社会科学院

---

① 我们必须要指出的是:现在的上古韵律研究还处在初始阶段,全面、准确地评价各家的构拟是一个事关全局的问题,还为时尚早。但是根据目前的一些观察,上古语音系统中轻重对立的韵律现象确实是语音构拟的重要证据(冯胜利 2012,2013),因此,我们仍可以做出以下的推测:第一,凡是韵律上有确凿证据的轻重对立现象,如果古音构拟体系的音节结构能够反映这种对立,那么此种构拟则接近上古音系系统,否则有偏差;第二,上古汉语韵律系统的轻重现象非常复杂。譬如,"介音是否重叠"这一问题尚在研究之中。因此凡是对韵律轻重有启发、有指导的构拟体系,比较为佳。如果古音构拟合理,我们应该可以据此推导和发现相关韵律现象的存在,并且解释以往无法解释的语音现象;第三,凡是暗含韵律要素和反映韵律系统的构拟,为佳。尽管有上面的三个原则判别哪家构拟为佳,也不排除将来韵律研究有新的发现,说明现阶段不为最佳的构拟可能反映(或者暗含了)目前尚未发现的韵律属性。因此,现在评判只是阶段性的,不是终极性的。最后,我们认为,最基本的原则是哪家的构拟能解释的韵律现象多,哪家为佳。譬如黄侃(2006)有长短韵部说,王力(1985)构拟的古音体系中有介音,俞敏(1999a)有古音轻重论,郑张尚芳(2003)的构拟体系中元音有长短的对立,这些构拟的理据均可提供韵律研究上的依据。但究竟哪家构拟反映出的韵律特征更多,还要看今后的研究。感谢匿名审稿人提示笔者应对古音各家构拟做一个总体性的说明,以便读者鉴别与更好地理解。

语言研究所《历史语言学研究》编辑部,《历史语言学研究》第 2 辑,北京: 商务
印书馆。

冯胜利 2012 《上古单音节音步例证—兼谈从韵律角度研究古音的新途径》//中国
社会科学院语言研究所《历史语言学研究》编辑部,《历史语言学研究》第 5
辑,北京: 商务印书馆。

冯胜利 2013 《上古音韵研究的新视角》//石锋,彭刚主编,《大江东去: 王士元教授
八十岁贺寿文集》,香港: 香港城市大学出版社。

郝懿行[清] 1998 《尔雅义疏》,北京: 中华书局。

何大安 2016 《这样的错误不该有: 评〈上古音: 构拟新论〉白一平、沙加尔著》,
《中国语言学报》第 1 期。

黄 侃 2006 《黄侃国学文集》,北京: 中华书局。

黄景欣 1958 《秦汉以前古汉语中的否定词"弗""不"研究》,《语言研究》第 2 期。

金守拙 1956 《再论吾、我》李保均译//"国立中央研究院"历史语言研究所编,《历
史语言研究所集刊》第 28 辑(上册),台北: "国立中央研究院"历史语言研
究所。

刘 淇[清]著,章锡琛校注 2004 《助字辨略》,北京: 中华书局。

卢以纬[元]著,王克仲集注 1988 《助语辞集注》,北京: 中华书局。

李方桂 2003 《上古音研究》,北京: 商务印书馆。

马建忠[清] 1998 《马氏文通》,北京: 商务印书馆。

潘悟云 2000 《汉语历史音韵学》,上海: 上海教育出版社。

潘悟云 2001 《上古指代词的强调式和弱化式》//范开泰,齐沪扬编,《面向 21 世纪
语言问题再认识——庆祝张斌先生从教五十周年暨八十华诞》,上海: 上海教
育出版社。

潘悟云 2014 《对三等来源的再认识》,《中国语文》第 6 期。

平山久雄 1991 《高诱注《淮南子》《吕氏春秋》的"急气言"与"缓气言"》,《古汉语
研究》第 3 期。

施向东,朱 红 2009 《汉语第一人称代词和汉藏语》,昆明国际人类学与民族学联
合会第十六届大会学术讨论会。

施向东 2015 《关于上古汉语阴声音节的韵尾、韵素和声调问题的探讨》//冯胜利

编,《汉语韵律语法新探》,上海：中西书局。

孙景涛 2007《语法化过程中无标记语音成分的实现》//吴福祥,洪波主编,《语法化与语法研究》(三),北京：商务印书馆。

王 力 1985《汉语语音史》,北京：中国社会科学出版社。

王引之[清] 1956《经传释词》,北京：中华书局。

杨树达 1965《词诠》,北京：中华书局。

俞 敏 1999a《汉藏虚字比较研究》//俞敏,《俞敏语言学论文集》,北京：商务印书馆。

俞 敏 1999b《后汉三国梵汉对音谱》//俞敏,《俞敏语言学论文集》,北京：商务印书馆。

章太炎[清] 1985《太炎文录续编·王伯申新定助词辩》//章太炎,《章太炎全集》(第五册),上海：上海人民出版社。

赵璞嵩 2014《从"吾"、"我"的互补分布看上古汉语韵素的对立》,香港中文大学博士学位论文。

郑张尚芳 1987《上古韵母系统和四等、介音、声调的发源问题》,《温州师院学报》第 4 期。

郑张尚芳 2003《上古音系》,上海：上海教育出版社。

郑张尚芳 2016《汉语方言与古音中的韵律表现》,第三届汉语韵律语法研究国际研讨会。

Baxter W H.（白一平） 1992. *A Handbook of Old Chinese Phonology*. Berlin：Mouton de Gruyter.

Hogg R，McCully C，B. 1987. *Metrical Phonology: A Coursebook*. Cambridge：Cambridge University Press.

Pulleyblank E G（蒲立本） 1962. The Consonantal System of Old Chinese. *Asia Major 9*.

Pulleyblank E G（蒲立本） 1995. *Outline of Classical Chinese Grammar*. Vancouver：UBC Press.

Zubizarreta M L. 1998. *Prosody，Focus，and Word Order*. Cambridge：MIT Press.

［赵璞嵩　香港中文大学（深圳）］

# 第六章

# 其　　他

# 文献语言学——陆宗达先生秉承章黄的学术精华[*]

## 冯胜利

**摘　要**　文章试从当代语言学的角度,理解和诠释陆宗达先生在继承和发展章黄学术精华时提出的"文献语言学"的概念及内涵。文章首先以作者从先生受业十数年之所学为基础,体会和总结先生何以反复强调"文献语言学"之意义及原理所在。然后,分门别类对比索绪尔以来当代语言学分科的理论体系,讨论"文献语言学"与"历时/共时语言学"之间的相互关系,以及文献语言学所蕴含的当代语言学所有及所无而需发展的内容和领域,包括并不限于:结构主义原则(见《训诂浅谈》《训诂简论》《说文通论》)、文献语义学(首创同律引申)、文献语音学/音韵学[《中国声韵学》庚辰年荷月(1940 年 6 月)]、文献句法学("了成句之理,辨字位所处")文献字法学/文字学[如"野人与之块"之"由",从字形(盛土于凵)、字音(蒉读为块)及文献用例(《史记》"野人盛土器中进之")的三维角度来证明]、文献韵律语法学(提出"音节句读≠句法句读")、文献语体语法学(对季刚先生"文与言乖""雅俗殊形"的继承与阐发),以及"中国之学,不在于发现,而在于发明"的学术原则。总之,由陆先生的文献语言学更可看出:章黄学派的文献语言学孕育了今天的韵律语法和语体语法,蕴含着发展当代语言学的新视角和新要素,是后代学者

---

\*　原文曾发表于《民俗典籍文字研究》2016 年第 1 期,据以收入时略有修改。

和未来学术取之不尽的思想宝库。

**关键词** 训诂学　文献语言学　章黄学派　结构语言学　韵律语法　语体语法

一

考"文献"一词，原出《论语》，其《八佾》曰："文献不足故也。"郑注："献犹贤也。"太炎《国故论衡·原儒》曰："晚有古文家出，实事求是，征于文不征于献。"又，《明解故》曰："古文家依准明文，不依准家法。"是"文"为物，"献"为人；后世用为偏义复词，则专指"文"矣。而"文献语言学"者，乃"文字所记录之语言"之学。

当代语言学之理论体系，肇自索绪尔。索氏之后则"历时""共时"畔若天壤。在中国，训诂、小学因以古代汉语为研究对象，故不足与于当代语言学之科，亦不足与于西方之"历史比较语言学"。然而，自陆宗达先生"文献语言学"概念提出后，传统的小学才得以突破索氏"唯今是求"之当代语言学的藩篱。陆先生（1980）在《训诂简论》中指出：

> "训诂学曾经一度是文献语言学的总称，……训诂学绝不简单地等于语义学，它其实包括了古代汉语研究的各方面的内容。"

陆先生（1981）在《说文解字通论》中更明确强调：

> 汉民族语言学的一个主要学科是"文献语言学"。它研究的对象是周秦的书面语言，研究的**内容**是文字、声音、训诂，所以又称为"文字声音训诂之学"（此说始见于晁公武《郡斋读书志》）。《说文》就是文献语言学的奠基之作。

注意，先生这里说的"书面语言"和现在学界讨论的"书面语"，不是一回事。前者是语言，后者是语体（见下）；前者包括后者，但后者不含前者。自陆先生创造"文献语言学"这一术语之后，其他讨论者也纷纷而

出。罗邦柱就是其中之一,他曾谈道:

> 文献语言学亦称"语文学""传统语言文字学",我国古代又称为"小学"。汉文献语言学包括文字、音韵、训诂三大部门,研究内容因时代不同而各有所侧重:先秦侧重考证事物的名称。两汉以研究文字、词汇为主。《尔雅》、许慎的《说文解字》、扬雄的《方言》、刘熙的《释名》的出现,奠定了我国文献语言学的基础。魏晋兴起了对汉语语音的专门研究,同时词义研究也得到了进一步发展。隋唐宋研究汉语语音趋向稳固、统一。元明则把语音研究引向实际。清代是古代语言学大总结的时期,上古音的研究取得了重大突破,建立了一个较为完整、较为科学的古音系统,促进了文字学、训诂学的发展,引起了整个语言学的变革。汉文献语言学源远流长,资料宏富,成就显著,是我国文化宝库中的重要遗产。现在一般将文献语言学包括在语言学范围内。(罗邦柱 1988:2)

其中把"文献语言学"和"语文学""传统语言文字学"等而同之,但作者没有看到"文献语言学"和后面两个领域的根本不同:"语文学""传统语言文字学"是"用语言学来研究书面文字"(古代典籍中的文、史、哲)的学问,而"文献语言学"则不同,它是"以书面文字为材料来研究语言的学问"。这一点很重要,分辨不清则不解陆先生创造这一学科的本质和目的所在。弄清楚这一术语的实质所指之后,就可看出一般人对此理解的不足。譬如,如果说"汉文献语言学包括文字、音韵、训诂三大部门",那么就等于把文献语言学限于三者之内;如果说"汉文献语言学源远流长",那么也泯灭了陆宗达先生"文献语言学"划时代的突破与贡献。

什么是陆氏的"文献语言学"? 我们认为:文献语言学是陆宗达先生提出的一个划时代的概念,它是先生从章黄学术的精华里提炼而出,结合当代语言学的根本精神发展而成的。然而,至今文献语言学的本质和核心是什么,尚未得到世人的充分理解和应有的重视。本文抛砖引玉,以求同门、同寅的指教。

二

文献语言学与传统学术不尽相同,其超越传统之精蕴处,至少有如下数端:

（1）古代文献反映当时活的语言:"文章与语言本同一物"(《文心雕龙札记·章句》);

（2）古文献中的词法、句法等语法现象与当代同类的语法现象,具有同等的价值和地位;

（3）系统与结构的分析方法;

（4）其最高境界是用演绎法考证出"一串一串的同源词"。

下面就本着上面的基本原则,讨论文献语言学蕴含的原则与其中的分支学科。

## 2.1 结构主义的原则

陆先生提出的"文献语言学"的基本原则,在笔者看来,就是"结构"主义的科学思想。他早在 1964 年就指出:"古代和现代语法,总的说起来,虽然差异比较小,但是古代的语言结构和现代的语言结构究竟是不一样的。"(陆宗达 1964:52)今天上古汉语是综合型语言、两汉以后是分析型语言的发现,证实了先生的结论。因此,先生告诫我们:"对于古代的语言结构,我们必须认真地去分析,不能用现代汉语的语法现象去笼统地附会它。"(陆宗达 1964:53)

为说明结构的重要,先生举出了很多不同的例子,如:《诗经》中的语气词"其":

**其**雨其雨,杲杲日出。

朝隮于西,崇朝**其**雨。

夜如何**其**,夜未央。

这里同一语气词(其)占据了三个不同的句法位置,反映出古今结构之不同。又如《红楼梦》:

> "这园子却是象画儿一般,山石树木,楼阁房屋,远近疏密,也不多,也不少,恰恰的是这样。你就照样儿往纸上一画,是必不能讨好的。"

陆先生说"这就是一个复合句的结构"。再如,《左传·昭公十九年》"私族于谋而立长亲"杜预注:"于私族之谋,宜立亲之长者。"同书里"谚所谓室于怒,市于色者,楚之谓矣"这句话,杜预注说:"言灵武王怒吴子而执其弟,犹人忿于室家而作色于室人。"陆先生说:

> 这两处的注都是解释古代语言结构特点——介词的宾语提前形式。前一句里的"长亲"就是"亲之长",原句是中心语在前,定语在后……后一句里的"室于怒,市于色",则是"怒于室,色于市"的句型。陆宗达(1964:50-51)

这是典型的句法结构分析。再如,《孟子·梁惠王》:"若杀其父兄,系累其子弟,毁其宗庙,迁其重器。如之,何其可也?"赵歧的《章句》说:"若此,安可哉?"陆先生说:

> 他(指赵歧)用"若此"解释"如之",用"安"解释"何其",也是语言结构的一种分析。以上这些例子,就都是通过语言结构的分析来说明词义,句意的。陆宗达(1964:51)

"结构"是索绪尔当代语言学的核心,文献语言学是从结构的角度来解释词义和句意,是从结构的高度来整合和发展传统语言学中文字、音韵、训诂等学科,使之发展为"结构语言学"之分科学术。这,我认为,才是陆先生"文献语言学"的真谛之所在,而其所以如此者,乃承袭季刚先生"了于成句之理者,未有不能辨字位之所处者也"的"字位成句"思想精华(=词的位置/结构)。

## 2.2 文献语义学

陆先生文献语言学的一个重要贡献就是对训诂学的发展——文献

语义学。其中同源词的溯源、同源词词义之间语义引申的线索以及同源词系联，均离不开文献语义学的方法。这里介绍一种先生发明、但至今没有引起重视的义变现象：同律引申法。请看：

**去**　　　"孟子去齐。"《孟子·公孙丑》

（1）躲避　"公赋《南山有台》，武子去所。曰：臣不堪也。"《左传·襄公二十年》

（2）拿掉　"卫侯不去其旗，是以甚败。"《左传·闵公二年》

（3）杀掉　"不去庆父，鲁难未已。"《左传·闵公元年》

（4）宽恕　"叔党命去之。"《左传·宣公十二年》

**除**

（1）躲避　"逃奔有虞，为之苞正，以除其害。"《左传·哀公元年》

（2）拿掉　"天假之年而除其害。"《左传·闵公元年》

（3）杀掉　"欲除不忠者以说于越。吴人杀之。"《左传·襄公二十年》

（4）宽恕　"请以除死。"《左传·昭公二十年》

从"去"和"除"的对应意义上，同样可以引申出"拿掉""杀死""宽恕""躲避"这些意义。

就是说，"去"和"除"遵循同一条"义轨"而发展，亦即：

**去**　（1）躲避　（2）拿掉　（3）杀掉　（4）宽恕

**除**　（1）躲避　（2）拿掉　（3）杀掉　（4）宽恕

后来训诂界出现的"同律互证法""同步引申""平行发展"，以及"同义旁渗""相因生义"等多种名目，其实都是"对应义的平行发展"这一基本思想的发展和延伸。

## 2.3　文献语音学（音韵学）

陆先生曾谆谆教诲从学弟子们①：

---

① 据笔者回忆与陆宗达先生的面谈。

打基础是要先过古音韵这一关。我当年就是死记硬背过来的,其实也就用了半年时间。不过那半年可真苦,过来以后,一辈子受益。

先生早期的语音学著作有《中国声韵学》庚辰年荷月,而先生文献语音学的一大特点就是"语音的文献证据"。我们登门伊始,便受业"因声求义"的理论。因声求义之说肇自汉代训诂的"声训"与"音借"。《诗·东山》:"烝在栗薪。"郑笺:"古者声栗、裂同",即是其例。先生本人对古代音韵训诂的发明,亦卓绝一时。难解之字,难明之义,一经先生的以音发覆,则豁然而解,怡然理顺。如:

> 《庄子·逍遥游》:"野马也,尘埃也,生物之以息相吹也。""野马"何谓?先生破字曰:野马者,野塺也。《九叹·惜贤》王逸注:"塺,尘也。"一举而解千古之讼。

> 《战国策·齐策》:"美人充下陈。"何谓"陈"?先生考证为:陈=墀,墀,堂途也。[1]

凡此种种,不胜枚举。没有语音,不是语言;没有语音,不是文献语言学!

## 2.4　文献句法学

《训诂浅谈》(陆宗达 1964:24-29)专辟一节讨论句法结构与训诂的关系,足见句法乃文献语言学之重要领域。季刚先生《文心雕龙札记·章句篇》(黄侃 2000:134)曰:"然则了于成句之理者,未有不能辨字位之所处者也。"其中"句位"即今之句法结构之所本。譬如《诗经·小雅·棠棣》:"原隰裒矣,兄弟求矣。"毛传:"求矣,言兄弟也。"陆先生指出,这里毛亨的目的就是要指出:兄弟是求的宾语。……不要因为"兄弟"放在"求"的前面,就错认为它是"求"的主语(误以为和"原隰裒矣"平行:"原隰"是主语,"裒"是谓语,所以误以为"兄弟求

---

[1] 据笔者早年听陆宗达先生讲课时做的笔记。

矣"也是主谓结构)。

在句法分析上,陆先生非常重视表层结构相似但深层结构不同的区分。譬如《诗经·小雅·吉日》:"漆沮之从,天子之所。"毛传:"漆沮之水,牝鹿所生也。从漆沮驱禽而致天子之所。"陆先生指出:

> 这两句诗表面上是平列的,而语法结构并不相同。……"漆沮"是"从"的宾语,这是宾语提前的句式,"之"字是宾语提前后加的字,实质上表示了"漆沮的牝鹿"的意思……用从漆沮三个字来解释,就说明了这句话不是和"天子之所"成对偶的句子。

这种韵律对偶、句法异构的现象,即使是今天的句法学家,也很难避免不犯误判的错误。毋庸置疑,句法学(包括构词学)是文献语言学里面的一个核心学科。

## 2.5　文献字法学(文字学)

什么是文献字法或构形学? 这是章黄学派所主张的,陆宗达、王宁先生在文献语言学里继承和发展出的一个重要领域:传世文献中汉字构形的结构系统,不同于业内大家常说的一般的文字学或古文字学(金文甲骨)。这一点不仅一直为人所误解,至今也没有引起足够的重视,尤其在地下发掘材料纷纷出土的今天,文献构形学就更没有机会得到它应有的重视。但是它自有不息的生命力,因为它深深根植于文献的基础之上,不仅字形结构的分析要本"一点一画皆有意义焉"的文献原则,更重要的是文字的点画之"意"有历时构意"重新分析"的观念:历时构意的重新分析必须要有文献的证据。举例而言,《左传》有"野人与之块"之语,历来解者均取"农民给公子重耳一块土"这种不近人情的附会之说。陆先生从文献构形学上考出:块＝土筐。为什么呢?这就是文献构形学的原理及功用之所在:《说文》"塊"的古文作"凷",陆先生据此得出下面的结论:

这个字的结构很像是一种土装在 U 形的器物中,也就是说块本来是一种
装土的器物。(陆宗达 1964:42)

于是,"野人与之块"在陆先生那里是"农民把食物放在盛土的草筐里
给了重耳"。这自然可以独立成说,但对文献构形学来说,仍需文献证
据。文献构形学的"构形分析"不是要"可备一说",而是要"重构"当
时的"语言"。我们要问:"与之块"在当时的语言里究竟是什么意思?
怎么才能知道呢? 这就是文献语言学里面的"文献"证据。陆先生用
了两条文献证据说明上面的解释有当时人语感为证。

（1）《礼记·礼运篇》注:"蒉(筐),读为块。"

（2）《史记》"饥而从野人乞食,野人盛土器中进之。"(陆宗达
1964:42)

由此可见,"野人与之块"的"块"是土筐的意思,不仅有字形上的证据,
而且有司马迁的语言(＝文献语言)证据,更有当时人的读音证据。综
合古人的语音、语感和字形结构分析,严丝合缝,彼此咬合,这才是章黄
派的"文献构形学"的最高境界与真谛所在。如果按照"文献"二字的
初义来理解(文是文字,献是熟悉掌故的人),那么文献语言学的"文献
证据"就不仅要有物证(文字证据),而且要有人证(语感证据)。

## 2.6  文献韵律语法学

文献语言学的根本目的是重建古代的语言、发掘古语的规律。语
言离不开声音,声音不能没有节律。章黄学派的一大特点就是从韵律
上来发掘和构建古代语言的语法规律。注意:文献中的文字虽然是词
语的记录,但唯有加之韵律,词语的记录才能变成活的语言。现代汉语
里,无论是单词还是只语,加上语调才是句子。因此,没有节律,不是语
言。故曰:韵律乃文献语言学之魂。

我们知道,《学记》有言:"离经辨志。"陆先生解曰:"离经就是断文
句的句读;辨志就是审辨经义的内容。"然而"句读有系于音节与系于

文意之异"[《文心雕龙札记·章句》（黄侃 2000：132）]。为什么要"句读""音节"和"文意"而二分呢？因为"文章与语言本同一物。语言而以吟咏出之，则为诗歌。凡人语言声度不得过长，过长则不便于喉吻。……故文中句读，亦有时据词气之便而为节奏，不尽关于文义"，所以"文章之句读随乎语言，或长或短，取其适于声气"[《文心雕龙札记·章句》（黄侃 2000：146）]。正因如此，《诗经》："王命卿士，南仲太祖。"毛传："王命南仲于太祖。"陆先生说："这就无异告诉我们，这两句诗的八个字，虽然在音节上要在中间一顿，但是文意却上下直注，不能分开来停顿的。"不仅如此，陆先生还特别郑重地指出：

> 这种分析句读的方法和作用，不但是为了辨明诗句的意义，而且指出了研究诗歌句读的一个很重要的原则，就是文意的句读和音节句读应有不同的断法。……它告诉我们，必须认识音节和文意两种不同性质的句读，不能陷入音节里去讲文意，也不能专靠文意去分析句读，否则就会产生错误。（陆宗达 1964：25）

文意句读和音节句读的对立，虽是季刚先生提出的，而其性质之不同则是颖明先生明确的；陆先生把它提升为一种训诂的原理和方法。冯友兰（2001：36）在《三松堂文集》自序中说：

> 黄侃善于念诗念文章，他讲完一篇文章或一首诗，就会高声念一遍，听起来抑扬顿挫，很好听。他念的时候，下边的人都高声跟着念，当时称为"黄调"。

赋古文以"调"，正是构建古代韵律语感的必经之路。从季刚先生到颖明先生，凡言训诂无不论及"声度"与"节奏"，其所以乐此而不疲者，盖在于韵律乃语感之必也。乾嘉学者发明"以声音通训诂"的破解方法，而章黄则进而发明"以声音通句读"的语言要谛。毫无疑问，今天我们建立的"韵律句法学"正是这一思路的当代延伸——"以声音通语法"。这样看来，"声度""节奏"和"韵律"，同样是检验"文献语言学"体系化与否的一块试金石。

## 2.7 文献语体语法学

文献语言学的另一领域是语体语法。《大戴礼记·小辨篇》:"尔雅以观于古,可以辨言矣。"陆先生说:"这里的'尔'当'依据'讲;'雅'是'雅言',就是标准语的意思。"据此,《礼记》的这句话的意思是:根据标准语来观察古语,就可以明辨语言(的语体)了。语体的不同,用陆先生的例子来说,《书经·尧典》最为显著:

> 协和万邦。……钦若昊天。……历象日月星辰。……宅嵎夷。寅宾出日。……厥民析。……允厘百工。……庶绩咸熙。……共工方鸠僝功。……有能俾乂。……方命圯族。师锡帝曰。……帝曰:俞。……克谐以孝。……不格奸。……厘降二女于妫汭。

《史记·五帝本纪》:

> 合和万邦。……敬顺昊天。……数法日月星辰。……居嵎夷。敬导出日。……其民析。……信饬百工。……众功皆兴。……共工旁聚布功……有能使治者……负命毁族。众皆言于尧曰。……尧曰:然。……能和以孝。……不至奸。……饬下二女于妫汭。

这是文献语言中古今体对应的范例。事实上,语体机制的发明,实肇自太炎先生。他在《文学论略》里说:

> 或曰:子谓不辨雅俗,则工拙可以不论。前者已云,以便俗致用为要者,公牍是也。彼公牍者,复何雅之足言乎? 答曰:所谓雅者,谓其文能合格。公牍既以便俗,则上准格令,下适时语,无屈奇之称号,无表象之言词,斯为雅矣。《汉书·艺文志》曰:《书》者古之号令,号令于众,其言不立具,则听受施行者弗晓。古文读应尔雅,故解古今语而可知也。是则,古之公牍,以用古语为雅,今之公牍,以用今之语为雅。(章太炎 2014)

季刚先生对古代文学极富有天性,其所发明雅俗代降者,更具现代意义。在《黄侃日记》中我们看到:

宋词出于唐诗,元曲出于宋词,正如子之肖父,虽性情形体酷似,遭逢既异,行事亦殊。又雅俗有代降,其初尽雅,以雅杂俗,久而纯俗,此变而下也。雅俗有易形,其初尽俗,文之以雅,久而毕雅,此变而上也。由前之说,则高文可流为俳体;由后之说,则舆颂可变为丽词。然二者实两行于人间,故一代必有应时之俗文,亦必有沿古之词制。黄侃(2007:214)

"言辞修润即成文章,而文与言讫于分乖者亦有。常语趋新,文章循旧,方圆异德,故雅俗殊形矣。……语言以随世而俗,文章以师古而雅,此又无足怪矣。尝闻化声之道,从地从时。从地则殊境不相通,从时则易代如异国。……综上所说,文与言判…非苟而已也。"

——黄侃(2007:199)

陆先生秉承章黄的语体思想,在《训诂浅谈》及其他著作中深加阐发。譬如《诗经·邶风·绿衣》"心之爱矣,曷维其已"。毛传说:"忧虽欲止,何时能止也。"就是用串讲的方式告诉我们当时的口语语体(爱=忧、曷=何时、已=止)。

语体的构建,不仅"高文可流为俳体",而且"舆颂可变为丽词"。《左传·昭公十九年》"《谚》所谓室于怒,市于色者,楚之谓矣"这句话,是当时的古谚;杜预注曰:"犹人忿于室家而作色于室人。"陆宗达先生(1964:50-51)说:"(这)是解释古代语言结构特点:介词的宾语提前形式,是'怒于室,色于市'的句型。"显然,当时(春秋时代)的词序已经是[介+宾],而[宾+介]的上古句型几乎消失殆尽。《左传》的作者用句法结构不同的古谚语来讥讽楚王,其语气含义当从古今词序的不同上来分析和理解。这一点,非深知语体时空变异之律者,不得其解也。《典论·论文》有云:"奏议宜雅,书论宜理",说的就是这个道理。陆先生的文献语言学在这方面不仅继承了章黄的语体思想,而且把它直接应用到具体的文献分析中来。最明显的就是先生对繇辞的解释。《左传·哀公十七年》:"卫侯贞卜。其繇曰:'如鱼赪尾,衡流而方羊。裔焉大国,灭之将亡。'"陆宗达先生

（1964：54）说古人所以如此断句者，是因为"繇辞是韵文，句读齐，**正是这类文体的特点**"。用"文体训诂"纠正了古人（贾逵、刘炫）"没有看到这一点"的"盲体"错误。陆先生的文献语言学正是在这种"文体训诂"的实践中，为后代有原理、有体系的语体理论奠定了基础。

## 三

陆先生常常对我们说：

> 我这门学问，看似枯燥无味，整天就来回摆弄几个字儿。而你要是入进去了，用这个字串那个字，用那个字串这个字，像用绳串蚂蚱似的，那就有意思了。①

陆先生用非常形象的语言道出了章黄学术的底蕴：中华学术旨在发明："用这个字串那个字，用那个字串这个字"，不仅"字串"要创新，其方法本身也是一种创新。陆先生说"那就有意思了"，这是这类创新驱使的结果。著名逻辑学家蔡曙山教授（2015）指出：

> 科学发现和发明，是人类特有的认知活动，它也是建立在人类语言和思维的基础之上的。我们用语言来表征对世界的认知，我们用语言来思维，我们通过语言和思维来建构事物发生、发展和变化的规律，我们通过语言和思维来建构科学理论和科学认知的模型。所以，科学是发明，而不是发现。

"学术在发明，而不在发现"，这正是章黄科学思想的精华所在。吉川幸次郎（2008）在他的《我的读学记》里面回忆说：

> 黄侃说过的话中，有一句是："中国之学，不在于发现，而在于发明。"但实际上要达到一个结论，其中运用逻辑，或归纳或演绎……演绎是非常有难度的，必须对全体有通观的把握。绝不是谁都有能力这样做的，于是，就认识到

---

① 据笔者早年听陆宗达先生讲课时做的笔记。

中国学问,确实是需要功底的。

季刚先生把用新材料做学问叫作"发现",把用原有材料做学问叫作"发明"。吉川幸次郎(2008)又说:"中国之学,不在于发现,而在于发明。"因为"发现"是靠别人不知道的材料说话,而"发明"则是靠别人熟悉的材料但不知道的"奥秘和规律"说话,这就需要有更深厚的功力和更有力的逻辑。这就是为什么吉川幸次郎说"……演绎是非常有难度的,必须对全体有通观的把握。绝不是谁都有能力这样做的,于是,就认识到中国学问,确实是需要功底的"。

"学重发明"是有很深的哲学与科学的背景的。当年顾颉刚先生刚刚从欧洲回来,受西方影响,认为一切事物都要重实证,只有亲眼看见的才能坐实。当他把这个道理说给老师章太炎先生听时,太炎先生反问道:"你有曾祖父吗?"顾颉刚笑道:"当然。"章太炎说:"那你见过他吗?"太炎先生对顾颉刚的责难是基于他对科学演绎逻辑的深刻认识:

> (苏)轼使人跋疐而无主,设两可之辨,仗无穷之辞……难乎有恒矣!……幸有顾炎武、戴震以形名求实之道约之,然犹几不能胜。何者?……来者虽贤,众寡有数矣。不知新圣哲人,持名实以遍诏国民者,将何道也?又不知齐州之学,终已不得齿比于西邻耶?(《訄书·王学》)

"以形名求实之道约之"用今天的话来说,就是用科学演绎和科学实验为原则来指导我们的研究。如上所示,陆宗达先生的"汉语文献语言学"正是在这样的基础之上建立起来的。

**参考文献**

蔡曙山 2015《语言、逻辑与科学发现》//冯胜利,李旭主编,《语言学中的科学》,北京:人民出版社。

冯胜利 2014《论汉字形体的本质不在象形二字别异》//黄翌主编,《繁简并用、相映成辉——两岸汉字使用情视学术研讨会论文集萃》,北京：中华书局。

冯胜利 2015《古文字构形中的句法信息》//北京师范大学民俗典籍文字研究中心,《民俗典籍文字研究》第 15 辑,北京：商务印书馆：21-39。

冯友兰 2001《三松堂自序》//冯友兰,《冯友兰全集》(第一卷),郑州：河南人民出版社：36。

黄　侃 2000《文心雕龙札记》,上海：上海古籍出版社：132,146。

黄　侃著,黄延祖重辑 2007《黄侃日记》,北京：中华书局：199,214。

吉川幸次郎著,钱婉约译 2008《我的留学记》,北京：中华书局。

陆宗达 1964《训诂浅谈》,北京：北京出版社：24,43,48,51,52,53,54。

陆宗达 1980《训诂简论》,北京：北京出版社：168。

陆宗达 1981《说文解字通论》,北京：北京出版社：6。

罗邦柱主编 1988《古汉语知识辞典》,武汉：武汉大学出版社：2。

章太炎 1958《訄书》,上海：古典文学出版社。

章太炎 2014《文学论略》,太原：山西人民出版社。

（冯胜利　北京语言大学/天津大学语言科学研究中心）

# 段王学术风格略论*

## 黄树先

**摘　要**　清代朴学是中国古代学术的顶峰,段玉裁与王念孙父子是乾嘉时期最有代表性的学者。在学术界,段王并称,但其实段王的学术风格是不同的,段王代表了两种不同的学术风格。尽管段王治学风格有异,但都与现代语言学息息相通。乾嘉以来,朴学形成了大处着眼、小处入手的学术传统。这种务实求真的学风一直是学术界的主流风格。

**关键词**　乾嘉朴学　段王之学　学术风格　主流风格　现代语言学　民族语文

## 一、段玉裁与王念孙父子：两种不同的学术风格

乾嘉朴学是清代学术的主流,段玉裁、王念孙父子是其中最重要的代表人物,他们的著作是朴学的代表作,是经典之作。段王并称,表明他们的学问具有很高的一致性。如果我们仔细研读他们的著作,就会发现,段王的学术风格有较大的差异。在 2007 年出版的《汉藏语论集》的后记中,有一段文字说明了我们对段王学问的理解。先抄录如下:

　　在乾嘉学者中,段玉裁、王念孙父子都是我们崇拜的学者,他们的著作我们都认真学习过,可是在段王之间,我们更喜欢段玉裁。不同的学者对段王

---

\* 　原文曾发表于《广西师范大学学报》2018 第 5 期,据以收入时略有修改。

的态度不相同。其实,段王是难以分出高下的,可是段王的学术风格是不一样的。王氏父子的学问精深,他们的研究,他们的结论是无懈可击的。他们精辟的论述简直让人拍案叫绝。在他们的研究领域里,他们把研究推向了一个让人敬畏的高峰——从此以后,这些领域好像没有东西可做了。段玉裁不同,他的研究给人很多的联想,很多的启发。有人说段玉裁不严谨,他的研究有许多的纰漏,也不是没有道理。

段王是截然不同的两种类型的学者。自然科学据说也是如此。杨振宁教授 20 世纪 90 年代在北京大学、清华大学等学校做了演讲《美与物理学》。他的演讲稿我至少在三个地方读到:《中国大学人文启示录》(第三卷,华中理工大学出版社,1999 年),《中华读书报》1997 年 9 月 17 日,《文汇报》2001年 5 月 8 日。在这篇演讲稿中,杨振宁先生比较了 20 世纪两位大物理学家狄拉克和海森堡。狄拉克和海森堡是同时代的学者,海森堡只比狄拉克大一岁。这两位大物理学家的风格是不同的。杨先生认为:

海森堡所有的文章都有一个共同特点:朦胧、不清楚、有渣滓,与狄拉克的文章风格形成一个鲜明的对比。读了海森堡的文章,让人惊叹他的独创性,然而会觉得问题还没有做完,没有做干净,还要发展下去;而读了狄拉克的文章,也会让人惊叹他的独创性,同时却觉得他似乎已把一切发展到了尽头,没有什么再可以做下去了。

前面提到狄拉克的文章给人“秋水文章不染尘”的感觉,海森堡的文章则完全不同,二者对比清浊分明。我们想不到有什么诗句或成语可以描述海森堡的文章,既能道出他的天才的独创性,又能描述他的思路中不清楚的、有渣滓、有时似乎茫然乱摸索的特点。(《文汇报》2001 年 5 月 8 日)

巧得很,王念孙跟段玉裁也是同时代的大学者,段玉裁(1735—1815)比王念孙(1744—1832)年长 9 岁。

王氏父子的文章严谨、纯正。在《王氏四种》里,我们最喜欢、佩服的是《经义述闻》,不论是里头的“家大人曰”,还是“引之谨案”,无一不精彩。我们看其中的《诗经》部分,150 条,有哪一条不精彩?用“秋水文章不染尘”来形容王氏父子文章的风格是很恰当的。段玉裁的文章,博大精深,气势恢宏,有时难免会泥沙俱下。我们如果还是拿秋水来做比喻的话,可以借用唐人王勃的两句诗来形容，那就是"落霞与孤鹜齐飞，秋水共长天一色"。我们赋予"秋水""长天"一些新意，"秋水共长天一色"正可以用来表达段玉裁文章的风格特色。（黄树先 2007：327-329）

杨振宁先生所谈到的海森堡、狄拉克的风格，不仅仅是文章风格。文章风格的背后是他们治学的方法、旨趣的不同。

段玉裁与王氏父子的学术风格，确实有明显的不同。

成熟的学术，必然有成熟的方法；不同的治学理念，形成不同的风格。一个学科，其成熟的标志有很多，但有一个重要的标志是不可或缺的，那就是，在一个学科的内部应该形成风格不同的学派。段王的学术风格形成于清代朴学的巅峰，他们之间有比较明显的差异，但其学术水准难以分出高下。西方有众多的学派，中国古代有不同的学派，包括经学的、理学的、小学的。同一个学派，其学术风格也不一样，很值得我们研究。

## 二、段王文风：冲和内敛与汪洋恣肆

文章风格，指的是文章中所表现出来的学术特点，也应该包括文风，除了文章里的遣词造句等语言文字习惯，还应该包括能够体现作者思想的品质、风度气质、为人态度等。后者的内涵更深，更能体现出文章的风格。阅读段王的文章，可以感觉到段王的文风应该特别独立出来，值得我们仔细研究。

先看王氏父子的文风。高邮王氏四种，每一种均是精品，但王引之的《经义述闻》更令人推崇。《广雅》收集的大多是很冷僻的字词，《尔雅》就像现在大学英语等级考试的四级词表，而《广雅》是在《尔雅》的基础上拾遗补缺，收的是难字僻义，就像六级词表。《读书杂志》里讲《淮南子》之类的书，也不是常见的书。注释这类相对冷僻的字书要很高的学养，研究这些古代的经典，也很不容易。但是在经学昌明的乾嘉,儒家经书对于明清的学者来说,是他们的日常功课,读的人实在是太多了。诚如阮元在《经义述闻序》所说:"古书之最重者莫逾于经。经自汉晋,以及唐宋,固全赖古儒解注之力。然其间未发明而沿旧误者尚多……"常见的书,能发现常人不易发现的错误,更需要过人的眼光。这是《经义述闻》值得推崇的原因。

王氏父子的文章,发现颇多,见解高明,娓娓道来。他们的文章写得舒缓自然,语气平和,形成了冲和内敛的风格。王氏的著作,那么多的发现,那么多的新见,今天读来,仍不免令人产生一股冲动,激动不已,甚或要拍案叫绝。奇怪的是,王氏父子的这么多发现,发现了这么多年来一直被误解的东西。这些疑难问题,到了王氏父子手里,一一得到解决。他们发现了这些问题,把它们写出来,照理来说,他们应该激动,应该兴奋。多么了不起的发现。让人诧异的是,他们把这些发现很平静地写出来,写得如此冷静,冷静到了极致,似乎这些发现跟他们无关,就像不是他们发现的。也许在他们看来,经典原本就是这样讲,有什么奇怪的呢? 在他们眼里,这些原本就不是什么发现,也没有什么了不起的。

段玉裁的风格,明显地不同于王氏父子。相较于王氏父子的冲和内敛,段玉裁的风格显得汪洋恣肆。对于自己的看法,段氏有时过于自信,对他人的看法、否定过于直接。在段注《说文》里,"浅人妄改"之类的表述很多。

段玉裁的这种过于自负的文风,难免会得罪人。段玉裁与顾广圻交恶,也许跟段玉裁的这种风格有关。

刘跃进先生(2010)对于这段公案有很详细的介绍。段玉裁比顾广圻大31岁,依现在的学术辈分看,至少相差两到三代。

段、顾原本关系较为亲密,段玉裁原本也非常赏识顾广圻。两人交恶,看起来就是对一个字的理解不同。

《礼记·王制》"虞庠在国之西郊"一句,顾千里认为是"西郊",段玉裁认为应是"四郊"。

两人争论的时间是嘉庆十二年(1807),当时段玉裁73岁,顾广圻42岁。

> 段玉裁《经韵楼集》卷十一《答顾千里书》:"凡校书者,欲定其一是,明贤圣之义理于天下万世,非如今之俗子夸博赡、夸能考核也。……今足下为《礼记考异》,既不敢折中各本,乃欲谈是非耶？果能谈是非,则何不折中定本也？足下昔年为《列女传》《国语》校语,尚就正于仆,故虽略而谬误尚少。今乃自谓学识已到十分,《国策》之谬已多可议,《礼记考异》袭诸所闻者则无误,其余展卷可摘,尚未遍读也。"这些措辞过于激烈。

顾广圻(2007a:74)作《礼记祭义郑注四学谓周四郊之虞庠也考异》回应,认为"四郊"当作"西郊",并谓"浅人多所不憭,故条说之",使论战升级。

顾广圻与段玉裁之争,可能有双方性格上的问题。刘盼遂先生(1999:37-40)说,段玉裁在嘉庆十二、十三年(1807—1808),"与顾千里起争端,至今讫莫能判其曲直。然考千里之为人,平生交游,如黄荛圃、刘金门、严铁桥、吴山尊,皆其至友,而不能有终。其失礼于先生,盖亦常态,无足怪者"。李兆洛所撰顾千里墓志铭特别提到了两人的恩怨,是另一番的说法:"向闻先生与金门学使、懋堂大令以言语抵牾,窃疑其盛气难近,及见之,进退粥粥,词色妪煦,知先生徒以恚愿自守,而狭中护前者不能无所忤也。"顾广圻[1]、李兆洛明显偏袒顾千里。

段玉裁早年就气盛,在家乡金坛,遭"横逆",跟其性格或不无关系。到了晚年,因其性情屡以文字招祸。段、顾交恶的前四年(嘉庆九年,1804),严元照在段玉裁府上见到玉裁"词气激直","凌厉挥斥,令人无所措手足"的书信底稿。这是段写给王绍兰的。王此前允诺出资刻《说文解字注》,因为没有兑现,遭到段的呵斥。严元照致书段玉裁,

---

[1]　据顾广圻(2007b:3)。

劝其"润色元稿,微词缓讽,使之自知悟焉可也"。严信载《悔庵学文集》卷一,《段玉裁年谱》嘉庆补》九年节录。王绍兰比段玉裁小20岁。王氏后来撰写《说文段注订补》,深诋段氏。刘盼遂先生(1999:37-40)说段玉裁"倔强负气,以言词笔札致嫉者"。

后人的评价,对段氏也颇有微词。张舜徽先生(1963:227)在《清人文集别录·经韵楼集》中评价说:"连篇累牍,至于毒詈丑诋,有如悍妇之斗口舌。以七十余岁老翁,不惜与后生校短长、角胜负,至于如此,亦未免盛气凌人矣。"

学术界的大牌学者,到了学术的顶峰,学术声望日隆,他们在晚年,名气大了,脾气更大了,更容易意气用事。

这种现象在每个时代都有,好像越到乱世越是明显。

王氏父子的冲和内敛令人服膺,段氏的学风则是应当力戒的。

段王文章风格的不同,还可从他们对自己著作的自我评价看出来。王念孙注释《广雅》自序里头有这么几句话:"(曹)宪所传本即有舛误,故音内多据误字作音。《集韵》《类篇》《太平御览》诸书所引其误亦或与今本同。盖是书之讹脱久矣。今据耳目所及,旁考诸书,以校此本。凡字之讹者五百八十,脱者四百九十,衍者三十九,先后错乱者百二十三,正文误入音内者十九,音内字误入正文者五十七,辄复随条补正,详举所由。"纠正前人的错误,说得如此地轻描淡写。

段玉裁注完《说文》后,在许慎的序言后面,添加了一段自传性的文章,这是效仿前人,比如太史公自序就属于这类文字:"故《说文》《尔雅》相为表里,治《说文》而后《尔雅》及传注明,《说文》《尔雅》及传注明,而后谓之通小学,而后可通经之大义。始为《说文解字读》五百四十卷,既乃櫽栝之,成此注。发轫于乾隆丙申,落成于嘉庆丁卯,剖析既繁,疵颣不免。召陵或许其知己,达者仍俟诸后人。"说《说文》明,而小学明,而经学明,虽说不免有自我标榜的嫌疑,但也说出了《说文》的重要性。说"召陵或许其知己",也符合实际,但从段玉裁的口中说出,仍有自大之嫌。段氏在给王念孙《广雅疏证》作的序里说："怀祖氏能三者相求,以六者相求,尤能以古音得经,盖天下一人而已。假《广雅》以证其所得。其注之精,再有子云,必能知之。"段氏说再有子云,必能知怀祖之学,是对朋友的褒奖,这样措辞倒是恰当。

## 三、段王之学与现代语言学

段王是乾嘉代表学者,他们的学术风格不同,但都是学术顶级专家。他们深谙语言学精髓,学术思想跟现代语言学息息相通。

现代语言学跟文献解读的关系,用这么一段引语可以说明:

现代语言学和语文学关系密切,语言学的每一次进步都有赖于语文学。梅耶曾说,要确定过去的语言情况,语言学家应该利用最正确、最精密的语文学;在语文学的精密上每有一次进步,语言学家才可以有一次新的进步(《历史语言学中的比较方法》)。反过来说,语文学要进步,也必须依赖现代语言学。

文献解读可从很多方面来做,比如历史考察,或运用哲学方法,如阐释学。但作为语言工作者,我们应该从语言学出发,运用最新的语言学成果来解释文献。语言学有多个分支学科,本文重点谈语义跟文献的关系,文献整理的最终目的是对文章的理解,其落脚点就在语义。

乾嘉诸老早就明白语言跟文献的这种密切关系。乾嘉以迄民国初年,学者多从小学入手来研究经史。段玉裁引述戴震的话:"昔东原师之言:'仆之学,不外以字考经,以经考字。'余之注《说文解字》也,盖窃取此二语而已。"(陈焕《说文解字注》跋)段氏又有《诗经小学》,以小学解读《诗经》。这种研究思路跟现代理念很吻合。罗常培、董同龢先生主张用现代语言学来研究训诂学(《古籍训解和古语字义的研究》,《董同龢先生语言学论文选》,台北食货出版社,1974 年)。

黄季刚先生说,段注《说文》主旨,在以经证字,以字证经。又谓段玉裁以经证字,以字证经,为百世不易之法(《文字学笔记》)。所言是也。(黄树先 2012)

段王的学术,关注的是经典,是语文学的研究。但是他们的研究,以语言学为基础,强调语音的重要性,使得他们的研究超越了传统的语文学。其学术精髓跟现代语言学息息相关。

段王有4篇重要的序跋,段玉裁、王念孙各两篇:段玉裁的《说文解字注跋》《广雅疏证序》,王念孙的《说文解字序》《广雅疏证自序》。这四篇序跋,可以提炼出如下几条,集中反映了他们先进的语言学理念。

## 3.1 小学是文献的基础

古代文献记录的是古代的语言,不管多么古老的文献,它的基础还是语言。对语言深入研究,才能把文献研究好。戴震所说的"以字考经,以经考字",说的就是以语言学为基础研究文献,同时也说明了文献对于研究语言的重要性。

段玉裁在《说文解字注跋》里说:"故《说文》《尔雅》相为表里,治《说文》而后《尔雅》及传注明,《说文》《尔雅》及传注明,而后谓之通小学,而后可通经之大义。"王念孙在《说文解字注序》也说:"训诂、声音明而小学明,小学明而经学明。"

传统的语文学,从现代语言学吸收养分。同时,古典语文学对于现代语言学,也有极大的帮助。丹麦威廉·汤姆逊(1960:76)《十九世纪末以前的语言学史》里说:"梵语和古典语言的研究对于历史比较语音学有意义,而且从自己方面来说,它从历史比较语言学那里还得到许多新的有益的推动。别的语族也被注意到了,它的详细研究又引起许多新的、允满生命力的语文学建立,这些语言学迅速取得了很大的发展,也获得了许多很重要的成果,这部分地只是由于那些语文学乃是直接出自新的语言学,以及采用了它的方法。"

现代语言学和语文学关系密切,语言学的每一次进步都有赖于语文学。梅耶(2008)曾说,要确定过去的语言情况,语言学家应该利用最正确、最精密的语文学;在语文学的精密上每有一次进步,语言学家才可以有一次新的进步。反过来说,语文学要进步,也必须依赖现代语言学。

## 3.2　形音义相为表里

音和义是语言最核心的要素,形是字形,是文字符号。语文学的研究对象是文献,故字形是基础,透过字形才能窥见语言的本质。段玉裁《广雅疏证序》开头就说:"小学有形、有声、有义,三者互相求,举一得其二;有古形、有今形;有古音、有今音;有古义、有今义。六者互相求,举一可得其五。"

形音义三者互求,又强调不限形体,更加关注的是语言本身。这一点更值得我们重视。音和义是语言问题,形是文字问题,属于另一套符号系统。王念孙说"今则就古音以求古义,引申触类,不限形体","不限形体",就是不被字形所限制,强调的主要是语言本身。这个认识更加高明。

## 3.3　形音义,三者互求

这是重视语言的整体研究,是乾嘉时期的三个平面理论。

国内语法学界在 20 世纪 80 年代主张句法、语义、语用的结合,提出了三个平面的理论。从来源上看,这个理论据说来自西方语言学。美国的查尔斯·莫里斯(Charles William Morris, 1938:10)指出:语用学、语义学和句法学是符号学的三个部分。后来又在《指号、语言与行为》(查尔斯·莫里斯 1989)中指出:"当我们把这三种研究应用到语言上,就构成了语言科学的三个主要部分。"

有学者指出,国内的三个平面的理论,受符号学的影响,但又与符号学三个部分的理论有明显的区别,主要表现在:三个平面的理论是针对语法研究的,而符号学三部分则是针对整个语言学的。

段玉裁的音义相为表里，三者互求，六者互求，是语言研究的整体观，跟莫里斯的符号学的观点，倒是更加一致。

### 3.4 诂训之旨，本于声音

王念孙（1983）的《广雅疏证自序》说“诂训之旨，本于声音”，是讲他自己用这个观念来整理《广雅》。他在《说文解字注序》，首先赞扬段玉裁：“吾友段氏若膺，于古音之条理，察之精，剖之密，尝为《六书音均表》，立十七部以综核之。”

段玉裁《广雅疏证段序》说：“怀祖氏能三者相求，以六者相求，尤能以古音得经。盖天下一人而已。”段氏赞扬的是他的朋友，也是夫子自道，他自己也是这么做的。

人类的自然语言，首先是有声语言，通过语音来传达语义。段王在总结前人的基础上，参悟到语音，尤其是上古音的重要。要解读前秦文献，必须研究先秦的语音。段玉裁撰写了《六书音均表》，把这些成果贯穿到《说文注》《诗经小学》等多种著作中。王念孙亦精于古音学，分古韵为22部。段王是训诂大师，他们首先是古音大家。

### 3.5 古今者，不定之名

段玉裁《广雅疏证序》上说“古今者，不定之名”。时有古今，地有南北，这个语言观得来殊不易。许慎批评汉代的诸生，说他们竟然宣称文字是“父子相传，何得改易”，语言文字，一代一代地相互使用，怎么会发生改变呢！时代不同，语言不同。段氏接着说：“古今者，不定之名矣，三代为古，则汉为今；汉魏为古，则唐宋以下为今。”

古今是个相对的概念，对于不同的时代，古跟今是不同的。段玉裁时刻铭记这个道理，在不同的地方，反复表达这个意思。《说文解字注》卷三“谊”字条下，段氏说：“古今无定时，周为古，则汉为今；汉为古，则晋宋为今。随时异用谓之古今字。非如今人所言古文籀文为古字,小篆隶书为今字也。"卷五"今"下注曰:"今者对古之称,古不一其时,今亦不一其时也。云是时者,如言目前,则目前为今,目前已上皆古;如言赵宋,则赵宋为今,赵宋已上为古;如言魏晋,则魏晋为今,魏晋已上为古……故今者,无定之词。约之以是时,则兼赅矣。"

有了这么明晰的时代观念,段王的研究才能得心应手,左右逢源。我们现在还常常把几千年的语料放在一起,以为"古代汉语"就是一个时代的东西。我们应该向段王学习。

## 四、段王之学与现代学术思潮

上面讲的 5 点,主要是在小学方面的突出表现。下面简单介绍乾嘉以来的治学传统。前面已经说过,段王的学术风格有差异,但学术精神是一致的。这种优良的学术精神,一直传承下来。段王的治学特点,有三点是共同的,值得我们发扬光大。

### 4.1 通其条贯,考其文理

段玉裁批评研读《说文》的前辈,说他们"多不能通其条贯,考其文理"。"条贯""文理",是条理,是体系,是一以贯之的思想,是圣贤倡导的"道"。王念孙说"训诂之道大明",说的就是这个"道"。

王念孙说:"吾友段氏若膺,于古音之条理,察之精,剖之密",又说他"于许氏之说,正义借义,知其典要,观其会通"。"条理""典要",都是可以立为定准的东西,"不易之辞",是可以放之四海而皆准的准则。"会通"是融会贯通。能融会贯通,不特三者互求,六者互求,并可会之于心,应之于手。世上之事,原只有一理。

王念孙在《说文解字注序》里说:"若夫辨点画之正俗,察篆隶之繁省,沾沾自谓得之,而于转注假借之通例,茫乎未之有闻,是知有文字,而不知有声音训诂也。其视若膺之学,浅深相去为何如邪!"明白了段、顾之争,就能明了这段话的深意。这里说了"通例"的重要,但并没有说校勘等基础工作不重要。当然,即使辨正有得,亦不可沾沾自喜。

## 4.2 扎实的基础工作

知其典要,观其会通,是抬头望路;"道"固然重要,然不能束书不观,空谈"理"。做学问,还得低头拉车。段王的学问,皆是苦心孤诣,辛勤寻求,千辛万苦得来的。

段玉裁注释《说文》,先做长编。注释从基础工作做起,"因悉心校其讹字,为之注,凡三十卷"(《说文解字注跋》)。王念孙自述其注释《广雅》,亦从校勘开始,"今据耳目所及,旁考诸书,以校此本"。

既有理论,又能运用这些理论来解决具体的问题,这是乾嘉以来的优秀传统,正如黄树先(2007:333)《汉藏语论集》后记里的一段话所评述的:

> 我很喜欢王国维《观堂集林》的风格:不张扬,不卖弄,简洁洗练。文章看起来似乎没有什么理论的述说,材料一论述一结论。把其前后的文章拿来,就会看到一条红线贯穿其中。这条红线就是他的思想,他的理论,他的灵魂。

从段王到观堂,坚持的都是这样优良的学风,既有理论高度,又有扎实的研究。大处着眼,小处入手,用具体的研究贯彻他们的思想。这种扎实的学风,主要表现就是,当他们悟出了某个理论或方法时,不是奢谈理论,而是把这个理论或者方法,用具体的、大量的材料来证明,坐实他们的这个设想。段王的理论是了不起的,要真正欣赏他们的理论,必须认真反复阅读他们的著作。因为这些博大精深的语言学思想,贯穿在他们的著作中。在他们的这几篇短序里,引而不发,语焉不详,读者难以领略其精髓。要理解他们的学术思想,得认真看他们的著作。

学术界也有另一类学者,跟段王形成了不同的学术风格。乾嘉时期,跟段王同时代的章学诚,想法很多,思想超前,在学术界有极高的地位。学者或因其议论多,实干少,而颇有微词。齐思和(2010:178)就如此评价实斋:"他因厌薄考据,不免专讲体例而不讲事实。史学而不重事实,独断别裁,从哪里表现呢? 他因不愿做考据工作,所以一部史书也没有作出,他所修的几种方志,也往往论体例的话多过事实,并且有的时候不免因迁就体例而往上凑材料,殊难令人满意,并且他的议论,初看惊人,实甚肤浅。""初看惊人,实甚肤浅",评述尤为中肯。

专讲体例,空谈理论,早已成为当下的主流做法。这是值得我们反思的。

## 4.3 一心向学,孜孜不倦,持之以恒

理论重要,动手研究更重要,尤其重要的是恒心,而有恒心的基础,可能是对学术的喜爱。"知之者不如好之者,好之者不如乐之者",讲的就是这个道理。

段玉裁注释《说文》,"发轫于乾隆丙申(1776 年,段玉裁 42 岁),落成于嘉庆丁卯(1807 年,73 岁)",前后用了 32 年,又过了 8 年,到嘉庆二十年(1815)五月才刊成,是年九月,段氏辞世,得年 81 岁。

王念孙疏证《广雅》,自谓"不揆梼昧,为之疏证,殚精极虑十年于兹"。《广雅疏证》书成于乾隆六十年(1795,王念孙 52 岁),刘盼遂(1966:33)《高邮王氏父子年谱》说:"《广雅疏证》,历七载又半,遂全部告成矣。"王氏说的十年,只是个约数。乾隆四十一年(1776,33 岁),王念孙谢绝人事,独居于祠畔的湖滨精舍,以著书为事,著作甚多。刘盼遂(1966:268)有一段很好的分析:"以上诸书即为《广雅疏证》之长编,殆无不可。若夫《读书杂志》《经义述闻》诸作,斯亦贾《广雅疏证》之余勇。"照刘氏的说法,王念孙从 33 岁起,一直到年近 90 去世,一生都在围绕《广雅疏证》收集资料,著书立说。

## 五、段王友谊

段王是苏北人,又都师事戴东原,两人的关系自然不同。但是,他们两人的家庭背景迥异,出身仕宦不同,为学兴趣也有不小的差异。共同的学术兴趣,把两人密切结合在一起。

乾隆五十四年(1789),王念孙任山西道御史、京畿道御史。是年8月,段王二人在京城首次会晤。这一年,段玉裁55岁,王念孙46岁。刘盼遂先生(1966:33)《高邮王氏父子年谱》是年记载,两人见面,"快谈一切,恨相见之晚。段君见《广雅疏证》,爱之不能释手,曰:予见近代小学书多矣,多与古韵违异。此书所言声同声近,通作假借,揆之古韵部居,无不合,可谓天下之至精矣"。其实,《广雅疏证》是年只写成一卷。次年八月,段玉裁作《广雅疏证序》,而《疏证》只完成了两卷,到乾隆六十年,全书才告成。

嘉庆二十年(1815),段玉裁卒。王念孙"闻之哭,谓常州陈奂曰:若膺死,天下遂无读书人矣"。赵尔巽(1976:268)

段王是乾嘉学术的顶峰,这两位挚友,辛苦一生,他们的聪明才智,全部贡献给了学术,值得我们永远学习,永远敬仰。

**参考文献**

查尔斯·莫里斯(Charles W. Morris) 1989《指号、语言和行为》,上海:上海人民出版社。

段玉裁 1981《说文解字注》,上海:上海古籍出版社。

段玉裁 1983《广雅疏证序》//王念孙,《广雅疏证》,北京:中华书局。

段玉裁 2007《经韵楼集》,上海:上海古籍出版社。

顾广圻 2007a《顾千里文集》,北京:中华书局。

顾广圻 2007b《思适斋集》,上海:上海古籍出版社。

黄树先 2007 《汉藏语论集》,武汉：华中科技大学出版社。

黄树先 2012 《比较词义与文献释读》,《语文研究》第 3 期。

刘盼遂 1966 《近代中国史料丛刊,791—792,段玉裁(茂堂)先生年谱,高邮王氏（念孙·引之）父子年谱》,台北：文海出版社。

刘盼遂 1999 《段玉裁年谱》,北京：北京图书馆出版社。

刘跃进 2010 《段玉裁卷入的两次学术论争及其他》,《文史知识》第 7 期。

梅　耶(Meillet Antoine) 2008 《历史语言学中的比较方法》岑麒祥译,北京：世界图书出版社。

齐思和 2010 《齐思和自选集》,北京：首都师范大学出版社。

汤姆逊(Thomen V.) 1960 《十九世纪末以前的语言学史》黄振华译,北京：科学出版社。

王念孙 1981 《说文解字注》序言,//段玉裁,《说文解字注》,上海：上海古籍出版社。

王念孙 1983 《广雅疏证》,北京：中华书局。

王引之 2000 《经义述闻》,南京：江苏古籍出版社。

张舜徽 1963 《清人文集别录》,北京：中华书局。

赵尔巽 1976 《清史稿·列传》,北京：中华书局。

Charles W M. 1938 Foundations of the Theory of Signs. // Neurath O, Carnap R, Morris C. *International Encyclopedia of Unified Science*：*Vol I ( 2 )*. Chicago：University of Chicago Press.

（黄树先　首都师范大学文学院;钱萌萌　首都师范大学文学院）

# 站在学术前沿的巨人

## ——俞敏先生的韵律语法思想刍议[*]

### 冯胜利

**摘　要**　俞敏先生是我国著名的语言学家、语言教育家。俞先生一生精研语言学,治学严谨,著述宏富。他通晓多种语言,了解西方理论;在训诂学、音韵学、方言学、语法学、文字学、汉藏比较、梵汉对音等方面卓有建树,在国内外学术界颇享盛誉。先生恪尽厥职,言传身教,为汉语的语言学研究做出了巨大的贡献,为章黄学术的继承和发展做出了辉煌成果。文章则着重讨论先生之学的一个方面:韵律语法。

**关键词**　俞敏　以声音通训诂　重音　韵律形态学　韵素韵素音韵学

## 一、章黄音律理论的前声

"用声音通训诂"是乾嘉学者的发明,"用声音通语言"是章黄学术的突破。乾嘉学者在"以音解字"方面的贡献,学者言之綦详,兹不赘述;而章黄开始的"以音解语"方面的突破,则尚未引起足够的重视。俞敏先生在(文献)语言学方面成就背后的声音要谛,至今未见学界标举其道,就是其证。事实上,太炎先生的《文始》是用声音贯词族,季刚先生的"音节句读"是用节律解语言,颖明先生的"音义错位"是用韵律

---

\*　原文曾发表于《励耘语言学刊》2017 年第 1 期,据以收入是略有修改。

解句法,而叔迟先生的"重音说"则直接对接今天兴起的韵律语法的基本原理和思想。《文始》泱泱巨著,有案可稽,故不烦引述;然季刚先生音节句读,散见于单篇只文,故摘引《文心雕龙札记·章句》(黄侃1934)数条于下,以见一斑:

> 句读有系于音节与系于文意之异。
>
> 文章与语言本同一物。语言而以吟咏出之,则为诗歌。凡人语言声度不得过长,过长则不便于喉吻……故文中句读,亦有时据词气之便而为节奏,不尽关于文意。
>
> 文章之句读随乎语言,或长或短,取其适于声气。

在这之前,语言学史没有"声气句读"的说法,陆颖明先生用《诗经》的毛传证明此说。"王命卿士,南仲太祖"《毛传》曰:"王命南仲于太祖。"陆先生说:"这就无异告诉我们,这两句诗的八个字,虽然在音节上要在中间一顿,但是文意却上下直注,不能分开来停顿的。"(陆宗达1964)陆先生不仅取证古注,而且进一步申明其意蕴曰:

> 这种分析句读的方法和作用,不但是为了辨明诗句的意义,而且指出了研究诗歌句读的一个很重要的原则,就是文意的句读和音节句读应有不同的断法……它告诉我们,必须认识音节和文意两种不同性质的句读,不能陷入音节里去讲文意,也不能专靠文意去分析句读,否则就会产生错误。(陆宗达 1964:24-25)

音节句读是季刚先生提出的,颖明先生则将其提高到语言学的高度,区分了文意句读和音节句读的对立。事实上,陆先生不仅指出二者的不同和对立,而且还进一步告诉我们"意读"(根据意义来断句)和"音读"(根据韵律来断句)有错配的情况。请看杜甫《曲江》:

> 一片花飞减却春,风飘万点正愁人。且看欲尽花经眼,莫厌伤多酒入唇。
> 江上小堂巢翡翠,花边高冢卧麒麟。细推物理须行乐,何用浮名绊此身?

先生说,第二联"且看欲尽花经眼,莫厌伤多酒入唇"的意读是"且看|欲尽花|经眼,莫厌|伤多酒|入唇"。[①] 其中的"伤",季刚先生训为"甚";"伤多酒"是"太多酒"的意思。因为诗歌 4+3 的节律,人们把"莫厌|伤多酒|入唇"误读为"莫厌|伤多|酒入唇"了,结果,意读和音读发生错位。我们下文将看到,章黄学术代代承传的一个重要"学理"就是以"音"为核心来研究文献语言和口头语言。文献语言已如上述,口头语言我们可以从陆先生和俞先生合作的《现代汉语语法》中的"语音语法"里(现在叫"韵律语法"),深切地体会出来。需要指出的是:"以音治语"虽然是乾嘉、章黄以来中国语文学家发现的重要的语言规律,但这并不是五四后西学东渐以来人们的普遍看法。我们读到《现代汉语语法》(陆宗达,俞敏 1954)的这段开宗明义的话时,一方面令人拍案叫绝,一方面令人隐隐作痛:

> 我们判断一串声音是不是词的办法也许有人不同意,认为我们把"重音"当作唯一的标准太"偏"了。我们要声明一声儿,我们并不完全不管它们在句子里担任职务的情形和讲法这些现象,不过我们只用重音这个标准当作主要的有决定性的标准……这是材料让我们做的。

把"重音当作决定性标准"这一原则,不仅是当时的首创,今天也仍然是韵律构词学的一条基本原理。令人不解的是:为什么这么一条石破天惊的重大发明(用重音作词性鉴定的标准)作者却不能兴奋地让它晓之于天下,反要事先做一"声明"呢? 对今天的年轻人来讲,这是无法理解的。[②] 无论其中是什么原因,我们可以想象,当时能够"喊出"这种声音是如何的艰难了。然而,真理终归是真理。今天,尽管仍然还有人不同意陆俞之说,当代音系学和韵律学的理论告诉我们,陆先生和俞

---

① 据 1972 年先生私塾所授。
② 其中的原因很复杂,但学问路数的不同恐怕也是重要原因之一。有关章黄承袭乾嘉"理必"(rationalism)传统的讨论,参冯胜利(2015:99-117)。

先生当时提出观点是一个极具前沿性的重要发明。新一代学者如端木三、陆丙甫、王志洁、吴为善、王洪君、冯胜利、王丽娟、庄会彬、裴雨来、黄梅等，从实践和理论上证实并建立了汉语韵律语法的理论和实践，这门新的学问正在蓬勃发展，今已蔚然于中外。①

下面我们就分别讨论俞敏先生在韵律方面的学术贡献。

## 二、焦点与重音

"重音"是韵律学的核心概念。在汉语里，它也是韵律凸显的代名词。② 汉语有没有重音的疑虑，一方面来自理论认识上的不同，一方面来自方言语感的不同。俞先生用北京话的例子告诉我们：汉语的焦点就是通过重音表现出来的——汉语（北京话，下同）有重音。请看：

> 我给你一杯酒。
> a. 重音在"我"上表示"不是他给的"。
> b. 重音在"给"上表示"不是卖的，不要钱"。
> c. 重音在"你"上表示"不给他"。
> d. 重音在"一"上表示"不给两杯"。
> e. 重音在"杯"上表示"给的不是一瓶"。
> f. 重音在"酒"上表示"不是白开水"。

这不仅说明汉语有重音，更令我们敬佩的是《现代汉语语法》发现了一个更为超前的韵律思想："只要用一个重音，就算一个单位。"从今天的韵律理论来看，韵律结构的核心是重音（或凸显），一个带有核心的结

---

① 西方 Brill 出版社 2016 年出版的 *Encyclopedia of Chinese Language and Linguistics*《汉语语言暨语言学百科全书》中收录了汉语韵律构词学（Prosodic Morhology）和汉语韵律句法学（Prosody‐Syntax Interface）两项学科性词条，以及有关概念如"双音化、四字格"等，说明西方社会对汉语韵律语法理论的认定。
② 严格的定义，参冯胜利（2013）。

构就是一个单位。显然,"只要用一个重音,就算一个单位"的定义,可以说涉及今天韵律学构词学中的两个基本事实:

(1) 一个音步一个重音。

(2) 一个音步一个单位——可以表现为两种不同单位:

    a. 句法上:韵律短语的重音音步。

    b. 词法上:韵律构词的模板音步。

根据我们的理解和分析,上面"一重音=一单位"的原理为俞敏先生韵律系统奠定了坚实的理论基石,于是才有下面俞敏先生在韵律构词理论产生前就发现的韵律构词的现象和规则。

## 三、韵律构词

韵律构词可以理解和分析为两种类型:(1) 按照韵律的(轻重)格式造出的词;(2) 按照韵律模板的大小造出来的词。下面先看第一类。

(1) 重音类型不同的词

| | |
|---|---|
| a. 重轻类 | 房子、买卖、废物、得罪 |
| b. 中重类 | 旮旯儿、茶叶、天天、捣乱 |
| c. 重轻重类 | 萨琪玛,胳连瓣儿、冷孤丁、天津卫 |
| d. 中轻中重类 | 糊里糊涂、走不出去、黑不溜秋 |

这是俞先生给出的按照轻重格式造成的重音类型不同的词汇形式。俞先生的韵律语法研究中还特别关注了第二类:

(2) 大小不同的构词种类

| | |
|---|---|
| a. 一般规律 | 一字不成词(引王引之,见俞敏 1984:140) |
| b. 构词规律 | 并列复合词"光用双音缀跟四音缀的格式,可不用三音缀的。"(陆宗达,俞敏 1954:67) |
| c. 量词重叠 | 个个人、本本书、一嘟噜葡萄、一骨碌甘蔗 |

　　＊一嘟噜一嘟噜葡萄、＊一骨碌一骨碌甘蔗

　　　d. 动词重叠　　　　　开开再喝

　　　e. 形容词重叠　　　　开开的一碗热水

　　　f. 方言差异　　　　　天天天进城、顿顿顿吃辣椒子

在《大盂鼎铭文训诂》（俞敏 1989）一文中，俞先生引述王引之的话："一字不成词，则加'有'字以配之。推之他类，亦多有此。"（《经传释词》）"有"字的作用可以继续考证，但"一字不成词"的现象则是韵律构词原理的要求。俞先生在他的训诂实践和语言分析中，对"一字不成词""双音是单位"的概念，非常清楚、极为敏感。他说：

> 量词大多数是<u>单音缀</u>的，他们就能重叠，那么<u>多音缀</u>名词的重叠式就用不着了。所以要表达"每黄瓜""每自来红"的意思，咱只要说"条条黄瓜""块块自来红"就够了。（陆宗达，俞敏 1954：54）

这实际上涉及为什么"个个人、本本书"可以说，但＊一嘟噜一嘟噜葡萄、＊一骨碌一骨碌甘蔗不能说的原因：因为单音节和多音节（俞先生称作"单音缀和多音缀"）的不同。这一点，后来赵元任（1968）在《汉语口语语法》中发扬光大。但俞敏可以说是观察到这个现象的第一人。

　　不仅如此，俞先生的北京话分析里，什么是双音形式下句法重叠（动词重叠、形容词重叠）、什么是三音节形式构成的重叠（顿顿顿吃辣椒子），井井有条，各司其职。


## 四、韵律形态

　　最值得注意的是陆宗达、俞敏先生（1954）在《现代汉语语法》里提出的、今天叫作"韵律形态"的观点和现象。这里选择如下几例说明之。

　　　a. "双音缀的名词用把重音挪到第二个音缀上去的办法造成呼格。"（陆

宗达,俞敏 1954:30)

    b. 重叠表示"试试/一下",如:看看=动词原来的意思+一下/试试的意思。

    c. "动词的命令式用重叠法造。"(陆宗达,俞敏 1954:31)

    d. 不同的重叠重音格式,区分不同的词性:

| 动词重叠 | 开开= | 动词开开再喝 |
|---|---|---|
| 形容词重叠 | 开开的=形容词 | 开开的一碗热水 |

用重音标记"呼格",无疑是用韵律的手段来表达形态;用重叠来表示"尝试"和"未完命令"的语义类别,是用韵律的手段(把短变长)来标记动词的"体";至于用重叠的不同重音(抑扬和扬抑)来标记动作(动词)和状态(形容词),就更是明显的韵律形态的功能了。

韵律形态学是韵律语法学里发展出来的新学科,经王丽娟(2011)的努力,已成为了一个初具规模的分支系统,不仅方兴未艾,而且引起了广泛的兴趣和重视。(王丽娟 2015,沈家煊 2011)毫无疑问,在我们从事新学科的建立的同时,我们不能忘记前人在这块土地上辛勤的耕耘和他们所取得的收获。如果说我们的眼光是站在前人的肩上才获得的,那么韵律形态学的建立,有一块坚实的基础是由俞敏先生奠定的。

## 五、韵律句法

当前国际公认的汉语韵律语法里面的重要学科是韵律句法。韵律句法的核心思想是韵律制约句法(韵律构词国外有,但是韵律句法是汉语的独创)。在这方面,俞敏先生的研究也有导夫先路的成就。请看俞先生下面讨论"吾/我"之异的思想:

> 那么"吾丧我"的分别,到了(liǎo)儿是怎么回事呢?……先看看这两个字在《孟子》里用在语丛里的地位怎么样。照我看,"吾"跟"我"两个字儿的分别可以拿两句话包括:"吾"向来<u>不用到语丛的尾巴上</u>,"我"可以,比方"非

我也"。<u>凡是对比重念的地方儿</u>,全用"我",比方"尔为尔,我为我","彼以其富,我以吾仁,彼以其爵,我以吾义"……这一类的。咱可以看出来:"吾"和"我"的<u>分别纯粹是个声音问题</u>:凡在语丛尾巴上的,或者有对比的,一定念得重,所以是 ŋad。凡后头还有别的字的,因为往往念得轻,所以写的时候儿把收尾音忽略了,就是 ŋa。(俞敏 1989:137)

上面这段论述中有几个重要的观点是今天韵律句法学不可或缺的原则和原理。

(1)在语丛里看字的地位怎么样;

(2)凡在语丛尾巴上的一定念得重;

(3)凡后头还有别的字的往往念得轻。

这些叙述后面反映的是什么思想呢? 第一"**在语丛里看字的地位怎么样**"说明先生有很清楚的"轻的和重的在句法位置上的反映不同"的概念——韵律句法的第一原理是确定句子的重音位置。传统观念一般认为句子里面的重音没有固定的位置,因此无法产生韵律句法的机制和理论。显然,俞先生在这点上远远超出了他同时代人的一般看法。其次,他不仅认为句子的重音有位置,而且给出了明确的位置:凡在语丛尾巴上的一定念得重。这就是今天韵律句法学中的 NSR(Nuclear Stress Rule 核心重音规则)。俞先生没有用 NSR 或核心重音这个术语,但是他说的"尾重"就是核心重音的具体写照。不仅如此,在今天的理论系统里,有重必然有轻,俞先生在这点上**也非常逻辑地推演出来**:后头还有别的字的念得轻。用句法结构来确定轻和重,这是后来韵律句法学处理韵律和句法界面的基本操作手段。俞先生的分析显然触及韵律句法学根本属性和机制。

不仅如此,俞先生的研究还涉及在核心重音和句调重音作用下句子变形的现象(参《现代汉语语法》),如:

用毛笔写→写毛笔

拿车给他车了——拿车车了他。

把他给炮了——给他炮了——炮了他了。老一老再说——老着他

这些结构的变形都是韵律句法系统里面"焦点重音"与"核心重音"相互作用的产物。（冯胜利 2000）

## 六、韵素音韵学

俞先生继承章黄又能超越之的是他有关上古音的研究,而他上古音研究中最具韵律语法思想的,是他的上古音分析中透露出来的韵素理念。上面引文中我们看到俞先生在分析"吾"和"我"的分别"到了(liǎo)儿是怎么回事"的时候,有几个重要思想直关韵律音韵学。为方便理解,我们再引述如下:

> 那么"吾丧我"的分别,到了(liǎo)儿是怎么回事呢? ……先看看这两个字在《孟子》里用在语丛里的地位怎么样。照我看,"吾"跟"我"两个字儿的分别可以拿两句话包括:"吾"向来不用到语丛的尾巴上,"我"可以,比方"非我也"。凡是对比重念的地方儿,全用"我",比方"尔为尔,我为我","彼以其富,我以吾仁,彼以其爵,我以吾义"……这一类的。咱可以看出来:"吾"和"我"的分别纯粹是个声音问题:凡在语丛尾巴上的,或者有对比的,一定念得重,所以是 ŋad。凡后头还有别的字的,因为往往念得轻,所以写的时候儿把收尾音忽略了,就是 ŋa。

这里面有关韵律音韵学思想和分析的有如下几条:

（1）吾和我的分别纯粹是个声音问题;

（2）凡是对比重念的地方儿,全用"我"ŋad;

（3）尾巴上的,一定念得重;

（4）有对比的,一定念得重;

（5）凡后头还有别的字的,往往念得轻;

（6）念得轻,所以写的时候儿把收尾音忽略了;

（7）把收尾音忽略了，就是 ŋa。

我们可以把上面诸条具体分析和论述归纳成如下几个方面：

第一，第一人称的两个形式的对立是声音问题（如北京话的"人"和"人家"，一个是单音节，一个是双音节，也是声音的不同）。这与金守拙的观点类似，而与高本汉、胡适等人从主宾格位上区分吾我的做法，大不一样。（赵璞嵩 2012）

第二，所谓声音问题指的是"轻重"的不同，亦即韵律问题。

第三，轻与重的语法和语用条件：

> 句尾重——句法的
> 对比重——语用的（焦点）

第四，轻读弱化、弱化丢音：念得轻，所以写的时候儿把收尾音忽略了。

第五，轻重的分布与音节内成分的分布，一一对应：

> 重读位置 ŋad
> 轻读位置 ŋa

最后一条最重要：弱化音节不能"承重"（承担焦点重音和对比重音）的内在原因是：ŋa 的韵母只有"一个韵素"的缘故，因此只有 ŋad（=我）可以承载重音（可以重读），因为 ŋad 的韵母里面有两个韵素：/a+d/。换言之，韵素多少决定能否承重（能否实现重音）。这正是今天刚刚发展出来的"韵律音韵学"里的最基本、最核心的思想。何大安先生（2016）最近在评论白一平和沙加尔合著的《上古音新构拟》时，谈到：

> 孙宏开（2014）和冯胜利（2012、2013）也分别从汉藏语共同创新，以及韵素轻重等不同角度提出了新的见解。他们的意见与《上古音新构拟》的主张不同，我建议读者参看、比较，定能知所取舍。

可见，韵素音韵学的理论已经为当代音韵学界所接受。然若寻根求源，我们发现俞先生的古音分析中早就自觉和不自觉地运用了韵素分析法。俞先生的"吾/我"学说不仅是韵素音韵学的先声，也是韵素音韵学的佐证。

前面说过，俞先生的成果渊源有自。从他的"吾/我之说"上我们也可以看出，俞先生的韵素分析法原是秉承章黄传统而又自有发展的结果。有证如下：

《祭统》："予汝铭，若纂乃考服。"

"《祭统》之'若'正当训'汝'，言'汝'、言'若'、言'乃'，其义悉同而语势
轻重有异，犹一句错见'吾'、'我'二字尔。"（章太炎《太炎文录续编》卷一）

俞先生的"'吾'和'我'的分别纯粹是个声音问题"显然是从太炎先生的"其义悉同而语势轻重有异，犹一句错见'吾'、'我'二字尔"而来；而太炎先生的"语势轻重有异"也由来有自：章黄学术承袭了乾嘉的传统，有证如下：

《论语》二句而"我""吾"互用，《毛诗》一句而"卬""我"杂称，盖同一我
义而语音轻重缓急不同，施之于文，若自口出。（《说文解字注》"我"字下）

从段玉裁的"语音轻重缓急不同"到章太炎的"语势轻重有异"，再到俞敏的"分别纯粹是个声音问题"，一脉相承之迹，清晰可见。所不同者，段玉裁首发吾我轻重出之于口，太炎先生综合类例，证明"语势轻重"之为实，俞先生则超越前贤，从轻重位置韵素多少之上（虽然尚不明确或不自觉）来发明上古"韵律轻重"之规律。其角度及深度虽各有千秋，然其<u>学贵发明</u>，则一也①——俞敏先生继承的正是这个学贵发明的"理必主义"（亦即西方所谓 rationalism 理性主义）的传统。

---

① 吉川幸次郎在《与潘景郑书》中说："幸次郎于此公（指季刚先生——引者）私淑有年，昔江南之游，税驾金陵，亦职欲奉手此公故也。通名抠谒，即见延接，不遗贱贫，诰以治学之法，曰：'<u>所贵乎学者，在乎发明，不在乎发见。今发见之学兴，而发明之学替矣。</u>'"（见程千帆，唐文编：2006）

俞先生利用韵素成分发掘和分析上古音韵的例子还有很多,本文旨在发凡起例,而全面收集、详加推阐则有赖于后来居上之承传者也。

## 七、结语——捍卫章黄的学术先锋

前面说过,俞敏继承了章黄"学贵发明"的传统。正因如此,笔者认为,俞先生才能顶着 20 余年的巨大政治压力,捍卫他认为堪为中华传统学术精华的章黄成果。我们今天回过头看,章黄后代承学学者之中,恐怕没有像俞敏这样不仅是捍卫章黄成果的学术先锋,而且是举世公认的当代语言学的创获者(参《汉语暨汉语语言学百科全书》中的"俞敏"条,参 Rint S. 2016:684-688)。俞氏名言最为当时和后代所称道,是他"箭与步枪、肉眼与眼镜"的妙喻:他们(指章黄——引者)虽然用弓箭射,可比戴着折光眼镜片,握着现代步枪瞄准的人,打得离靶心还近哪!下面即从训诂这一个侧面见其秉承章黄学术之一斑。(俞敏 1999)

《文始》可谓章黄训诂学的巅峰。然而自《文始》问世以来即毁誉参半。笔者从学颖明先生伊始,便讶于世人(包括语言学家)对《文始》的诟病。随着阅历增加,才渐不为怪;今人诟病 Chomsky 者,恰可为比。大家知道,开创性学术不在十全十美;然而,开创性精华之所在,却非一时一代所能尽。事实上,非开创之智难解开创之学。俞先生正可谓以其开创之智解太炎开创之学者。譬如,《文始·七》有云:

> 《说文》:"立,侸也。从大在一之上。"此合体指事。一者,地也。《春官·小宗伯》掌神位,故书位为立。《古文春秋》以"公即立"为"公即位"。位本作立,变易为位,列中庭之左右谓之位。音入队部。古音盖犹在来纽如隶。立亦变易为隶,临也。缉盍多与队泰隔越相转,不守弇侈之律。立近转侵孳乳为临,监临也。临又旁转谈变易为监,临下也。音本如滥,与临双声。监又孳乳为瞰,视也。为览,观也。临对转幽则变易为督,察也。舌音旁纽。

临或引伸为当面之义,《公羊解诂》曰:"律文立子奸母,见乃得杀之。"正义曰:"犹言对子奸母。"此本言临子奸母,盖汉世亦尚以立为临也。

《文始》固非百是而无一误,然而,非好学深思且通太炎学理者,难见其谛也。俞先生即其人也。他说:

> 要想驳倒这一段(上文所引——引者),先得否定几百个周初铜器,《周礼故书》《古文春秋》三体石经残石、《公羊桓六年》解诂、《周礼地官·乡师》"及窆,执斧以涖匠师"《注》:"郑司农云:立读为涖,涖谓临视之。"这些文物典籍现在好好保存下来了。不先把这些东西否定了,光用激烈的措辞是驳不到他的。(俞敏 1984:252)

这是从事实上来捍卫其背后隐藏的深刻学理。在俞先生的学术生涯中,这类阐释比比皆是,不一而足,有待系统的整理和总结。即如他诠释太炎先生学说的佛学背景、太炎先生在日研修印欧语言学理论的背景等,非站在巨人肩膀之上看巨人,不能有俞先生独具慧眼的见解。

事实上,俞先生捍卫章黄(不是从学派的角度,而是从中华学术精华的角度)不只是诠解先师的学说和著述,同时也批判时人的误解与错误。我们在《中国语文学论文选》第 253 页读到他对高本汉的批评:

> 把"辌""辆"算一族。他就没见过"辒辌"两个字本有写"温凉"的。一看同音,又都带"车"旁,就给合上了。您说这……有科学性吗?

这是批判! 那么什么是科学、如何给科学正名呢? 俞先生使用的是"义变类丛"中"多维挟制"的证据,来反衬"音近义近则同源"的肤浅弊病——既是对段、王以来类比论证法的继承,也是对什么是科学方法的阐释。(俞敏 1984:141-145)譬如:

> 凡覆藏义与保有义相生,是故"覆"谓之抚,亦谓之揜;"蒙、笼、有"谓之奄、"庬、𪏙"亦谓之怃矣,虽有之为音亦犹宥也。"匍"为匍匐,与覆义亦近。(俞敏《大盂鼎铭文诂训》"匍有三方"下注解)

俞先生在证明"覆藏"和"保有"两个意义的关系时,不是一般地引用古人的训释,而是综合古代词义的通转类例,用"A 有 B 义"因为"A 谓之 x 亦谓之 y,z……;B 亦谓之 x 亦谓之 y,z……"的方式来证明。这就是王念孙发明的"生成类比逻辑"的科学方法。请看:

> 《大雅·皇矣》篇:"奄有四方。"毛传云:"奄、大也。"《说文》:"俺,大也。"俺与奄,亦声近义同。大则无所不覆,无所不有,故大谓之憮,亦谓之奄;覆谓之奄,亦谓之憮;有谓之憮,亦谓之抚,亦谓之奄,矜怜谓之抚掩,义并相因也。(《广雅疏证·释诂》)

> 龘者,《说文》:"龘,兼有也,从有龙声。"《史记·平准书》:"尽笼天下之货物。"笼与龘通。《尔雅》:"厐,有也。"厐与龘,声亦相近。《说卦》传:"震为龙。"虞翻、干宝,龙作駹。《考工记·玉人》:"上公用龙。"郑众读龙为尨,是其例矣。(《广雅疏证·释诂》)

王氏这里用的是可以称作"生成类比逻辑"的方法(冯胜利 2016),其逻辑推理可以从下面的推理形式来理解:

> X 和 Y 都具有属性 p,q,r,
>
> 如果 p,q,r,具有衍生关系,
>
> 且 X 和 Y 具衍生关系,
>
> 则 X 和 Y 的属性系列可以被预测和验证为真。

我们知道,乾嘉段氏的理必演绎(冯胜利 2015)和王氏的生成类比都是有清一代的学术巅峰之作。我们从俞先生的研究中可以深切地体会乾嘉学术的精华所在,看出章黄学术培育、发展出来的当代成就。

# 八、后记

本文应 2016 年 11 月 27 日北京师范大学召开的"俞敏先生百年诞辰纪念会暨学术研讨会"而作。今拙文虽毕而意犹未尽,附感于此,聊志追思而与同门师友共勉。自 1979 年至 1982 年,师从颖明先生研读《说文》始,便随同门兼听俞先生授课,虽未登堂而终身受益焉。先生一生涉猎广泛,著述宏富;在传统训诂学、音韵学、文字学、汉藏比较、梵汉对音诸方面,均卓有建树,远非本文所能涵括。然而,这里需要特别指出者:西方刚刚出版一综合权威著作,名曰《汉语暨汉语语言学百科全书》(*Encyclopedia of Chinese Language and Linguistics*),其中被列入词条之少数几位中国学者内,俞敏之名,寓于其中。①

先生曾言:"章黄不愧是乾嘉学派的精华浇灌出来的'奇葩'!"移予先生,不为过也。敬乎哉! 勉乎哉!

后学谨志,2017 年 2 月 3 日

## 参考文献

程千帆,唐　文 2006《量守庐学记》,北京:三联书店。

冯胜利 2000《写毛笔与韵律促发的动词并入》,《语言教学与研究》第 1 期。

冯胜利 2013《汉语韵律句法学》,北京:商务印书馆。

冯胜利 2015《乾嘉理必与语言研究的科学属性》//《中文学术前沿》编辑委员会编,《中文学术前沿》第 9 辑,杭州:浙江大学出版社。

冯胜利 2016《论王念孙的生成类比法》,《贵州民族大学学报》第 6 期。

冯胜利 2017《汉语历时句法学论稿》,上海:上海教育出版社。

何大安 2016《这样的错误不该有:评白一平、沙加尔的上古音新构拟》,*Journal of Chinese Linguistics*。

黄　侃 1934《文心雕龙札记》,北京:北京文化学社。

陆宗达 1964《训诂浅谈》,北京:北京出版社。

陆宗达,俞　敏 1954《现代汉语语法·上》,北京:群众书店。

沈家煊 2011《"名动词"的反思:问题和对策》//北京大学中文系,北京大学中国语言学研究中心,《高名凯先生学术思想研讨会——纪念高名凯先生诞辰 100 周年论文集》,北京:北京大学出版社。

王丽娟 2011《从名词、动词看现代汉语普通话双音节词的形态功能》,北京语言大学博士学位论文。

---

① 　其他学者是:赵元任(Chao)、周法高(Chou)、董同龢(Dong)、李方桂(Li)、陆志韦(Lu)、王力(Wang)、魏建功(Wei)、朱德熙(Zhu)。

王丽娟 2015 《汉语的韵律形态》,北京:北京语言大学出版社。

王引之撰,李花蕾点校 2013 《经传释词》,上海:上海古籍出版社。

俞 敏 1984 《中国语文学论文选》,东京:光生馆。

俞 敏 1989 《俞敏语言学论文集》,哈尔滨:黑龙江人民出版社。

俞 敏 1992 《俞敏语言学论文二集》,北京:北京师范大学出版社。

俞 敏 1999 《后汉三国范汉对音谱》//俞敏,《俞敏语言学论文集》,北京:商务印书馆。

赵璞嵩 2012 《"吾"、"我"之异与鱼歌二部的韵律对立》,《云汉学刊》第 25 期。

赵元任著 1968 《汉语口语语法》吕叔湘译,北京:商务印书馆。

Rint S.（ed.）2016. *Encyclopedia of Chinese Language and Linguistics*, Leiden:Brill.

（冯胜利　北京语言大学/天津大学语言科学研究中心）